吳榮曾
劉華祝 等注譯

新譯漢書(五)
傳(一)

三民書局

國家圖書館出版品預行編目資料

新譯漢書(五)傳㈠／吳榮曾,劉華祝等注譯.——初版
二刷.——臺北市：三民，2021
面；　公分.——（古籍今注新譯叢書）

ISBN 978-957-14-5670-6（全套:精裝）
1. 漢書 2. 注譯

622.101　　101007749

新譯漢書(五)傳㈠

注譯者　吳榮曾　劉華祝等
發行人　劉振強
出版者　三民書局股份有限公司
地　址　臺北市復興北路386號(復北門市)
　　　　臺北市重慶南路一段61號(重南門市)
電　話　(02)25006600
網　址　三民網路書店 https://www.sanmin.com.tw

出版日期　初版一刷 2013年6月
　　　　　初版二刷 2021年12月
ISBN　978-957-14-5670-6
　　　全套不分售

三民書局

新譯漢書　目次

第五冊

卷三十一

陳勝項籍傳第一

【題解】本傳記載了兩位秦末起義軍領袖人物陳勝和項羽的生平事跡。陳勝最早起義反秦，項羽則是滅秦最主要的力量，二人在秦漢易代之際具有特殊的歷史地位，故班固將二人合敘，作為列傳之首。傳中生動的描述了二人的性格、家世、年輕時的志向，詳細的敘述了整個起義和楚漢戰爭的過程及他們在其中的作用，分析了各自失敗的原因。此傳是《漢書》中較重要的一個傳目。

1 陳勝，字涉，陽城❶人。吳廣，字叔，陽夏❷人也。勝少時，嘗與人傭耕。輟耕之壟上❸，悵然甚久，曰：「苟富貴，無相忘！」傭者笑而應曰：「若❹為傭耕，何富貴也？」勝太息❺曰：「嗟乎，燕雀安知鴻鵠❻之志哉！」

2 秦二世元年❼秋七月，發閭左❽戍漁陽❾九百人，勝、廣皆為屯長❿。行至蘄⓫大澤鄉⓬，會天大雨，道不通，度⓭已失期。失期法斬，勝、廣乃謀曰：「今亡亦死，舉大計亦死，等死，死國⑭可乎？」勝曰：「天下苦秦久矣。吾聞二世，少子，不當立，當立者乃公子扶蘇⑮。扶蘇以數諫故不得立，上使外將兵。今或聞無罪，二世殺之。百姓多聞其賢，未知其死。項燕⑯為楚將，數有功，愛士卒，楚人憐⑰之。或以為在。今誠⑱以吾眾為天下倡⑲，宜多應者。」廣以為然。迺行卜。卜者知其指意⑳，曰：「足下㉑事皆成，有功。然足下卜之鬼乎？」勝、廣喜，念鬼㉒，曰：「此教我先威眾㉓耳。」迺丹書帛㉔曰「陳勝王㉕」，置人所罾㉖魚腹中。卒買魚亨㉗食，得書，已怪之矣。又間㉘令廣之次㉙所旁叢祠中，夜構火㉚，狐鳴呼㉛曰：「大楚興，陳勝王。」卒皆夜驚恐。旦日㉜，卒中往往指目㉝勝、廣。

3 勝、廣素愛人，士卒多為用。將尉醉，廣故數言欲亡，忿尉，令辱之，以激怒其眾。尉果笞㉞廣。尉劍挺㉟，廣起奪而殺尉。勝佐之，并殺兩尉。召令徒屬曰：「公等遇雨，皆已失期，當斬。藉第令㊱毋斬，而戍死者固什六七。且壯士不死則已，死則舉大名耳。侯王將相，寧有種乎！」徒屬皆曰：「敬受令。」乃詐稱公子扶蘇、項燕，從民望也。袒右㊲，稱大楚。為壇而盟，祭以尉首。勝自立為將軍，廣為都尉。攻大澤鄉，拔之。收兵而攻蘄，蘄下。乃令符離㊳人葛嬰將兵徇㊴蘄以東，攻銍㊵、酇㊶、苦㊷、柘㊸、譙㊹，皆下之。行收兵，比至陳㊺，兵車六七百乘㊻，騎千餘，卒數萬人。攻陳，陳守令㊼皆不在，獨守丞㊽與戰譙門㊾中。不勝，守丞死。乃入據陳。數日，號召三老豪桀會計事㊿。皆曰：「將軍身被堅執銳(51)，伐無道，誅暴秦，復立楚之社稷，功宜為王。」勝乃立為王，號張楚(52)。

【章　旨】以上為〈陳勝傳〉的第一部分。按人物傳記例，先錄陳勝、吳廣的籍貫，說陳勝雖出身「傭耕」，但有「鴻鵠之志」。然後較詳細地敘述了他們從大澤鄉率戍卒首倡反暴秦統治，到攻占陳縣後陳勝稱王、立國號為張楚的大致過程。

【注　釋】❶陽城　秦縣名，治所在今河南登封東南。❷陽夏　秦縣名，治所在今河南太康。❸輟耕之壟上　顏師古曰：「輟，止也。之，往也。壟上，謂田中之高處。」❹若　你。❺太息　亦作「大息」。大聲長歎。❻鴻鵠　顏師古曰：「鴻，大鳥也，水居。鵠，黃鵠也，一舉千里。」❼秦二世元年　即西元前二〇九年。秦二世，即秦始皇少子胡亥。❽閭左　居於里巷左側的窮人。閭，里門。❾漁陽　秦郡名，治今北京懷柔東，密雲西南。❿屯長　秦漢時軍伍之長。⓫蘄　秦縣名，治今安徽宿州東南。⓬大澤鄉　蘄縣所屬鄉，在蘄縣東北。⓭度　推算。⓮死國　為國而死。⓯扶蘇　秦始皇長子。⓰項燕　戰國末年楚國將領，項羽之祖父。⓱憐　哀憐；同情。⓲誠　如果。⓳倡　顏師古曰：「倡讀曰唱，謂首號令也。」⓴指意　意圖。㉑足下　古代下稱上或同輩相稱的敬詞。㉒念鬼　思考「卜之鬼」的意思。㉓威眾　在眾人中取得威信。㉔丹書帛　用丹砂書寫在帛上。㉕王　為王。㉖罾　本指漁網，此用為動詞。㉗亨　同「烹」。㉘間　暗中。㉙次　駐紮。㉚構火　點篝火。《史記》為「篝火」。㉛狐鳴呼　像狐狸一樣鳴叫。㉜旦日　天亮以後。㉝目　看著。㉞笞　用鞭、杖或竹板打人。㉟挺　按《史記集解》引徐廣說：「挺，脫也。」㊱藉第令　假使。藉，假。第，但。㊲袒右　袒露右臂。㊳符離　秦縣名，治今安徽宿州東北。㊴徇　略地。即攻奪土地。㊵銍　秦縣名，治今安徽宿州西。㊶酇　秦縣名，治今河南永城西。㊷苦　秦縣名，治今河南鹿邑。㊸柘　秦縣名，治今河南柘城北。㊹譙　秦縣名，治所在今安徽亳州。㊺陳　秦縣名，治所在今河南淮陽。㊻乘　四馬拉一輛兵車為一乘。㊼陳守令　陳郡之郡守和陳縣之縣令。陳，亦為秦郡名，郡治所亦在陳縣。㊽守丞　郡守之屬官。㊾譙門　顏師古曰：「謂門上為高樓以望者耳。」㊿號召句　下令召集三老豪傑聚會商議大事。三老，執掌教化之鄉官。豪桀，同「豪傑」。地方豪強。(51)被堅執銳　身披堅硬的鎧甲，手執銳利的武器。被，通「披」。(52)張楚　劉德曰：「若云張大楚國也。」

【語　譯】陳勝，字涉，陽城人。吳廣，字叔，陽夏人。陳勝年輕時，曾為人雇傭耕作。耕作間隙來到田中高處，悵然很久，說：「假如富貴了，不會忘記大家！」身旁的傭耕者笑而應聲說：「你為人雇傭耕作，怎麼會富貴呢？」陳勝大聲長歎說：「哎，小燕雀怎會知道鴻鵠的大志呀！」

2　秦二世元年秋天七月，徵發里巷左側的窮民九百人戍守漁陽，陳勝、吳廣皆為屯長。來到蘄縣大澤鄉，碰上天下大雨，道路不通，估算已經誤期。按秦法誤期當斬，陳勝、吳廣就謀劃說：「現在逃亡會死，舉大計起義也會死，同樣是死，何不為國而死呢？」陳勝說：「天下苦於秦之暴政很久了。我聽說二世是秦始皇的小兒子，不應被立為天子，當立者乃是公子扶蘇。扶蘇因多次勸諫的緣故所以沒有被立，皇上派他在外帶兵。現在聽說他無罪，卻被二世殺害。百姓多數都知道扶蘇賢能，不知他已死。項燕為楚國將領，屢次建立功業，喜愛士卒，楚地人同情、憐憫他。有的人認為他還活著。現在如果率領著我們的部眾為天下首倡起義，應當有很多響應者。」吳廣認為分析得很對。於是進行占卜。卜者了解到他們的意圖，說：「足下的事情都能成就，有很大的功業。不過足下向鬼神占卜了嗎？」陳勝、吳廣十分高興，思考卜者教他們向鬼神占卜的意思，說：「這是教我們先在部眾中取得威信。」於是就用丹砂在帛上寫下「陳勝王」三個大字，放在被打上來的魚腹中。士卒買魚烹食，得到帛書，已經十分奇怪。陳勝又暗令吳廣到駐紮地旁叢林中的祠廟裡，夜間點起篝火，像狐狸一樣鳴叫著：「大楚興起，陳勝當王。」士卒一夜都很驚恐。第二天一早，士卒中到處有人指點並看著陳勝、吳廣。

3　陳勝、吳廣平素愛護關心他人，士卒大都聽從他們的使喚。將尉喝醉後，吳廣故意多次講他想逃亡，以此使將尉惱怒，讓他侮辱自己，以激怒眾人。將尉果然鞭打吳廣。鞭打中將尉的劍脫出，吳廣起而奪劍並殺掉將尉。陳勝幫助吳廣，一塊殺掉兩個將尉。陳勝、吳廣召令其部屬說：「你們遇到天下大雨，都已誤了期限，按法當斬。即使不斬，戍守而死者原本就占了十分之六、七。況且壯士不死則已，死則舉大事成就功名。那些侯王將相，難道是天生就帶種的嗎！」部屬異口同聲地說：「敬受號令。」於是詐稱是公子扶蘇、項燕的隊伍，順從百姓的願望。袒露出右臂，號稱大楚。築壇而進行盟誓，以將尉的頭顱進行祭奠。陳勝自立為將軍，吳廣為都尉。攻下大澤鄉。收兵而攻蘄縣，蘄縣也被攻下。又令符離人葛嬰帶兵略地於蘄縣以東，攻打銍、酇、苦、柘、譙等縣，並全部攻下。邊行軍邊搜集士兵，等到了陳縣，已有六、七百輛戰車，騎兵千餘人，士卒數萬人。攻打陳縣，陳郡郡守、陳縣縣令都不在，只有郡守的屬官率軍在譙門中激戰。郡守的屬官戰敗，被殺死。於是進入並占據陳縣。幾天後，下令召集鄉里三老、地方豪強聚會謀劃大事。大家都說：「將軍您披堅執銳，討伐無道之人，誅滅暴虐之秦，恢復確立楚國之社稷，所建功業應當為王。」於是陳勝被立為王，起國號為張楚。

1 於是諸郡縣苦秦吏暴，皆殺其長吏，將以應勝。迺以廣為假❶王，監諸將以西擊滎陽❷。令陳人武臣、張耳、陳餘徇趙，汝陰❸人鄧宗徇九江郡❹。當此時，楚兵數千人為聚者不可勝數。

2 葛嬰至東城❺，立襄彊為楚王。後聞勝已立，因殺襄彊，還報。至陳，勝殺嬰，令魏人周市北徇魏地。廣圍滎陽。李由為三川守❻守滎陽，廣不能下。勝徵國之豪桀與計，以上蔡❼人房君❽蔡賜為上柱國❾。

3 周文，陳賢人也，嘗為項燕軍視日❿，事春申君⓫，自言習兵。勝與之將軍印，西擊秦。行收兵至關[12]，車千乘，卒十萬，至戲[13]，軍焉[14]。秦令少府章邯免驪山徒、人奴產子[15]，悉發以擊楚軍，大敗之。周文走出關，止屯曹陽[16]。二月餘，章邯追敗之，復走黽池[17]。十餘日，章邯擊，大破之。周文自剄，軍遂不戰。

4 武臣至邯鄲[18]，自立為趙王，陳餘為大將軍，張耳、召騷為左右丞相。勝怒，捕繫[19]武臣等家室，欲誅之。柱國曰：「秦未亡而誅趙王將相家屬，此生一秦[20]，不如因立之。」勝乃遣使者賀趙，而徙繫武臣等家屬宮中。而封張耳子敖為成都君，趣[21]趙兵亟[22]入關。趙王將相相與謀曰：「王王趙，非楚意也。楚已誅秦，必加兵於趙。計莫如毋西兵，使使北徇燕地以自廣。趙南據大河，北有燕代，楚雖勝秦，不敢制趙，若不勝秦，必重趙。趙承秦楚之敝[23]，可以得志於天下。」趙王以為然，因不西兵，而遣故上谷[24]卒史[25]韓廣將兵北徇燕。

5 燕地貴人豪桀謂韓廣曰：「楚趙皆已立王。燕雖小，亦萬乘之國也，願將軍立為王。」韓廣曰：「廣母在趙，不可。」燕人曰：「趙方西憂秦，南憂楚，其力不能禁我。且以楚之強，不敢害趙王將相之家，今趙獨安敢害將軍家乎[26]？」韓廣以為然，乃自立為燕王。居數月，趙奉[27]燕王母家屬歸之。

6 是時，諸將徇[28]地者不可勝數。周市北至狄[29]，狄人田儋[30]殺狄令，自立為齊王，反擊周市。市軍散，還至魏地，立魏後故甯陵君咎為魏王。咎在勝所，不得之魏。魏地已定，欲立周市為王，市不肯。使者五反㉛，勝乃立甯陵君為魏王，遣之國。周市為相。

7 將軍田臧等相與㉜謀曰：「周章㉝軍已破，秦兵且至，我守滎陽城不能下，秦軍至，必大敗。不如少遺㉞兵，足以守滎陽，悉精兵迎秦軍。今假王驕，不知兵權，不可與計，非誅之，事恐敗。」因相與矯㉟陳王令以誅吳廣，獻其首於勝。勝使賜田臧楚令尹㊱印，使為上將。田臧迺使諸將李歸等守滎陽城，自以精兵西迎秦軍於敖倉㊲。與戰，田臧死，軍破。章邯進擊李歸等滎陽下，破之，李歸死。

8 陽城人鄧說將兵居郯㊳，章邯別將㊴擊破之，鄧說走陳。銍人五逢將兵居許㊵，章邯擊破之。五逢亦走陳。勝誅鄧說。

9 勝初立時，淩㊶人秦嘉、銍人董緤、符離人朱雞石、取慮㊷人鄭布、徐㊸人丁疾等皆特起㊹，將兵圍東海㊺守於郯。勝聞，迺使武平君畔㊻為將軍，監郯下軍。秦嘉自立為大司馬，惡屬人㊼，告軍吏曰：「武平君年少，不知兵事，勿聽。」因矯以王命殺武平君畔。

10 章邯已破五逢，擊陳，柱國房君死。章邯又進擊陳西張賀軍。勝出臨戰㊽，軍破，張賀死。

11 臘月[49]，勝之汝陰[50]，還至下城父[51]，其御[52]莊賈殺勝以降秦。葬碭[53]，謚[54]曰隱王。

12 勝故涓人[55]將軍呂臣為蒼頭軍[56]，起新陽[57]，攻陳下之，殺莊賈，復以陳為楚。

13 初，勝令銍人宋留將兵定南陽[58]，入武關[59]。留已徇南陽，聞勝死，南陽復為秦。宋留不能入武關，迺東至新蔡[60]，遇秦軍，宋留以軍降秦。秦傳[61]留至咸陽，車裂[62]留以徇[63]。

14 秦嘉等聞勝軍敗，迺立景駒為楚王，引兵之方與[64]，欲擊秦軍濟陰[65]下。使公孫慶使齊王，欲與并力俱進。齊王曰：「陳王戰敗，未知其死生，楚安得不請而立王？」公孫慶曰：「齊不請楚而立王，楚何故請齊而立王？且楚首事[66]，當令於天下。」田儋殺公孫慶。

15 秦左右校[67]復攻陳，下之。呂將軍走，徼[68]兵復聚，與番盜[69]英布[70]相遇，攻擊秦左右校，破之青波[71]，復以陳為楚。會[72]項梁[73]立懷王[74]孫心[75]為楚王。

【章旨】以上為〈陳勝傳〉的第二部分，寫陳勝為王後分兵攻奪趙、魏地，並派周文率主力進攻關中，但他們或自立為王，如武臣自立為趙王、韓廣自立為燕王等；或被秦軍打敗而亡，如周文、五逢等等。

而陳勝敗退至下城父時被御者莊賈所殺。

【注　釋】❶假　代理。❷滎陽　秦縣名，治今河南滎陽東北。❸汝陰　秦縣名，治所在今安徽阜陽。❹九江郡　秦郡名，治所在今安徽壽縣。❺東城　秦縣名，治今安徽滁州西北。❻三川守　三川郡郡守。三川，秦郡名，治所在今河南洛陽。❼上蔡　秦縣名，治今河南上蔡西南。❽房君　顏師古曰：「房君者，封邑之名，非官號也。」❾上柱國　戰國時楚國掌軍政之官，地位尊崇，僅次於令尹。❿視日　如淳曰：「視日時吉凶舉動之占。」亦名日者。⓫春申君　即戰國四公子之一、楚國國相黃歇。⓬關　即函谷關。⓭戲　古地名，戲亭，在今陝西臨潼東北。⓮軍焉　駐紮於此。軍，駐紮。焉，兼詞。於此。⓯秦令句　秦王命令少府章邯赦免服驪山役的囚徒、家奴子弟。少府，秦官名，為管理皇室財用收支、宮廷服務和手工業的高級官員，九卿之一，秩中二千石。人奴產子，顏師古曰：「猶今人云家生奴也。」⓰曹陽　顏師古曰：「曹水之陽也。其水出陝縣西南峴頭山而北流入河，今謂之好陽澗，在陝縣西四十五里。」⓱黽池　即澠池，秦縣名，治今河南澠池西。⓲邯鄲　古城名，原趙國都城，在今河北邯鄲。⓳捕繫　抓捕囚禁。⓴此生一秦　這種做法是又生一個仇敵秦國。㉑趣　催促。㉒亟　趕快。㉓敝　衰敗。㉔上谷　秦郡名，治今河北懷來東南。㉕卒史　秦時所置職官，郡府屬吏。㉖今趙句　此句舊本作「今趙又安敢害將軍之家乎」。此據景祐、殿本改。㉗奉　送。㉘徇　奪取。㉙狄　秦縣名，治今山東高青東南。㉚田儋　齊國王室後代。㉛反　返。㉜相與　共同。㉝周章　服虔曰：「周章即周文。」㉞遺　留。㉟矯　假冒。㊱令尹　原楚國官職名，位同丞相。㊲敖倉　秦時所設國家糧倉，在今河南滎陽北緊靠黃河的敖山上。㊳郯　秦縣名，治今山東郯城北。㊴別將　配合主力軍作戰的部隊將領。㊵許　秦縣名，治今河南許昌東。㊶淩　秦縣名，治今江蘇泗陽西北。㊷取慮　秦縣名，治今安徽境內、江蘇睢寧西南。㊸徐　秦縣名，治今江蘇泗洪南。㊹特起　獨立崛起。㊺東海　秦郡名，治所在今山東郯城。㊻畔　張晏曰：「畔，名也。」武平君為其舊有的封號，生平不詳。㊼惡屬人　顏師古曰：「不欲統屬於人。」㊽臨戰　督戰。㊾臘月　張晏曰：「秦之臘月，夏之九月。」㊿汝陰　秦縣名，治所在今安徽阜陽。(51)下城父　古地名，在今安徽渦陽東南。(52)御　馭手。(53)碭　秦縣名，治今河南永城北。(54)謚　古人死後由後人追加的名號。(55)涓人　顏師古曰：「涓，潔也。涓人，主潔除之人。」(56)蒼頭軍　服虔曰：「蒼頭謂士卒青帛巾，若赤眉之號，以相別也。」(57)新陽　秦縣名，治今安徽界首北。(58)南陽　秦郡名，治所在今河南南陽。(59)武關　古關名，在今陝西商南南。(60)新蔡　秦縣名，治所在今河南新蔡。(61)傳　傳車；驛車。(62)車裂　古時的一種酷刑，俗稱五馬分屍。即將人之頭和四肢分別拴在五輛車上，以五馬駕車，同時分馳，撕裂肢體。(63)徇　顏師古曰：「徇，行示也，以示眾為戒。」(64)方與　秦縣名，治今山東魚臺西。(65)濟陰　舊說秦縣名，治今何處，不詳。一說在今山東定陶西北，但《中國歷史地圖集》並沒有標識。濟陰，亦可理解為濟水以南，所謂「濟陰下」更宜於解釋。《史記·陳涉世家》作「定陶下」，亦可作為佐證。(66)首事　顏師古曰：「首事，謂最先兵起。」(67)左右校　即左右校尉，章邯手下由左右校尉率領的軍隊。張烈主編的《漢書注譯》云：「校，古代軍隊編制單位，每校約千人左右。其長官稱校尉。」(68)徼　招致。(69)番盜　顏師古曰：「番即番陽縣也。於番為盜，故曰番盜。」番陽，在今江西鄱陽東北。(70)英布　秦末起義軍之一首領，漢初大臣，後亦稱為「黥布」，本書卷三十四有傳。(71)青波　古地名。一說為秦所置縣，治今河南新蔡西南。(72)會　適逢。(73)項梁　原楚將項燕之子，曾與項羽一起起兵。《史記·項羽本紀》有記載。(74)懷王　即楚懷王熊槐。(75)心　即楚懷王孫熊心。

【語　譯】在當時各郡縣苦於秦吏的暴虐，都殺其所在地官吏，以此來回應陳勝。於是陳勝封吳廣為代理王，監督諸將向西去攻打滎陽。命令陳縣人武臣、張耳、陳餘帶兵略奪趙地，汝陰人鄧宗帶兵攻取九江郡。那時，楚兵數千人聚在一塊起義的多得不可勝數。

2　葛嬰攻到東城，立襄彊為楚王。後聽說陳勝已立為王，因而殺了襄彊，返回呈報。到了陳縣，陳勝殺掉葛嬰，而令魏人周市向北攻略魏地。吳廣包圍了滎陽。李由為三川郡郡守拒守滎陽，吳廣不能攻下。陳勝徵召國中豪強共同謀劃，封上蔡人房君蔡賜為上柱國。

3　周文，是陳地有賢能的人，曾擔任項燕軍中的視日官，侍奉過春申君，自己說熟悉軍事。陳勝賜給他將軍印，命令他向西攻打秦軍。周文邊行軍邊搜集士兵直到函谷關，這時已有一千輛戰車，十萬士卒，到了戲亭，駐紮於此。秦二世命令少府章邯赦免服驪山徭役的囚徒、家奴子，全部徵發他們來攻打楚軍，並大敗楚軍。周文逃出函谷關，停留駐紮在曹水之北。約兩月後，章邯追擊又打敗周文，周文又逃到黽池。十幾天後，章邯再次攻擊周文，大敗楚軍。周文自殺而死，於是軍隊不戰自散。

4　武臣來到邯鄲，自立為趙王，封陳餘為大將軍，張耳、召騷為左右丞相。陳勝大怒，抓捕拘禁了武臣等人的家室，想殺掉他們。上柱國蔡賜說：「秦國尚未滅亡而殺掉趙王將相的家屬，這是又產生一個像秦一樣的敵國，不如乘此時立他為王。」陳勝於是派遣使者恭賀趙王，而將武臣等人的家屬遷移關押在宮中。而封張耳之子張敖為成都君，催促趙兵立即入關。趙王將相相互謀劃說：「讓大王當趙王，並不是楚王陳勝的本意。楚王如果誅滅了秦國，必定派兵來打趙國。最好的計策莫如不讓軍隊西進，派使臣向北攻略燕地以擴大自己。趙國南據黃河，北有燕、代之地，楚即使勝了秦國，也不敢攻打趙國，如果不能戰勝秦國，一定看重趙國。趙國乘著秦、楚的衰敗，可以實現願望於天下。」趙王認為這個說法很對，因此不向西進兵，而派遣前上谷卒史韓廣帶兵向北攻略燕地。

5 燕地貴族豪強對韓廣說：「楚趙兩國都已立王。燕地雖小，也是萬乘之國，希望將軍能自立為王。」韓廣說：「韓廣母親在趙國，我不能這麼做。」燕人說：「趙國此刻擔憂的是西邊的秦國和南邊的楚國，沒有餘力禁止我們立王。而且憑楚國的強大，尚且不敢危害趙王將相的家屬，現在趙國又怎敢危害將軍的家屬？」韓廣認為說得對，就自立為燕王。過了幾個月後，趙國將燕王母親及其家屬送歸燕國。

6 此時，諸將占領各地的不可勝數。周市北至狄縣，狄縣人田儋殺死縣令，自立為齊王，反過頭來攻打周市。周市軍隊潰散，返回到魏地，立魏王的後人前甯陵君咎為魏王。而咎人在陳勝處，不能到魏。魏地平定後，陳勝想立周市為王，周市不肯。使者五次往返，陳勝於是答應立甯陵君為魏王，並遣咎回到魏地。封周市為魏相。

7 將軍田臧等共同謀劃說：「周章的軍隊已被打敗，秦軍即將來到，我們包圍滎陽城不能攻下，秦軍一到，必定大敗。不如只留部分士兵，足以包圍守滎陽即可，以全部精兵迎擊秦軍。如今假王吳廣驕傲自大，不懂軍事權謀，不可與他謀劃，不殺掉吳廣，恐怕要招致失敗。」因此一同假借陳王的命令殺了吳廣，並向陳勝獻上其首級。陳勝派遣使者賜予田臧楚令尹之官印，封他為上將。田臧就派李歸等諸將包圍滎陽城，自己帶領精兵向西在敖倉迎擊秦軍。雙方交戰，田臧被殺死，軍隊大敗。章邯又率軍進擊並打敗了包圍滎陽的李歸等，李歸戰死。

8 陽城人鄧說帶兵占據郯縣，被章邯的別將擊敗，鄧說逃到陳。銍地人五逄帶兵占據許縣，又被章邯軍擊敗。五逄也逃到陳。陳勝殺了鄧說。

9 陳勝剛立國時，淩縣人秦嘉、銍縣人董緤、符離人朱雞石、取慮人鄭布、徐縣人丁疾等異軍崛起，率部隊在郯縣圍攻東海郡守。陳勝聽說後，就派遣原武平君畔為將軍，監管郯縣一帶的軍隊。秦嘉自立為大司馬，不願統屬於人，對軍吏們說：「武平君年輕，不懂得軍事，不要聽他的。」並乘此機會假借陳王之命殺了武平君畔。

10 章邯已打敗五逄，接著攻擊陳地，上柱國房君蔡賜戰死。章邯又進擊陳地之西的張賀軍隊。陳勝出城督戰，被章邯軍打敗，張賀戰死。

11 臘月時，陳勝到了汝陰，返回時來到下城父，他的駕車手莊賈殺死陳勝而投降了秦軍。陳勝被葬在碭縣，後人謚為隱王。

12 陳勝前主涓除者將軍呂臣組織蒼頭軍，起於新陽，攻下陳地，殺了莊賈，又在陳地恢復楚國。

13 此前，陳勝令銍縣人宋留帶兵平定南陽，以西進武關。宋留當時已占有南陽，聽到陳勝已死，南陽又被秦軍奪取。宋留不能進入武關，就東至新蔡，遇上秦軍，宋留率軍投降。秦軍用傳車將宋留押送到咸陽，並將宋留處以車裂的酷刑並遊行示眾。

14 秦嘉等聽說陳勝兵敗，就立景駒為楚王，引兵到方與，想在濟水以南擊退秦軍。派公孫慶出使齊王，想要聯合他們一起西進。齊王說：「陳王戰敗，不知現在是生是死，楚國為什麼不來請示再立王？」公孫慶說：「齊國不曾請示楚國而立王，楚國為什麼要請示齊國而立王？況且是楚國首先起兵，應當由楚國號令於天下。」田儋殺死公孫慶。

15 秦章邯軍左右校尉又再次攻打陳地，並攻下陳地。呂臣將軍敗走，後來又招兵再度聚集，與番陽大盜英布相遇，合力攻擊秦左右校尉所率軍隊，並打敗秦軍於青波，又在陳地建立起楚國。此時正碰上項梁立原楚懷王的孫子熊心為楚王。

陳勝王凡六月。初為王，其故人嘗與傭耕者聞之，乃之陳，叩宮門曰：「吾欲見涉。」宮門令欲縛之。自辯數，乃置❶，不肯為通。勝出，遮道而呼涉。迺召見，載與歸。入宮，見殿屋帷帳，客曰：「夥，涉之為王沉沉❷者！」楚人謂多為夥，故天下傳之，「夥涉為王❸」，由陳涉始。客出入愈益發舒❹，言勝故情。或言「客愚無知，專妄言，輕威❺」。勝斬之。諸故人皆自引去，由是無親勝者。以朱防為中正❻，胡武為司過❼，主司群臣。諸將徇地，至，令之不是❽者，繫而罪之。以苛察為忠。其所不善者，不下吏❾，輒自治❿。勝信用之，諸將以故不親附。此其所以敗也。

勝雖已死，其所置遣侯王將相竟⓫亡秦。高祖時為勝置守冢于碭，至今血食⓬。王莽敗，迺絕。

【章　旨】以上為〈陳勝傳〉的第三部分，總結陳勝為王六月而亡的原因，一是生活奢侈，二是妄殺故人，三是苛責臣屬，致使誰也不願親附陳勝。陳勝雖死，但他設置派遣的王侯將相最後滅了秦王朝。

【注　釋】❶自辯二句　顏師古曰：「辯數，謂自分別其姓名也，並歷道與涉故舊之事，故舍而不縛也。」❷沉沉　應劭曰：「沉沉，宮室深邃之貌也。」❸夥涉為王　即「涉為王夥」，意指陳涉當王一下子富貴起來。❹發舒　放肆。❺輕威　輕慢褻瀆王威。❻中正　秦末張楚農民政權官名，主監察。❼司過　官名。相傳商朝置，春秋戰國沿置。秦、漢之際張楚政權亦置，掌糾王過失，示懲戒。❽令之不是　不服從命令。是，贊成；擁護。❾下吏　送交有關官府。❿自治　個人自行處理。

⓫竟　最終。⓬至今血食　至今受享祭祀。血食，古代殺牲取血以祭，故稱。顏師古曰：「至今血食者，司馬遷作《史記》本語也。莽敗乃絕者，班固之詞也。於文為衍，蓋失不刪耳。」這是顏師古對班固抄襲《史記》過頭的一種指責。

【語譯】陳勝當王共六個月。剛為王時，曾跟他一起被雇傭耕作的舊識聽說後，就到了陳地，叩打宮門喊道：「我們想見陳涉。」守衛宮門的官吏想綁縛這些人。他們多次辯解訴說，才作罷，但守衛不肯為他們通報。陳勝出宮，這些人攔在道上高聲呼叫陳涉。陳勝這才召見他們，載他們回宮。進入宮裡，看到高大的宮殿和華麗的帷帳，那些客人們驚叫道：「太多了，當王的陳涉宮殿如此富麗！」楚人說多為夥，所以天下流傳，「涉為王而夥」，就是由陳涉開始。客人們出入宮中更加放肆，到處說陳勝以前的故事。有人便講說「客人愚蠢無知，只會亂講話，輕慢褻瀆王威」。陳勝殺掉一個客人。於是那些舊識便都自行引退離去，因此陳勝身邊沒有親近自己的人。陳勝以朱防為中正，胡武為司過，主管群臣。諸將在各地攻占地盤，來到之後，凡是不聽從命令者，朱防、胡武便將他們拘囚而定罪。以苛刻嚴處當作是忠心。那些他們認為不好的，並不交給有關官府審查，總是個人自行處理。陳勝信用這些人，諸將因此不願親附陳勝。這是他失敗的原因。

陳勝雖然死去，但他設置派遣的侯王將相最終滅了秦國。漢高祖劉邦當時在碭山為陳勝安排守護墳墓的人，至今進行祭祀。王莽失敗後，才斷絕。

項籍，字羽，下相❶人也。初起，年二十四。其季父❷梁，梁父即楚名將項燕者也。家世❸楚將，封於項❹，故姓項氏。

籍少時，學書不成，去；學劍又不成，去。梁怒之。籍曰：「書足記姓名而已。劍一人敵，不足學，學萬人敵耳。」於是梁奇其意，乃教以兵法。籍大喜，略知其意，又不肯竟。梁嘗有櫟陽❺逮❻，請蘄獄掾❼曹咎書抵櫟陽獄史❽司馬欣，以故事皆已❾。梁嘗殺人，與籍避仇吳❿中。吳中賢士大夫皆出梁下。每有大繇役及喪，梁常主辦，陰以兵法部勒⓫賓客子弟，以知其能。秦始皇帝東遊會稽⓬，渡浙江⓭，梁與籍觀。籍曰：「彼可取而代也。」梁掩其口，曰：「無妄言，族⓮矣！」梁以此奇籍。籍長八尺二寸，力扛鼎，才氣過人。吳中子弟皆憚⓯籍。

【章旨】以上為〈項羽傳〉的第一部分，寫項羽籍貫為秦末下相縣，是戰國末年楚國名將項燕之後。年輕時學書、劍都無所成就，然而胸懷反秦大志，在見到秦始皇時揚言可以取代他。

【注釋】❶下相　秦縣名，治今江蘇宿遷西南。❷季父　小叔父。古時兄弟排行依次為伯、仲、叔、季。❸世　世代。❹項　秦縣名，治所在今河南沈丘。❺櫟陽　秦縣名，治今陝西富平東南。❻逮　被逮捕一案。❼獄掾　監獄屬員。❽獄史　監獄文書。❾已　了結；平息。❿吳　秦縣名，治所在今江蘇蘇州。⓫部勒　部署指揮。⓬會稽　山名，在今浙江紹興東南。⓭浙江　古水名，即今浙江錢塘江。⓮族　滅族。⓯憚　害怕。

【語譯】項籍，字羽，下相縣人。剛起義時，年齡二十四。他的小叔父項梁，項梁的父親就是楚國名將項燕。他們家世世代代為楚將，被封於項縣，所以姓項氏。

項籍小時候，讀書不成，於是放棄；學劍又不成，又放棄。對此項梁很生氣。項籍說：「讀書寫字只要會記姓名就夠了。劍只能對付一人，不值得學，我要學可以敵對萬人的本事。」因此項梁認為項籍的想法十分奇特，就教他兵法。項籍非常高興，但略知其意，又不肯學到底。項梁曾因犯罪而在櫟陽縣被逮捕，他請蘄縣監獄屬員曹咎寫信給櫟陽監獄文書司馬欣說情，因而事情獲得了結。項梁曾殺過人，與項籍一起在吳縣避仇隱匿。吳地的賢士大夫都來出入項梁門下。每當有大的徭役以及喪事，項梁經常主辦，暗中用兵法部署指揮賓客子弟，藉此知道每個人的才能。秦始皇帝東遊會稽山，渡過浙江，項梁與項籍同去觀看。項籍說：「那人可取而代之。」項梁馬上掩住他的嘴巴，說：「不要亂講，會被滅族！」從此項梁更加以項籍為奇。項籍身高八尺二寸，力能扛鼎，才能氣魄超過一般人。吳地的子弟都害怕項籍。

1 秦二世元年❶，陳勝起。九月，會稽假守❷通❸素賢梁，乃召與計事。梁曰：「方今江西❹皆反秦，此亦天亡秦時也。先發制人，後發制於人。」守歎曰：「聞夫子❺楚將世家，唯足下耳！」梁曰：「吳有奇士桓楚❻，亡在澤中，人莫知其處，獨籍知之。」梁乃戒籍持劍居外待。梁復入，與守語曰：「請召籍，使受令召桓楚。」籍入，梁眴❼籍曰：「可行矣！」籍遂拔劍擊斬守。梁持守頭，佩其印綬❽。門下驚擾，籍所擊殺數十百人。府中皆讋❾伏，莫敢復起。梁乃召故人所知豪吏，諭以所為，遂舉吳中兵。使人收下縣❿，得精兵八千人，部署豪桀為校尉⓫、候⓬、司馬⓭。有一人不得官，自言。梁曰：「某時某喪，使公主某事，不能辦，以故不任公。」眾乃皆服。梁為會稽將，籍為裨將⓮，徇下縣。

2 秦二年⓯，廣陵⓰人召平為陳勝徇廣陵，未下。聞陳勝敗走，秦將章邯且至，迺渡江矯陳王令，拜梁為楚上柱國，曰：「江東已定，急引兵西擊秦。」梁迺以八千人渡江而西。聞陳嬰已下東陽⓱，使使欲與連和⓲俱西。陳嬰者，故東陽令史，居縣，素信，為長者。東陽少年殺其令，相聚數千人，欲立長，無適用，迺請陳嬰。嬰謝不能，遂強立之，縣中從之者得二萬人。欲立嬰為王，異軍蒼頭特起。嬰母謂嬰曰：「吾為迺⑲家婦，聞先故⑳未曾貴。今暴㉑得大名，不祥。不如有所屬，事成猶得封侯，事敗易以亡，非世所指名也。」嬰迺不敢為王，謂其軍吏曰：「項氏世世將家，有名於楚，今欲舉大事，將非其人，不可。我倚㉒名族，亡秦必矣。」其眾從之，迺以其兵屬梁。梁渡淮，英布、蒲將軍㉓亦以其兵屬焉。凡六七萬人，軍下邳㉔。

3 是時，秦嘉已立景駒為楚王，軍彭城㉕東，欲以距梁。梁謂軍吏曰：「陳王首事，戰不利，未聞所在。今秦嘉背陳王立景駒，大逆亡㉖道。」迺引兵擊秦嘉。軍敗走，追至胡陵㉗。嘉還戰一日，嘉死，軍降。景駒走死梁地。梁已并秦嘉軍，軍胡陵，將引而西。章邯至栗㉘，梁使別將朱雞石、餘樊君㉙與戰。餘樊君死。朱雞石敗，亡走胡陵。梁迺引兵入薛㉚，誅朱雞石。梁前使羽別攻襄城㉛，襄城堅守不下。已拔，皆阬㉜之，還報梁。聞陳王定死，召諸別將會薛計事。時沛公㉝亦從沛㉞往。

4 居鄛㉟人范增年七十，素好奇計，往說梁曰：「陳勝敗固當。夫秦滅六國，楚最亡罪，自懷王[36]入秦不反，楚人憐之至今，故南公稱曰『楚雖三戶，亡秦必楚』[37]。今陳勝首事，不立楚後，其勢不長。今君起江東，楚蠭起[38]之將皆爭附君者，以君世世楚將，為能復立楚之後也。」於是梁乃求楚懷王孫心，在民間為人牧羊，立以為楚懷王，從民望也。陳嬰為上柱國，封五縣，與懷王都盱台[39]。梁自號武信君，引兵攻亢父[40]。

5 初，章邯既殺齊王田儋於臨菑[41]，田假[42]復自立為齊王。儋弟榮走保東阿[43]，章邯追圍之。梁引兵救東阿，大破秦軍東阿。田榮即引兵歸，逐王假。假亡走楚，相田角亡走趙。角弟間，故將，居趙不敢歸。田榮立儋子市為齊王。梁已破東阿下軍，遂追秦軍。數使使趣[44]齊兵俱西。榮曰：「楚殺田假，趙殺田角、田間，迺發兵。」梁曰：「田假與國[45]之王，窮來歸我，不忍殺。」趙亦不殺角、間以市[46]於齊。齊遂不肯發兵助楚。梁使羽與沛公別攻城陽[47]，屠之。西破秦軍濮陽[48]東，秦兵收入濮陽。沛公、羽攻定陶[49]。定陶未下，去，西略地至雍丘[50]，大破秦軍，斬李由。還攻外黃[51]，外黃未下。

6 梁起東阿，比至定陶，再破秦軍，羽等又斬李由，益輕秦，有驕色。宋義諫曰：「戰勝而將驕卒惰者敗。今少[52]惰矣，秦兵日益[53]，臣為君畏之。」梁不聽。

迺使宋義於齊。道遇齊使者高陵君顯[54]，曰：「公將見武信君乎？」曰：「然。」義曰：「臣論武信君軍必敗。公徐行則免，疾行則及禍。」秦果悉起兵益章邯，夜銜枚[55]擊楚，大破之定陶，梁死。沛公與羽去外黃，攻陳留[56]，陳留堅守不下。沛公、羽相與謀曰：「今梁軍敗，士卒恐。」乃與呂臣俱引兵而東。呂臣軍彭城東，羽軍彭城西，沛公軍碭。

7 章邯已破梁軍，則以為楚地兵不足憂，迺渡河北[57]擊趙，大破之。當此之時，趙歇為王，陳餘為將，張耳為相，走入鉅鹿[58]城。秦將王離、涉間圍鉅鹿，章邯軍其南，築甬道[59]而輸之粟。陳餘將卒數萬人軍鉅鹿北，所謂河北軍也。

8 宋義所遇齊使者高陵君顯見楚懷王曰：「宋義論武信君必敗，數日果敗。軍未戰先見敗徵[60]，可謂知兵矣。」王召宋義與計事而說[61]之，因以為上將軍；羽為魯公，為次將，范增為末將。諸別將皆屬，號卿子冠軍[62]。北救趙，至安陽[63]，留不進。秦三年[64]，羽謂宋義曰：「今秦軍圍鉅鹿，疾引兵渡河，楚擊其外，趙應其內，破秦軍必矣。」宋義曰：「不然。夫搏牛之蝱不可以破蝨[65]。今秦攻趙，戰勝則兵罷[66]，我承其敝；不勝，則我引兵鼓行[67]而西，必舉[68]秦矣。故不如先鬭秦、趙。夫擊輕銳，我不如公；坐運籌策，公不如我。」因下令軍中曰：「猛如虎，很[69]如羊，貪如狼，強[70]不可令者，皆斬。」遣其子襄相齊，身送之無鹽[71]，飲酒高會[72]。天寒大雨，士卒凍飢。羽曰：「將勠力[73]而攻秦，久留不行。今歲飢民貧，卒食半菽[74]，軍無見[75]糧，迺飲酒高會，不引兵渡河因趙食，與併力擊秦，迺曰『承其敝』。夫以秦之強，攻新造之趙，其勢必舉趙。趙舉秦強，何敝之承！且國兵新破，王坐不安席，掃[76]境內而屬將軍，國家安危，在此一舉。今不卹士卒而徇私，非社稷之臣也。」羽晨朝上將軍宋義，即其帳中斬義頭。出令軍中曰：「宋義與齊謀反楚，楚王陰令籍誅之。」諸將讋服[77]，莫敢枝梧[78]。皆曰：「首立楚者，將軍家也。今將軍誅亂。」迺相與共立羽為假上將軍。使人追宋義子，及之齊，殺之。使桓楚報命於王。王因使使立羽為上將軍。

9 羽已殺卿子冠軍，威震楚國，名聞諸侯。乃遣當陽君、蒲將軍將卒二萬人渡河救鉅鹿。戰少利[79]，陳餘復請兵。羽迺悉引兵渡河。已渡，皆湛[80]船，破釜[81]甑[82]，燒廬舍，持三日糧，視士卒必死，無還心。於是至則圍王離，與秦軍遇，九戰，絕甬道，大破之，殺蘇角，虜王離。涉間不降，自燒殺。當是時，楚兵冠諸侯。諸侯軍救鉅鹿者十餘壁[83]，莫敢縱兵。及楚擊秦，諸侯皆從壁上觀。楚戰士無不一當十，呼聲動天地。諸侯軍人人惴恐。於是楚已破秦軍，羽見諸侯將，入轅門[84]，膝行85而前，莫敢仰視。羽繇86是始為諸侯上將軍，兵皆屬焉。

【章旨】以上為〈項羽傳〉的第二部分，寫項羽起兵至鉅鹿救趙這一時段史事。羽隨叔父項梁響應陳勝、吳廣的反秦而起兵會稽郡吳縣，並在陳勝失敗後統領楚地反秦主力，又擁立楚懷王孫心為楚懷王。秦將章邯攻滅項梁後，項羽奉懷王之命，以次將隨上將軍宋義率軍救趙，因至安陽後宋義按兵不動，遂於軍帳中斬之。於是率兵救鉅鹿，破釜沉舟，與秦軍決戰，大敗秦軍主力。項羽遂為諸侯上將軍，諸侯兵皆歸屬之。

【注釋】❶秦二世元年　即西元前二〇九年。❷假守　代理郡守。❸通　人名。晉灼曰：「《楚漢春秋》云姓殷。」❹江西　因長江下游九江至南京一段呈西南——東北流向，故古人稱此段長江以北地區為江西，此段以南地區為江東。❺夫子　敬稱對方。❻桓楚　人名，似為當地名士。《史記正義》張晏云：「項羽殺宋義時，桓楚為羽使懷王。」❼眴　使眼色。❽印綬　官印和綬帶（繫印的絲帶），是官吏權力的標誌。❾讋　喪膽；懼怕。❿下縣　顏師古曰：「四面諸縣也。非郡所都，故謂之下也。」⓫校尉　秦時職官名。統兵武職，出征時臨時任命，低於將軍，高於都尉，領一校（營）兵。⓬候　軍中主偵察或伺望敵情的小吏。⓭司馬　領兵武職，輔佐校尉領營兵，校尉缺則代行其職。⓮裨將　副將。⓯秦二年　應為秦二世二年。⓰廣陵　秦縣名，治今江蘇揚州西北。⓱東陽　秦縣名，治今江蘇盱眙東。⓲連和　聯合。⓳迺　你。⓴先故　先人祖上。㉑暴　突然。㉒倚　依靠。㉓蒲將軍　姓蒲，史失其名，生平不詳。㉔下邳　秦縣名，治今江蘇睢寧西北、邳州西南。㉕彭城　秦縣名，治所在今江蘇徐州。㉖亡　無。㉗胡陵　秦縣名，治今山東魚臺東南。㉘栗　秦縣名，治所在今河南夏邑。㉙餘樊君　人名，生平不詳。㉚薛　秦縣名，治今山東棗莊西。㉛襄城　秦縣名，治所在今河南襄城。㉜阬　同「坑」。㉝沛公　即劉邦，因其起兵、占領沛縣而為沛公，沛公意為沛縣之長。㉞沛　秦縣名，治所在今江蘇沛縣。㉟居鄛　亦作居巢，秦縣名，治今安徽安慶西北。㊱懷王　即楚懷王熊槐，西元前二九九年被騙入秦，遭扣留，客死於秦。㊲故南公二句　服虔曰：「南公，南方之老人也。」蘇林曰：「但令有三戶在，其怨深，足以亡秦。」㊳蠭起　像群蜂一樣興起。㊴盱台　即盱眙。㊵亢父　秦縣名，治今山東濟寧南、南陽湖邊。㊶臨菑　亦作臨淄，秦縣名，治今山東淄博東北。㊷田假　故齊王田建之弟。㊸東阿　秦縣名，治今山東東阿西南。㊹趣　催促。㊺與國　友好邦國。㊻市　交易。㊼城陽　秦縣名，治今山東菏澤東北。㊽濮陽　秦縣名，治今河南濮陽西南。㊾定陶　秦縣名，治今山東定陶西北。㊿雍丘　秦縣名，治所在今河南杞縣。(51)外黃　秦縣名，治今河南民權西北。(52)少　同「稍」。漸漸。(53)日益　一天天增加。(54)高陵君顯　人名，生平不詳。張晏曰：「名顯，封於高陵。」(55)銜枚　即口中銜形狀如筷子的木篾棍，並兩頭係繩而環繞頸項綁縛牢固。其作用是止人言語，以達到偷襲敵人之目的。(56)陳留　秦縣名，治今河南開封東南。(57)河北　黃河以北。(58)鉅鹿　亦作「巨鹿」。秦縣名，治今河北雞澤東北。(59)甬道　兩側築有牆垣的通道。(60)徵　徵兆。(61)說　同「悅」。(62)卿子冠軍　《史記集解》文穎曰：「卿子，時人相褒重之辭，猶言公子也。」顏師古曰：「冠軍，言其在諸軍之上。」(63)安陽　秦縣名，治今河南安陽東南。(64)秦三年指秦二世三年。(65)搏牛句　意即用手擊打牛身上之虻，不可用來破蝨。顏師古曰：「搏，擊也，言以手擊牛之背，可以殺其上虻，而不能破蝨，喻今將兵方欲滅秦，不可盡力與章邯即戰。或未能禽，徒費力也。」蝱，一種咬人吸血飛蟲。蝨，即虱。(66)罷　通「疲」。(67)鼓行　顏師古曰：「謂擊鼓而行，無畏懼也。」(68)舉　攻克。(69)佷　同「很」。《史記》原文為「很」。違逆；不聽從。《說文解字》：「很，不聽從也。」(70)強　固執。(71)無鹽　秦縣名，治今山東東平東南。(72)高會　大會賓客。(73)勠力　合力、盡力。勠，同「戮」。(74)半菽　平時一半的豆子。(75)見　同「現」。(76)掃　全。(77)讋服　畏懼服從。(78)枝梧即「支吾」。對付；應付。(79)少利　逐漸有利。少，通「稍」。(80)湛　同「沉」。(81)釜　鍋。(82)甑　蒸食或盛食之陶器。(83)壁營壘。(84)轅門　《史記集解》張晏曰：「軍行以車為陣，轅相向為門，故曰轅門。」(85)膝行　跪著行走。(86)繇　通「由」。

【語　譯】秦二世元年，陳勝起義。九月，一向認為項梁賢能的會稽代理郡守殷通，召集項梁等商議大事。項梁說：「如今江西都起義反秦，這也是上天滅亡秦國的時刻。先發可以制人，後發的則被人制。」郡守感歎著說：「聽說你是楚將世家，能帶領舉事的只有足下你！」項梁說：「吳地有一叫桓楚的奇士，逃亡在湖澤中，沒有人知道他在什麼地方，只有項籍知道。」項梁就告誡項籍持劍在外等候。項梁再次進入，對郡守說：「請召見項籍，讓他接受命令前往徵召桓楚。」項籍進入，項梁對項籍使眼色說：「可以行動了！」於是項籍拔劍擊斬郡守。項梁手持郡守的頭顱，佩戴上郡守的印綬。郡守門下眾人受驚騷亂，項籍擊殺了數百人。郡府裡的人都懾服，沒有敢再反抗的。項梁於是召集故人以及所認識的豪強官吏，告諭舉事的原因，於是發動吳地之兵起義。派人攻下附近各縣，得八千精兵，安排豪傑人士為校尉、軍候、司馬。有一人沒有被封官，自己來討要說法。項梁說：「某時某人的喪事，讓你主持某件事，你卻不能辦理，因此沒有任命你。」於是眾人都很信服。項梁擔任會稽將領，項籍為副將，占領周圍各縣。

2 秦二世二年，廣陵人召平為陳勝攻打廣陵，未攻下。聽說陳勝敗走，秦將章邯即將來到，於是渡江假借陳王命令，拜項梁為楚的上柱國，說：「江東已經平定，你急速引兵往西攻打秦國。」於是項梁率領八千士卒渡江而西。聽說陳嬰已攻下東陽，派使者想和陳嬰聯合一起向西進擊秦國。陳嬰是前東陽令史，住在東陽縣，一向誠信，是個長者。有一東陽少年殺了縣令，相聚數千人，想立一首領，沒有合適人選，就請陳嬰出面。陳嬰以沒有才能而辭謝，他們最終還是強立陳嬰，縣裡跟隨他的有二萬人。之後還想立陳嬰為王，軍隊用青布裹頭，獨樹一幟。陳嬰的母親對陳嬰說：「我成為陳家的媳婦以來，未曾聽說陳家的先人祖上富貴過。如今突然間擁有大名，不吉祥。不如讓自己有所歸屬，事成之後仍然可以封侯，事敗也容易逃亡，並不是世人都可以指出名姓的。」因此陳嬰不敢為王，對其軍士們說：「項氏世代為將領之家，有名於楚國，如今想成就大事，將領非其人不可。我們依靠名門望族，一定可以滅亡秦國。」眾人聽從陳嬰的號令，陳嬰就將所屬部隊交予項梁。項梁渡過淮河，英布、蒲將軍也將部隊歸屬於項梁。共計六、七萬人，駐紮在下邳。

3 此時，秦嘉已立景駒為楚王，駐紮在彭城東，想以此抗拒項梁。項梁對其軍士們說：「陳王首先起義，戰敗之後，不知人在什麼地方。如今秦嘉背棄陳王擁立景駒，實在是大逆無道。」就引兵攻擊秦嘉。秦嘉軍隊戰敗逃走，項梁率軍追到胡陵。秦嘉回過頭和項梁激戰一日，秦嘉陣亡，軍隊投降。景駒逃跑後死於梁地。項梁吞併了秦嘉軍隊，駐紮在胡陵，打算引軍向西進發。章邯率軍至栗縣，項梁派附屬部隊將領朱雞石、餘樊君與章邯軍交戰。餘樊君戰死。朱雞石被擊敗，逃亡到胡陵。項梁引兵進入薛縣，誅殺朱雞石。此前，項梁另外派項羽攻打襄城，襄城堅守一時沒有攻下。後來項羽攻破城池，將城內士眾全部坑殺，返回報告項梁。項梁得知陳王確定已死，於是召集各位將領聚在薛縣商討大事。當時沛公劉邦也從沛縣來到這裡。

4 居鄛人范增年已七十，平時好施奇計，前往遊說項梁說：「陳勝失敗是必然的。秦滅六國，楚國最無辜，自從楚懷王熊槐入秦而一去不返，楚人至今可憐他，所以南公說道『楚國即使只剩三戶，滅秦一定是楚國』。

如今陳勝首先起義，不立楚國之後，其勢力因此不會長久。現在您起義於江東，楚地如蜂而起的將領都爭著依附您的原因，就是您家世世為楚將，必然能復立楚國的後代。」於是項梁就派人尋找楚懷王的孫子熊心，後來發現他在民間為人牧羊，於是就立熊心為楚懷王，以順從民願。陳嬰為上柱國，封給他五縣，與懷王建都在盱台。項梁自號為武信君，帶著軍隊去攻打亢父。

5 此前，章邯在臨菑已經殺死齊王田儋，前齊王的弟弟田假又自立為齊王。田儋弟弟田榮逃出並保守東阿，章邯追趕且包圍了東阿。項梁引兵救東阿，並在東阿大破秦軍。田榮於是引兵回齊地，驅逐齊王田假。田假跑到楚國，其相田角跑到趙國。田角弟弟田間，是舊日的將領，留在趙國不敢回來。田榮擁立田儋的兒子田市為齊王。項梁已經打敗東阿城下的秦軍，接著追趕秦軍。多次派使者催促齊兵一起向西進發。田榮說：「如果楚國殺了田假，趙國殺了田角、田間，我就發兵。」項梁說：「田假是我友邦之王，窮迫時來歸屬於我，不忍心殺他。」趙國也不殺田角、田間，以此和齊進行交易。齊王最終不肯發兵幫助楚國。項梁派項羽與沛公另外攻打城陽，攻下後屠城。向西在濮陽東打敗秦軍，秦軍收集殘兵入據濮陽。沛公、項羽攻打定陶，定陶未攻下，於是離開，向西繼續攻城略地到達雍丘，在此大破秦軍，斬殺李由。回過頭攻打外黃，外黃沒有攻下。

6 項梁從東阿起兵，到了定陶後，再破秦軍，項羽等又斬殺李由，於是更加輕視秦軍，顯出驕傲之氣。宋義勸諫說：「打了勝仗而將領驕傲士兵怠惰的都會失敗。如今軍中已經漸漸顯露驕惰的現象，秦兵一天天增加，臣為您很擔心。」項梁不聽採。而派宋義到齊地去。宋義在路上遇見齊使者高陵君顯，說：「您要去見武信君嗎？」回答說：「對。」宋義說：「我預料武信君的軍隊必敗。您走慢一點則可保無事，走得快就要遇上災禍了。」秦國果然傾全力增加章邯的兵力，秦兵在夜間銜枚悄悄襲擊楚軍，在定陶大敗楚軍，項梁戰死。沛公與項羽離開外黃，攻打陳留，秦兵堅守陳留，陳留沒有攻下。沛公與項羽共同謀劃說：「如今項梁軍敗，怕士兵會恐慌。」就與呂臣一起引兵向東進發。呂臣駐紮在彭城東，項羽駐紮在彭城西，沛公駐紮在碭縣。

7 章邯打敗項梁軍，於是認為楚地之軍不值得擔憂，就渡過黃河向北攻打趙國，大敗趙軍。當時，趙歇為王，陳餘為將，張耳為相，逃到鉅鹿城中。秦將王離、涉間圍攻鉅鹿，章邯軍隊駐紮在鉅鹿城南，並修築甬道運輸糧食。陳餘率領數萬軍隊駐紮在鉅鹿城北，這就是所謂的河北軍。

8 宋義遇到的齊使者高陵君顯見到楚懷王說：「宋義預料武信君必敗，幾天後果然戰敗。軍隊未戰就先看出敗陣的徵兆，可以說是了解軍事。」懷王召見宋義並跟他商討大事後很喜歡宋義，因而封宋義為上將軍；封項羽為魯公，為次將，范增為末將。其他將領都歸屬宋義指揮，稱宋義為卿子冠軍。率軍往北去救趙國，來到安陽後，停留不再進軍。秦二世三年，項羽對宋義說：「如今秦軍圍困鉅鹿，應該迅速引兵渡河，楚兵在外圍進攻，趙兵在城內接應，一定可以打敗秦軍。」宋義說：「不對。用手擊打牛身上的虻，不可用來破蝨。現在秦攻趙，戰勝則秦兵疲憊，我們可乘其衰敗；如果不能戰勝，則我們可擊鼓而向西進軍，一定能攻克秦軍。因此不如先讓秦、趙鬥起來。說到攻擊精銳部隊，我不如你；但運籌帷幄，你不如我。」並下令軍中說：「兇猛如虎，違逆如羊，貪食如狼，固執不順從號令者，都要斬首。」派遣他的兒子宋襄去齊國為相，親自送到無鹽縣，飲酒大會賓客。當時天氣很冷又下大雨，士卒挨餓受凍。項羽說：「應該合力進攻秦兵，卻長時間停留不進軍。今年收成不好老百姓很貧困，士卒只能吃到平時一半的豆子，軍中沒有現存的糧食，卻飲酒大會賓客，不帶兵渡過黃河去依靠趙國的糧食，與他們合力擊秦，還說『承其衰敗』。憑藉秦國的強大，攻打剛剛建立的趙國，攻克趙國是必然的事。趙國被攻破則秦國更加強大，還承什麼衰敗！況且楚國軍隊剛被打敗，懷王坐立難安，把全境內的兵力歸他管轄，國家的安危，就在此一舉。如今不撫恤士卒而徇私情，不是保衛社稷之臣。」項羽早上拜見上將軍宋義，就在帳中斬下宋義之頭。出帳號令軍中說：「宋義與齊國謀劃反楚，楚懷王祕密命令我誅殺他。」諸將畏懼服從，不敢抵抗。都說：「首先建立楚國的，是將軍之家。如今將軍平定了暴亂。」就一起擁立項羽為代理上將軍。派人去追宋義的兒子，趕到齊國時，殺了他。派桓楚向楚懷王報告。楚懷王於是派使臣封項羽為上將軍。

9 項羽殺了卿子冠軍宋義，威震楚國，諸侯無人不知。項羽接著派遣當陽君、蒲將軍率領二萬士兵渡過黃河去救鉅鹿。戰事逐漸有利，陳餘再次請求增兵。於是項羽就率領全部士兵渡河。渡過後，把船都沉入水裡，打破鍋碗瓢盆，燒毀兵營，帶著三日的糧食，顯示士兵死戰之決心，沒有返回的打算。於是一到就包圍了王離，與秦軍相遇，九次交戰，斷絕了秦軍運輸糧食的甬道，大敗秦軍，殺其部將蘇角，俘虜王離。涉間不投降，自焚而死。當時，楚兵在諸侯軍隊中最為勇敢。諸侯軍隊救鉅鹿城的有十幾處，都不敢出兵解圍。等到楚兵進攻秦兵時，諸侯都在營壘上觀看。楚國的戰士無不以一當十，呼喊之聲振動天地。諸侯軍人人心懷恐懼。楚軍打敗秦軍之後，項羽召見各諸侯將領，進入轅門時，諸侯軍將領都跪著向前行進，沒有敢仰頭看的。項羽從此開始成為諸侯上將軍，士兵都歸屬於他。

1 章邯軍棘原❶，羽軍漳❷南，相持未戰。秦軍數卻❸，二世使人讓❹章邯。章邯恐，使長史❺欣請事❻。至咸陽，留司馬門❼三日，趙高不見，有不信之心。長史欣恐，還走，不敢出故道。趙高果使人追之，不及。欣至軍，報曰：「事亡可為者❽。相國趙高顓國❾主斷。今戰而勝，高嫉吾功；不勝，不免於死。願將軍熟計之。」陳餘亦遺❿章邯書曰：「白起⓫為秦將，南并鄢郢⓬，北阬馬服⓭，攻城略地，不可勝計，而卒賜死。蒙恬⓮為秦將，北逐戎人⓯，開榆中⓰地數千里，竟斬陽周⓱。何者？功多，秦不能封，因以法誅之。今將軍為秦將三歲矣，所亡失已十萬數，而諸侯並起茲⓲益多。彼趙高素諛日久，今事急，亦恐二世誅之，故欲以法誅將軍以塞責，使人更代以脫其禍。將軍居外久，多內隙⓳，有功亦誅，亡功亦誅。且天之亡秦，無愚智皆知之。今將軍內不能直諫，外為亡國將，孤立而欲長存，豈不哀哉！將軍何不還兵與諸侯為從⑳，南面稱孤㉑，孰與㉒身伏斧質㉓，妻子為戮乎？」章邯狐疑㉔，陰使候㉕始成㉖使羽，欲約。約未成，羽使蒲將軍引兵渡三戶㉗，軍漳南，與秦戰，再破之。羽悉引兵擊秦軍汙水㉘上，大破之。

2 邯使使見羽，欲約。羽召軍吏謀曰：「糧少，欲聽其約。」軍吏皆曰：「善。」羽乃與盟洹水㉙南殷虛㉚上。已盟，章邯見羽流涕，為言趙高。羽迺立章邯為雍王，置軍中。使長史欣為上將，將秦軍行前。

3 漢元年㉛，羽將諸侯兵三十餘萬，行略地至河南，遂西到新安㉜。異時諸侯吏卒傜役屯戍過秦中㉝，秦中遇㉞之多亡狀㉟，及秦軍降諸侯，諸侯吏卒乘勝奴虜使之，輕㊱重折辱㊲秦吏卒。吏卒多竊言曰：「章將軍等詐吾屬降諸侯，今能入關破秦，大善；即不能，諸侯虜吾屬而東，秦又盡誅吾父母妻子。」諸將微㊳聞其計，以告羽。羽迺召英布、蒲將軍計曰：「秦吏卒尚眾，其心不服，至關㊴不聽，事必危，不如擊之，獨與章邯、長史欣、都尉翳㊵入秦。」於是夜擊阬秦軍二十餘萬人。

4 至函谷關，有兵守，不得入。聞沛公已破咸陽，羽大怒，使當陽君擊關。羽遂入，至戲㊶西鴻門㊷，聞沛公欲王關中，獨有秦府庫珍寶。亞父㊸范增亦大怒，勸羽擊沛公。饗㊹士，旦日合戰。羽季父項伯素善張良。良時從沛公，項伯夜以語良。良與俱見沛公，因伯自解於羽。明日，沛公從百餘騎至鴻門謝羽，自陳「封秦府庫，還軍霸上㊺以待大王，閉關以備他盜，不敢背德」。羽意既解㊻，范增欲害沛公，賴張良、樊噲得免。語在高紀㊼。

5 後數日，羽迺屠咸陽，殺秦降王子嬰㊽，燒其宮室，火三月不滅；收其寶貨，略婦女而東。秦民失望。於是韓生㊾說羽曰：「關中阻山帶河㊿，四塞(51)之地，肥饒，可都以伯(52)。」羽見秦皆已燒殘，又懷思東歸，曰：「富貴不歸故鄉，如衣錦夜行(53)。」韓生曰：「人謂楚人沐猴而冠(54)，果然。」羽聞之，斬韓生。

6 初，懷王與諸將約，先入關者王其地。羽既背約，使人致命(55)於懷王。懷王曰：「如約。」羽迺曰：「懷王者，吾家武信君所立耳，非有功伐(56)，何以得顓(57)主約？天下初發難，假(58)立諸侯後以伐秦。然身被堅執銳首事，暴露於野三年，滅秦定天下者，皆將相諸君與籍力也。懷王亡功，固當分其地王之。」諸將皆曰：「善。」羽迺陽尊懷王為義帝，曰：「古之王者，地方(59)千里，必居上游。」徙之長沙[60]，都郴[61]。迺分天下以王諸侯。

7 羽與范增疑沛公，業已講解[62]，又惡[63]背約恐諸侯叛之，陰謀曰：「巴[64]、蜀[65]道險，秦之遷民皆居之。」迺曰：「巴、蜀亦關中地。」故立沛公為漢王，王巴、蜀、漢中[66]。而參[67]分關中，王秦降將以距塞[68]漢道。迺立章邯為雍王，王咸陽以西。長史司馬欣，故櫟陽獄吏，嘗有德於梁；都尉董翳，本勸章邯降。故立欣為塞王，王咸陽以東至河；立翳為翟王，王上郡[69]。徙魏王豹為西魏王，王河東[70]。瑕丘公申陽[71]者，張耳嬖[72]臣也，先下河南，迎楚河上。立陽為河南王。趙將司馬卬定河內[73]，數有功。立卬為殷王，王河內。徙趙王歇王代[74]。趙相張耳素賢，又從入關，立為常山王，王趙地。當陽君英布為楚將，常冠軍[75]。立布為九江[76]王。番[77]君吳芮帥百粵[78]佐諸侯從入關。立芮為衡山[79]王。義帝柱國共敖將兵擊南郡[80]，功多，因立為臨江王。徙燕王韓廣為遼東[81]王。燕將臧荼[82]從楚救趙，因從入關。立荼為燕王。徙齊王田市為膠東[83]王。齊將田都從共救趙，入關。立都為齊王。故秦所滅齊王建孫田安，羽方渡河救趙，安下濟北[84]數城，引兵降羽。立安為濟北王。田榮者，背梁不肯助楚擊秦，以故不得封。陳餘棄將印去，不從入關，然素聞其賢，有功於趙，聞其在南皮[85]，故因環封[86]之三縣。番君將梅鋗[87]功多，故封十萬戶侯。羽自立為西楚(88)伯(89)王，王梁楚地九郡，都彭城。

【章旨】以上為〈項羽傳〉的第三部分，寫項羽救趙後引兵入關中，滅秦後大封諸侯之過程。他在趙地大敗秦軍主力後，招降秦主將章邯，坑殺秦卒二十萬人，進軍關中。在鴻門宴上放過劉邦一馬。接著屠咸陽，殺秦降王子嬰，燒秦宮室，擄掠貨寶東歸。還大封十八諸侯，自立為西楚霸王，都彭城。

【注釋】❶棘原　古地名，約在今河北平鄉南。❷漳　古水名。發源於山西昔陽東南，流經秦時所置上黨、邯鄲、鉅鹿郡入渤海。❸郤　倒退。❹讓　指責。❺長史　秦時所置官，掌顧問參謀。❻請事　請託說情。❼司馬門　顏師古曰：「凡言司馬門者，宮垣之內兵衛所在，四面皆有司馬。司馬主武事，故總謂宮之外門為司馬門。」❽事亡句　指戰事不能再進行下去。❾顓國　專權國事。顓，通「專」。❿遺　送與。⓫白起　戰國時秦國大將，曾破韓魏聯軍斬首二十四萬；在長平大破趙軍，坑殺降卒四十餘萬；發兵攻楚，長驅破郢。後被賜自殺。《史記》有其本傳。⓬鄢郢　戰國楚國的兩處地名。鄢，秦縣名，治今湖北宜城南。郢，楚國都城，在今湖北江陵東北。⓭馬服　服虔曰：「馬服，趙括也。父奢為趙將，有功，賜號馬服。馬服猶服馬也，故世稱之。」⓮蒙恬　秦朝將領，其家世代為秦重臣。秦統一六國後，率兵擊退匈奴。後居外十餘年，鎮守北疆。趙高立二世，矯詔逼令其自殺。《史記》有其本傳。⓯戎人　此指匈奴。⓰榆中　古地區名。在今陝西北部、內蒙河套地區一帶。⓱陽周　秦縣名，治今陝西綏德西。⓲茲　通「滋」。滋長。⓳多內隙　朝內有許多人和你有隔閡或仇恨。⓴與諸侯為從　與這些諸侯王合縱共敵秦。從，通「縱」。合縱：聯合。㉑南面稱孤　面南稱君稱王。㉒孰與　熟語，意即兩者相比哪個更好。㉓斧質　斬人用的大斧及其承斧之砧板。㉔狐疑　猶豫。㉕候　軍候，軍中擔任偵察任務的士兵。㉖始成　人名，生平不詳。㉗三戶　服虔曰：「漳水津也。」古漳水上的渡口名。據韓兆琦《史記箋證》云，此渡口「在今河北省磁縣西南」。㉘汙水　古水名。源出河北武安西之太行山，東流至今臨清入漳水，今已乾涸。㉙洹水　古水名，今之安陽河。㉚殷虛　即殷墟，故殷商之都城，舊址在今河南安陽西。㉛漢元年　即漢王劉邦元年，西元前二〇六年。㉜新安　秦縣名，治今河南澠池東。㉝秦中　關中秦地，即今陝西中部地區。㉞遇　待遇；對待。㉟亡狀　顏師古曰：「無善形狀也。」即無禮，惡劣。㊱輕　輕率。㊲折辱　折磨凌辱。㊳微　暗地裡。㊴關　函谷關。㊵翳　人名，即董翳。㊶戲　古地名。在今陝西臨潼東。㊷鴻門　古地名。在戲之西南。㊸亞父　項羽對范增的敬稱。㊹饗　設宴款待。㊺霸上　亦作「灞上」。古地區名，即灞水之上。在今西安東南白鹿原。㊻解　鬆懈；寬緩。㊼高紀　即本書卷一〈高帝紀〉。㊽子嬰　秦朝末代王。西元前二〇七年，趙高殺二世，他被立為王，去帝號。即位後族殺趙高。㊾韓生　一位姓韓的儒生，生平不詳。㊿阻山帶河　華山為險阻，瀕臨黃河。(51)四塞　周圍有四個關口，即東部函谷關，南部武關（故址在今陝西商南南），西部散關（亦稱大散關，故址在今陝西寶雞西南大散嶺上），北部蕭關（故址在今寧夏固原東南）。故這一地區亦稱「關中」。(52)可都以伯　意即可以在此建立都城成就霸業。都，建都。伯，通「霸」。(53)富貴二句　顏師古曰：「言無人見之，不榮顯矣。」意即富貴了不回故鄉，如同穿上華麗的錦繡衣服夜間行走一樣。(54)沐猴而冠　張晏曰：「沐猴，獼猴也。」顏師古曰：「言雖著人衣冠，其心不類人也。」(55)致命　回覆請示。(56)功伐　功績。伐，張晏曰：「積功為伐。」(57)顓　通「專」。(58)假　暫時。(59)地方　土地方圓。(60)長沙　秦郡名，治所在今湖南長沙。(61)郴　秦縣名，治所在今湖南郴州。(62)講解　講和。(63)惡　忌諱。(64)巴　秦郡名，治今重慶嘉陵江北。(65)蜀　秦郡名，治所在今成都。(66)漢中　秦郡名，治所在今陝西漢中。(67)參　通「三」。(68)距塞　抗拒阻塞。(69)上郡　秦郡名，治今陝西榆林東南。(70)河東　秦郡名，治今山西運城東北。(71)瑕丘公中陽　孟康曰：「瑕丘縣之老人也，姓申名陽。」瑕丘，秦縣名，治今山東兗州東北。(72)嬖　寵幸。(73)河內　秦郡名，治今河南武陟西南。(74)代　秦郡名，治今河北蔚縣東北。(75)冠軍　英勇冠於諸軍。(76)九江　秦郡名，治所在今安徽壽縣。(77)番　舊時對周邊部族或外國的稱呼。(78)百粵　即百越，是中原漢族對居住在今東南沿海省份眾多越人部族的統稱。(79)衡山　秦郡名，治今湖北黃岡北。(80)南郡　秦郡名，治所在今湖北江陵。(81)遼東　秦郡名，治所在今遼寧遼陽。(82)臧荼　西漢初期諸侯王，後反叛，被劉邦誅殺。(83)膠東　秦郡名，治今山東平度東。(84)濟北　秦郡名，治今山東泰安東南。(85)南皮　秦縣名，治今河北南皮北。(86)環封　孟康曰：「繞南皮三縣以封之。」(87)梅鋗　人名，生平不詳。(88)西楚　《史記集解》孟康曰：「舊名江陵為南楚，吳為東楚，彭城為西楚。」(89)伯　通「霸」。

【語　譯】章邯軍駐紮在棘原，項羽軍駐紮在漳水之南，雙方相持未開打。秦軍曾幾次後退，秦二世派人指責章邯。章邯心裡恐懼，派長史司馬欣前往朝中請託說情。到咸陽後，被留在司馬門三天，趙高始終不接見，有不信任之心。長史司馬欣十分恐懼，急忙回返，不敢走原路。趙高果然派人追司馬欣，但沒有追上。司馬欣來到軍中，報告說：「事情已經不可為。相國趙高專斷國事。今天如果戰勝，趙高會嫉妒我們的功勞；如果失敗，也不能免於死。希望將軍深思熟慮。」陳餘也派人送給章邯書信說：「白起為秦將，南併楚國鄢、郢兩地，北坑趙國馬服，攻城掠地，所占領的不計其數，而最終被賜死。蒙恬為秦將，北逐匈奴，開闢數千里榆中地，最後被斬於陽周。什麼原因呢？功勞多，秦王卻無法封賞，因此假借法令殺他。如今將軍為秦將已經三年，亡失的士兵已達十萬，而各地諸侯並起數量越來越多。那個趙高向來只會討好二世，如今事情緊急，也擔心二世殺他，所以又想假借法令殺將軍以推卸責任，使人代替他以脫離禍患。將軍在外時間很長，朝內有許多人是你的仇敵，有功被殺，無功也是被殺。況且上天滅亡秦國，無論是愚者、智者都清楚。現在將軍在朝內不能進言直諫，在朝外為亡國之將，孤立無助而想長存，豈不悲哀！將軍何不退兵與諸侯聯合攻秦，將來面南稱王，這和自身被誅，妻子兒女被殺戮哪個更好呢？」章邯心存疑慮，暗中派軍候始成出使項羽，想簽訂和約。和約未簽成，項羽派蒲將軍領士兵渡過三戶津，駐紮在漳水之南，與秦軍交戰，再次打敗秦軍。項羽接著率領所有的軍隊在汙水一帶進擊並大敗秦軍。

2 章邯又派使者來見項羽，想簽訂和約。項羽召集軍吏們謀劃說：「我們的糧食少，想和他簽訂和約。」軍吏們都說：「好。」項羽就和章邯在洹水南邊的殷墟上簽訂盟約。簽約後，章邯見到項羽，流著眼淚為其講述趙高之事。項羽就立章邯為雍王，安置在軍中。使長史司馬欣為上將，率領秦國軍隊行進在部隊之前。

3 漢王元年，項羽率領三十餘萬諸侯士兵，邊行軍邊略地來到黃河南岸，繼續向西到新安。過去諸侯國的吏卒服徭役屯戍邊地經過關中一帶時，秦國人都無禮地對待他們，這時秦國軍隊投降各諸侯國，諸侯國的吏卒乘勝勢奴役使派他們，輕率地重重折磨凌辱秦國的吏卒。秦軍吏卒中很多人竊竊私語說：「章將軍欺騙我們投降諸侯軍，如今若能入關破秦，再好不過；若不能，諸侯軍俘虜我們而東去，秦國又會全部殺掉我們的父母妻子。」諸將暗地裡聽到了他們的盤算，將此告訴了項羽。項羽就召集英布、蒲將軍一起計議說：「秦國的吏卒人數眾多，他們心中不服，到了函谷關如果不聽令，事情一定很危險，不如殺掉他們，只與章邯、長史司馬欣、都尉董翳等人入秦。」於是在夜間擊殺活埋二十餘萬秦軍。

4 項羽軍來到函谷關，有劉邦軍隊把守，不能進入。聽說劉邦已攻破咸陽城，項羽大怒，派當陽君英布攻打函谷關。項羽進入函谷關，來到戲之西的鴻門，並聽到沛公想在關中為王，獨自占有秦國府庫中的珍寶。

亞父范增也大怒，勸項羽攻擊沛公。於是大擺酒席款待士卒，準備第二天會戰。項羽的小叔父項伯一向和張良友善。張良當時跟隨沛公，項伯連夜將此事告訴了張良。張良與項伯一起去見沛公，沛公便決定通過項伯向項羽進行解釋。第二天，沛公率領著百餘騎兵到鴻門向項羽道歉，自我陳述「封存了秦的府庫，還軍於霸上以等待大王，關閉函谷關是為了防止其他的盜寇，不敢背棄已有的承諾」。項羽的敵意為此而鬆懈，范增想害沛公，但依靠張良、樊噲的周旋得以免除。詳細情況記載在〈高帝紀〉中。

5　後數日內，項羽屠滅咸陽城，殺了投降的秦王子嬰，燒毀秦朝的宮室，大火三月不滅；收集府庫的珍寶財貨，虜掠婦女東歸。秦地老百姓大失所望。此時韓生遊說項羽說：「關中以華山為險阻，瀕臨黃河，四關把守之地，土地肥沃富饒，可以在此建立都城成就霸業。」項羽看到秦宮室都已燒毀殘破，又想著東歸故鄉，說：「富貴了不歸故鄉，如同穿著錦繡衣服夜行。」韓生說：「人們說楚人如同穿著衣冠的獼猴，果真是這樣。」項羽聽到後，斬殺了韓生。

6　此前，懷王與諸將約定，先進入關中者在其地稱王。項羽已經背棄約定，使人向懷王回覆請示。懷王批覆說：「按約定辦。」項羽卻說：「懷王這個人，是我家武信君項梁所立，並沒有功績，何以能專斷君主之約？天下剛剛起義時，暫時立諸侯王的後代以討伐秦朝。然而親自披堅執銳帶頭發難，在原野血戰三年，消滅秦國平定天下，都是靠將相諸君與我項籍的力量。懷王無功，本就應分其地稱王。」諸將都說：「好。」於是項羽表面上尊懷王為義帝，並說：「古代君王，土地方圓千里，必居水之上游。」就遷徙懷王到長沙，建都於郴縣。並分割天下讓諸侯在各地稱王。

7　項羽與范增懷疑沛公，雖然已經講和，又忌諱背約一事而擔心各路諸侯背叛他，暗中謀劃說：「巴郡、蜀郡道路險要，秦時被遷徙之民都居於此。」就說：「巴、蜀也是關中之地。」因此立沛公為漢王，擁有巴、蜀、漢中三郡。而把關中一分為三，封秦降將為王以抗拒阻塞漢王之道。於是立章邯為雍王，擁有咸陽以西。原秦長史司馬欣，是前櫟陽獄吏，曾對項梁有恩；都尉董翳，最早勸章邯投降。所以立司馬欣為塞王，擁有咸陽以東至黃河一帶；立董翳為翟王，擁有上郡一帶。遷魏王魏豹為西魏王，擁有河東郡一帶。瑕丘公申陽，是張耳的幸臣，先占領黃河南岸，迎楚軍於河上。立申陽為河南王。趙將司馬卬平定河內郡，多次建功。立司馬卬為殷王，擁有河內郡一帶。遷趙王趙歇占據代郡一帶。趙相張耳一向賢能，又跟隨入關，立為常山王，擁有原趙國之地。當陽君英布為楚將，常勇冠三軍。立英布為九江王。番君吳芮曾率百粵之軍輔佐諸侯並跟隨入關。立吳芮為衡山王。義帝的上柱國共敖率兵擊南郡，多次立功，因而立為臨江王。遷燕王韓廣為遼東王。燕將臧荼跟隨楚救趙，並隨著入關。立臧荼為燕王。遷齊王田市為膠東王。齊將田都跟隨楚軍一塊救趙、入關。立田都為齊王。為秦所滅原齊王田建之孫田安，當項羽正渡河救趙時，田安攻下濟北郡幾座城池，引兵投降項羽。立田安為濟北王。田榮，背棄項梁不肯助楚擊秦，因此沒有封王。陳餘棄將印而去，沒有跟隨入關，然平素聽說其人賢德，有功於趙，得知他在南皮，因此封其南皮周圍三縣。番君之將梅鋗功多，所以封其為十萬戶侯。項羽自立為西楚霸王，擁有梁楚之地九郡，建都於彭城。

1 諸侯各就國。田榮聞羽徙齊王市膠東，而立田都為齊王，大怒，不肯遣市之❶膠東，因以齊反，迎擊都。都走楚。市畏羽，迺亡之膠東就國。榮怒，追殺之即墨❷，自立為齊王。予彭越❸將軍印，令反梁地。越迺擊殺濟北王田安。田榮遂并王三齊❹之地。時漢王還定三秦❺。羽聞漢并關中，且東，齊、梁畔之，大怒，迺以故吳令❻鄭昌為韓王以距❼漢，令蕭公角❽等擊彭越。越敗蕭公角等。時，張良徇韓，遺❾項王書曰：「漢王失職，欲得關中，如約即止，不敢東。」又以齊、梁反書遺羽，羽以此故無西意，而北擊齊。徵兵九江王布。布稱疾不行，使將將數千人往。二年⑩，羽陰使九江王布殺義帝。陳餘使張同、夏說⑪說齊王榮，曰：「項王為天下宰不平⑫，今盡王故王於醜地⑬，而王群臣諸將善地，逐其故主趙王，迺北居代，餘以為不可。聞大王起兵，且不聽不義⑭，願大王資餘兵，使擊常山⑮，以復趙王，請以國為扞蔽⑯。」齊王許之，因遣兵往。陳餘悉三縣兵，與齊併力擊常山，大破之。張耳走歸漢。陳餘迎故趙王歇反之趙。趙王因立餘為代王。羽至陽城，田榮亦將兵會戰。榮不勝，走至平原⑰，平原民殺之。羽遂北燒夷⑱齊城郭宮室，皆阬降卒，係虜老弱婦女。徇齊至北海⑲，所過殘滅。齊人相聚而畔⑳之。於是田榮弟橫收得亡卒數萬人，反城陽。羽因留，連戰未能下。

2 漢王劫五諸侯兵㉑，凡五十六萬人，東伐楚。羽聞之，即令諸將擊齊，而自以精兵三萬人南從魯㉒出胡陵。漢王皆已破彭城，收其貨賂美人，日置酒高會。羽迺從蕭㉓晨擊漢軍而東，至彭城，日中，大破漢軍。漢軍皆走，迫之穀㉔、泗水㉕。漢軍皆南走山，楚又追擊至靈辟㉖東睢水㉗上。漢軍卻，為楚所擠，多殺。漢卒十餘萬皆入睢水，睢水為不流。漢王乃與數十騎遁去。語在高紀。太公、呂后間㉘求漢王，反遇楚軍。楚軍與歸，羽常置軍中。

3 漢王稍㉙收散卒，蕭何亦發關中卒悉詣㉚滎陽，戰京㉛、索㉜間，敗楚。楚以故不能過滎陽而西。漢軍滎陽，築甬道，取敖倉食。三年㉝，羽數擊絕漢甬道，漢王食乏，請和，割滎陽以西為漢。羽欲聽之。歷陽侯范增曰：「漢易與㉞耳，今不取，後必悔之。」羽乃急圍滎陽。漢王患之，乃與陳平金四萬斤以間㉟楚君臣。語在陳平傳。項羽以故疑范增，稍奪之權。范增怒曰：「天下事大定矣，君王自為之！願賜骸骨歸㊱。」行未至彭城，疽㊲發背死。於是漢將紀信詐為漢王出降，以誑楚軍，故漢王得與數十騎從西門出。令周苛、樅公、魏豹守滎陽。漢王西入關收兵，還出宛㊳、葉㊴間，與九江王黥布㊵行收兵。羽聞之，即引兵南。漢王堅壁㊶不與戰。

4 是時，彭越渡睢，與項聲、薛公戰下邳㊷，殺薛公。羽迺東擊彭越。漢王亦引兵北軍成皋㊸。羽已破走彭越，引兵西下滎陽城，亨㊹周苛，殺樅公，虜韓王信，進圍成皋。漢王跳㊺，獨與滕公㊻得出。北渡河，至修武㊼，從張耳、韓信。楚遂拔成皋。漢王得韓信軍，留止，使盧綰、劉賈渡白馬津㊽入楚地，佐彭越共擊破楚軍燕㊾郭西，燒其積聚，攻下梁地十餘城。羽聞之，謂海春侯大司馬㊿曹咎曰：「謹守成皋。即漢欲挑戰，慎毋與戰，勿令得東而已。我十五日必定梁地，復從(51)將軍。」於是引兵東。

5 四年，羽擊陳留、外黃，外黃不下。數日降，羽悉令男子年十五以上詣城東，欲阬之。外黃令舍人[52]兒年十三，往說羽曰：「彭越彊劫外黃，外黃恐，故且降，待大王。大王至，又皆阬之，百姓豈有所歸心哉！從此以東，梁地十餘城皆恐，莫肯下矣。」羽然其言，乃赦外黃當阬者。而東至睢陽[53]，聞之皆爭下。

6 漢果數挑楚軍戰，楚軍不出。使人辱之，五六日，大司馬怒，渡兵汜水[54]。卒半渡，漢擊，大破之，盡得楚國金玉貨賂。大司馬咎、長史欣皆自剄汜水上。咎故蘄獄掾，欣故塞王，羽信任之。羽至睢陽，聞咎等破，則引兵還。漢軍方圍鍾離昧[55]於滎陽東，羽軍至，漢軍畏楚，盡走險阻。羽亦軍廣武相守，乃為高俎[56]，置太公其上，告漢王曰：「今不急下，吾亨太公。」漢王曰：「吾與若[57]俱北面[58]受命懷王，約為兄弟，吾翁即汝[59]翁。必欲亨迺[60]翁，幸分我一盃[61]羹。」羽怒，欲殺之。項伯曰：「天下事未可知。且為天下者不顧家，雖殺之無益，但益怨耳。」羽從之。迺使人謂漢王曰：「天下匈匈[62]，徒以吾兩人。願與王挑戰，決雌雄，毋徒罷[63]天下父子為也。」漢王笑謝曰：「吾寧鬬智，不能鬬力。」羽令壯士出挑戰。漢有善騎射曰樓煩[64]，楚挑戰，三合，樓煩輒射殺之。羽大怒，自被[65]甲持戟挑戰。樓煩欲射，羽瞋目叱之。樓煩目不能視，手不能發，走還入壁，不敢復出。漢王使間[66]問之，迺羽也。漢王大驚。於是羽與漢王相與臨廣武間[67]而語。漢王數羽十罪。語在高紀。羽怒，伏弩射傷漢王。漢王入成皐。

7 時彭越數反梁地，絕楚糧食，又韓信破齊，且欲擊楚。羽使從兄[68]子項它為大將，龍且為裨將[69]，救齊。韓信破殺龍且，追至成陽，虜齊王廣。信遂自立為齊王。羽聞之，恐，使武涉往說信。語在信傳。

8 時，漢關中兵益出，食多，羽兵食少。漢王使侯公說羽，羽迺與漢王約，中分天下，割鴻溝[70]而西者為漢，東者為楚，歸漢王父母妻子。已約，羽解[71]而東。五年，漢王進兵追羽，至固陵[72]，復為羽所敗。漢王用張良計，致齊王信、建成侯[73]、彭越兵，及劉賈入楚地，圍壽春[74]。大司馬周殷叛楚，舉九江兵隨劉賈，迎黥布，與齊梁諸侯皆大會。

9 羽壁垓下[75]，軍少食盡。漢帥諸侯兵圍之數重。羽夜聞漢軍四面皆楚歌，迺驚曰：「漢皆已得楚乎？是何楚人多也！」起飲帳中。有美人姓虞氏，常幸從；駿馬名騅，常騎。迺悲歌忼慨[76]，自為歌詩曰：「力拔山兮氣蓋世，時不利兮騅不逝[77]。騅不逝兮可柰何[78]！虞兮虞兮柰若何[79]！」歌數曲，美人和之。羽泣下數行，左右皆泣，莫能仰視。

10 於是羽遂上馬，戲(80)下騎從者八百餘人，夜直潰圍南出馳。平明(81)，漢軍迺覺之，令騎將灌嬰以五千騎追羽。羽渡淮，騎能屬者百餘人。羽至陰陵(82)，迷失道，問一田父(83)，田父紿(84)曰「左」。左，乃陷大澤中，以故漢追及之。羽復引而東，至東城(85)，迺有二十八騎。追者數千，羽自度(86)不得脫，謂其騎曰：「吾起兵至今八歲矣，身七十餘戰，所當(87)者破，所擊者服，未嘗敗北(88)，遂伯(89)有天下。然今卒困於此，此天亡我，非戰之罪也。今日固決死，願為諸君決戰，必三勝，斬將，艾(90)旗，迺後死，使諸君知吾非用兵罪，天亡我也。」於是引其騎因四隤山(91)而為圜陳(92)外嚮(93)。漢騎圍之數重。羽謂其騎曰：「吾為公取彼一將。」令四面騎馳下，期山東為三處(94)。於是羽大呼馳下，漢軍皆披靡(95)。遂殺漢一將。是時，楊喜為郎騎，追羽，羽還叱之，喜人馬俱驚，辟易(96)數里。與其騎會三處。漢軍不知羽所居，分軍為三，復圍之。羽迺馳，復斬漢一都尉，殺數十百人。復聚其騎，亡兩騎。迺謂騎曰：「何如？」騎皆服曰：「如大王言。」

11 於是羽遂引東，欲渡烏江(97)。烏江亭長(98)檥(99)船待，謂羽曰：「江東雖小，地方千里，眾數十萬，亦足王也。願大王急渡。今獨臣有船，漢軍至，亡以渡。」羽笑曰：「迺天亡我，何渡為！且籍與江東子弟八千人渡而西，今亡一人還，縱(100)

江東父兄憐而王我，我何面目見之哉？縱彼不言，籍獨不愧於心乎！」謂亭長曰：「吾知公長者也，吾騎此馬五歲，所當亡敵，嘗一日千里，吾不忍殺，以賜公。」迺令騎皆去馬，步持短兵接戰。羽獨所殺漢軍數百人。羽亦被[101]十餘創。顧[102]見漢騎司馬[103]呂馬童曰：「若非吾故人乎？」馬童面[104]之，指王翳曰：「此項王也。」羽迺曰：「吾聞漢購我頭千金，邑萬戶，吾為公得。」迺自剄。王翳取其頭，亂相輮[105]蹈爭羽相殺者數十人。最後楊喜、呂馬童、郎中呂勝、楊武各得其一體。故分其地以封五人，皆為列侯[106]。

12 漢王迺以魯公號葬羽於穀城[107]。諸項支屬[108]皆不誅。封項伯等四人為列侯，賜姓劉氏。

【章旨】以上為〈項羽傳〉的第四部分，主要寫楚漢相爭的過程。項羽所封諸侯就國時，田榮先在齊地反叛，自立為齊王，並拜彭越為將軍，令其反叛於梁地。不久，漢王劉邦引兵平定三秦而併吞關中，且向東進軍擊楚，同時派韓信領兵略取魏、趙、燕、齊等地。起初因兵力懸殊，漢軍勝少敗多，但劉邦知人善任，謀略得當，且在牢固的後方兵糧等支持下，在持久戰中逐漸取得戰略優勢，最後在垓下重兵圍困楚軍，項羽領八百騎從突圍，漢兵追殺不捨，最後在烏江邊自刎而死。劉邦以魯公號葬項羽，且不誅其親屬，項伯等封為列侯者被賜姓劉氏。

【注釋】❶之 到……去。❷即墨 秦時所置膠東郡郡治所在地，在今山東平度東南。❸彭越 西漢初諸侯王，楚漢戰爭時歸劉邦，後封梁王，呂后時以叛亂罪被殺。❹三齊　秦亡，項羽以齊國故地分立為齊、膠東、濟北三國，皆在今山東東部，後泛稱其為「三齊」。❺三秦　秦亡，項羽三分關中，封章邯為雍王，司馬欣為塞王，董翳為翟王。後亦稱關中為「三秦」。❻吳令　吳縣縣令。吳，秦縣名，治所在今江蘇蘇州。❼距　通「拒」。❽蕭公角　《史記集解》蘇林曰：「官號也。或曰蕭令也。時令皆稱公。」韓兆琦《史記箋證》云：「曾任蕭縣縣令，其名為角，姓氏不詳。」❾遺　送。❿二年　即漢之二年，西元前二〇五年。⓫張同夏說　人名，生平不詳。⓬宰不平　意即為天下主宰而辦事不公。宰，主宰；盟主。⓭醜地　惡地。顏師古曰：「醜，惡也。」⓮不聽不義　不聽從不符合道義的政令。⓯常山　即恆山郡，治今石家莊東北。班固為避文帝劉恆諱而改。⓰扞蔽　屏藩。⓱平原　秦縣名，治今山東平原西南。⓲夷　鏟平。即夷為平地。⓳北海　即今渤海。⓴畔　通「叛」。㉑五諸侯兵　顏師古曰：「常山、河南、魏、韓、殷也。解在〈高紀〉。」㉒魯　秦縣名，治所在今山東曲阜。㉓蕭　秦縣名，治今安徽蕭縣西北。㉔穀　古水名，流經蕭縣。㉕泗水　古水名，流經今山東中南部入淮河。㉖靈辟　即靈壁，古地名，在今安徽淮北西。㉗睢水　古水名。自今河南開封東由鴻溝分出，流經商丘、淮北，到宿州時向東注入泗水。㉘間　顏師古曰：「間行而求之。」㉙稍　逐漸。㉚詣　到。㉛京　秦縣名，在今河南滎陽南。㉜索　《史記集解》應劭曰：「京，縣名，屬河南，有索亭。」在今滎陽西南。㉝三年　即漢王三年，西元前二〇四年。㉞易與　容易對付。㉟間　離間。㊱賜骸骨歸　意為賜還我的屍骨，得以歸葬故里。賜骸骨，是古代官吏因年老請求離職的代辭。㊲疽　毒瘡。㊳宛　秦縣名，治所在今河南南陽。㊴葉　秦縣名，治今河南葉縣西南。㊵黥布　即英布。因其年輕時曾算卦「當刑而王」，就犯罪而被處以黥刑，後果為王，因自稱「黥布」。事可見其傳。㊶堅壁　加固營壘。㊷下邳　秦縣名，治今江蘇邳州西南。㊸成皋　古地名，在今滎陽西。一說即虎牢關。㊹亨　同「烹」。㊺跳　顏師古曰：「輕身而急出也。」㊻滕公　即夏侯嬰，因曾為滕縣令，故名。本書卷四十一有其傳。㊼修武　秦縣名，治所在今河南獲嘉。㊽白馬津　古黃河渡口，在今河南滑縣東北。㊾燕　秦縣名，治今河南延津東北。㊿大司馬　春秋、戰國、秦時掌軍政之官。(51)從　會合。(52)舍人　戰國及漢初王公貴人之家臣。(53)睢陽　秦縣名，治今河南商丘東南。(54)汜水　當作「汜水」，《史記》原文即為「汜水」。古今皆名汜水。發源於今河南鞏義東南，流經今滎陽西入黃河。(55)鍾離眛　複姓鍾離，名眛，項羽手下大將。《史記》與本書中均有其有關記載。(56)俎　切肉用的砧板。(57)若　你。(58)北面　古代君王面南而坐，臣下均面北而拜，故稱稱臣為北面。(59)汝　你。(60)迺　你。(61)盃　「杯」之俗字。(62)匈匈　動亂、紛擾貌。(63)罷　通「疲」。(64)樓煩　春秋戰國時期居於今山西、河北北部的一支部族，其人強悍，善騎射。秦時設其聚居地為樓煩縣，在今山西寧武。此應指樓煩人。(65)被　通「披」。(66)間　暗中。(67)廣武間　即廣武澗。

韓兆琦在《史記箋證》中指出：「今河南滎陽市北之廣武山上有東、西廣武城，當地稱『二王城』，即劉邦、項羽當年所對峙處。西城為劉邦所建，曰『漢王城』；東城為項羽所建，曰『霸王城』。中間隔大溝，即『廣武澗』，也稱『鴻溝』。」68從兄　叔伯兄弟。69裨將　副將。70鴻溝　古運河名，自河南滎陽北引黃河水東流，到開封向南偏東入潁水。71解　撤離。72固陵　秦縣名，治今河南太康南。73建成侯　名呂釋，此為其爵號，生平不詳。74壽春　秦縣名，治所在今安徽壽縣。75垓下　古地名，在今安徽靈璧東南。76忼慨　即「慷慨」。忼，同「慷」。77逝　跑。78柰何　即奈何，怎麼辦。柰，同「奈」。79柰若何　你怎麼辦。若，你。80戲　通「麾」。《史記》原文作「麾」。顏師古曰：「《漢書》通以戲為旌麾及指麾字。」81平明　天剛亮。82陰陵　秦縣名。《史記正義》云：「《括地志》云：『陰陵縣故城在濠州定遠縣西北六十里』。」83田父　種田的老者。父，對老人的尊稱。84紿　欺騙。85東城　秦縣名，治今安徽定遠東南。86度　估計；推測。87當　抵抗。88敗北　打敗仗。89伯　通「霸」。90艾　通「刈」。殺；砍。91四隤山　四面傾斜的山勢。隤，崩頹。92圜陳　排列起環繞一周的陣勢。93外嚮　手持之兵刃向外。94期山東句　意即約好在山的東面的三個地點集合。期，約定。山東，山之東。95披靡　潰散的樣子。96辟易　驚退。辟，通「避」。易，移易。97烏江　即烏江浦，古渡口名，在今安徽和縣東北之長江西岸。98亭長　亭，為秦、漢地方基層行政單位，農村每十里設一亭，城內亦有城廂都亭、門亭，均設亭長，主管逐捕盜賊，兼及民事，理詞訟。99檥　原作「檥」。此據《漢書補注》作「檥」。檥，同「艤」。即船靠岸。100縱　即使。101被　遭受。102顧　回頭。103騎司馬　騎兵中主管法紀之官。104面　指背對而不面向。105輮　通「蹂」。106列侯　秦漢二十等爵位中最高之一等，初稱徹侯，後為避漢武帝劉徹諱而改稱。107穀城　據《史記正義》文中講：「《括地志》云：『項羽墓在濟州東阿縣東二十七里，穀城西三里。《述征記》項羽墓在穀城西北三里半許，毀壞，有碣石『項王之墓』。」108支屬　親屬後代。

【語　譯】諸侯各自就其國。田榮聽說項羽遷齊王田市為膠東王，而立田都為齊王，大怒，不肯遷田市到膠東，因而以齊地反叛，迎擊田都。田都跑到楚地。田市害怕項羽，就逃亡到膠東就國。田榮大怒，追擊並殺之於即墨，自立為齊王。給與彭越將軍印，令其在梁地反叛。彭越於是擊殺濟北王田安。田榮遂占據並在三齊之地稱王。當時漢王返回並平定三秦。項羽聽說漢王吞併關中，且向東進軍，齊、梁也都反叛他，大怒，就以前吳縣縣令鄭昌為韓王來抗拒漢王，令蕭公角等進擊彭越。彭越打敗蕭公角等。此時張良巡行韓地，送給項羽一封信說：「漢王失去應有的職位，想得到關中，按照懷王的約定立即停止，不敢向東。」又把關於齊、梁二地反叛的消息寫信告訴項羽，項羽因此沒有西進之意，而向北進擊齊國。徵召九江王英布的軍隊。英布藉口有病不能隨行，只是派遣將領帶數千人前往。漢王二年，項羽祕密派遣九江王英布殺死義帝。陳餘派張同、夏說遊說齊王田榮說：「項王為天下盟主而處事不公，如今把原來的諸侯王盡封於惡地，而封其群臣諸將於善地，驅逐我的前主趙王，卻北居於代地，陳餘我認為於義不當。現在聽到大王起兵，而且不聽從不義之政令，希望大王給予陳餘軍隊，讓我攻擊常山郡一帶，以恢復趙王的地盤，請以趙國為齊國的藩屏。」齊王同意陳餘的建議，因而派兵前往。陳餘發動全部三縣之兵，與齊國並力攻擊常山一帶，大敗常山王之軍。張耳逃跑歸屬漢王。陳餘又迎接前趙王趙歇返回趙地。趙王因此立陳餘為代王。項羽來到陽城，田榮也帶兵在此會戰。田榮不能取勝，逃到平原，被平原民所殺。於是項羽向北燒毀鏟平齊地的城池宮室，把投降士卒全部坑殺，拘囚虜掠老弱婦女。奪取齊地直到北海，所過之地全被屠滅。為此齊人相聚而反叛項羽。此時田榮之弟田橫收集數萬逃亡士卒，在城陽起兵反楚。項羽因此而留滯於此，連續作戰而未能攻下。

2　漢王劉邦劫持五個諸侯王的軍隊，共計五十六萬人，向東征伐楚王。項羽聽說後，即令諸將進擊齊國，而自己親率三萬精兵南經魯縣出胡陵。這時漢王已攻破彭城，收集財貨美人，天天擺宴席大會賓客。項羽卻在早上從蕭縣出發，一路東擊漢軍至彭城。中午時，大敗漢軍。漢軍紛紛逃走，被楚軍一路追擊到穀水、泗水。漢軍又都向南部山區逃走，楚軍跟著追擊到靈辟東睢水上。漢軍退卻，被楚軍所推擠，多數被殺。漢王的十餘萬士卒都跳入睢水，睢水為此而不流動。漢王僅與數十騎逃去。詳情記在〈高帝紀〉中。太公、呂后邊走邊找漢王，反而遇到楚軍。楚軍將其押解一塊歸隊，項羽常常把他們帶在軍隊中。

3　漢王逐漸收集逃亡的士卒，蕭何也派遣關中軍隊全部趕到滎陽，戰於京、索之間，打敗楚軍。楚軍因此不能通過滎陽向西進發。漢軍駐紮在滎陽，修築甬道，取得敖倉之糧食。漢王三年，項羽多次擊破漢軍之甬道，漢軍缺乏糧食，請求講和，割滎陽以西為漢之地盤。項羽準備答應。歷陽侯范增說：「漢軍容易對付，今天不攻取，以後一定後悔。」項羽才迅急圍攻滎陽。漢王很擔心，就給陳平四萬斤黃金去離間楚國君臣。其事記在〈陳平傳〉中。項羽因此懷疑范增，逐漸剝奪了他的權力。范增大怒說：「天下事已大定，君王你好自為之！希望讓我辭職回歸故里。」范增離開楚軍後還未走至彭城，毒瘡突發於背而死。此時漢將紀信偽裝成漢王出城投降，以欺騙楚軍，因此漢王乘機與數十騎兵從西門逃出。命令周苛、樅公、魏豹守滎陽。漢王從西入關收集士卒，折回出於宛、葉之間，與九江王黥布邊行軍邊收集士卒。項羽聽說後，立即引兵向南。漢王堅守營壘不與其交戰。

4 這時，彭越渡過睢水，與項聲、薛公戰於下邳，殺死薛公。項羽往東進擊彭越。漢王也引兵向北駐紮在成皋。項羽擊敗彭越，引兵向西攻下滎陽城，煮周苛，殺樅公，俘虜韓王信，進而圍成皋。漢王輕身獨與滕公急忙逃出。北渡黃河，來到修武，與張耳、韓信會合。楚軍便攻下成皋。漢王接收韓信的軍隊並駐足於此，派盧綰、劉賈渡過白馬津進入楚地，幫助彭越共同擊敗楚軍於燕縣城西，燒其輜重糧草，攻下梁地十幾座城池。項羽得知後，對海春侯大司馬曹咎說：「好好守著成皋。即使漢軍想挑戰，千萬不能跟他們交戰，只要不讓他們向東進軍就可以。我十五日內必平定梁地，再次和將軍會合。」於是引兵東進。

5 漢王四年，項羽進擊陳留、外黃，外黃沒有攻下。數日後外黃投降，項羽命令其十五歲以上的男子全部到城東，打算坑殺他們。外黃縣令家臣的兒子年僅十三，前往勸諫項羽說：「彭越強行劫破外黃，外黃人害怕，所以暫且投降，以等待大王。而大王一到，又把他們全部坑殺，百姓怎能歸心於你呢！從此以東，梁地十餘城都會害怕，絕對不想投降大王。」項羽認為其言有道理，就赦免了要坑殺的外黃人。而東至睢陽一帶，聽到項羽兵到都爭著投降。

6 漢軍果然多次向楚軍挑戰，楚軍堅守不出。漢軍派人羞辱楚軍，一連五六天，曹咎大怒，指揮楚軍渡汜水。趁楚軍只有半數渡過時，漢軍出擊，大破楚軍，盡得楚國的金玉財物。大司馬曹咎、長史司馬欣皆自殺於汜水上。曹咎是過去的蘄縣監獄屬員，司馬欣即過去的塞王，項羽信任他們。項羽來到睢陽，聽到曹咎等被打敗的消息，就引兵回返。漢軍正在滎陽城東圍攻鍾離眛，項羽軍隊來到，漢軍畏懼楚軍，全都跑到有險阻之地。項羽也駐紮在廣武城守望，做了一個高大的砧板，把劉邦的父親太公置於其上，對漢王說：「今日你不迅速投降，我就煮了太公。」漢王回答說：「我與你同稱臣受命於懷王，結為兄弟，我的父親就是你的父親，如果一定要煮你的父親，請分給我一杯羹，那將是我的榮幸。」項羽大怒，欲殺太公。項伯說：「天下事還不知怎麼樣。而且打天下的人不顧家，殺了他也無益，只會增加怨恨。」項羽聽從了項伯的話。就派人對漢王說：「天下動亂紛擾，只因我們兩人。願與漢王挑戰，決一雌雄，不要白白的讓天下父子疲憊地進行戰爭。」漢王笑著謝絕說：「我寧可鬥智，不和你比力氣。」項羽命令壯士出陣挑戰。漢軍中有善騎射的樓煩人，楚壯士挑戰，只三個回合，樓煩人就射殺楚壯士。項羽大怒，親自披甲持戟挑戰。樓煩人想射他，項羽張大眼睛呵斥。樓煩人眼不能視，手不能發箭，敗走回到營壘，不敢再出戰。漢王派人暗中詢問，才知是項羽。漢王大驚。於是項羽與漢王靠近廣武澗而對話。漢王指出項羽的十條罪狀。這些內容記在〈高帝紀〉中。項羽惱怒，派埋伏的弓弩手射傷漢王。漢王進入到成皋城中。

7 當時彭越多次在梁地反擊，斷絕楚軍糧食，又加上韓信打敗齊國，想要攻擊楚軍。項羽派其叔伯的兒子項它為大將，龍且為裨將，救援齊國。韓信打敗並殺了龍且，追至成陽，俘虜了齊王田廣。於是韓信自立為齊王。項羽聽到後，很是恐慌，派武涉前往遊說韓信。其內容記在〈韓信傳〉中。

8 此時，漢王派出的關中兵日益增多，糧食充足，而項羽的軍隊糧食匱乏。漢王派侯公遊說項羽，項羽就與漢王講和盟約，將天下一分為二，鴻溝以西者為漢占有，以東者為楚占有，項羽歸還漢王的父母妻子。約定後，項羽軍撤離而東進。漢王五年，漢軍進兵追擊項羽，直到固陵，又被項羽打敗。漢王使用張良的計策，招致齊王韓信、建成侯呂釋、彭越的軍隊，並命劉賈進入楚地，圍攻壽春。大司馬周殷叛離楚軍，發動全九江郡士卒跟隨劉賈，迎接黥布，與齊、梁兩地諸侯王全部會合。

9 這時項羽在垓下安營紮寨，士卒少且食物用盡。漢王率領各諸侯之兵將楚軍重重包圍。項羽在夜間聽到漢軍四面皆唱起楚歌，就大驚說：「漢軍得到了全部的楚國嗎？為什麼有這麼多的楚國人！」起身在帳中飲酒。有美人虞氏，常被寵幸而跟隨著；有駿馬名叫騅，常為自己所騎。此時的項羽悲歌慷慨，自己作詩並吟唱道：「力拔山河啊勇氣蓋世，時勢對我不利啊駿馬不離去。駿馬不離去啊能怎麼辦呢！虞美人啊，虞美人啊，你能怎麼辦呢！」唱了幾遍，美人虞氏跟著唱和。項羽激動的流下幾行眼淚，手下的人都哭了起來，沒有一個能仰視項羽。

10 於是項羽上馬，麾下跟隨的騎兵八百多人，夜間徑直突破包圍往南奔走。到天亮時，漢軍才發覺，令騎將灌嬰率領五千騎兵追擊項羽。項羽渡過淮河，能跟上他的騎兵僅一百多人。項羽逃至陰陵，迷失方向，問一老農，老農欺騙他說「往左」。向左走，卻陷入大澤中，因此漢軍追趕上來。項羽又引兵向東，至東城，身旁只有二十八騎。追趕的敵兵卻有數千，項羽自己估計不可能逃脫，對身旁的騎兵說：「從我起兵到今天八年了，身歷七十多場戰事，抵擋者破敗，被攻擊者臣服，未曾打過敗仗，遂稱霸於天下。然而今天最終被困於此，這是上天要亡我，不是作戰的過錯。今日本就該決一死戰，希望為各位痛快地打一仗，必取得三勝，斬將，砍旗，最後戰死，使諸君知道我並非用兵之罪，是上天要亡我。」於是引領其剩餘的騎兵依靠四面傾斜的山勢，而排起環繞一周的陣勢，兵刃向外一致對敵。漢軍的騎兵重重包圍著項羽。項羽對其騎兵說：「我為你們取其一將。」令其騎兵從四面疾馳而下，約好在山之東的三個地方集合。於是項羽大喊著疾馳而下，漢軍皆四下潰散。遂殺漢軍一將。此時，楊喜為漢之郎騎，追擊項羽，項羽回過頭喝斥他，楊喜人馬俱驚，倉惶敗逃數里。項羽與其騎兵在三處會合。漢軍不知項羽在哪一處，分兵將三處又一次包圍。項羽便疾馳，又斬漢軍一都尉，殺死數十百人。又一次聚集其騎兵，失去兩騎。又對其騎兵說：「怎麼樣？」他的騎兵都佩服著說：「正如大王所說的。」

11 於是項羽最終引兵而東去，想渡過烏江浦。烏江亭長整船向岸等待著，對項羽說：「江東雖小，土地方圓千里，人眾數十萬，也足以稱王。希望大王趕快渡河。現在只有臣下有船，漢軍到了，沒辦法渡河。」項羽笑著說：「此乃上天亡我，渡河幹什麼！況且我與江東八千子弟渡江西征，如今無一人生還，即使江東父老兄弟可憐我讓我為王，我有何面目見他們？即使他們不講，我項籍心中難道不愧疚嗎！」又對亭長說：「我知道你是一個長者，我騎這匹馬征戰了五年，所當無敵，曾一日行千里，我不忍心殺牠，賞賜與你。」就令其騎兵都下馬，徒步持短兵器接戰。項羽一人殺死數百漢軍。而其自身也受到十幾處傷。項羽回頭看見漢騎司馬呂馬童，便對他說：「你不是我的故人嗎？」呂馬童背過臉去，指著讓王翳看並說：「這就是項王。」

項羽便說：「我聽說漢王以千金買我的頭顱，封邑萬戶，我把這好處送給你吧。」就自殺而死。王翳得到他的頭顱，數十人為了爭奪項羽屍體而相互踐踏廝殺。最後楊喜、呂馬童、郎中呂勝、楊武各得項羽屍體之一部分。因此漢王將萬戶之邑均分與五人，五人都被封為列侯。

12 漢王於是以魯公的稱號將項羽葬於穀城。項羽的親屬後代都不殺。封項伯等四人為列侯，賜姓劉氏。

1 贊曰：昔賈生❶之過秦❷曰：

2 「秦孝公❸據殽函❹之固，擁雍州❺之地，君臣固守而闚周室，有席卷天下，包舉宇內，囊括四海，并吞八荒❻之心。當是時也，商君❼佐之，內立法度，務❽耕織，修守戰之備，外連衡❾而鬭諸侯❿。於是秦人拱手⓫而取西河⓬之外。

3 「孝公既沒，惠文⓭、武⓮、昭襄⓯蒙故業，因遺策，南取漢中，西舉巴蜀，東割膏腴⓰之地，收要害之郡。諸侯恐懼，會盟而謀弱秦，不愛珍器重寶肥饒之地，以致天下之士。合從⓱締交，相與⓲為一。當此之時，齊有孟嘗⓳，趙有平原⓴，楚有春申㉑，魏有信陵㉒。此四賢者，皆明智而忠信，寬厚而愛人，尊賢重士，約從離橫，兼韓、魏、燕、趙、宋、衛、中山之眾。於是六國之士有甯越㉓、徐尚㉔、蘇秦㉕、杜赫㉖之屬為之謀，齊明㉗、周最㉘、陳軫㉙、召滑㉚、樓緩㉛、翟景㉜、蘇厲㉝、樂毅㉞之徒通其意，吳起㉟、孫臏㊱、帶他㊲、兒良、王廖㊳、田忌㊴、廉頗[40]、趙奢[41]之朋[42]制其兵。常以十倍之地，百萬之軍，仰關[43]而攻秦。秦人開關延敵[44]，九國[45]之師遁巡[46]而不敢進。秦無亡矢遺鏃[47]之費，而天下已困矣。於是從散約敗，爭割地而賂秦。秦有餘力而制其弊，追亡逐北[48]，伏尸百萬，流血漂鹵[49]，因利乘便，宰割天下，分裂山河；強國請服，弱國入朝。

4 「施[50]及孝文[51]、莊襄王[52]，享國[53]之日淺，國家亡事。

5 「及至始皇，奮六世之餘烈[54]，振長策[55]而馭宇內，吞二周而亡諸侯，履至尊而制六合[56]，執敲扑[57]以鞭笞[58]天下，威震四海。南取百粵[59]之地，以為桂林[60]、象郡[61]。百粵之君頫[62]首係頸[63]，委命[64]下吏[65]。迺使蒙恬北築長城而守藩籬，卻匈奴七百餘里，胡人不敢南下而牧馬，士不敢彎弓而報怨。於是廢先王之道，焚百家之言，以愚黔首。墮[66]名城，殺豪俊，收天下之兵聚之咸陽，銷鋒鍉[67]鑄以為金人十二，以弱天下之民。然後踐[68]華[69]為城，因河為池，據億丈之城，臨不測之川，以為固。良將勁弩，守要害之處，信臣精卒，陳利兵而誰何[70]。天下已定，始皇之心，自以為關中之固，金城[71]千里，子孫帝王萬世之業也。

6 「始皇既沒，餘威震于殊俗[72]。然而陳涉，甕牖繩樞[73]之子，甿隸[74]之人，遷徙之徒也，材能不及中庸[75]，非有仲尼、墨翟之知[76]，陶朱[77]、猗頓[78]之富。躡足[79]

行伍[80]之間，而免[81]起[82]阡陌[83]之中，帥罷[84]散之卒，將數百之眾，轉而攻秦。斬木[85]為兵，揭[86]竿為旗，天下雲合嚮應[87]，贏糧而景從[88]，山[89]東豪俊遂並起而亡秦族矣。

7 「且天下非小弱也，雍州之地，殽函之固，自若[90]也；陳涉之位，不齒[91]於齊、楚、燕、趙、韓、魏、宋、衛、中山之君；鉏[92]耰[93]棘矜[94]，不敵於鉤[95]戟長鎩[96]；適[97]戍之眾，不亢[98]於九國之師；深謀遠慮，行軍用兵之道，非及曩時[99]之士也。然而成敗異變，功業相反，何也？試使山東之國與陳涉度長絜大[100]，比權量力，不可同年而語[101]矣。然秦以區區之地，致萬乘[102]之權，招八州[103]而朝同列，百有餘年，然後以六合為家，殽函為宮。一夫作難而七廟[104]隳，身死人手，為天下笑者，何也？仁誼[105]不施，而攻守之勢異也。」

8 周生[106]亦有言，「舜蓋重童子[107]」，項羽又重童子，豈其苗裔[108]邪[109]？何其興之暴也！夫秦失其政，陳涉首難，豪桀蜂起，相與並爭，不可勝數。然羽非有尺寸[110]，乘勢拔起隴畝[111]之中，三年，遂將五諸侯兵滅秦，分裂天下而威海內，封立王侯，政繇[112]羽出，號為「伯王[113]」，位雖不終，近古以來未嘗有也。及羽背關[114]懷楚，放逐義帝，而怨王侯畔[115]己，難矣。自矜[116]功伐[117]，奮其私智而不師古，始霸王之國，欲以力征經營天下，五年卒亡其國，身死東城，尚不覺寤[118]，不自責過失，迺引「天亡我，非用兵之罪」，豈不謬哉！

【章旨】以上是史官的評議，作者引用漢初政論家賈誼在〈過秦論〉中的評論，以及周姓儒生的話，對陳勝首倡反秦而秦亡與項羽敗亡的原因作總結。秦「以六合為家」、「威震四海」，而陳勝才能平常，一戍卒揭竿而起致天下響應，最終亡秦，主要是秦行暴政、不施仁義。項羽的失敗也是因為「欲以力征經營天下」，並非他荒謬地所認為的「天亡」。

【注釋】❶賈生　即賈誼，西漢大臣，政論家。《史記》與本書均有傳。❷過秦　即賈誼之〈過秦論〉。❸秦孝公　（西元前三八一—前三三八年），名嬴渠梁。戰國時秦國國君。❹殽函　即殽山、函谷關。❺雍州　古九州之一，轄今陝西、甘肅東部一帶。❻八荒　八方。❼商君　即商鞅。《史記》中有其傳。❽務　致力於。❾連衡　即連橫。指秦時採取的分別離間縱向的六國，並聯合其一各個擊破的策略。❿鬭諸侯　使諸侯國之間爭鬥。⓫拱手　束手；不動手。此極言輕易。⓬西河　戰國時稱呼和浩特托克托至潼關段黃河為西河。⓭惠文　即秦惠文王，秦孝公之子。西元前三三七—前三一一年在位。⓮武　即秦武王，秦惠文王之子。西元前三一〇—前三〇七年在位。⓯昭襄　即秦昭襄王，秦武王之異母弟。西元前三〇六—前二五一年在位。⓰膏腴　肥沃。⓱合從　即「合縱」。從，通「縱」。下同。戰國時六國聯合共同攻擊秦國的策略。⓲相與　共同謀劃。⓳孟嘗　即齊國孟嘗君田文。⓴平原　即趙國平原君趙勝。㉑春申　即楚國春申君黃歇。㉒信陵　即魏國信陵君魏無忌。以上四人被稱為「戰國四公子」，《史記》均有其傳。㉓甯越　趙國人，發憤讀書十三年，周威公曾召聘為師。㉔徐尚　宋國人。生平不詳。㉕蘇秦　東周魏國洛陽人，縱橫家。《史記》有其傳。㉖杜赫　周王朝人，曾以安天下說周昭文君。㉗齊明　東周朝臣，後出仕秦、楚、韓三國，與周最、樓緩等人合縱結交。㉘周最　東周成君之子，曾仕於齊。㉙陳軫　夏國人，曾出仕秦、楚兩國。㉚召滑　楚國人，曾為楚王治理越地。㉛樓緩　曾為魏國國相。㉜翟景　魏國人，生平不詳。㉝蘇厲　蘇秦之弟，曾為齊國大臣。㉞樂毅　魏國魏羊的後人，後仕燕為上將軍，率五國軍隊伐齊，連拔七十餘城。《史記》有其傳。㉟吳起　衛國人，初事魏，後為楚國相，曾南平百越，北拒三晉，西擊秦國，楚國威勢大振。《史記》有其傳。㊱孫臏　孫武後人，曾為齊將，有兵書流傳於世。《史記》有其傳。㊲帶他　亦作「帶佗」，曾為楚國大將。㊳兒良王廖　二人生平不詳。《呂氏春秋》文中云：「王廖貴先，兒良貴後，皆天下豪士也。」㊴田忌　齊國大將。㊵廉頗　趙國大將。《史記》有其傳。㊶趙奢　趙國大將，曾救韓攻秦，大破秦軍。㊷朋　類；屬。㊸仰關　顏師古曰：「秦之地形高，而諸侯之兵欲攻關中者皆仰向，故云仰關也。」㊹延敵　引進敵軍。㊺九國　即當時齊、楚、韓、趙、魏、燕、宋、衛、中山等九個合縱之國。㊻遁巡　顏師古曰：「謂疑懼而卻退也。」㊼亡矢遺鏃　消耗箭鏃。㊽追亡逐北　追逐逃亡敗北之敵。㊾鹵　通「櫓」。大盾牌。㊿施　延續。(51)孝文　即秦孝文王，西元前二五〇年在位一年。(52)莊襄王　即秦莊襄王，西元前二四九—前二四七年，在位三年。(53)享國　帝王在位時間。(54)奮六世句　意謂振奮六代之事業。顏師古曰：「孝公、惠文王、武王、昭襄王、孝文王、莊襄王，凡六君也。烈，業也。」(55)策　馬鞭。(56)六合　天地四方。(57)敲扑　鞭打的刑具。短曰敲，長曰扑。(58)鞭笞　鞭打。此比喻以暴力征服控制。(59)百粵　即百越。(60)桂林　秦統一後新設立郡，治所不詳，轄今廣西大部。(61)象郡　秦統一後新設立郡，治今廣西崇左，轄今貴州東部、廣西東南部。(62)頫　同「俯」。(63)係頸　把繩套在頸上，表示伏罪投降。(64)委命　猶授首。謂投降或伏法。(65)下吏　交付司法官吏審訊處理。(66)墮　同「隳」。毀壞。(67)鋒鍉　顏師古曰：「鋒，戈戟刃也。鍉與鏑同，即箭鏃也。」泛指各種武器箭鏃。(68)踐　到；登臨。(69)華　華山。(70)誰何　顏師古曰：「問之為誰，又云何人，其義一也。」即盤詰查問。(71)金城　堅固之城。(72)殊俗　具有不同風俗的地方或國家。(73)甕牖繩樞　以陶甕為窗框，以繩繫門軸。形容家貧。甕，同「瓮」。牖，窗戶。樞，門轉軸。(74)甿隸　賤民。甿，同「氓」。民。隸，奴隸或服刑役者。(75)中庸　平常人。(76)知　同「智」。(77)陶朱　即春秋末越國大臣范蠡。越國戰勝吳國後，范蠡離開句踐經商，至陶地，逐什一之利，致資千萬，號陶朱公。《戰國策》、《史記》有記載。(78)猗頓　戰國時大工商業者。《史記・貨殖列傳》有記載。(79)躡足　置身。(80)行伍　軍隊。(81)免　顏師古曰：「免者，言免脫傜役也。」(82)起　起事；崛起。(83)阡陌　田間。(84)罷　通「疲」。(85)木　樹；樹枝。(86)揭　舉。(87)雲合嚮應　像雲一樣聚合，像回音一樣回應。嚮，通「響」。回音。(88)贏糧句　扛著糧食像影子一樣跟隨。贏，擔；扛。景，同「影」。(89)山　殽山。(90)自若　顏師古曰：「自若，猶言如故也。」(91)不齒　不能齊列。顏師古曰：「齒謂齊列如齒。」(92)鉏　鋤。(93)櫌　同「櫌」。形如榔頭的古農具，用來擊碎土塊，平整土地。(94)棘矜　用棘木做成的杖。棘，酸棗樹。矜，用作兵器的杖。(95)鉤　同「鈎」。古代一種似劍而彎曲的兵器。(96)鎩　長刃矛。(97)適　通「謫」。被流放或貶職。(98)亢　通「抗」。(99)曩時　過去；以往。(100)度長絜大　估測其長短衡量其大小。度，估測。絜，衡量。顏師古曰：「絜謂圍束之也。」(101)同年而語　即同日而語。(102)萬乘　擁有一萬輛戰車。乘，一車四馬為一乘。(103)八州　除秦所占雍州之外的其他八州。104七廟 《禮記・王制》：「天子七廟，三昭三穆，與太祖之廟而七。」此泛指帝王供奉祖先的宗廟。105誼 通「義」。106周生 似為姓周的儒生。107重童子 兩個瞳仁。童，通「瞳」。108苗裔 後代。109邪 通「耶」。110尺寸 一點點地盤、勢力。111隴畝 此指民間。112繇 通「由」。113伯王 即霸王。114背關 放棄關中。115畔 通「叛」。116矜 誇耀。117功伐 功業。118寤 通「悟」。

【語譯】史官評議說：過去賈誼在其〈過秦論〉中說：

2 「秦孝公據有殽山、函谷關險要之地，擁有雍州大片地盤，君臣一心堅固防守而窺視周王室，有席卷天下，占領宇內，囊括四海，吞併八方之心。那時，商鞅輔佐君王，國內設立法度，致力於耕田織布，牢固防守，積極備戰，對外連橫而使諸侯國爭鬥。於是秦國人不費力而取得西河之外的地區。

3 「秦孝公死後，惠文王、武王、昭襄王繼承舊業，沿襲以往的策略，南取漢中，西克巴蜀，向東割取肥沃之地，獲取戰略要害之處。其他諸侯國恐懼，舉行盟會謀劃削弱秦國，不吝惜珍器重寶和肥饒之地，來招致天下之士。用合縱的策略締約結交，相互為一整體。那時，齊國有孟嘗君，趙國有平原君，楚國有春申君，魏國有信陵君。這四位賢者，都明智而忠信，寬厚而愛惜人才，尊重賢士，約縱而離間連橫，兼有韓、魏、燕、趙、宋、衛、中山之人眾。因此，六國之士中有甯越、徐尚、蘇秦、杜赫之類為之謀劃，有齊明、周最、陳軫、召滑、樓緩、翟景、蘇厲、樂毅等人通達其意，有吳起、孫臏、帶他、兒良、王廖、田忌、廉頗、趙奢等將帥掌管軍事。常常憑藉十倍於秦之地，率領百萬之軍，西向叩關而攻秦。秦人開關而引誘敵兵，九國之軍隊懷疑恐懼而不敢進兵。秦國沒有消耗弓箭之費，而天下已精疲力盡。於是合縱離散盟約銷毀，爭著割地賄賂秦國。秦國有餘力而制其於困弊，追擊敗亡之敵，使其伏屍百萬，流血之多能使盾牌漂起來，秦因利乘便，宰割天下，分裂各國山河土地；強國請求臣服，弱國入秦朝拜。

4 「延續到秦孝文王、莊襄王，在位時間短，國家平靜無戰事。

5 「到了秦始皇，振奮六代之餘業，揮長鞭而駕馭宇內，吞併二周而滅亡其他諸侯國，登上至尊之位而制服天下，手持刑具而以暴力控制全國，威震四海。南取百粵之地，在此設立桂林郡、象郡。百粵之君俯首套繩於頸，伏法於司法官吏。派蒙恬北築長城而守邊境，使匈奴後退七百餘里，胡人不敢南下在此牧馬，士卒也不敢彎弓射箭報怨仇。於是廢棄先王之道，焚毀百家之書，以愚弄百姓。毀壞名城，殺戮豪俊之士，收繳天下兵器並將其聚集於咸陽，熔化各種武器鑄成十二個金屬人，以削弱天下之民對他的反抗。然後登臨華山以此為城，借黃河為其池，據萬丈之城，臨深不可測之河，以為堅固無敵。良將勁弩，防守要害之處，信臣精兵，排列銳利的兵器而盤詰查問。天下已定，秦始皇自認為憑藉險固的關中，城池堅固國土千里，創立了子孫萬代當帝王的基業。

6 「秦始皇死後，其餘威仍震動周邊各族。然而陳涉，是一貧賤之子，服徭役之人，遷徙之徒，其才能不及平常人，並沒有孔子、墨子之智慧，范蠡、猗頓那樣的財富。置身於軍隊之間，而免脫徭役崛起於田野之中，率領疲散之士卒，帶著數百之眾，轉而攻打秦國。砍樹枝為兵器，舉竹竿為旗幟，天下像雲一樣聚合、像回音一樣響應，扛著糧食像影子一樣跟隨，殽山以東的豪傑俊士紛紛起義而滅亡了秦王朝。

7 「且說天下並未變小、變弱，雍州之地，殽山、函谷關之固，依然如故；陳涉之地位，不能和齊、楚、燕、趙、韓、魏、宋、衛、中山之君齊列；鋤、耰、棘杖，不能和鉤、戟、長矛相敵；流放而來的戍守之眾，不能和九國之師相抗衡；其深謀遠慮，行軍用兵之道，不及以往之士。然而成敗不同，功業相反，是什麼原因呢？假如讓殽山以東的諸侯國君與陳涉相比較，衡量其權力，當然不可同日而語。然秦國以小小之地盤，獲致萬乘之國的權力，招徠八州之民而使其同列朝拜，時間長達一百多年，然後以天下為家，殽山、函谷關為其宮。一人發難而其宗廟被毀，身死他人之手，被天下恥笑，為什麼呢？因為不施仁義，而攻守之勢不同了。」

8 周生也說過這樣的話，「舜有兩個瞳仁」，項羽也是兩個瞳仁，難道是其後人嗎？為何其興起如此暴烈！秦失去其朝政治理，陳涉首先發難，豪傑像蜂一樣興起，互相吞併爭鬥，不可勝數。然而項羽在起事前沒有一點點地盤勢力，乘勢興起於民間，三年中，就率領五諸侯兵滅秦，分封天下而在海內稱威，封立諸侯王，政令由項羽發出，號為「霸王」，王位雖沒有堅持到最終，卻是近古以來未曾有。等到項羽放棄關中而懷念楚地，流放驅逐義帝，而埋怨諸侯王背叛自己，這就難以解說了。誇耀自己的功業，逞一己之智巧而不學習古代，始於霸王專權之國，想用武力征服治理天下，五年後最終失其國，自身也死於東城，尚且不覺悟，不自己責備其過失，還引「天要亡我，不是用兵之罪」來掩蓋自己，難道不是很荒謬嗎！

【研　析】本傳是《漢書》人物傳記的第一篇。《漢書》為西漢一代的紀傳體史書，體例雖承襲自《史記》，但只以西漢皇帝為「紀」，又廢「世家」入「傳」，故將《史記》的〈陳涉世家〉與〈項羽本紀〉合為本傳。此外，本傳也反映班固的「漢承秦」的史觀，有異於司馬遷的「漢承楚」的史觀。因此，本傳對於研究兩書的體例和司馬遷與班固的史學思想之異同，有重要的參考價值。

陳勝首倡反秦，項羽滅秦軍主力，都是亡秦的英雄人物，二人在歷史上都有一定影響。陳勝首倡起義，揭開歷代苦難民眾反抗暴政的序幕，「王侯將相，寧有種乎」，也成為有志之士奮起的催化劑；項羽叱吒風雲的高大形象與悲劇性格則深植人心，成為許多詩詞戲曲歌詠的對象。他們對漢朝的建立有驅逐之功，但最後都以失敗告終，陳勝半年而亡，項羽也在秦亡後的數年楚漢戰爭中身亡國滅。兩人的敗亡並不是項羽所說的「天意」，而與他們的個人品德與作為有關：如陳勝妄殺故人、苛察臣屬，致將士離心；而項羽只知以武力征服治理天下，殘暴地坑殺秦卒二十萬，又屠咸陽與齊地等，有一謀臣范增也不能用等等。因此最後兩人都眾叛親離，陳勝被御者殺害，項羽自刎而死。本傳對我們研究這兩個人物的生平，以及秦末反秦與楚漢戰爭的過程，都是重要的翔實材料。

此外，《漢書》所記秦末至武帝朝以前的人物傳記，大體皆以《史記》為藍本，但班固在抄錄的過程中，也經過適當剪裁，詳略互見。如本卷，陳勝部分，因為事跡相對簡要，所以幾乎照錄〈陳涉世家〉的敘述，只是行文較為簡潔，卷末也是引用賈誼的〈過秦論〉作為評論；項羽部分，則並非一味移錄〈項羽本紀〉。因為本卷為二人合傳，而〈項羽本紀〉篇幅已甚鉅，且事件紛呈，照錄恐失之過繁，因此班固將〈項羽本紀〉中所述鴻門宴的詳細經過和劉邦在彭城被項羽大敗的場面，改在〈高帝紀〉中敘述；陳平離間項羽、范增二人的細節則於〈陳平傳〉中敘述，一則改換以事件中心人物為主角，一則可以簡省篇幅，應該說是很恰當的作法。

卷三十二

張耳陳餘傳第二

【題解】〈張耳陳餘傳〉記載了張耳、陳餘之生平，著重描述了二人回應陳勝起義，率軍北略趙地建立趙國，後因矛盾而分裂並結下怨仇，以及在楚漢戰爭後期不同的選擇和結局。全傳對全面了解秦末各路起義軍和楚漢戰爭有很大的幫助。

1 張耳，大梁❶人也，少時及魏公子毋忌為客❷。嘗亡命❸游❹外黃。外黃富人女甚美，庸奴其夫❺，亡邸父客❻。父客謂曰：「必欲求賢夫，從張耳。」女聽，為請決❼，嫁之。女家厚奉給❽耳，耳以故致千里客，宦❾為外黃令。

2 陳餘，亦大梁人，好儒術❿。游趙苦陘⓫，富人公乘氏以其女妻之⓬。餘年少，父事⓭耳，相與為刎頸交⓮。

3 高祖為布衣⓯時，嘗從耳游。秦滅魏，購求耳千金，餘五百金。兩人變名姓，俱之⑯陳⑰，為里監門⑱。吏嘗以過笞餘，餘欲起，耳攝⑲使受笞。吏去，耳數⑳之曰：「始吾與公言何如？今見㉑小辱而欲死一吏乎？」餘謝罪。

【章旨】以上為本傳的第一部分，敘錄張耳、陳餘二人同為魏都城大梁人，並都逃亡在外，娶外地富家女為妻，二人雖志趣有別，但年輕的陳餘侍奉張耳如同父親，二人結為生死之交。秦滅魏國，曾重金求購二人之人頭，他們隱姓埋名，逃到陳縣任守門人。

【注釋】❶大梁　大梁城，戰國時魏國都城，在今河南開封西北。❷及魏公子毋忌為客　顏師古曰：「毋忌，六國時信陵君也。言其尚及見毋忌，為之賓客。」毋忌，即信陵君魏無忌。❸亡命　隱其名姓而逃亡。❹遊　遊歷。❺庸奴其夫　顏師古曰：「言不恃賴其夫，視之若庸奴。」庸奴，愚夫。❻亡邸父客　意即逃亡抵達父時故賓客家。邸，通「抵」。❼請決　請求與前夫決裂。❽奉給　奉養供給。❾宦　為官。❿儒術　儒家的學術思想。⓫苦陘　秦縣名，治今河北定州南。⓬妻之　嫁於他。⓭父事　像對待父親一樣侍奉。⓮刎頸交　生死之交。即生死與共，斷頸無悔。⓯布衣　百姓。⓰之　到……去。⓱陳　秦縣名，治所在今河南淮陽。⓲里監門　看守里門者。里，城鎮中的里弄、街坊。監門，守門小吏。⓳攝　執持。指迫使其就刑。⓴數　指責。㉑見　被。

【語譯】張耳，大梁城人，年輕時趕得上為魏公子無忌的賓客。曾隱姓埋名逃亡，在外黃縣一代遊歷。外黃富人之女十分漂亮，視其夫為愚蠢之人，出逃抵達其父故賓客家中。其父故賓客對她說：「你如果一定要求得一個賢能的丈夫，就跟隨張耳。」富人之女聽從他的話，為此而請求與前夫決裂，並嫁給了張耳。女家以豐厚的奉養供給張耳，張耳因故能招致千里之外的賓客，當官為外黃縣縣令。

2 陳餘，也是大梁城人，喜好儒家學術。遊歷於趙地苦陘縣，當地富戶公乘氏將其女嫁給他。陳餘年輕，像對待父親一樣侍奉張耳，相互結為生死之交。

3 高祖劉邦為百姓時，曾跟隨張耳一起遊歷。秦滅魏國，曾以千金購張耳之頭、以五百金購陳餘之頭。兩人變名易姓，一塊來到陳縣，擔任里的守門小吏。當地官吏曾因小的過失拷打陳餘，當時陳餘想起而抗爭，張耳持壓陳餘，使其接受拷打。官吏離開後，張耳指責陳餘說：「當初我和你怎麼講的？如今受到小小的侮辱便想死在一個官吏手中嗎？」陳餘向張耳謝罪。

1 陳涉起蘄❶至陳，耳、餘上謁❷涉。涉見左右生平數聞耳、餘賢，見，大喜。

2 陳豪桀說❸涉曰：「將軍被❹堅執銳，帥士卒以誅暴秦，復立楚社稷，功德宜為王。」陳涉問兩人，兩人對曰：「將軍瞋目張膽❺，出萬死不顧之計，為天下除殘❻。今始至陳而王❼之，視天下私❽。願將軍毋王，急引兵而西，遣人立六國後，自為樹黨。如此，野無交兵，誅暴秦，據咸陽以令諸侯，則帝業成矣。今獨王陳，恐天下解❾也。」涉不聽，遂立為王。

3 耳、餘復說陳王曰：「大王興梁、楚，務在入關，未及❿收河北也。臣嘗遊趙，知其豪桀，願請奇兵略趙地。」於是陳王許之，以所善陳人武臣為將軍，耳、餘為左右校尉，與卒三千人，從白馬⓫渡河。至諸縣，說其豪桀曰：「秦為亂政虐刑，殘滅天下，北為長城之役，南有五領⓬之戍，外內騷動，百姓罷⓭敝，頭會箕斂⓮以供軍費，財匱力盡，重以苛法，使天下父子不相聊⓯。今陳王奮臂為天下倡始，莫不嚮⓰應，家自為怒，各報其怨，縣殺其令丞⓱，郡殺其守尉⓲。今以張大楚⑲，王陳，使吳廣、周文將卒百萬西擊秦。於此時而不成封侯之業者，非人豪也。夫因天下之力而攻無道之君，報父兄之怨而成割地之業，此一時⑳也。」豪桀皆然其言。迺行收兵，得數萬人，號武信君。下趙十餘城，餘皆城守莫肯下。迺引兵東北擊范陽㉑。范陽人蒯通㉒說其令徐公降武信君，又說武信君以侯印封范陽令。語在通傳。趙地聞之，不戰下者三十餘城。

4 至邯鄲，耳、餘聞周章㉓軍入關，至戲卻；又聞諸將為陳王徇地，多以讒毀得罪誅。怨陳王不以為將軍而以為校尉，迺說武臣曰：「陳王非必立六國後。今將軍下趙數十城，獨介㉔居河北，不王無以填㉕之。且陳王聽讒，還報，恐不得脫於禍。願將軍毋失時。」武臣乃聽，遂立為趙王。以餘為大將軍，耳為丞相。

【章　旨】以上為本傳的第二部分，寫陳勝起義軍攻下陳縣後，張耳、陳餘去拜謁陳勝，先是勸其緩稱王而立六國後代，待入咸陽滅秦後成就帝王之業，遭陳勝拒絕，後以校尉之職輔佐將軍武臣攻取趙地，即鼓動武臣自立為趙王，武臣以陳餘為大將軍、張耳為丞相。此為復辟六國之始。

【注　釋】❶蘄　秦縣名，治今安徽宿州東南。❷謁　拜謁。❸說　勸說。❹被　通「披」。❺瞋目張膽　形容有膽有識，敢作敢為。❻殘　殘酷兇惡之人。❼王　稱王。❽視天下私　顯示天下為私己占有。視，通「示」。❾解　人心離散。❿未及　來不及；顧不上。⓫白馬　即白馬津。⓬五領　即五嶺，又稱南嶺山脈。處於今湖南、江西、廣東交界處。⓭罷　通「疲」。⓮頭會箕斂　官府按人口數用畚箕為量斂收賦稅。⓯聊　依賴；依靠。⓰嚮　通「響」。⓱令丞　縣令、縣丞。⓲守尉　郡守、郡尉。⑲張大楚　張大楚國。⑳一時　一個機會。㉑范陽　秦縣名，治今河北定州西南。㉒蒯通　秦漢之際策士。本書卷四十五有其傳。㉓周章　即周文。㉔介　隔離；隔開。㉕填　通「鎮」。

【語　譯】陳涉從蘄縣進軍到陳縣，張耳、陳餘上前拜謁陳涉。陳涉已從手下多次聽說張耳、陳餘賢能，見到兩人後，非常高興。

2 陳縣的豪傑勸陳涉說：「將軍披堅執銳，率領士卒要誅滅殘暴的秦國，復立楚國，這樣的功德應當為王。」陳涉問張耳、陳餘，兩人回答說：「將軍有膽有識，敢作敢為，不顧萬死而造反，為天下除滅殘酷兇惡之人。如今剛到陳縣而在此稱王，只顯示天下為私己占有。希望將軍不要稱王，急速引兵向西進軍，派人立六國之後代，為自己樹立朋黨。這樣，無須四處與人交戰，等誅滅暴秦後，再占據咸陽以號令諸侯，那麼帝王之業可成。如今獨自在陳縣稱王，恐怕天下人心離散。」陳涉不聽取，於是在陳縣立為王。

3 張耳、陳餘又勸陳王說：「大王興起於梁、楚之地，目前致力於入關攻秦，來不及收復黃河以北。臣曾經在趙地一帶遊歷過，了解趙地的豪傑，希望能請領奇兵略取趙地。」陳王同意了他們的請求，以其好友陳縣人武臣為將軍，張耳、陳餘為左右校尉，率領三千士卒，從白馬津渡過黃河。來到各縣，遊說當地豪傑，說：「秦國朝政混亂刑法暴虐，殘滅天下之人，北有修築長城的徭役，南有防守五嶺的戰役，天下騷動，百姓疲弊，每個家庭按人頭繳租，官吏用畚箕收稅，以此供給軍費，百姓財匱力盡，再加上嚴苛之刑法，使得天下父子之間都不能互相依靠。如今陳王奮臂一呼首先發難於天下，各地沒有不響應的，家家都自己發出怒吼，各報其仇，縣裡殺了縣令、縣丞，郡裡殺了郡守、郡尉。現在為了張揚大楚，在陳地稱王，派吳廣、周文率領百萬之卒向西攻打秦。在這時不能順此而成就封侯之業的，不是人中豪傑。憑藉全天下的力量去攻打無道之君，報復父兄的仇怨而成就割地稱王的大業，這是一個大好機會。」豪傑們都同意他的話。於是邊行軍邊收集士兵，得到數萬人，自號為武信君。攻下趙地十餘座城，其餘的因為堅守而沒有攻下。就引兵向東北攻擊范陽。范陽人蒯通勸說縣令徐公投降武信君，又勸說武信君封范陽令為侯。這些內容記載在〈蒯通傳〉

中。趙各地聽說後，三十餘城不用交戰就收復了。

4 到了邯鄲，張耳、陳餘聽到周章的軍隊進入函谷關，來到戲而退卻；又聽到諸位將領為陳王攻略各地，多數因受到讒言詆毀而獲罪被殺。兩人也抱怨陳王不封他們為將軍而只封為校尉，就勸諫武臣說：「陳王未必一定要立六國的後人。如今將軍攻下數十座趙城，單獨被隔離在黃河之北，不稱王的話無法鎮守這裡。而且陳王喜歡聽信讒言，等回去報告時，恐怕不能脫離災禍。希望將軍不要失去時機。」武臣聽取張耳、陳餘的話，就自立為趙王。封陳餘為大將軍，張耳為丞相。

1 使人報陳王，陳王大怒，欲盡族❶武臣等家，而發兵擊趙。相國❷房君諫曰：「秦未亡，今又誅武臣等家，此生一秦也。不如因而賀之，使急引兵西擊秦。」陳王從其計，徙繫❸武臣等家宮中，封耳子敖為成都君。使使者賀趙，趣❹兵西入關。耳、餘說武臣曰：「王王趙，非楚意，特以計賀王。楚已滅秦，必加兵於趙。願王毋西兵，北徇燕、代，南收河內❺以自廣。趙南據大河，北有燕、代，楚雖勝秦，必不敢制趙。」趙王以為然，因不西兵，而使韓廣略燕，李良略常山❻，張黶略上黨❼。

2 韓廣至燕，燕人因立廣為燕王。趙王乃與耳、餘北略地燕界。趙王間出❽，為燕軍所得。燕因之，欲與分地。使者往，燕輒殺之，以固❾求地。耳、餘患之。

有廝養卒謝其舍曰⑩：「吾為二公說燕，與趙王載歸。」舍中人皆笑曰：「使者往十輩⑪皆死，若⑫何以能得王？」乃走⑬燕壁。燕將見之，問曰：「知臣何欲？」燕將曰：「若欲得王耳。」曰：「君知張耳、陳餘何如人也？」燕將曰：「賢人也。」曰：「其志何欲？」燕將曰：「欲得其王耳。」趙卒笑曰：「君未知兩人所欲也。夫武臣、張耳、陳餘，杖⑭馬箠⑮下趙數十城，亦各欲南面而王。夫臣之與主，豈可同日道哉！顧⑯其勢初定，且以長少先立武臣，以持⑰趙心。今趙地已服，兩人亦欲分趙而王，時未可耳。今君因趙王，念此兩人名為求王，實欲燕殺之，此兩人分趙而王。夫以一趙尚易⑱燕，況以兩賢王左提右挈⑲，而責殺王，滅燕易矣。」燕以為然，乃歸趙王。養卒為御⑳而歸。

3 李良已定常山，還報趙王，趙王復使良略太原㉑。至石邑㉒，秦兵塞井陘㉓，未能前。秦將詐稱二世使使遺㉔良書，不封，曰：「良嘗事我，得顯幸，誠能反趙為秦，赦良罪，貴良。」良得書，疑不信。之邯鄲益請兵。未至，道逢趙王姊，從百餘騎。良望見，以為王，伏謁㉕道旁。王姊醉，不知其將，使騎謝良。良素貴，起，慚其從官。從官有一人曰：「天下叛秦，能者先立。且趙王素出將軍下，今女兒迺不為將軍下車，請追殺之。」良以㉖得秦書，欲反趙，未決，因此怒，遣人追殺王姊，遂襲邯鄲。邯鄲不知，竟殺武臣。趙人多為耳、餘耳目者，故得脫出。收兵得數萬人。客有說耳、餘曰：「兩君羈旅㉗，而欲附趙，難可獨立；立趙後，輔以誼㉘，可就功。」乃求得趙歇㉙，立為趙王，居信都㉚。

【章　旨】以上為本傳的第三部分，寫了武臣被殺過程。陳勝被迫承認趙的獨立，並催其發兵向西攻秦。而張耳、陳餘卻勸武臣乘機擴大自己地盤，派兵攻略燕、常山、上黨等地。不久，攻取燕地的韓廣被燕人立為燕王，與趙為敵；平定了常山的李良又反趙而攻襲邯鄲，殺武臣。有幸而逃的張耳、陳餘收聚散兵數萬人，在信都擁立趙歇為趙王。

【注　釋】❶族　滅族。❷相國　春秋戰國對宰輔大臣的尊稱，後為官名，為最高國務長官，職掌與後之丞相略同。❸繫　拘囚。❹趣　催促。❺河內　秦郡名，治今河南武陟西南。❻常山　即恆山郡，秦郡名，治今河北石家莊東北。因避漢文帝劉恆諱而改為常山。❼上黨　秦郡名，治今山西長子東南。❽間出　顏師古曰：「間出，謂投間隙而微出也。」❾固　堅決。❿有廝句　意即有位伙夫告訴其同舍人說。蘇林曰：「廝，取薪者也。養，養人者也。」晉灼曰：「以辭相告曰謝。」⓫輩　批。⓬若　你。⓭走　顏師古曰：「走，趣也。」迅即趕往。⓮杖　持。⓯馬箠　馬鞭。⓰顧　只是。⓱持　穩定。⓲易　輕視。⓳左提右挈　相互扶持。⓴御　馭手。㉑太原　秦郡名，治今山西太原西南。㉒石邑　秦縣名，治今河北石家莊西南。㉓井陘　秦縣名，治今河北石家莊西北。㉔遺　送。㉕伏謁　伏地通姓名謁見尊者。㉖以　通「已」。㉗羈旅　旅居在外，作客他鄉。㉘誼　通「義」。㉙趙歇　戰國趙國王室後代。㉚信都　秦縣名，治今河北邢臺。

【語　譯】派人將此情況報告陳王，陳王大怒，想盡滅武臣家族，而發兵攻趙。相國房君勸諫說：「秦國尚未滅亡，現在又誅殺武臣等家族，這是又生一秦國。不如乘此而向他祝賀，命令他迅速引兵西進攻打秦國。」陳王聽從了房君的計策，而將武臣等家屬遷移拘囚於宮中，封張耳之子張敖為成都君。派使者向趙王祝賀，催促其引兵西入關。張耳、陳餘勸諫武臣說：「大王當趙王，並非陳王之意，只是用計來向大王祝賀。楚滅了秦國，一定向趙國用兵。希望大王不要向西進兵，而向北攻略燕、代等地，向南收復河內郡以擴大自己的地盤。趙國南據黃河，北有燕、代，即使楚國勝了秦國，必不敢制服趙國。」趙王同意，因而不向西進兵，而派韓廣攻略燕地，李良攻略常山，張黶攻略上黨。

2　韓廣到了燕地，燕人便立韓廣為燕王。趙王就與張耳、陳餘向北掠取地盤至燕國邊界。趙王閒暇時私自外出，被燕軍所俘獲。燕軍拘囚了趙王，要跟他劃分地盤。趙國多次派使者前往，燕國總是殺死使者，以此堅持求得土地。張耳、陳餘為此而擔憂。有位伙夫對其同舍人訴說：「我想為張、陳二公前往勸說燕王，載趙王一同回來。」同舍人都恥笑他說：「前往的十批使者都被殺死，你怎麼能使趙王回歸？」於是張耳、陳餘就迅即派此人趕往燕國軍營。燕國將領見到他，伙夫便問燕國將領說：「知道我想幹什麼？」燕國將領說：「你想得到趙王。」又問：「你知道張耳、陳餘是什麼人嗎？」燕國將領回答說：「他們是賢者。」又問：「他們想要幹什麼？」燕國將領又回答道：「想要得到他們的君王。」趙國伙夫笑著說：「你並不知道他們兩人想幹什麼。武臣、張耳、陳餘，持馬鞭攻下趙國數十座城池，各自也想面南稱王。臣下與其君主，豈可同日而語！只是因為當時的形勢剛定，且按長少先立武臣，以穩定趙王之心。現在趙地已經平定，兩人也想分趙而王，時機未成熟罷了。如今燕王拘囚了趙王，想此二人名為救王，實際是想讓燕王殺死趙王，他們兩人便可分趙而王。憑一趙王尚輕視燕國，何況兩位賢王相互扶持，而指責燕國殺死趙王，滅掉燕國也很容易。」燕王認為他說得很有道理，就歸還趙王。伙夫駕車載著趙王而歸。

3　李良已平定常山一帶，回報趙王，趙王又派李良攻打太原。進軍到石邑，秦兵堵塞了井陘，未能前進。秦將詐稱二世派使臣送給李良一封信，沒封口，說：「李良曾侍奉我，得到顯貴和寵幸，假如能為秦反趙，赦免李良之罪，使李良富貴。」李良看過後，心中懷疑不相信。準備到邯鄲請求增兵。還沒到達，半路上碰到了趙王的姊姊，跟隨著百餘騎兵而來。李良遠遠看到，以為是趙王，伏於道旁通報姓名。趙王的姊姊喝醉了，不知是趙王的將領，派一騎兵回謝李良。李良一向高貴，起來後，當著隨從官員的面感到羞愧。有一隨從的官員說：「天下叛離秦國，有能者先立為王。再說趙王能力一向在將軍之下，如今他的姊姊竟然不為將軍下車，請追殺她。」李良已得到秦二世送來的書信，想反趙，未最終決定，聽了此話大怒，派人追殺趙王的姊姊，進而襲擊邯鄲。邯鄲君臣不知狀況，最終殺死武臣。趙國人有不少是張耳、陳餘的耳目，所以他們能逃脫出來。兩人收集逃散的士兵約數萬人。賓客中有的勸諫張耳、陳餘說：「兩位賢君寄居他人，而想依附趙國，很難獨立；不如擁立趙王的後代，以此名義來輔佐，可成就功業。」於是找到趙歇，立為趙王，居於信都。

李良進兵擊餘，餘敗良。良走歸章邯。章邯引兵至邯鄲，皆徙其民河內，夷❶其城郭。耳與趙王歇走入鉅鹿城，王離❷圍之。餘北收常山兵，得數萬人，軍鉅鹿北。章邯軍鉅鹿南棘原❸，築甬道屬河，饟王離。王離兵食多，急攻鉅鹿。鉅鹿城中食盡，耳數使人召餘，餘自度兵少，不能敵秦，不敢前。數月，耳大怒，怨餘，使張黶、陳釋往讓❹餘曰：「始吾與公為刎頸交，今王與耳旦暮❺死，而公擁兵數萬，不肯相救，胡不赴秦俱死？且什有一二相全。」餘曰：「所以不俱死，欲為趙王、張君報秦。今俱死，如以肉餧❻虎，何益？」張黶、陳釋曰：「事已急，要以俱死立信，安知後慮！」餘曰：「吾顧以無益。」迺使五千人令張黶、陳釋先嘗❼秦軍，至皆沒。

當是時，燕、齊、楚聞趙急，皆來救。張敖亦北收代，得萬餘人來，皆壁❽

餘旁。項羽兵數絕章邯甬道，王離軍乏食。項羽悉引兵渡河，破章邯軍。諸侯軍乃敢擊秦軍，遂虜王離。於是趙王歇、張耳得出鉅鹿，與餘相見，責讓餘，問張黶、陳釋所在。餘曰：「黶、釋以必死責臣，臣使將五千人先嘗秦軍，皆沒。」耳不信，以為殺之，數問餘。餘怒曰：「不意君之望❾臣深也！豈以臣重去將哉？」迺脫解印綬與耳，耳不敢受。餘起如廁，客有說耳曰：「天予不取，反受其咎。今陳將軍與君印綬，不受，反天不祥。急取之。」耳乃佩其印，收其麾下。餘還，亦望耳不讓，趨❿出。遂收其兵。餘獨與麾下數百人之河上澤中漁獵。由此有隙。

【章　旨】以上為本傳的第四部分，簡述了張耳、陳餘關係破裂的經過。秦將章邯領兵夷平邯鄲城，徙其民於河內郡。趙王趙歇與張耳逃入鉅鹿城，又被秦將王離引兵包圍。鉅鹿糧盡，危在旦夕，而領兵數萬駐在城北的陳餘不敢來救，引起張耳怨恨。後來項羽領兵打敗秦軍解了鉅鹿之圍，張耳不斷指責陳餘，並收了他的兵權，致使陳餘憤而率親近者數百人離去。從此，張耳、陳餘分道揚鑣。

【注　釋】❶夷　蕩平。❷王離　秦將王翦之孫。❸棘原　古地名，在今河北平鄉西南。❹讓　指責。❺旦暮　早晚。意即很快。❻餧　同「餵」。❼嘗　嘗試。❽壁　紮營寨。❾望　怨望；抱怨。❿趨　疾走。

【語　譯】李良進兵攻打陳餘，陳餘擊敗李良。李良逃跑歸於章邯軍。章邯引兵到邯鄲，把這裡的百姓全部遷到河內郡，蕩平邯鄲城。張耳與趙王趙歇逃到鉅鹿城，秦將王離包圍了鉅鹿城。陳餘向北收集常山之兵，得數萬人，駐紮在鉅鹿城北。章邯軍駐紮在鉅鹿城南之棘原，修築甬道一直到黃河岸邊，供給王離軍糧食，擁有很多糧食的王離軍急攻鉅鹿。鉅鹿城中糧盡，張耳多次派人徵召陳餘，陳餘私下考慮士卒少，不能和秦軍相敵，不敢進兵。幾月後，張耳大怒，抱怨陳餘，派張黶、陳釋前去指責陳餘說：「開始我與你結為生死之交，如今趙王與我早晚要面臨死亡，而你擁有數萬之兵，不肯來相救，為什麼不趕赴來與秦軍決一死戰？況且會有十分之一二得以保全。」陳餘說：「所以不同歸於盡，是想為趙王、張君你報秦之仇。如今同歸於盡，如同以肉餵虎，有何幫助？」張黶、陳釋說：「事情已經十分緊急，重要的是同歸於盡兌現誠信，怎知考慮以後什麼！」陳餘說：「我認為同歸於盡沒有任何好處。」於是讓張黶、陳釋帶領五千人先嘗試著攻擊秦軍，至則全軍覆沒。

此時，燕、齊、楚聽說趙國危急，都來援救。張敖也在北邊收復代地，得萬餘人前來，都在陳餘軍旁紮下營壘。項羽軍多次斷絕章邯運糧的甬道，王離軍缺乏糧食。項羽引兵全部渡過黃河，打敗章邯軍。諸侯軍這才敢攻擊秦軍，於是俘虜了王離。這時趙王趙歇、張耳才得以走出鉅鹿，與陳餘相見，又指責陳餘，問張黶、陳釋二人在哪裡。陳餘說：「張黶、陳釋以必死來指責我，我派他們帶領五千人先嘗試著進攻秦軍，結果全軍覆沒。」張耳不相信，認為陳餘殺了他們，因而多次責問陳餘。陳餘憤怒地說：「沒想到你抱怨我這樣深！難道你認為我會把將軍之位看得那麼重嗎？」於是解下印綬給張耳，張耳不敢接受。陳餘起來上廁所，賓客中有人勸張耳說：「上天給與卻不取，反受其災禍。現在陳將軍給您印綬，您不接受，反對上天是不吉祥的。趕快收取印綬。」張耳就佩戴陳餘的印綬，接收他的部下。陳餘返回，也抱怨張耳不謙讓，疾走出營。張耳最終接管陳餘的士兵。陳餘單獨與部下數百人到黃河邊的湖澤中打魚射獵。從此二人有了隔閡。

1 趙王歇復居信都。耳從項羽入關。項羽立諸侯，耳雅❶游❷，多為人所稱。項羽素亦聞耳賢，迺分趙立耳為常山王，治信都。信都更名襄國。

2 餘客多說項羽：「陳餘、張耳一體❸有功於趙。」羽以餘不從入關，聞其在南皮❹，即以南皮旁三縣封之。而徙趙王歇王代。

3 耳之國，餘愈怒曰：「耳與餘功等也，今耳王，餘獨侯。」及齊王田榮叛楚，餘乃使夏說說田榮曰：「項羽為天下宰❺不平，盡王諸將善地，徙故王王惡❻地，今趙王乃居代！願王假❼臣兵，請以南皮為扞蔽❽。」田榮欲樹黨，乃遣兵從餘。餘悉三縣兵，襲常山王耳。耳敗走，曰：「漢王與我有故，而項王彊，立我，我欲之楚。」甘公❾曰：「漢王之入關，五星❿聚東井⓫。東井者，秦分也。先至必王。楚雖彊，後必屬漢。」耳走漢。漢亦還定三秦⓬，方圍章邯廢丘⓭。耳謁漢王，漢王厚遇之。

4 餘已敗耳，皆收趙地，迎趙王於代，復為趙王。趙王德⓮餘，立以為代王。餘為趙王弱，國初定，留傳⓯趙王，而使夏說以相國守代。

5 漢二年，東擊楚，使告趙，欲與俱。餘曰：「漢殺張耳乃從。」於是漢求人類耳者，斬其頭遺餘，餘乃遣兵助漢。漢敗於彭城西，餘亦聞耳詐死，即背漢。漢遣耳與韓信擊破趙井陘，斬餘泜水⓰上，追殺趙王歇襄國。

6 四年夏，立耳為趙王。五年秋，耳薨⓱，諡⓲曰景王。子敖嗣立為王，尚⓳高祖長女魯元公主，為王后。

【章 旨】以上為本傳的第五部分，寫了張耳、陳餘在項羽大封諸侯中的不同待遇與他倆直接對抗的結局。張耳因隨項羽入關被封為常山王，而陳餘只被封侯，在齊王田榮支援下領兵打敗張耳，張耳投奔劉邦，陳餘則迎趙歇回來再為趙王。漢王二年，張耳與韓信領軍打敗趙軍，斬殺陳餘與趙王。漢王四年，劉邦立張耳為趙王，一年多後張耳去世，其子張敖繼立為趙王，並娶劉邦長女魯元公主為妻。

【注 釋】❶雅 一向。❷遊 交遊；交際。❸一體 一樣。❹南皮 秦縣名，治今河北南皮北。❺宰 主宰。❻惡 貧瘠。❼假 借。❽扞蔽 屏藩。❾甘公 文穎曰：「善說星者甘氏也。」晉灼曰：「齊人。」似指古代天文學家甘德。❿五星 指金、木、水、火、土五大行星。⓫東井 即井宿，天上二十八宿中南方七宿的第一宿。按古代分野說，井宿的分野是秦國。⓬三秦 項羽分封天下，三分關中舊地，以章邯為雍王，司馬欣為塞王，董翳為翟王，故後世亦稱關中為三秦。⓭廢丘 秦縣名，治今陝西興平東南。⓮德 感德。⓯傅 輔佐。⓰泜水 古水名。發源於今河北內丘西北，流經柏鄉入虖池河。⓱薨 周代諸侯王死亡稱薨，後亦指高級官員死亡。⓲謚 古代帝王、貴族、大臣等死後，後人據其一生行為事跡給予的稱號。⓳尚 娶帝王之女為妻。

【語 譯】趙王趙歇再次居於信都。張耳跟隨項羽進入關中。項羽分封諸侯王，張耳一向喜好交遊，多為人所稱道。項羽平素也聽說張耳賢能，就分割趙地立張耳為常山王，治信都。後信都更名為襄國。

2 陳餘的許多賓客遊說項羽說：「陳餘、張耳一樣有功於趙。」項羽認為陳餘沒有跟隨他入關，聽說陳餘在南皮，就把南皮旁的三個縣分封與陳餘。而遷趙王趙歇稱王於代地。

3 張耳到了其封國，陳餘更加生氣說：「張耳與我功勞一樣，如今封張耳為王，卻封我為侯。」等到齊王田榮叛楚之後，陳餘就派夏說遊說田榮說：「項羽為天下的主宰卻分封不公，盡封其諸將好的地界，將過去的君王遷移到貧瘠之地，如今趙王竟然居於代地！希望大王借與我兵力，請求以南皮做您的為屏藩。」田榮正想發展自己的勢力，就派兵給陳餘。陳餘竭盡三縣之兵，襲擊常山王張耳。張耳敗走，說：「漢王與我有舊交，而項羽強大，封我為王，我想投奔楚國。」甘公說：「漢王入關時，五星聚於井宿。井宿，是秦國的分野，先到者必定稱王。楚國雖強，以後必定歸屬漢王。」於是張耳投奔了漢王。漢王也返回平定了三秦，正在廢丘包圍著章邯。張耳謁見漢王，漢王以豐厚的條件對待他。

4 陳餘打敗張耳，完全收復了趙地，從代地迎回趙王，再次稱為趙王。趙王感恩陳餘，立陳餘為代王。陳餘認為趙王勢弱，趙國剛剛平定，就留下輔佐趙王，而派夏說以相國的身分守衛代地。

5 漢王二年，漢軍東擊楚，派人告訴趙國，想與趙國一塊進軍。陳餘說：「漢王殺死張耳就從命。」於是漢王找到一個很像張耳的人，斬其頭送給陳餘，陳餘才派兵助漢。漢王在彭城西被項羽打敗，陳餘也聽說張耳根本沒死，立即背離漢王。漢王派遣張耳與韓信在井陘擊敗趙國軍隊，斬殺陳餘於泜水上，在襄國追殺趙王趙歇。

6 漢王四年夏，立張耳為趙王。五年秋，張耳去世，被謚為景王。兒子張敖繼立為王，娶高祖長女魯元公主為王后。

1 七年，高祖從平城❶過趙，趙王旦暮自上食❷，體甚卑，有子壻❸禮。高祖箕踞❹罵詈❺，甚慢之。趙相貫高、趙午年六十餘，故耳客也，怒曰：「吾王孱❻王也！」說敖曰：「天下豪桀並起，能者先立，今王事皇帝甚恭，皇帝遇王無禮，請為王殺之。」敖齧❼其指出血，曰：「君何言之誤！且先王亡國，賴皇帝得復國，德流子孫，秋毫❽皆帝力也。願君無復出口。」貫高等十餘人相謂曰：「吾等非也。吾王長者，不背德。且吾等義不辱，今帝辱我王，故欲殺之，何迺汙王為❾？事成歸王，事敗獨身坐❿耳。」

2 八年，上從東垣⑪過。貫高等乃壁人⑫柏人⑬，要之置廁⑭。上過欲宿，心動⑮，問曰：「縣名為何？」曰：「柏人。」「柏人者，迫於人！」不宿去。

3 九年，貫高怨家知其謀，告之。於是上逮捕趙王諸反者。趙午等十餘人皆爭自剄，貫高獨怒罵曰：「誰令公等為之？今王實無謀，而并捕王；公等死，誰當白⑯王不反者？」乃檻車⑰與王詣⑱長安。高對獄曰：「獨吾屬為之，王不知也。」吏榜笞⑲數千，刺爇⑳，身無完者，終不復言。呂后數言張王以魯元故，不宜有此。上怒曰：「使張敖據天下，豈少迺㉑女虖㉒！」廷尉㉓以貫高辭聞，上曰：「壯士！誰知者，以私問之。」中大夫㉔泄公曰：「臣素知之，此固趙國立名義不侵㉕為然諾㉖者也。」上使泄公持節㉗問之箯輿㉘前。卬㉙視泄公，勞苦㉚如平生歡㉛。與語，問張王果㉜有謀不㉝。高曰：「人情豈不各愛其父母妻子哉？今吾三族㉞皆以論死，豈以王易吾親哉！顧㉟為王實不反，獨吾等為之。」具道本根所以㊱、王不知狀㊲。於是泄公具㊳以報上，上迺赦趙王。

4 上賢高能自立㊴然諾，使泄公赦之，告曰：「張王已出，上多㊵足下，故赦足下。」高曰：「所以不死，白張王不反耳。今王已出，吾責塞㊶矣。且人臣有篡弒之名，豈有面目復事上哉！」乃仰絕亢㊷而死。

5 敖已出，尚魯元公主如故，封為宣平侯。於是上賢張王諸客，皆以為諸侯相、郡守。語在田叔傳㊸。及孝惠㊹、高后㊺、文、景時，張王客子孫皆為二千石㊻。

6 初，孝惠時，齊悼惠王㊼獻城陽郡㊽，尊魯元公主為太后。高后元年㊾，魯元太后薨。後六年，宣平侯敖復薨。呂太后立敖子偃為魯王，以母為太后故也。又憐其年少孤弱，乃封敖前婦子二人：壽為樂昌侯，侈為信都侯。高后崩，大臣誅諸呂，廢魯王及二侯。孝文即位，復封故魯王偃為南宮侯。薨，子生嗣。武帝時，生有罪免，國除。元光㊿中，復封偃孫廣國為睢陵侯。薨，子昌嗣。太初51中，昌坐不敬52免，國除。孝平元始二年53，繼絕世，封敖玄孫慶忌為宣平侯，食54千戶。

【章旨】以上為本傳的第六部分，寫了趙王張敖及其後代在西漢的簡要情況。因趙相貫高等陰謀篡殺漢高祖劉邦而被仇家告發，連累張敖一起被逮捕入獄，後因審知張敖確未與謀，被赦免後仍尚魯元公主，但被貶為宣平侯。其後人或嗣爵為侯，或因罪被廢後又被紹封，一直到漢末平帝時不絕。

【注釋】❶平城　漢縣名，治今山西大同東北。❷上食　獻食。❸壻　同「婿」。❹箕踞　顏師古曰：「箕踞者，謂申兩腳其形如箕。」一種輕慢、不拘禮節的坐姿。❺詈　責備；罵。❻孱　懦弱；軟弱。❼齧　咬。❽秋毫　一絲一毫。比喻微小之物。❾何迺句　怎麼能玷汙大王。汙，玷汙；連累。❿獨身坐　只由我們自己承擔罪責。坐，由……而獲罪。⓫東垣　漢時縣名，治今河北石家莊東北。⓬壁人　藏人於夾牆之中。⓭柏人　漢時縣名，治今河北柏鄉西南。⓮要之置廁　文穎曰：

「置人廁壁中以伺高祖。」要，截擊；伏擊。⑮心動　心中有所警覺。⑯白　告訴；表白。⑰檻車　囚禁押解犯人的車。⑱詣　到。⑲榜笞　鞭笞拷打。⑳爇　燒灼。㉑迺　你。㉒虖　同「乎」。㉓廷尉　漢時主管司法刑獄的高級官員九卿之一，秩中二千石。㉔中大夫　漢時皇帝侍從官，掌議論，侍從左右，秩比二千石。㉕侵　損傷。㉖然諾　答應的就會兌現。即言而有信。㉗持節　古代使臣奉命出行，必持符節以為憑證。㉘箯輿　竹床、竹轎。可抬傷者。㉙卬　同「仰」。㉚勞苦　顏師古曰：「勞苦，相勞問其勤苦也。」㉛平生歡　平生的友情和交好。㉜果　真的。㉝不　同「否」。㉞三族　父母、兄弟、妻子。㉟顧　只是；但是。㊱本根所以　根本原因。㊲狀　情狀；情況。㊳具　詳細的情況。㊴自立　能自持自守，不為外力所動。㊵多　稱讚。㊶塞　完成。㊷絕亢　割斷頸項。絕，斷。亢，頸項。㊸田叔傳　即本書卷三十七〈季布欒布田叔傳〉。㊹孝惠　即西漢惠帝劉盈。㊺高后　即高祖皇后呂雉。㊻二千石　漢制，郡守俸祿為二千石，即月俸百二十斛（一斛為十斗）。㊼齊悼惠王　即劉肥。本書卷三十八有其傳。㊽城陽郡　應為城陽國，都城在今山東莒縣。㊾高后元年　即西元前一八七年。㊿元光　漢武帝的第二個年號，西元前一三四－前一二九年。(51)太初　漢武帝的第七個年號，西元前一〇四－前一〇一年。(52)不敬　漢代罪名之一，即對皇上怠慢無禮。(53)孝平元始二年　即西元二年。孝平，即西漢平帝劉衎。元始，平帝年號。(54)食　接受封邑租稅。

【語譯】漢王七年，高祖從平城經過趙國，趙王早晚親自向高祖獻食，行為十分謙卑，有女婿之禮。而高祖箕踞著責罵趙王，非常輕慢地對待趙王。趙國國相貫高、趙午等年已過六十，以前是張耳的賓客，惱怒說：「我們大王是軟弱之王！」並勸諫張敖說：「天下豪傑並起，有能力者先立為王，今君王這樣恭敬地侍奉皇帝，皇帝卻如此無禮的對待君王，請求讓我們為君王殺掉他。」張敖將手指咬出血，生氣地說：「你們怎能講出這樣的話！先王亡國，靠皇帝才得以復國，恩德流傳子孫，一絲一毫都是帝王之力。希望諸君不要再說這樣的話。」貫高等十餘人相互說道：「這都是我們的不是。我們的君王是長者，不背棄恩德。再說我們的意思是不能使君王受辱，如今皇帝侮辱我們君王，所以我們想殺了他，怎麼能玷汙大王？事情成功就歸於大王，事情失敗則只由我們自己承擔罪責。」

2 漢王八年，高祖從東垣經過。貫高等人將士兵藏於柏人城中的夾牆內，準備在廁所之中截擊高祖。高祖經過該地時本想住在這裡，但心中又有所警覺，問道：「此地縣名為何？」回答說：「柏人。」高祖心裡念叨著：「柏人者，為人所迫！」沒有住宿而離開此地。

3 漢王九年，貫高仇家知道他們的陰謀，告發了他。於是皇上逮捕了趙王及其謀反者。趙午等十幾人都爭著自殺，只有貫高怒罵說：「誰讓你們這麼做？今天君王實無陰謀，而一塊逮捕君王；你們這些人死了，誰當訴說君王沒有造反呢？」於是被關入檻車和趙王一塊押到長安。貫高對監獄官員說：「是我們這些人獨自幹的，趙王不知情。」獄吏數千次的鞭打拷問，椎刺火燒，身無完膚，始終不再講話。呂后也多次說趙王張敖因魯元公主的原因，不宜有此舉動。皇上惱怒的說：「假使張敖據有天下，難道能少了像你女兒那樣的女子嗎！」廷尉把貫高所講的話告訴了皇上，皇上說：「倒是個壯士！誰了解此人，在私下訊問之。」中大夫泄公說：「臣一向了解此人，這原本就是為了維護趙國的名義不被損害而能拼命且言而有信之人。」皇上派泄公持節在竹床前訊問貫高。貫高仰視著泄公，像老朋友一樣互相慰問勤苦。談話中，泄公問趙王張敖是否真的有陰謀。貫高說：「人之常情難道不愛自己的父母妻子嗎？今天我的親屬三族都已判定死罪，難道能以趙王交換我的親屬嗎！但因為趙王確實沒有反叛，只有我們這些人做這件事。」並詳細的說明根本原因、趙王的確不知的情況。於是泄公詳細的將此報告給皇上，皇上便赦免了趙王。

4 皇上讚許貫高能自持自守言而有信，讓泄公赦免他，泄公對貫高說：「趙王張敖已被放出，皇上稱讚足下，故赦免足下。」貫高說：「我所以沒死，是為了說明趙王張敖沒有謀反。如今趙王已被放出，我的責任已了。再說作為人臣而有篡殺皇上之名，哪裡有面目再侍奉皇上呢！」於是仰頭割頸而死。

5 張敖出獄回國後，和以前一樣以魯元公主為妻，被朝廷封為宣平侯。此事之後皇上認為趙王張敖諸賓客賢德，都把他們封為諸侯國相、郡守。有關內容記載在〈田叔傳〉中。到惠帝、呂后、文帝、景帝時，趙王張敖賓客的子孫都成為郡守一級的官吏。

6 以前在惠帝時，齊悼惠王獻出城陽國，尊魯元公主為太后。呂后元年，魯元太后死。後六年，宣平侯張敖又死。呂太后立張敖的兒子張偃為魯王，因其母為太后的緣故。又考慮張偃年少孤弱，就封張敖前婦生的二個兒子：張壽為樂昌侯，張侈為信都侯。呂后死，西漢諸大臣誅滅呂姓家族，廢掉魯王及二侯的爵位。文帝即位，又封故魯王張偃為南宮侯。張偃死後，其子張生繼嗣。武帝時，張生因犯罪而被罷免，王國被廢除。武帝元光時期，又封張偃的孫子張廣國為睢陵侯。張廣國死，其子張昌繼嗣。武帝太初年間，張昌因對皇上怠慢無禮被罷免，封國被廢除。西漢平帝元始二年，為繼承功臣斷絕的世系，封張敖的玄孫張慶忌為宣平侯，接受千戶的租稅。

贊曰：張耳、陳餘，世所稱賢，其賓客廝役皆天下俊桀，所居國無不取卿相者。然耳、餘始居約❶時，相然信死❷，豈顧問❸哉！及據國爭權，卒相滅亡，何鄉者❹慕用❺之誠，後相背之盭❻也！勢利之交，古人羞之，蓋謂是矣。

【章　旨】以上為史家的評論，認為張耳、陳餘從貧賤時的刎頸交到最後為仇敵，乃源於他們原本只是權勢利益之交，而不是相互信賴的真誠之交的結果。

【注　釋】❶居約　晉灼曰：「始在貧賤儉約之時。」❷相然信死　相互承諾同生死。❸顧問　顧慮；有所保留。❹鄉者　從前。鄉，通「向」。❺慕用　仰慕信賴。❻盭　同「戾」。厲害。

【語　譯】史官評議說：張耳、陳餘，世人稱其為賢者，他們的賓客奴僕都是天下豪傑，在所居之國沒有不取得卿相之位的。然而張耳、陳餘最初貧賤卑微時，相互承諾同生死，哪有什麼顧慮呢！等到各據一國互爭權力時，最終互相要滅亡對方，為什麼從前那樣真誠地仰慕信賴，後來又背棄得那樣厲害！以權勢利益交往，古人以此為羞恥，指的正是如此。

【研　析】本傳傳主張耳、陳餘都是戰國末年的名士，他們的人生歷經秦滅六國、陳勝等反秦、項羽破秦、楚漢戰爭等，可謂處於風雲變異之際。《史記》有〈張耳陳餘列傳〉，記錄他們如何投身這歷史洪流的一生，本卷基本承襲司馬遷的傳文。

在秦末，反秦主要有楚、齊、趙三組勢力，其中的趙地軍力，便是由張耳、陳餘二人主導。秦亡後，楚漢戰爭期間，齊、趙牽制項羽，也幫了劉邦的大忙，因此，本傳內容為我們研究以上歷史問題提供了可貴的翔實資料。

由於張耳與陳餘二人的人品性格有異，最後的人生結局完全不同：在貧賤時相互為刎項之交，此時陳餘較衝動而年長的張耳較韜晦，兩人在一起相安無事，甚至一同投靠陳勝並請兵略趙地、共立武臣為趙王而脫離陳勝，還能共進退；而趙王趙歇與張耳被秦重兵圍困於鉅鹿時，陳餘卻違生死之諾而不救，以致項羽解鉅鹿之圍後互為仇敵。後來，張耳能擇強或善而從，如隨項羽入關而被封為常山王；又如被陳餘打敗後能聽從他人意見而投劉邦，幫助韓信在楚漢戰爭中建功而被封為趙王；與劉邦結兒女之親使後人封侯至西漢一代而不絕。而陳餘則較固持己見，如因項羽只以三縣之地封己而怨憤歸田榮，叛楚而攻打張耳；又如把殺張耳作為助漢攻楚的條件，聽說有詐即背叛漢王；又如在漢趙「井陘之戰」中不聽軍事家李左車之謀略，最後身亡國滅（參見《史記》卷九十二〈淮陰侯列傳〉）。因此，結合同時代的其他人物的紀傳材料，還可對兩人的不同問題作更深入的研究。

卷三十三

魏豹田儋韓王信傳第三

【題解】〈魏豹田儋韓王信傳〉分別簡略地記述了故魏國王室後人魏豹、故齊王田氏之族田儋、故韓襄王庶孫韓信的生平事跡。其主要內容還是反映這三人在秦末各路起義軍和楚漢戰爭中的活動和作用，為我們了解這三位歷史人物以及從秦末到漢初這段歷史提供了較詳實的資料。

1 魏豹，故魏諸公子也。其兄魏咎，故魏時封為甯陵君，秦滅魏，為庶人❶。陳勝之王也，咎往從之。勝使魏人周市徇❷魏地，魏地已下，欲立周市為魏王。市曰：「天下昏亂，忠臣乃見❸。今天下共畔❹秦，其誼❺必立魏王後乃可。」齊、趙使車各五十乘❻，立市為王。市不受，迎魏咎於陳，五反❼，陳王乃遣立咎為魏王。

2 章邯已破陳王，進兵擊魏王於臨濟❽。魏王使周市請救齊、楚。齊、楚遣項它、田巴將兵，隨市救魏。章邯遂擊破殺周市等軍，圍臨濟。咎為其民約降❾。約降定，咎自殺。

3 魏豹亡走楚。楚懷王予豹數千人，復徇魏地。項羽已破秦兵，降章邯❿，豹下魏二十餘城，立為魏王。豹引精兵從項羽入關。羽封諸侯，欲有梁地，迺徙豹於河東⓫，都平陽⓬，為西魏王。

4 漢王還定三秦，渡臨晉⓭，豹以國屬焉⓮，遂從擊楚於彭城。漢王敗，還至滎陽，豹請視親⓯病，至國，則絕河津畔漢。漢王謂酈生⓰曰：「緩頰⓱往說之。」酈生往，豹謝曰：「人生一世間，如白駒過隙⓲。今漢王嫚⓳侮人，罵詈諸侯群臣如奴耳，非有上下禮節，吾不忍復見也。」漢王遣韓信擊豹，遂虜之，傳⓴豹詣滎陽，以其地為河東㉑、太原㉒、上黨郡㉓。漢王令豹守滎陽。楚圍之急，周苛曰：「反國之王，難與共守。」遂殺豹。

【章旨】以上為〈魏豹傳〉。魏豹原為戰國末魏公子，秦末戰亂逃奔楚而領兵略魏地，後隨項羽入關，先後被立為魏王、西魏王。漢定三秦，豹以國歸屬漢從擊楚，漢兵敗又畔漢。韓信領兵平魏並將其虜至滎陽，漢王令其與周苛共守滎陽，周苛以其反畔無常，遂殺之。

【注釋】❶庶人　平民百姓。❷徇　攻略。❸見　同「現」。顯現。❹畔　通「叛」。❺誼　同「義」。正確的道理。❻乘古代戰車一車四馬為一乘。❼反　同「返」。❽臨濟　古地名，在今河南封丘東。❾約降　顏師古曰：「與章邯為誓而約降。」❿降章邯　使章邯投降。⓫河東　秦郡名，治今山西運城東北。⓬平陽　秦縣名，治今山西臨汾西南。⓭臨晉　秦縣名，治今陝西大荔東，靠黃河邊有古渡口，可直達對岸的蒲阪津。⓮以國屬焉　將自己的封國歸屬漢王。⓯親　顏師古曰：「親謂母也。」⓰酈生　即酈食其，秦漢之際策士。本書卷四十三有其傳。⓱緩頰　顏師古在卷一〈高帝紀上〉注引張晏曰：「緩頰，徐言引譬喻也。」後用以稱婉言勸解或代人講情。⓲白駒過隙　顏師古曰：「言其速疾也。白駒謂日景也。隙，壁際也。」即謂日影如白色的駿馬飛快地馳過縫隙。形容時間過得極快。⓳嫚　傲慢。⓴傳　用驛車傳送。㉑河東　秦郡名，治今山西夏縣西北。㉒太原　秦郡名，治今山西太原西南。㉓上黨郡　秦郡名，治今山西長子西南。

【語　譯】魏豹，過去魏國王室諸公子之一。他的兄長魏咎，魏國時封為甯陵君，秦滅魏，成為平民百姓。陳勝起義稱王，魏咎前往並跟隨陳勝。陳勝派魏國人周市攻略魏地，魏地攻下後，陳勝想立周市為魏王。周市說：「天下昏亂時，忠臣才得以顯現。現在天下共同叛離秦國，其正確的道理一定要立魏王的後代才行。」齊國、趙國各派五十輛戰車，立周市為王。周市堅持不受，並到陳王處迎接魏咎，往返五次，陳王才派遣魏咎去當魏王。

2 章邯打敗陳王的軍隊，在臨濟進兵攻打魏王。魏王派周市請求齊國、楚國援救。齊國、楚國派項它、田巴帶兵，跟隨周市救魏。最終章邯軍擊敗援軍並殺了周市，圍攻臨濟。魏咎為了保護百姓而和秦軍約定投降。約定之後，魏咎自殺。

3 魏豹逃亡至楚。楚懷王交給魏豹數千人，讓他再次攻略魏地。項羽已打敗秦兵，章邯投降，魏豹也攻下魏地二十多座城池，被立為魏王。魏豹引精兵跟隨項羽進入關中。項羽分封各路諸侯，自己想占有魏地，就遷魏豹到河東，建都於平陽，稱為西魏王。

4 漢王返回平定三秦，從臨晉渡過黃河，魏豹將自己的封國歸屬漢王，於是跟隨漢王在彭城進攻楚國。漢王戰敗，返回到滎陽，魏豹請求探視母親之病，回到封國之後，便斷絕黃河渡口反叛漢王。漢王對酈食其說：「你前往婉言勸說。」酈食其來到之後，魏豹拒絕說：「人生一世間，如白馬過隙。今天漢王傲慢欺侮人，辱罵諸侯群臣如奴僕一般，沒有上下君臣禮節，我不希望再見到他。」漢王於是派遣韓信攻擊魏豹，並最終俘虜了魏豹，用驛車載魏豹到滎陽，漢王將其地分為河東郡、太原郡、上黨郡。漢王命令魏豹守滎陽。當楚軍重重圍城的緊急時刻，漢將周苛說：「曾反叛漢之國王，很難和他共守滎陽。」於是殺了魏豹。

1 田儋，狄❶人也，故齊王田氏之族也。儋從弟❷榮，榮弟橫，皆豪桀，宗彊，能得人。陳涉使周市略地，北至狄，狄城守。儋陽為縛其奴，從少年之廷，欲謁殺奴❸。見狄令，因擊殺令，而召豪吏子弟曰：「諸侯皆反秦自立，齊，古之建國，儋，田氏，當王。」遂自立為齊王，發兵擊周市。市軍還去，儋因率兵東略定齊地。

2 秦將章邯圍魏王咎於臨濟，急。魏王請救於齊，儋將兵救魏。章邯夜銜枚❹擊，大破齊、楚軍，殺儋於臨濟下。儋從弟榮收儋餘兵東走東阿❺。

3 齊人聞儋死，乃立故齊王建之弟田假為王，田角為相，田間為將，以距❻諸侯。

4 榮之走東阿，章邯追圍之。項梁聞榮急，迺引兵擊破章邯東阿下。章邯走而西，項梁因追之。而榮怒齊之立假，迺引兵歸，擊逐假。假亡走楚。相角亡走趙。角弟間前救趙，因不敢歸。榮迺立儋子市為王，榮相之❼，橫為將，平齊地。

5 項梁既追章邯，章邯兵益盛，項梁使使趣齊兵共擊章邯。榮曰：「楚殺田假，趙殺角、間，乃出兵。」楚懷王曰：「田假與國[8]之王，窮而歸我，殺之不誼[9]。」趙亦不殺田角、田間以市[10]於齊。齊王曰：「蝮[11]螫[12]手則斬手，螫足則斬足。何者？為害於身也。田假、田角、田間於楚、趙，非手足戚[13]，何故不殺？且秦復得志於天下，則齮齕[14]首用事[15]者墳墓矣。」楚、趙不聽齊，齊亦怒，終不肯出兵。章邯果敗殺項梁，破楚兵。楚兵東走，而章邯渡河圍趙於鉅鹿。項羽由此怨榮。

6 羽既存趙，降章邯，西滅秦，立諸侯王，乃徙齊王市更王膠東[16]，治即墨[17]。齊將田都從共救趙，因入關，故立都為齊王，治臨菑[18]。故齊王建孫田安，項羽方渡河救趙，安下濟北[19]數城，引兵降項羽，項羽立安為濟北王，治博陽[20]。榮以負項梁，不肯助楚攻秦，故不得王。趙將陳餘亦失職[21]，不得王。二人俱怨項羽。

7 榮使人將兵助陳餘，令反趙地，而榮亦發兵以距擊田都，都亡走楚。榮留齊王市毋之[22]膠東。市左右曰：「項王強暴，王不就國[23]，必危。」市懼，乃亡就國。榮怒，追擊殺市於即墨，還攻殺濟北王安，自立為王，盡并三齊[24]之地。

8 項王聞之，大怒，乃北伐齊。榮發兵距之城陽。榮兵敗，走平原[25]，平原民殺榮。項羽遂燒夷齊城郭，所過盡屠破。齊人相聚畔之。榮弟橫收齊散兵，得數萬人，反擊項羽於城陽。而漢王帥諸侯敗楚，入彭城。項羽聞之，迺釋㉖齊而歸擊漢於彭城，因連與漢戰，相距滎陽。以故橫復收齊城邑，立榮子廣為王，而橫相之，政事無巨細皆斷於橫。

9 定齊三年，聞漢將韓信引兵且㉗東擊齊，齊使華毋傷、田解軍㉘歷下㉙以距漢。會㉚漢使酈食其往說㉛王廣及相橫，與連和㉜。橫然㉝之，迺罷㉞歷下守備，縱酒，且遣使與漢平㉟。韓信迺渡平原，襲破齊歷下軍，因入臨菑。王廣、相橫以酈生為賣己而亨㊱之。廣東走高密㊲，橫走博㊳，守相田光走城陽，將軍田既軍於膠東。楚使龍且救齊，齊王與合軍高密。漢將韓信、曹參破殺龍且，虜齊王廣。漢將灌嬰追得守相光，至博。而橫聞王死，自立為王，還擊嬰，嬰敗橫軍於嬴㊴下。橫亡走梁，歸彭越。越時居梁地，中立，且為漢，且為楚㊵。韓信已殺龍且，因進兵破殺田既於膠東，灌嬰破殺齊將田吸於千乘㊶，遂平齊地。

【章旨】以上為〈田儋傳〉的第一部分。田儋與其堂弟田榮、榮弟田橫等為戰國末年齊王田氏之族，秦末陳勝起義後一同在齊地起兵反秦，並相繼自立為齊王，先後驅逐與戰勝齊人及項羽所立齊地之諸王。數年後，在與漢連和的情況下遭韓信等襲擊而失敗，田橫亡投梁地的彭越，漢平定了齊地。

【注　釋】❶狄　秦縣名，治今山東高青東南。❷從弟　堂兄弟。❸儋陽三句　意即田儋假裝因事綁縛其家之奴，讓一幫年輕人跟隨著到了縣衙廷上，想拜見縣令允許殺死其奴。服虔曰：「古殺奴婢，皆當告官，儋欲殺令，故詐縛奴以謁也。」陽，通「佯」。❹銜枚　古代軍隊為了防止士兵喧譁或叫喊的一種方法。即將形如筷子，兩端有帶，可繫於頸上的枚銜於口中。❺東阿　秦縣名，治今山東東阿西南。❻距　通「拒」。❼相之　為其相。❽與國　友邦。❾誼　通「義」。❿市　交換。⓫蝮　一種毒蛇。⓬蠚　螫；刺傷。⓭戚　親屬。⓮齮齕　毀傷。齮、齕，原意均為咬，此引申而來。⓯用事　起兵。⓰膠東　秦郡名，治今山東平度東南。⓱即墨　秦縣名，治今山東平度東南。⓲臨菑　亦作臨淄。秦縣名，治今山東淄博東北。⓳濟北　秦郡名，治今山東泰安東南。⓴博陽　秦縣名，治今山東泰安東南。㉑失職　此指失去權位。㉒毋之　不要到。毋，不。之，到……去。㉓就國　到封國就任。㉔三齊　項羽把原齊地分封三人為王：田市為膠東王，田安為濟北王，田都為齊王。田榮自立為齊王，故稱原齊地為三齊。㉕平原　秦縣名，治今山東平原南。㉖釋　放棄。㉗且　將要。㉘軍　駐紮。㉙歷下　邑名，在今山東濟南西。㉚會　適逢。㉛說　遊說。㉜連和　聯合共同對敵。㉝然　答應；同意。㉞罷　撤除。㉟平　媾和。㊱亨　通「烹」。㊲高密　秦縣名，治今山東安丘東南。㊳博　即博陽。㊴嬴　秦縣名，治今山東萊蕪西北。㊵中立三句　顏師古曰：「言在楚、漢之間，居中自立而兩助之也。」且，暫且；一時。㊶千乘　秦縣名，治今山東高青東北。

【語　譯】田儋，狄縣人，過去齊王田氏之宗族。田儋的堂弟田榮，田榮弟田橫，都是豪傑，宗族強大，能得到眾人擁護。陳涉派周市攻略各地，向北進軍到狄縣，狄縣縣令據城堅守。田儋假裝綁縛他的家奴，讓一些年輕人跟隨著來到縣衙廷上，想要拜見縣令殺死這個奴婢。田儋見到縣令，乘機殺掉他，而召集有威望的官吏及其子弟說：「各地諸侯都反秦自立，齊，古代就已建國，我田儋，是齊國田氏後人，理應稱王。」於是自立為齊王，派兵攻擊周市。周市軍敗退去，田儋乘勢率兵向東攻略並平定了齊地。

2 秦將章邯在臨濟包圍了魏王魏咎，情況十分緊急。魏王向齊請求援助，田儋率兵救魏。章邯命令士兵口中銜枚在夜間出擊，大敗齊、楚聯軍，在臨濟城下殺死田儋。田儋的堂弟田榮收集田儋敗兵向東逃至東阿。

3 齊國人聽說田儋已死，就立前齊王田建之弟田假為齊王，田角為國相，田間為將，以抗拒各地諸侯。

4 田榮逃到東阿，章邯緊追並包圍他。項梁聽說田榮情況緊急，就引兵在東阿城下打敗章邯。章邯向西敗走，項梁乘勢追擊。而田榮惱怒齊人立田假為王，就領兵回國，打敗並驅逐田假。田假逃到楚國。而國相田角逃到趙國。田角之弟田間前往救趙，因而不敢回去齊國。田榮就立田儋之子田市為齊王，田榮為其相，田橫為將，平定了齊地。

5 項梁追擊章邯軍，不料章邯軍更加壯大，項梁派使臣催促齊兵共擊章邯軍。田榮說：「楚王殺掉田假，趙王殺掉田角、田間，我就出兵。」楚懷王說：「田假是友邦之王，窮迫時歸屬於我，殺之不義。」趙王也不殺田角、田間和齊國交換。齊王田榮說：「蝮蛇咬傷手就要斬斷手臂，咬傷腳就要砍斷腳。為什麼？因為對整個身體有害。田假、田角、田間對於楚國、趙國來說，並非手足之親，為什麼不殺他們？而且秦如果再次得志於天下，則要毀傷首先起兵者的墳墓。」楚、趙沒有聽從齊，齊也惱怒，終不肯出兵救援。章邯最終打敗並殺了項梁，大敗楚軍。楚兵向東敗走，而章邯軍渡過黃河在鉅鹿包圍了趙軍。項羽因此怨恨田榮。

6 項羽保存了趙國，使章邯軍投降，西滅秦國，分封諸侯王，就遷齊王田市並改在膠東為王，建都即墨。齊將田都跟隨項羽共同救援趙國，並一塊入關，所以立田都為齊王，建都臨菑。前齊王田建之孫田安，在項羽渡河救趙時，田安攻下濟北郡數城，引兵投降項羽，於是項羽立田安為濟北王，建都博陽。田榮因背棄項梁，不肯助楚攻秦，所以沒被封王。趙將陳餘也因失去權位，沒能封王。二人都怨恨項羽。

7 田榮派人率兵協助陳餘，命令他反趙地，而田榮也發兵來抗拒攻擊田都，田都逃亡至楚。田榮強留齊王田市不要到膠東。田市手下的人說：「項王強暴蠻橫，大王不到封國就任，一定很危險。」田市害怕，就逃出到封國就任。田榮大怒，追趕擊殺田市於即墨，返回攻殺濟北王田安，自立為齊王，完全吞併三齊之地。

8 項王聽說後，大怒，就北伐齊國。田榮發兵在城陽抗拒。田榮兵敗，逃到平原，平原民眾殺死田榮。項羽於是燒毀鏟平齊地的城郭，所過之處全部屠滅。齊人相聚反叛項羽。田榮弟田橫收集齊國散逃的士兵，得到數萬人，在城陽反擊項羽。而漢王率領諸侯兵打敗楚軍，進入彭城。項羽聽到消息，就放棄齊國而回頭攻擊漢軍於彭城，因而連續與漢軍交戰，雙方在滎陽對峙。因此田橫又一次收復齊國各地城邑，立田榮之子田廣為齊王，而田橫為相，政事無論大小都決斷於田橫。

9 平定齊地三年，聽說漢將韓信引兵將東擊齊國，齊王便派華毋傷、田解駐軍歷城之下以抗拒漢軍。適逢漢王派酈食其前往遊說齊王田廣及其相田橫，與其聯合抗楚。田橫答應了這件事，就撤除了在歷城之下的守備部隊，放心地喝酒，並且派使臣與漢媾和。韓信卻渡過平原，襲擊並打敗歷城之下的齊兵，趁勢進入臨菑。齊王田廣、齊相田橫因酈食其出賣自己而煮殺了酈食其。田廣向東逃至高密，田橫跑到博陽，專管居守之相的田光跑到城陽，將軍田既駐軍於膠東。楚王派龍且救齊，齊王與其合軍於高密。漢將韓信、曹參打敗並殺了龍且，俘虜了齊王田廣。漢將灌嬰追擊並得到齊居守之相田光，至博陽城。而田橫聽說齊王已死，就自立為王，返回攻擊灌嬰，灌嬰在嬴縣城下擊敗田橫軍。田橫逃到梁地，歸屬彭越。當時彭越居於梁地，保持中立，一會兒為漢，一會兒為楚。韓信殺了龍且後，乘勢進軍在膠東打敗並殺了田既，灌嬰也在千乘打敗並殺了齊將田吸，最終平定了齊地。

1 漢滅項籍，漢王立為皇帝，彭越為梁王。橫懼誅，而與其徒屬五百餘人入海，居隝❶中。高帝聞之，以橫兄弟本定齊，齊人賢者多附焉，今在海中不收❷，後恐有亂，迺使使赦橫罪而召之。橫謝曰：「臣亨陛下之使酈食其，今聞其弟商為漢將而賢，臣恐懼，不敢奉詔，請為庶人，守海隝中。」使還報，高帝迺詔衛尉❸酈商曰：「齊王橫即至，人馬從者敢動搖❹者致族夷❺！」迺復使使持節具告以詔意，曰：「橫來，大者王，小者乃侯耳；不來，且發兵加誅。」橫迺與其客二人乘傳❻詣雒陽❼。

2 至尸鄉❽廄置❾，橫謝使者曰：「人臣見天子，當洗沐。」止留。謂其客曰：「橫始與漢王俱南面稱孤，今漢王為天子，而橫迺為亡虜，北面事之，其媿❿固已甚矣。又吾亨人之兄，與其弟併⓫肩而事主，縱⓬彼畏天子之詔，不敢動搖，我獨不媿於心乎？且陛下所以欲見我，不過欲壹⓭見我面貌耳。陛下在雒陽，今斬吾頭，馳三十里間，形容⓮尚未能敗，猶可知也。」遂自剄，令客奉⓯其頭，從使者馳奏之高帝。高帝曰：「嗟乎，有以⓰！起布衣，兄弟三人更王，豈非賢哉！」為之流涕⓱，而拜其二客為都尉⓲，發卒二千，以王者禮葬橫。

3 既⓳葬，二客穿⓴其冢旁，皆自剄從之。高帝聞而大驚，以㉑橫之客皆賢者，「吾聞其餘尚五百人在海中」，使使召至，聞橫死，亦皆自殺。於是乃知田橫兄弟能得士㉒也。

【章　旨】以上為〈田儋傳〉的第二部分，寫了田儋之堂弟齊王田橫等人的結局。漢王朝建立後封彭越為梁王，田橫懼被誅而與其徒眾五百餘人逃入大海，留居海島。劉邦認為田橫是能服眾的賢者，故派使者以詔令招降之，田橫在去京師的驛站因恥於事人而自殺，劉邦以王者禮安葬之，田橫的門客二人及其徒眾五百餘人都相繼殉義自殺而亡。

【注　釋】❶隝　同「島」。❷收　收編。❸衛尉　秦漢時職官名，為掌管宮禁宿衛的高級官員，九卿之一，秩中二千石。❹動搖　有所動作。指將其殺害。❺族夷　誅滅家族。❻傳　驛車。❼雒陽　即洛陽，秦縣名，治今河南洛陽東北。時洛陽為漢之臨時都城。❽尸鄉　古邑名，在今河南偃師西。❾廄置　臣瓚曰：「案廄置謂置馬以傳驛者。」❿媿　同「愧」。⓫併同「並」。⓬縱　即使。⓭壹　專門；專一。⓮形容　形體容貌。⓯奉　捧。⓰以　因由；緣故。⓱涕　淚。⓲都尉　秦、西漢時高級武官，統兵武職，低於校尉，有戰事時臨時委任。⓳既　已經。⓴穿　挖掘墓穴。㉑以　認為。㉒得士　得士人之心。

【語　譯】漢軍消滅項籍，漢王劉邦立為皇帝，彭越為梁王。田橫害怕被殺，便與其徒眾五百多人入海上，居留海島之中。劉邦聽說後，認為田橫兄弟原本平定齊國，齊地的賢者多依附於他，現在留在海中不收編，以後恐怕會作亂，就派使者前往赦免田橫之罪而召他回朝。田橫拒絕曰：「臣烹殺了陛下的使者酈食其，現在聽說他的弟弟酈商為漢將且很賢德，臣下恐懼，不敢遵從詔令，請求當一個平民百姓，守衛海島中。」使者回朝上報，劉邦就下詔給衛尉酈商說：「齊王田橫如果前來，有人敢對他及其屬下跟隨的人馬有所動作者就滅其族！」又派使者持符節詳細地告訴皇帝的詔意，說：「田橫來，大者為王，小者封侯；不來，就派兵消滅。」田橫於是帶著門客二人乘驛車前往雒陽。

2 來到尸鄉驛站，田橫告訴使者說：「臣下見天子，應當沐浴。」就停留在驛站裡。田橫對手下二位門客說：「開始我與漢王一起面南稱王，今天漢王已為天子，而我卻成為逃亡的俘虜，面北而侍奉他，我的心中本來就很慚愧。又加上我烹殺別人的兄長，將要與他的弟弟並肩站在一起侍奉君主，即使那人畏懼天子之詔令，不敢有所動作，難道我就不於心有愧嗎？況且陛下所以想見我，只不過是想仔細看看我的面貌罷了。陛下在雒陽，現在斬下我的頭，疾馳三十里的路程，形體面容尚不至毀壞，仍然可以認知。」於是自剄而死，令二客捧著他的頭顱，跟隨使者疾馳並上奏劉邦。劉邦說：「哎，這是其來有自呀！田橫起於百姓之家，兄弟三人更替為王，難道不是賢者嗎！」為田橫而流淚，而任命那二個門客為都尉，派二千士兵，以王者之禮埋葬了田橫。

3 埋葬後，二位門客在田橫冢旁挖墓穴，都自殺隨田橫而去。劉邦聽後大驚，認為田橫之客都是賢者，「我聽說其餘尚有五百人在海中」，派使者召他們來朝，這些人聽說田橫已死，也都自殺。於是人們才知田橫兄弟能得士人之心。

1 韓王信，故韓襄王❶孽❷孫也，長八尺五寸。項梁立楚懷王，燕、齊、趙、魏皆已前王，唯韓無有後，故立韓公子橫陽❸君成❹為韓王，欲以撫定韓地。項梁死定陶，成犇❺懷王。沛公引兵擊陽城，使張良以❻韓司徒❼徇韓地，得信，以為韓將，將其兵從入武關❽。

2 沛公為漢王，信從入漢中❾，乃說漢王曰：「項王王諸將，王獨居此，遷❿也。士卒皆山東⓫人，竦⓬而望歸，及其蠭東鄉⓭，可以爭天下。」漢王還定三秦，乃許王信，先拜為韓太尉⓮，將兵略韓地。

3 項籍之封諸王皆就國，韓王成以不從無功，不遣之國，更封為穰侯，後又殺之。聞漢遣信略韓地，乃令故籍游吳時令⓯鄭昌為韓王距漢。漢二年，信略定韓地十餘城。漢王至河南，信急擊韓王昌，昌降漢。漢乃立信為韓王，常將韓兵從。漢王使信與周苛等守滎陽，楚拔之，信降楚。已得亡歸漢⓰，漢復以為韓王，竟⓱從擊破項籍。五年春，與信剖符⓲，王潁川⓳。

4 六年春，上以為信壯武，北近鞏⓴、雒㉑，南迫宛㉒、葉㉓，東有淮陽㉔，皆天下勁兵處也，乃更以太原郡為韓國，徙信以備胡，都晉陽㉕。信上書曰：「國被㉖邊，匈奴數入，晉陽去塞遠，請治馬邑㉗。」上許之。秋，匈奴冒頓㉘大入圍信，信數使使胡求和解。漢發兵救之，疑信數間使㉙，有二心。上賜信書責讓之曰：「專死不勇，專生不任㉚，寇攻馬邑，君王力不足以堅守乎？安危存亡之地，此二者朕所以責於君王。」信得書，恐誅，因與匈奴約共攻漢，以馬邑降胡，擊太原。

七年冬，上自往擊破信軍銅鞮㉛，斬其將王喜。信亡走匈奴，其將白土㉜人曼丘臣、王黃立趙苗裔趙利為王，復收信散兵，而與信及冒頓謀攻漢。匈奴使左右賢王㉝將萬餘騎與王黃等屯廣武㉞以南，至晉陽，與漢兵戰，漢兵大破之，追至于離石㉟，復破之。匈奴復聚兵樓煩㊱西北。漢令車騎擊匈奴，常敗走，漢乘勝追北㊲。聞冒頓居代谷㊳，上居晉陽，使人視冒頓，還報曰「可擊」。上遂至平城㊴，上白登㊵。匈奴騎圍上，上乃使人厚遺閼氏㊶。閼氏說冒頓曰：「今得漢地，猶不能居，且兩主不相戹㊷。」居七日，胡騎稍㊸引去。天霧，漢使人往來，胡不覺。護軍中尉㊹陳平言上曰：「胡者全兵㊺，請令彊弩傅兩矢外鄉㊻，徐行出圍。」入平城，漢救兵亦至，胡騎遂解㊼去，漢亦罷兵歸。信為匈奴將兵往來擊邊，令王黃等說誤㊽陳豨㊾。

6 十一年春，信復與胡騎入居參合㊿。漢使柴將軍(51)擊之，遺信書曰：「陛下寬仁，諸侯雖有叛亡，而後歸，輒復故位號，不誅也。大王所知。今王以敗亡走胡，非有大罪，急自歸。」信報曰：「陛下擢(52)僕(53)閭巷(54)，南面稱孤，此僕之幸也。滎陽之事，僕不能死，囚於項籍，此一罪也。寇攻馬邑，僕不能堅守，以城降之，此二罪也。今為反寇，將兵與將軍爭一旦(55)之命，此三罪也。夫種(56)、蠡(57)無一罪，身死亡(58)；僕有三罪，而欲求活，此伍子胥(59)所以僨(60)於吳世也。今僕亡匿山谷間，日暮乞貣(61)蠻夷，僕之思歸，如痿(62)人不忘起，盲者不忘視，勢不可耳。」遂戰。柴將軍屠(63)參合，斬信。

【章旨】以上為〈韓王信傳〉的第一部分，寫他在秦末率兵追隨劉邦直至被殺的經歷。韓王信為戰國末韓襄王庶孫，曾領兵隨劉邦入關中，漢定三秦後拜為韓太尉，因略定韓地十餘城被立為韓王。漢王朝建立後，為備匈奴，徙韓國至太原郡，不久韓王信亡逃匈奴，常領兵侵擾漢邊境地區。後被漢柴將軍在參合斬殺。

【注釋】❶韓襄王　戰國時韓國君王，西元前三一一—前二九六年在位。❷孽　庶子；妾媵所生之子。❸橫陽　古邑名，在今河南商丘西南。❹君成　舊本作「城君」。據《史記》、景祐本、殿本改為「君成」。❺犇　同「奔」。❻以　以……身分。❼司徒　掌管民戶、土地、徒役的高級官員。❽武關　古關名，在今陝西商南南。❾漢中　秦郡名，治所在今陝西漢中。❿遷貶謫；降職。⑪山東　崤山以東。⑫竦　引頸舉踵而立。比喻極其盼望。⑬鑴東鄉　鋒芒向東。鑴，通「鋒」。鋒芒。鄉，通「向」。⑭太尉　戰國、秦時為主管賞罰爵祿的官員。⑮令　縣令。⑯已得句　顏師古曰：「降楚之後復得歸漢。」已，隨後。⑰竟　最終。⑱剖符　本指古代帝王分封諸侯、功臣時，以竹符為信證，剖分為二，君臣各執其一。此指分封、授官。⑲潁川　西漢郡名，治所在今河南禹州。⑳鞏　即鞏縣，西漢縣名，治今河南鞏縣西北。㉑雒　即洛陽。㉒宛　即宛縣，西漢縣名，治所在今河南南陽。㉓葉　即葉縣，西漢縣名，治今河南葉縣西南。㉔淮陽　西漢縣名，治今河南商丘西南。㉕晉陽　西漢太原郡郡治所在地，在今山西太原西南。㉖被　緊靠。㉗馬邑　西漢縣名，治所在今山西朔州。㉘冒頓　西漢初匈奴單于。㉙間使　私下派遣使臣。㉚專死二句　李奇曰：「言為將軍，齎必死之意不得為勇，齎必生之心不任軍事。傳曰：期死非勇也，必生非任也。」齎，帶著。㉛銅鞮　西漢縣名，治今山西沁縣南。㉜白土　西漢縣名，治今陝西神木西。㉝左右賢王　即左賢王、右賢王，匈奴單于下面最高官職。冒頓時分置左右賢王統領東、西兩部。㉞廣武　西漢縣名，治今山西代縣西南。㉟離石　西漢縣名，治所在今山西離石。㊱樓煩　西漢縣名，治今山西神池東南。㊲北　敗逃的軍隊。㊳代谷　古地名，在今河北蔚縣西北。㊴平城　西漢縣名，治今山西大同東北。㊵白登　顏師古曰：「在平城東山上，去平城十餘里。」據今考證，在平城東北。㊶閼氏　匈奴單于之妻。㊷戹　同「戹」。為難；迫害。㊸稍　逐漸。㊹護軍中尉　監軍官。秦、漢之際劉邦臨時設置，以陳平為之。㊺全兵　指軍隊全部以弓矛等進攻性武器武裝，而沒有甲盾來防禦。㊻請令句　意即請令強弩手附兩支箭向外，以射殺有可能追來的匈奴不著甲衣的士兵。弩，帶有機關的弓。傅，通「附」。鄉，通「向」。㊼解　解除包圍。㊽誤　貽害。㊾陳豨　秦漢之際人士，曾任趙國相，兼領趙、代，統率邊兵。後與韓王信聯絡，自立為代王，被斬。㊿參合　西漢縣名，縣治在今山西陽高東南。(51)柴將軍　應劭曰：「柴武也。」其人曾在垓下之戰中立軍功，被封為棘蒲侯。(52)擢　提拔。(53)僕　謙詞，自稱。(54)閭巷　街坊里巷。此借指平民。(55)一旦　一天；一時。(56)種　即文種，春秋末越國大夫，曾輔佐句踐滅吳。(57)蠡　即范蠡，春秋末越國大夫，曾輔佐句踐滅吳。(58)身死亡　或死或逃亡。指文種、范蠡助越王句踐滅吳後，因句踐陰狠不好共事，文種稱病不朝而遭誣陷，被越王賜劍令自殺；范蠡則逃離越國，往齊任齊相，治產至千萬，後棄官散財至陶（今山東定陶西北）地逐什一之利再致資千萬，號陶朱公。(59)伍子胥　即伍員，春秋末吳國大臣，原為楚國人，因避難奔吳。後為太宰嚭所誣陷，吳王夫差賜劍令其自殺。(60)僨　死；僵斃。(61)乞貣　乞求；乞討。(62)痿　癱瘓。(63)屠　屠城。

【語　譯】韓王信，過去韓襄王的庶孫，身高八尺五寸。項梁立楚懷王，燕、齊、趙、魏都已在此前立王，唯有韓沒有立後人，因此立韓公子橫陽君成為韓王，想以此安撫平定韓地。項梁死於定陶，成投奔楚懷王。劉邦引兵攻擊陽城，派張良以韓國司徒的身分巡行韓地，得以遇到信，封其為韓將，帶領軍隊跟隨進入武關。

2 沛公被立為漢王，信跟隨著進入漢中，信遊說漢王說：「項王封諸將為王，讓大王獨居於此，是對你的遷降。士卒都是崤山以東之人，引頸舉踵盼望著東歸，如果利用這股鋒芒向東，可以爭得天下。」漢王返回平定三秦，就答應封信為王，先拜為韓國太尉，讓其帶兵攻略韓地。

3 項籍分封的諸侯王都各就封國，韓王成因沒跟隨項籍入關而無功，沒有派遣其就國，改封為穰侯，後來又殺死他。聽說漢王派信攻略韓地，就令之前項籍避仇流浪在吳時的縣令鄭昌為韓王抗拒漢軍。漢王二年，信攻略平定韓地十餘城。漢王到黃河以南，信迅即攻打韓王昌，昌投降漢軍。於是就立信為韓王，經常帶領著韓國軍隊跟隨。漢王派信與周苛等一起堅守滎陽，後被楚軍攻下，信投降楚軍。事後信得到逃亡的機會回歸漢王，漢王又以信為韓王，並最終跟隨漢王打敗項籍。漢王五年春，分封信，為潁川王。

4 漢王六年春，皇上認為信雄壯勇武，其地北邊靠近鞏縣、雒陽，南邊緊靠宛縣、葉縣，東臨淮陽，都是天下軍事要衝之地，就改以太原郡為韓國，遷移韓王信去那裡以防備匈奴，建都於晉陽。韓王信上書說：「封國緊靠邊境，匈奴屢次侵入，而晉陽離邊塞遙遠，請求以馬邑為治地。」皇上答應了他的要求。秋天，匈奴冒頓大舉進軍並包圍了韓王信，信多次派使者出使匈奴求得和解。漢朝發兵營救，懷疑信多次私下派使者到匈奴，有二心。皇上賜給韓王信一封書信指責說：「帶著必死之意不得為勇，帶著必生之心不能勝任軍事，匈奴攻擊馬邑，你的兵力不足以堅守嗎？這裡是關係安危存亡之地，這兩點是我要來責問於你的。」看過書信後，韓王信害怕被殺，因此與匈奴訂約共同攻擊漢軍，將馬邑城獻出並投降匈奴，合兵攻打太原郡。

5 漢王七年冬，皇上親自率軍在銅鞮擊敗韓王信的軍隊，斬其將王喜。韓王信逃到匈奴，其將領白土縣人曼丘臣、王黃立趙之後代趙利為王，再次收集韓王信之散兵，而與韓王信及冒頓謀劃攻漢。匈奴派左右賢王率領一萬多騎兵與王黃等駐紮在廣武以南，直至晉陽，與漢兵交戰，漢兵大敗之，追至離石，再敗之。匈奴又在樓煩西北聚兵。漢王命令以戰車和騎兵攻擊匈奴，一再打敗匈奴，漢軍乘勝追擊敗軍。聽說冒頓駐住代谷，皇上在晉陽，派人偵探冒頓，偵探者返回報告說「可以攻擊」。皇上於是來到平城，登上白登山。結果被匈奴騎兵四面圍上，皇上就派人送給單于閼氏豐厚的禮物。閼氏勸諫冒頓說：「今日即使得到漢地，仍然不能居守，況且兩主不相迫害。」停留七日，匈奴兵逐漸離去。天降大霧，漢軍使人往來走動，匈奴沒有覺察。護軍中尉陳平對皇上說：「匈奴兵是用進攻性武器武裝的軍隊，請命令強弩手附兩支箭向外，慢慢走出包圍。」於是進入平城，漢軍救兵這時也到了。匈奴騎兵於是解圍而去，漢朝也撤兵而歸。韓王信為匈奴帶兵往來襲擊邊境，令王黃等遊說並貽害了陳豨。

6　漢王十一年春，信再次與匈奴騎兵入侵並居留在參合。漢朝派柴武將軍迎擊，並送一封信給他說：「陛下寬厚仁義，諸侯王雖有叛亡，而後回歸的，總是恢復過去的位號，不會殺他。這是大王知道的。今天大王因敗亡逃到胡地，並沒有大罪，還是趕快自動歸來吧。」信回報說：「陛下從平民中提拔了我，南面稱王，這是我的大幸。但滎陽之事，我沒能死，被項籍俘獲，這是第一條罪。匈奴攻馬邑，我不能堅守，舉城投降，這是第二條罪。現在成為反叛之敵，率兵與將軍爭一時的你死我活，這是我的第三條罪。文種、范蠡沒有一罪，而功成身死或逃亡；我有三罪，而想求活，這如同伍子胥死於吳王夫差之世一樣。現在我隱匿於山谷間，早晚向蠻夷乞求，我想回鄉的心意，就如同癱瘓的人還想站起來，盲人還想能看見東西一樣，但形勢已是不可能的了。」於是雙方交戰。柴武將軍屠滅參合城，斬殺韓王信。

信之入匈奴，與太子俱，及至穨當城[1]，生子，因名曰穨當。韓太子亦生子嬰。至孝文時，穨當及嬰率其眾降。漢封穨當為弓高侯，嬰為襄城侯。吳楚反時，弓高侯功冠諸將。傳子至孫，孫無子，國絕。嬰孫以不敬失侯。穨當孽孫嫣，貴幸，名顯當世。嫣弟說，以校尉擊匈奴，封龍頟❷侯。後坐酎金❸失侯，復以待詔❹為橫海將軍，擊破東越❺，封按道侯。太初❻中，為游擊將軍屯五原❼外列城，還為光祿勳，掘蠱太子❽宮，為太子所殺。子興嗣，坐巫蠱誅。上曰：「游擊將軍死事❾，無論坐者❿。」乃復封興弟增為龍頟侯。增少為郎，諸曹⓫侍中⓬光祿大夫⓭，昭帝時至前將軍，與大將軍霍光⓮定策立宣帝，益封千戶。本始⓯二年，五將⓰征匈奴，增將三萬騎出雲中⓱，斬首百餘級，至期而還。神爵⓲元年，代張安世⓳為大司馬車騎將軍，領⓴尚書㉑事。增世貴，幼為忠臣，事三主㉒，重於朝廷。為人寬和自守，以溫顏遜辭承上接下，無所失意㉓，保身固寵，不能有所建明㉔。五鳳㉕二年薨，諡曰安侯。子寶嗣，亡子，國除。成帝時，繼功臣後，封增兄子岑為龍頟侯。薨，子持弓嗣。王莽敗，乃絕。

【章　旨】以上為〈韓王信傳〉的第二部分，寫其子孫在西漢的簡況。韓王信與其太子在匈奴分別生子積當與嬰，積當與嬰於漢文帝時率其眾降漢，均被封為列侯。他們的子孫在西漢或名顯當世，或領尚書事，很是顯貴，直至新莽敗亡後才斷絕爵位。

【注　釋】❶積當城　古城邑名，在今內蒙古察哈爾右翼中旗北。❷頟　同「額」。❸酎金　漢代諸侯王獻給朝廷祭祀之用的貢金。其所獻之貢金如重量不足或成色不純則以罪論處，謂之「坐酎金」。❹待詔　等待詔命。❺東越　別稱閩越，越人的一支，居今福建一帶。❻太初　漢武帝的第七個年號，西元前一〇四—前一〇一年。❼五原　郡名，郡治在今內蒙古包頭西。

❽太子　即戾太子，漢武帝太子劉據。武帝晚年，宮中迷信盛行，以為用巫術詛咒及用木偶人埋入地下，可以害人，稱為「巫蠱」。值武帝患病，疑其左右人巫蠱所致。江充乘機誣告劉據在宮中埋有木偶人，劉據懼怕引來禍端，就起兵討江充，兵敗自殺。❾死事　死於國事。❿無論坐者　不要涉及受牽連的宗族。⓫曹　即分科辦事機構。漢朝自公卿至郡縣皆分曹治事，其主管者曰掾，副曰史，其次曰屬。⓬侍中　西漢時加官，加此官即可入侍禁中，侍奉皇帝。⓭光祿大夫　西漢武帝太初元年改中大夫置，屬光祿勳。掌議論，為皇帝身邊顧問應對之臣。⓮霍光　西漢大臣，霍去病弟。武帝時受遺詔立昭帝，以大司馬大將軍輔政，後又迎立宣帝，前後執政凡二十年。本書卷六十八有其傳。⓯本始　漢宣帝第一個年號，西元前七三—前七〇年。⓰五將　指宣帝時五位征匈奴將軍，即田廣明、范明友、趙充國、韓增、田順。⓱雲中　西漢郡名，治今呼和浩特西南。⓲神爵　漢宣帝時年號，西元前六一—前五八年。⓳張安世　西漢大臣，張湯之子。曾立宣帝，因功拜大司馬。本書卷五十九有其傳。⓴領　兼任。㉑尚書　西漢時為少府下屬機構。初掌收發文書章奏、傳達詔令，漢武帝以後逐漸成為宮廷重要政治機構，參與議政決策，宣示詔命，分曹處理機要政務，常以中朝大臣兼領。㉒三主　三位皇帝，即武帝、昭帝、宣帝。㉓失意　不合別人心意。㉔建明　建樹發明。㉕五鳳　漢宣帝第五個年號，西元前五七—前五四年。

【語　譯】韓王信進入匈奴，是帶著太子一塊去的，來到穨當城，又生了一個兒子，因此取名為穨當。他的太子也生了一個兒子，名叫嬰。到文帝時，穨當及嬰率領部眾投降漢朝。漢朝封穨當為弓高侯，嬰為襄城侯。吳楚七國之亂時，弓高侯穨當平亂的功勞是諸將之冠。後傳子至孫，因孫無子，封國被除。而嬰之孫因不敬之罪失去侯爵。穨當庶孫韓嫣，後為武帝男寵，因而尊貴起來，名顯當世。韓嫣弟韓說，以校尉的身分進擊匈奴，封為龍頟侯。後因酎金獲罪而失去侯爵，而在待詔期間封為橫海將軍，擊敗東越，又被封為按道侯。武帝太初年間，為游擊將軍駐紮在五原外的各座城池，返回後為光祿勳，因掘巫蠱於戾太子之宮殿，被太子所殺。其子韓興嗣立，又因牽涉到巫蠱案中而被殺。皇上說：「游擊將軍死於國事，不要涉及他的宗族。」就又封韓興之弟韓增為龍頟侯。韓增年輕時為郎，曾任諸曹、侍中、光祿大夫等職，昭帝時官至前將軍，與大將軍霍光定策立宣帝，增封千戶。宣帝本始二年，五位將軍征匈奴，韓增率領三萬騎兵出雲中，斬首百餘級，如期班師。宣帝神爵元年，代替張安世為大司馬車騎將軍，兼任尚書之職。韓增世代顯貴，年輕時就為忠臣，侍奉三朝君主，為朝廷所尊重。為人寬厚和氣而注重自我修養，常以溫和的面容、謙遜的言詞承上接下，沒有不合別人心意的地方，明哲保身，鞏固自己受寵幸的地位，但不能有所建樹創造。宣帝五鳳二年韓增去世，謚號曰安侯。子韓寶繼嗣，韓寶無子，封國被廢除。成帝時，為了延續功臣後代，朝廷封韓增兄長之子韓岑為龍額侯。死後，其子持弓繼嗣。王莽敗後，封國才斷絕。

贊曰：周室既壞，至春秋末，諸侯秏盡，而炎黃唐虞之苗裔尚猶頗有存者。秦滅六國，而上古遺烈埽❶地盡矣。楚漢之際，豪桀相王，唯魏豹、韓信、田儋兄弟為舊國之後，然皆及身而絕。橫之志節，賓客慕義，猶不能自立，豈非天虖❷！韓氏自弓高後貴顯，蓋周烈近與❸！

【章　旨】以上是史家的評議，班固認為秦滅六國後，廢除了自古以來的分封制，秦末戰亂中復故國而立的魏豹、田儋兄弟、韓王信也都「及身而絕」，這只能說是天意，至於韓王信的後人在西漢能顯貴，大概是韓氏為周之後的原因。

【注　釋】❶埽　同「掃」。❷虖　同「乎」。❸蓋周烈句　意即大概韓氏為周朝後代的原因吧。晉灼曰：「韓先與周同姓，其後苗裔事晉，封于韓原，姓韓氏，韓厥其後也，故曰周烈。」臣瓚曰：「案武王之子，方於三代，世為最近也。」烈，餘緒；後代。與，通「歟」。

【語　譯】史官評議說：周王室衰敗，至春秋末年，各諸侯國互相征戰國力耗盡，而炎帝、黃帝、唐堯、虞舜之後代尚有留存下來的。秦滅六國，而上古遺業全都掃地以盡。楚漢之際，各地豪傑紛紛稱王，只有魏豹、韓王信、田儋兄弟為故諸侯國之後，然而都在他們自身就國滅了。田橫之志向品節，其賓客仰慕其大仁大義，但仍不能自立，難道不是天意嗎！韓氏自韓弓高以後身貴名顯，這大概是韓氏為周朝後代的原因吧！

【研　析】本卷是將《史記》卷九十〈魏豹列傳〉、卷九十四〈田儋列傳〉、卷九十三〈韓信列傳〉合而為一的人物類傳。魏豹、田儋兄弟、韓信分別為戰國末魏、齊、韓的王室貴族後裔，在反秦與楚漢戰爭之際的復故國活動中，他們或自立或被人立為魏、齊、韓之王，但都是「及身而絕」。班固在「贊語」中認為是「天意」。如果我們將這理解為郡縣制確立後的必然規律，則更符合實際情況。他們的生平事跡為我們研究秦末反秦義軍和此後的楚漢戰爭乃至漢初的漢匈戰爭提供了詳實的史料。

傳中所述田橫寧死不屈、五百賓客慕義從死的悲壯情節，是本傳的一大亮點，所受到的注目，遠超過三位主要傳主。班固說：「橫之志節，賓客慕義，猶不能自立，豈非天虖！」表達的是另一種感慨，但司馬遷在《史記》中載其事跡，主要是要表達其崇敬之情。司馬遷說：「田橫之高節，賓客慕義而從死，豈非至賢，余因而列焉。」（《史記・田儋列傳》贊語）田橫主客之間所表現的，在於田橫「賢」而能「得士」，且義不受辱，士則慕義而從死無悔。這種精神，也受到後人的讚揚，諸葛亮說：「田橫，齊之壯士耳，猶守義不辱。」（《三國志・蜀書・諸葛亮傳》）韓愈有〈祭田橫文〉，說「余既博觀乎天下，曷有庶幾乎夫子之所為」，「夫子至今有耿光」；近代錢穆在《現代中國學術論衡》中也說：「《史記》乃特載田橫其人與其事，此亦特見中國之史學精神、民族精神處。」畫家徐悲鴻作有「田橫五百壯士圖」，今河南偃師有田橫墓遺址，山東即墨有田橫島，為著名旅遊景點，皆可見史籍載述與歷史人物在後世引生迴響之一斑。

本傳文字略同於《史記》，只作了些許刪改與內容的增益。刪改方面，如將魏咎「自燒殺」中的「燒」字刪去，倒不如《史記》載述得明確具體；又如《史記》記漢王遣酈生說魏豹，許以「能下之，吾以萬戶封若」，《漢書》刪此數字，則使說客與魏地的重要性不明晰；又如《史記》記韓穨當等降漢為「孝文十四年」，而《漢書》只說「孝文時」，亦不如《史記》允當等等。至於所增內容，主要是漢武帝末年至新莽時弓高侯韓穨當與襄城侯韓嬰之後裔的封侯與富貴顯名的情況，倒是我們應留意的珍貴的資料。

卷三十四

韓彭英盧吳傳第四

【題解】本卷是韓信、彭越、英布、盧綰、吳芮五位漢初異姓王的合傳。韓信、彭越、英布都是楚漢戰爭中舉足輕重的人物，他們出身貧賤，因輔佐劉邦奪取天下、立下赫赫戰功而被分封為王，又皆以謀反之罪被誅。盧綰是劉邦的同鄉和至友，跟隨劉邦起兵，被封為燕王，後降匈奴。吳芮，原為秦番陽縣令，參加秦末起義，被封為長沙王，是漢初唯一得以善終的異姓王。《史記》曾為韓信、彭越、英布、盧綰立傳，但未合成一卷。《漢書》將此四人事跡合為一卷，並加入〈吳芮傳〉。本卷內容除〈吳芮傳〉外，皆取自《史記》，只是語言更加簡練。

韓信，淮陰❶人也。家貧無行❷，不得推擇❸為吏，又不能治生為商賈❹，常從人寄❺食。其母死無以葬，迺❻行營❼高燥地，令傍可置萬家者❽。信從下鄉南昌亭長❾食，亭長妻苦之❿，迺晨炊蓐食⓫。食時信往，不為具食⓬。信亦知其意，自絕⓭去。至城下釣，有一漂母⓮哀⓯之，飯信⓰，竟漂數十日。信謂漂母曰：「吾必重報母。」母怒曰：「大丈夫不能自食[17]，吾哀王孫[18]而進食，豈望報乎！」淮陰少年[19]又侮信曰：「雖長大，好帶刀劍，怯[20]耳。」眾辱[21]信曰：「能死[22]，刺我；不能，出跨下[23]。」於是信孰[24]視，俛[25]出跨下。一市皆笑信，以為怯。

及項梁[26]度淮[27]，信迺杖劍[28]從之，居戲下[29]，無所知名[30]。梁敗，又屬[31]項羽[32]，為郎中[33]。信數以策干[34]項羽，羽弗用[35]。漢王[36]之入蜀[37]，信亡楚[38]歸漢，未得知名，為連敖[39]。坐法[40]當斬，其疇[41]十三人皆已斬，至信，信乃仰視，適[42]見滕公[43]，曰：「上[44]不欲就[45]天下乎？而斬壯士！」滕公奇其言[46]，壯其貌[47]，釋[48]弗斬。與語，大說之，言於漢王。漢王以為治粟都尉[49]，上未奇之也。

數與蕭何[50]語，何奇之。至南鄭[51]，諸將道亡者[52]數十人。信度[53]何等已數言上，不我用[54]，即亡。何聞信亡，不及以聞[55]，自追之。人有言上曰：「丞相何亡。」上怒，如失左右手。居一二日[56]，何來謁[57]，上且[58]怒且喜，罵何曰：「若[59]亡，何也？」何曰：「臣非敢亡，追亡者耳。」上曰：「所追者誰也？」曰：「韓信。」上復罵曰：「諸將亡者以數十，公[60]無所追；追信，詐[61]也。」何曰：「諸將易得，至如信，國士[62]無雙。王必欲長王漢中[63]，無所事[64]信；必欲爭天下，非信無可與計事者[65]。顧王策安決[66]。」王曰：「吾亦欲東[67]耳，安能鬱鬱久居此乎？」

何曰：「王計必東，能用信，信即留；不能用信，信終亡耳。」王曰：「吾為公(68)以為將。」何曰：「雖為將，信不留。」王曰：「以為大將。」何曰：「幸甚！」於是王欲召信拜(69)之。何曰：「王素嫚(70)無禮，今拜大將如召小兒，此乃信所以去也。王必欲拜之，擇日齋戒(71)，設壇場(72)具禮(73)，乃可。」王許之。諸將皆喜，人人各自以為得大將。至拜，乃韓信也，一軍皆驚。

【章旨】以上為〈韓信傳〉的第一部分，記述韓信的出身經歷以及受到築壇拜將的殊榮。重點突出韓信忍辱負重、以求大用的性格與志向。

【注釋】❶淮陰　縣名。在今江蘇淮陰西南。❷無行　沒有好的品行。行，德行。❸推擇　推選。顏師古注引李奇曰：「無善行可推舉選擇也。」這裡指韓信貧窮，又沒有好的德行，因此不能被推選為吏。❹治生為商賈　以商賈之道謀生。治生，謀生。商賈，商人的統稱。❺寄　依附。❻迺　卻；竟。❼行營　到處尋求。❽令傍可置萬家者　使（墳墓）旁邊能夠安置下萬戶人家的地方。者，結構助詞。❾下鄉南昌亭長　下鄉，淮陰縣的一個鄉。南昌，下鄉的亭名。亭長，秦漢時期地方行政中的基層官吏。當時每十里設一亭，置亭長一人，負責地方治安、防備盜賊。❿苦之　即「以之為苦」。顏師古注曰：「苦，厭也。」⓫蓐食　顏師古注引張晏曰：「未起而床蓐中食。」即在床上吃飯。蓐，草席。⓬具食　準備飯食。具，備辦。⓭絕　斷絕。⓮漂母　漂洗絲棉的老大娘。漂，漂洗。母，古時對年老婦女的尊稱。⓯哀　哀憐；憐憫。動詞。⓰飯信　給韓信吃飯。飯，這裡用作動詞，意為「給……吃飯」。⓱自食　自己養活自己。食，動詞。使動用法。⓲王孫　古代對貴族子弟的通稱，也用作對青年人的尊稱，相當於「公子」。⓳少年　青年人。⓴怯　怯懦；膽小。㉑眾辱　顏師古注曰：「眾辱，于眾中辱之。」即當眾侮辱。㉒能死　不怕死。㉓跨下　兩腿之間。跨，通「胯」。㉔孰　通「熟」。仔細。㉕俛　通「俯」。㉖項梁　楚國大將項燕之子。陳勝、吳廣起義後，他和姪兒項羽在吳（今江蘇蘇州）起兵反秦。陳勝死後，他擁立楚懷王的孫子熊心為王，仍稱「楚懷王」。後戰死。㉗度淮　渡過淮河。度，通「渡」。淮，淮河。㉘杖劍　持劍。杖，持；執。㉙戲下麾下；部下。戲，通「麾」。指揮用的旌旗。㉚知名　出名。㉛屬　歸屬。㉜項羽　陳勝、吳廣起義後，與其叔父項梁起兵反秦，滅秦後自立為西楚霸王。後與劉邦爭奪天下，兵敗垓下（今安徽靈璧東南）自殺。卷三十一有傳。㉝郎中　官名。九卿之一郎中令的屬官，管理車騎、門戶，內充侍衛，外從作戰。㉞干　求。㉟弗用　沒有採納。弗，不。㊱漢王　指漢高祖劉邦。漢元年（西元前二〇六年），項羽大封諸侯，封劉邦為漢王，建都南鄭（今陝西漢中東）。㊲蜀　郡名。治成都（在今四川成都）。㊳亡楚　從楚軍逃出。亡，逃走。㊴連敖　顏師古注引李奇曰：「楚官名。」此官的具體職責說法各異。或謂相當於典客（接待賓客的官員），或謂相當於司馬，或謂是將楚官「連尹」、「莫敖」合為官號。秦末起義軍之中，項羽、劉邦皆為楚人，故多用楚官名。㊵坐法　坐罪；因犯法而獲罪。坐，指辦罪的因由。㊶其疇　指韓信的同案犯。疇，顏師古注曰：「疇，類也。」㊷適　恰好。㊸滕公　指夏侯嬰。因他曾做過滕縣（今山東滕州西南）縣令，楚人稱「令」為「公」，故又稱滕公。卷四十一有傳。㊹上　特指皇帝。這裡指劉邦。㊺就　成就。㊻奇其言　即「以其言為奇」。奇，動詞。意動用法。㊼壯其貌　即「以其貌為壯」。壯，動詞。意動用法。㊽釋　釋放。㊾治粟都尉　管理糧餉的軍官。都尉，武官名。中央和地方所設武官多以都尉命名。㊿蕭何　劉邦的重要謀臣，西漢王朝的第一位丞相。卷三十九有傳。(51)南鄭　縣名。當時為漢的都城，在今陝西漢中東。(52)道亡者　半路逃跑的將士。劉邦被封為漢王後入蜀，諸將及士兵多思東歸，所以中途逃亡者甚多。(53)度　估計；推測。(54)不我用　即「不用我」。否定句中賓語前置結構。(55)以聞　指將情況彙報給劉邦。聞，讓人聞知。使動用法。(56)居一二日　過了一兩天。(57)謁　拜見。(58)且　又。(59)若　你。(60)公　對人的尊稱。(61)詐　欺騙；撒謊。(62)國士　顏師古注曰：「為國家之奇士。」即國中的傑出人士。(63)王必句　大王如果想長期在漢中稱王。必，果真；假使。王，稱王。動詞。(64)事　用。(65)可與計事者　可以一起商議大事的人。(66)顧王策安決　顧，顏師古注曰：「顧，思念也。」策，指「長王漢中」和「爭天下」兩種計劃。安，怎樣。(67)東　向東。動詞。指出關與項羽爭奪天下。(68)為公　看在您的分上。(69)拜　授予官職。(70)素嫚　一向傲慢。素，一向；向來。嫚，通「慢」。傲慢。(71)齊戒　古人於祭祀行禮之前，沐浴更衣，獨宿、不飲酒、不茹葷，以示誠敬。齊，同「齋」。(72)設壇場　在廣場上設置高臺，以作拜將的場所。壇，土築的高臺。場，廣場。(73)具禮　準備儀式。具，備辦。

【語　譯】韓信，淮陰人。家裡貧窮，沒有好的品行，不能被推選做官，又不會做買賣謀生，經常到別人那裡吃閒飯。他的母親死了沒有辦法安葬，他卻到處尋找乾燥的高地作墓地，使旁邊能夠安置下萬戶人家。韓信投靠在下鄉南昌亭亭長家裡吃飯，亭長的妻子討厭他，就一清早把飯做好，端到床上吃掉。到了吃飯的時候韓信去了，沒有為他準備飯食。韓信也知道他們的用意，從此與他們斷絕關係，離開了。韓信到城下釣魚，有一位漂洗絲棉的老大娘憐憫他，給他飯吃，這樣延續幾十天，直到漂洗完畢。韓信對老大娘說：「我一定重重地報答老大娘。」老大娘生氣說：「男子漢不能養活自己，我可憐你這位公子才給你飯吃，難道希望報答嗎！」淮陰有個年輕人又侮辱韓信說：「你雖然個子高大，喜歡佩帶刀劍，膽量卻很小。」他當眾侮辱韓信說：「如果不怕死，你就刺我；怕死，就從我胯下爬過去。」當時韓信仔細地打量那年輕人，彎下身子從他胯下爬過去。滿街市的人都嘲笑韓信，認為他膽小。

等到項梁渡過淮河，韓信只帶一把劍投奔他，留在部下，默默無聞。項梁失敗後，韓信又歸屬項羽，擔任郎中。韓信屢次向項羽獻計，想求得重用，項羽沒有採納。漢王入蜀時，韓信從楚軍逃出歸順了漢王，還是默默無聞，做接待賓客的小官。後來因犯法被判殺頭，他同案的十三個人都已被殺，輪到韓信，韓信就抬頭仰視，正好看見滕公，說道：「漢王不想成就天下大業嗎？為什麼要殺好漢！」滕公認為他的話與眾不同，見他相貌威武，就釋放了他。和韓信交談，十分高興，便把韓信的情況告訴漢王。漢王讓韓信擔任治粟都尉，還是沒有器重他。

韓信多次與蕭何交談，蕭何認為他與眾不同。到了南鄭，幾十個將領半路逃跑了。韓信估計蕭何等人已多次向漢王推薦過自己，而漢王不重用自己，就逃走了。蕭何聽說韓信逃走了，來不及將情況報告漢王，就親自追趕他。有人向漢王報告說：「丞相蕭何逃跑了。」漢王大怒，好像失去了左右手。過了一兩天，蕭何來拜見，漢王又生氣又高興，罵蕭何道：「你逃跑，是什麼原因？」蕭何說：「我不敢逃跑，是追逃跑的人。」漢王說：「你追的人是誰？」蕭何說：「韓信。」漢王又罵道：「逃跑的將領有幾十個，你都沒有追；追韓信，這是撒謊。」蕭何說：「那些將領容易得到，至於像韓信這樣的國中奇士，天下無雙。大王如果想長期在漢中稱王，沒有地方用得著韓信；如果想爭奪天下，除了韓信就沒有可以跟你商議大事的人了。看大王怎樣決策。」漢王說：「我也想要向東方發展，怎麼能悶悶不樂地老待在這裡呢？」蕭何說：「如果大王決計向東方發展，能夠任用韓信，韓信就會留下來；如果不能任用，韓信終究會逃跑的。」漢王說：「我看在你的分上讓他做將。」蕭何說：「即使做將，韓信也不會留下來。」漢王說：「讓他做大將。」蕭何說：「很好！」當時漢王想把韓信召來任命。蕭何說：「大王向來傲慢，不講究禮節，如今任命大將就像呼喚小孩子，這就是韓信要離開的原因啊。如果大王決心要任命他，就挑選日子齋戒，設置拜將的場所，準備拜將的儀式，那才行。」漢王答應了蕭何的要求。將領們都很高興，人人都認為自己要做大將。到任命時，竟是韓信，全軍都很驚訝。

1 信已拜，上坐❶。王曰：「丞相數言將軍，將軍何以教寡人❷計策？」信謝❸，因問王曰：「今東鄉爭權天下，豈非項王邪❹？」上曰：「然❺。」信曰：「大王自料勇悍仁彊孰與項王❻？」漢王默然良久❼，曰：「弗如也。」信再拜賀❽曰：「唯❾信亦以為大王弗如也。然臣嘗事❿項王，請⓫言項王為人也。項王意烏猝嗟⓬，千人皆廢⓭，然不能任屬賢將⓮，此特⓯匹夫之勇⓰也。項王見人恭謹，言語姁姁⓱，人有病疾，涕泣分食飲，至使人⓲有功，當封爵⓳，刻印刓⓴，忍不能予㉑，此所謂婦人之仁㉒也。項王雖霸㉓天下而臣㉔諸侯，不居關中㉕而都彭城㉖；又背義帝約㉗，而以親愛王㉘，諸侯不平。諸侯之見項王逐義帝江南㉙，亦皆歸逐其主，自王善地㉚。項王所過亡不殘滅，多怨百姓㉛，百姓不附，特劫於威㉜，彊㉝服耳。

名雖為霸，實失天下心，故曰其彊易弱[34]。今大王誠[35]能反其道，任[36]天下武勇，何不誅[37]！以天下城邑封功臣，何不服[38]！以義兵從思東歸之士[39]，何不散[40]！且三秦王[41]為秦將，將秦子弟數歲，而所殺亡不可勝[42]計，又欺其眾降諸侯[43]。至新安[44]，項王詐阬秦降卒二十餘萬人[45]，唯獨邯、欣、翳脫[46]。秦父兄怨此三人，痛[47]於骨髓。今楚彊以威王此三人，秦民莫愛也。大王之入武關[48]，秋毫[49]亡所害，除秦苛法，與民約，法三章耳[50]，秦民亡不欲得大王王秦者。於諸侯之約[51]，大王當王關中，關中民戶知之[52]。王失職之蜀[53]，民亡不恨者。今王舉而東，三秦[54]可傳檄而定[55]也。」於是漢王大喜，自以為得信晚。遂聽信計，部署[56]諸將所擊。

2 漢王舉兵東出陳倉[57]，定三秦。二年[58]，出關[59]，收魏、河南[60]，韓、殷王[61]皆降。令齊[62]、趙[63]共擊楚彭城，漢兵敗散而還。信復發兵與漢王會滎陽[64]，復擊破楚京[65]、索[66]間，以故楚兵不能西[67]。

3 漢之敗卻[68]彭城，塞王欣、翟王翳亡漢降楚，齊、趙、魏亦皆反，與楚和。漢王使酈生[69]往說[70]魏王豹，豹不聽，乃以信為左丞相擊魏。信問酈生：「魏得毋[71]用周叔為大將乎？」曰：「栢直也。」信曰：「豎子[72]耳[73]。」遂進兵擊魏。魏盛兵蒲坂[74]，塞臨晉[75]。信迺益為疑兵，陳船欲渡臨晉，而伏兵從夏陽[76]以木罌缶[77]渡軍，襲安邑[78]。魏王豹驚，引兵迎[79]信。信遂虜[80]豹，定河東[81]，使人請漢王：「願益[82]兵三萬人，臣請以北舉燕[83]、趙，東擊齊，南絕楚之糧道，西與大王會於滎陽。」漢王與兵三萬人，遣張耳與俱，進擊趙、代[84]。破代，禽夏說閼與[85]。信之下[86]魏、代，漢輒[87]使人收其精兵，詣[88]滎陽以距[89]楚。

4 信、耳以兵數萬，欲東下井陘[90]擊趙。趙王、成安君[91]陳餘聞漢且[92]襲之，聚兵井陘口，號稱二十萬。廣武君李左車[93]說成安君曰：「聞漢將韓信涉西河[94]，虜魏王，禽夏說，新喋血[95]閼與。今乃輔以張耳，議欲以下趙，此乘勝而去國遠鬭，其鋒不可當。臣聞『千里餽[96]糧，士有飢色；樵蘇後爨，師不宿飽[97]』。今井陘之道，車不得方軌[98]，騎不得成列[99]，行數百里，其勢糧食必在後。願足下假臣奇兵三萬人[100]，從間路絕其輜重[101]；足下深溝高壘[102]勿與戰。彼[103]前不得鬭，退不得還，吾奇兵絕其後，野無所掠鹵[104]，不至十日，兩將之頭可致[105]戲下。願君留意臣之計，必不為二子所禽矣。」成安君，儒者[106]，常稱義兵不用詐謀奇計，謂曰：「吾聞兵法『什則圍之，倍則戰[107]』。今韓信兵號數萬，其實不能，千里襲我，亦以罷[108]矣。今如此避弗擊，後有大者，何以距之？諸侯謂吾怯，而輕[109]來伐我。」不聽廣武君策。

5 信使間人(110)窺知其不用，還報，則大喜，乃敢引兵遂下。未至井陘口三十里，止舍(111)。夜半傳發(112)，選輕騎(113)二千人，人持一赤幟，從間道萆山(114)而望趙軍，戒(115)曰：「趙見我走(116)，必空壁(117)逐我，若疾入(118)，拔趙幟，立漢幟。」令其裨將(119)傳餐(120)，曰：「今日破趙會食(121)。」諸將皆嘸然(122)，陽(123)應曰：「諾。」信謂軍吏曰：「趙已先據便地壁(124)，且彼未見大將旗鼓(125)，未肯擊前行(126)，恐吾阻險而還。」乃使萬人先行，出(127)，背水陣(128)。趙兵望見大笑。平旦(129)，信建大將旗鼓，鼓行(130)出井陘口，趙開壁擊之，大戰良久。於是信、張耳棄鼓旗，走水上軍，復疾戰。趙空壁爭漢鼓旗，逐信、耳。信、耳已入水上軍，軍皆殊死戰(131)，不可敗。信所出奇兵二千騎者，候趙空壁逐利(132)，即馳入趙壁，皆拔趙旗幟，立漢赤幟二千。趙軍已不能得(133)信、耳等，欲還歸壁，壁皆漢赤幟，大驚，以漢為皆已破趙王將矣，遂亂，遁走(134)。趙將雖斬之，弗能禁。於是漢兵夾擊，破虜趙軍，斬成安君泜水(135)上，禽趙王歇。

6 信乃令軍毋斬廣武君，有生得(136)之者，購千金(137)。頃之(138)，有縛(139)而至戲下者，信解其縛，東鄉坐(140)，西鄉對，而師事之(141)。

7 諸校效首虜休(142)，皆賀，因問信曰：「兵法有『右背山陵，前左水澤(143)』，今者將軍令臣等反背水陳，曰破趙會食，臣等不服。然竟以勝，此何術也？」信曰：「此在兵法，顧[144]諸君弗察耳。兵法不曰『陷之死地而後生，投之亡地而後存[145]』乎？且信非得素拊循[146]士大夫[147]，經[148]所謂『敺[149]市人[150]而戰之』也，其勢非置死地，人人自為戰[151]；今即[152]予生地[153]，皆走，寧尚得而用之乎[154]！」諸將皆服曰：「非所及也。」

8 於是問廣武君曰：「僕[155]欲北攻燕，東伐齊，何若[156]有功？」廣武君辭[157]曰：「臣聞『亡國之大夫不可以圖[158]存，敗軍之將不可以語勇』。若臣者，何足以權[159]大事乎！」信曰：「僕聞之，百里奚居虞而虞亡[160]，之秦而秦伯[161]，非愚於虞而智於秦也，用與不用，聽與不聽耳。向使[162]成安君聽子[163]計，僕亦禽矣。僕委心歸計[164]，願子勿辭。」廣武君曰：「臣聞『智者千慮，必有一失；愚者千慮，亦有一得』。故曰『狂夫之言，聖人擇焉』。顧[165]恐臣計未足用，願效愚忠。故成安君有百戰百勝之計，一日而失之，軍敗鄗[166]下，身死泜水上。今足下虜魏王，禽夏說，不旬朝[167]破趙二十萬眾，誅成安君。名聞海內，威震諸侯，眾庶[168]莫不輟作[169]怠惰，靡衣媮食[170]，傾耳以待命[171]者。然而眾勞卒罷[172]，其實難用也。今足下舉勌敝[173]之兵，頓[174]之燕堅城之下，情見力屈[175]，欲戰不拔，曠日持久，糧食單[176]

竭。若燕不破，齊必距境[177]而以自彊。二國相持[178]，則劉項之權[179]未有所分也。臣愚，竊[180]以為亦過矣。」信曰：「然則[181]何由[182]？」廣武君對曰：「當今之計，不如按甲休兵[183]，百里之內，牛酒日至，以饗[184]士大夫，北首[185]燕路，然後發一乘之使，奉咫尺之書[186]，以使燕，燕必不敢不聽。從燕而東臨齊，雖有智者，亦不知為齊計矣。如是，則天下事可圖也。兵故有先聲而後實者[187]，此之謂[188]也。」信曰：「善。敬奉教。」於是用廣武君策，發使燕，燕從風而靡[189]。乃遣使報漢，因請立張耳王趙以撫其國。漢王許之。

9 楚數使奇兵渡河擊趙，王耳[190]、信往來救趙，因行定趙城邑，發卒佐[191]漢。楚方急圍漢王滎陽，漢王出，南之宛[192]、葉[193]，得九江王布[194]，入成皋[195]，楚復急圍之。四年，漢王出成皋，度河，獨與滕公從張耳軍修武[196]。至，宿傳舍[197]。晨自稱漢使，馳入壁。張耳、韓信未起，即其臥[198]，奪其印符[199]，麾[200]召諸將易置之[201]。信、耳起，乃知獨漢王來，大驚。漢王奪兩人軍，即令張耳備守趙地，拜信為相國[202]，發趙兵未發者[203]擊齊。

10 信引兵東，未渡平原[204]，聞漢王使酈食其已說下齊[205]。信欲止，蒯通[206]說信令擊齊。語在通傳[207]。信然其計[208]，遂渡河，襲歷下[209]軍，至臨菑[210]。齊王[211]走高密[212]，使使於楚請救。信已定臨菑，東追至高密西。楚使龍且[213]將[214]，號稱二十萬，救齊。

11 齊王、龍且并軍與信戰，未合[215]。或說龍且曰：「漢兵遠鬭，窮寇久戰[216]，鋒不可當也。齊、楚自居其地戰，兵易敗散[217]。不如深壁[218]，令齊王使其信臣[219]招所亡城[220]，城聞王在，楚來救，必反漢。漢二千里客居齊，齊城皆反之，其勢無所得食，可毋戰而降也。」龍且曰：「吾平生知韓信為人，易與[221]耳。寄食於漂母，無資身之策；受辱於跨下，無兼人[222]之勇，不足畏也。且救齊而降之[223]，吾何功？今戰而勝之，齊半可得[224]，何為而止！」遂戰，與信夾濰水[225]陳。信乃夜令人為萬餘囊，盛沙以壅[226]水上流，引兵半渡，擊龍且。陽不勝，還走。龍且果喜曰：「固[227]知信怯。」遂追渡水。信使人決壅囊，水大至。龍且軍太半[228]不得渡，即急擊，殺龍且。龍且水東軍散走，齊王廣亡去。信追北[229]至城陽[230]，虜廣。楚卒皆降，遂平齊。

12 使人言漢王曰：「齊夸詐[231]多變，反覆之國，南邊[232]楚，不為假王[233]以填[234]之，其勢不定。今權輕，不足以安之，臣請自立為假王。」當是時，楚方急圍漢王於滎陽，使者至，發書[235]，漢王大怒，罵曰：「吾困於此，旦暮望而來佐我[236]，乃[237]

欲自立為王！」張良、陳平伏後躡漢王足(238)，因附耳語曰：「漢方不利，寧能禁信之自王乎？不如因立(239)，善遇(240)之，使自為守。不然，變生(241)。」漢王亦寤(242)，因復罵曰：「大丈夫定諸侯，即為真王耳，何以假為！」遣張良立信為齊王，徵其兵使擊楚。

13

楚以(243)亡龍且，項王恐，使盱台人武涉(244)往說信曰：「足下何不反漢與(245)楚？楚王與足下有舊故(246)。且漢王不可必(247)，身居項王掌握中數矣(248)，然得脫，背約，復擊項王，其不可親信如此。今足下雖自以為與漢王為金石交(249)，然終為漢王所禽矣。足下所以得須臾至今(250)者，以項王在。項王即亡(251)，次取足下。何不與楚連和，三分天下而王齊？今釋此時，自必於漢王以擊楚，且為智者固若此邪！」信謝曰：「臣得事項王數年，官不過郎中，位不過執戟(252)，言不聽，畫策(253)不用，故背楚歸漢。漢王授我上將軍印，數萬之眾，解衣衣我(254)，推食食我(255)，言聽計用，吾得至於此。夫人(256)深親信我，背之不祥。幸(257)為信謝項王。」武涉已去，蒯通知天下權在於信，深說以三分天下之計(258)。語在通傳。信不忍背漢，又自以功大，漢王不奪我齊，遂不聽。

14

漢王之敗固陵(259)，用張良計，徵信將兵會垓下(260)。項羽死，高祖襲奪(261)信軍，從信為楚王，都下邳[262]。

【章旨】以上為〈韓信傳〉的第二部分，記述韓信幫助劉邦打敗項羽，奪取天下的經過。從中可以看出韓信非凡的軍事才能，以及劉邦對他的猜忌與提防。

【注釋】❶上坐　列於上位，以示尊敬。❷寡人　寡德之人。古代王侯自謙之詞。❸謝　推辭。表示謙讓。❹今東鄉二句　如今向東爭奪天下，難道對手不是項羽嗎。東鄉，向東。鄉，通「向」。豈，難道。邪，通「耶」。語氣助詞。❺然　是的；是這樣。❻大王句　料，估計。仁彊，指精良強盛之意。孰與，古文中常用的比較用語。孰，誰。❼默然良久　靜默不言很久。❽賀　嘉許。❾唯　雖。❿事　服事；侍奉。⓫請　表示謙敬之詞。意為「請讓我」。⓬意烏猝嗟　厲聲怒喝。意烏，顏師古注引晉灼曰：「意烏，恚怒聲也。」猝嗟，顏師古注曰：「猝嗟，暴猝嗟歎也。」⓭千人皆廢　指千人都不敢動彈。形容受驚嚇的樣子。⓮任屬賢將　任用有才能的將領。任屬，任用委託。⓯特　只。⓰匹夫之勇　指不用智謀，單憑勇力。匹夫，本指男子，引申為普通人。⓱姁姁　顏師古注曰：「姁姁，和好貌也。」指溫和的樣子。⓲使人　這裡指所任用的人。⓳封爵　封賜爵位。爵，爵位。⓴刓　通「玩」。這裡指撫摩。㉑忍不能予　捨不得給予。忍，這裡有捨不得的意思。予，給予。㉒婦人之仁　指不識大體、不明大局的小恩小惠。仁，仁慈；慈愛。㉓霸　稱霸。動詞。㉔臣　稱臣；臣服。動詞。使動用法。㉕關中　古地區名。一般指函谷關以西、散關以東為關中，相當於今陝西關中平原。㉖都彭城　以彭城為都城。彭城，縣名。在今江蘇徐州。㉗又背義帝約　義帝，指楚懷王的孫子熊心。秦時流落民間，陳勝死後，被項梁擁立為王，仍稱「楚懷王」。項梁戰死後，項羽自立為西楚霸王，表面上尊他為義帝，不久便令英布將其殺死。諸將入關前，楚懷王曾與他們約定：「先入關中者王之」。後劉邦率先入關進入咸陽，項羽卻將關中地區分封給秦降將章邯、司馬欣和董翳。所以，韓信稱項羽「背義帝約」。㉘以親愛王　把親近信愛的人分封為王。㉙江南　地區名。泛指長江以南地區。秦漢時一般指今湖北南部和湖南、江西一帶。㉚自王善地　在好的地方自立為王。㉛怨百姓　顏師古注曰：「結怨于百姓。」㉜特劫於威　只不過迫於項羽的威勢。特，只。劫，劫持；強迫。㉝彊　勉強。㉞其彊易弱　指項羽的優勢容易轉化為弱勢。㉟誠　果真。㊱任　任用。㊲何不誅　即「何所不誅」。有什麼敵人不能誅滅。㊳何不服　有誰會不心服。㊴思東歸之士　指劉邦的部下。因劉邦部下多為關東人士，人心思歸。㊵散　顏師古注曰：「散，謂四散而立功。」即離散敵人。㊶三秦王　指章邯、司馬欣和董翳。項羽分封諸侯時，把秦朝本土關中地區分為三國：封章邯為雍王、司馬欣為塞王、董翳為翟王。因這三個封國都在原來的秦國故地，所以稱「三秦王」。㊷勝　盡。㊸降諸侯　指向項羽投降。㊹新安　縣名。在今河南澠池東。㊺項王句　秦將章邯率二十萬秦軍投降項羽，項羽擔心秦軍不服，便將二十萬秦軍活埋於新安城南。阬，活埋。㊻脫　顏師古注曰：「脫，免也。」㊼痛　恨。㊽武關　關名。舊址在今陝西商南南丹江上。當時是長安通往南陽地區的交通要道。㊾秋毫　極言其細微。毫，獸毛。獸毛本細，秋天更生之毛尤細。㊿除秦苛法三句　劉邦進入咸陽後，廢除秦的苛法，與關中父老約法三章，即「殺人者死，傷人及盜抵罪」。(51)諸侯之約　指「先入關中者王之」的約定。(52)關中民戶知之　顏師古注曰：「言家家皆知。」(53)失職之蜀　指劉邦沒有成為關中王而來到蜀地。失職，失去應得的封地和爵位。按照原來的約定，劉邦應為關中王，項羽卻將其封為漢王。之，往。(54)三秦　古代地名的稱呼。項羽分封諸侯時，把秦朝本土關中地區分為三國：封章邯為雍王、司馬欣為塞王、董翳為翟王，合稱三秦。(55)傳檄而定　顏師古注曰：「檄謂檄書也。傳檄可定，言不足用兵也。」指不必採取武力，只需一道文書即可平定。檄，古代用來徵召、曉諭或聲討的文書。(56)部署　顏師古注曰：「部分而署置之。」(57)陳倉　縣名。在今陝西寶雞東。是關中地區與漢中地區之間的交通要衝，歷來為兵家必爭之地。(58)二年　指漢二年（西元前二〇五年）。西元前二〇六年，劉邦被封為漢王，漢從這一年開始紀年。(59)關　指函谷關，舊址在今河南靈寶東北。(60)魏河南　魏，指西魏王魏豹。陳勝攻下魏地後，立戰國時的魏王後裔魏咎為魏王。秦將章邯攻破魏國，魏咎自殺。其弟魏豹自立為魏王。秦亡後，項羽要占領魏豹原有領地，並徙封魏豹為西魏王，領有河東地（今山西西南部黃河以東地區），建都平陽（今山西臨汾東南）。河南，指河南王申陽。申陽原為張耳的臣子，項羽入關時歸屬項羽，被封為河南王，建都洛陽。劉邦平定三秦後，魏豹和申陽皆投降劉邦。(61)韓殷王　指韓王鄭昌和殷王司馬卬。劉邦平定三秦後，項羽封鄭昌為韓王，建都陽翟（今河南禹州），以拒漢軍。此時劉邦派韓信擊敗鄭昌。司馬卬原是趙國將領，項羽封他為殷王，建都朝歌（今河南淇縣）。此時被漢俘虜。(62)齊　指齊王田榮。田榮是齊國貴族後裔。秦亡後，項羽把齊地分封給田市、田都和田安，稱為「三齊」。後田榮兼併「三齊」，自立為齊王。此時田榮已叛楚從漢。(63)趙　指趙王趙歇和趙相陳餘。趙歇是趙國貴族後裔，張耳、陳餘將他立為趙王。後項羽徙封趙歇為代王，封張耳為常山王。陳餘聯合田榮趕走張耳，重新迎立趙歇為趙王。此時趙歇、陳餘已叛楚從漢。(64)滎陽　縣名。在今河南滎陽東北。(65)京　縣名。在今河南滎陽東南。(66)索　古城名。在今河南滎陽。(67)西　向西。動詞。(68)卻　退。(69)酈生　指酈食其。劉邦的謀士，曾獻計克陳留，被封為廣野君。卷四十三有傳。(70)說　勸說。(71)得毋　莫非是。(72)豎子　輕蔑的稱謂。相當於「小子」。(73)耳　而已。語尾詞。(74)盛兵蒲坂　在蒲坂集結許多軍隊。盛，聚集很多。動詞。蒲坂，縣名。今山西永濟西黃河東岸。(75)塞臨晉　封鎖臨晉關。臨晉，指臨晉關，舊址在今陝西大荔東，當時是長安通往河北地區的交通要道。(76)夏陽　縣名。在今陝西韓城西南。(77)木罌缶　木製的罌缶。罌，一種腹大口小的盛酒水的器物。缶，形狀與罌類似但較小。(78)安邑　縣名。在今山西夏縣西北。當時為河東重鎮。(79)迎　迎擊。(80)虜　俘虜。動詞。(81)河東　郡名。治安邑。(82)益　增加。(83)燕　項羽封臧荼為燕王，建都薊（今北京西南）。(84)趙代　指趙王趙歇和代王陳餘。張耳、陳餘原為刎頸之交，二人共同參與陳勝起義，先後擁立武臣、趙歇為趙王，張耳為趙相，陳餘為大將軍。秦亡後，項羽封張耳為常山王，王趙地，徙封趙歇為代王。陳餘怨恨自己不得封王，便向田榮借兵，趕走張耳，迎立趙歇為趙王。趙歇封陳餘為代王，號成安君。陳餘被封後，仍留為趙相，而派其部將夏說以相國身分守衛代地。(85)禽夏說閼與　在閼與擒獲夏說。禽，通「擒」。閼與，邑名。在今山西和順。(86)下　攻取；占領。(87)輒　就；總是。(88)詣　往。(89)距　通「拒」。抵禦。(90)井陘　即「井陘關」，亦稱「土門關」。為太行山區進入華北平原的要隘。在今河北井陘東北的井陘山上。(91)成安君　陳餘的封號。(92)且　將要。(93)李左車　趙國的謀士。廣武君是他的封號。(94)涉西河　這裡指韓信以木罌缶渡河襲擊安邑之事。涉，顏師古注曰：「涉謂無舟楫而渡也。」即徒步渡水。西河，指晉陝間北南流向的一段黃河。(95)喋血　指殺人流血很多，要踐血而行。喋，通「蹀」。踐踏。(96)餽　運送。(97)樵蘇後爨二句　指臨時砍柴做飯，部隊就不能安飽。樵，砍柴。蘇，割草。爨，燒火做飯。師，軍隊。宿，安。(98)車不得方軌　兩車不能並行。形容山路極險狹。方，並列。軌，車子兩輪之間的距離。(99)騎不得成列　騎兵不能排成行列。騎，騎兵。一人一馬合稱一騎。列，行列。(100)足下句　足下，稱呼對方的敬詞。假，借；臨時調撥。奇兵，指從事偷襲行動的突擊部隊。(101)從間路句　從小路攔截他們的軍需物資。間路，小路。絕，攔截。輜重，指糧草等軍需物資。(102)深溝高壘　深挖壕溝，高築壁壘。比喻防守堅固。(103)彼　他；他們。(104)鹵　通「虜」。搶掠。(105)致　送到。(106)儒者　儒生。這裡有「書呆子」的意思。(107)什則圍之二句　兵力十倍於敵人，就可以包圍它；兩倍於敵人，就可以和它較量。此語出自《孫子・謀攻》，文字略有出入。什，十倍。(108)以罷　已經疲憊。以，通「已」。罷，通「疲」。(109)輕　輕易。(110)間人　指偵查人員。間，偵伺；刺探。(111)止舍　停下來紮營。舍，顏師古注曰：「舍，息也。」(112)傳發　傳令軍隊出發。(113)輕騎　輕裝的騎兵。(114)從間道萆山　從小路隱藏到山上。萆，通「蔽」。隱蔽。(115)戒　告誡；命令。(116)走　敗逃。(117)空壁　指全軍出動。空，動詞。使動用法。壁，營壘。(118)若疾入　你們迅速進入。若，你；你們。疾，迅速。(119)裨將　副將。裨，副；輔助的。(120)餐　古「飡」字。簡單的飯食。(121)會食　指正式集合吃飯。(122)嘸然　驚訝的樣子。(123)陽　通「佯」。假裝；表面上。(124)據便地壁　占據有利地形安營紮寨。便地，有利地形。壁，營壘。這裡用作動詞。(125)大將旗鼓　軍中主將的旗幟和儀仗鼓吹。(126)前行指先頭部隊。(127)出　指出井陘口。(128)背水陣　背水列陣、擺陣。(129)平旦　太陽剛露出地面。(130)鼓行　顏師古注曰：「擊鼓而行。」(131)殊死戰　拼死戰鬥。顏師古注曰：「殊，絕也。謂決意必死。」(132)逐利　追奪戰利品。(133)得　捉住。(134)遁走　逃跑。遁，逃走。(135)泜水　今河北境內的槐河。(136)生得　活捉。(137)購千金　以一千金的價格懸賞徵求。購，懸賞徵求。金，漢時以黃金一斤為一金。(138)頃之　一會兒。(139)縛　捆綁。(140)東鄉坐　當時以向東的座位為尊。鄉，通「向」。(141)師事之　像老師一樣侍奉他。師，名詞，用作狀語，意為「像老師一樣」。(142)諸校效首虜休　顏師古注曰：「諸校，諸部也，猶今言諸營也。」首虜，首級和俘虜。休，停止。(143)右背山陵二句　意為：行軍布陣時右邊和背後必須靠近山陵，前面和左面必須臨近川澤。此語出自《孫子·行軍》，文字略有出入。(144)顧　只是；不過。(145)陷之二句　陷於死地而後得生，置於亡地反而得存。指必須把士兵置於生死之地而後才能拼死作戰，死中求生以取得勝利。此語出自《孫子·九地》，文字略有出入。(146)拊循　這裡指受訓練而聽從指揮之意。拊，通「撫」。循，順從。(147)士大夫　這裡指部下將士。(148)經　指兵法。(149)敺　通「驅」。(150)市人　集市上的人。比喻沒有作戰經驗的士兵。(151)其勢二句　這種形勢非把士兵置於死地，使人人自動作戰不可。(152)即　倘若。(153)生地　有活路的地方。(154)寧尚得而用之乎　怎麼還能用他們來作戰呢。寧，怎麼；哪裡。(155)僕　自稱謙詞。(156)何若　如何。(157)辭　推讓。(158)圖　顏師古注曰：「圖，謀也。」(159)權　權衡。這裡指商議。(160)百里奚句　百里奚是春秋時虞國大夫，晉獻公想滅亡虢國，向虞國借道，百里奚勸諫虞君，虞君不採納他的意見，結果虞國被晉國所滅。百里奚被虜作奴隸，作為陪嫁小臣前往秦國，後被楚人所執。秦穆公得知他賢明，用五張公羊皮將他贖回，並委以重任。他輔佐秦穆公稱霸西戎。(161)之秦而秦伯　到秦國而秦國稱霸。之，往。伯，通「霸」。稱霸。(162)向使　假使。(163)子　古時對男子的尊美之稱。(164)委心歸計　完全聽從您的計策。委心，傾心。歸，依從。(165)顧　但；只是。(166)鄗　縣名。今河北高邑東南。(167)不旬朝　不到一個上午。形容破趙之快。旬，滿。(168)眾庶　庶民；百姓。(169)輟作　停止勞作。(170)靡衣媮食　指講究吃穿，苟且偷生。靡，華麗。媮，苟且。(171)傾耳以待命　傾耳，側耳傾聽，表示專心。以上三句指百姓預感兵禍即將到來，因此停止勞作，苟且度日，專心傾聽韓信進軍的消息。(172)罷　通「疲」。(173)勦敝　疲憊勞乏。敝，困。(174)頓　停頓；屯駐。使動用法。(175)情見力屈　指軍隊的實情暴露給敵人，自己的力量就會挫減。見，通「現」。顯露。(176)單　通「殫」。盡。(177)距境　在邊境上拒守。距，通「拒」。(178)二國相持　指韓信同燕、齊兩國相持。(179)權　原指權錘。這裡指勝負的比重。(180)竊　謙詞。私下；私自。(181)然則　這是一個代詞「然」與連詞「則」組合成的一個連詞性結構。然，肯定前事。則，引出後事。意為「（既然）這樣，那麼」。(182)何由　怎麼辦。顏師古注曰：「由，從也，言當從何計也。」(183)按甲休兵　指停止戰爭。(184)饗　宴請。(185)首　向著。動詞。(186)咫尺之書　指書信。咫尺，當時寫信時使用的木簡的尺寸。咫，長度名，八寸為咫。187兵故句　用兵之道本來就是先造聲勢，然後才有實際行動。故，本來。188此之謂　即「謂此」。189從風而靡　聽到消息，立即投降。靡，倒下。這裡指降服。190王耳　指趙王張耳。191佐　輔助。192宛　縣名。在今河南南陽。193葉　縣名。在今河南葉縣南。194九江王布　指英布，亦稱「黥布」。項羽封他為九江王。詳見後文。195成皋　古地名，在今河南滎陽西汜水鎮。196軍修武　駐紮在修武。修武，縣名，在今河南獲嘉境內。197傳舍　供來往行人休息、住宿的處所。198即其臥　顏師古注曰：「就其臥處。」即，就。199印符　帥印和兵符。200麾旗麾。軍中宣召用的旗子。201易置之　指改變、更換諸將的職位。易，改變；更換。置，設置。202相國　官名。秦漢時期掌丞天子助理萬機的最高長官，與丞相是同一官職在不同時期的不同稱謂。203趙兵未發者　指沒有被徵發的趙國士兵。204平原即「平原津」，古津渡名。為當時黃河渡口，在今山東平原。205說下齊　指說服齊王歸降。206蒯通　楚漢之際有名的謀士。本名蒯徹，後被史家改稱「蒯通」以避漢武帝劉徹之諱。207語在通傳　指蒯通勸說韓信擊齊的話記載在〈蒯通傳〉中。208信然其計　即「信以其計為然」。然，對。動詞。意動用法。209歷下　邑名。在今山東濟南西。210臨菑　即臨淄，縣名。為當時齊國的都城，在今山東淄博東北。211齊王　指田榮之子田廣。212高密　縣名。今山東高密西南。213龍且　項羽的部將。214將率領。215未合　顏師古注曰：「欲戰而未交兵也。」即沒有交鋒。216久戰　舊本無「久」字。據景祐本加。217兵易敗散　顏師古注曰：「近其家室，懷顧望也。」因齊、楚士兵在自己的鄉土作戰，故眷戀家室、容易逃散。218深壁　深溝高壘，指堅守不出。219信臣　顏師古注曰：「信臣，常所親信之臣。」即心腹之臣。220亡城　指失去的城邑。221易與　容易對付。222兼人　一人頂兩人；勝過常人。223降之　即「使之降」。降，動詞。使動用法。224齊半可得　顏師古注曰：「自謂當得封齊之半地。」即如果戰勝韓信，則可受封得到半個齊國。225濰水　今山東境內的濰河。226壅　堵塞。227固　本來。228太半　大半；過半。229追北　追擊敗兵。230城陽　縣名。在今山東菏澤東北。231夸詐　特別狡詐。232邊　接界。233假王　暫時代理的王。假，權攝其職，猶今之代理。234填　通「鎮」。鎮撫。235發書　打開書信。236旦暮望而來佐我　日夜盼望你來輔助我。望，盼望；期望。而，你。佐，輔助。237乃　卻。238張良陳平句　張良，人名。韓國貴族的後裔，為劉邦重要謀臣。漢朝建立後，被封為留侯。卷四十有傳。陳平，人名。亦為劉邦之謀士。漢朝建立後，被封為曲逆侯。卷四十有傳。躡漢王足，踩漢王的腳，示意劉邦不要流露出不滿情緒。躡，踩；踐踏。239因立　指順勢立韓信為王。240遇　對待。241變生　發生變亂。指韓信可能反叛。242寤　通「悟」。醒悟。243以　通「已」。244盱台人武涉　盱台，縣名。在今江蘇盱眙東北。武涉，人名。245與援助。246舊故　老交情。247不可必　不可確信。必，顏師古注曰：「必謂必信之。」248身居句　指劉邦落入項羽掌握之中多次。指「鴻門宴」等事。249金石交　比喻交情的深厚和堅固。250須臾至今　延續到現在。須臾，頃刻；一會兒。這裡指遲延、延續。251即亡　如果滅亡。即，倘若。252執戟　與上句的「郎中」相對應。郎中執掌宮殿宿衛，執戟。戟，古代兵器的一種。253畫策　計謀；籌策。254解衣衣我　脫下衣服給我穿。第一個「衣」是名詞，第二個「衣」是動詞。255推食食我　讓出食物給我吃。第一個「食」是名詞，第二個「食」是動詞。256夫人　那個人，指劉邦。夫，指示代詞。257幸　語氣助詞。表示希望的意思。258三分天下之計　「之計」二字景祐本無，而多「鼎足而王」四字。259漢王句　漢四年（西元前二〇三年），劉邦、項羽講和，以鴻溝（古運河名）為界平分天下。但漢五年（西元前二〇二年）九月，劉邦又進攻項羽，並約韓信等會師，共擊楚軍。至固陵，韓信等不至，楚乘機打敗漢軍。固陵，縣名。在今河南太康南。260垓下　「垓」或作「陔」，古地名。在今安徽靈璧南沱河北岸。261襲奪　趁其不備而奪取。262下邳　縣名。在今江蘇邳州南。

【語譯】韓信接受任命後，列在上位。漢王說：「丞相多次說起將軍，將軍用什麼策略教我呢？」韓信推讓一番，趁勢問漢王道：「如今向東爭奪天下，難道對手不是項羽嗎？」漢王說：「是的。」韓信說：「大王自己估計，在勇狠和兵勢的精強方面，與項羽比誰強？」漢王默然很久，說：「不如項羽。」韓信拜了兩拜，讚許地說：「我也認為大王不如他。不過我曾經服事過他，請讓我說說項羽的為人。項羽厲聲怒喝時，千人不敢動彈，但他不能任用有才能的將領，這不過是一般人的勇力罷了。項羽待人謙恭謹慎，言語溫和，有人生了病，他會流著眼淚把自己的飲食分給人家，等到所任用的人立了功，應當賜封爵位時，他卻撫摸著刻好的印，捨不得給人家，這就是所謂的婦人的仁慈。項羽雖然稱霸天下，使諸侯臣服，但不占居關中卻定都彭城；又違背義帝的約言，而把自己親信喜愛的人分封在關中為王，諸侯憤憤不平。諸侯看到項羽將義帝驅逐到江南，也都回去驅逐自己的國君，占據好的地方自立為王。項羽所到之處，沒有不遭受摧殘毀滅的，百姓都怨恨他，不願歸附，只是迫於威勢，勉強服從罷了。名義上雖然是霸主，實際上卻失去了天下人的心，所以說他的優勢容易轉化為劣勢。如今大王果真能夠採取和他相反的措施，任用天下英武勇敢的人才，有什麼敵人不能誅滅！把天下的城邑分封給有功之臣，有誰會不心服！憑藉正義之師，順從將士東歸的心願，什麼敵人不潰散！況且分封在秦地的三個王都是秦朝的將領，率領秦地的子弟好幾年了，被殺死和逃跑的多得無法計算，又欺騙他們的部下投降項羽。到了新安，項羽用欺詐的方法活埋了已投降的秦軍二十多萬人，唯獨章邯、司馬欣和董翳得以脫身。秦地的父老兄弟怨恨這三個人，恨入骨髓。如今項羽依仗威勢，強封這三個人為王，秦地的百姓不愛戴他們。大王進入武關，沒有絲毫侵犯，廢除秦朝的苛刻法令，與百姓相約，頒布了三條法令，秦地的百姓沒有不想讓大王在秦地稱王的。按照諸侯的約定，大王理應在關中稱王，關中的百姓都知道這件事。大王失掉應得的地位進入漢中，秦地的百姓沒有不怨恨的。如今大王起兵東進，三秦地區只需下一道文書就可以平定。」當時漢王十分高興，自認為得到韓信太晚了。就聽從韓信的計策，布置眾將所攻擊的目標。

2 漢王起兵向東經過陳倉，平定了三秦。漢二年，出函谷關，收服了魏王和河南王，韓王、殷王都投降了。讓齊國和趙國共同進攻楚國的彭城，漢兵戰敗，潰散而歸。韓信又舉兵與漢王在滎陽會合，又在京縣、索城之間打敗楚軍，因此楚軍不能西進。

3 漢軍在彭城戰敗，塞王司馬欣、翟王董翳從漢軍中逃出投降了楚軍，齊國、趙國和魏國也都反叛，與楚國講和。漢王派酈食其去遊說魏王魏豹，魏豹不聽，就任命韓信為左丞相攻打魏國。韓信問酈食其：「魏王莫非是用周叔為大將嗎？」酈食其說：「是栢直。」韓信說：「小子而已。」就進兵攻打魏國。魏王在蒲坂聚集重兵，封鎖臨晉關。韓信就增設疑兵，擺開船隻，假裝要在臨晉關渡河，而伏兵從夏陽用木製的盆甕浮水渡河，偷襲安邑。魏王魏豹驚惶失措，率兵迎擊韓信。韓信就俘虜了魏豹，平定了河東郡，韓信派人請示漢王說：「希望增撥三萬士兵，我請求憑藉他們向北占領燕國和趙國，向東攻打齊國，向南斷絕楚軍的糧道，向西與大王在滎陽會合。」漢王給了三萬士兵，派張耳和韓信一起，進兵攻打趙國和代國。攻破代國，在閼與活捉了夏說。韓信占領魏國、代國後，漢王就派人收取韓信的精銳部隊，到滎陽抵禦楚軍。

4 韓信和張耳用幾萬部隊，想向東占領井陘進攻趙國。趙王和成安君陳餘聽說漢軍要來襲擊自己，就在井陘口聚集軍隊，號稱二十萬。廣武君李左車勸說成安君道：「聽說漢將韓信渡過黃河，俘虜魏王，活捉夏說，剛剛血洗閼與。如今又以張耳為輔，商議要攻占趙國，這是乘著勝利而離開本土遠征，其鋒芒是不可抵擋的。

我聽說『從千里遠的地方運送軍糧，士兵就會面有飢色；臨時打柴割草燒飯，軍隊就不能安飽』。如今井陘的道路，兩輛戰車不能並行，騎兵不能排成行列，行軍隊伍拉開幾百里，那種形勢下糧食一定落在大部隊的後面。希望您暫時調撥給我奇兵三萬人，從小路去攔截他們的糧草軍需；您深挖壕溝，高築壁壘，不與他們交戰。他們向前無法交戰，退後無法撤兵，我的奇襲部隊截斷了他們的後路，他們在野外搶不到給養，不到十天，兩將的首級就能送到將軍的麾下。希望您考慮我的計策，一定不會被他們兩人所俘虜。」成安君是個書呆子，經常聲稱仁義之師不使用詐謀詭計，對廣武君說：「我聽兵書上說『兵力十倍於敵人，就可以包圍它；兩倍於敵人，就可以和它較量』。如今韓信的兵力號稱幾萬，其實沒有這麼多，他們從千里之外來襲擊我們，也已經疲憊了。現在如果像這樣的敵人還退避而不進攻，以後有強大的敵人，怎麼抵禦他們呢？諸侯會認為我膽怯，而輕易地來攻打我。」沒有採納廣武君的計策。

韓信派偵查人員查訪到廣武君的計策沒有被採納，回來報告，韓信就非常高興，才敢徑直進軍。到離井陘口三十里的地方，停下來紮營。半夜時傳令出發，挑選了兩千名輕裝騎兵，每人拿一面紅旗，從小道隱蔽到山上觀察趙軍，告誡他們說：「趙軍看見我軍敗走，一定傾巢而出追趕我們，你們迅速攻入趙軍營壘，拔掉趙軍旗幟，插上漢軍旗幟。」又叫他的副將傳令開小餐，說：「今天打敗趙軍後會餐。」將領們都很驚詫，表面上答應道：「好。」韓信對軍官說：「趙軍已先占據有利地形安紮營寨，並且他們沒有看見我軍主將的旗鼓，就不會進攻我們的先頭部隊，擔心我們據守險要的地方退軍。」就派遣一萬人先出發，出了井陘口，背靠河水擺陣。趙兵看見這種陣勢大笑起來。天亮後，韓信擺出大將的旗鼓，擊鼓而行地出井陘口，趙軍打開營壘攻擊漢軍，激戰了很長時間。韓信和張耳就故意丟棄鼓旗，退到河邊的陣地，又進行激戰。趙軍傾巢出動爭奪漢軍的鼓旗，追趕韓信和張耳。韓信和張耳已進入河邊的陣地，士兵都拼死作戰，不可打敗。韓信派出的兩千名突襲騎兵，等到趙軍傾巢出動去追逐戰利品時，就迅速衝進趙軍營壘，全部拔掉趙軍的旗幟，插上兩千面漢軍紅旗。趙軍已經無法捉住韓信、張耳等人，想退回營壘，看到營壘中都是漢軍的紅旗，非常驚慌，以為漢軍把趙王的將領都打敗了，士兵就混亂起來，紛紛逃跑。趙軍將領雖然斬殺逃兵，但無法禁止。

當時漢軍前後夾擊，打敗趙軍，俘獲趙國士兵，在泜水上殺死成安君，活捉趙王趙歇。

6 韓信就命令部下不要殺廣武君，有能活捉他的，獎賞一千金。一會兒，有人捆綁著廣武君送到軍營，韓信解開他身上的繩索，請他向東而坐，自己向西面對著，像對待老師一樣侍奉他。

7 各部將校獻完首級和俘虜，都向韓信祝賀，趁勢問韓信說：「兵法上說『行軍布陣右面和背後靠山，前面和左邊臨水』，這次將軍反而讓我們背水列陣，說『打敗趙軍會餐』，我們都不服。然而竟然勝利了，這是什麼戰術呢？」韓信說：「這是兵法上有的，只不過諸位沒有留意罷了。兵法不是說『陷於死地而後得生，置於亡地反而得存』嗎？況且，我率領的並不是平素受過我訓練而聽我指揮的將士，這是兵法上所說的『驅趕著集市上的人去打仗』，這種形勢非把士兵置於死地，使他們人人自動作戰不可；如果把他們安置在有活路的地方，都會逃跑，怎麼還能用他們來作戰呢！」將領們都心悅誠服地說：「您的謀略不是我們所能趕得上的。」

8 當時韓信問廣武君道：「我想向北進攻燕國，向東討伐齊國，怎樣才能有功？」廣武君推讓說：「我聽說『亡國之臣沒有資格謀劃國家的生存，敗軍之將沒有資格談論勇敢』。像我這樣的人，哪裡配得上商議大事呢！」韓信說：「我聽說，百里奚在虞國而虞國滅亡，到秦國而秦國稱霸，不是因為他在虞國愚蠢而在秦國聰明，而是在於國君任用不任用他，採納不採納他的意見罷了。假使成安君採納您的計策，我也被活捉了。我完全聽從您的計策，希望您不要推辭。」廣武君說：「我聽說『聰明人在上千次考慮中，一定有一次失誤；愚蠢的人在上千次考慮中，也會有一次收穫』。所以說『即使是狂人的話，聖人也可以考慮選擇』。只恐怕我的計策不值得採納，願意奉獻我的愚忠。成安君有百戰百勝的計策，然而一旦失策，兵敗鄗城，自己也死在泜水上。如今您俘虜魏王，活捉夏說，不到一上午擊敗趙軍二十萬人，誅殺成安君。名聲聞於四海，威風震驚諸侯，老百姓預感到兵災將要來臨，無不停止勞作，懈怠懶惰，講究吃穿，苟且一時，側耳傾聽您進軍的消息。然而軍隊勞苦，士兵疲憊，其實際情形是很難繼續作戰。如今您要率領疲憊勞乏的士兵，把他們停頓在燕國堅固的城池下面，軍隊的實情暴露了，力量就會挫減，想戰卻不能攻克它，時間一拖久，糧食會耗盡。

如果不能打敗燕國，齊國一定會據守邊境以自強。燕、齊兩國不肯降服，那麼劉、項兩方的輕重就分不出來。我愚陋，但私下認為攻燕伐齊也是一種失策啊。」韓信說：「既然這樣，那怎麼辦？」廣武君回答說：「現在的辦法，不如按兵不動，使方圓百里之內，每天都有人送來牛肉美酒，以宴請將士，擺出向北進攻燕國的架勢，然後派遣使者，拿著書信，出使燕國，燕國一定不敢不聽從。再和燕國一道向東面對齊國，即使有聰明人，也不知道怎樣替齊國謀劃了。像這樣做，那麼天下大事就都好辦了。用兵之道本來就是先虛張聲勢然後採取實際行動的，說的就是這種情況。」韓信說：「好。按您的指教辦。」當時就採納廣武君的計策，派人出使燕國，燕國聽到消息立即歸服。就派人報告漢王，請求立張耳為趙王以鎮撫趙國。漢王答應了韓信的請求。

9 楚國屢次派突襲部隊渡過黃河襲擊趙國，趙王張耳和韓信往來救援趙國，因此在行軍中安定了趙國的城邑，調發士兵去支援漢王。楚軍正把漢王緊緊圍困在滎陽，漢王逃出，向南來到宛縣、葉縣一帶，收服了九江王英布，進入成皋，楚軍又急忙包圍了他。漢四年，漢王逃出成皋，渡過黃河，只與滕公去修武投奔張耳。到了修武，住宿在旅舍裡。第二天早晨自稱漢王的使臣，騎馬進入趙軍的營壘。張耳、韓信還沒有起床，漢王就在他們的臥室裡奪取了他們的印信和兵符，用軍旗召集將領們，更換了將領們的位置。韓信、張耳起床後，才知道漢王獨自前來，非常驚訝。漢王奪了兩人的軍權，就命令張耳防守趙地，任命韓信為趙國的相國，徵調沒有被徵發到滎陽的趙國士兵去攻打齊國。

10 韓信領兵東進，沒有渡過平原津，聽說漢王已經派酈食其說服齊王歸降了。韓信想停止進軍，蒯通勸說韓信攻打齊國。蒯通的話記載在〈蒯通傳〉裡。韓信認為他的計策是對的，就率軍渡過黃河，襲擊歷下的駐軍，一直攻到臨菑。齊王逃到高密，派使者到楚國請求援助。韓信平定了臨菑，向東追趕齊王到了高密的西面。楚國派龍且統率軍隊，號稱二十萬，救援齊國。

11 齊王和龍且聯軍與韓信作戰，尚未交鋒。有人勸龍且說：「漢軍遠離本土作戰，困窮的敵寇長久作戰，其鋒芒是不可抵擋的。齊、楚兩軍在自己的鄉土作戰，士兵容易逃散。不如深溝高壘，叫齊王派他的心腹大臣招撫失去的城邑，這些城邑聽說齊王還在，楚軍又來救援，一定反叛漢軍。漢軍客居兩千里外的齊國，齊國的城邑都反叛他們，那形勢必定沒有地方得到糧草，可以不用交戰而使他們投降。」龍且說：「我向來了解韓信的為人，容易對付罷了。他在漂洗絲棉的老大娘那吃閒飯，沒有養活自己的辦法；他忍受羞辱從人家的胯下爬過去，沒有超人的勇敢，不值得害怕。況且援救齊國，不交戰而使韓信投降，我有什麼功勞？如果交戰而又戰勝了他，齊國的一半土地可以封給我，為什麼不戰！」於是決定交戰，與韓信隔著濰水擺陣。韓信就連夜派人做了一萬多個口袋，裝滿沙子，用來堵住濰水的上游，帶領一半部隊渡濰水，襲擊龍且。假裝戰敗，往回跑。龍且果然高興地說：「我本來就知道韓信膽小。」就渡濰水追擊韓信。韓信派人挖開堵塞河水的沙袋，河水傾瀉而來。龍且的部隊多半沒有渡過去，韓信立即猛烈進攻，殺死了龍且。龍且在濰水東岸的部隊潰散逃跑，齊王田廣也逃走了。韓信追擊敗兵到城陽，俘虜了田廣。楚軍全都投降，韓信就平定了齊國。

12 韓信派人上書漢王說：「齊國特別狡詐多變，是反覆無常的國家，南面連接楚國，不設置一個代理國王來鎮撫它，局勢就不穩定。如今我權力小，不足以使齊國安定，我請求暫時代理齊王。」當時，楚軍正把漢王緊緊地圍困在滎陽，韓信的使者來到，漢王打開書信，大怒，罵道：「我被圍困在這裡，日夜盼望你來輔助我，你卻想自立為王！」張良、陳平伏身在背後暗中踩漢王的腳，便湊近他的耳朵說：「漢軍正處於不利的形勢，怎麼能禁止韓信自立為王呢？不如順勢立他為王，好好對待他，讓他自己鎮守齊國。不這樣，就可能發生變故。」漢王也醒悟過來，便又罵道：「大丈夫平定了諸侯，就做真王罷了，當什麼代理國王！」派張良去封韓信為齊王，徵調他的部隊攻打楚軍。

13 楚國失去了龍且，項王恐懼，派盱台人武涉勸說韓信道：「您為什麼不背叛漢國援助楚國？楚王與您有老交情。況且漢王不可確信，他落在項王掌握之中好多次了，但他一脫身，就背棄約定，又進攻項王，他不可親近和信任到了這個地步。如今您雖然自認為與漢王是金石之交，但終究會被他捉住。您之所以能夠延續到今天，就因為有項王在。項王倘若滅亡，就輪到您了。為什麼不與楚國聯合，三分天下而在齊國稱王呢？

現在放過這個機會，自己決心依附漢王來攻打楚國，作為一個有智謀的人，本應是這樣的麼！」韓信辭謝說：「我服事項王多年，官不過是郎中，職位不過是個持戟的衛士，進言不被聽信，獻計不被採用，因此背叛楚國而歸順漢國。漢王授予我上將軍的印信，交給我幾萬兵馬，漢王脫下自己的衣服給我穿，讓出自己的食物給我吃，言聽計從，我才能到這個地步。漢王十分親近和信任我，背叛他不吉利。希望替我辭謝項王。」武涉走後，蒯通知道天下局勢的關鍵在於韓信，就用三分天下的深入分析勸說韓信。蒯通的話記載在〈蒯通傳〉裡。韓信不忍心背叛漢王，又自認為功勞大，漢王不會奪去自己的齊國，就沒有採納蒯通的意見。

14 漢王在固陵戰敗，採用張良的計策，徵召韓信率領軍隊在垓下會合。項羽死後，高祖用突然襲擊的辦法奪取了韓信的軍權，改封韓信為楚王，定都下邳。

1 信至國❶，召所從食漂母，賜千金。及下鄉亭長，錢百，曰：「公，小人，為德不竟❷。」召辱己少年令出跨下者，以為中尉❸，告諸將相曰：「此壯士也。方辱我時，寧不能死❹？死之無名❺，故忍而就此❻。」

2 項王亡將鍾離眛❼家在伊廬❽，素與信善❾。項王敗，眛亡歸信。漢怨眛，聞在楚，詔楚捕之。信初之國，行❿縣邑，陳兵出入⓫。有變告⓬信欲反，書聞⓭，上患⓮之。用陳平謀，偽⓯游於雲夢⓰者，實欲襲信，信弗知。高祖且至楚，信欲發兵，自度無罪；欲謁上，恐見禽⓱。人或說信曰：「斬眛謁上，上必喜，亡患⓲。」信見眛計事，眛曰：「漢所以不擊取楚，以眛在。公若欲捕我自媚漢，吾今死，公隨手亡矣。」乃罵信曰：「公非長者[19]！」卒[20]自剄[21]。信持其首謁於陳[22]。高祖令武士縛信，載後車[23]。信曰：「果若人言，『狡兔死，良狗亨[24]。』」上曰：「人告公反。」遂械[25]信。至雒陽[26]，赦[27]以為淮陰侯。

3 信知漢王畏惡其能，稱疾不朝從[28]。由此日怨望[29]，居[30]常鞅鞅[31]，羞與絳、灌等列[32]。嘗過[33]樊將軍噲[34]，噲趨[35]拜送迎，言稱臣，曰：「大王乃肯臨[36]臣。」信出門，笑曰：「生[37]乃與噲等為伍[38]！」

4 上嘗從容[39]與信言諸將能各有差[40]。上問曰：「如我，能將幾何？」信曰：「陛下不過能將十萬。」上曰：「如公何如？」曰：「如臣，多多益辦[41]耳。」上笑曰：「多多益辦，何為為我禽？」信曰：「陛下不能將兵，而善將將，此乃信之為陛下禽也。且陛下所謂天授，非人力也。」

5 後陳豨[42]為代相監邊[43]，辭信，信挈[44]其手，與步於庭數匝[45]，仰天而嘆曰：「子可與言乎？吾欲與子有言。」豨因曰：「唯將軍命。」信曰：「公之所居，天下精兵處也，而公，陛下之信幸臣也。人言公反，陛下必不信；再至，陛下乃疑；三至，必怒而自將。吾為公從中[46]起，天下可圖也。」陳豨素知其能，信之，曰：「謹奉教！」

6 漢十年，豨果反，高帝自將㊼而往，信稱病㊽不從。陰㊾使人之豨所，而與家臣謀，夜詐赦諸官徒奴㊿，欲發兵襲呂后(51)、太子(52)。部署已定，待豨報。其舍人(53)得罪信，信囚，欲殺之。舍人弟上書變告信欲反狀於呂后。呂后欲召，恐其黨(54)不就(55)，乃與蕭相國(56)謀，詐令人從帝所來，稱豨已死，群臣皆賀。相國紿(57)信曰：「雖病，強(58)入賀。」信入，呂后使武士縛信，斬之長樂(59)鍾室(60)。信方斬(61)，曰：「吾不用蒯通計，反為女子所詐，豈非天哉！」遂夷信三族(62)。

7 高祖已破豨歸，至(63)，聞信死，且喜且哀，問曰：「信死亦何言？」呂后道其語。高祖曰：「此齊辯士(64)蒯通也。」召欲亨(65)之。通至自說(66)，釋弗誅。語在通傳。

【章　旨】以上為〈韓信傳〉的第三部分，記述韓信被封為王後，因功高震主、自負輕慢為劉邦所猜忌以致被殺的經過。

【注　釋】❶國　國都。指下邳。❷為德不竟　做好事沒有做到底。竟，終。❸中尉　官名。當時各諸侯國設有中尉，掌管軍事，職位相當於郡尉。❹死　即「使之死」。使動用法。❺無名　無名義；無意義。❻就此　成就今天的事業。就，成。動詞。❼鍾離眛　人名。複姓鍾離，名眛。項羽的部將，與韓信相善。項羽死後，他投奔韓信以躲避劉邦的抓捕。❽伊廬　邑名。在今江蘇灌雲東北。❾善　要好。❿行　巡視。⓫陳兵出入　出入時嚴陳兵衛。⓬變告　顏師古注曰：「凡言變告者，謂告非常之事。」即告發突然發生的非常事件。⓭書聞　指文書上報天子。聞，上聞。被動用法。⓮患　擔心。⓯偽　假裝。

⑯雲夢　即「雲夢澤」。古代澤藪名，在楚地，廣八九百里。一般認為漢代的雲夢澤，即今湖北江陵至蘄春間的湖澤區域。⑰見禽　被捉拿。見，副詞。用於動詞前，表被動。禽，通「擒」。⑱亡患　沒有禍患。⑲長者　忠厚有德之人。⑳卒　終於。㉑到　割頸。㉒陳　縣名。在今河南淮陽。㉓後車　副車；侍從之車。㉔狡兔死二句　狡猾的兔子死了，出色的獵狗就會被烹殺。亨，通「烹」。㉕械　桎梏之類的刑具。這裡用作動詞。㉖雒陽　縣名。在今河南洛陽東北。劉邦稱帝後，初都雒陽，後遷都長安。㉗赦　赦免。㉘稱疾不朝從　藉口生病不參加朝見和隨行。稱疾，託詞害病。朝從，顏師古注曰：「朝，朝見也。從，從行也。」㉙怨望　怨恨；責怪。㉚居　平日在家。㉛鞅鞅　通「怏怏」。鬱悶不樂的樣子。㉜羞與絳灌等列　指羞與絳、灌為伍。羞，即「以之為羞」，這裡用作動詞，意動用法。絳，指周勃。漢初功臣，被封為絳侯。卷四十有傳。灌，指灌嬰。漢初功臣，被封為潁陰侯。卷四十一有傳。周勃、灌嬰雖為漢初重要功臣，但功績和聲望遠不及韓信。㉝過　過訪；探望。㉞樊將軍噲　指樊噲。漢初功臣，漢高祖元配呂后的妹夫。卷四十一有傳。㉟趨　小步快走。表示恭敬。㊱臨　居高臨下、居上視下之意。指樊噲因韓信的來訪感到榮幸。㊲生　一生；一輩子。㊳為伍　同列。㊴從容　不慌不忙、閒暇無事的樣子。㊵各有差　各有高低不同。差，等級；參差。㊶多多益辦　越多越好辦。辦，治理。㊷陳豨　楚漢戰爭中跟隨劉邦攻滅臧荼有功，被封為陽夏侯，後為趙相，守代地。高祖十一年，因謀反被殺。㊸監邊　監督邊防軍。㊹挈　攜著；拉著。㊺匝　環繞一周為一匝。㊻中　指漢都城長安。㊼自將　親自率領。㊽稱病　舊本無「稱」字。據錢大昭說及景祐本補。㊾陰暗中。㊿諸官徒奴　各官府的罪犯和奴隸。(51)呂后　漢高祖劉邦的元配夫人。詳見卷三〈高后紀〉。(52)太子　指劉邦之子劉盈，即漢惠帝。詳見卷二〈惠帝紀〉。(53)舍人　秦漢時期貴族官員的侍從賓客、親近左右。相當於「門客」。(54)黨　通「倘」。倘若。(55)就　就範。(56)蕭相國　即蕭何，時任相國。相國，和丞相是同一官職在不同時期的不同稱謂。(57)紿　欺騙。(58)強勉強。(59)長樂　指長樂宮。為皇后所居的宮殿。舊址在今陝西西安北。(60)鍾室　懸掛鐘的房子。(61)方斬　臨刑時。方，正當。(62)夷信三族　誅滅韓信的三族。夷，誅滅。三族，指父族、母族、妻族。(63)至　指回到長安。(64)齊辯士　蒯通本為燕國人，後遊於齊，故又稱齊人。(65)亨　通「烹」。古時的一種酷刑，用開水將人煮死。(66)自說　顏師古注曰：「自說，謂自解說也。」即自行解說。

【語　譯】韓信到了楚都下邳，召見曾給他飯吃的漂母，賜給她一千金。還有下鄉的亭長，賜給他一百錢，說道：「您是小人，做好事沒有做到底。」又召見曾經侮辱自己、叫自己從他胯下爬過去的那個年輕人，任命他做楚國的中尉，韓信告訴將相們說：「這是個壯士。當他侮辱我時，我怎麼不能殺死他？但殺他沒有名目，所以忍了下來，才成就今天的事業。」

2 項羽的逃亡將領鍾離眛家在伊廬，向來與韓信要好。項羽失敗後，鍾離眛逃跑出來歸附了韓信。漢朝怨恨鍾離眛，聽說他在楚國，就下令楚國逮捕他。韓信剛到楚國，巡視所管轄的縣邑，出入時嚴陳兵衛。有人上書告發韓信謀反，文書上報高祖，高祖很擔心這件事。採納陳平的計策，假裝遊覽雲夢澤，實際上是要襲擊韓信，韓信不知道。高祖將要到達楚國時，韓信想要起兵，但考慮自己沒有罪過；想晉見皇上，又擔心被擒住。有人勸說韓信道：「殺死鍾離眛去謁見皇上，皇上一定高興，就沒有禍患了。」韓信約見鍾離眛，與他商議這件事，鍾離眛說：「漢之所以不攻取楚國，是因為有我在這。您如果想抓捕我去討好漢廷，我今天死，您也會跟著送命的。」於是罵韓信道：「您不是忠厚有德之人！」終於自殺了。韓信提著鍾離眛的首級，到陳縣進見高祖。高祖命令武士將韓信捆綁起來，裝在副車上。韓信說：「果然像人們所說的，『狡猾的兔子死了，出色的獵狗就會被烹殺。』」皇上說：「有人告發你謀反。」就給韓信戴上刑具。到了雒陽，赦免了韓信的罪過，把他封為淮陰侯。

3 韓信知道漢王害怕和厭惡自己的才能，推說有病不參加朝見和隨行。韓信從此天天怨恨，平日在家總是鬱悶不樂，對與周勃、灌嬰處於同等地位感到羞恥。韓信曾經過訪樊噲將軍，樊噲恭敬地迎送，口稱臣子，說道：「大王竟肯光臨臣下家。」韓信出門後，笑著說：「我這一生竟然與樊噲等處在同等地位！」

4 皇上曾經與韓信閒談將領們的才能高低。皇上問道：「像我，能帶多少兵？」韓信說：「陛下不過能帶十萬。」皇上說：「像您怎麼樣？」韓信說：「像臣，越多越好辦。」皇上笑著說：「越多越好辦，為什麼被我捉住了？」韓信說：「陛下不善於帶兵，卻善於駕馭將領，這就是我被陛下捉住的緣故。況且陛下的地位是上天賜予的，不是人力所及的。」

5 後來陳豨被任命為代國相監督邊防軍，向韓信辭行，韓信拉著他的手，與他在庭院裡走了好幾圈，抬頭歎息說：「有話可以對您說嗎？我有些話想跟您說。」陳豨趁勢說：「一切聽從將軍的。」韓信說：「您所管轄的地方，是天下精兵聚集的地方，而您又是陛下親信寵愛的臣子。如果有人說您謀反，陛下一定不相信；消息再次傳來，陛下就會懷疑了；消息三次傳來，陛下必定大怒而親自帶兵討伐。我為您在京城中起兵做內應，天下就可圖謀了。」陳豨向來了解韓信的才能，相信他，說：「聽從您的指教！」

6 漢十年，陳豨果然反叛，高帝親自帶兵前往平叛，韓信藉口生病沒有跟隨。韓信暗中派人到陳豨的處所，自己與家臣謀劃，乘夜用欺詐的辦法赦免各官府的罪犯和奴隸，打算調兵襲擊呂后和太子。部署停當，等待陳豨回報。一個家臣得罪了韓信，韓信把他拘囚起來，想殺他。家臣的弟弟向呂后上書告發韓信準備反叛的情況。呂后想召韓信入見，怕他萬一不肯就範，就和蕭相國商議，派人假裝從皇上那裡來，說陳豨已死，大臣們都去朝賀。蕭相國欺騙韓信說：「您雖然有病，還是勉強進宮朝賀一下。」韓信一入宮，呂后就叫武士將韓信捆綁起來，把他殺死在長樂宮中懸掛鐘的屋子裡。韓信臨刑時說：「我沒有採納蒯通的計策，反而被婦人所欺騙，難道不是天意嗎！」於是誅滅韓信的三族。

7 高祖打敗陳豨後歸來，到達京城，聽說韓信死了，又高興又憐惜，問道：「韓信臨死時說了些什麼？」呂后講了韓信說的話。高祖說：「這是齊國的辯士蒯通。」就把蒯通召來打算烹殺他。蒯通到後自行解說，高祖就將他釋放了，沒有殺他。蒯通的解說記載在〈蒯通傳〉裡。

1 彭越，字仲，昌邑❶人也。常漁❷鉅野澤❸中，為盜。陳勝❹起，或謂越曰：「豪桀❺相立畔❻秦，仲可效❼之。」越曰：「兩龍❽方鬬，且❾待之。」

2 居歲餘❿，澤間少年相聚百餘人，往從越，「請仲為長⓫」，越謝不願也。少年強請，乃許。與期⓬旦日⓭日出時，後會者斬。旦日日出，十餘人後，後者至日中[14]。於是越謝[15]曰：「臣老，諸君強以為長。今期而多後，不可盡誅，誅最後者一人。」令校長[16]斬之。皆笑曰：「何至是！請後不敢。」於是越乃引一人斬之，設壇祭，令徒屬[17]。徒屬皆驚，畏越，不敢仰視。乃行略[18]地，收諸侯散卒，得千餘人。

3 沛公之從碭北擊昌邑[19]，越助之。昌邑未下，沛公引兵西。越亦將其眾居鉅野澤中，收魏散卒。項籍入關，王[20]諸侯，還歸，越眾萬餘人無所屬。齊王田榮叛項王，漢乃使人賜越將軍印[21]，使下濟陰[22]以擊楚。楚令蕭公角[23]將兵擊越，越大破楚軍。漢二年春，與魏豹及諸侯東擊楚，越將其兵三萬餘人，歸漢外黃[24]。漢王曰：「彭將軍收魏地，得十餘城，欲急立魏後[25]。今西魏王豹，魏咎從弟[26]，真魏[27]也。」迺拜越為魏相國，擅將[28]兵，略定梁地[29]。

4 漢王之敗彭城解[30]而西也，越皆亡其所下城，獨將其兵北居河上。漢三年，越常往來為漢游兵[31]，擊楚，絕其糧於梁地。項王與漢王相距滎陽，越攻下睢陽[32]、外黃十七城。項王聞之，乃使曹咎[33]守成皋，自東收越所下城邑，皆復為楚。越將其兵北走穀城[34]。項王南走陽夏[35]，越復下昌邑旁二十餘城，得粟[36]十餘萬斛[37]，以給[38]漢食。

5 漢王敗，使使㊴召越并力擊楚，越曰：「魏地初定，尚畏楚，未可去。」漢王追楚，為項籍所敗固陵。乃謂留侯曰：「諸侯兵不從㊵，為之奈何？」留侯曰：「彭越本定梁地，功多，始君王以魏豹故㊶，拜越為相國。今豹死亡後㊷，且越亦欲王，而君王不蚤㊸定。今取睢陽以北至穀城，皆許以王彭越。」又言所以許韓信㊹。語在高紀。於是漢王發使使越，如留侯策。使者至，越乃引兵會垓下。項籍死，立越為梁王，都定陶㊺。

6 六年㊻，朝陳㊼。九年，十年，皆來朝長安。

7 陳豨反代地，高帝自往擊之，至邯鄲㊽，徵兵梁㊾。梁王稱病，使使將兵詣邯鄲。高帝怒，使人讓㊿梁王。梁王恐，欲自往謝(51)。其將扈輒(52)曰：「王始不往，見讓(53)而往，往即為禽，不如遂發兵反。」梁王不聽，稱病。梁太僕(54)有罪，亡走漢，告梁王與扈輒謀反。於是上使使掩捕(55)梁王，囚之雒陽。有司治反形已具(56)，請論如法(57)。上赦以為庶人(58)，徙蜀青衣(59)。西至鄭(60)，逢呂后從長安東，欲之雒陽，道見越。越為呂后泣涕，自言亡罪，願處故昌邑。呂后許諾，詔與俱東。至雒陽，呂后言上曰：「彭越壯士也，今徙之蜀，此自遺(61)患，不如遂誅之。妾(62)謹(63)與俱來。」於是呂后令其舍人告越復謀反。廷尉(64)奏請，遂夷越宗族。

【章　旨】以上是〈彭越傳〉，記述了彭越因功被封為王，後以謀反罪被誅的經過。

【注　釋】❶昌邑　縣名。在今山東金鄉西北。❷漁　捕魚。動詞。❸鉅野澤　澤藪名。在今山東巨野。❹陳勝　秦末農民起義領袖。秦二世元年（西元前二〇九年），同吳廣在大澤鄉（今安徽宿州東南）率先起義，後為其部下所殺。卷三十一有傳。❺豪桀　豪傑。桀，通「傑」。❻畔　通「叛」。反叛。❼效　仿效。❽兩龍　顏師古注曰：「謂秦與陳勝。」❾且　姑且。❿居歲餘　過了一年多。⓫長　首領。⓬期　約會。⓭旦日　明天。⓮後者至日中　指最後一個中午才到。⓯謝　抱歉。⓰校長　顏師古注曰：「一校之長也。」校，古代軍隊的編制單位。⓱徒屬　徒眾；屬從。⓲略　以武力強取。⓳沛公句　沛公，指劉邦。劉邦最初起兵奪取沛縣（今江蘇沛縣），楚人稱縣令為「公」，故劉邦自稱沛公。碭，縣名。在今河南夏邑東南。⓴王　封王。動詞。㉑漢乃使句　據卷一〈高帝紀〉和《史記》同傳，係齊王田榮賜彭越將軍印。此處「漢」字當衍。㉒濟陰　郡名。治定陶（今山東定陶西北）。㉓蕭公角　項羽的部將。曾任蕭縣縣令，名角。因楚人稱縣令為「公」，故名「蕭公角」。㉔歸漢外黃　於外黃歸漢。外黃，縣名。在今河南民權西北。㉕後　後代。㉖從弟　堂弟。從，同一宗族次於至親者叫「從」。㉗真魏　真正魏國國君的後代。㉘擅將　專門統率。擅，專；獨攬。㉙梁地　即魏地。西元前三六一年，魏惠王遷都至大梁（今河南開封），從此，魏也被稱為梁。㉚解　離散。㉛為漢游兵　成為漢的流動不定的軍隊。㉜睢陽　縣名。在今河南商丘南。㉝曹咎　楚國的大司馬，後兵敗自殺。㉞穀城　城邑名。在今山東平陰西南。㉟陽夏　縣名。在今河南太康。㊱粟　穀物的一種。這裡泛指糧食。㊲斛　古時的容量單位。十斗為一斛。㊳給　供給。㊴使使　派遣使者。㊵諸侯兵不從　指韓信、彭越等不服從劉邦的調遣。㊶故　原因。㊷亡後　沒有後代。㊸蚤　通「早」。㊹又言句　又說到用來分封韓信的地方。㊺定陶　縣名。在今山東定陶西北。㊻六年　即漢六年（西元前二〇一年）。以下「九年」、「十年」同此。㊼朝陳　在陳縣朝見皇帝。朝，朝見。㊽邯鄲　縣名。在今河北邯鄲。㊾徵兵梁　向梁國徵兵。㊿讓　責備。(51)謝　謝罪。(52)扈輒　彭越的部將。(53)見讓　被責備。(54)梁太僕　梁國的太僕。太僕，官名。為九卿之一，掌輿馬和牧畜之事。諸侯國亦有設置。(55)掩捕　乘人不備而逮捕。掩，乘其不備而襲取之。(56)有司治反形已具　主管官吏定為謀反罪已經構成。有司，古代設官分職，各有專司，所以稱官吏為有司。這裡指掌管刑獄的官吏。反形已具，已經構成謀反的罪狀。(57)請論如法　請依法定罪。論，定罪；判罪。(58)庶人　平民。(59)徙蜀青衣　流放到蜀郡的青衣縣。徙，遷；移。這裡指流放。蜀，郡名，治成都（今四川成都）。青衣，縣名。在今四川名山縣北。(60)鄭　縣名。在今陝西華縣東。(61)遺　留。(62)妾　古時婦女自稱的謙詞。(63)謹　謹慎；小心。(64)廷

尉 官名。為九卿之一，掌管刑獄。

【語　譯】彭越，字仲，是昌邑人。常在鉅野澤中捕魚，做強盜。陳勝起義時，有人對彭越說：「豪傑各自樹立旗號反叛秦朝，你可以仿效他們。」彭越說：「兩條龍剛剛相鬥，姑且等待一下。」

2 過了一年多，澤中的青年聚集了一百多人，前去追隨彭越，說道「請您做首領」，彭越謝絕了。青年們執意請求，彭越才答應。與他們約定第二天日出時集合，遲到的要殺頭。第二天日出時，十幾個人遲到了，最後一個中午才到。當時彭越抱歉地說：「我年長，各位執意推舉我為首領。今天約定了時間而遲到的人很多，不能全部殺掉，只殺最後到的一個人。」命令校長殺掉那個人。大家都笑著說：「何必要這樣！以後不敢了。」這時彭越就拉出最後到的那個人殺了，設土壇，用人頭祭祀，並向屬下宣布軍令。屬下都十分驚恐，畏懼彭越，不敢抬頭仰視。於是出發攻取土地，收集諸侯軍中逃散的士兵，得到了一千多人。

3 沛公從碭縣向北攻打昌邑，彭越協助他。昌邑沒有攻下，沛公率軍西進。彭越也率領他的部隊留在鉅野澤中，收集魏軍逃散的士兵。項羽進入關中，分封諸侯王後，回國去了，彭越的一萬多人沒有歸屬。齊王田榮反叛項羽，就派人賜給彭越將軍印信，讓他攻取濟陰進攻楚國。楚國命令蕭公角率軍迎擊彭越，彭越大敗楚軍。漢二年春天，漢王與魏豹及各諸侯向東進攻楚國，彭越率領他的三萬多人在外黃歸順漢王。漢王說：「彭將軍攻占魏地，得到十多個城邑，想要盡快擁立魏王的後代。如今西魏王魏豹，是魏咎的堂弟，真正的魏國國君的後代。」就任命彭越擔任魏國的相國，獨攬兵權，平定魏地。

4 漢王敗於彭城，部隊潰退向西，彭越失去了他所攻占的全部城邑，獨自率領他的部隊停留在黃河沿岸。漢三年，彭越常常往來作為漢王的游擊部隊襲擊楚軍，在梁地斷絕楚軍的糧草。項羽和漢王在滎陽相持，彭越攻占了睢陽、外黃等十七個城邑。項羽聽到這個消息，就派曹咎駐守成皋，自己率軍向東收復彭越所攻占的城邑，這些城邑又都歸屬楚國。彭越帶領他的部隊向北退至穀城。項王向南退至陽夏，彭越又攻取昌邑縣附近二十多個城邑，得到十餘萬斛糧食，供給漢軍作軍糧。

5 漢王打了敗仗，派使者徵召彭越合力攻打楚軍，彭越說：「魏地剛剛平定，還擔心楚國來襲擊，不能離開。」漢王追擊楚軍，在固陵被項羽打敗。漢王便對張良說：「諸侯的部隊不聽從命令，怎麼辦？」留侯說：「彭越本來平定梁地，功勞多，當初您因為魏豹的緣故，任命彭越擔任相國。如今魏豹死了，沒有後代，並且彭越也想稱王，而您不早作決定。如今拿睢陽以北至穀城一帶的土地，都用來封彭越為王。」又談到了用來封給韓信的地方。話語記載在〈高帝紀〉中。當時漢王派使者到彭越那裡，照張良的計策行事。使者到，彭越就率領部隊到垓下會合。項羽死後，封彭越為梁王，建都定陶。

6 漢六年，彭越在陳縣朝見皇帝。九年，十年，彭越都來長安朝見。

7 陳豨在代地謀反，漢高帝劉邦親自前往討伐，到邯鄲，向梁王徵兵。梁王聲稱有病，派人率兵到邯鄲。高帝發怒，派人責備梁王。梁王恐懼，想親自去謝罪。他的部將扈輒說：「大王開始不去，被責備才去，這樣去會被捉住，不如就此起兵反叛。」梁王沒有採納他的建議，仍然稱病。梁國的太僕有罪，逃到高祖那裡，告發梁王和扈輒謀反。當時皇上派人乘梁王不備突然逮捕了他，把他囚禁在雒陽。主管官吏認定他已構成謀反罪，請依法判處。皇上赦免了他，降為平民，流放到蜀郡的青衣縣。向西押解到鄭縣，遇到呂后從長安向東去，準備到雒陽，在路上看見了彭越。彭越向呂后哭訴說自己無罪，希望回到自己的故鄉昌邑。呂后答應了，命令他和自己一同往東。到了雒陽，呂后對皇上說：「彭越是一條好漢，如果將他流放到蜀郡，這是給自己留下禍患，不如就此殺了他。我讓他一同來了。」於是呂后就讓彭越的家臣告發他再次謀反。廷尉上書請示，就誅滅了彭越和他的家族。

1 黥布，六❶人也，姓英氏❷。少時客相❸之，當刑而王❹。及壯❺，坐法黥❻，布欣然笑曰：「人相我當刑而王，幾是乎❼！」人有聞者，共戲笑之。布以論輸驪山❽，驪山之徒❾數十萬人，布皆與其徒長❿豪桀交通⓫，乃率其曹耦⓬，亡之江⓭中為群盜。

2 陳勝之起也，布乃見番君⓮，其眾數千人。番君以女妻之⓯。章邯之滅陳勝⓰，破呂臣⓱軍，布引兵北擊秦左右校⓲，破之青波⓳，引兵而東。聞項梁定會稽⓴，西渡淮，布以兵屬梁。梁西擊景駒㉑、秦嘉㉒等，布常冠軍㉓。項梁聞陳涉死，立楚懷王，以布為當陽君。項梁敗死，懷王與布及諸侯將皆軍彭城。當是時，秦急圍趙㉔，趙數使人請救懷王。懷王使宋義㉕為上將軍㉖，項籍與布皆屬之，北救趙。及籍殺宋義河上㉗，自立為上將軍，使布先涉河，擊秦軍，數有利。籍乃悉引兵從之，遂破秦軍，降章邯等㉘。楚兵常勝，功冠諸侯。諸侯兵皆服屬楚者，以布數以少敗眾也。

3 項籍之引兵西至新安，又使布等夜擊阬章邯秦卒二十餘萬人。至關，不得入㉙，又使布等先從間道破關下軍，遂得入。至咸陽㉚，布為前鋒。項王封諸將，立布為九江王，都六。尊懷王為義帝，徙都長沙㉛，迺陰令布擊之。布使將追殺之郴㉜。

4 齊王田榮叛楚，項王往擊齊，徵兵九江，布稱病不往，遣將將數千人行。漢之敗楚彭城(33)，布又稱病不佐楚。項王由此怨布，數使使者誚讓(34)召布，布愈恐，不敢往。項王方北憂齊、趙，西患漢，所與者(35)獨布，又多(36)其材，欲親用之，以故未擊。

漢王與楚大戰彭城，不利，出梁地，至虞(37)，謂左右(38)曰：「如彼等者，無足與計天下事者。」謁者(39)隨何(40)進曰：「不審(41)陛下所謂。」漢王曰：「孰(42)能為我使淮南，使之發兵背楚，留項王於齊數月，我之取天下可以萬全。」隨何曰：「臣請使之。」乃與二十人俱使淮南。至，太宰主之(43)，三日不得見。隨何因說太宰曰：「王之不見何，必以楚為彊，以漢為弱，此臣之所為使(44)。使何得見，言之而是邪，是大王所欲聞也；言之而非邪，使何等二十人伏斧質(45)淮南市，以明背漢而與楚也。」太宰迺言之王，王見之。隨何曰：「漢王使臣敬進書大王御者(46)，竊怪大王與楚何親也。」淮南王曰：「寡人北鄉而臣事之(47)。」隨何曰：「大王與項王俱列為諸侯，北鄉而臣事之，必以楚為彊，可以託國也。項王伐齊，身負(48)版築(49)，以為士卒先(50)。大王宜悉(51)淮南之眾，身自將，為楚軍前鋒，今乃發四千人以助楚。夫(52)北面而臣事人者，固若是乎(53)？夫漢王戰於彭城，項王未出齊也，大王宜埽(54)淮南之眾，日夜會戰彭城下。今撫(55)萬人之眾，無一人度淮者，陰拱而觀其孰勝[56]。夫託國於人者，固若是乎？大王提[57]空名以鄉楚，而欲厚自託，臣竊為大王不取也。然大王不背楚者，以漢為弱也。夫楚兵雖彊，天下負[58]之以不義之名，以其背明約[59]而殺義帝也。然而楚王特以戰勝自彊。漢王收諸侯，還守成皋、滎陽，下蜀、漢[60]之粟，深溝壁壘，分卒[61]守徼乘塞[62]。楚人還兵，間[63]以梁地，深入敵國[64]八九百里，欲戰則不得，攻城則力不能，老弱轉糧千里之外。楚兵至滎陽、成皋，漢堅守而不動，進則不得攻，退則不能解，故楚兵不足罷[65]也。使楚兵勝漢，則諸侯自危懼而相救。夫楚之彊，適足以致天下之兵耳。故楚不如漢，其勢易見也。今大王不與萬全之漢，而自託於危亡之楚，臣竊為大王惑[66]之。臣非以淮南之兵足以亡楚也。夫大王發兵而背楚，項王必留；留數月，漢之取天下可以萬全。臣請與大王杖劍而歸漢王，漢王必裂地[67]而分大王，又況淮南，必大王有也。故漢王敬使使臣進愚計，願大王之留意也。」淮南王曰：「請奉命。」陰許[68]叛楚與漢，未敢泄[69]。

6 楚使者在，方急責[70]布發兵，隨何直入曰：「九江王已歸漢，楚何以得發兵！」布愕然。楚使者起，何因說布曰：「事已搆[71]，獨[72]可遂殺楚使，毋[73]使歸，而疾走漢并力[74]。」布曰：「如使者教。」因起兵而攻楚。楚使項聲[75]、龍且攻淮南，項王留而攻下邑[76]。數月，龍且攻淮南，破布軍。布欲引兵走漢，恐項王擊之，故間行[77]與隨何俱歸漢。

7 至，漢王方踞[78]牀洗[79]，而召布入見。布大怒，悔來，欲自殺。出就舍，張御[80]食飲從官[81]如漢王居，布又大喜過望。於是乃使人之九江。楚已使項伯[82]收九江兵，盡殺布妻子[83]。布使者頗得故人[84]幸臣[85]，將眾數千人歸漢。漢益分布兵而與俱北，收兵至成皋。四年秋七月，立布為淮南王，與擊項籍。布使人之九江，得數縣。五年，布與劉賈[86]入九江，誘大司馬[87]周殷[88]，殷反楚[89]，遂舉九江兵與漢擊楚，破垓下。

8 項籍死，上置酒對眾折[90]隨何曰腐儒[91]，「為天下[92]安用腐儒哉！」隨何跪曰：「夫陛下引兵攻彭城，楚王未去齊也，陛下發步卒五萬人，騎五千，能以取淮南乎？」曰：「不能。」隨何曰：「陛下使何與二十人使淮南，如陛下之意，是何之功賢於步卒數萬，騎五千也。然陛下謂何腐儒，『為天下安用腐儒』，何也？」上曰：「吾方圖[93]子之功。」乃以隨何為護軍中尉[94]。布遂剖符[95]為淮南王，都六，九江[96]、廬江[97]、衡山[98]、豫章[99]郡皆屬焉。

【章旨】以上為〈英布傳〉的第一部分，記述英布的出身經歷與助劉邦取天下的經過。英布雖然驍勇善戰，但也有缺乏遠見與果斷的性格弱點。

【注釋】❶六 古國名，秦時改為縣。在今安徽六安東北。❷姓英氏 英，古國名。皋陶的後代，子孫以國為姓。古代姓、氏有別，氏是姓的支系。到了漢代，姓、氏就不分了。❸相 觀察人的相貌以預測他的命運。動詞。❹當刑而王 要受刑然後稱王。王，稱王。動詞。❺壯 壯年。《禮記》曰：「三十而壯。」❻坐法黥 因犯法被黥面。黥，古時的一種刑罰。用刀在犯人面頰或額頭刺刻字或符號，然後塗上墨。❼幾是乎 大概是這樣吧。幾，幾乎；大概。❽以論輸驪山 顏師古注曰：「有罪論決，而輸作于驪山。」即被定罪送往驪山服役。驪山，山名。在今陝西臨潼東南。❾驪山之徒 在驪山服役的刑徒。徒，刑徒；服勞役的犯人。❿徒長 刑徒中的首領。⓫交通 交往；來往。⓬曹耦 同類；夥伴。曹，輩。耦，通「偶」。類。⓭江 古代長江的專稱。⓮番君 指吳芮。他在秦朝時曾任番縣（今江西鄱陽東北）縣令，故稱番君。後參加起義，項羽封他為衡山王。漢朝建立後，被封為長沙王。⓯以女妻之 把女兒嫁給他。妻，動詞。⓰章邯之滅陳勝 秦二世二年（西元前二〇八年），陳勝被秦將章邯打敗，退至下城父（今安徽渦陽東南），被其部下莊賈所殺。⓱呂臣 陳勝的部將。陳勝死後，歸順項羽。⓲校 古時軍隊編制單位。⓳青波 地名。今河南新蔡西南。⓴會稽 郡名。治吳（在今江蘇蘇州）。㉑景駒 楚國貴族的後裔，被秦嘉擁為楚王。㉒秦嘉 秦末起義領袖，擁立景駒為楚王。㉓冠軍 顏師古注曰：「言其驍勇為眾軍之最。」㉔秦急圍趙 此時，張耳、陳餘立趙歇為趙王。秦將章邯派兵將趙王圍困在鉅鹿。㉕宋義 戰國時曾擔任楚國的令尹（相當於丞相），秦末參加起義。㉖上將軍 舊本作「上將」。據景祐本補「軍」字。㉗及籍句 等到項羽在黃河岸邊殺死宋義。當時，宋義與項羽不和，項羽藉故將宋義殺死。河上，指黃河故道南岸。在今山東北部。㉘降章邯等 使章邯等投降。降，動詞。使動用法。㉙不得入 劉邦先攻入咸陽，派兵守關，故楚軍「不得入」。㉚咸陽 秦的都城。在今陝西咸陽東北。㉛徙都長沙 遷都到長沙。楚懷王原來建都彭城，因彭城被項羽所占，故遷都到長沙。㉜郴 縣名。在今湖南郴州。㉝漢之敗楚彭城 指漢二年（西元前二〇五年），劉邦乘項羽進攻齊國之時，攻入楚都彭城。㉞譙讓 譴責；責讓。譙，通「誚」。㉟所與者 所親近的人。與，親附。㊱多 推重；讚賞。㊲虞 縣名。今河南虞城北。㊳謂左右 對左右說。左右，指在旁侍候的人或近臣。㊴謁者 官名。九卿之一郎中令的屬官，掌賓贊受事，為皇帝侍從人員。㊵隨何 劉邦的謀士和說客。㊶審 明白；明晰。㊷孰 誰。㊸太宰主之 太宰接待他。太宰，官名。掌管膳食。主，做主人。動詞。㊹此臣之所為使 這正是我出使的原因。(45)伏斧質　伏在鑕上受斧砍。質，通「鑕」。古代殺人時用的墊板。(46)進書大王御者　「進書大王」的恭敬說法。大王，指英布。御者，駕馬車的人。(47)寡人北鄉而臣事之　指向項羽俯首稱臣。北鄉，古時君主面南而坐，臣子北面而朝。鄉，通「向」。事，服事；侍奉。(48)負　背負。(49)版築　築牆用的工具。版，築牆用的夾板。築，搗土用的杵。築牆時以兩板夾土，用杵夯，使之結實。(50)為士卒先　身先士卒。(51)悉　全部；盡其所有。(52)夫　語氣助詞。用於句首，引出下文議論。(53)固若是乎　本來應是這樣嗎。固，本來。(54)埽　顏師古注曰：「埽者，謂盡舉之，如埽地之為。」指全部出動。(55)撫　據有；擁有。(56)陰拱句　顏師古注曰：「斂手曰拱。孰，誰也。言不動搖，坐觀成敗也。」即暗中袖手旁觀而看誰能勝出。(57)提　顏師古注曰：「提，舉也。」(58)負　加給。(59)明約　指楚懷王與諸將「先入關中者王之」的約定。(60)漢　指漢中郡，治南鄭（今陝西漢中東）。(61)卒　士兵。(62)守徼乘塞　據守邊境要塞。徼，邊界。塞，險要之地。(63)間　間隔；隔著。(64)敵國　當時彭越在梁地抗楚，是楚國的敵國。(65)不足罷　指容易疲憊。顏師古注曰：「不足者，言易也。」罷，通「疲」。(66)或　通「惑」。迷惑不解。(67)裂地　分地；割地。裂，分開；劃分。(68)陰許　祕密答應。(69)泄　洩露。(70)責　要求。(71)事已搆　背楚之事已經結成。搆，結成；構成。(72)獨　唯；只。(73)毋　不；不要。(74)疾走漢并力　迅速歸向漢國，合力作戰。疾，急速。走，趨向。并力，合力。(75)項聲　項羽的部將。(76)下邑　縣名。在今安徽碭山縣。(77)間行　隱蔽地走小路。(78)踞　兩腿前伸而坐。(79)洗　洗腳。(80)張御　指帷帳衣服等用具。張，張設。御，用。(81)從官　指部下僚屬官吏。(82)項伯　項羽的叔父。(83)妻子　指妻子和兒女。(84)故人　老朋友。(85)幸臣　親近、寵幸的臣子。(86)劉賈　劉邦的堂兄。因功被封為荊王，後被英布所殺。卷三十五有傳。(87)大司馬　官名。《周禮·夏官》記有「大司馬」，為夏官之長，掌武事，統率軍隊。(88)周殷　原為項羽部將，後歸順劉邦。(89)反楚　背叛楚國。(90)折　損；毀。(91)腐儒　指迂腐、不知時變的書呆子。顏師古注曰：「腐者，爛敗。言無所堪任。」(92)為天下　治理天下。(93)圖　考慮。(94)護軍中尉　武官名。(95)剖符　把帝王授予諸侯和功臣的符（憑據）剖分為二，帝王與諸侯各執一半，以示信用。(96)九江　郡名，治壽春（在今安徽壽縣）。(97)廬江　郡名。治舒（今安徽廬江西南）。(98)衡山　郡名。治邾（今湖北黃岡西北）。(99)豫章　郡名。治南昌（在今江西南昌）。

【語　譯】黥布，六縣人，姓英。少年時有位客人給他看相，說他要受刑然後稱王。等到壯年，因犯法受了黥刑，英布高興地笑著說：「有人給我看相，說我要受刑然後稱王，大概就是這樣吧！」聽到此話的人都來取笑他。英布被定罪送往驪山服勞役，驪山的刑徒有幾十萬人，英布與刑徒中的首領、豪傑都有來往，就率領這些人逃到長江一帶成了一群強盜。

2 陳勝起兵時，英布就去見番君吳芮，他們有幾千人。番君將女兒嫁給他。章邯擊滅陳勝，打敗呂臣的軍隊，英布率軍向北進攻秦軍的左右兩支部隊，在青波打敗了他們，率軍向東。英布聽說項梁平定了會稽，就向西渡過淮河，將自己的部隊歸屬項梁。項梁向西進攻景駒、秦嘉等，英布總是作戰最勇敢的。項梁聽說陳勝死了，就擁立楚懷王，封英布為當陽君。項梁戰敗而死，懷王和英布及諸將都聚集在彭城。這時候，秦軍緊緊圍攻趙國，趙國多次派人向懷王求救。懷王派宋義擔任上將軍，項羽和英布都隸屬於宋義，向北援救趙國。等到項羽在黃河岸邊殺死宋義，自立為上將軍，派英布先渡河進攻秦軍，英布多次占優勢。項羽就率領所有軍隊跟隨英布，於是打敗了秦軍，使章邯投降。楚軍經常打勝仗，在諸侯中功勞最大。諸侯軍隊之所以都歸屬楚軍，是因為英布屢次以少勝多。

3 項羽率軍西進到達新安，又派英布等在夜間襲擊並活埋章邯所率的已投降的秦國士兵二十餘萬人。到了函谷關，不能進入，又派英布等從小路進軍打敗了函谷關的守軍，於是得以入關。項羽到達咸陽，英布擔任先鋒。項羽分封將領們，封英布為九江王，以六縣為都城。項羽尊稱懷王為義帝，讓他遷都到長沙，卻暗中命令英布進攻他。英布派將領追到郴縣將義帝殺死。

4 齊王田榮背叛楚國，項羽前往進攻齊國，向九江國徵調軍隊，英布藉口生病不去，派將領率幾千人前往。漢軍在彭城打敗楚軍，英布又藉口生病不幫助楚國。項羽從此怨恨英布，多次派使者責讓英布，英布更加害怕，不敢前往。項羽正憂慮北方的齊國和趙國，擔心西方的漢國，所親近的只有英布，又推重英布的才能，想親近任用他，因此沒有進攻他。

5 漢王跟楚軍在彭城大戰，失利，逃經梁地，來到虞縣，對左右的人說：「像你們這些人，沒有值得一同商議天下大事的。」謁者隨何上前說：「不明白陛下所說的意思。」漢王說：「誰能為我出使淮南國，讓英布起兵背叛楚國，把項王拖在齊地幾個月，我奪取天下就萬無一失了。」隨何說：「我請求出使淮南國。」就和二十人一同出使淮南國。到達後，太宰接待他們，三天沒有見到淮南王。隨何趁勢勸說太宰道：「大王不接見我，一定認為楚國強大，漢國弱小，這正是我出使的原因。假使我能見到大王，說得正確，那是大王想聽的；說得不對，就將我們二十人殺死在淮南街市，用來表明大王背棄漢國而親附楚國。」太宰就將這些話報告淮南王，淮南王召見隨何。隨何說：「漢王派我恭敬地進書大王，我私下奇怪大王與楚國為什麼這樣親近。」淮南王說：「我以臣子的身分服事他。」隨何說：「大王與項羽同在諸侯之列，向他稱臣，一定是認為楚國強大，可以把國家託付給他。項羽進攻齊國，親自背負築牆的工具，身先士卒。大王理應全部出動淮南國的軍隊，親自率領他們，做楚軍的前鋒，現在卻只調發四千人去援助楚國。作為臣子，本來應是這樣麼？漢王在彭城作戰，項羽沒有離開齊國，大王理應盡數出動淮南國的所有部隊，在彭城日夜會戰。如今大王擁有上萬人馬，卻沒有一個人渡過淮河，暗地裡袖手旁觀看哪個取勝。把國家託付給人家的人，本來應是這樣麼？大王掛著依靠楚國的空名，卻想完全依賴自己，我私下認為大王不應當這樣做。然而大王不背叛楚國，是認為漢國弱小。楚國的兵力雖然強大，但天下人加給他不義的名聲，因為他違背了眾所周知的約定而殺死義帝。然而項羽只是憑藉戰爭的勝利自強。漢王收服諸侯，回軍駐守成皋、滎陽，調發蜀郡、漢中郡的糧食到前線，深挖壕溝，高築壁壘，分兵據守邊境要塞。楚軍調回部隊，中間隔著梁國，深入敵國八九百里，想打不能取勝，攻城力量不夠，老弱之人從千里之外的地方轉運糧食。楚軍到達滎陽、成皋，漢軍堅守不出，進則不能攻取，退則不能脫身，因此楚軍容易疲憊。如果楚軍戰勝了漢軍，各國諸侯就會因為害怕自己的危險處境而互相救助。楚國的強大，正好能招致天下兵力的對抗。所以楚國不如漢國，這種形勢是顯而易見的。如今大王不親附萬無一失的漢國，卻託身於危亡之中的楚國，我私下替大王感到迷惑不解。我不認為淮南國的兵力能夠滅亡楚國。如果大王起兵反叛楚國，項羽一定留下來；停留幾個月，漢王奪取天下就萬無一失了。我請求和大王提著寶劍歸順漢王，漢王一定分割土地賜封大王，何止淮南歸大王所有呢。所以漢王恭敬地派我前來進獻愚計，希望大王留意。」淮南王說：「遵命。」祕密答應背叛楚國而歸附漢國，但不敢洩露。

6 楚國的使者在淮南國，正急著要求英布發兵，隨何徑直闖進去說：「九江王已經歸向漢國，楚國憑什麼叫他發兵！」英布大驚。楚國使者起身出去，隨何趁勢勸說英布道：「反叛之事已經構成，只有殺掉楚國使者，不讓他回去，我們迅速歸向漢國，合力作戰。」英布說：「按您指教的辦。」於是起兵進攻楚國。楚國派項聲、龍且進攻淮南國，項羽留下來攻打下邑。幾個月後，龍且進攻淮南國，打敗了英布的軍隊。英布想率軍逃往漢國，害怕項羽攻擊他，所以同隨何一起偷偷地從小路逃歸漢國。

7 英布到了，漢王正坐在榻上洗腳，卻叫英布入見。英布大怒，後悔來到漢國，想要自殺。退出來住在客館裡，用的、吃的、隨從官員等跟漢王的住所一樣，英布出乎意料，又特別高興。於是就派人去九江。項羽已經派項伯收編九江國的部隊，將英布的妻子兒女全部殺死。英布的使者找到英布的不少故交和親近臣屬，帶領幾千人回到漢國。漢王增撥士兵給英布，跟他一同北上，一路收集士兵到成皋。漢四年秋天七月，漢王封英布為淮南王，共同攻打項羽。英布派人到九江，得到了幾個縣。漢五年，英布同劉賈進入九江，誘降大司馬周殷，周殷反叛楚國，就調動九江軍隊跟漢軍一道攻打楚軍，在垓下擊敗了楚軍。

8 項羽死後，皇上設酒宴當眾折損隨何，稱他為書呆子，並說，「治理天下怎麼能用書呆子呢！」隨何跪著說：「陛下率兵攻打彭城，楚王沒有離開齊國，陛下調撥五萬步兵、五千騎兵，能夠憑藉他們攻取淮南國嗎？」皇上說：「不能。」隨何說：「陛下派我與二十人出使淮南國，達成陛下的心願，這是我的功勞比數萬步兵、五千騎兵還大。然而陛下說我是書呆子，『治理天下怎麼能用書呆子』，這是為什麼？」皇上說：「我正在考慮你的功勞。」就任命隨何為護軍中尉。英布就被剖符定封為淮南王，建都六縣，九江郡、廬江郡、衡山郡、豫章郡都歸屬淮南國。

1 六年，朝陳。七年，朝雒陽。九年，朝長安。

2 十一年，高后❶誅淮陰侯❷，布因心恐。夏，漢誅梁王彭越，盛其醢❸以徧賜諸侯。至淮南，淮南王方獵，見醢，因大恐，陰令人部聚❹兵，候伺❺旁郡警急。

3 布有所幸姬⑥病，就醫。醫家與中大夫⑦賁赫⑧對門，赫乃厚餽遺⑨，從姬飲醫家。姬侍王，從容語次⑩，譽⑪赫長者也。王怒曰：「女⑫安從⑬知之？」具道，王疑與亂⑭。赫恐，稱病。王愈怒，欲捕赫。赫上變事，乘傳⑮詣⑯長安。布使人追，不及。赫至，上變，言布謀反有端⑰，可先未發誅也⑱。上以其書語蕭相國，蕭相國曰：「布不宜有此⑲，恐仇怨妄⑳誣之。請繫㉑赫，使人微驗㉒淮南王。」布見赫以罪亡上變，已疑其言國陰事㉓，漢使又來，頗有所驗，遂族㉔赫家，發兵反。

4 反書聞，上乃赦赫，以為將軍。召諸將問：「布反，為之柰何？」皆曰：「發兵阬豎子耳，何能為！」汝陰侯滕公㉕以問其客㉖薛公，薛公曰：「是固當反。」滕公曰：「上裂地而封之，疏爵㉗而貴之㉘，南面㉙而立萬乘之主㉚，其反何也？」薛公曰：「前年殺彭越，往年殺韓信，三人皆同功一體之人也㉛。自疑禍及身，故反耳。」滕公言之上曰：「臣客故楚令尹㉜薛公，其人有籌策㉝，可問。」上乃見問薛公，對曰：「布反不足怪也。使布出於上計㉞，山東㉟非漢之有也；出於中計，勝負之數未可知也；出於下計，陛下安枕而臥矣。」上曰：「何謂上計？」薛公對曰：「東取吳㊱，西取楚㊲，并齊㊳取魯㊴，傳檄燕㊵、趙㊶，固守其所，山東非漢之有也。」「何謂中計？」「東取吳，西取楚，并韓[42]取魏[43]，據敖倉[44]之粟，塞成皋之險，勝敗之數未可知也。」「何謂下計？」「東取吳，西取下蔡[45]，歸重於越[46]，身歸長沙[47]，陛下安枕而臥，漢無事矣。」上曰：「是[48]計將安出？」薛公曰：「出下計。」上曰：「胡[49]為廢上計而出下計？」薛公曰：「布故驪山之徒也，致萬乘之主，此皆為身，不顧後為百姓萬世慮者也，故出下計。」上曰：「善。」封薛公千戶[50]。遂發兵自將東擊布。

5 布之初反，謂其將曰：「上老矣，厭兵[51]，必不能來。使諸將，諸將獨患淮陰、彭越，今已死，餘不足畏。」故遂反。果如薛公揣[52]之，東擊荊[53]，荊王劉賈走死富陵[54]。盡劫其兵，渡淮擊楚。楚發兵與戰徐[55]、僮[56]間，為三軍，欲以相救為奇[57]。或說楚將曰：「布善用兵，民素畏之。且兵法，諸侯自戰其地為散地[58]。今別為三，彼敗吾一，餘皆走，安能相救！」不聽。布果破其一軍，二軍散走。

6 遂西，與上兵遇蘄[59]西會甀[60]。布兵精甚，上乃壁庸城[61]，望布軍置陳如項籍軍，上惡[62]之。與布相望見，隃[63]謂布：「何苦而反？」布曰：「欲為帝耳。」上怒罵之，遂戰，破布軍。布走度淮，數止戰[64]，不利，與百餘人走江南。布舊與番君婚，故長沙哀王[65]使人誘布，偽與俱亡走越，布信而隨至番陽[66]。番陽人殺布茲鄉(67)，遂滅之。封賁赫為列侯(68)，將率(69)封者六人。

【章旨】以上為〈英布傳〉的第二部分，記述英布被封王後，因疑懼而起兵反漢，最終仍因慮見不遠而兵敗被殺的經過。

【注釋】❶高后　即呂后，漢高祖劉邦的元配夫人。詳見卷三〈高后紀〉。❷淮陰侯　指韓信。❸醢　古時一種把人剁為肉醬的酷刑。這裡指剁爛的人肉醬。❹部聚　部署集結。❺候伺　偵查；打探。❻幸姬　寵愛的妾。❼中大夫　官名。九卿之一郎中令的屬官，掌議論、備顧問。諸侯國中亦設有此官。❽賁赫　人名。❾厚餽遺　贈送厚禮。餽遺，贈送。❿從容語次　閒談之中。⓫譽　稱譽。動詞。⓬女　通「汝」。你。⓭安從　即「從安」。這是一個疑問代詞作動詞賓語前置的句式。安，疑問代詞。哪裡。⓮亂　淫亂。⓯傳　這裡指驛站的車馬。⓰詣　往；到。⓱端　發端；徵兆。⓲可先未發誅也　顏師古注曰：「及其未發兵，先誅伐之。」⓳不宜有此　顏師古注曰：「不應有反謀。」⓴妄　虛妄；不實。㉑繫　拴縛；拘囚。㉒微驗　暗中偵查。㉓陰事　不為人所知的隱祕之事。㉔族　滅族。動詞。㉕汝陰侯滕公　指夏侯嬰。漢朝建立後，被封為汝陰侯。㉖客　門客。㉗疏爵　分封爵位。疏，分賜。㉘貴之　即「使之貴」。貴，這裡用作動詞。使動用法。㉙南面　古代以坐北朝南為尊位，君主南面而坐見群臣，所以以「南面」指稱君主之尊。㉚萬乘之主　指諸侯王。萬乘，一萬輛兵車。乘，一車四馬。戰國時的大國被稱為「萬乘之國」。㉛三人句　指彭越、韓信、英布都是同等功勞、同等地位的人。㉜令尹　春秋戰國時楚國最高行政長官，協助楚王治理全國軍政事務。㉝籌策　計謀；策略。㉞上計　上策；高明的計策。㉟山東　古代地區名。戰國、秦漢時通稱華山（今陝西境內）或崤山（今河南境內）以東地區，與「關東」的含義相同。戰國時也稱秦國以外的六國領土為「山東」。㊱吳　這裡指荊國，為劉邦的堂兄劉賈的封國，建都吳縣（治所在今江蘇蘇州）。因其為春秋時吳國舊地，故稱「吳」。㊲楚　諸侯國名。當時為劉邦之弟劉交的封國。建都彭城。㊳齊　諸侯國名。當時為劉邦的庶長子劉肥的封國。建都臨淄（今山東淄博東北）。㊴魯　指春秋戰國時魯國舊地，當時已歸入齊國。㊵燕　諸侯國名。為盧綰的封國。建都薊（今北京西南）。㊶趙　諸侯國名。為劉邦之子劉如意的封國。建都邯鄲（治所在今河北邯鄲）。㊷韓　指戰國時韓國舊地。此時已歸入淮陽國，為劉邦之子淮陽王劉友的封地。㊸魏　指戰國時魏國舊地，為劉邦之子梁王劉恢的封國。㊹敖倉　秦漢時代在滎陽縣東北敖山上所設的糧倉，是當時最重要的糧倉。㊺下蔡　縣名。在今安徽鳳臺。㊻歸重於越　把貴重物資放到南越。重，顏師古注曰：「重，輜重也。」這裡指貴重財物。越，指南越。古代越人的一支，秦漢時分布在今廣東、廣西一帶，秦朝在那裡設置了南海郡、象郡、桂林郡。秦末，南海郡尉趙佗兼併三郡，建立南越國。(47)長沙　諸侯國名。此時的長沙王是吳芮的兒子吳臣。(48)是　這；此。指英布。(49)胡　顏師古注曰：「胡，何也。」(50)封薛公千戶　封賜給薛公食邑一千戶。(51)厭兵　厭惡戰爭。(52)揣　揣度；估量。(53)荊　即上文所指的「吳」。(54)富陵　古縣名，在今江蘇洪澤西北，已沉入洪澤湖中。(55)徐　縣名。在今江蘇泗洪南。(56)僮　縣名。在今安徽泗縣東北。(57)欲以相救為奇　顏師古注曰：「不聚一處，分而為三，欲互相救，出奇兵。」(58)諸侯句　諸侯在自己的土地上作戰容易散敗。此語出自《孫子・九地》。散地，指士兵在本土作戰，留戀家室，容易逃散。(59)蘄　縣名。在今安徽宿州東南。(60)會甀　蘄縣下的鄉。(61)壁庸城　固守庸城。壁，壁壘。這裡用作動詞，意為堅守不出。庸城，地名。在會甀北，與之相毗鄰。(62)惡　討厭；厭惡。(63)隃　通「遙」。(64)數止戰　幾次停下來交戰。(65)長沙哀王　此時的長沙王應為長沙成王吳臣。哀王是吳臣的兒子吳回。(66)番陽　縣名。在今江西鄱陽東。(67)茲鄉　番陽縣下的鄉。(68)列侯　爵位名，也稱「徹侯」、「通侯」，秦漢時期二十等爵位的最高一級。(69)率　通「帥」。

【語譯】漢六年，英布到陳縣朝見皇上。七年，到雒陽朝見。九年，到長安朝見。

2 漢十一年，呂后誅殺淮陰侯韓信，英布因而心生恐懼。夏季，漢朝誅殺梁王彭越，裝著他的肉醬遍賜給諸侯。到了淮南國，淮南王正在打獵，看到肉醬，大為恐慌，暗中派人部署集結軍隊，打探鄰近郡縣的動靜。

3 英布的愛妾病了，去看醫師。醫師家與中大夫賁赫家對門，賁赫就送了很貴重的禮物，隨同愛妾在醫師家宴飲。愛妾侍候淮南王，閒談中稱讚賁赫是個忠厚有德之人。淮南王發怒說：「你從哪裡了解他的？」愛妾詳細說明了情況，淮南王懷疑她與賁赫淫亂。賁赫害怕，藉口生病。淮南王更加發怒，要捉拿賁赫。賁赫便上書告發英布，乘坐傳車前往長安。英布派人追趕，沒趕上。賁赫到達長安，上書告變，說英布有謀反的跡象，可以在他未起兵之前誅滅他。皇上將賁赫的上書告訴相國蕭何，蕭何說：「英布不應當有這種事，恐怕是仇家誣陷他。請把賁赫拘囚起來，派人暗中偵查淮南王。」英布看到賁赫畏罪逃跑，上書告變，已經懷疑他說出了淮南國的隱祕之事，漢朝的使者又來了，有所驗證，就殺盡賁赫一家，起兵反叛。

4 反叛的文書傳報到皇上，皇上就赦免了賁赫，任命他為將軍。皇上召集諸將問：「英布反叛，怎麼辦？」

諸將都說：「出兵活埋這小子，他能怎麼樣！」汝陰侯滕公向他的門客薛公詢問這件事，薛公說：「英布本來就會造反。」滕公說：「皇上割地分封他，分賜爵位使他顯貴，南面聽政成為大國的君主，他為什麼反叛呢？」薛公說：「前年殺了彭越，往年殺了韓信，這三個人都是同等功勞、同等地位的人。自己懷疑禍患將及自身，因此反叛了。」滕公將這些話報告皇帝，說道：「我的門客前楚國的令尹薛公，這個人有計謀，可以詢問他。」皇上就召見並詢問薛公，薛公回答說：「英布反叛不值得奇怪。如果英布採用上策，山東地區就不是漢朝所有了；採用中策，勝敗就不好說了；採用下策，陛下就可安枕無憂了。」皇上說：「什麼是上策？」薛公回答說：「向東攻取吳地，向西攻取楚國，併吞齊國，奪取魯地，向燕國和趙國下一道文書，牢固地守住這些地方，山東地區就不是漢朝所有了。」皇上說：「什麼是中策？」薛公說：「向東攻取吳地，向西攻取楚國，併吞韓地，奪取魏地，占有敖倉的糧食，封鎖成皋的要道，勝敗就不好說了。」皇上說：「什麼是下策？」薛公說：「向東攻取吳地，向西攻取下蔡，把貴重東西放到南越，自己投向長沙，陛下只管安穩地睡覺，漢朝平安無事了。」皇上說：「他會採取什麼計策？」薛公說：「採取下策。」皇上說：「為什麼不用上策卻用下策？」薛公說：「英布原來是驪山的刑徒，做到了大國的君主，這都是為了自己，不懂得為百姓、為子孫後代著想，所以會採用下策。」皇上說：「說得好。」封給薛公一千戶的食邑。就調動軍隊親自統率向東進攻英布。

5 英布開始反叛時，對他的將領說：「皇上年老了，討厭戰爭，一定不會前來。派遣將領，將領中我只擔心韓信和彭越，如今都死了，其餘的不值得畏懼。」所以就反叛。果真像薛公揣測的那樣，向東進攻荊國，荊王劉賈逃跑，死在富陵。英布劫持他的所有軍隊，渡過淮河進攻楚國。楚國發兵與英布在徐縣、僮縣之間交戰，楚軍分成三支，想互相支援出奇制勝。有人勸說楚國將領道：「英布善於用兵，百姓向來畏懼他。並且兵法上說，諸侯在自己的土地上作戰容易敗散。如今把部隊分成三支，他打敗我們一支，其餘的都會逃跑，哪裡能夠互相援救！」楚將不聽。英布果然擊敗其中的一支，其他兩支部隊就潰散逃跑了。

6 英布西進，在蘄縣西面的會甀鄉與皇上的軍隊相遇。英布的軍隊非常精銳，皇上於是固守庸城，看到英布軍隊的列陣跟項羽的軍隊一樣，皇上討厭他。皇上與英布彼此望見，遠遠地對英布說：「何苦要造反？」英布說：「想做皇帝罷了。」皇上怒罵他，於是交戰，打敗了英布的軍隊。英布逃跑，渡過淮河，多次停下來交戰，不能取勝，同一百多人逃往長江以南。英布原來同番君吳芮通婚，所以長沙哀王派人引誘英布，假裝與他一道逃往南越，英布相信他並且跟著到了番陽。番陽人在茲鄉將英布殺死，於是滅掉了英布。皇上封賁赫為列侯，將帥受封的有六人。

1 盧綰，豐❶人也，與高祖同里❷。綰親❸與高祖太上皇❹相愛❺，及生男，高祖、綰同日生，里中持羊酒賀兩家。及高祖、綰壯，學書，又相愛也。里中嘉❻兩家親相愛，生子同日，壯又相愛，復賀羊酒。高祖為布衣❼時，有吏事避宅❽，綰常隨上下。及高祖初起沛，綰以客從❾，入漢❿為將軍，常侍中⓫。從東擊項籍，以太尉⓬常從，出入臥內，衣被食飲賞賜，群臣莫敢望。雖蕭、曹⓭等，特以事見禮⓮，至⓯其親幸，莫及綰者。封為長安侯。長安，故咸陽也。

2 項籍死，使綰別將⓰，與劉賈擊臨江王共尉⓱，還，從擊燕王臧荼⓲，皆破平。時諸侯非劉氏而王者七人⓳。上欲王綰，為群臣觖望⓴。及虜臧荼，乃下詔，詔諸將相列侯擇群臣有功者以為燕王。群臣知上欲王綰，皆曰：「太尉長安侯盧綰常從平定天下，功最多，可王。」上乃立綰為燕王。諸侯得幸莫如燕王者。綰立六年㉑，以陳豨事見疑而敗。

3 豨㉒者，宛句㉓人也，不知始所以得從㉔。及韓王信㉕反入匈奴㉖，上至平城㉗還，豨以郎中封為列侯，以趙相國㉘將監㉙趙、代邊，邊兵皆屬焉。豨少時，常稱慕魏公子㉚，及將守邊，招致賓客。常告過趙㉛，賓客隨之者千餘乘，邯鄲官舍㉜皆滿。豨所以待客，如布衣交㉝，皆出客下㉞。趙相周昌㉟乃求入見上㊱，具言豨賓客盛，擅兵於外，恐有變。上令人覆案㊲豨客居代者諸為不法事，多連引豨。豨恐，陰令客通使王黃、曼丘臣㊳所。漢十年秋，太上皇崩㊴，上因是召豨。豨稱病，遂與王黃等反，自立為代王，劫略趙、代。上聞，乃赦吏民為豨所詿誤㊵劫略㊶者。上自擊豨，破之。語在高紀。

4 初㊷，上如㊸邯鄲擊豨，燕王綰亦擊其東北。豨使王黃求救匈奴，綰亦使其臣張勝使匈奴，言豨等軍破。勝至胡㊹，故燕王臧荼子衍亡在胡，見勝曰：「公所以重於燕者，以習胡事㊺也。燕所以久存者，以諸侯數反，兵連不決也。今公為燕欲急滅豨等，豨等已盡，次亦至燕，公等亦且為虜矣。公何不令燕且緩㊻豨，而與胡連和？事寬㊼，得長王燕；有漢急㊽，可以安國。」勝以為然，迺私令匈奴兵擊燕。綰疑勝與胡反㊾，上書請族勝。勝還報，具道所以為者。綰寤，乃詐論他人[50]，以脫勝家屬，使得為匈奴間[51]。而陰使范齊之豨所，欲令久連兵毋決。

5 漢既[52]斬豨，其裨將降，言燕王綰使范齊通計謀豨所。上使使召綰，綰稱病。又使辟陽侯審食其[53]、御史大夫[54]趙堯[55]往迎綰，因驗問其左右。綰愈恐，閉匿[56]，謂其幸臣曰：「非劉氏而王者，獨我與長沙[57]耳。往年漢族淮陰，誅彭越，皆呂后計。今上病，屬[58]任呂后。呂后婦人，專欲以事誅異姓王者及大功臣。」乃稱病不行。其左右皆亡匿。語頗泄，辟陽侯聞之，歸具報，上益怒。又得匈奴降者，言張勝亡在匈奴，為燕使。於是上曰：「綰果反矣！」使樊噲擊綰。綰悉將其宮人家屬，騎數千，居長城下侯伺[59]，幸[60]上病瘉，自入謝[61]。高祖崩，綰遂將其眾亡入匈奴，匈奴以為東胡盧王。為蠻夷所侵奪，常思復歸。居歲餘，死胡中。

6 高后[62]時，綰妻與其子亡降，會[63]高后病，不能見，舍燕邸[64]，為欲置酒見之。高后竟崩，綰妻亦病死。

7 孝景帝[65]時，綰孫它人以東胡王降[66]，封為惡谷侯。傳至曾孫，有罪，國除[67]。

【章旨】以上是〈盧綰傳〉，記述盧綰跟隨劉邦起義被封為王，後因君臣猜忌被迫叛降匈奴的經過。

【注釋】❶豐　邑名。漢時改為縣，即今江蘇豐縣。❷里　古代居民組織單位，在「鄉」之下。❸綰親　指盧綰之父。❹太上皇　指劉邦之父。劉邦稱帝後尊其父為太上皇。❺相愛　相友好。❻嘉　讚賞；稱讚。動詞。❼布衣　平民穿的衣服。代指平民。❽有吏事避宅　因吃官司逃避在外。吏事，涉及官吏的事。這裡指吃官司。避宅，顏師古注曰：「避宅，謂不居其家，潛匿東西。」❾以客從　以門客的身分跟從。❿入漢　指劉邦被封為漢王後進入漢中。⓫常侍中　經常陪伴在劉邦左右。⓬太尉　官名。始置於秦，漢代沿設，掌管軍政。與丞相、御史大夫並稱「三公」。這裡指漢國的太尉。⓭蕭曹　指蕭何和曹參。曹參，漢初功臣，蕭何死後，代蕭何為相。卷三十九有傳。⓮特以事見禮　只是因為需要被禮遇。特，只。見禮，被禮遇。⓯至　至於。⓰別將　另外率領軍隊。將，率領。⓱臨江王共尉　共敖之子。共敖被項羽封為臨江王，共敖死，共尉繼承王位。⓲臧荼　曾被項羽封為燕王，楚漢戰爭中歸附劉邦。後反叛，兵敗被俘。⓳七人　指楚王韓信、韓王韓信、衡山王吳芮、淮南王英布、梁王彭越、趙王張耳和燕王臧荼。⓴觖望　因不滿而怨恨。觖，不滿。望，怨恨；責怪。㉑綰立六年　指盧綰為王的第六年。㉒豨　指陳豨。㉓宛句　縣名。在今山東菏澤西南。㉔不知始所以得從　不知當初為什麼得以跟隨。㉕韓王信　戰國韓王的後裔，歸附劉邦，被封為韓王，後投降匈奴。一般稱他為韓王信，以區別於淮陰侯韓信。㉖匈奴　北方部族名，也稱「胡」。戰國時活動於長城以北地區，秦漢之際，匈奴勢力強大，戰勝了周圍很多部族，統一了大漠南北廣大地區。漢初，匈奴不斷侵擾漢朝的北部邊境。㉗平城　縣名。今山西大同東北。㉘趙相國　應為「代相國」。此時的趙相國是貫高，趙王是張敖。張敖被廢後，劉如意被立為趙王，周昌為趙相國。㉙將監　統率監督。㉚魏公子　指戰國時的信陵君。信陵君好養士，有食客三千。㉛常告過趙　顏師古注曰：「因休告之假而過趙。」即曾經休假回鄉經過趙國。常，通「嘗」，曾經。告，古代官吏休假稱「告」。㉜官舍　官府的旅店。㉝布衣交　貧賤之交。這裡指不以權位驕人，如貧賤之交。㉞皆出客下　顏師古注曰：「言屈己禮之，不以富貴自尊大。」㉟周昌　漢初功臣，時任趙相。卷四十二有傳。㊱求入見上　請求進京拜見皇帝。㊲覆案　調查審訊。㊳王黃曼丘臣　人名。兩人皆為韓王信的部將。㊴崩　古代稱帝王之死為「崩」，取「山陵崩」之意。㊵詿誤　貽誤；連累。㊶劫略　劫持奪取。劫，劫持；強迫。㊷初　當初。古文中常用以追記往事。㊸如往。㊹胡　指匈奴。㊺習胡事　熟悉匈奴的事務。習，熟悉；通曉。㊻緩　鬆緩；放鬆。動詞。㊼事寬　指事情留有回旋餘地。㊽漢急　指漢朝征伐等緊急情況和局勢。㊾與胡反　勾結匈奴謀反。與，結交。動詞。㊿詐論他人　指用欺詐的手段給別人定罪，以開脫張勝的家屬。(51)間　間諜。(52)既　已經。(53)審食其　人名。以舍人身分隨劉邦起兵，侍奉呂后多年，被封為辟陽侯。(54)御史大夫　官名。秦漢時是僅次於丞相的中央最高長官，主要職責為監察、執法，兼掌重要文書圖籍。(55)趙堯　原為御史大夫周昌的屬吏，後接替周昌為御史大夫。(56)閟匿　隱蔽躲藏。閟，顏師古注曰：「閟，閉也，閉其踪迹，藏匿其人也。」(57)長沙　指長沙王。(58)屬　通「囑」。託付。(59)候伺　偵查。這裡是等待觀望的意思。(60)幸　希冀；想望。(61)謝請罪。(62)高后　即呂后，漢高祖劉邦的元配夫人。詳見卷三〈高后紀〉。(63)會　適逢；正值。(64)舍燕邸　安排住宿在燕國設在長安的館舍。舍，安排住宿。動詞。邸，漢代王侯為朝見而在京城設置的住所。(65)孝景帝　即漢文帝之子漢景帝劉啟，「孝景」是他的謚號。(66)以東胡王降　以東胡王的身分歸降。(67)除　廢除。

【語　譯】 盧綰是豐邑人，跟高祖是同鄉同里。盧綰的父親和高祖的父親要好，到生孩子時，高祖和盧綰同一天出生，鄉親們抬著羊和酒祝賀兩家。等到高祖、盧綰長大成人，讀書寫字，又要好。鄉親們稱讚兩家父輩要好，兒子生在同一天，長大又要好，再一次用羊和酒祝賀。高祖是平民的時候，因吃官司躲避在外，盧綰總是不離左右。等到高祖開始在沛縣起兵，盧綰以門客的身分跟隨，進入漢中擔任將軍，經常陪伴在高祖身邊。跟隨高祖東征項羽，以太尉的身分經常跟隨，出入高祖的臥室，用的、吃的等方面的賞賜，大臣們沒有敢盼望的。即使蕭何、曹參等，也只是因為需要被尊重，至於親近寵愛，沒有趕得上盧綰的。盧綰被封為長安侯。長安就是原先的咸陽。

2　項羽死後，高祖派盧綰另率一支軍隊，與劉賈一同進攻臨江王共尉，返回後，又隨同高祖進攻燕王臧荼，都取得了勝利，平定了這些地方。當時諸侯王中不是姓劉的有七人。皇上想要封盧綰為王，怕群臣因不滿而埋怨。等到俘虜了臧荼，就下詔書，讓將相列侯們選擇群臣中有功勞的封為燕王。大臣們知道皇上想要封盧綰，都說：「太尉長安侯盧綰經常跟隨皇上平定天下，功勞最多，可以封為王。」皇上就封盧綰為燕王。諸侯受寵愛沒有比得上燕王的。盧綰為王的第六年，因陳豨反叛的事被懷疑而身敗。

3　陳豨是宛句人，不知道當初為什麼得以跟隨。到韓王韓信反叛逃入匈奴，皇上到平城後回來時，陳豨以郎中的身分被封為列侯，以趙國相國的身分統率監督趙、代兩國的邊防，邊防部隊都歸屬於他。陳豨年輕時，總是稱讚敬慕魏公子信陵君，等到統兵守邊時，招來大量賓客。他曾經休假回鄉經過趙國，跟隨他的賓客坐車有一千多輛，邯鄲的官府旅舍都住滿了。陳豨對待賓客如同布衣之交，總是謙卑待人。趙相國周昌就請求進京拜見皇上，詳細彙告了陳豨賓客眾多、在外獨攬兵權的情況，擔心發生變故。皇上派人調查審訊住在代國的陳豨賓客的種種違法事情，很多牽連到陳豨。陳豨驚恐，暗中派賓客來往於王黃、曼丘臣的駐地。漢十年秋天，太上皇逝世，皇上趁此召見陳豨。陳豨聲稱有病，就與王黃等人反叛，自立為代王，劫持奪取趙國和代國。皇上聽到了，就赦免被陳豨所貽誤和脅迫的吏民。皇上親自討伐陳豨，打敗了陳豨。這些事記載在〈高帝紀〉中。

4 起初，皇上到邯鄲討伐陳豨，燕王盧綰也進攻他的東北方。陳豨派王黃到匈奴求救，盧綰也派他的部下張勝出使匈奴，說陳豨的部隊已經破滅。張勝到匈奴，前燕王臧荼的兒子臧衍逃亡在匈奴，見張勝說：「您在燕國之所以被尊重，是因為熟悉匈奴的事務。燕國之所以能夠長期存在，是因為諸侯屢有反叛，連年用兵不能定局。如今您為了燕國想要盡快消滅陳豨等人，陳豨等人滅亡以後，下一個也就輪到燕國，你們也將成為俘虜了。您為什麼不叫燕王暫且放過陳豨，而同匈奴聯合？事情留有餘地，能夠長期在燕國稱王；如果有漢朝征伐的緊急情況，也能夠憑藉這種背景安定國家。」張勝認為他說得對，就私下叫匈奴出兵攻打燕國。盧綰懷疑張勝勾結匈奴謀反，上書請求族滅張勝。張勝回來報告情況，詳細說明這樣做的原因。盧綰醒悟，就造假判處別人，用來開脫張勝的家屬，使他得以成為匈奴的間諜。又祕密地派范齊到陳豨的駐地，想叫他堅持戰鬥，但不作決戰。

5 漢軍斬殺陳豨後，他的副將投降，說出了燕王盧綰派范齊到陳豨駐地通告計謀。皇上派使者徵召盧綰，盧綰推託有病。皇上又派辟陽侯審食其、御史大夫趙堯前往迎接盧綰，趁機查驗詢問盧綰的左右親信。盧綰更加驚恐，隱蔽躲藏，對他的心腹近臣說：「不是劉姓而為王的，只有我和長沙王了。往年朝廷族滅韓信，殺死彭越，都是呂后的計謀。如今皇上有病，大權託付呂后。呂后是個女人，一心找藉口誅殺異姓王和大功臣。」就聲稱有病不動身。他的左右近臣都逃避隱藏起來。話語多有洩露，辟陽侯聽了，回京詳細報告，皇上更加憤怒。又得到從匈奴投降過來的人，說張勝逃亡在匈奴，充當燕國的使者。這時皇上說：「盧綰果真反了！」派樊噲進攻盧綰。盧綰帶著他的全部宮人家屬以及幾千騎兵，駐在長城下等待觀望，希望皇上病癒，親自進京謝罪。高祖逝世，盧綰就帶領他的部下逃入匈奴，匈奴封他為東胡盧王。盧綰被蠻夷欺凌掠奪，經常想再回漢朝。過了一年多，死在匈奴。

6 呂后時，盧綰的妻子和兒子逃出匈奴歸降漢朝，恰逢呂后病了，不能召見，安排他們住在燕國設在長安的府邸，為的是想設酒宴召見他們。高后竟逝世了，盧綰的妻子也病死了。

7 孝景帝時，盧綰的孫子盧它人以東胡王的身分歸降，被封為惡谷侯。侯位傳到曾孫，因為有罪，封國被廢除。

吳芮，秦時番陽令也，甚得江湖間❶民心，號曰番君。天下之初叛秦也，黥布歸芮，芮妻之，因率越❷人舉兵以應❸諸侯。沛公攻南陽❹，迺遇芮之將梅鋗，與偕攻析❺、酈❻，降之。及項羽相王❼，以芮率百越佐諸侯，從入關，故立芮為衡山王，都邾❽。其將梅鋗功多，封十萬戶，為列侯。項籍死，上以鋗有功，從入武關，故德❾芮，徙為長沙王，都臨湘❿，一年薨，謚曰文王，子成王臣嗣。薨，子哀王回嗣。薨，子共王右嗣。薨，子靖王羌嗣。孝文⓫後七年⓬薨，無子，國除。初，文王芮，高祖賢之，制詔⓭御史⓮：「長沙王忠，其定著令⓯。」至孝惠、高后時，封芮庶子⓰二人為列侯，傳國數世絕。

【章　旨】以上是〈吳芮傳〉，記述了吳芮被封為王的經過及其封國的傳承世系。

【注　釋】❶江湖間　指長江中下游和彭蠡澤一帶。江，古代長江的專稱。這裡指長江中下游。湖，指彭蠡澤。❷越　部族名。秦漢時期分布於長江中下游以南地區，部落眾多，故又有百越、百粵之稱。❸應　響應；應和。❹南陽　郡名。治宛（在今河南南陽）。❺析　縣名。在今河南西峽。❻酈　縣名。在今河南南陽西北。❼相王　顏師古注引李奇曰：「自相尊王也。」

❽郴 縣名。在今湖北黃岡西北。❾德 感激報答別人的恩德。動詞。❿臨湘 縣名。在今湖南長沙。⓫孝文 指漢文帝劉恆。「孝文」是他的諡號。⓬後七年 指文帝後元七年（西元前一五七年）。⓭制詔 皇帝的命令。《史記・秦始皇本紀》曰：「命為『制』，令為『詔』。」⓮御史 這裡指御史大夫。⓯其定著令 將長沙王被封為王之事明確載於法令。其，副詞，表示語氣。這裡表示的是希望、命令等祈使語氣，意為「希望」、「要」。著，記載；撰述。劉邦在誅滅韓信、彭越等異姓王後，與功臣盟誓曰：「非劉氏者不得王，非有功者不得侯。」但為了表彰吳芮的忠誠，將其封王並稱他為忠臣。⓰庶子 非正妻所生的兒子，與「嫡子」相對。

【語譯】吳芮是秦朝的番陽縣令，在長江中下游和彭蠡澤一帶很得民心，號曰番君。天下剛開始反叛秦朝的時候，英布歸附吳芮，吳芮將女兒嫁給他，趁勢率領越人起兵以響應諸侯。沛公攻打南陽時，就與吳芮的部將梅鋗相遇，跟他一道攻打析縣和酈縣，收服了這兩個縣。到項羽自相封王時，因為吳芮率領百越部隊輔助諸侯，跟隨進入函谷關，所以封吳芮為衡山王，建都邾縣。吳芮的部將梅鋗功勞多，被賜封十萬戶的食邑，爵位為列侯。項羽死後，皇上因為梅鋗有功勞，跟隨進入武關，所以感激吳芮，徙封為長沙王，建都臨湘。一年後吳芮逝世，諡號文王，兒子成王吳臣繼位。吳臣故世，兒子哀王吳回繼位。吳回故世，兒子共王吳右繼位。吳右故世，兒子靖王吳羌繼位。孝文帝後元七年吳羌故世，沒有兒子，封國被廢除。起初，文王吳芮，高祖認為他德行好，詔令御史大夫：「長沙王是忠臣，應當把長沙王被封爵事宜明確記載在法令上。」到孝惠帝和呂后時，封吳芮的兩個庶子為列侯，傳國數代後斷絕。

贊曰：昔高祖定天下，功臣異姓而王者八國。張耳、吳芮、彭越、黥布、臧荼、盧綰與兩韓信，皆徼❶一時之權變❷，以詐力❸成功，咸得裂土❹，南面稱孤。見疑❺強大，懷不自安，事窮勢迫，卒謀叛逆，終於滅亡。張耳以智全，至子亦失國❻。唯吳芮之起，不失正道，故能傳號五世，以無嗣絕❼。慶流支❽庶，有以矣夫❾，著于甲令❿而稱忠也！

【章 旨】以上是作者對所傳人物的論贊。作者分析了韓信、彭越、英布、盧綰被封為王和覆敗的原因，認為只有吳芮因不失正道而得以善終。

【注 釋】❶徼 通「僥」。僥倖。❷權變 權宜機變。這裡指機遇、時勢。❸詐力 指智謀勇敢。❹咸得裂土 都得到封地。咸，都。❺見疑 被懷疑。❻至子亦失國 張耳死後，其子張敖繼承王位。漢八年（西元前一九九年），趙相貫高等圖謀刺殺劉邦。事敗後，張敖被廢除王位。❼以無嗣絕 因為沒有繼承人而斷絕。嗣，指繼承人。❽支 旁支；支系。嫡親以外的支屬。❾有以矣夫 有道理啊。指吳芮不用詐力稱王。以，因由；緣故。❿著于甲令 記載在甲篇法令中。甲，顏師古注曰：「甲者，令篇之次也。」即令篇的次第。

【語 譯】史官評議說：從前高祖平定天下，功臣中非劉氏而封王的有八國。張耳、吳芮、彭越、黥布、臧荼、盧綰和兩個韓信，他們都是僥倖於一時的機遇，憑智謀勇敢建立功勳，都得到了封地，南面稱王。由於勢力強大被懷疑，內不自安，事情到了盡頭為形勢所迫，最後謀劃叛逆，終於被滅亡。張耳憑藉自己的聰明得以保全，傳到兒子也失去了封國。只有吳芮的起家，不失正道，所以能夠傳國五代，因為沒有繼承人王位才斷絕。爵祿傳到旁系親屬，有道理啊，所以在甲篇法令上明確稱他為忠臣！

【研 析】秦末漢初之時，湧現出許多應時而起的亂世英雄，韓信、彭越、英布就是其中的代表。他們在楚漢戰爭中戰功卓著，尤其是韓信，更是楚漢戰爭中舉足輕重的人物。劉邦一統天下後，將他們分封為王。盧綰雖戰功與韓信等人不能相提並論，但因其和劉邦的親密關係亦被封為王。吳芮因曾率越人響應諸侯，故得稱王。劉邦大封異姓王再次導致了諸侯割據局面。為了鞏固中央集權、捍衛劉氏江山，劉邦開始逐漸剷除這些異姓王。韓信、彭越被誅後，英布震恐，由懷疑嫉妒生事，導致起兵反漢，兵敗身死。盧綰則因心生疑忌，被劉邦懷疑謀反以致不得不反。

作者在敘述人物時詳略得當，重點記述韓信、英布等人，對吳芮的記載最為簡略。作者對韓信、英布這兩個叱咤風雲而又富有悲劇色彩的人物用筆最多。文章著重描寫了韓信的累累戰功，其中登壇拜將、井陘之戰、濰水之役又是作者精心用筆之處。作者巧妙安排、細緻描寫，突出了韓信高瞻遠矚、富於謀略的大將風度和傑出的軍事才能。作者還很注意對人物語言行為、細節及心理活動的描寫，對英布特別注意描寫他在各種事態中的心理活動，深刻地揭示其缺乏遠見卓識、淺薄狹隘的性格弱點。文章在結構上，圍繞中心人物組織裁剪材料，詳略有致，重點突出。對篇中次要人物，如劉邦、呂后、蕭何、薛公等人雖然著墨不多，也都各有性格、形象生動。尤其是對劉邦，作者用一系列言行細節塑造了一位有權謀、能識人用人的王者形象。

因本卷內容絕大部分出自《史記》，故可領略司馬遷刻劃歷史人物的高超技巧。

卷三十五

荊燕吳傳第五

【題解】《荊燕吳傳》記載了荊王劉賈、燕王劉澤、吳王劉濞三位漢初諸侯王的事跡，重點敘述了吳楚七國之亂的緣起、經過。荊王劉賈是漢高祖劉邦的堂兄，是劉邦最早封立的同姓王。燕王劉澤是劉邦的遠族堂兄，因討好呂后被封為王。吳王劉濞是劉邦的姪子，其子與文帝太子博戲時發生爭執，被太子打死。從此劉濞稱病不朝，漸萌謀逆之心。景帝時，劉濞聯合其他諸侯國以「誅鼂錯」為名發動叛亂，最終敗亡。司馬遷的《史記》將劉賈、劉澤之事合為《荊燕世家》，劉濞事則另載《吳王濞列傳》。《漢書》取消「世家」這一體例，並將三人之事合為一傳。其內容基本取自《史記》，連篇後的論贊也同出一轍，只是語言更加簡練。

1 荊王劉賈❶，高帝從父兄❷也，不知其初起時。漢元年，還定三秦❸，賈為將軍，定塞地❹，從東擊項籍❺。

2 漢王敗成皋❻，北度河❼，得張耳❽、韓信❾軍，軍脩武❿，深溝高壘，使賈將二萬人，騎⓫數百，擊楚，度白馬津⓬入楚地，燒其積聚⓭，以破其業⓮，無以給⑮項王軍食。已而楚兵擊之，賈輒⑯避不肯與戰，而與彭越⑰相保⑱。

3 漢王追項籍至固陵⑲，使賈南度淮⑳圍壽春㉑。還㉒至，使人間㉓招楚大司馬㉔周殷㉕。周殷反㉖楚，佐賈舉九江㉗，迎英布㉘兵，皆會垓下㉙，誅項籍。漢王因使賈將九江兵，與太尉㉚盧綰㉛西南擊臨江王共尉㉜，尉死，以臨江為南郡㉝。

4 賈既有功，而高祖子弱㉞，昆弟㉟少，又不賢㊱，欲王㊲同姓以填㊳天下，乃下詔曰：「將軍劉賈有功，及擇㊴子弟可以為王者。」群臣皆曰：「立劉賈為荊王，王淮東㊵。」立六年而淮南王黥布反，東擊荊。賈與戰，弗勝㊶，走富陵㊷，為布軍所殺。

【章旨】以上是〈劉賈傳〉，敘述劉賈因功被封為荊王、後被英布軍所殺的經過。

【注釋】❶劉賈　漢高祖劉邦的堂兄，因功被封為荊王，領有東陽郡、鄣郡和吳郡五十三縣，建都吳縣（在今江蘇蘇州）。❷從父兄　指堂兄。從，同一宗族次於至親者叫「從」。顏師古注：「父之兄弟之子，為從父兄弟也。言本同祖，從父而別。」❸還定三秦　三秦，古代地名的稱呼。項羽分封諸侯時，把秦朝本土關中地區分為三國：封章邯為雍王、司馬欣為塞王、董翳為翟王，合稱三秦。劉邦被封為漢王，封域在漢中。劉邦剛到漢中，即回軍奪取三秦，作為對抗項羽的基地，故稱「還定三秦」。❹塞地　指塞王司馬欣的封國。❺從東擊項籍　指跟隨劉邦向東攻打項籍。從，跟隨。東，向東。項籍，即項羽，與劉邦爭奪天下，後兵敗垓下自殺。卷三十一有傳。❻成皋　古地名，在今河南滎陽西汜水鎮。❼北度河　向北渡過黃河。北，向北。度，通「渡」。河，古代黃河的專用名。❽張耳　人名。參加陳勝起義，被項羽封為常山王，後歸順劉邦，被封為趙王。卷三十二有傳。❾韓信　原為項羽部下，後投靠劉邦，先後被封為齊王、楚王、淮陰侯，因功高震主被劉邦所忌憚。後有人告其謀反，被誅。卷三十四有傳。❿軍脩武　駐紮在脩武。軍，駐紮。動詞。脩武，古縣名，在今河南獲嘉境內。⓫騎　騎兵。一人一馬合稱一騎。⓬白馬津　津渡名，在今河南滑縣東北古黃河南岸，秦漢時，為兵家必爭之地。⓭積聚　指囤積的糧草等軍需物資。⓮業　產業；基業。這裡指後勤補給。⓯給　供給。⓰輒　總是。副詞。⓱彭越　劉邦部將，因功被封為梁王，後有人告其謀反，被誅。卷三十四有傳。⓲相保　指相互依恃以求保全。顏師古注：「保謂依恃，以自安固。」⓳固陵　古縣名，在今河南太康南。⓴淮　指淮河。㉑壽春　古縣名，在今安徽壽縣。㉒還　通「旋」。速；立刻。㉓間　乘間。顏師古注：「間謂私求間隙而招之。」㉔大司馬　官名。《周禮·夏官》記有「大司馬」，為夏官之長，掌武事，統率軍隊。㉕周殷　人名，原為項羽部將，後歸順劉邦。㉖反　背叛。㉗佐賈舉九江　輔助劉賈攻取九江郡。佐，輔助。舉，攻克；攻取。九江，郡名，治壽春（在今安徽壽縣），以境內有九江而得名。㉘英布　人名。曾因犯罪被黥面，故又名「黥布」。原為項羽部將，後歸順劉邦，被封為淮南王，因謀反被誅。卷三十四有傳。㉙垓下　古地名，在今安徽靈壁南沱河北岸。西元前二〇二年，楚漢在此決戰，項羽全軍覆沒。㉚太尉　官名。始置於秦，漢初沿設，掌管軍政。㉛盧綰　劉邦的同鄉、至友，跟隨劉邦起兵，被封為燕王。韓信、彭越被誅後，畏禍而降匈奴。卷三十四有傳。㉜共尉　人名，共敖之子。共敖被項羽封為臨江王，共敖死，共尉繼承王位。㉝南郡　郡名，治郢（今湖北江陵西北）。㉞弱　幼小。㉟昆弟　兄弟。昆，兄。㊱賢　有才能，有德行。㊲王　封王。動詞。㊳填　通「鎮」。鎮撫。㊴擇　挑選。㊵王淮東　統治淮東地區。王，統治。動詞。淮東，楚王韓信被貶為淮陰侯後，劉邦分韓信地為兩國，封劉賈為荊王，領淮東地，即今安徽淮河南岸一帶，又封劉交為楚王，領淮西地。㊶弗勝　不能取勝。弗，不。㊷富陵　古縣名，在今江蘇洪澤西北，已沉入洪澤湖中。

【語　譯】 荊王劉賈，是漢高祖劉邦的堂兄，不知道他剛起事的時間。漢元年，劉邦回軍平定三秦地區，劉賈擔任將軍，平定塞地後，跟隨劉邦向東進攻項羽。

2 劉邦在成皋戰敗，向北渡過黃河，得到張耳和韓信的軍隊，在脩武駐紮，深挖壕溝，高築壁壘，派劉賈率領兩萬步兵，幾百騎兵，進攻楚國，渡過白馬津進入楚地，焚毀楚軍的糧草軍需物資，以便破壞楚軍的後勤補給，使其無法供給項羽軍隊的食用。不久楚軍進攻劉賈，劉賈總是迴避，不與楚軍交戰，與彭越互相依恃，以求保全。

3 劉邦追擊項羽至固陵，派劉賈向南渡過淮河包圍壽春。劉賈軍很快到達，派人乘間招降楚軍的大司馬周殷。周殷背叛楚軍，輔助劉賈攻克九江，迎合英布的軍隊，全都在垓下會合，攻殺了項羽。劉邦便派劉賈率領九江兵，與太尉盧綰向西南進攻臨江王共尉，共尉死後，把臨江國改為南郡。

4 劉賈建立了功勳，而高祖劉邦的兒子年幼，兄弟少，又缺乏才德，想分封同姓為王以鎮撫天下，就下詔書說：「將軍劉賈有功，並挑選劉氏子弟中可以為王的人。」大臣們都說：「立劉賈為荊王，統治淮東地區。」劉賈做了六年荊王，淮南王英布反叛，向東進攻荊國。劉賈與其交戰不能取勝，敗走富陵，被英布軍所殺。

1 燕❶王劉澤，高祖從祖昆弟❷也。高祖三年，澤為郎中❸。十一年，以將軍擊陳豨❹將王黃❺，封為營陵❻侯。

2 高后❼時，齊❽人田生❾游乏資❿，以畫奸澤⓫。澤大說之，用金二百斤為田生壽⓬。田生已得金，即歸齊。二歲，澤使人謂田生曰：「弗與矣⓭。」田生如⓮長安⓯，不見澤，而假⓰大宅，令其子求事⓱呂后所幸⓲大謁者⓳張卿⓴。居數月，田生子請張卿臨㉑，親脩具㉒。張卿往，見田生帷帳具置如列侯㉓。張卿驚。酒酣㉔，迺屏㉕人說㉖張卿曰：「臣觀諸侯邸第㉗百餘，皆高帝一切功臣。今呂氏雅故本推轂高帝就天下㉘，功至大，又有親戚太后之重㉙。太后春秋長㉚，諸呂弱，太后欲立呂產㉛為呂王，王代。太后又重發之㉜，恐大臣不聽。今卿㉝最幸，大臣所敬，何不風㉞大臣以聞太后，太后必喜。諸呂以㉟王，萬戶侯㊱亦卿之有。太后心欲之㊲，而卿為內臣[38]，不急發[39]，恐禍及身矣。」張卿大然[40]之，乃風大臣語太后。太后朝，因問大臣。大臣請立呂產為呂王。太后賜張卿千金[41]，張卿以其半進[42]田生。田生弗受，因說之曰：「呂產王也，諸大臣未大服。今營陵侯澤，諸劉長[43]，為大將軍，獨此尚觖望[44]。今卿言太后，裂[45]十餘縣王之，彼得王喜，於諸呂王益固矣。」張卿入言之。又太后女弟呂須[46]女亦為營陵侯妻，故遂立營陵侯澤為琅邪[47]王。琅邪王與田生之[48]國，急行毋留。出關[49]，太后果使人追之。已出，即還。

3 澤王琅邪二年，而太后崩，澤乃曰：「帝少，諸呂用事[50]，諸劉孤弱。」引兵與齊王[51]合謀西[52]，欲誅諸呂。至梁[53]，聞漢灌將軍[54]屯滎陽[55]，澤還兵備[56]西界，遂跳驅[57]至長安。代王[58]亦從代至。諸將相與琅邪王共立代王，是為孝文帝。文帝元年，徙澤為燕王，而復以琅邪歸齊[59]。

4 澤王燕二年，薨，諡曰敬王。子康王嘉嗣，九年薨。子定國嗣。定國與父康王姬姦，生子男一人。奪弟妻為姬。與子女三人姦。定國有所欲誅殺臣肥如令[60]郢人，郢人等告定國。定國使謁者以它法劾捕格殺郢人滅口[61]。至元朔[62]中，郢人昆弟復上書具言定國事。下公卿，皆議曰：「定國禽獸行，亂人倫，逆天道，當誅。」上許之。定國自殺，立四十二年，國除[63]。哀帝[64]時繼絕世[65]，乃封敬王澤玄孫⑥⑥之孫無終⑥⑦公士⑥⑧歸生為營陵侯，更始⑥⑨中為兵所殺。

【章　旨】以上是〈劉澤傳〉，敘述劉澤如何通過權謀取得王位及其封國的傳承世系。

【注　釋】❶燕　諸侯王國名，建都薊縣（今北京西南）。❷從祖昆弟　同曾祖而不同祖父的堂兄弟。❸郎中　官名。九卿之一郎中令的屬官，管理車騎、門戶，內充侍衛，外從作戰。❹陳豨　楚漢戰爭中，跟隨劉邦攻滅臧荼有功，被封為陽夏侯，後為趙相，守代地。高祖十一年，因謀反被殺。❺王黃　陳豨的部將。❻營陵　古縣名，在今山東昌樂東南。❼高后　即呂后，漢高祖劉邦的元配夫人。詳見卷三〈高后紀〉。❽齊　諸侯國名，建都臨菑（今山東淄博東北）。❾田生　字子春。生，「儒生」、「先生」的簡稱。❿乏資　缺少經費。乏，缺少。資，資財。⓫以畫奸澤　通過謀劃計策求得劉澤的幫助。畫，策劃；謀劃。奸，通「干」。求。⓬用金句　藉祝壽名義給田生二百斤黃金做壽禮。顏師古注：「因飲酒獻壽而與之金。」金二百斤，黃金二百斤。壽，祝壽。⓭弗與矣　意為：不復與我為友。這是劉澤催促田生趕快行動的辭令，意為：不給我施行所密謀的計劃了嗎。弗，不。與，黨與。這裡作動詞。⓮如　往；去。⓯長安　西漢時的都城，在今陝西西安西北。⓰假　借。⓱事　侍奉；服事。這裡作動詞。⓲幸　寵幸。⓳大謁者　官名。這裡指宦官。⓴張卿　亦名「張釋」，呂后時任大謁令、宦者令，頗受寵幸。㉑臨　來臨；到。㉒親脩具　親自布置酒食。親，躬親。脩，備辦。具，原指供置、陳設，這裡指酒饌宴席。㉓見田生句　帷帳，帷幕帳幕。在旁曰帷，在上曰帳。具置，餐具陳設。列侯，爵位名，也稱「徹侯」、「通侯」，秦漢時期二十等爵位的最高一級。㉔酣　飲酒盡興；酒喝得很痛快。㉕屏　退避。㉖說　勸說。㉗邸第　這裡泛指王侯高官的府宅。邸，漢代王侯為朝見而在京城設置的住所。第，按一定等級製造的大宅院。㉘今呂氏句　現在的呂氏一向輔佐高祖奪取天下。雅故，平素；一向。推轂，推車前進，比喻勸人舉事。轂，原指車輪的中心部分，後為車輪的代稱。就，成就。㉙重　指重要的地位和權威。㉚春秋長　年齡大。春秋，指年齡。㉛呂產　呂后長兄呂澤的次子。㉜重發之　難發其事。重，加重；增加。㉝卿　對別人的尊稱。㉞風　通「諷」。微言勸告。㉟以　通「已」。㊱萬戶侯　食邑為萬戶的侯。㊲太后心欲之　指太后想封諸呂為王。㊳內臣　指宦官。㊴急發　趕快去說、去做。㊵然　贊同。動詞。㊶千金　黃金一千斤。漢代黃金一斤為一金。㊷進　送上。㊸諸劉長　劉氏宗族的老大。長，大。㊹觖望　因不滿而怨恨。觖，不滿。望，怨恨；責怪。㊺裂　分開；劃分。㊻呂須　呂后之妹、樊噲之妻，被封為臨光侯。㊼琅邪　諸侯國名，建都東武（在今山東諸城）。㊽之　往；

去。㊾關　指函谷關，舊址在今河南靈寶東北。㊿用事　當政；掌權。51齊王　指齊哀王劉襄。52西　向西。53梁　諸侯國名。建都睢陽（今河南商丘南）。54灌將軍　指灌嬰，劉邦的功臣。卷四十一有傳。55屯滎陽　駐防在滎陽。屯，駐防。動詞。滎陽，縣名，在今河南滎陽東北。56備　警戒；守備。57跳驅　疾馳。跳，迅速離去。此段記載與卷三十八〈齊悼惠王劉肥傳〉不同。58代王　即劉邦之子漢文帝劉恆，他即位前為代王。代，諸侯國名，建都中都（今山西平遙西南）。詳見卷四〈文帝紀〉。59而復以琅邪歸齊　再把琅邪劃歸齊國。因琅邪原屬齊國領地，呂后時劃分齊國部分土地以封琅邪王劉澤。現劉澤徙封燕王，故琅邪又歸入齊國。60肥如令　肥如縣的縣令。肥如，古縣名，在今河北盧龍北。令，縣令。縣的最高行政長官。61定國使謁者句　謁者，官名。九卿之一郎中令的屬官，掌賓贊受事，為皇帝侍從人員。太后、太子及王國亦設置。它法，另外的法律條文。劾，窮究罪狀。捕，抓捕。格殺，擊殺。62元朔　漢武帝的年號。63除　廢除。被動用法。64哀帝　指漢哀帝劉欣，詳見卷十一〈哀帝紀〉。65絕世　絕祿的世家，指王侯的子孫失去世代享有的封邑。66玄孫　從本身下數的第五代。67無終　古縣名，在今天津薊縣。68公士　爵位名。秦漢二十等爵位的最低一級。69更始　西漢末年綠林軍將領劉玄稱帝時的年號。

【語　譯】燕王劉澤，是高祖同曾祖而不同祖父的堂兄弟。高祖三年，劉澤擔任郎中。十一年，作為將軍進攻陳豨的部將王黃，被封為營陵侯。

2 呂后時，齊國人田生出遊缺少經費，就藉獻策的名義請求劉澤幫助。劉澤非常高興，拿出二百金給田生做壽禮。田生得到黃金後，立即返回齊國。兩年後，劉澤派人對田生說：「不與我來往啦。」田生前往長安，不與劉澤相見，而是租了一座大宅子，讓他的兒子請求侍奉呂后所寵幸的大謁者張卿。過了幾個月，田生的兒子請張卿來家做客，親自備辦酒食。張卿去了，看到田生家裡張帷掛帳，餐具陳設如同列侯。張卿很驚訝。飲酒盡興時，田生讓左右退避，勸說張卿道：「我看到諸侯府宅百多所，全都是高祖的功臣。現今的呂氏一向輔佐高祖奪取天下，功勞最大，又有親戚居於太后的尊位。太后年事已高，諸呂勢力薄弱，太后想立呂產為呂王，統治代國。太后難發其事，怕大臣們不同意。現在您最受寵愛，被大臣所敬重，何不委婉暗示大臣啟奏太后，太后一定高興。諸呂被封王後，您也可以得到萬戶侯的封賜。太后想要的，您作為內臣，不馬上去辦，恐怕要災禍臨頭了。」張卿很贊成這個建議，就暗示大臣去啟奏太后。太后上朝時，藉機詢問大臣。大臣請求立呂產為呂王。太后賜給張卿黃金千斤，張卿拿出一半送給田生。田生不接受，藉機勸說他道：「呂產封王了，大臣們心裡不大服氣。現今營陵侯劉澤，是劉氏宗族的老大，擔任大將軍，唯獨他因為沒被封王而失望。如果您勸說太后，劃出十多個縣封他為王，他得到王位必定高興，諸呂的王位就更加穩固了。」張卿進宮向呂后報告了這件事。加上太后的妹妹呂嬃之女是營陵侯劉澤的妻子，因此就立營陵侯劉澤為琅邪王。琅邪王劉澤與田生前往封國，火速行進不停留。出了函谷關，太后果然派人追趕。追者看到劉澤已經出關，就返回了。

3 劉澤統治琅邪國兩年，呂后去世。劉澤便說：「皇帝年幼，呂氏掌握大權，劉氏宗族勢孤力薄。」就率軍與齊王合謀西進，想誅滅諸呂。到達梁國後，聽說朝廷派灌嬰將軍駐守滎陽，劉澤便退兵回守本國西界，迅速趕到長安。代王也從代國來到長安。朝廷大臣們與琅邪王劉澤共同擁立代王為皇帝，這就是孝文帝。文帝元年，改封劉澤為燕王，又把琅邪歸還齊國。

4 劉澤在燕國當了兩年國王後死去，諡號是敬王。兒子康王劉嘉繼立，九年後死去。兒子劉定國即位。劉定國與其父康王的姬妾通姦，生下一個兒子。又強奪弟弟的妻子做姬妾。跟三個女兒通姦。劉定國想誅殺其臣子、肥如縣的縣令郢人，郢人等告發劉定國。劉定國派謁者用其他法律條文逮捕擊殺郢人以滅口。到了武帝元朔年間，郢人的兄弟再次上書揭發劉定國的罪行。皇帝讓公卿議罪，都說：「劉定國行禽獸之行，敗壞人倫，違背了天理，應當誅殺。」皇上同意了這個判決。劉定國自殺，在位四十二年，封國被廢除。哀帝時延續絕祿的世家，封敬王劉澤玄孫的孫子、無終縣的公士劉歸生為營陵侯，更始年間，劉歸生被士兵殺死。

1 吳王濞❶，高帝兄仲❷之子也。高帝立仲為代❸王。匈奴❹攻代，仲不能堅守，棄國間行❺，走雒陽❻，自歸❼。天子不忍致法❽，廢為合陽侯❾。子濞，封為沛侯。黥布反，高祖自將往誅之。濞年二十，以騎將從破布軍。荊王劉賈為布殺，無後。上患吳會稽輕悍⑩，無壯王填之，諸子少，乃立濞於沛⑪，為吳王，王三郡五十三城。已拜受印，高祖召濞相⑫之，曰：「若⑬狀有反相。」獨悔⑭，業已⑮拜，因拊⑯其背，曰：「漢後五十年東南有亂⑰，豈若邪⑱？然天下同姓一家，慎無反⑲！」濞頓首⑳曰：「不敢。」

2 會㉑孝惠㉒、高后時天下初定，郡國㉓諸侯各務自拊循㉔其民。吳有豫章郡㉕銅山㉖，即招致㉗天下亡命㉘者盜鑄錢，東煮海水為鹽，以故無賦㉙，國用㉚饒足。

3 孝文時，吳太子㉛入見，得侍皇太子飲博㉜。吳太子師傅㉝皆楚人，輕悍，又素㉞驕。博爭道㉟，不恭，皇太子引博局㊱提㊲吳太子，殺之。於是遣其喪歸葬吳。吳王慍㊳曰：「天下一宗㊴，死長安即葬長安，何必來葬！」復遣喪之㊵長安葬。吳王由是怨望，稍㊶失藩臣㊷禮，稱疾㊸不朝。京師㊹知其以子故，驗問㊺實不病，諸吳使來，輒繫㊻責治之。吳王恐，所謀滋㊼甚。及後使人為秋請㊽，上復責問吳使者。使者曰：「察見淵中魚，不祥㊾。今吳王始詐疾，及覺，見責急，愈益閉㊿，恐上誅之，計乃無聊(51)。唯(52)上與更始(53)。」於是天子皆赦吳使者歸(54)之，而賜吳王几杖(55)，老，不朝。吳得釋(56)，其謀亦益解(57)。然其居國(58)以銅鹽故，百姓無賦。

卒踐更[59]，輒予平賈[60]。歲時存問[61]茂材[62]，賞賜閭里[63]。它郡國吏欲來捕亡人[64]者，頌[65]共禁不與。如此者三十餘年，以故能使[66]其眾。

4 鼂錯[67]為太子家令[68]，得幸皇太子，數從容[69]言吳過可削。數上書說之，文帝寬，不忍罰，以此吳王日益橫[70]。及景帝即位，錯為御史大夫[71]，說上曰：「昔高帝初定天下，昆弟少，諸子弱，大封同姓，故孽子[72]悼惠王王齊七十二城，庶弟元王王楚四十城，兄子王吳五十餘城。封三庶孽[73]，分天下半。今吳王前有太子之隙[74]，詐稱病不朝，於古法當誅。文帝不忍，因賜几杖，德至厚也。不改過自新，迺益驕恣[75]，公即[76]山鑄錢，煮海為鹽，誘天下亡人謀作亂逆。今削之亦反，不削亦反。削之，其反亟[77]，禍小；不削之，其反遲，禍大。」三年冬，楚王[78]來朝，錯因言楚王戊往年為薄太后[79]服[80]，私姦服舍[81]，請誅之。詔赦，削東海郡[82]。及前二年，趙王[83]有罪，削其常山郡[84]。膠西王卬[85]以賣爵[86]事有姦，削其六縣[87]。

5 漢廷臣方[88]議削吳，吳王恐削地無已[89]，因欲發謀舉事[90]。念諸侯無足與計者，聞膠西王勇，好兵，諸侯皆畏憚[91]之，於是迺使中大夫[92]應高口說膠西王曰：「吳王不肖[93]，有夙夜[94]之憂，不敢自外[95]，使使臣諭其愚心[96]。」王曰：「何以教之？」

高曰：「今者主上任用邪臣，聽信讒[97]賊，變更律令，侵削諸侯，徵求滋多，誅罰良[98]重，日以益甚。語有之曰：『狧糠及米[99]。』吳與膠西，知名諸侯也，一時見察，不得安肆[100]矣。吳王身有內疾[101]，不能朝請二十餘年，常患見疑，無以自白，脅肩絫足[102]，猶懼不見釋。竊[103]聞大王以爵事有過[104]，所聞諸侯削地，罪不至此，此恐不止削地而已。」王曰：「有之，子將奈何[105]？」高曰：「同惡相助，同好相留，同情相求，同欲相趨，同利相死。今吳王自以與大王同憂，願因時循理[106]，棄軀[107]以除患[108]於天下，意亦可乎[109]？」膠西王瞿然[110]駭[111]曰：「寡人何敢如是！主上雖急[112]，固有死耳，安得不事？」高曰：「御史大夫鼂錯營或[113]天子，侵奪諸侯，蔽忠塞賢，朝廷疾[114]怨，諸侯皆有背叛之意，人事極矣[115]。彗星出[116]，蝗蟲起，此萬世一時[117]，而愁勞[118]，聖人所以起也。吳王內以鼂錯為誅，外從大王後車[119]，方洋[120]天下，所向者降，所指者下[121]，莫敢不服。大王誠幸而許之一言[122]，則吳王率楚王略[123]函谷關，守滎陽敖倉[124]之粟，距[125]漢兵，治次舍[126]，須[127]大王。大王幸而臨之，則天下可并，兩主[128]分割，不亦可乎？」王曰：「善。」歸報吳王，猶恐其不果[129]，迺身[130]自為使者，至膠西面約之。

6 膠西群臣或[131]聞王謀，諫[132]曰：「諸侯地不能為漢十二[133]，為叛逆以憂太后[134]，非計也。今承[135]一帝，尚云不易，假令[136]事成，兩主分爭，患迺益生。」王不聽，遂發使約齊[137]、菑川[138]、膠東[139]、濟南[140]，皆許諾。

7 諸侯既新[141]削罰，震恐，多怨錯。及[142]削吳會稽、豫章郡書[143]至，則吳王先起兵，誅漢吏[144]二千石[145]以下。膠西、膠東、菑川、濟南、楚、趙亦皆反，發兵西。齊王後悔[146]，背約城守[147]。濟北王[148]城壞未完，其郎中令[149]劫守[150]王，不得發兵。膠西王、膠東王為渠率[151]，與菑川、濟南共攻圍臨菑[152]。趙王遂亦陰使[153]匈奴與連兵。

8 七國之發也，吳王悉[154]其士卒，下令國中曰：「寡人年六十二，身自將。少子年十四，亦為士卒先。諸年上與寡人同，下與少子等，皆發。」二十餘萬人。南使閩[155]、東越[156]，閩、東越亦發兵從。

9 孝景前三年正月甲子[157]，初起兵於廣陵[158]。西涉[159]淮，因并楚兵。發使遺[160]諸侯書曰：「吳王劉濞敬問膠西王、膠東王、菑川王、濟南王、趙王、楚王、淮南王[161]、衡山王[162]、廬江王[163]、故長沙王子[164]：幸教！以漢有賊臣錯，無功天下，侵奪諸侯之地，使吏劾繫訊[165]治，以侵辱之為故[166]，不以諸侯人君[167]禮遇[168]劉氏骨肉，絕先帝功臣，進任姦人，誑[169]亂天下，欲危[170]社稷。陛下多病志逸[171]，不能省察[172]。

欲舉兵誅之，謹聞教。敝國[173]雖狹，地方三千里；人民雖少，精兵可具[174]五十萬。寡人素事南越[175]三十餘年，其王諸君皆不辭[176]分其兵以隨寡人，又可得三十萬。寡人雖不肖，願以身從諸王。南越直[177]長沙者，因王子定長沙以北，西走[178]蜀[179]、漢中[180]。告越、楚王、淮南三王[181]，與寡人西面[182]；齊諸王與趙王定河間[183]、河內[184]，或入臨晉關[185]，或與寡人會雒陽；燕王[186]、趙王故[187]與胡王[188]有約，燕王北定代、雲中[189]，轉胡眾入蕭關[190]，走長安，匡正天下，以安高廟[191]。願王勉之。楚元王子、淮南三王或不沐洗[192]十餘年，怨入骨髓，欲壹有所出久矣[193]，寡人未得諸王之意，未敢聽。今諸王苟能存亡繼絕[194]，振弱伐暴，以安劉氏，社稷所願也。吳國雖貧，寡人節衣食用，積金錢，脩兵革[195]，聚糧食，夜以繼日，三十餘年矣。凡皆為此[196]，願諸王勉之。能斬捕大將者，賜金五千斤，封萬戶[197]；列將[198]，三千斤，封五千戶；裨將[199]，二千斤，封二千戶；二千石，千斤，封千戶：皆為列侯。其以軍若[200]城邑降者，卒萬人，邑萬戶，如得大將；人戶[201]五千，如得列將；人戶三千，如得裨將；人戶千，如得二千石；其小吏皆以差次[202]受爵金[203]。它封賜皆倍軍法[204]。其有故爵邑[205]者，更益勿因[206]。願諸王明以令士大夫[207]，不敢欺也。寡人金錢在天下者往往[208]而有，非必取於吳，諸王日夜用之不能盡。有當賜者告寡人，寡人且往遺之。敬以聞。」

10 七國反書聞(209)，天子迺遣太尉條侯周亞夫(210)將三十六將軍往擊吳楚；遣曲周侯酈寄(211)擊趙，將軍欒布(212)擊齊，大將軍竇嬰(213)屯滎陽監齊趙兵。

11 初，吳楚反書聞，兵未發，竇嬰言故吳相爰盎(214)。召入見，上問以吳楚之計，盎對曰：「吳楚相遺書，曰『賊臣鼂錯擅適(215)諸侯，削奪之(216)地』，以故(217)反，名為西共誅錯，復故地而罷。方今計獨斬錯，發使赦七國，復其故地，則兵可毋血刃而俱罷。」上從其議，遂斬錯。語具在盎傳。以盎為泰常(218)，奉宗廟(219)，使吳王，吳王弟子德侯(220)為宗正(221)，輔親戚(222)。使至吳，吳楚兵已攻梁壁(223)矣。宗正以親故，先入見，諭吳王拜受詔。吳王聞盎來，亦知其欲說，笑而應曰：「我已為東帝，尚誰拜(224)？」不肯見盎而留(225)軍中，欲劫使將(226)。盎不肯，使人圍守，且殺之。盎得夜亡走梁，遂歸報。

12 條侯將乘六乘傳(227)，會兵滎陽。至雒陽，見劇孟(228)，喜曰：「七國反，吾乘傳至此，不自意全(229)。又以為諸侯已得劇孟。孟今無動(230)，吾據滎陽，滎陽以東無足憂者。」至淮陽，問故父絳侯(231)客鄧都尉(232)曰：「策安出？」客曰：「吳(233)兵銳甚，難與爭鋒。楚兵輕(234)，不能久。方今為將軍計，莫若(235)引兵東北壁昌邑(236)，以梁委[237]吳，吳必盡銳攻之。將軍深溝高壘，使輕兵絕淮泗口[238]，塞吳饟道[239]。使吳、梁相敝[240]而糧食竭，乃以全制其極，破吳必矣。」條侯曰：「善。」從其策，遂堅壁[241]昌邑南，輕兵絕吳饟道。

13 吳王之初發也，吳臣田祿伯為大將軍。田祿伯曰：「兵屯聚[242]而西，無他奇道，難以立功。臣願得五萬人，別循[243]江[244]淮而上，收淮南、長沙，入武關[245]，與大王會，此亦一奇也。」吳王太子[246]諫曰：「王以反為名，此兵難以藉[247]人，人亦且反王，柰何？且擅兵而別，多它利害，徒[248]自損耳。」吳王即不許田祿伯。

14 吳少將[249]桓將軍說王曰：「吳多步兵，步兵利險[250]；漢多車騎，車騎利平地。願大王所過城不下，直去，疾[251]西據雒陽武庫[252]，食敖倉粟，阻[253]山河之險以令諸侯，雖無入關，天下固已定矣。大王徐[254]行，留[255]下城邑，漢軍車騎至，馳入梁楚之郊，事敗矣。」吳王問吳老將，老將曰：「此年少推鋒[256]可耳，安知大慮[257]！」於是王不用桓將軍計。

15 王專[258]并將其兵，未渡淮，諸賓客皆得為將、校尉、行間候、司馬[259]，獨周丘不用。周丘者，下邳[260]人，亡命吳，酤酒[261]無行，王薄[262]之，不任[263]。周丘乃上謁，說王曰：「臣以無能，不得待罪行間[264]。臣非敢求有所將也，願請王一漢節[265]，必有以報。」王迺予之。周丘得節，夜馳入下邳。下邳時聞吳反，皆城守。至傳舍[266]，召令入戶，使從者以罪斬令。遂召昆弟所善[267]豪吏[268]告曰：「吳反兵且至，屠[269]下邳不過食頃[270]。今先下，家室必完，能者封侯至矣。」出乃相告，下邳皆下。周丘一夜得三萬人，使人報吳王，遂將其兵北略城邑。比[271]至城陽[272]，兵十餘萬，破城陽中尉[273]軍。聞吳王敗走，自度[274]無與共成功，即引兵歸下邳。未至，癰[275]發背死。

16 二月，吳王兵既破，敗走，於是天子制詔將軍：「蓋聞為善者天報以福，為非者天報以殃。高皇帝親垂[276]功德，建立諸侯，幽王[277]、悼惠王絕無後，孝文皇帝哀憐加惠，王幽王子遂、悼惠王子卬等[278]，令奉其先王宗廟，為漢藩國，德配天地，明並日月。而吳王濞背德反義，誘受天下亡命罪人，亂天下幣[279]，稱疾不朝二十餘年。有司[280]數請濞罪，孝文皇帝寬之，欲其改行為善。今乃與楚王戊、趙王遂、膠西王卬、濟南王辟光、菑川王賢、膠東王雄渠約從[281]謀反，為逆無道，起兵以危宗廟，賊殺大臣[282]及漢使者，迫劫萬民，伐殺無罪，燒殘民家，掘其丘壟[283]，甚為虐暴。而卬等又重逆無道，燒宗廟，鹵御物[284]，朕甚痛之。朕素服避正殿[285]，將軍其[286]勸士大夫擊反虜[287]。擊反虜者，深入多殺為功，斬首捕虜比三百石[288]，以上皆殺，無有所置[289]。敢有議詔及不如詔者，皆要斬[290]。」

17 初，吳王之度淮，與楚王遂西敗棘壁[291]，乘勝而前，銳甚[292]。梁孝王恐，遣將軍擊之，又敗梁兩軍，士卒皆還走。梁數使使條侯求救，條侯不許。又使使愬[293]條侯於上，上使告條侯救梁，又守便宜[294]不行。梁使韓安國[295]及楚死事相[296]弟張羽為將軍，乃得頗[297]敗吳兵。吳兵欲西，梁城守，不敢西，即走條侯軍，會下邑[298]。條侯欲戰，條侯壁，不肯戰。吳糧絕，卒飢，數挑戰，遂夜奔條侯壁，驚東南。條侯使備西北，果從西北。不得入，吳大敗，士卒多飢死叛散。於是吳王迺與其戲下[299]壯士千人夜亡去，度淮走丹徒[300]，保東越。東越兵可[301]萬餘人，使人收聚亡卒。漢使人以利啗[302]東越，東越即紿[303]吳王，吳王出勞[304]軍，使人鏦[305]殺吳王，盛[306]其頭，馳傳[307]以聞。吳王太子駒亡走閩越。吳王之棄軍亡也，軍遂潰，往往稍降太尉條侯及梁軍。楚王戊軍敗，自殺。

18 三王[308]之圍齊臨菑也，三月不能下。漢兵至，膠西、膠東、菑川王各引兵歸國。膠西王徒跣[309]，席稾[310]，飲水[311]，謝太后。王太子德曰：「漢兵還[312]，臣觀之以罷[313]，可襲，願收王餘兵擊之，不勝而逃入海，未晚也。」王曰：「吾士卒皆已壞[314]，不可用之。」不聽。漢將弓高侯穨當[315]遺王書曰：「奉詔誅不義，降者赦，除其罪，復故[316]；不降者滅之。王何處[317]？須以從事[318]。」王肉袒[319]叩頭漢軍壁，謁曰：「臣卬奉法不謹，驚駭百姓，迺苦[320]將軍遠道至于窮國[321]，敢請菹醢[322]之罪。」弓高侯執金鼓[323]見之，曰：「王苦軍事，願聞王發兵狀。」王頓首膝行[324]對曰：「今者，鼂錯天子用事臣，變更高皇帝法令，侵奪諸侯地。卬等以為不義，恐其敗亂天下，七國發兵，且誅錯。今聞錯已誅，卬等謹已罷兵歸。」將軍曰：「王苟以錯為不善，何不以聞？及未有詔虎符[325]，擅發兵擊義國[326]。以此觀之，意非徒欲誅錯也。」乃出詔書為王讀之，曰：「王其自圖[327]之。」王曰：「如卬等死有餘罪。」遂自殺。太后、太子皆死。膠東、菑川、濟南王皆伏誅。酈將軍攻趙，十月而下之，趙王自殺。濟北王以劫故，不誅。

19 初，吳王首反，并將楚兵，連齊、趙。正月起，三月皆破滅。

【章　旨】以上是〈劉濞傳〉，敘述吳王劉濞由封王到亡國的過程，重點說明劉濞發動叛亂的原因和經過。

【注　釋】❶吳王濞　即劉濞，劉邦次兄劉仲之子。初封沛侯，後被封為吳王，建都廣陵（今江蘇揚州西北）。❷仲　指劉仲，漢高祖劉邦的次兄。❸代　諸侯王國名，此時的代國建都代縣（今河北蔚縣東北）。❹匈奴　北方部族名，也稱「胡」。戰國時活動於長城以北地區，秦漢之際，匈奴勢力強大，戰勝了周圍很多部族，統一了大漠南北廣大地區。漢初，匈奴不斷侵擾漢朝的北部邊境。❺間行　隱蔽地走小路。❻走雒陽　逃到雒陽。走，逃；逃跑。雒陽，當時為漢朝的臨時都城，在今河南洛陽東北。❼自歸　自首。❽致法　給予法律制裁。致，給予。❾廢為合陽侯　廢掉王號，改封為合陽侯。廢，指廢除劉仲代王的封號。合陽，縣名。即今陝西合陽。⑩上患吳會稽輕悍　劉邦擔心吳、會稽地區民風輕躁強悍。上，特指皇帝。患，擔心。吳會稽，泛指春秋戰國時吳、越兩國舊地。秦代在那裡設置會稽郡，楚漢之際，又在其北部地區設置吳郡。輕悍，輕躁強悍。⑪立濞於沛　劉邦行經沛縣時，賜封劉濞為吳王。沛，縣名，在今江蘇沛縣。⑫相　觀察人的相貌以預測他的命運。動詞。⑬若　你。⑭獨悔　心裡暗自後悔。顏師古注曰：「獨悔者，心自懷悔，不以語人也。既已封拜為事，臣下皆知之，故不改。」⑮業已　已經。業，已。⑯拊　輕拍；撫摩。⑰漢後五十年句　秦末以來，術士們製造所謂「東南有亂，克期五十」的讖語，當時曾廣泛流傳。劉邦藉此以警戒劉濞。⑱豈若邪　莫不是你吧。豈，莫非；莫不。推測副詞。邪，表示疑問的語氣助詞。⑲慎無反　千萬不要謀反。慎，千萬。禁戒之詞，有告誡之意。無，不要。⑳頓首　叩頭。頓，以頭叩地。㉑會　適逢；正值。㉒孝惠　指劉邦之子漢惠帝劉盈，詳見卷二〈惠帝紀〉。㉓郡國　漢初實行郡國並行體制。即：郡和王國同是地方最高行政區域，郡直屬朝廷，王國由分封的國王統治。㉔拊循　安撫；撫慰。拊，通「撫」。㉕豫章郡　鄣郡的訛文。鄣郡亦稱「章郡」，「豫」字是衍文。當時另有豫章郡，與鄣郡鄰接。下文提到的豫章郡也是衍文。㉖銅山　指銅礦。㉗招致　招引；招徠。㉘亡命　指脫漏戶籍而逃亡在外的人。㉙賦　按戶口徵收的稅。㉚國用　國家的開支。㉛吳太子　指劉濞的兒子劉賢。㉜得侍皇太子飲博　有機會陪皇太子飲酒、下棋。侍，侍奉；陪伴。皇太子，漢文帝之子劉啟，即後來的漢景帝。飲，宴飲；飲酒。博，古代的一種擲采下棋遊戲，棋盤兩端各排列六枚棋子，故亦稱六博。㉝師傅　指教授和輔導太子的官員。㉞素　向來；一向。㉟爭道　爭奪博局上的通道。㊱博局　指博戲用的棋盤。㊲提　擲。㊳慍　含怒；怨恨。㊴天下一宗　天下同姓是一家。㊵之　前往。㊶稍　逐漸。副詞。㊷藩臣　被分封的王國稱藩國，它們的王侯稱藩臣。㊸稱疾　託辭害病。㊹京師　首都。這裡代指朝廷。㊺驗問　查驗、詢問。㊻繫　拴縛；拘囚。㊼滋　更加；愈加。㊽秋請　漢時規定，諸侯王要定期朝見皇帝，在春季稱朝，在秋季稱請。㊾察見二句　意謂皇帝查見臣下隱私，不是好事，因為會使他們產生憂患而畏罪生變，釀成災禍。此語出自《韓非子》。㊿閉　閉藏；隱祕。(51)無聊　無奈；沒有辦法。(52)唯　表示希望的意思。祈使副詞。(53)更始　除舊布新。指赦免以往罪過，使其改過自新。(54)歸　放回去。使動用法。(55)几杖　老年人坐時需靠著几案，走路時常須拄著拐杖。古代常以賜几杖表示敬老。(56)釋　解脫；赦免。(57)解　停止。(58)居國　治國；處理國事。(59)卒踐更　卒，指服役的士兵。更，輪流服役。踐更，指自己親自服役。當時另有「過更」，指自己不服役而出錢雇人代替。(60)平賈　適中的價格。賈，通「價」。(61)存問　慰問。存，省問；撫恤。(62)茂材　優秀的人才。茂，美。(63)閭里　閭、里都是古代居民組織單位，在鄉聚稱閭，在田野稱里。這裡代指平民。(64)亡人　逃亡的人。(65)頌　通「容」。收容；庇護。(66)使　驅使；利用。67鼂錯　漢景帝的謀臣，主張採取削弱諸侯王國的政策。七國之亂初起，景帝為平息叛亂，聽從爰盎的建議將其處死。卷四十九有傳。68太子家令　官名，掌管太子家事。69從容　通「慫恿」。70橫　驕橫。71御史大夫　官名。秦漢時是僅次於丞相的中央最高長官之一，主要職責為監察、執法。72孽子　非正妻所生的兒子，也稱庶子或庶孽。與「嫡子」相對。73三庶孽　指上文提到的齊悼惠王劉肥、楚元王劉交、吳王劉濞。74隙　嫌隙。75驕恣　驕恃自滿，無所顧忌。76即　就著。77亟　急；迫切。78楚王　此時的楚王是楚元王劉交之孫劉戊。79薄太后　漢高祖劉邦之妃，漢文帝生母。80服　居喪。就是在一定時期內為死者盡禮，表示哀悼。俗稱守服、守孝。81私姦服舍　服舍，居喪時所住的房子。服舍內禁止男女同房。劉戊在服舍行男女姦事，故稱私姦。82東海郡　郡名。治郯縣（今山東郯城北）。83趙王　指劉遂，劉邦第六子劉友之子。趙，諸侯國名，建都邯鄲（今河北邯鄲西南）。84常山郡　郡名。原名恆山郡，避漢文帝劉恆諱改。治元氏（今河北元氏西北）。85膠西王卬　劉肥之子劉卬。膠西國係從齊國分出，建都高密（今山東高密西南）。86賣爵　出賣爵位。當時朝廷實行賣爵斂財的辦法，准許平民買爵。87六縣　指營陵、平壽、斟、淳于、都昌、尋犢等六縣。88方　正當。89無已　沒有止境。已，止。90發謀舉事　策劃陰謀，準備起事。發，發端。動詞。舉事，起事；發難。91憚　害怕；畏懼。92中大夫　官名。九卿之一郎中令的屬官，掌議論、備顧問。93不肖　意為不賢、無才能。自謙之詞。肖，相似。顏師古注：「凡言不肖者，謂其鄙陋無所象似也。」94夙夜　早晚。夙，早。95自外　把自己看作外人。96使使臣句　派使臣傳達他的心意。諭，理解；知曉。愚，謙詞。97讒　說別人的壞話。98良　實在。副詞。99狧穅及米　由開始吃糠發展到後來吃米，用狗吃食物來表示漸進的趨勢。狧，狗吃東西的樣子，引申為以舌舔食。100安肆　不受拘束；放任。101內疾　體內疾病，不顯於外。102脅肩絫足　表示害怕、畏懼之意。脅肩，聳起肩膀；收攏肩膀。絫足，疊足；一隻腳踏在另一隻腳上。這兩種動作都是表示畏懼的樣子。103竊　私自。謙詞。104過　過失。105子將奈何　您認為該怎麼辦。子，古時對男子的尊稱。奈何，怎麼辦。106因時循理　順應時勢，遵循事理。107棄軀　捨棄生命。108患　禍害。109意亦可乎　料想也應該可以吧。意，猜想；意料。110瞿然　驚視的樣子。111駭　害怕；驚懼。112急　指辦事急躁。113營或　通「熒惑」。迷惑；迷亂。114疾　恨。115人事極矣　意謂朝錯的所作所為已到極點。人事，人情事理。116彗星出　古人認為彗星出現是災禍的預兆。下面的「蝗蟲起」也是災難的徵兆。117萬世一時　指千載難逢的機會。118愁勞　憂愁勞苦。指當時社會的艱難時勢。119後車　副車；侍從之車。120方洋　通「彷徉」。周遊；翱翔。這裡是縱橫馳奔的意思。121下　陷落。122大王誠幸句　誠，如果；果真。幸，表示希望、慶幸的意思。謙敬副詞。許，回答；答應。123略　攻奪；占領。124敖倉　秦漢時代在滎陽縣東北敖山上所設的糧倉，是當時最重要的糧倉。(125)距　通「拒」。抵禦。(126)治次舍　備辦住處。治，修治；安排。次舍，止息之所。(127)須　等待。(128)兩主　指吳王和膠西王。(129)果　成為事實。動詞。(130)身　親身。(131)或　有的。(132)諫　規勸。(133)十二　十分之二。(134)為叛逆以憂太后　行謀反之事，使太后擔憂。憂，憂慮；擔憂。使動用法。太后，指膠西王太后。(135)承　侍奉。(136)假令　假如。(137)齊　原是劉肥的封國，後來陸續分為七國。這時的齊王是劉肥的兒子劉將閭。建都臨菑（今山東臨淄東北）。(138)菑川　劉肥之子劉賢的封國，建都劇縣（今山東壽光南）。(139)膠東　劉肥之子劉雄渠的封國，建都即墨（今山東平度東南）。(140)濟南　劉肥之子劉辟光的封國，建都東平陵（今山東章丘西）。(141)新　剛剛。(142)及　等到。(143)書　詔書。(144)漢吏　當時朝廷為控制諸侯國，親自任命諸侯國中的重要官吏。這些由漢中央任命的官員稱為「漢吏」。(145)二千石　官吏俸祿等級。秦漢時，官階的高低常按俸祿的多少來計算，從百石到二千石不等。從朝廷的九卿到郡守郡尉都是二千石。在諸侯國中，二千石是最高級官吏的俸祿等級。(146)齊王後悔　齊王劉將閭開始知道劉濞、劉卬的陰謀，後來猶豫未參加。(147)城守　據城守禦。動詞。(148)濟北王　劉肥之子劉志。濟北國建都盧縣（今山東長清西南）。(149)郎中令　官名。主要職責是守衛宮殿門戶。當時各諸侯國亦有此官。(150)劫守　強制看守。劫，威脅；強迫。(151)渠率　魁首；首領。渠，大。率，通「帥」。(152)臨菑　當時齊國的都城，在今山東淄博東北。(153)陰使　祕密派人出使。(154)悉　全部；盡其所有。(155)閩　指閩越。古代越人的一支，分布在今福建地區。(156)東越　古代越人的一支。主要分布在今福建、浙江一帶。(157)甲子　用干支紀日的日期。(158)廣陵　古縣名，當時吳國的都城，在今江蘇揚州西北。(159)涉　徒步渡河。(160)遺　致；送。(161)淮南王　指劉安。劉邦之子劉長的兒子。他想參加這次叛亂，被他的丞相制止了。淮南國建都壽春（在今安徽壽縣）。(162)衡山王　指劉長之子劉勃。他堅決拒絕參加這次叛亂。衡山國建都六縣（今安徽六安東北）。(163)廬江王　指劉長之子劉賜。他對這次叛亂抱模稜態度。廬江國建都舒縣（今安徽廬江西南）。(164)故長沙王子　劉邦封吳芮為長沙王，傳到玄孫吳著死後，因無子封國被廢。另有庶子二人被封為列侯，未能繼承王位，心懷不滿，所以劉濞引誘他們參加叛亂。(165)訊　審問。(166)故　事；能事。顏師古注曰：「言專以侵辱諸侯為事業。」(167)人君　君主。顏師古注曰：「人君者，言諸侯各自君其國。」(168)遇　待遇；對待。(169)詿　欺騙；迷惑。(170)危　危害。(171)志逸　神志失常。逸，同「佚」。散失。(172)省察　察看；檢查。省，省視。(173)敝國　自謙之詞。敝，破舊。(174)具　徵集；備辦。(175)南越　古代越人的一支，秦漢時分布在今廣東、廣西一帶，秦朝在那裡設置了南海郡、象郡、桂林郡。秦末，南海郡尉趙佗兼併三郡，建立南越國。漢朝建立後，向漢稱臣。(176)其王諸君句　王，指南越王。諸君，指南越的部族首領。顏師古注曰：「諸君謂其酋豪。」辭，推託；拒絕。(177)直　通「值」。指南越與長沙國領土連接。(178)走　趨向；前往。(179)蜀　郡名，治成都（在今四川成都）。(180)漢中　郡名。治西城（今陝西安康西北）。(181)淮南三王　指淮南、衡山、廬江三王。他們是三兄弟，是由原淮南國分立的。(182)西面　西向。面，向著。動詞。(183)河間　郡名，治樂城（今河北獻縣西南）。(184)河內　郡名，治懷縣（今河南武陟西南）。(185)臨晉關　關名。舊址在今陝西大荔東，當時是長安通往河北地區的交通要道。(186)燕王　這時的燕王是劉澤之孫劉定國。(187)故　原來。(188)胡王　指匈奴單于。(189)雲中　郡名。治雲中縣（今內蒙古托克托東北）(190)蕭關　關名。舊址在今寧夏固原東南。當時是長安通往塞北的交通要道。(191)高廟　漢高祖祠廟。這裡代指朝廷。(192)不沐洗　指心志有所專注，忘記了洗沐。顏師古注曰：「言心有所懷，志不在洗沐也。」洗，洗腳。沐，洗髮。(193)欲壹句　壹，通「一」。有所出，有所行動。指圖謀叛亂，以為報仇雪恨之計。(194)存亡繼絕　使滅亡了的國家得以復存，斷絕了的後代得以繼續。(195)兵革　武器裝備。兵，武器。革，皮革製成的甲衣、盾牌。(196)凡皆為此　都是為了伺機發動叛亂這個目標。(197)封萬戶　封給食邑一萬戶。(198)列將　一般將軍。(199)裨將　副將。裨，副；輔助的。(200)若　或者。選擇連詞。(201)人戶　指軍隊人數、城邑戶數。(202)差次　等級次序。(203)爵金　爵位和賞金。(204)倍軍法　按照漢朝的軍法加倍。倍，加倍。(205)故爵邑　原有的爵位和食邑。(206)更益勿因　另外增加新爵邑，不止於舊爵邑。更，另；再。益，增加。勿，不。因，沿襲。(207)士大夫　這裡指官吏、將佐。(208)往往　處處。(209)聞　上聞。被動用法。(210)周亞夫　功臣周勃之子，被封為條侯。本書卷四十有傳。(211)酈寄　其父酈商為漢初功臣，被封為曲周侯，他繼承了爵位，這時任將軍。(212)欒布　景帝時的將軍。本書卷三十七有傳。(213)竇嬰　文帝竇皇后從兄之子。本書卷五十二有傳。(214)爰盎　亦作「袁盎」，文帝、景帝時期的大臣，與鼂錯有隙。本書卷四十九有傳。(215)適　通「謫」。譴責；責備。(216)之　其。表示領屬關係。(217)故　原因。(218)泰常　官名，又稱「太常」。秦代設「奉常」，掌管宗廟禮儀，漢初沿設，景帝時改稱「泰常」。(219)奉宗廟　尊奉宗廟的意旨。宗廟，帝王、諸侯祭祀祖先的場所。(220)德侯　劉濞之弟劉廣被封為德侯，這時劉廣之子劉通繼承了其父的爵位。(221)宗正　官名。秦代始設，漢代沿設，掌管皇族事務，多由皇族中人擔任。(222)輔親戚　加上親屬的關係。親戚，古時包括血親和姻親。(223)梁壁　梁軍的營壘。梁，漢文帝少子劉武的封國。壁，營壘。(224)尚誰拜　即：尚拜誰，「誰」是「拜」的前置賓語。尚，還；猶。副詞。(225)留　扣留。(226)將　擔任將軍。(227)六乘傳　指用六匹下等馬拉的傳車。傳，指驛站的車馬。漢朝規定，用四匹上等馬拉的傳車稱為置傳，用四匹中等馬拉的傳車稱為馳傳，用四匹下等馬拉的傳車稱為乘傳。周亞夫為了隱瞞自己的身分，迷惑對方，以保證安全，故意乘六乘傳以表示並不是要人急事。(228)劇孟　當時著名的游俠。卷九十二有傳。(229)不自意全　沒有料到能安全到達。顏師古注：「意不自言得安全至雒陽也。」全，安全到達。動詞。(230)無動　沒有異動。(231)絳侯　指周亞夫之父周勃，他受封為絳侯。卷四十有傳。(232)鄧都尉　姓鄧的都尉。都尉，官名。郡的武官，執掌郡內武事、防備盜賊。另，中央和地方所設武官也多以都尉命名。[233]吳　原作「吳楚」。據王先謙說與《史記》改。[234]輕　輕躁；輕率。[235]莫若　不如。[236]壁昌邑　在昌邑安營紮寨。壁，安營紮寨。動詞。昌邑，古縣名。在今山東巨野東南。[237]委　丟棄；聽任。[238]絕淮泗口　斷絕淮泗口。絕，斷。淮泗口，淮河與泗水的匯合處。[239]饟道　運輸軍糧的道路。[240]敝　困；敗。[241]堅壁　堅守營壘，不與敵交戰。[242]屯聚　聚集；集結。[243]循　沿著；順著。[244]江　古代長江的專名。[245]武關　關名。舊址在今陝西商南南丹江上。當時是長安通往南陽地區的交通要道。[246]吳王太子　劉濞之子劉駒。[247]藉　給予；委託。[248]徒　但；只。[249]少將　青年將領。[250]利險　指適於在地勢險峻的地區作戰。利，利於；宜於。險，險阻。指險峻的地勢。[251]疾　急速。[252]武庫　儲藏武器的倉庫。[253]阻　恃仗；依靠。[254]徐　緩慢。[255]留　遲滯；耽擱。[256]推鋒　摧挫敵人的兵刃，即手持兵器衝鋒。推，通「摧」。[257]大慮　大計；遠大的謀略。[258]專　專擅；獨斷專行。[259]行間候司馬　顏師古注曰：「在行伍間，或為候，或為司馬也。」候，擔任偵查工作的軍官。司馬，武官名。[260]下邳　古縣名，在今江蘇邳州南。[261]酤酒　賣酒。[262]薄　鄙薄；輕視。動詞。[263]任　任用。[264]待罪行間　指在軍隊中任職。待罪，等著辦罪。舊時官吏常怕因失職得罪，因此用「待罪」作為謙詞。行間，行伍之間，指軍隊。[265]節　符節。古代使者的憑證和信物，用竹或木製成。[266]傳舍　供來往行人休息、住宿的處所。[267]善　要好。[268]豪吏　有聲望、有權勢的官吏。[269]屠　殺戮；毀城殺人。[270]食頃　吃一頓飯的功夫。形容時間很短。[271]比及；等到。[272]城陽　諸侯國名，建都莒縣（在今山東莒縣）。[273]中尉　當時各諸侯國設有中尉，掌管軍事，職位相當於郡尉。[274]度　推測；估計。[275]癰　毒瘡。[276]垂　下垂。引申為留傳後代。使動用法。[277]幽王　漢高祖第六子劉友，初封淮陽王，後改封為趙王，被呂后幽禁餓死。[278]王幽王子句　漢文帝續封劉友長子劉遂為趙王，並封劉友兒子劉辟彊為河間王。悼惠王，齊王劉肥傳子劉襄，再傳孫劉則，劉則死後無子，封國廢除。漢文帝封劉肥次子劉章為城陽王，同時封劉肥的兒子劉興居為濟北王，後來又封劉肥的兒子劉將閭為齊王、劉志為濟北王、劉辟光為濟南王、劉賢為菑川王、劉卬為膠西王、劉雄渠為膠東王。[279]亂天下幣　指劉濞拿吳國私鑄錢混亂漢朝的官錢。[280]有司　古代設官分職，各有專司，所以稱官吏為有司。[281]約從　聯合。[282]賊殺大臣　指殘殺由漢中央任命的諸侯國高級官吏。賊，殘害。[283]丘壟　墳墓。[284]鹵御物　搶掠宗廟中的器物。鹵，通「虜」。掠取。御物，帝王專用的器物。這裡指宗廟裡的器物。[285]素服避正殿　素服，古人居喪或遭遇其他凶事時穿著的白色冠服。古代帝王遇有非常事變，常穿著素服離開正殿，移到偏殿上朝辦事，以表示警惕。[286]其　祈使副詞，表示希望、勸勉的意思。[287]虜　原意指俘虜，引申為對敵人的蔑稱。[288]比三百石　官吏的一個等級，相當於縣長吏的俸祿等級。[289]置　釋放。[290]要斬　古代酷刑，把人攔腰斬斷。要，通「腰」。[291]西敗棘壁　敗，打敗。棘壁，地名，在今河南寧陵西南。[292]銳甚指攻勢淩厲。銳，鋒銳。293愬　通「訴」。誹謗。294便宜　指斟酌事勢，因利乘便，見機行事，不必請示或不必執行命令。古代將軍在統兵作戰時常被授予這種特權。295韓安國　初事梁孝王，吳楚之亂時阻擊吳軍有功，為梁國內史。武帝時任大司農、御史大夫等職。卷五十二有傳。296死事相　指楚國丞相張尚。當劉戊發動叛亂時他曾加勸阻，被殺。死事，效忠國事而死。297頗　稍微；略微。298下邑　縣名，在今安徽碭山。299戲下　指將帥的旌旗之下。戲，通「麾」。指揮用的旌旗。300丹徒　縣名，在今江蘇丹徒。301可　大約。302啗　引誘；利誘。303紿　欺騙。304勞　犒勞；慰勞。動詞。305鏦　矛戟一類的武器。這裡作動詞，意為：以鏦刺。306盛　用容器裝東西。動詞。307馳傳　用四匹中等馬拉的傳車。308三王　指膠西王、膠東王、菑川王。309徒跣　赤腳步行。徒，步行。跣，赤腳。310席稾　坐臥稿上。席，動詞。意動用法。稾，同「稿」。用禾稈編的席子。311飲水　不用酒漿等，只喝白水。與徒跣、席稾都是古人表示請罪的方式。312還　《史記》同傳作「遠」，較為妥切。當時漢軍尚未還。313以罷　已經疲憊。以，通「已」。罷，通「疲」。314壞　衰敗；一蹶不振。315積當　韓積當。積，一作穨。漢初叛將韓王信之子，後從匈奴率部歸降，封弓高侯。316復故　恢復原有的官職、爵位。317何處　何以自處。318須以從事　需要等待您的態度再行事。須，等。從事，行事。319肉袒　脫衣露出上身。320苦　害苦；勞苦。使動用法。321窮國　自謙之詞。322葅醢　古代一種把人剁成肉醬的酷刑。323金鼓　戰鬥中指揮軍隊的信號工具。規定士兵聽到鼓聲便衝鋒，聽到金聲便撤退。金，指金屬製作的敲擊樂器。非戰鬥時陳列金鼓，用意在於助威嚴、壯聲勢。324膝行　跪著前進，表示畏服。325虎符　戰國秦漢時，帝王授予臣下兵權或調動軍隊的信物。用銅鑄成虎形，分成兩半，右半留存朝廷，左半交給臣下。調動軍隊時，要持符驗合，才能生效。326義國　指拒絕參與叛亂的齊國。327圖　謀劃；安排。

【語　譯】吳王劉濞，是高祖劉邦的哥哥劉仲之子。高祖立劉仲為代王。匈奴攻擊代地，劉仲不能堅守，丟棄封國抄小路逃跑，逃到雒陽，向天子自首。天子不忍心依法懲處他，就廢掉他王的稱號，降為合陽侯。劉仲的兒子劉濞被封為沛侯。黥布造反，高祖親自率軍前往討伐。劉濞年方二十，以騎兵將軍的身分跟從劉邦打敗黥布的軍隊。荊王劉賈被黥布所殺，沒有後代。高祖擔心吳、會稽地區的民風輕躁強悍，沒有強有力的國王去鎮守，兒子們年紀小，於是途經沛縣時封劉濞為吳王，統治三郡五十三城。已經舉行儀式接受了印信，高祖召見劉濞，看了看他的相貌說：「你的面狀有反相。」高祖暗自有些後悔，但已經舉行了封拜儀式，就輕拍他的脊背說：「漢朝興起後五十年東南地區有謀反的，難道會是你嗎？天下同姓是一家，你千萬小心不要謀反！」劉濞叩頭說：「我不敢。」

2 當孝惠帝、高后時，天下剛剛平定，各郡的郡守與各諸侯國的國王們致力於安撫百姓。吳國的鄣郡有銅礦，劉濞就招徠天下逃亡之人私自鑄造錢幣，到東邊煮海水製鹽，因此不用向百姓徵收賦稅，國家的財用富饒。

3 孝文帝時，吳國太子進京朝見，有機會陪皇太子飲酒，下棋。吳太子的老師都是楚人，輕率強悍，平常又很驕橫。下棋時爭奪棋盤上的通道，吳太子不恭順，皇太子拿棋盤擲擊吳太子，把他殺死了。於是把吳太子的靈柩運回吳國安葬。吳王怨怒地說：「天下劉氏是一家，死在長安，就葬在長安好了，何必運回來安葬呢！」又把吳太子的靈柩運回長安安葬。吳王因為這件事心懷怨恨，漸漸失去了藩臣應當遵守的禮節，託辭疾病不到京城朝見皇帝。朝廷知道這是因為吳太子被殺的緣故，經過查問，事實上吳王並未生病，許多吳國使臣來京，總是拘押追問他們。吳王害怕，更加積極策劃謀反。等到後來吳王派人代行秋季朝見禮儀，皇帝再一次責問吳國使臣。使臣說：「看見深水裡的魚，是不吉利的。如今吳王剛假託生病，就被發覺了，被追究得很緊，就越加隱蔽，害怕皇帝處死他，陰謀詭計是出於無奈。希望皇帝不咎既往，讓他改過自新。」於是天子把吳國使臣都赦免釋放回去，並賜給吳王几杖，示意他老了，可以不必到長安朝見皇帝。吳王得到寬釋，謀反的計劃也逐漸停止。然而他治理國家，因為產銅、鹽的緣故，百姓不用繳納賦稅。吳國的百姓服役，總是按照時價付給代役金。每逢年節，慰問那些有才能的人，賞賜平民。別的郡國官吏要來抓捕逃亡到吳國的人，他就予以庇護，不交出去。這樣有三十多年，因此他能使吳國百姓為他效力。

4 鼂錯擔任太子家令時，得到皇太子的寵幸，多次慫恿說，吳國有過錯應當削減它的封地。他屢次上書規勸，文帝寬厚，不忍心處罰吳國，因此，吳王越來越驕橫。等到景帝即位，鼂錯擔任御史大夫，規勸景帝說：「當初高祖剛剛平定天下，同族的兄弟少，自己的兒子又很幼小，就大封同姓子弟，所以高祖的孽子悼惠王劉肥在齊為王，有城邑七十二座，高祖的庶弟元王劉交在楚地為王，有城邑四十座，兄長的兒子吳王劉濞統轄五十餘座城邑。這三個庶子的封地就占了天下一半的土地。如今吳王因為其子被打死的嫌隙，假託有病不來朝見皇帝，按古代法令應當處死。文帝不忍心，還賜給他几杖，恩德極其深厚。吳王非但不改過自新，反而日益驕橫恣肆，公然就著銅礦鑄造錢幣，煮海水製鹽，招誘天下逃亡之人蓄謀叛亂。如今削減他的封地要叛亂，不削減他的封地也要叛亂。削減他的封地，他反得急，禍害小些；不削減封地，他反得遲，禍害更大。」景帝三年的冬天，楚王進京朝見皇帝，鼂錯便上言楚王劉戊前幾年為薄太后服喪期間，在服喪的住所暗地裡行男女姦事，請求景帝將他處死。景帝下詔書赦免了楚王的死罪，削去他的東海郡作為懲罰。並藉前二年趙王所犯罪過，削奪了他的常山郡。膠西王劉卬因為辦理爵位買賣時舞弊，被削奪了六個縣。

5 漢朝廷的大臣們正在討論削減吳國封地，吳王害怕削減封地沒有止境，便趁機謀劃，準備起事。想到諸侯王中沒有值得共同籌劃的，聽說膠西王勇敢，喜歡兵事，諸侯都怕他，於是就派中大夫應高勸說膠西王道：「吳王沒有才德，有早晚將至的禍患，不敢把自己看作外人，派我來傳達他的心意。」膠西王說：「有什麼賜教？」應高說：「現今皇帝任用邪臣，相信搬弄是非的小人，改變法令，侵奪諸侯王的封地，徵繳、需求越來越多，殺戮、懲罰實在嚴重，一天比一天厲害。俗話說：『由開始吃糠到後來吃米。』吳國和膠西國，都是知名的王國，一旦被察覺，就不得安寧放縱了。吳王身有內疾，二十多年不能朝見皇帝，經常擔心被懷疑，無法自己表白，小心恐懼得聳肩疊足，還怕得不到寬恕。私下聽說大王因為賣爵之事有過錯，所聽說的諸侯王被削封地，罪過也沒有這麼大，這恐怕不只削減封地所能了事的。」膠西王說：「有這回事，您認為該怎麼辦呢？」應高說：「憎惡相同的一定互相幫助，愛好相同的一定互相體貼，心性相同的一定互相成全，願望相同的一定共同追求，利益相同的一定同生共死。現今吳王自認為與您有共同的憂患，希望能順應時勢，遵循事理，捨棄生命來為天下解除禍患，料想也該可以吧？」膠西王驚駭地說：「我怎麼敢這樣做！皇上雖然辦事急躁，我只有一死而已，怎麼能不侍奉呢？」應高說：「御史大夫鼂錯迷亂天子，侵奪諸侯王的封地，蒙蔽忠良，阻塞賢能，大臣們很怨恨，諸侯都有背叛的意思，他的所作所為已到了極點。彗星出現，蝗蟲發生，這是千載難逢的機會，而憂愁勞苦的時勢，正是聖人崛起的條件。吳王在朝廷上以誅滅鼂錯為號召，在戰場上跟隨大王的後衛部隊，縱橫馳騁於天下，所指向的軍隊都投降，所指向的城邑都陷落，沒有敢不服從的。大王如果能不吝答應一句話，那麼吳王便率領楚王攻取函谷關，堅守滎陽敖倉的糧食，抵禦漢朝的軍隊，整治住所，等待大王。大王光臨那裡，天下就可吞併，吳王和大王平分天下，不也可以嗎？」膠西王說：「好。」應高回報吳王，吳王怕膠西王不能實施，就親自作為使者，到膠西國與他當面訂約。

6 膠西國的臣子們有的聽說了膠西王的密謀，規勸道：「諸侯國的封地不到漢朝的十分之二，發動叛亂，讓太后擔憂，不是好的計策。現今擁戴一個皇帝，尚且不容易，如果事情成功，兩個國王爭長競短，禍患會更加產生。」膠西王不聽，就派使者與齊王、菑川王、膠東王和濟南王訂約，都答應了。

7 諸侯王剛剛受到削減封地的處罰，震驚恐懼，多怨恨鼂錯。等到削減吳國會稽、鄣郡的詔書到達，吳王便首先起兵，誅殺了漢朝任命的二千石以下的官吏。膠西、膠東、菑川、濟南、楚、趙也都反叛，發動軍隊西進。齊王後悔，背棄盟約，據城守禦。濟北王的城牆壞了，尚未修好，他的郎中令強制看守他，不能發兵。膠西王和膠東王擔任統帥，與菑川王、濟南王一同圍攻臨菑。趙王劉遂也暗中派人與匈奴聯兵。

8 七國起兵叛亂後，吳王徵發了全國的軍隊，對國內發布命令說：「我年紀六十二歲，親自領兵作戰。小兒子年紀十四歲，也身先士卒地出征。凡是年長與我同歲，年少與我小兒子同齡的，都要入伍出征。」徵發了二十多萬人。還向南方派遣使者到閩越、東越等地去，閩越、東越也跟著吳王一起出兵。

9 孝景帝前三年正月甲子日，吳王在廣陵起兵反叛。向西渡過淮河，於是與楚軍聯合。派使者送信給各諸侯王說：「吳王劉濞恭敬地向膠西王、膠東王、菑川王、濟南王、趙王、楚王、淮南王、衡山王、廬江王和前長沙王太子等人問候：希望多多指教！因朝廷有奸臣鼂錯，對天下沒有任何功勞，卻侵奪諸侯王的封地，派遣官吏彈劾、囚禁、審訊懲治他們，專以侵奪和侮辱諸侯王為能事，不用諸侯王的禮遇對待劉氏骨肉，擯棄先帝的功臣，提拔任用壞人，惑亂天下，想危害國家社稷。陛下多病，神志失常，不能察覺。我打算起兵誅殺奸臣，敬請諸位賜教。我們吳國地盤雖狹小，方圓卻有三千里；人口雖然不多，精兵可以徵集五十萬。我一向結交南越三十多年，該國的國王和諸酋長都不推託分派他們的士兵來跟隨我，又能得到三十萬軍隊。我雖不才，願以賤軀追隨各位國王。南越與長沙國接境，請長沙王的兒子們平定長沙以北地區，向西直趨蜀郡、漢中郡。把這些意圖通報給南越、楚王、淮南三位國王，與我一起向西進軍；齊地各王與趙王平定河間郡、河內郡，一部分兵力向臨晉關進軍，一部分軍隊與我在雒陽會合；燕王和趙王原來與匈奴訂有盟約，燕王向北平定代、雲中兩郡後，率領匈奴軍隊進入蕭關，進軍長安，扶正天下，以安社稷。希望國王們努力。楚元王的兒子們和淮南三位國王因心有所繫，有的不行洗沐已有十多年了，恨入骨髓，想要有所行動已經很久了，我沒有得到諸王的贊同，沒敢聽從。現在倘使諸王能夠拯救瀕於滅絕的諸侯國，延續斷絕了的後代，振救弱小，征伐強暴，從而安定劉氏天下，這是國家所希望的。吳國雖然貧窮，我節衣縮食，積聚金錢，整頓軍備，聚屯糧食，夜以繼日地準備三十多年了。一切都是為了這個目的，希望諸王努力。凡能殺死、捕獲大將的，賞金五千斤，封給食邑一萬戶；殺死、捕獲將軍的，賞金三千斤，封給食邑五千戶；殺死、捕獲副將的，賞金兩千斤，封給食邑兩千戶；殺死、捕獲二千石官吏的，賞金一千斤，封給食邑一千戶：都賜予列侯的爵位。那些帶著軍隊或城邑來投降的，士兵一萬人，城邑一萬戶，比照獲得大將受封賞；士兵五千人，城邑五千戶，比照獲得將軍受封賞；士兵三千人，城邑三千戶，比照獲得副將受封賞；士兵一千人，城邑一千戶，比照獲得二千石受封賞；小官吏來投降的，按他們的地位高低受封爵和賞金。其他軍功的封賞都比漢家軍法增加一倍。那些原來有爵位和封邑的，除保留原有的外，再加封賞。希望各位國王明確地把這些條款向將佐和官吏宣告，我不會欺騙大家的。我的金錢遍布天下，不必都取自於吳國，諸王日夜取用也用不完。如有應當封賞的，請告訴我，我將前往封賞。特此敬告。」

10 七國反叛的文書傳報到天子，天子就派太尉條侯周亞夫統帥三十六名將軍前往討伐吳楚等國叛軍；派曲周侯酈寄討伐趙國，將軍欒布討伐齊地，大將軍竇嬰屯駐滎陽，監督齊、趙兩條戰線的漢軍。

11 起初，吳楚反叛的文書已經上報，朝廷軍隊還沒有出動，竇嬰說到前吳國丞相爰盎。皇上召見爰盎，問他對付吳楚的計策，爰盎回答說：「吳王、楚王互相通信說『奸臣鼂錯擅自責罰諸侯王，削奪他們的封地』，所以反叛，名義上是一同西進殺死鼂錯，恢復他們原有封地就會作罷。現在的辦法只有殺掉鼂錯，派使臣赦免七國，還給他們過去的封地，那麼軍隊可以不必動武而各自撤退。」皇上聽從他的建議，就殺了鼂錯。這些話都記載在〈爰盎傳〉中。皇上任命爰盎為太常，以宗廟的名義，派他到吳王那裡去，任命吳王的姪子德侯為宗正，以親屬之誼相輔佐。兩位使臣到達吳軍，吳軍、楚軍已經進攻梁軍的營壘了。宗正由於是親屬的緣故，先進去會見，告訴吳王讓他行禮接受詔書。吳王聽說爰盎來了，也知道他是想來勸說自己，笑著回答道：「我已經做了東方的皇帝，還向誰行禮？」不肯會見爰盎，而把他扣留在軍營中，想脅迫他擔任大將。爰盎不肯，吳王便派人看守，打算殺掉他。爰盎趁夜晚逃到梁國軍營，便回報朝廷。

12 條侯乘坐六匹下等馬拉的傳車，會師滎陽。他到達雒陽，見到劇孟，高興地說：「七國反叛，我坐慢車到這裡，沒料到能安全抵達。我又以為諸侯王們已經得到劇孟。劇孟如今沒有異動，我據守滎陽，滎陽以東沒有值得憂慮的了。」到達淮陽，詢問他父親絳侯舊日的門客鄧都尉道：「有什麼好計策嗎？」門客說：「吳軍非常凌厲，很難與他們爭勝。楚軍輕躁，不能持久。當今替將軍籌劃，不如帶領軍隊往東北到昌邑駐紮，把梁國讓給吳軍，吳軍定會盡其精銳攻打它。將軍堅守陣地，派輕裝部隊斷絕淮泗口，阻塞吳軍的糧道。讓吳軍、梁軍互相削弱，而且糧食罄盡，便以全面的優勢對付它極端的劣勢，攻滅吳軍是肯定的了。」條侯說：「好。」依從了他的策略，在昌邑南邊堅守壁壘，派輕裝部隊去斷絕吳軍的糧道。

13 吳王剛出兵的時候，吳國大臣田祿伯擔任大將軍。田祿伯說：「軍隊聚集西進，沒有別的巧妙路線，難以成功。我希望率領五萬人，另外沿著長江、淮河而上，收服淮南和長沙地區，進入武關，與大王會合，這也是一條巧妙的路線。」吳國太子勸阻說：「大王以反叛為旗號，這種軍隊難以委託別人，別人也可能反叛大王，到時候該怎麼辦呢？況且專領一支軍隊單獨行動，會出現其他許多利害，只是白白地削弱自己罷了。」吳王便沒有答應田祿伯。

14 吳國青年將領桓將軍勸說吳王道：「吳國步兵多，步兵適於在險峻地區作戰；漢軍戰車、騎兵多，戰車、騎兵適宜在平坦地區作戰。希望大王不要攻取所經過的城邑，拋開它們前進，迅速西進奪取雒陽的武器庫，食用敖倉的糧食，憑藉山河的險要地勢號令諸侯，雖然不進入函谷關，天下肯定已經平定了。如果大王緩慢前進，滯留攻占城邑，漢軍的戰車、騎兵到來，快速衝入梁國、楚國的平原。事情就失敗了。」吳王徵詢吳軍老將的意見，老將說：「這種少年衝鋒陷陣是可以的，哪裡懂得戰略方針呢！」於是吳王沒有採納桓將軍的計策。

15 吳王專斷，集中統率他的軍隊，當吳軍還未渡過淮河之時，眾賓客都得以擔任將軍、校尉、軍候、司馬，惟獨周丘沒有得到任用。周丘是下邳人，逃亡到吳國，賣酒，品行不好，吳王輕視他，不任用他。周丘就請求進見，勸說吳王道：「我由於沒有本事，不能到軍隊裡任職。我不敢要求帶兵，希望得到大王的一枚漢朝符節，一定有收穫來回報大王。」吳王便給了他。周丘得到符節，趁夜驅車進入下邳城。下邳人此時聽到吳王反叛，都據城防守。周丘到達旅舍，召縣令進門，讓隨從人員用某種罪名殺掉縣令。於是，召見他的兄弟們所要好的有權勢的官吏警告說：「吳國反叛的軍隊就要到了，毀掉下邳城、殺盡下邳人不過吃一頓飯的功夫。如果主動投降，身家性命一定能夠保全，有本事的還可以封侯。」他們出去相互傳告，下邳人都投降了。周丘一夜之間得到三萬人，派人報告吳王，便率領他的軍隊向北攻取城邑。等到達城陽，軍隊已有十多萬人，打敗了城陽中尉的軍隊。後來聽說吳王敗走，自己估計沒有人一道共同創業，就帶領軍隊回下邳。沒有到達，他背上生毒瘡死了。

16 二月，吳王的軍隊已經瓦解，他失敗逃走，於是天子發布制詔下達眾將軍：「聽說做好事的，老天報答他以福壽，做壞事的，老天報應他以災難。高皇帝親自表彰功德，建立許多諸侯王國，趙幽王、齊悼惠王沒有後代繼承王位，孝文皇帝痛惜，施加恩惠，封趙幽王的兒子劉遂、齊悼惠王的兒子劉卬等人為王，讓他們奉祀他們先王的祠廟，作為漢朝的藩屬國，高皇帝、孝文皇帝的德行可以和天匹配，英明可以和日月並列。可是吳王劉濞背叛恩德，違反正義，引誘收容天下逃亡的罪人，擾亂天下的幣制，假託害病不來朝見已有二十多年。主管官吏多次請求追究劉濞的罪責，孝文皇帝寬容了他，想讓他改變惡行做好事。現今竟和楚王劉戊、趙王劉遂、膠西王劉卬、濟南王劉辟光、菑川王劉賢、膠東王劉雄渠聯合反叛，罪大惡極，起兵危害朝廷，殘殺王國大臣和漢朝使者，脅迫、挾制百姓，摧殘、殺戮無辜的人們，燒毀民宅，發掘墳墓，極為暴虐。而劉卬等人又更加謀逆無道，焚燒宗廟，搶奪宗廟的器物，我非常痛心。我穿著白色衣服離開正殿以自警戒，將軍們應當勉勵將校官兵追擊反賊。追擊反賊的，以進劋越深、斬殺越多為有功，捉到比三百石級以上的反賊都殺掉，不能釋放。膽敢有議論本詔書以及不遵照本詔書的，都腰斬。」

17 當初，吳王渡過淮河，和楚王西進打敗棘壁守軍，乘勝前進，銳氣很盛。梁孝王害怕，派將軍迎擊吳軍，吳軍又打敗了梁軍的兩支軍隊，士兵都逃回本國。梁孝王多次派使者向條侯周亞夫求援，條侯不答應。又派使者到皇上那裡控訴條侯，皇上派人通知條侯出兵救梁，條侯又根據便宜行事的原則不去救援。梁孝王派韓安國和因勸諫楚王而被殺的楚相張尚的弟弟張羽擔任將軍，才稍微挫敗吳軍。吳軍想要西進，梁國據城堅守，因而不敢西進，就轉攻條侯的軍隊，會兵於下邑。吳軍想要交戰，條侯堅壁不戰。吳軍糧草斷絕，士兵飢餓，多次挑戰，便趁夜突襲條侯營壘，驚擾東南陣腳。條侯命令防禦西北，吳軍果然從西北而來。不能攻入，吳軍大敗，士兵多餓死、叛降、逃散。這時吳王就和麾下的精壯士兵千人趁夜晚逃去，渡過淮河，逃到丹徒，退保東越。東越軍隊大約有一萬多人，吳王便派人招集逃散士兵。漢朝廷派人用金錢收買東越，東越就欺騙吳王，趁吳王出外慰勞軍隊之時，派人刺殺吳王，裝著他的腦袋，乘傳車上報朝廷。吳王太子劉駒逃到閩越。吳王拋棄他的軍隊逃跑後，軍隊就潰散了，陸續向太尉條侯和梁軍投降。楚王劉戊的軍隊失敗後，自殺了。

18 三個國王圍攻齊國的臨菑，三個月沒有攻下來。漢軍來到，膠西王、膠東王、菑川王各自率領軍隊回國。膠西王赤著腳步行，坐在草席上，喝著白水，向太后請罪。太子劉德說：「漢軍返回，我看他們已經疲乏不堪，可以突襲。我願意招集父王的殘餘部隊去攻打他們，不能取勝再逃到海上，也不晚。」膠西王說：「我的士兵都已一蹶不振，不能繼續戰鬥了。」沒有聽從他的建議。漢軍將領弓高侯韓頹當送給膠西王一封信，寫道：「奉命討伐叛逆，對投降者赦免，免除他們的罪責，恢復原有的官爵；不投降的就消滅他。你打算怎麼辦？要等你的答覆我才好行事。」膠西王赤裸上身到漢軍營前磕頭，陳述說：「我不謹慎地遵守法則，驚駭了百姓，竟煩勞將軍遠道來到敝國，請求把我處以剁成肉醬之罪。」弓高侯陳列金鼓儀仗來召見他，說：「你被軍事行動害苦了，希望聽到你發兵的理由。」膠西王邊磕頭邊跪著前進，回答道：「當時，鼂錯是天子的重臣，變更高皇帝的法令，削奪諸侯國的封地。我們認為這是不道義的，害怕他敗壞、擾亂天下，七國出動軍隊，打算殺掉朝錯。如今聽說鼂錯已被處死，我們已經恭謹地撤兵回來。」韓將軍說：「你如果認為鼂錯不對，為何不上報朝廷？並且沒有皇帝的詔書和虎符，擅自出動軍隊進攻堅持正義的王國。由此可見，你們的用意不僅僅是為了殺掉鼂錯。」於是拿出詔書向膠西王宣讀，說：「你應當自己考慮。」膠西王說：「像我們這樣的人，死有餘辜。」便自殺了。他的太后、太子都死了。膠東王、菑川王、濟南王都被處死。酈將軍攻打趙國，十個月後把它攻下來，趙王自殺了。濟北王因為受劫持的緣故，未被處死。

19 起初，吳王最先反叛，一併統率楚軍，聯合齊、趙各國。正月起兵，三個月都被擊潰了。

贊曰：荊王王也，由漢初定，天下未集❶，故雖疏屬❷，以策❸為王，鎮江淮之間。劉澤發❹於田生，權激呂氏❺，然卒南面稱孤❻者三世。事發相重❼，豈不危❽哉！吳王擅山海之利❾，能薄斂❿以使其眾，逆亂之萌⓫，自其子興⓬。古者諸侯不過百里⓭，山海不以封，蓋防此矣。鼂錯為國遠慮，禍反及身。「毋為權首，將受其咎⓮」，豈謂錯哉！

【章旨】以上是作者對所傳人物的論贊。作者總結劉賈與劉澤被封為王的原因，著重評述劉澤靠政治權術機變稱王之事。作者還對劉濞發動叛亂的原因作了深入分析。

【注釋】❶集　和平；安定。❷疏屬　遠族。❸策　策書，皇帝命令的一種，多用於封土授爵，任免三公。❹發　發端；起因。❺權激呂氏　指劉澤以權謀取得王位，先激發呂氏為王，然後自己爭得王位。❻卒南面稱孤　終於稱王。卒，終於。南面，古代以南向為尊位，帝王之位南向，所以稱居帝王之位為南面。孤，古代王侯的自稱。❼事發相重　指劉澤、田生、張卿、呂后之間的層層勾結利用。❽危　險詐；不正。❾山海之利　指銅礦與海鹽的資源。❿薄斂　減輕賦稅的徵收。薄，減輕。動詞。斂，徵收賦稅。⓫萌　萌芽；開始。⓬興　發生。⓭古者諸侯不過百里　相傳西周實行分封制，規定公、侯領地縱橫各百里，伯爵七十里，子爵、男爵五十里。⓮毋為權首二句　此二句出自《逸周書》。權首，指主謀或首先起事的人。咎，災禍；災殃。

【語　譯】史官評議說：荊王被封為王，是由於漢朝剛剛建立，天下沒有安定，所以雖是劉氏遠親，還是被冊封為王，鎮撫江淮地區。劉澤受田生啟發，用權謀激發呂氏，終於南面稱王並傳位三代。劉澤的封王出於互相勾結利用，豈不險詐嗎！吳王專有銅礦、海鹽的資源，能夠減免賦稅，驅使他的人民，叛亂的萌芽，從他兒子發生。古代諸侯的封地不超過縱橫百里，高山大海不予分封，可能就在於防止這類事情的發生。鼂錯為國家作長遠的考慮，反而招來殺身之禍。「莫作主謀，否則就要大禍臨頭」，說的莫不是鼂錯吧！

【研　析】西漢前期的歷史進程中，貫穿著一條明顯的主線，即以皇帝為代表的中央集權和以諸侯王為代表的地方分權既相互結合又相互矛盾的歷史演變。楚漢戰爭中，劉邦出於對軍事鬥爭的需要，為顧全大局，先後分封韓信、彭越等為王，在他們的協助下，打敗項羽，建立西漢王朝。不久，劉邦逐漸鏟除這些異姓王，並訂立「白馬之盟」，規定「非劉氏不得為王」，將秦末漢初「因功封王」的原則變更為「因親封王」。同時，劉邦鑑於亡秦孤立之敗，於是剖裂疆土，大封同姓王，以作為漢家的磐石之基。在諸侯國內，諸侯王擁有治民權，「自置吏，得賦斂」，仿照中央建立自己的宮室百官制度，還擁有自己的軍隊，擁有相當大的政治獨立性。經過高祖、惠帝、呂后時休養生息，社會一直處於穩定發展時期，王國的經濟實力也隨之增加。同時，自惠帝、呂后以來，中央政府推行「黃老無為」政治，對諸侯王國採取放任自流的政策，諸侯王的勢力日漸強大，逐漸形成枝強幹弱的局面。隨著時間的推移，同姓諸侯王與皇帝的親屬關係逐漸疏遠，一些諸侯王產生了與漢中央分庭抗禮的野心。因而「削藩」成為文、景以後漢政府解決王國問題的中心任務。文帝採納賈誼之議分齊、趙。景帝時繼續採取削減諸侯國封地的措施，以吳、楚為首的「七國之亂」終於爆發。

吳楚七國之亂是西漢前期中央王朝與諸侯王國的一場關鍵的戰爭。經過近三個月的激戰，才以吳楚七國的失敗而告終。之後，漢中央與諸侯王國的政治經濟力量有了巨大變化。景帝以此為契機，抑制諸侯王的措施明顯加強。武帝時進一步施行主父偃之建議，下推恩令，王國勢力江河日下，諸侯王惟有「衣食租稅」，甚至出現「貧者或乘牛車」的現象。

本傳的三位主人公就是漢初的同姓諸侯王，除荊王劉賈早亡無後外，劉澤、劉濞都在漢初政治中扮演了重要角色。作者在敘述人物時詳略得當，他略「賈」詳「澤」，對劉賈的記載只有寥寥幾筆，對劉澤謀取王位的權詐則不惜筆墨。他明寫田生之詭計，暗寫劉澤之奸譎；明刺劉澤，暗諷呂后。而本傳的重點是敘述重要歷史事件——「七國之亂」的始末，作者詳述劉濞舉首發難的前因後果和過程，處理得線索清楚、簡明集中，情節引人入勝。

因本傳基本同於《史記》同傳，從中亦可窺見司馬遷的文思布局、為文宗旨。

卷三十六

楚元王傳第六

【題解】《楚元王傳》是《漢書》中較為突出的人物合傳。這篇傳記主要記載楚元王世系家族的興衰歷史，因人物的事跡詳略各有不同，故各人所占篇幅也不盡相同，但每位傳主的特性大體上還是很鮮明的。記載劉交，重在表彰其敏古好學的特性；敘述劉戊，突出其荒孽悖亂的性格；對於劉辟彊，記述其清靜寡欲的習性；對於劉德，重在敘說其有「智略」、持「知足」、「德寬厚」等特性；對於劉向，著者更是不吝筆墨，不僅詳述其行誼事跡，而且多次引用其奏書，表現他不畏權貴、正直敢言、心繫天下的崇高品德；至於劉歆，雖然僅是附記相關史事，但對認識漢代的今古文經學之爭具有非同尋常的意義。正因為此，這篇傳記內容異常豐富，不僅是楚元王家族的盛衰史，更是西漢王朝興衰史的縮影。通過此篇傳記，不僅會有益於加深對西漢中後期宦官擅權、外戚輔政、皇族興衰等關係政局走向的認識，而且也會有益於深化對西漢一朝的學術傳承、典籍整理、經學發展等重要學術問題的認識。那些次要人物，雖然史書僅記其隻言片語，但意蘊卻極為豐富，對成功地塑造這些人物的形象有著至關重要的意義。

1 楚元王交，字游，高祖同父❶少弟也。好書，多材藝。少時嘗與魯穆生、白生、申公俱受詩於浮丘伯❷。伯者，孫卿❸門人也。及秦焚書，各別去。

2 高祖兄弟四人，長兄伯，次仲，伯蚤❹卒。高祖既為沛公，景駒❺自立為楚王。高祖使仲與審食其❻留侍太上皇❼，交與蕭、曹等俱從高祖見景駒，遇項梁，共立楚懷王❽。因西攻南陽❾，入武關❿，與秦戰於藍田⓫。至霸上⓬，封交為文信君，從入蜀漢⓭，還定三秦⓮，誅項籍⓯。即帝位，交與盧綰常侍上，出入臥內⓰，傳言語諸內事隱謀。而上從父兄⓱劉賈數別將⓲。

3 漢六年，既廢楚王信⓳，分其地為二國，立賈為荊王，交為楚王，王薛郡⓴、東海㉑、彭城㉒三十六縣，先有功也。後封次兄仲為代王，長子肥為齊王。

4 初，高祖微時，常避事，時時與賓客過其丘嫂㉓食。嫂厭叔與客來，陽㉔為羹盡，轑釜㉕，客以故去。已而視釜中有羹，繇是怨嫂。及立齊、代王，而伯子獨不得侯。太上皇以為言，高祖曰：「某非敢忘封之也，為其母不長者。」七年十月，封其子信為羹頡侯㉖。

5 元王既至楚，以穆生、白生、申公為中大夫㉗。高后時，浮丘伯在長安，元王遣子郢客與申公俱卒業㉘。文帝時，聞申公為詩最精，以為博士㉙。元王好詩，諸子皆讀詩，申公始為詩傳㉚，號魯詩。元王亦次㉛之詩傳，號曰元王詩，世或有之。

6 高后時，以元王子郢客為宗正㉜，封上邳侯。元王立二十三年薨，太子辟非㉝先卒，文帝乃以宗正上邳侯郢客嗣，是為夷王。申公為博士，失官，隨郢客歸，復以為中大夫。立四年薨，子戊嗣。文帝尊寵元王，子生，爵比皇子㉞。景帝即位，以親親㉟封元王寵子五人：子禮為平陸侯，富為休侯，歲為沈猶侯，埶為宛朐侯，調為棘樂侯。

【章　旨】以上記載楚元王劉交的封立及好學敏古的特點與王位的傳繼等事。其中，又插敘高祖家事及分封同姓兄弟為王等史事。

【注　釋】❶同父　由「同父」可推知為「異母」。❷浮丘伯　秦時儒生。浮丘為複姓。❸孫卿　即荀況，戰國時期的思想家，曾經仕楚為蘭陵令。據顏師古注，漢代因為避宣帝名諱，改稱為孫卿。而據《漢書補注》，詢、荀古本一字，故荀卿作孫卿，與避諱無關。❹蚤　通「早」。❺景駒　戰國時期楚國貴族後裔，秦末亂起被秦嘉等人擁立為楚王，不久被項梁擊殺。❻審食其　後侍呂后而得寵，官至左丞相。❼太上皇　漢高祖劉邦的父親。劉邦稱帝之後，尊其父為太上皇。❽楚懷王　熊心。戰國時期楚懷王熊槐的孫子，楚國亡國之後牧羊於民間。項梁起兵之後擁立他為楚王。因為熊槐在楚地為人追思，故依然尊熊心為懷王。後來熊心袒護劉邦，被項羽遣人追殺。❾南陽　郡名。轄地在今河南、湖北交界處，治宛縣（在今河南南陽）。❿武關　古代關名。為進出關中的名關之一。戰國秦漢時期的武關舊址，當在今陝西商南的丹江邊上。⓫藍田　縣名。在今陝西藍田西。⓬霸上　地名。在今陝西西安東。⓭蜀漢　蜀郡與漢中郡。蜀郡治成都（在今四川成都），漢中郡治南鄭（在今陝西漢中）。⓮三秦　地名，實為關中的別稱。項羽分封諸侯，將關中秦地分封給三位舊秦降將以立國，章邯為雍王，司馬欣為塞王，董翳為翟王，合稱「三秦」。⓯項籍　即項羽。⓰臥內　臥室。⓱從父兄　堂兄。⓲別將　獨立率兵作戰。⓳楚王

信　即韓信。在滅項之後，韓信自齊王徙封為楚王。⑳薛郡　郡名。治魯縣（在今山東曲阜）。㉑東海　郡名。治郯縣（今山東郯城西北）。㉒彭城　縣名。項羽自稱西楚霸王時，即以彭城為都城。在今江蘇徐州。㉓丘嫂　大嫂。丘，《史記》作「巨」。㉔陽　通「佯」。假裝。㉕轑釜　剮鍋使之出聲。藉以顯示鍋中已無食物。轑，剮；敲擊。釜，鍋。㉖羹頡侯　暗中含有怨恨情結的侯國國名。顏師古注：「頡音戛。言其母戛羹釜也。」戛，意為輕輕敲擊。而漢朝所封侯國之號多取縣名，間有以鄉、亭為號者。依此類推，羹頡必當為地名，顏注取義或有不妥。王先謙《漢書補注》以《史記正義》引《括地志》為據，斷定羹頡為山名，並考證它位於清代的宣化府懷來縣（在今河北懷來）境內。似乎可取。羹頡應該本為山名，可能以山名為鄉名，漢高帝則借題發揮，以特殊的地名封姪子為侯，暗寓對嫂子早年間的「轑釜」遺恨。史家之意，或在嘲諷漢高帝所謂「豁達大度」有所欠缺。㉗中大夫　官名。掌議論，備顧問。㉘卒業　完成學業。㉙博士　學官名。職責為通古今，備顧問。後來，漢武帝設置太學，博士負責傳授儒家經典。㉚傳　對經文加以解釋的文字，相當於現在的注釋。㉛次　編次；編撰。㉜宗正　官名。執掌皇室宗親事務，為列卿之一。㉝辟非　人名。辟非的取義，類似於辟邪、辟兵。㉞爵比皇子　禮儀地位與皇子相同。顏師古注：「元王生子，封爵皆與皇子同，所以尊寵元王也。」是把「爵」理解為「封爵」。王先謙《漢書補注》引李慈銘之說：「爵猶秩也。此特其禮秩比皇子耳，非封爵也。」是把「爵」理解為泛指禮儀規格和地位待遇。其說為是。㉟親親　親近親屬。第一個親字，作動詞用，意為親近、親愛、倚重。第二個親字，是名詞，親屬。親親與尊尊，同為古代禮制中的重要原則。

【語　譯】楚元王劉交，字游，是高祖同父異母的小弟。生性喜好讀書，多才多藝。年輕時曾經與魯國人穆生、白生、申公一起師從浮丘伯學《詩》。浮丘伯是戰國時期學者荀況的門下弟子。到秦朝「焚書」之事發生，他們方才各自別去。

2　高祖兄弟共有四人，長兄劉伯，次兄劉仲，劉伯去世很早。高祖自稱沛公之後，景駒自立為楚王。高祖讓劉仲與審食其留在家中侍奉太上皇，劉交與蕭何、曹參等人都跟從高祖去參見景駒，途中遇到項梁，共同擁立楚懷王熊心。隨即向西進攻南陽，攻入武關，與秦軍交戰於藍田。進兵至霸上，封劉交為文信君，跟從高祖進入蜀漢，參與回軍平定三秦，誅滅項籍。高祖登上帝位，劉交與盧綰經常侍奉皇上，出入臥室，對群臣傳達皇上的言語以及宮內事務和機要密謀。而皇上的堂兄劉賈多次獨立領兵作戰。

3 漢朝六年，在廢黜楚王韓信之後，剖分其領地為二國，冊立劉賈為荊王，劉交為楚王，統治薛郡、東海、彭城等三十六縣的封地，這是他們事先立有功勞的緣故。後來高帝冊封次兄劉仲為代王，長子劉肥為齊王。

4 起初，當高祖尚未興起時，經常躲避雜事，常常和賓客一同到大嫂那裡吃飯。大嫂厭惡他常與賓客到來，假裝鍋中的飯羹吃完了，就用勺子剮鍋使之出聲，賓客因此而離去。過了一會高祖看到鍋中還有飯羹，由此埋怨大嫂。等到封立齊王、代王時，但卻不封兄長的兒子為侯。太上皇因此對高祖說起，高祖說：「我並非是敢忘記封立兄長的兒子，是因為他的母親不是寬厚的長者。」高帝七年十月，封兄長的兒子劉信為羹頡侯。

5 元王到達楚國之後，任命穆生、白生、申公為中大夫的官職。高后當政時，浮丘伯居住在長安，楚元王派遣兒子劉郢客與申公一同前往完成學業。文帝在位時，聽聞申公研讀《詩》最為精深，任命他擔任博士官。楚元王喜好《詩》，他的兒子們都讀《詩》。申公開始為《詩》作解釋性的傳文，號稱為《魯詩》。楚元王也編撰《詩》的傳文，號稱為《元王詩》，世間間或還有流傳。

6 高后當政時，任命楚元王的兒子劉郢客為宗正，晉封上邳侯。楚元王在位二十三年逝世，太子劉辟非早在楚元王之前去世，漢文帝就任命時任宗正的上邳侯劉郢客繼承楚王之位，這就是楚夷王。申公原在朝廷為博士官，丟失了官職，就隨劉郢客返歸楚國，再度被任命為中大夫。楚夷王在位四年逝世，其子劉戊繼位。漢文帝為了表示尊寵楚元王，規定楚元王的兒子出生，禮儀地位與皇子相同。漢景帝即位，奉行「親親」的原則加封楚元王的五個愛子：其子劉禮為平陸侯，劉富為休侯，劉歲為沈猶侯，劉埶為宛朐侯，劉調為棘樂侯。

初，元王敬禮申公等，穆生不耆❶酒，元王每置酒，常為穆生設醴❷。及王戊即位，常❸設，後忘設焉。穆生退曰：「可以逝❹矣！醴酒不設，王之意怠，不去，楚人將鉗❺我於市。」稱疾臥。申公、白生強起之曰：「獨不念先王之德與❻？今王一旦失小禮，何足至此！」穆生曰：「易稱『知幾其神乎❼！幾者動之微❽，吉凶之先見❾者也。君子見幾而作，不俟❿終日』。先王之所以禮吾三人者，為道之存故也；今而忽之，是忘道也。忘道之人，胡⓫可與久處！豈為區區之禮哉？」遂謝病⓬去。申公、白生獨留。

王戊稍淫暴，二十年⓭，為薄太后服⓮私姦⓯，削東海、薛郡，乃與吳通謀。二人諫，不聽，胥靡⓰之，衣之赭衣⓱，使杵臼雅舂⓲於市。休侯使人諫王，王曰：「季父不吾與⓳，我起⓴，先取季父矣。」休侯懼，乃與母太夫人㉑奔京師。二十一年春，景帝之三年也，削書㉒到，遂應吳王反。其相張尚、太傅趙夷吾諫，不聽。遂殺尚、夷吾，起兵會吳西攻梁㉓，破棘壁㉔，至昌邑㉕南，與漢將周亞夫戰。漢絕吳楚糧道，士饑，吳王走，戊自殺，軍遂降漢。

【章　旨】以上記述楚元王後嗣劉戊在位時的荒淫統治及發送並參與「七國之亂」等事。文中記載的穆生答詞雖簡短，但足以顯現其遠見卓識，亦可窺見楚王國沒落之一斑。

【注　釋】❶耆　通「嗜」。嗜好；喜愛。❷醴　甜酒。❸常　通「嘗」。曾經。❹逝　離去。❺鉗　古代刑具。用鐵圈拘束人的脖頸。❻獨不念先王之德與　難道就不感念先王的恩德嗎。獨，難道。與，通「歟」。表示疑問的句末語氣詞。❼知幾其

神乎　懂得「幾」應該算是聖哲非凡了吧。幾，隱蔽，隱約顯現的徵兆。神，聖哲非凡。此處引用的文字，出自《周易・繫辭下》。❽幾者動之微　所謂的「幾」是指事務變動的萌芽狀態。微，微小；苗頭；預兆。❾見　顯現。❿俟　等待。⓫胡　怎麼；怎能。⓬謝病　以有病為託詞。⓭二十年　楚王劉戊二十年。西漢諸侯王國各自紀年。⓮為薄太后服　為薄太后服喪。薄太后，漢文帝的母親，參見卷九十七〈外戚傳上〉。按照禮制規定，親友去世要有一定的時間守喪致哀，稱之為「服喪」。在服喪期間，不許有男女交媾之事。⓯私姦　私自與婦女通姦。楚王劉戊的通姦行為發生在為皇太后服喪時期，其罪猶大。⓰胥靡　刑徒。其身分與奴隸相近。顏師古曰：「聯繫使相隨而服役之，故謂之胥靡，猶今之役囚徒以鎖聯綴耳。」根據吳榮曾先生研究，胥靡是戰國時代關東各國對刑徒的稱號。秦地關中則稱之為鬼薪、白粲等。秦漢時期，各地的習慣性稱謂依然沿用。故楚地有「胥靡」之說。史家以申公和白生身受胥靡勞役之辱，以襯托穆生的先見之明。⓱赭衣　赤褐色衣服。秦漢時期的囚犯、刑徒即穿著赭衣。漢代人揭露秦朝的暴政，即以「赭衣塞路」為例說明刑徒之多。⓲雅舂　長期地舂米。雅，時常；經常。原作「碓舂」。此依《漢書補注》引周壽昌之說改。⓳不吾與　不與我合作。與，結盟；聯合。此為倒裝句以表示強調，正常語序應該是「不與吾」。⓴我起　我起事（特指起兵叛亂）。史家特意以楚王劉戊對其叔父的無禮言語來描述他的昏暴，由此可以想見他對下屬賓客態度之惡劣。㉑太夫人　對貴族長輩女性的尊稱。漢代慣例，列侯的母親尊稱為太夫人。㉒削書　削奪封地的詔書。參見卷四十九〈鼂錯傳〉。㉓梁　漢代封國名。當時的梁王是漢景帝的弟弟劉武。梁國以睢陽（今河南商丘南）為都。㉔棘壁　古城名。故址在今河南柘城西北。一說在今河南永城西北。㉕昌邑　地名。漢代縣治在今山東金鄉西北。

【語譯】當初，楚元王敬重禮遇申公等人，穆生不喜好喝酒，楚元王每當擺設酒宴時，經常為穆生特備甜酒。等到楚王劉戊即位，曾經特備甜酒，以後就忘記了。穆生事後說：「應該離去了！甜酒不給準備，說明國王的敬意懈怠了，此時不離去，日後楚人將會使用鐵鉗鎖住我的脖子在街市上示眾。」穆生就稱病臥床。申公、白生硬把他拉起來說：「難道就不感念先王的恩德嗎？現在國王偶爾失點小禮，何至於到這般地步！」穆生說：「《周易》說『懂得幾應該算是聖哲非凡了吧！所謂的幾是指事務變動的萌芽狀態，吉凶首先表現出來的徵兆。君子就應該見幾而作，不能夠延誤一天』。先王之所以禮遇我們三人，就是因為心存道義的緣故；現在國王卻忽略了原來的禮數，說明他已經忘記了道義。忘記了道義的人，怎麼可以與他長久相處！我的稱病難道是因為計較區區的禮節嗎？」隨即以有病為託詞離去了。申公、白生還是留了下來。

楚王劉戊逐漸淫亂昏暴，他在位的第二十年，正值為薄太后服喪期間卻私姦婦女，被朝廷削奪東海郡、薛郡，因此而與吳王通謀叛亂。申公和白生二人諫阻，楚王劉戊不聽，反而將二人罰作刑徒，讓他們穿著赭色的刑徒衣服，迫使他們在街市之上使用杵臼不停地舂米。休侯劉富派人來勸諫楚王，楚王說：「叔父不與我合作，等我起事，就先收拾叔父了。」休侯劉富懼怕，就與母親太夫人逃奔京師。楚王劉戊二十一年春天，也就是漢景帝三年，朝廷削奪封地的文書到達，就響應吳王劉濞造反了。楚王劉戊的丞相張尚、太傅趙夷吾諫阻，不聽。於是殺了張尚、趙夷吾，起兵會同吳軍向西進攻梁國，攻破棘壁，到達昌邑南面，與漢朝廷的大將周亞夫交戰。漢軍斷絕吳、楚的運糧通道，叛軍士兵飢餓，吳王劉濞逃跑，楚王劉戊自殺，吳、楚的軍隊就投降漢朝廷了。

漢已平吳楚，景帝乃立宗正平陸侯禮為楚王，奉元王後，是為文王。四年薨，子安王道嗣。二十二年薨，子襄王注嗣。十四年薨，子節王純嗣。十六年薨，子延壽嗣。宣帝即位，延壽以為廣陵王胥武帝子，天下有變必得立，陰欲附倚輔助之，故為其后❶母弟趙何齊取廣陵王女為妻。與何齊謀曰：「我與廣陵王相結，天下不安，發兵助之，使廣陵王立，何齊尚公主❷，列侯可得也。」因使何齊奉書遺❸廣陵王曰：「願長耳目❹，毋後人有天下❺。」何齊父長年上書告之。事下有司❻，考驗辭服❼，延壽自殺。立三十二年，國除。

【章旨】以上敘說「七國之亂」後楚元王王位的承繼問題，其後嗣因與廣陵王勾結而致封國被廢除。

【注釋】❶后 原作「後」。據宋祁、楊樹達說改。❷尚公主 侍奉公主。這是古代娶公主為妻的特定說法。自秦代皇帝制度產生以來，男子娶公主為妻，專稱為「尚公主」，以示以婦制夫之意。尚，奉侍。❸遺 贈送；致送。❹願長耳目 希望隨時探聽天下動靜。耳目，伺聽。叮囑勿失先機之意。❺毋後人有天下 不要落在別人的後面動手爭天下。毋，不要，表示禁止。後，用作動詞。❻有司 有關官吏；有關官署。❼考驗辭服 案件經過審判和複審的程序而招供認罪。考，案件審訊。驗，複審。辭，供詞。服，服罪。關於楚王劉延壽策動廣陵王劉胥奪位的動機，見於《史記》卷六十〈三王世家〉：楚王宣言曰：「我先元王，高帝少弟也，封三十二城。今地邑益少，我欲與廣陵王共發兵云。廣陵王為上，我復王楚三十二城，如元王時。」

【語譯】漢朝廷在平定吳楚叛亂之後，景帝就冊立時任宗正的平陸侯劉禮為楚王，延續楚元王的後裔，這就是楚文王。文王在位四年逝世，其子安王劉道繼位。安王在位二十二年逝世，其子襄王劉注繼位。襄王在位十四年逝世，其子節王劉純繼位。節王在位十六年逝世，其子劉延壽繼位。漢宣帝即位之後，楚王劉延壽以為廣陵王劉胥是武帝的兒子，天下形勢一旦有變必定得到擁立，暗中籌劃依附輔助劉胥，所以給他王后的弟弟趙何齊迎娶廣陵王劉胥的女兒為妻。楚王劉延壽與趙何齊密謀說：「我與廣陵王相結交，藉天下不安的機會，發兵幫助他，使得廣陵王立為皇帝，你何齊婚配公主，列侯的封爵是可以得到的。」於是指派趙何齊奉送書信送達廣陵王，信中說：「希望隨時探聽天下動靜，不要落在別人的後面動手爭天下。」趙何齊的父親趙長年上書朝廷告發了他的事情。案件下達有關部門查處，經過審判和複審的程序而招供認罪，楚王劉延壽自殺。劉延壽在位三十二年，封國被廢除。

1 初，休侯富既奔京師，而王戊反，富等皆坐❶免侯，削屬籍❷。後聞其數諫戊，乃更封為紅侯。太夫人與竇太后❸有親，懲山東❹之寇，求留京師，詔許之。

富子辟彊等四人供養[5]，仕於朝。太夫人薨，賜塋、葬靈戶[6]。富傳國至曾孫，無子，絕。

2 辟彊字少卿，亦好讀詩，能屬文[7]。武帝時，以宗室子隨二千石[8]論議，冠[9]諸宗室。清靜少欲，常以書自娛，不肯仕。昭帝即位，或[10]說大將軍[11]霍光[12]曰：「將軍不見諸呂之事[13]乎？處伊尹[14]、周公[15]之位，攝政擅權，而背宗室，不與共職，是以天下不信，卒至於滅亡。今將軍當盛位，帝春秋富[16]，宜納宗室，又多與大臣共事，反諸呂道[17]，如是則可以免患。」光然[18]之，迺擇宗室可用者。辟彊子德待詔[19]丞相[20]府，年三十餘，欲用之。或言父見在[21]，亦先帝之所寵也。遂拜辟彊為光祿大夫[22]，守[23]長樂衛尉[24]，時年已八十矣。徙為宗正[25]，數月卒。

3 德字路叔[26]，修黃老術[27]，有智略。少時數言事，召見甘泉宮[28]，武帝謂之「千里駒[29]」。昭帝初，為宗正丞[30]，雜治劉澤詔獄[31]。父為宗正，徙大鴻臚丞[32]，遷太中大夫[33]，後復為宗正，雜案上官氏、蓋主事[34]。德常持老子知足之計[35]。妻死，大將軍光欲以女妻之，德不敢取，畏盛滿也。蓋長公主孫譚遮德自言[36]，德數責以公主起居無狀[37]。侍御史[38]以為光望[39]不受女，承指[40]劾德誹謗詔獄，免為庶人，屏居山田。光聞而恨之[41]，復白召德守青州刺史。歲餘，復為宗正，與[42]立宣帝，以定策㊸賜爵關內侯。地節㊹中，以親親行謹厚㊺封為陽城侯。子安民為郎中右曹㊻，宗家㊼以德得官宿衛者二十餘人。

4 德寬厚，好施生㊽，每行京兆尹事㊾，多所平反㊿罪人。家產過百萬，則以振㊿㊀昆弟賓客食飲，曰：「富，民之怨也。」立十一年，子向坐鑄偽黃金㊿㊁，當伏法㊿㊂，德上書訟罪。會薨，大鴻臚奏德訟子罪，失大臣體，不宜賜諡置嗣㊿㊃。制曰：「賜諡繆侯㊿㊄，為置嗣。」傳至孫慶忌，復為宗正太常。薨，子岑嗣，為諸曹中郎將㊿㊅，列校尉㊿㊆，至太常。薨，傳子，至王莽敗，乃絕。

【章　旨】以上依次敘述元王子劉富一族著者劉辟彊、劉德等人的史事。對於劉辟彊，重點記述其清靜寡欲的習性；對於劉德，重在敘說其有「智略」、持「知足」、「德寬厚」等性格及相關史事。

【注　釋】❶坐　坐罪；觸犯罪條而受到處罰。❷削屬籍　剝奪了皇室宗親的屬籍。屬籍，為宗室成員特殊編製的戶籍檔案。❸竇太后　漢景帝的母親。❹山東　地域名。戰國秦漢時期習慣以山東（關東）、山西（關西或關中）相對而言。山東是指殽山以東地區，大致上相當於戰國後期的六國之地。❺供養　供奉贍養。❻賜塋葬靈戶　賜給塋地和負責守護塋墓的民戶。塋，塋冢；墓地。靈戶，顏師古注為地名。當屬誤解。《漢書補注》引沈欽韓之說：「非地名也。蓋即守塚戶。」設置守冢戶是國家對特殊人物在其死後給予的寵榮待遇。守冢戶專職守護塋墓，不再為國家承擔徭役。❼屬文　撰寫文章。連綴文字而成文章。屬，連綴。❽二千石　官員俸祿。秦漢時期習慣以官員俸祿來表示官職級別。從朝廷九卿到郡國守相，俸祿一般為二千石。所以二千石可以作為郡守的代稱，也可以作為高級官員的泛稱。❾冠　用作動詞。意為在……之上，第一。❿或　虛指代詞。有的人。⓫大將軍　官名。將軍的最高稱號。西漢中期「中朝」組織出現之後，大將軍即為中朝官的首領，實際上成為秉執朝政的第一重臣。⓬霍光　西漢中期的重臣。在昭帝、宣帝之際，曾經有廢立皇帝之舉。詳見卷六十八〈霍光傳〉。⓭諸

呂之事　特指漢初呂太后死後，一度秉執朝政的呂產、呂祿等呂氏族人被功臣周勃、陳平和宗室劉章等人聯合誅殺之事。⑭伊尹　殷商前期政治家。名伊，尹是官名。他是輔助商湯滅夏桀的主要功臣。商王太甲即位之後，破壞商湯的制度，伊尹進諫不聽，遂將太甲廢位軟禁，自己攝理國事。太甲思過之後，伊尹迎立他復位。⑮周公　西周前期政治家。姬姓，名旦。周文王之子、武王之弟。武王死後，他實際操控朝政長達七年，其後方將政權交還給武王之子成王。周公秉執政權時期的政治身分，古史上有不同說法：一說周公踐祚，身為天子；一說周公攝政而不攝位。凡是將伊尹與周公聯稱，則多指以大臣而獨專朝政，甚至特指操控朝政的重臣行廢立君主之事。⑯春秋富　對年幼的委婉表達。以春秋喻年齡為習見。富，以富於資產比喻年歲的長遠。顏師古在卷三十八有注：「言年幼也。比之於財，方未匱竭，故謂之富。」⑰反諸呂道　與呂氏集團的行事原則完全相反。諸呂，漢初呂太后當政前後的外戚政治集團。後來被周勃、陳平、劉章等人聯手誅滅。⑱然　表示肯定判斷的動詞。以為……說得對。⑲待詔　意同待命。可以視為一種特殊的官名。在漢代應皇帝徵召入京隨時待命、或備顧問的官員，均可稱之為待詔。一旦獲得待詔的名分，就可以享受官吏俸祿。待詔既是一種特定的政治身份，也是一種任官的方式。因為待詔者的具體地位或性質不同，而有「待詔金馬門」、「待詔公車」、「待詔丞相府」的區別。⑳丞相　官名。輔助皇帝總理國事的行政長官。詳見卷十九上〈百官公卿表上〉。㉑見在　現在健在。㉒光祿大夫　官名。原名中大夫，漢武帝太初元年更名為光祿大夫，官秩為比二千石。隸屬於郎中令（後改稱光祿勳）之下。是皇帝的近侍官員，以掌議論，備顧問為職責。詳見卷十九上〈百官公卿表上〉。㉓守　古代的任官術語。代行職務，試用。㉔長樂衛尉　官名。掌管長樂宮的宮門警衛。詳見卷十九上〈百官公卿表上〉。漢代長樂宮在秦朝興樂宮基礎上建成，位於漢長安城東南方，舊址在今陝西西安西北。長樂宮在漢初為朝會之所，後來成為太后住所。㉕宗正　官名。執掌宗室事務，官秩為中二千石，為秦漢列卿之一。詳見卷十九上〈百官公卿表上〉。㉖叔　原作「少」字。王念孫說「叔」字誤為「少」，「少」字與下文「少時」重複，不當有。㉗黃老術　託名於黃帝、老子的一種學術流派，為道家之一支，形成於戰國，鼎盛於西漢前期。㉘甘泉宮　宮名。在今陝西淳化西北的甘泉山。漢武帝用作避暑之地，在此處理政務。㉙千里駒　日行千里的馬駒。藉以褒獎青年才俊。戰國時期的高士魯仲連青年時期即被人推許為千里駒。三國時期的曹休也被曹操稱譽為「吾家千里駒」。㉚宗正丞　官名。宗正的副職。宗正為列卿之一，掌宗室事務。丞，在漢代是各級正職的副手，其地位較一般屬官為高。如郡丞、縣丞。㉛雜治劉澤詔獄　與其他官員共同審理劉澤的詔獄案件。雜，混雜；共同。治，追究；審理。劉澤，齊孝王之孫，為擁戴燕王劉旦爭奪帝位，曾經圖謀殺青州刺史雋不疑者。失敗被殺。詳見卷六十三〈武五子傳・燕刺王劉旦傳〉。詔獄，是由皇帝下旨，指派相關官員專門審理的案件。此外，「詔獄」也作為實體性監獄而存在。其中著名者有廷尉詔獄、上林詔獄、左右都司空獄、郡邸詔獄、都船詔獄等。㉜大鴻臚丞　官名。大鴻臚的副職。大鴻臚，秦及漢初原稱典客。據卷五〈景帝紀〉記載：中二年「春二月，令諸侯王薨、列侯初封及之國，大鴻臚奏諡、誄、策」。可見景帝時已經有大鴻臚之名。而據卷十九上〈百官公卿表上〉改名為大鴻臚在漢武帝時期。大鴻臚為列卿之一，掌管與諸侯王事務、少數民族事務以及與外事相關的禮儀活動。㉝太中大夫　官名。郎中令（光祿勳）的屬官。參見卷十九上〈百官公卿表上〉。㉞上官氏蓋主事　上官桀、上官安父子與蓋長公主謀亂之事。上官桀是與霍光等人同受漢武帝遺命輔助昭帝的四位誥命大臣之一，後來與霍光發生權力之爭。蓋長公主是漢昭帝的姊姊，其丈夫為蓋侯。詳見卷六十八〈霍光傳〉。㉟老子知足之計　《老子》中「知足不辱」的主見。㊱蓋長公主句　蓋長公主的孫子王譚攔道求見劉德自行訴說當年公主被判罪之事。遮，攔道求見。據卷十九下〈百官公卿表下〉可知，漢武帝元鼎元年有蓋侯王信，蓋長公主的丈夫應當是王信之子。所以遮道上言者姓王。㊲起居無狀　私生活不謹慎。起居，代喻私生活。無狀，無善狀。蓋長公主有情夫丁外人，皇帝與大臣均知其事。參見卷九十七上〈外戚傳上〉。㊳侍御史　官名。御史中丞的屬官，執掌是「受公卿奏事，舉劾按章」。參見卷十九上〈百官公卿表上〉。㊴望　怨恨。㊵承指　秉承意旨，迎合心意。這裡出現了一個戲劇性的情景，侍御史自以為猜測到霍光的意旨，以為霍光想懲罰劉德，故有「承指」的表述及羅織罪名之事。而實際上霍光並無貶抑劉德之心。㊶聞而恨之　聽聞之後對侍御史的做法很惱恨。㊷與　參與；參加。㊸定策　決定大策。此處特指廢立皇帝之事。㊹地節　漢宣帝年號（西元前六九－前六六年）。㊺行謹厚　行為謹慎寬厚。㊻郎中右曹　官名。郎中為其本官，右曹則為加官。不論本官職責所在，只要有類似「右曹」之類的加官，就可以「平尚書奏事」，即有權受理尚書系統的文書奏章。參見卷十九上〈百官公卿表上〉。㊼宗家　同宗之家；同宗的家庭成員。㊽好施生　樂善好施，周濟他人。㊾行京兆尹事　兼任京兆尹職務。行，古代任官術語。兼任；代理。京兆尹，官名，亦為行政區劃名稱。漢武帝時期，將長安城所在的京畿地區劃分為京兆尹、左馮翊、右扶風三個部分，合稱三輔。後世沿用。三輔的長官名號與行政區劃名稱相同。三輔長官的重要性在地方郡守之上。㊿平反　為罪人重新審理供詞並奏報使之減輕刑罰。「平反」一詞的古代語義與現代語意有區別，它不是將原來的定案全部推翻，而是奏報之後的減刑。參見本傳注引蘇林的解釋：「反音幡，幡罪人辭，使從輕也。」卷七十一〈雋不疑傳〉注引如淳之說：「反，音幡。幡，奏使從輕也。」(51)振　通「賑」。賑濟；救濟。(52)鑄偽黃金　漢代用於懲罰盜鑄貨幣的罪名。參見卷五〈景帝紀〉的記載：六年十二月，「定鑄錢偽黃金棄市律。」(53)當伏法　判處死刑。當，判處。伏法，根據法律處死。漢代有「鑄偽黃金棄市」的律條。(54)賜諡置嗣　賜給諡號和設置繼承人。諡號，也作謚號，是在古代帝王、大臣死後依據其生前作為而給予的帶有褒貶意義的稱號。意含褒獎的謚號為美謚，意含譏貶的謚號為惡謚。身處高位者，如果死後朝廷不賜給謚號，所承受的羞辱要比惡謚更為嚴重。而對於封君而言，如果死後朝廷取消其後嗣的繼承資格，就是嚴厲的懲罰。對大臣身後的這兩種安排，均涉及政治等級。55繆侯　意含譏貶的惡謚。繆，意為荒謬、乖亂。劉德素負聲望，晚年因為審訴兒子的罪名而受到輿論譴責。56諸曹中郎將　官名。諸曹，加官。諸曹的職責是「受尚書事」。參見卷十九上〈百官公卿表上〉。中郎將，西漢時為中郎長官，隸屬於郎中令（光祿勳），官秩為比二千石。職位低於將軍。57校尉　武官名。校尉類別眾多，職責各異，可以參見卷十九上〈百官公卿表上〉。其職位次於將軍。

【語譯】 起初，休侯劉富在逃奔京師之後，接著發生楚王劉戊的反叛，劉富等人都受到牽連而獲罪被罷免侯爵，剝奪了皇室宗親的屬籍。以後朝廷聽聞劉富多次諫阻劉戊，就改封劉富為紅侯。太夫人與竇太后有親戚關係，鑑於發生在殽山以東地區的寇賊戰亂，請求居留京師，景帝下詔批准其請求。劉富的兒子劉辟彊等四人負責供養祖母，因此得以在朝廷為官。太夫人逝世，朝廷賜給塋地和負責守護塋冢的民戶。劉富的封國傳承到他的曾孫，因其沒有子嗣，封國廢絕。

2 劉辟彊字少卿，也喜好讀《詩》，擅長寫文章。在漢武帝時，以宗室子弟的身分隨同官秩為二千石的官員參與議論國事，見識在各位宗室成員中是最為高遠的。他為人清靜少欲，時常以讀書自得其樂，不肯做官。漢昭帝即位，有的人勸說大將軍霍光：「將軍難道沒有見到諸呂的事情嗎？身處伊尹、周公的特殊尊位，攝理國政擅弄權威，卻背離宗室，不與他們共事盡職，因此天下人不信任，最終走向滅亡。現在將軍身處隆盛高位，皇帝年紀還小，將軍應該引用皇家宗室，還要多與大臣共事，與當年呂氏集團的行事原則完全相反，如同這般就可以免除禍患。」霍光同意這樣的觀點，就選擇宗室成員可以信用的人。劉辟彊的兒子劉德得到了待詔丞相府的任官待遇，他的年齡是三十多歲，準備任用他。有的人說劉德的父親現在健在，也是先帝當年所寵信的人。於是就隆重任命劉辟彊為光祿大夫，代行長樂衛尉職責，當時他的年齡已經是八十高壽了。劉辟彊調任為宗正，數月之後就逝世了。

3 劉德字路叔，研習黃老道家的學術，富有才智謀略。年輕時曾經多次談論國家政事，在甘泉宮得到召見，漢武帝讚譽他是「千里駒」。在漢昭帝初期，劉德擔任宗正丞的職務，與其他官員共同審理劉澤的詔獄案件。他的父親擔任宗正，劉德被調任大鴻臚丞，晉升為太中大夫，後來又擔任宗正，與其他官員共同審理上官桀、上官安父子與蓋長公主謀亂之事。劉德總是秉持老子《道德經》中「知足不辱」的主見。他的妻子死去，大將軍霍光想要把女兒嫁給他為妻，劉德不敢娶，這是懼怕盛轉衰、滿招損的緣故。蓋長公主的孫子王譚攔道求見劉德自行訴說當年公主被判罪之事，劉德對他多次責備長公主的私生活不謹慎。侍御史以為霍光怨恨劉德不接受他的女兒，就自以為是地迎合心意彈劾劉德犯有「誹謗詔獄」之罪，將他罷免官職降為平民，驅逐出朝廷居住在山野田間。霍光聽聞之後對侍御史的做法很惱恨，又稟告皇帝宣召劉德擔任代理青州刺史的職務。過了一年有餘，劉德再度出任宗正，參與擁立宣帝的活動，憑藉決定大策的功勞而賞賜給關內侯的爵位。漢宣帝地節年間，因為朝廷推行「親親」政治而劉德行為謹慎寬厚被封為陽城侯。其子劉安民擔任郎中右曹的職務，同宗的家庭成員通過劉德的關係而得以出任在宮中宿衛官職的多達二十餘人。

4　劉德為人寬厚，喜好施恩惠周濟別人，每當兼任京兆尹職務之時，多為罪人重新審理供詞並奏報使之減輕刑罰。家產超過百萬，劉德就拿來救濟貧困的兄弟和提供給賓客以飲食費用，他說：「富有，就會成為民眾積怨的對象。」受封為侯十一年，其子劉向觸犯「鑄偽黃金」的罪條，判處死刑，劉德上書朝廷對所定罪名提出審訴。恰恰在這時他去世了，大鴻臚奏報劉德審訴兒子的罪名，有失大臣體統，不應該賜給他諡號和配置侯爵繼承人。皇帝下達制書裁定：「賜給諡號為繆侯，為他設置侯爵繼承人。」劉德的侯爵傳到他的孫子劉慶忌時，劉慶忌又擔任宗正和太常之職。劉慶忌逝世，其子劉岑繼位，擔任諸曹中郎將的職務，名列校尉，官至太常之職。劉岑逝世，爵位傳襲給兒子，到王莽敗亡，侯爵才廢絕。

向字子政，本名更生。年十二，以父德任❶為輦郎❷。既冠❸，以行修飭擢為諫大夫❹。是時，宣帝循武帝故事❺，招選名儒俊材置左右。更生以通達能屬文辭，與王褒⑥、張子僑⑦等並進對，獻賦頌凡數十篇。上復興神僊方術之事，而淮南⑧有枕中鴻寶苑祕書。書言神僊使鬼物為金之術，及鄒衍⑨重道延命方，世人莫見，而更生父德武帝時治淮南獄得其書。更生幼而讀誦，以為奇，獻之，言黃金可成。上令典⑩尚方⑪鑄作事，費甚多，方不驗。上乃下更生吏⑫，吏劾更生鑄偽黃金，繫⑬當死。更生兄陽城侯安民上書，入國戶半⑭，贖更生罪。上亦奇其材，得踰冬減死論⑮。會初立穀梁春秋⑯，徵更生受穀梁，講論五經於石渠⑰。復拜為郎中、給事黃門⑱，遷散騎⑲、諫大夫、給事中⑳。

【章　旨】以上為〈劉向傳〉的第一部分，記載劉向早年的行誼事略。

【注　釋】❶任　漢代任用官員的一種方式——任子制。卷十一〈哀帝紀〉有「除任子令」的記載，注引應劭的解釋：「任子令者，《漢儀注》吏二千石以上視事滿三年，得任同產若子一人為郎。不以德選，故除之。」❷輦郎　官名。郎官之一，掌管皇帝的輦車。❸冠　指冠禮。古代的男子到一定年齡舉行冠禮，表示已經成人。《禮記・曲禮上》記載行冠禮的年齡是二十歲。不同時代成人的年齡有所不同。古人很重視冠禮，《禮記・冠義》有「冠者禮之始」之說。具體儀式可以參見《儀禮・士冠禮》。❹諫大夫　官名。隸屬於光祿勳之下，掌議論規諫。武帝元狩五年初置諫大夫，官秩為比八百石。詳見卷十九上〈百官公卿表上〉。❺故事　特指已行先例。在漢代，故事帶有與典章制度相同的法律效力。卷八十一〈孔光傳〉將「故事品式」與「漢制及法令」並列，即可以說明問題。❻王褒　西漢中期名臣。參見卷六十四下〈王褒傳〉：「宣帝時修武帝故事，講論六藝群書，博盡奇異之好，……益召高材劉向、張子僑、華、龍、柳褒等待詔金馬門。」❼張子僑　人名。與劉向、王褒同時，官至光祿大夫。僑字或作蟜，或作喬。❽淮南　淮南王劉安。以研究黃老之學而著名，有《淮南子》傳世。後以謀反之罪被迫自殺。參見卷四十四〈淮南厲王劉長傳〉。❾鄒衍　人名。戰國時期齊國人，陰陽家的代表人物。❿典　典掌；主管。

⓫尚方　官署名。設有令、丞，隸屬於少府，掌管皇帝御用器物的生產和保管。詳見卷十九上〈百官公卿表上〉。⓬下更生吏　將劉更生逮捕下獄。下……吏，即是將某某人押送給獄吏的意思。⓭繫　繫獄；囚禁。⓮入國戶半　把封國民戶的一半進獻給朝廷。⓯踰冬減死論　判處為依據春季行寬大之政的原則比死刑減刑一等。踰冬，過了冬季，也就是到春季的意思。漢代刑政按照陰陽家之說行事，有「春生」、「秋殺」之說，故春季判刑寬大而減死罪。減死，減死罪一等。論，判處。⓰穀梁春秋　書名。是解釋《春秋》的「三傳」之一，屬於儒家著作，據傳說是戰國時期的穀梁赤所撰集。漢宣帝時立於學官，也就是在太學中設置博士負責講授。參見卷三十〈藝文志〉。⓱石渠　石渠閣。西漢皇宮之中的藏書之處，在未央宮大殿的西北。漢宣帝時期，在此召開過著名的石渠閣會議，討論《五經》異同。⓲給事黃門　官名。秦置，西漢為加官。加此官就可以出入黃門，任職於宮內。給事，擔任職役之意。黃門，漢代保障皇宮生活物資的官署。⓳散騎　官名。西漢為加官。加此官就可以騎馬侍從皇帝乘輿，無常職。詳見卷十九上〈百官公卿表上〉。⓴給事中　官名。西漢為加官。侍從皇帝左右，無定員，掌顧問應對，位次中常侍。詳見卷十九上〈百官公卿表上〉。

【語　譯】劉向字子政，本名更生。在十二歲時，經由其父劉德按照任子制的方式被任命為輦郎。在成年之後，因為品行謹嚴而破格提升為諫大夫。這時，漢宣帝遵循武帝成規，徵召選拔名儒和傑出人才置於左右。劉更生因為見識通達擅長文章，與王褒、張子僑等人同時獲准進見皇帝並回答垂詢的問題，進獻賦、頌之類的作品共數十篇。漢宣帝又興起神仙方術之事，而淮南王劉安有《枕中鴻寶》和《苑祕書》。書中所說的是神仙役使神鬼怪物製造黃金的法術，以及鄒衍關於推重道術延長壽命的方術，世人沒有人見過，而劉更生的父親劉德在武帝時參與審理淮南王劉安的獄案因而得到這些書。劉更生年幼時就加以讀誦，以為是珍奇之書，這時進獻皇帝，說是黃金可以煉成。皇帝命令劉更生主管尚方官署的鑄造事務，支出費用很多，祕方卻不靈驗。漢宣帝就將劉更生逮捕下獄，執法官吏彈劾劉更生觸犯「鑄偽黃金」的罪名，因禁獄中判處死刑。劉更生的兄長陽城侯劉安民上書給皇帝，把封國民戶的一半進獻給朝廷，以此來贖免劉更生的死罪。漢宣帝也珍惜劉更生的才幹，判處為依據春季行寬大之政的原則比死刑減刑一等。恰恰趕上初立《穀梁春秋》學官，徵召劉更生學習《穀梁春秋》，在石渠閣參加了講論《五經》異同的會議。又被任命為郎中、給事黃門，晉職為散騎、諫大夫、給事中。

1 元帝初即位，太傅❶蕭望之❷為前將軍❸，少傅❹周堪❺為諸吏❻光祿大夫，皆領尚書事❼，甚見尊任。更生年少於望之、堪，然二人重之，薦更生宗室忠直，明經有行❽，擢為散騎宗正給事中，與侍中金敞❾拾遺於左右❿。四人同心輔政，患苦外戚許、史⓫在位放縱，而中書宦官⓬弘恭、石顯⓭弄權。望之、堪、更生議，欲白罷退之。未白而語泄，遂為許、史及恭、顯所譖愬⓮，堪、更生下獄，及望之皆免官。語在望之傳。其春地震，夏，客星見昴、卷舌間⓯。上感悟，下詔賜望之爵關內侯，奉朝請⓰。秋，徵堪、向，欲以為諫大夫，恭、顯白皆為中郎⓱。冬，地復震。時恭、顯、許、史子弟侍中諸曹，皆側目⓲於望之等，更生懼焉，乃使其外親⓳上變事⓴，言：

2 「竊聞故㉑前將軍蕭望之等，皆忠正無私，欲致大治，忤㉒於貴戚尚書。今道路人聞㉓望之等復進㉔，以為且㉕復見毀讒，必曰嘗有過之臣㉖不宜復用，是大不然㉗。臣聞春秋地震，為在位執政太盛也，不為三獨夫㉘動，亦已明矣。且往者高皇帝時，季布㉙有罪，至於夷滅，後赦以為將軍，高后、孝文之間卒㉚為名臣。孝武帝時，兒寬[31]有重罪繫，按道侯韓說[32]諫曰：『前吾丘壽王[33]死，陛下至今恨[34]之；今殺寬，後將復大恨矣！』上感其言，遂貰[35]寬，復用之，位至御史大夫，御史大夫未有及寬者也。又董仲舒坐私為災異書[36]，主父偃[37]取奏之，下吏，罪至不道[38]，幸蒙不誅，復為太中大夫，膠西相，以老病免歸。漢有所欲興[39]，常有詔問。仲舒為世儒宗，定議有益天下。孝宣皇帝時，夏侯勝[40]坐誹謗繫獄三年，免為庶人。宣帝復用勝，至長信少府[41]，太子太傅，名敢直言，天下美之。若乃群臣，多此比類，難一二記。有過之臣，無負國家，有益天下，此四臣者，足以觀矣。

3 「前弘恭奏望之等獄決[42]，三月，地大震。恭移病[43]出，後復視事[44]，天陰雨[45]雪。由是言之，地動殆[46]為恭等。

4 「臣愚以為宜退[47]恭、顯以章[48]蔽善[49]之罰，進[50]望之等以通賢者之路。如此，太平之門開，災異之原[51]塞[52]矣。」

【章旨】以上為〈劉向傳〉的第二部分，著重記述劉向上變事書為蕭望之等中正賢直大臣辯護，並諫議元帝罷黜專擅政令的宦官弘恭、石顯等人，以消除災異之原、開啟太平治世之門。

【注釋】❶太傅　官名。西周時期與太師、太保並號三公。西漢不常置。名為皇帝師傅，名崇位尊，但無實際職掌。卷十九上〈百官公卿表上〉把這種狀況表述為「蓋參天子，坐而議政，無不總統，故不以一職為官名」。另有太子太傅一職，則以輔導太子為職責。❷蕭望之　西漢中後期的大臣。詳見卷七十八〈蕭望之傳〉。❸前將軍　官名。漢代為重號將軍之一，位列上卿，次於大將軍及驃騎、車騎、衛將軍。如有加官，則為中朝官，參與朝政。❹少傅　官名。名位次於太傅，職責相近。卷十九上〈百官公卿表上〉稱之為「三少」之一，三公之副。漢代有太子少傅，則以教導太子為職責。❺周堪　西漢中後期的大臣。詳見卷八十八〈儒林傳·周堪傳〉。❻諸吏　官名。西漢為加官。據〈百官公卿表〉記載及注釋，一旦得此加官，則可以侍從皇帝，參與論決尚書政事，還有舉劾不法官吏之權。❼領尚書事　職銜名。以高官兼理次於本職的官位，稱之為領。但是，西漢中後期的領尚書事，是尚書組織的長官，是位高權重的國家大臣。❽明經有行　明曉經術，品行清白。在漢代皆為選官名目。以明經出身而終為名臣者所在多有，如：眭弘、蓋寬饒、平當、韋玄成等人皆是。有行，卷九〈元帝紀〉記載：元帝永光元年二月，「詔丞相、御史舉質樸、敦厚、遜讓、有行者」。❾金敞　西漢後期大臣。官至衛尉，有「為人正直，敢犯顏色」之譽。參見卷六十八〈金日磾傳〉。❿拾遺於左右　在皇帝身邊輔政，補益缺失，糾正失誤。⓫外戚許史　指漢元帝時期的兩家外戚。許氏的首要人物是許嘉，史氏的首要人物是史高。二人都曾經擔任朝廷輔政大臣。⓬中書宦官　掌握中書要地的宦官首領。宦官首領弘恭、石顯先後擔任中書令插手參與政務決策，詳見卷七十八〈蕭望之傳〉、卷九十三〈佞幸傳〉。在漢武帝時宮中存在著中書、尚書兩個管理文書的機構，中書屬於宦官系統。從卷六十八〈霍光傳〉「盡奏封事，輒下中書令出取之，不關尚書」的記載來看，中書與皇帝的關係更為親近。到漢成帝即位後才下詔罷廢中書宦官。⓭弘恭石顯　漢宣帝、漢元帝時期的宦官首領，均曾以中書令的身分竊弄權柄。詳見卷九十三〈佞幸傳〉。⓮譖愬　說壞話誣告。⓯客星見昴卷舌間　客星出現在昴宿與卷舌星之間。客星，中國古代對天空中新出現的星的統稱。見於記載的客星，主要是彗星、新星和超新星以及其他天象。明代無名氏《觀象玩占》：「客星，非常之星，……忽見忽沒，或行或止，不可推算，寓於星辰之間如客，故謂之客星。」見，出現。昴，星宿名，為二十八宿之一。卷舌，星名。此次星變的記載參見卷二十六〈天文志〉：元帝初元二年五月，「客星見昴分，居卷舌東可五尺，青白色，炎長三寸。占曰：『天下有妄言者。』」⓰奉朝請　也稱作「朝朔望」。漢代的春季朝會稱之為朝，秋季朝會稱之為請。漢代朝廷特許部分已經退休的大臣、宗室、列侯、外戚得以參與朝會，稱之為奉朝請。這是表示朝廷給予政治禮遇的特別方式。而且獲得這一名號者，朝班位次也比退休前的本職位次有所提高。如果同時獲得「位特進」的名號，則禮遇猶重。⓱中郎　官名。隸屬於郎中令（光祿勳）之下。詳見卷十九上〈百官公卿表上〉。⓲側目　不以正面相視。多用於表示嫉恨、怒視的場合。⓳外親　外姻親屬。指內外姨表關係的親屬。如：母親、祖母的本生親屬，以及女兒、孫女、姊妹、姪女等人的子孫都是外親。⑳上變事　古代的特殊法律用語。也作上言變事、上變、變告、告變。即向皇帝直接上書揭發、報告緊急事態。而緊急事態特指某人有謀叛、謀逆等重大陰謀。此種文書有特殊文字標記，漢代規定各地各級官吏應該對揭發者給予各種便利，以保證揭發文書盡快傳送到位。參見卷六十七〈梅福傳〉。變，非常事態。事，特指文書。㉑故　原任；前任。㉒忤　違逆；觸犯。㉓道路人聞　路人傳聞。道路人，行路之人。用意在於強調以下傳言內容的廣為人知。漢代常見此種用法，如：卷六十四上〈嚴助傳〉有「臣聞道路言」。㉔復進　再度得到任用。㉕且　即將。㉖嘗有過之臣　曾經犯有過錯的臣子。㉗是大不然　這是極為不對的。是，指示代詞。所指的內容是「不宜用有過之臣者」的議論。㉘三獨夫　三個普通人。獨夫，匹夫；普通人。此處所指為蕭望之、周堪、劉向。按照古人的觀念，地震示警是為當政者而發，與普通人無關。此語用意在於解脫蕭望之、周堪、劉向三人對地震的責任，因為當時他們均被罷官。而正在當政的貴戚尚書則要承擔責任。㉙季布　楚漢之際的名將。前期作為項羽的部將，曾經幾次陷劉邦於危急境地。詳見卷三十七〈季布傳〉。㉚卒　終究；終於。㉛兒寬　漢武帝時期的名臣。出身儒生，官至御史大夫。詳見卷五十八〈兒寬傳〉。㉜韓說　人名。詳見卷三十三〈韓王信傳〉。㉝吾丘壽王　漢武帝時期的名臣。吾丘，複姓。壽王，名字。詳見卷六十四上〈嚴助傳〉。㉞恨　悔恨；遺憾。㉟貰　寬赦；饒恕。㊱董仲舒坐私為災異書　董仲舒觸犯了私自撰寫議論災異文書的律條。具體所指是「遼東高廟、長陵高園殿災，仲舒居家推說其意」而得罪之事。詳見卷五十六〈董仲舒傳〉。㊲主父偃　漢武帝時期的名臣。主父，複姓。詳見卷六十四上〈主父偃傳〉。㊳不道　漢代的罪名。卷八十四〈翟方進傳〉注引如淳之說：「律，殺不辜一家三人為不道。」但是，據本書所載，以不道論罪者，多為政治性犯罪而非刑事犯罪。㊴興　興辦；興做。此處所指當為興辦制度變革之類的大事。㊵夏侯勝　漢武帝時期的名臣。詳見卷七十五〈夏侯勝傳〉。㊶長信少府　官名。原稱長信詹事，景帝中六年更名長信少府，執掌皇太后宮中事務。長信，宮名，皇太后所居。㊷獄決　獄案裁決完畢。㊸移病　上書自稱有病。㊹視事　本意是指閱視官府文書，泛指處理政務。㊺雨　用作動詞。意同降，下。㊻殆　推測語氣詞。可能是因為……吧；恐怕。㊼退　斥退。㊽章　通「彰」。彰明；顯示。㊾蔽善　遮蔽善人。蔽，遮蔽；堵塞。蔽善，也作蔽賢。也就是堵塞進用賢能的道路，被認為有違為臣之道，可以參見卷六〈武帝紀〉「且進賢受上賞，蔽賢蒙顯戮，古之道也」。蔽賢可以引發災異的記載，見於卷二十七下之上〈五行志下之上〉「蔽賢絕道，故災異至絕世也」。㊿進　進用。(51)原　根源；根本。(52)塞　阻塞；杜絕。

【語　譯】漢元帝即位之初，太傅蕭望之擔任前將軍，少傅周堪擔任諸吏光祿大夫，都獲得領尚書事的名分和權力，很是得到皇帝的尊重與信任。劉更生的年齡小於蕭望之、周堪，但是他們二人器重他，薦舉劉更生為宗室成員而且為人忠誠正直，明曉經術，品行清白，破格挺拔為散騎、宗正並授予給事中的加官，與侍中金敞在皇帝身邊輔政，補益缺失。蕭望之、周堪、劉更生、金敞四人同心輔政，擔憂外戚許嘉、史高身在高位放縱無忌，而掌握中書要地的宦官首領弘恭、石顯竊弄威權。蕭望之、周堪、劉更生商議，想要奏告皇帝罷免疏遠他們。尚未奏報而語談的內容被洩露，於是就被許嘉、史高及弘恭、石顯所惡言誣告，周堪、劉更生被逮捕下獄，連同蕭望之都被免官。具體記載在〈蕭望之傳〉中。這一年的春季發生地震，夏季，客星出現在昴宿與卷舌星之間。皇帝得到感悟，下詔賜給蕭望之關內侯的爵位，給予特許參加朝會的政治名分和禮遇。秋季，徵召周堪、劉向，準備任用為諫大夫，弘恭、石顯奏報皇帝使得他們只是擔任中郎。冬季，再度發生地震。當時弘恭、石顯、許嘉、史高的子弟擔任侍中諸曹之類的皇帝親隨，都對蕭望之等人怒目而視，劉更生對此很感擔憂，就指派使外姻親屬向皇帝直接上書揭發緊急事態，說道：

2 「我私下聽說原前將軍蕭望之等人，都是忠正無私，希望把國家治理得達到大治局面，得罪了權貴外戚和尚書。現在路人傳聞蕭望之等人再度得到任用，以為他們即將再受到誣陷誹謗，必定有人說曾經犯有過錯的臣子不應該再度起用，這種說法是極為不對的。我聽聞春秋季時發生地震，是因為在位執政的人權勢太盛，大地不會因為三個普通人而震動，這是已經很明顯的事理了。況且早年間高皇帝時，季布有罪，判刑可以達到誅滅，後來赦免罪過並任命他為將軍，到高后、孝文帝期間終於成為名臣。孝武帝時期兒寬犯有重罪而被逮捕下獄，按道侯韓說勸諫說：『以前吾丘壽王被殺死，陛下至今悔恨其事；現在如果誅殺兒寬，以後將要更加悔恨了！』武帝被他的話所感動，就寬赦了兒寬，再度任用他，歷官至御史大夫，擔任御史大夫一職的其他人沒有比得上兒寬的。另外董仲舒觸犯了私自撰寫議論災異文書的律條，主父偃竊取了他的草稿呈奏其事，董仲舒被逮捕下獄，被按照不道的罪名定罪，僥倖蒙恩不加以誅殺，再度出任太中大夫，膠西國相，後來因為年老有病免職歸宅。漢朝廷有意要興辦制度變革之類的大事，時常有詔書向他諮詢。董仲舒被推尊為當世儒學宗師，他所論定的觀點有益於天下。孝宣皇帝時期，夏侯勝觸犯了誹謗的罪名而被下獄囚禁三年，免其死罪被貶為平民。宣帝再度起用夏侯勝，夏侯勝官至長信少府，太子太傅，獲得敢直言的名聲，天下人都讚美他。如果說到其他群臣，大多有此類狀況，難以一一記述。犯有過錯的臣子，無負於國家，有益於天下，上述四位名臣的事例，足以表明這個事理了。

3 「以前弘恭彈劾蕭望之等人的獄案裁決完畢，三月間，發生了大地震。弘恭上書自稱有病而離職，稍後又歸來處理政務，天氣陰霾沉沉又降雪。由此說來，地震示警大概是因為弘恭等人的專權而發。

4 「我的愚見以為應該斥退弘恭、石顯以明確顯示對遮蔽善人行為的懲罰，進用蕭望之等人以開通招納賢能的道路。如此，太平之門開啟，引發災異的根源就杜絕了。」

1 書奏，恭、顯疑其更生所為，白請考❶姦詐。辭❷果服，遂逮更生繫獄，下❸太傅韋玄成❹、諫大夫貢禹❺，與廷尉❻雜考❼。劾更生前為九卿❽，坐與望之、堪謀排車騎將軍❾高、許、史氏侍中者，毀離親戚，欲退去之，而獨專權。為臣不忠，幸不伏誅，復蒙恩徵用，不悔前過，而教令人言變事，誣罔❿不道。更生坐免為庶人。而望之亦坐使子上書自冤⓫前事，恭、顯白令詣獄置對⓬。望之自殺。天子甚悼恨之，乃擢周堪為光祿勳，堪弟子張猛⓭光祿大夫給事中，大見信任。恭、顯憚之，數譖毀焉。更生見堪、猛在位，幾⓮己得復進，懼其傾危，乃上封事⓯諫曰：

2 「臣前幸得以骨肉備九卿[16]，奉法不謹，乃復蒙恩[17]。竊見災異並起，天地失常，徵表為國[18]。欲終不言，念忠臣雖在甽畝[19]，猶不忘君，惓惓[20]之義也。況重[21]以骨肉之親，又加以舊恩未報乎！欲竭愚誠，又恐越職[22]，然惟[23]二恩未報，忠臣之義，一抒[24]愚意，退就農畝，死無所恨。

3 「臣聞舜命九官[25]，濟濟[26]相讓，和之至也。眾賢和於朝，則萬物和於野。故簫韶九成[27]，而鳳皇來儀[28]；擊石拊石[29]，百獸率舞[30]。四海之內，靡不和寧。及至周文[31]，開基西郊[32]，雜遝[33]眾賢，罔不肅和，崇推讓之風，以銷分爭之訟[34]。文王既沒[35]，周公思慕，歌詠文王之德，其詩[36]曰：『於穆清廟[37]，肅雍顯相[38]；濟濟多士，秉文之德。』當此之時，武王、周公繼政，朝臣和於內，萬國驩[39]於外，故盡得其驩心，以事其先祖。其詩曰：『有來雍雍[40]，至止肅肅[41]，相維辟公[42]，天子穆穆[43]。』言四方皆以和來也。諸侯和於下，天應[44]報於上，故周頌曰『降福穰穰[45]』，又曰『飴我釐麰[46]』。釐麰，麥也，始自天降。此皆以和致和，獲天助也。

4 「下至幽、厲[47]之際，朝廷不和，轉相非怨[48]，詩人疾而憂之[49]曰：『民之無良[50]，相怨一方[51]。』眾小[52]在位而從邪議，歙歙相是[53]而背君子[54]，故其詩曰：

『歙歙訿訿[55]，亦孔[56]之哀！謀之其臧[57]，則具是違[58]；謀之不臧，則具是依！』君子獨處守正，不撓眾枉[59]，勉彊以從王事[60]則反見憎毒讒愬，故其詩曰：『密勿從事[61]，不敢告勞，無罪無辜，讒口嗸嗸[62]！』當是之時，日月薄蝕[63]而無光，其詩曰：『朔日辛卯[64]，日有蝕之，亦孔之醜！』又曰：『彼月而微，此日而微[65]，今此下民，亦孔之哀！』又曰：『日月鞠凶[66]，不用其行；四國無政[67]，不用其良！』天變見於上，地變動於下，水泉沸騰，山谷易處。其詩曰：『百川沸騰，山冢卒崩[68]，高岸為谷，深谷為陵[69]。哀今之人，胡憯莫懲[70]！』霜降失節[71]，不以其時，其詩曰：『正月繁霜[72]，我心憂傷；民之訛言，亦孔之將[73]！』言民以是為非，甚眾大也。此皆不和，賢不肖易位[74]之所致也。

「自此之後，天下大亂，篡殺殃禍並作，厲王奔彘[75]，幽王見殺[76]。至乎平王[77]末年，魯隱[78]之始即位也，周大夫祭伯[79]乖離不和，出奔於魯，而春秋為諱，不言來奔，傷其禍殃自此始也。是後尹氏世卿而專恣[80]，諸侯背畔而不朝，周室卑微。二百四十二年之間[81]，日食三十六，地震五，山陵崩阤[82]二，彗星三見，夜常星不見，夜中星隕如雨一，火災十四。長狄入三國[83]，五石隕墜，六鶂退飛[84]，多麋，有蜮、蜚，鸜鵒來巢[85]者，皆一見。晝冥晦[86]。雨木冰[87]。李梅冬實。七月霜降，草木不死。八月殺菽。大雨雹。雨雪靁霆失序相乘。水、旱、饑、蝝、螽、螟蠭午[88]並起。當是時，禍亂輒應，弒君三十六，亡國五十二，諸侯奔走[89]，不得保其社稷[90]者，不可勝數也。周室多禍：晉敗其師於貿戎[91]；伐其郊[92]；鄭傷桓王[93]；戎執其使[94]；衛侯朔召不往[95]，齊逆命而助朔；五大夫爭權[96]，三君更立[97]，莫能正理。遂至陵夷[98]不能復興。

6 「由此觀之，和氣致祥，乖氣致異；祥多者其國安，異眾者其國危，天地之常經，古今之通義也。今陛下開三代[99]之業，招文學[100]之士，優游寬容，使得並進。今賢不肖渾殽[101]，白黑不分，邪正雜糅，忠讒並進。章交公車[102]，人滿北軍[103]。朝臣舛午[104]，膠戾乖剌[105]，更相讒愬，轉相是非。傳授增加，文書紛糾，前後錯繆，毀譽渾亂。所以營或[106]耳目，感移心意[107]，不可勝載。分曹為黨[108]，往往群朋，將同心以陷正臣。正臣進者，治之表也；正臣陷者，亂之機也。乘治亂之機，未知孰任，而災異數見，此臣所以寒心者也。夫乘權藉勢之人，子弟鱗集[109]於朝，羽翼陰附者眾，輻湊[110]於前，毀譽將必用，以終乖離之咎。是以日月無光，雪霜夏隕，海水沸出，陵谷易處，列星失行，皆怨氣之所致也。夫遵衰周之軌迹，循詩人之所刺，而欲以成太平，致雅頌，猶郤行[111]而求及前人也。初元[112]以來六年矣，案春秋六年之中，災異未有稠如今者也。夫有春秋之異，無孔子之救，猶不能解紛[113]，況甚於春秋乎？

7 「原[114]其所以然者，讒邪並進也。讒邪之所以並進者，由上多疑心，既已用賢人而行善政，如或譖之，則賢人退而善政還[115]。夫執狐疑之心者，來讒賊之口；持不斷之意者，開群枉[116]之門。讒邪進則眾賢退，群枉盛則正士消。故易有否泰[117]。小人道長，君子道消，君子道消，則政日亂，故為否。否者，閉而亂也。君子道長，小人道消，小人道消，則政日治，故為泰。泰者，通而治也。詩又云『雨雪麃麃，見晛聿消[118]』，與易同義。昔者鯀、共工、驩兜與舜、禹雜處堯朝[119]，周公與管、蔡並居周位[120]，當是時，迭進相毀，流言相謗，豈可勝道哉！帝堯、成王能賢舜、禹、周公而消共工、管、蔡，故以大治，榮華至今。孔子與季、孟[121]偕仕於魯，李斯與叔孫[122]俱宦於秦，定公、始皇賢季、孟、李斯而消孔子、叔孫，故以大亂，汙辱至今。故治亂榮辱之端，在所信任；信任既賢，在於堅固而不移。詩云『我心匪石，不可轉也[123]』。言守善篤也。易曰『渙汗其大號[124]』。言號令如汗，汗出而不反者也。今出善令，未能踰時而反[125]，是反汗也；用賢未能三旬而退，是轉石也。論語曰：『見不善如探湯[126]。』今二府奏佞諂不當在位[127]，歷年而不去。故出令則如反汗，用賢則如轉石，去佞則如拔山，如此望陰陽之調，不亦難乎！

8 「是以群小窺見間隙，緣飾文字，巧言醜詆[128]，流言飛文[129]，譁於民間。故詩云：『憂心悄悄，慍于群小[130]。』小人成群，誠足慍也。昔孔子與顏淵、子貢[131]更相稱譽，不為朋黨；禹、稷與臯陶傳相汲引[132]，不為比周。何則？忠於為國，無邪心也。故賢人在上位，則引其類而聚之於朝，易曰『飛龍在天，大人聚也[133]』；在下位，則思與其類俱進，易曰『拔茅茹以其彙，征吉[134]』。在上則引其類，在下則推其類，故湯用伊尹[135]，不仁者遠，而眾賢至，類相致也。今佞邪與賢臣並在交戟[136]之內，合黨共謀，違善依惡，歙歙訿訿，數設危險[137]之言，欲以傾移主上。如忽然用之，此天地之所以先戒，災異之所以重至者也。

9 「自古明聖，未有無誅而治者也，故舜有四放之罰[138]，而孔子有兩觀之誅[139]，然後聖化可得而行也。今以陛下明知，誠深思天地之心，迹察兩觀之誅，覽否泰之卦，觀雨雪之詩[140]，歷周、唐之所進以為法[141]，原秦、魯之所消以為戒，考祥應之福，省災異之禍，以揆[142]當世之變，放遠佞邪之黨，壞散險詖[143]之聚，杜閉群枉之門，廣開眾正之路，決斷狐疑[144]，分別猶豫[145]，使是非炳然可知，則百異消滅，而眾祥並至，太平之基，萬世之利也。「臣幸得託肺附[146]，誠見陰陽不調，不敢不通所聞。竊推春秋災異，以救今事一二，條[147]其所以，不宜宣泄[148]。臣謹重封昧死[149]上。」

【章　旨】以上是〈劉向傳〉的第三部分，記述劉向因災異所上奏書。在奏書中，他引經述史勸誡元帝，說明災異出現的原因是佞邪在位、賢能被黜，並直言不諱的指出元帝多疑、不信任賢人的謬誤舉措。

【注　釋】❶考　審問。❷辭　供詞。❸下　下達；交付。❹太傅韋玄成　太傅，官名。韋玄成，漢元帝時期的大臣。詳見卷七十三〈韋賢傳子玄成附傳〉。此處關於韋玄成的官職記載有誤，應該是太子太傅。其本傳的記載是「元帝即位，以玄成為少府，遷太子太傅，至御史大夫」。❺貢禹　漢元帝時期的大臣。詳見卷七十二〈貢禹傳〉。❻廷尉　官名。執掌刑獄之事，為朝廷九卿之一，官秩中二千石。詳見卷十九上〈百官公卿表上〉。❼雜考　不同職掌的官員共同參與審訊某一案件。通常為大案、要案。❽九卿　官職術語。朝廷的高級政務官。在漢代不同時期，有泛指和實指的區別。泛指時意同列卿。詳見卷十九上〈百官公卿表上〉。❾車騎將軍　官名。漢初本為高級統兵將軍之一，遇戰事而特設。自漢武帝時改為常置，地位僅次於大將軍及驃騎將軍，執掌京城及皇宮的禁衛軍隊。如有文官輔政而加此官，則為中朝的重要官員。❿誣罔　漢代的政治罪名。誣陷；欺騙。如果涉及對皇帝的關係，誣罔往往與不道連用。史書有因為誣罔而被下獄棄市的記載。主審此案的韋玄成、貢禹雖為名儒名臣，但均依附於石顯，枉法以加重劉更生的罪名。如果依據所奏，劉更生必被判處死刑。下文所見劉更生被免為庶人，應該是出自漢元帝的裁定，已經是法外開恩了。⓫自冤　自己申訴冤情。冤，用作動詞。⓬置對　現場回答質詢。⓭張猛　漢元帝時期的名臣。是著名探險家、外交家張騫的孫子。⓮幾　希望。⓯封事　密封的奏章文書。為了防止上奏內容洩密，將文書密封進呈，故有封事之稱。漢代吏民均可直接給皇帝上封事，並無身分限制。皇帝藉此渠道可以避開尚書等常規性文書管理機構而開闢信息來源，也是皇帝擺脫權臣控制的常用手法。如，卷六十八〈霍光傳〉：漢宣帝「令吏民得奏封事，不關尚書」。⓰以骨肉備九卿　因為骨肉之親而充任九卿職務。骨肉，骨肉之親。劉更生藉此以強調自己的宗室身分，以示責任攸關。備，備位；充數。此為任官的自謙式表述方式。⓱蒙恩　蒙受恩寵。此為任官的自謙語。

⑱徵表為國　徵兆是針對國家而發。徵表，徵兆；跡象。⑲畎畝　田野。畎，字或作「甽」。田中的小溝。據顏師古注，一畝之內應該有六畎。⑳惓惓　忠謹、真誠之意。㉑重　重疊；加之以。㉒越職　逾越職分。古代的任官原則不允許越職辦事。《慎子・知忠》有「忠不得過職，而職不得過官」之說。卷八〈宣帝紀〉記載，漢宣帝下詔嚴禁群臣「越職逾法，以取名譽」。㉓惟　思慮。㉔抒　抒發；傾吐。㉕舜命九官　虞舜任命九位聖賢擔任九官。虞舜是上古傳說中的聖王，他所任命的九官是：禹做司空，棄做后稷，契做司徒，皋陶做士，垂做共工，益做虞，伯夷做秩宗，夔做典樂，龍做納言。詳見《尚書・舜典》。㉖濟濟　為數眾多之貌。㉗簫韶九成　用簫吹奏〈韶〉樂至於九次。韶，相傳是虞舜時期的樂章名。孔子曾以「盡善盡美」來推崇〈韶〉樂（《論語・八佾》），還有「子在齊聞〈韶〉，三月不知肉味」（《論語・述而》）的佳話流傳後世。「簫〈韶〉九成，鳳皇來儀」一語出自《尚書・益稷》。㉘鳳皇來儀　鳳凰前來展示其容儀。鳳皇，即鳳凰。古人相信這是德政修明招致的祥瑞。㉙擊石拊石　敲擊或拍打石質樂器。拊，拍打。石，指石質樂器，如石磬、玉磬。語出《尚書・舜典》。㉚百獸率舞　各種獸類紛紛前來獻舞。百，泛指多數。率，相隨；相繼。與「擊石拊石」連用，是說以寬和為宗旨的音樂能夠感動獸類。這同樣是古人認定的祥瑞。㉛周文　即周文王姬昌。殷商末年，他以西伯的身分，實際上開始了推翻殷商統治的進程。其子周武王完成了滅商的使命，父子二人皆被推崇為西周王朝的開國之主。㉜開基西郊　在西部開創了國家基業。特指文王遷都於豐（舊址位於今陝西西安西郊豐水西岸，與周武王的鎬都隔水相對，共同構成了著名的「豐鎬都城遺址」），這被視為文王「始受命」的標誌。西郊，西部郊野。此處當是以鎬都為基點，則豐都地處西郊。㉝雜遝　聚積；紛至沓來。遝，通「沓」。㉞銷分爭之訟　消弭利益紛爭引發的訴訟。銷，通「消」。具體指周文王「斷虞芮之訟」一事。虞芮二國的國君為爭奪土地而入周，請文王斷訟，見文王謙讓之德而深感自慚達成和解。古人認為這是周文王得到諸侯擁戴的開端、得天命的標誌。《詩經・大雅・綿》歌詠其事曰：「虞芮質厥成，文王蹶厥生。」對此句詩史的解釋，以《史記・周本紀》最為簡捷：「詩人道西伯，蓋受命之年稱王而斷虞芮之訟。」漢代君臣喜好徵引其事，「及文王為西伯，斷虞芮訟」，見卷四十三〈婁敬傳〉。「交讓之禮興，則虞芮之訟息」，見卷七十七〈毋將隆傳〉。㉟沒　通「歿」。逝世；死亡。㊱其詩　詩句引自《詩經・周頌・清廟》。《毛詩》解釋此詩的時代背景：「祀文王也。周公既成洛邑，朝諸侯，率以祀文王焉。」對以下詩意的理解，自古有異。注釋及譯文皆以朱熹《詩經集傳》為基本依據。㊲於穆清廟　肅穆寧靜的宗廟。於，歎詞。與「嗚呼」的「嗚」字同義。穆，深遠；肅穆。清，寧靜；清靜。㊳肅雍顯相　肅敬雍和心地光明的助祭人。肅，肅敬。雍，雍和。顯，顯明；光明。相，助。此處指助祭的公卿大夫。㊴驩　通「歡」。結好；擁戴。㊵有來雍雍　前來者雍和敬重。以下詩句引自《詩經・周頌・雍》。朱熹

《詩經集傳》認為是武王祭文王之詩。[41]至止肅肅　到達者肅穆莊重。[42]相維辟公　助祭人是顯貴的諸侯。辟，作為名詞，可以專指君位。借作為形容詞、形容動詞使用，則有美好、尊貴諸義。顏師古於此處注釋為「百辟」，即百官。今不取。[43]天子穆穆　天子面呈肅穆的表情。《論語・八佾》記載，孔子曾經引用「相維辟公，天子穆穆」的詩句，用以說明專屬天子的禮制不可僭越。[44]天應　上天的感應。[45]降福穰穰　賜降福祐源源不斷。穰穰，眾多。詩句引自《詩經・周頌・執競》。朱熹《詩經集傳》認為該篇是昭王以後祭祀武王、成王、康王之詩。[46]飴我釐麰　贈送給我麥糧。飴，贈送。釐，小麥。麰，大麥。詩句引自《詩經・周頌・思文》。據朱熹《詩經集傳》作「貽我來牟」。[47]幽厲　周幽王、周厲王。被認定為招致西周王朝滅亡的昏暴之主。[48]非怨　誹議怨恨。非，通「誹」。批評。[49]詩人疾而憂之　詩的作者惱恨並憂慮這種局面。詩人，此處指《詩經》的作者。以下詩句引自《詩經・小雅・角弓》。疾，惱恨；憎惡。憂，憂慮；擔憂。[50]民之無良　民眾不善良。無，通「不」。良，善。[51]相怨一方　互相怨恨各主己見。一方，謂自守一方，各自的取向不同。與上句相連，意為：人各為不善，心意相悖，而互相怨恨。[52]眾小　眾多小人。小人，與「君子」相對而言，多指道德低下的人。[53]歙歙相是　爭先恐後地互相標榜。貶義詞，與臭味相投類似。歙歙，隨聲附和之貌。相，互相。是，肯定；以為是正確的。[54]君子　與「小人」相對而言，多指道德高尚的人。[55]訿訿　詆毀；誹謗。詩句引自《詩經・小雅・小旻》。相傳此詩為譏刺周幽王而作。[56]孔　大。[57]臧　善；好。[58]違　背離。[59]不撓眾枉　不屈從多數人的錯誤意見而依然堅持自己的正確見解。撓，彎曲；屈服。枉，與「直」相對而言，本意為彎曲，引申義為不正直。[60]勉彊以從王事　努力從事為君王服務的事業。勉彊，努力。王事，王者之事。[61]密勿從事　勤勉從事。《漢書補注》引錢大昕之說：「密勿，即黽勉。」黽勉，即勤勉。詩句引自《詩經・小雅・十月之交》。[62]讒口謷謷　讒言攻訐無休無止。讒口，讒言；說壞話。謷謷，眾聲附和造成的聲勢。[63]日月薄蝕　日月遭受侵蝕。薄，通「迫」。掩迫；逼迫。[64]朔日辛卯　初一正值干支辛卯。以下三段詩句都引自《詩經・小雅・十月之交》。朔日，每月的初一。古人對記日的干支所在，以陰陽五行的觀點給予解釋而賦予諸多意義和判斷。顏師古對此處引詩的解釋是：「周之十月，夏之八月，朔日有辛卯，日月交會，而日見蝕，陰侵於陽。辛，金日也。卯，木辰也。以卯侵金，則臣侵君，故甚惡之。」[65]彼月而微二句　月亮發生虧蝕，太陽又發生虧蝕。詩句中的彼、此，用於表示對應關係。微，虧微。此處指虧蝕。日食、月食，古人皆視為重大災變，往往被指關涉君臣失道。[66]日月鞠凶　上天用日月虧蝕向人間懸告凶象。鞠，預兆；告知。[67]四國無政　四方各國政治不良。四國，四方諸侯，代指天下。無政，意同失政。[68]山冢卒崩　山峰全部崩毀。山崩河竭，古人視為重大災變，多與社稷失守、政權變易有關。冢，山頂。卒，盡；全部。[69]高岸為谷二句　原來的高岸變為深陷的谷地，原來深陷的谷地變為山陵。在古人心目中，陵谷易處是尊卑失序、天下大亂的徵兆。(70)胡憯莫懲　為何未曾加以鑑戒。胡，何；為何。憯，曾；曾經。懲，鑑戒；警戒。(71)霜降失節　天降霜露違背正常節令。(72)正月繁霜　在正陽之月反而頻繁降霜。詩句引自《詩經・小雅・正月》，古人認為此詩為譏刺周幽王而作。此處的正月，據張晏、顏師古注釋，是指「夏曆」的四月，是「純陽用事」、「正陽之月」，卻反而出現多霜的現象，故判定為災異示警。(73)民之訛言二句　民眾傳播的訛誤謠言，足以成為很嚴重的禍患。訛言，流言；謠言。此處用為貶義。孔，甚；很。將，大。此詩的作者指出，面對災異自己心中充滿憂患意識，但是民眾卻共同傳播訛誤謠言，顛倒是非，排斥賢德，這同樣可以造成很嚴重的禍患。(74)賢不肖易位　賢人與不肖之徒的位置被顛倒。按照古人的政治理想，應該是賢者在位而不肖者居下，現在卻是不肖者居上，故詩人有「易位」之歎。(75)厲王奔彘　周厲王出奔彘地。這是西周時期「國人」放逐天子的一次著名事變。周厲王在位無道，任用榮夷公與民爭利，又倚重衛巫殺害批評者，國人不堪忍受暴政，乃群起反抗。厲王被迫出奔到彘地，終其餘生未得重返都城。彘，地名。在今山西霍州東北。(76)幽王見殺　周幽王被殺。周幽王因為寵愛褒姒而有廢立王后（申氏）和太子宜臼之舉，被天下諸侯非議。申侯與犬戎共同發兵攻殺幽王於驪山之下，成為西周王朝滅亡的標誌。(77)平王　周平王。幽王之子宜臼。即位之後，被迫遷都洛邑（今河南洛陽）。是為東周王朝的開端。(78)魯隱　魯隱公。春秋時代的魯國國君。(79)周大夫祭伯　東周王室的大夫祭伯。(80)尹氏世卿而專恣　尹氏世代為卿而專權恣肆。尹氏為周天子的大夫，死於魯隱公三年。他因為世代壟斷卿士尊位而受到譏貶。《公羊傳・隱公三年》就有如此解釋：「其稱尹氏何？貶也。曷為貶？譏世卿。世卿，非禮也。」(81)二百四十二年之間　此為總計《春秋》的紀事年限。從魯隱公元年（西元前七二二年）至魯哀公十四年（西元前四八一年），共有二百四十二年。(82)崩阤　崩壞坍塌。阤，局部坍塌。(83)長狄入三國　長狄人侵入華夏的三個國家。長狄，春秋時期狄族的一支。西元前六〇七年齊人攻滅長狄，衛人助成其事。參見《左傳・文公十一年》。三國，據《公羊傳》之說為齊、魯、晉。(84)五石隕墜二句　五塊隕石墜落（在宋國境內），六隻鷁鳥後退著飛（經過了宋國都城）。《春秋》及三傳均將此事作為預示政治事變的異常現象加以記載和解說。參見《左傳・僖公十六年》。鶂，即鷁鳥。一種善飛的水鳥。(85)鸜鵒來巢　鸜鵒鳥前來築巢。鸜鵒，鳥名，俗稱八哥。來巢，前來築巢。《春秋》記此事，以為魯昭公出走的先兆。對此後世多有解釋，均為怪誕之說。參見楊伯峻編著《春秋左傳注・昭公二十五年》。(86)晝冥晦　白晝一片昏暗。冥晦，皆為昏暗之意。古人視為災異現象。(87)雨木冰　降雨後樹木出現樹掛。雨，用作動詞。木冰，霧淞，俗稱樹掛。今人視為景觀，而古人視為災異。(88)蠭午　紛然並起之貌。(89)奔走　出奔逃亡。(90)社稷　君主所祭祀的土地神與穀神（農業神），常用作國家政權的代稱。(91)貿戎　春秋時代的部族名，以其居住之地借用作地名。應該位於今河南修武。貿戎，據《春秋・成公元年》作茅戎。而《公羊傳》、《穀梁傳》皆作「貿戎」。[92]郊　地名。春秋時代的周邑。在今河南鞏義。「晉人圍郊」之事參見《春秋・昭公二十三年》。[93]鄭傷桓王　鄭軍射傷周桓王。此為春秋前期鄭莊公公開抗命天子的一戰——長葛之役，周桓王率諸侯聯軍伐鄭，鄭莊公竟然率軍迎戰，其部將「射王中肩」。事詳《左傳・桓公五年》。[94]戎執其使　戎人拘留了天子的使臣。周桓王派凡伯出使魯國，戎人在楚丘將其阻截並拘押。事詳《春秋・隱公七年》。[95]衛侯朔召不往　衛侯朔接到天子宣召卻抗命不往。衛侯朔，即衛惠公，直稱其名因其得罪天子而帶有貶義。事詳《春秋・桓公十六年》，並參見《穀梁傳》。[96]五大夫爭權　五位大夫爭奪權力。周景王去世之後，單穆公、劉文公、鞏簡公、甘平公、召莊公五位大夫爭奪權力。事詳《左傳・昭公二十二年》。[97]三君更立　三位君主被輪流擁立。三君，指王子猛、王子朝及周敬王。事詳《左傳・昭公二十二年》。[98]陵夷　卑微；衰落。[99]三代　特指夏、商、周三個王朝。古人（特別是儒家一流人物）推崇三代為「王道」政治的典型。[100]文學　此處指儒學。[101]渾殽　雜亂。渾，通「混」。[102]章交公車　奏章交送公車署。公車，官署名。隸屬於衛尉，長官為公車令。掌管宮殿中司馬門的警衛工作。接受臣民上書及接待應召入朝者，亦由公車署負責。[103]人滿北軍　上書之後等待批覆結果的人充滿了北軍營壘。北軍，漢代京師禁衛軍隊。《東觀漢記》卷一〈世祖光武皇帝〉：「舊制：上書以青布囊素裹封書，不中式不得上。既上，詣北軍待報，前後相塵，連歲月乃決。」據此可知，臣民上書之後要到北軍等待批覆結果。[104]舛午　亦作「舛互」。互相矛盾；觝觸。[105]膠戾乖刺　志意不和，互相違逆，離心離德。[106]營或　通「熒惑」。迷惑。[107]感移心意　引誘君主改變主意。[108]分曹為黨　朋比結黨。曹，群；輩。[109]鱗集　結集如魚鱗。極言其多。[110]輻湊　車輻歸依於車軸。多用以比喻人或物聚集於一個中心。[111]卻行　倒退。[112]初元　漢元帝年號（西元前四八—前四四年）。[113]解紛　解除紛亂。[114]原　推原；追溯本原。[115]還　收回。[116]枉　曲；邪。[117]否泰　《周易》中的兩個卦名。〈否卦〉為上下閉塞不通之象，〈泰卦〉則為上下相通之象。兩者之間的轉化則以「否極泰來」的成語最為世人所知。[118]雨雪麃麃二句　詩句引自《詩經・小雅・角弓》。據說是譏刺周幽王好讒佞的詩篇。大意為：「天降大雪雖然聲勢驚人，一旦遇到太陽輝曜就消釋而去。」隱喻之意為：小人雖多，但是君主如果有意推行善政，使賢者得以任用，小人就會迅速消亡。麃麃，盛大降雪之貌。晛，太陽的熱氣。聿，詞頭，無實義。[119]鯀共工驩兜句　（無德乃至於兇狠的）鯀、共工、驩兜與（有盛德的）舜、禹共同雜處在堯的朝廷中。諸人皆為傳說中「五帝時代」兼有神性與人性的人物。鯀，崇伯之名，即古史傳說「四凶」中的檮杌，大禹的父親。共工，即古史傳說「四凶」中的窮奇。驩兜，即古史傳說「四凶」中的渾敦。舜，虞舜，「五帝」之一，與堯同為「禪讓」傳說的核心人物。禹，即大禹。以治水的傳說而知名。堯，唐堯，「五帝」之一。

(120)周公與管蔡並居周位　周公旦與管叔鮮、蔡叔度共同在西周朝廷任官。三人皆為周文王之子、周武王之弟。在周武王死後，周公旦當國，管、蔡等人聯合商紂王之子武庚祿父共同發起「三監之亂」。周公旦東征平叛，誅殺管叔鮮而流放蔡叔度。(121)季孟　即季孫氏、孟孫氏。皆為春秋時代魯桓公的後代，到春秋後期與叔孫氏合稱「三桓」，同為秉執大權而凌慢國君的魯國大夫。終有「三分公室」之舉。(122)叔孫　叔孫通。秦漢之交的名臣。詳見卷四十三〈叔孫通傳〉。(123)我心匪石二句　此詩引自《詩經・邶風・柏舟》。大意為：「我的心不是石頭，但比石頭更為堅定而不可轉移。」匪，通「非」。(124)渙汗其大號　引文出自《周易・渙卦》。在《周易》中的本意是：「(天下人心渙散如同王者身患疾病，經過凝聚人心如同)王者身出大汗疾病已去，王者的號令可以通行無阻了。」聯繫下文，此處引用者的借用意義是：「王者的號令如同出汗一般不能收回」。後世以「渙汗」作為帝王號令的代稱(如，《北堂書鈔》卷一百三引王肅《易》注：「王者出令，不可復反，喻如身中汗出不可反也。」)，取義恰恰與此相同。(125)未能踰時而反　未能超過一個季節就收回了。時，一時；三個月。反，返還；收回。(126)見不善如探湯　《論語・季氏》載孔子之言。聯繫其上句「見善如不及」，其大意應該為：「見到邪惡就如同用手試探沸水一般(立即收縮)」。此處並非是明哲保身之意，而是強調要迅速遠離(排除)邪惡。(127)二府奏佞讇不當在位　二府官員彈奏佞諂之徒不當身在朝位。二府，指丞相府、御史府。讇，古諂字。(128)詆　詆毀；誹謗。(129)飛文　意同「飛語」、「蜚語」。傳聞之說。(130)憂心悄悄二句　詩句引自《詩經・邶風・柏舟》。大意為：「憂愁之心積於胸中，惱怒許多奸邪的小人得勢。」悄悄，憂愁之貌。慍，怒。(131)顏淵子貢　人名。兩人皆為孔子的弟子。顏淵，即顏回。以崇尚德行和安貧樂道而著稱。子貢，即端木賜，字子貢。以能言善辯、富於治國才幹與經商能力而著稱。(132)禹稷與臯陶傳相汲引　大禹、后稷與臯陶互相推薦獎拔。禹、稷、臯陶皆為上古傳說中的人物。禹，即大禹，參見上段注釋❻。稷，姬周的始祖，名棄。據說在虞舜時期擔任管理農事的高級官員，被尊為「后稷」。「稷」的本意，或說為農業神，或說為農事官。臯陶，虞舜時期的執法官。汲引，引進；推薦。(133)飛龍在天二句　引語出自《周易・乾卦》的「九五象辭」。現在的傳本作「飛龍在天，大人造也」。據金景芳、呂紹綱《周易全解》：「『大人』釋『龍』字，『造』釋『飛』字，『大人造』即『飛龍在天』之義。」此說或得《周易》原旨，但是，細味上下文意，劉向引用此語必定另有他解：飛龍，借喻聖王正位臨馭四方。大人，指賢人君子。(134)拔茅茹以其彙二句　引語出自《周易・泰卦》的「初九爻辭」。據金景芳、呂紹綱《周易全解》的斷句應該為「拔茅茹，以其彙征，吉。」其大意為：「君子處世就如同拔茅一樣，自己上進，還要引導自己的同類一道上進，吉。」茅，草名。茹，植物根鬚在地下相牽連。彙，同類。征，行。(135)湯用伊尹　商湯任用伊尹。商湯，商王朝的開創者。伊尹，商王朝前期的政治家。(136)交戟　執戟相交。本書卷六十五

〈東方朔傳〉有「官不過侍郎，位不過執戟」之說。執戟，本有親近陛衛之意，引申為宮廷禁衛區。(137)危險　偏頗奸邪。危，不正；偏頗。險，奸邪。(138)四放之罰　對四人加以流放的嚴厲懲罰。即顏師古注釋中稱引的「流共工於幽州，放驩兜於崇山，竄三苗於三危，殛鯀於羽山」。(139)兩觀之誅　在兩觀之間的誅殺。具體是指傳說中的孔子殺「奸人之雄」少正卯一事。兩觀，帝王宮殿大門之外夾道而立的標誌性、禮儀性建築物。亦稱「兩闕」。(140)觀雨雪之詩　觀看那首「雨雪」的詩句，即上引《詩經・小雅・角弓》篇的詩句：「雨雪麃麃，見晛聿消。」(141)歷周唐之所進以為法　逐一觀察周成王、唐堯是如何進用賢能以作為自己的楷模。歷，逐一觀察。周，周成王。唐，唐堯。法，法式；楷模。(142)揆　揣度；研究。(143)險詖　邪僻。(144)決斷狐疑　以敢於決斷定策取代先前的多疑不定。狐疑，俗說狐多疑，借喻多疑而乏決斷的人物性格。(145)分別猶豫　以善於鑑別仲裁取代先前的遲疑不決。分別，區分鑑別。與「決斷」對言。猶豫，徘徊不定；猶豫不決。與「狐疑」對言。(146)胏附　即「胏腑」。喻指親信。《漢書補注》引王念孫之說「余謂胏附，皆謂木皮也。……言己為帝室微末之親，如木皮之託於木也」。(147)條　分條列舉；逐一表述。參見本書卷八十九〈循吏傳〉顏師古注：「凡言條者，一一而疏舉之，若木條然。」(148)不宜宣泄　不適宜讓其他人知曉。臣子以密奏的形式上書皇帝言事，感覺其中內容敏感、不宜於公開，即可使用這樣的提示語。劉向擔憂這封上書被石顯等漢元帝身邊親信所知而於自己不利，故作此語。據下文可知，石顯等人很快知曉了全部內容，是為元帝失政之一例。(149)昧死　即「冒死」。不避死罪。這是秦漢時期臣民上書皇帝時的套語，意在尊君而抑臣。參見本書卷一下〈高帝紀下〉張晏注釋：「秦以為人臣上書當言昧犯死罪而言，漢遂遵之。」

【語　譯】文書奏呈之後，弘恭、石顯懷疑奏書是劉更生所為，稟報皇帝請求審訊其中的奸詐之事。供詞果然服罪，於是就逮捕劉更生下獄囚禁，將此案交付太子太傅韋玄成、諫大夫貢禹，與廷尉共同審訊。審訊的結果是彈劾劉更生以前身為九卿官員，坐罪與蕭望之、周堪合謀排斥車騎將軍史高和許氏、史氏在宮中侍奉皇帝的人，誹謗離間皇親國戚，想要斥退罷免他們，而獨自專權。這是為臣不忠之罪，僥倖不被依法誅殺，又蒙受皇帝恩寵被徵召起用，他不痛悔以前的罪過，反而指使他人上書妄言非常之事，這是觸犯了誣罔不道的重罪。劉更生被治罪免官貶為庶人。而蕭望之也因為指使兒子上書為自己申訴前事的冤情而被定罪，弘恭、石顯稟報皇帝而命令蕭望之前往監獄提供對質性的口供。蕭望之為此自殺。天子對此結果很感悼惜悔恨，於是就破格提拔周堪出任光祿勳，周堪的弟子張猛擔任光祿大夫給事中，對他們表現出極大的信任。弘恭、石顯忌憚他們，多次進譖言誹謗他們。劉更生見周堪、張猛在位，希望自己得到再度進用的機會，也擔憂周堪、張猛的政治命運遭遇危難，就進呈密封的奏事文書，勸諫皇帝說：

2 「我以前有幸因為骨肉之親而充任九卿職務，因為尊奉法度不謹慎而獲罪，竟然再度蒙受恩寵而得到進用。我私下看到反常的災異現象同時出現，天地運行失常，徵兆是針對國家而發。有心無論如何都不發表言論，又想到忠臣即便身在田畝為農，還不忘君主，這是一片拳拳之心臣子的道義所在啊。更何況我與皇帝另有骨肉之親，又加上還有舊恩未曾報答皇帝呢！有心竭盡愚見的真誠，又恐怕逾越職分而得罪，但是考慮到新舊兩次恩寵未曾報答，按照忠臣的道義原則，得以盡情傾吐我的愚見，隨後退居田野為農，也至死而無遺憾了。

3 「我聽說虞舜任命九位聖賢擔任九官，人才濟濟又能夠互相禮讓，這是和敬禮讓的最高境界啊。眾多的賢者和寧於朝廷之上，那麼萬物就會和寧於民間。所以用簫吹奏〈韶〉樂至於九次，就有鳳凰前來展示其容儀；敲擊或拍打石質樂器，就有各種獸類紛紛前來獻舞獻瑞。四海之內，沒有不呈現和敬氣象的。等到周文王的時代，在西部開創了國家基業，眾多賢能紛至沓來，無不肅穆和寧，崇尚推讓的風尚，用以消弭利益紛爭引發的訴訟。周文王逝世之後，周公追思仰慕他，以詩歌詠唱周文王的道德，該詩的內容是：『肅穆寧靜的宗廟，肅敬雍和心地光明的助祭人；人才濟濟的眾多賢士，都在秉承文王的道德。』在那個時期，武王、周公相繼秉政，朝臣和睦於內，萬國結歡於外，所以盡得大家的歡心，用以祭祀他們各自的先祖。該詩的內容是：『前來者雍和敬重，到達者肅穆莊重，助祭人是顯貴的諸侯，天子面呈肅穆的表情。』這是說四方的諸侯都秉持和敬之心前來。諸侯和敬於下，天的感應祥瑞回報於上，所以〈周頌〉說『賜降福祐源源不斷』，又說『贈送給我麰麰』。麰麰，就是麥糧，原本是從天上降下的。這些都是通過和敬之心招致和寧局面，獲得上天幫助的具體事例。

4 「傳承到周幽王、周厲王之際，朝廷之上發生不和，轉而互相誹議怨恨，詩的作者惱恨並憂慮這種局面而寫道：『民眾都不善良，互相怨恨和排斥。』眾多小人占據官位而依從奸邪的議論，爭先恐後地互相標榜而背離君子之道，所以有如此的詩句：『小人紛紛不停地詆毀誹謗，這是很大的悲哀！有人獻出好的謀略，小人們都加以拒絕；有人獻出的謀略明明不好，小人們都加以採納！』有德君子即便是孤獨無援也堅守正道，不屈從多數人的錯誤意見而依然堅持自己的正確見解，努力從事為君王服務的事業，竟然反而遭受憎恨排斥，承受讒言誹謗，所以有這樣的詩句：『勤勉從事，不敢宣告自己的勞苦，未曾犯有罪過，竟然遭遇讒言攻訐無休無止！』在那個時候，日月遭受侵蝕而喪失光輝，有這樣的詩句：『初一正值干支辛卯，太陽又出現侵蝕，也是最嚴重的事態！』又說：『月亮發生虧蝕，太陽又發生虧蝕，現在的這些天下百姓，承受很大的悲哀！』又說：『天用日月虧蝕向人間懸告凶象，表現為不遵循它們的軌道運行；四方各國政治不良，表現為不任用他們的賢能人才！』天上的災變出現在上，地下的災變震動於下，泉水從地下沸騰而出衝擊天空，高山與深谷相互易位。有這樣的詩句：『數以百計的川河洶湧沸騰，山峰全部崩毀，原來的高岸變為深陷的谷地，原來深陷的谷地變為山陵。令人悲哀的是現在的當政者，目睹這些災異為何未曾加以鑑戒！』天降霜露違背正常節令，不按照其正常時節出現，有這樣的詩句：『在正陽之月反而頻繁降霜，我心中為此憂傷不止；民眾傳播的訛誤謠言，足以成為很嚴重的禍患！』這是說民眾把本來正確的硬說成為錯誤的，所造成的危害是很大的。此類事例都是由於上下不和，賢人與不肖之徒的位置被顛倒而招致的惡果。

「自此之後，天下大亂，臣下篡奪君位殺害君主的禍殃不斷出現，周厲王出奔彘地，周幽王被殺。到周平王的末年，魯隱公剛剛即位的時候，周室大夫祭伯與天子離心離德，出奔到魯國，而《春秋》的記載出於『避諱』的原則，不說『來奔』，是擔憂周王室的禍殃自此開始。自此之後，尹氏世代為卿而專權恣肆，天下諸侯背叛而不來朝見，周王室陷入衰微。在《春秋》紀事的二百四十二年之間，共發生日蝕三十六次，地震五次，山陵崩壞坍塌二次，預兆災禍的彗星出現三次，夜間看不到恆星，夜半時分流星隕落如同降雨一次，火災十四次。長狄人侵入華夏的三個國家，五塊隕石墜落在宋國境內，六隻鷁鳥後退著飛經過了宋國都城，出現了許多麋鹿，還有傷害農作物的蜮蟲、蜚蟲，鸜鵒鳥前來築巢，這些反常現象都出現了一次。白晝一片昏暗。降雨後樹木出現樹掛。李樹梅樹在冬季結出果實。七月竟然下了霜，草木沒有被凍死。降霜在八月間凍死了豆類作物。天降大冰雹。雨雪雷霆打亂正常秩序的事情相繼發生。水災、旱災、饑荒，蝝蟲、螽蟲、螟蟲等災荒蜂擁而至。在那個時代，禍亂的徵兆很快就應驗了，弒害君主的事出現了三十六次，國家被滅亡的有五十二個，諸侯被迫出奔逃往，不得保全其國家政權的事例，多到不可勝數。周王室遭遇多次禍殃：晉國在貿戎擊敗王室的軍隊；攻打它的郊邑；鄭軍射傷周桓王；戎人拘留了天子的使臣；衛侯朔接到天子宣召卻抗命不往，齊國居然違逆天子的命令而援助衛侯朔；五位大夫爭奪權力，三位君主被輪流擁立，不能依據正道給予裁定。因此導致衰落而不能復興。

6 「由此看來，和氣招致祥瑞，邪氣招致災異；祥瑞多的國家就會安定，災異眾多的國家就會危亡，這是天地之間的規律，古今一理的通則。現在陛下開創三代盛世的功業，招致儒學之士，提供悠然治學的條件和寬容的環境，使他們得以共同進取。現在的問題是賢能的人與不肖之徒混雜，白黑不分，邪正參雜，忠奸並進。奏章交送公車署，上書之後等待批覆結果的人充滿了北軍營壘。朝廷大臣互相矛盾，離心離德，無休無止地互相攻訐，互相抨擊。轉達授受的環節增加，引發文書糾紛，導致前後錯謬，貶毀與稱譽並存而無法釐清真相。如此這般迷惑君主耳目，引誘君主改變主意的事例，不勝枚舉。有人朋比結黨，往往結成宗派集團，勢必同心以陷害正直的大臣。正直的大臣得以進用，是國家走向大治的標誌；正直大臣遭遇陷害，是國家走向動亂的徵兆。身處關係治亂的樞機，不知應該倚重何人，而且預兆禍亂的災異現象頻繁出現，這正是為臣深感寒心的事情。那些秉執權力依憑威勢的人，他們的子弟如同魚鱗一般密密地結集於朝廷，暗中歸附他們的黨羽很多，他們層層疊疊地圍聚在皇帝面前，他們的貶毀和稱譽之言很容易被皇帝採用，使得政事最終陷入違背正道的災難。因此日月失去光明，雪霜在夏季降下，海水奔湧而出，高陵與深谷易位，天上列星不按正常軌道運行，這都是由怨氣所導致的。這般遵行衰亡的周朝的軌跡，循守詩人所譏刺的前例行事，而希望藉此達成太平之治，實現人們歌頌的王道政治，就如同倒退而行卻想要追上前邊的人一般。進入初元年間以來已經六年了，查驗《春秋》記載的六年之中，災異未有如同現在這般稠密的。有《春秋》所記載的若干災異，沒有孔子的補救，尚且不能解除紛亂，更何況災異之多遠過於《春秋》呢？

7 「追溯之所以如此的根本原因，在於讒言毀謗者和行事邪惡者都得到了進用。讒言毀謗者和行事邪惡者之所以都得到了進用，是由於皇上多疑心，既已任用賢能的人並且推行了很好的政策，一旦有人譖言誹謗，就將賢人斥退並且把很好的政策中止。秉執狐疑不定之心，就會招來讒言誣陷的口舌；懷抱著猶豫不決之意，就會開啟眾多邪惡之徒湧入的門戶。一旦讒言毀謗者和行事邪惡者得以進用，那麼眾多賢能的人就會退出，眾多邪惡之徒得勢，那麼正直之士就會消逝。所以《周易》有〈否〉〈泰〉兩卦。小人的原則得到張揚，君子的原則就會消亡，君子的原則消失，就會出現政治日益混亂的狀況，所以稱之為『否』。『否』的內涵是，閉塞而混亂。君子的原則得以光大，小人的原則就會消亡，小人的原則消亡，就會出現政治日益清明的狀況，所以稱之為『泰』。『泰』的內涵是，暢通而治理。《詩經》又說『天降大雪雖然聲勢驚人，一旦遇到太陽輝曜就消釋而去』，這與上引《周易》的說法是同一意義。遠溯往昔鯀、共工、驩兜與虞舜、大禹共同在唐堯的朝廷之上共事，周公與管叔、蔡叔共同在西周朝廷任官，在那個時候，連篇累牘地進獻相互詆毀的話語，流言蜚語相互誹謗，怎能說得盡啊！上古帝王唐堯、周成王能判定舜、禹、周公是賢能而斥退共工、管叔、蔡叔，所以國家得以大治，榮耀美名流傳至今。孔子與季孫氏、孟孫氏共同出仕於魯國，李斯與叔孫通共同仕宦於秦國，魯定公、秦始皇認定季孫氏、孟孫氏、李斯是賢能之臣而斥退孔子、叔孫通，所以國家走向大亂，承受的罵名流傳至今。所以治亂榮辱的開端，在於君主所信任的是何種類型的人；信任的確實是賢能的人，就在於這種信任能否堅定而不移。《詩經》說『我的心不是石頭，但比石頭更為堅定而不可轉移』。這是說堅守善心發自真誠。《周易》說『王者的號令如同出汗』。這是說帝王發號施令如同人體出汗，汗出來就不能返回了。現在皇上發出的很好的政令，未能超過三個月就宣布中止了，這是『反汗』的行為；信用賢能未能超過三十天就加以斥退了，這是『轉石』的行徑。《論語》說：『見到邪惡就如同用手試探沸水一般。』現在丞相府和御史府彈奏佞諂之徒不當身在朝位，過了多年卻不曾斥退。所以皇上的行為是發號施令就如同反汗，信用賢能就如同轉石，斥退奸佞就如同拔山，如此行徑還指望陰陽調和，不是太難了麼！

8 「因此眾多的奸佞小人窺見有漏洞可以利用，就粉飾文字，使用花言巧語進行惡劣的詆毀，各種流言蜚語，喧譁於民間。所以《詩經》說：『憂愁之心積於胸中，惱怒許多奸邪的小人得勢。』小人多得成群結隊，確實會令人們惱怒憂恨。往昔之時孔子與顏淵、子貢相互稱譽，不能說他們結為朋黨；大禹、后稷與皋陶互相推薦獎拔，不能稱他們為相互勾結。為什麼呢？因為他們忠誠謀國，無有邪心。所以賢能的人處於高位，就會推引他們的同類而積聚於朝廷，《周易》說『聖王飛龍在天臨馭四方，賢人君子就會積聚在一起』；賢能的人處於下位，就會思考與他們的同類共同進取，《周易》說『君子處世就如同拔茅一樣，自己上進，還要引導自己的同類一道上進，吉』。處於上位就推引他們的同類，處於下位就推薦他們的同類，所以商湯任用伊尹，不仁的人就遠遁而去，而眾多賢能的人紛紛前來，這就是同類相招致。現在奸佞邪惡之徒與賢能之臣共處於宮廷之內，他們結成私黨共同謀劃，違離善道歸依邪惡，隨聲附和鬧得沸沸揚揚，多次造出偏激奸邪的輿論，希望藉此來改變主上的意願。一旦猛然間採用了他們的論議就引發劫難，這正是天地之所以預先示警告誡，災異之所以重複出現的原因所在。

9 「自古以來的明君聖王，沒有不使用誅罰手段就能夠治理好國家的，所以虞舜有對四人加以流放的嚴厲懲罰，而孔子有在兩觀之間的誅殺，然後聖德教化才可以得到推行。現在以陛下聖明睿智，只要能夠深深體悟天地的本心，細細觀察孔子兩觀之下的誅殺，閱覽〈否卦〉〈泰卦〉這兩卦，觀讀『雨雪麃麃，見晛聿消』的詩篇，逐一觀察周成王、唐堯是如何進用賢能以作為自己的楷模，探究秦始皇、魯定公如何使得賢能消失的教訓以為鑑戒，考察瑞祥徵兆帶來的福祉，反思災異示警之後的禍殃，用以研究當世的災變，放逐遠斥奸佞邪惡的私黨，摧毀邪僻的小人幫派，關閉眾多邪曲之徒奔走經營的門戶，廣開眾多正人君子仕進的道路，以敢於決斷定策取代先前的多疑不定，以善於鑑別仲裁取代先前的遲疑不決，使得是非非常明確清晰可知，那麼各種災異就會歸於消失，而眾多祥瑞共同前來，這才是太平的根基，萬世的大利。

10 「為臣有幸得以自託於帝室微末之親，因為確實看到了陰陽不調的問題，不敢不告知所聽聞的事情。我私下推究《春秋》所記載的災異，以圖補救現在的時局於一二，分條列舉其所以如此的成因，不適宜讓其他人知曉。為臣懷著謹敬之心將奏書雙重密封，不避死罪奏上。」

恭、顯見其書，愈與許、史比❶而怨更生等。堪性公方❷，自見孤立，遂直道而不曲。是歲夏寒，日青無光，恭、顯及許、史皆言堪、猛用事之咎。上內重堪，又患眾口之浸潤❸，無所取信。時長安令楊興❹以材能幸，常稱譽堪。上欲以為助，乃見問興：「朝臣斷斷❺不可光祿勳，何邪？」興者傾巧士，謂上疑堪，因順指曰：「堪非獨不可於朝廷，自州里❻亦不可也。臣見眾人聞堪前與劉更生等謀毀骨肉，以為當誅，故臣前言堪不可誅傷，為國養恩也。」上曰：「然此何罪而誅？今宜奈何？」興曰：「臣愚以為可賜爵關內侯，食邑三百戶，勿令典事。明主不失師傅之恩，此最策之得者也。」上於是疑。會城門校尉諸葛豐❼亦言堪、猛短，上因發怒免豐。語在其傳。又曰：「豐言堪、猛貞信不立，朕閔而不治❽，又惜其材能未有所效，其左遷❾堪為河東太守，猛槐里❿令。」

顯等專權日甚。後三歲餘，孝宣廟闕災⓫，其晦，日有蝕之。於是上召諸前言日變在堪、猛者責問，皆稽首⓬謝。乃因下詔曰：「河東太守堪，先帝賢之，命而傳朕。資質淑茂⓭，道術通明，論議正直，秉心有常，發憤悃愊⓮，信有憂國之心。以不能阿尊事貴，孤特寡助，抑厭⓯遂退，卒不克明⓰。往者眾臣見異，不務自修，深惟其故，而反晻昧⓱說天，託咎此人。朕不得已，出而試之，以彰其材。堪出之後，大變仍臻，眾亦嘿然⑱。堪治未期年⑲，而三老⑳官屬有識之士詠頌其美，使者過郡，靡㉑人不稱。此固足以彰先帝之知人，而朕有以自明也。俗人乃造端作基㉒，非議詆欺，或引幽隱，非所宜明，意疑以類，欲以陷之，朕亦不取也。朕迫于俗，不得專心，乃者天著大異，朕甚懼焉。今堪年衰歲暮，恐不得自信㉓，排於異人，將安究之哉？其徵堪詣行在所㉔。」拜為光祿大夫，秩中二千石，領尚書事。猛復為太中大夫給事中。顯幹尚書事，尚書五人，皆其黨也。堪希㉕得見，常因顯白事，事決顯口。會堪疾瘖㉖，不能言而卒。顯誣譖猛，令自殺於公車。更生傷之，乃著疾讒、擿㉗要、救危及世頌，凡八篇，依興㉘古事，悼己及同類也。遂廢十餘年。

【章　旨】以上為〈劉向傳〉的第四部分，敘述弘恭、石顯等人因劉向的奏書結為朋黨，專權擅政，怨恨並排斥周堪等人，劉向因此而被廢黜十多年。

【注　釋】❶比　親附；朋比。❷公方　公正剛直。❸寖潤　浸染。❹長安令楊興　擔任長安令的楊興。長安令，官名。長安縣的行政長官。楊興，人名。他富有才幹和進取心，卻缺乏政治操守。參見卷六十四〈賈捐之傳〉。❺齗齗　忿嫉。❻州里　先秦時期的民戶組織。據《周禮・地官・司徒》所載：五家為比，五比為閭，四閭為族，五族為黨，五黨為州。可知每州為二千五百戶。同書「遂人」條又有「五家為鄰，五鄰為里」之說，可知每里為二十五戶。在秦漢時期，州里已經是泛稱，意同「鄉閭」、「本土」。❼城門校尉諸葛豐　擔任城門校尉的諸葛豐。城門校尉，官名。掌管京師城門的駐軍。諸葛豐，漢元帝時期以剛直敢言、嚴於執法而聞名的大臣。詳見卷七十七〈諸葛豐傳〉。❽閔而不治　出於憐憫而不加以追究。閔，通「憫」。❾左遷　降職。秦漢時期通常是「尚右」，即以右為上、為尊，而以左為下、為卑。故稱降職為左遷。❿槐里　縣名。故治在今陝西興平東南。⓫孝宣廟闕災　孝宣帝的廟前闕樓發生火災。⓬稽首　古代「拜禮」中規格最高的一種。用於臣拜君，也用於表示謝罪的場合。行禮者引頭至地，並且頭觸地面要停留較長的一段時間。稽，本為停留之意。⓭淑茂　善良美好。淑，善。茂，美。⓮悃愊　至誠。⓯厭　通「壓」。壓抑。⓰卒不克明　終究不能表白。卒，終。克，能。⓱晻昧　昏暗。晻，不明。⓲嘿然　默然。嘿，通「默」。⓳期年　週年。⓴三老　官名。秦和西漢時期設置於縣鄉兩級，執掌教化。㉑靡　無。㉒造端作基　開端創業。在此處是「憑空造出」的意思。㉓信　通「申」。㉔行在所　對皇帝駐地的尊稱。皇帝被尊為天下之主，無論所到何處均為主人，故皇帝巡行駐蹕之地均稱行在所。而京師自然也稱行在所。此處即指京師而言。㉕希　稀少。㉖疢瘖　得了瘖啞失音的重病。疢，用作動詞，患疾。瘖，瘖啞。㉗擿　指發。㉘依興　依託和比喻。

【語　譯】弘恭、石顯見到這封奏書，愈發與許嘉、史高互相結黨而怨恨劉更生等人。周堪秉性公正剛直，自己感受到被孤立，就更加堅持直道而行不曲意順從。這一年夏季出現了寒冷的反常現象，太陽青冷而無光輝，弘恭、石顯及許嘉、史高都說是周堪、張猛執掌國事引發的災難。皇上內心器重周堪，又顧忌眾人口舌不斷增加的輿論壓力，無處求取對信任周堪、張猛的支持。當時的長安令楊興因為有才能而得到寵幸，時常稱譽周堪。皇上希望藉楊興的話來為周堪提供幫助，就宣召楊興詢問：「朝廷大臣嫉恨不容納光祿勳，到底是何等原因？」楊興是居心不正投機取巧的人，認定皇上懷疑周堪，就自以為是地逢迎皇帝意旨說：「周堪非獨不見容於朝廷，就是在本土鄉里也得不到認可。我看到許多人聽聞周堪以前與劉更生等人圖謀詆毀皇親骨肉，以為應當誅殺，所以我此前曾經說周堪不可誅傷，目的只是在於為國家積養恩德。」皇上說：「這樣一來此事應該用何罪名加以誅罰？現在應該怎麼辦？」楊興說：「以我的愚見認為可以給周堪賜爵為關內侯，封給他食邑三百戶，不要讓他執掌國事。這樣可以顯示陛下作為聖明君主不失尊重師傅的恩德，這是最為高明的策略。」皇上於是對周堪產生了懷疑。恰逢擔任城門校尉的諸葛豐也進言周堪、張猛的短處，皇上因此發怒而罷免了諸葛豐。其事詳細記在諸葛豐的傳中。皇帝又說：「諸葛豐說周堪、張猛缺乏忠貞誠信，朕出於憐憫而不加以追究。又惋惜他們的才能未有施展的地方，還是將他們降職使用，任命周堪為河東郡的太守，張猛為槐里縣的縣令。」

石顯等人專權日益嚴重。此後過了三年有餘，孝宣帝的廟前闕樓發生火災，當月的月終，發生了日食。因此皇上召集那些先前說太陽異變的責任在周堪、張猛的人加以責問，他們都久久地叩首到地表示謝罪。皇帝就藉機下詔說：「河東太守周堪，先帝認為他賢能，任命他擔任朕的師傅。他資質善良美好，學術通達洞明，論議正直，秉心不變，發憤至誠，確有憂國之心。因為他不能阿附尊顯逢迎權貴，陷入孤立特行而寡助的境地，受到壓抑終被黜退，終究不能表白。以往眾多大臣見到災異出現，不致力於躬自反省，深入思考其原因，卻反而一派糊塗地解說天變，歸咎於此人。朕不得已，把周堪外放離開京城而考察他在地方上的政績，用以彰顯他的才能。周堪出京之後，嚴重的災變依然不斷到來，眾臣也只能默然不語。周堪治理河東郡還不足一週年，而三老等官屬以及有識之士都在歌頌他的善美，使者凡是經過河東郡的，無人不稱讚他。此事固足以彰顯先帝的知人善任，而且朕也由此而得以自行表明真心了。低俗的人竟然憑空造出若干說法，指責詆毀，或者引用幽玄隱晦，不適宜推究明瞭之事，隨意猜疑與之類似，準備以這種方式陷害他，朕也是不會理睬的。朕迫於俗人的輿論，對周堪未能一心信任，近來上天顯示出日食的重大災異，朕對此甚感危懼。現在周堪已經是年衰歲暮，恐怕他得不到自行申明主張的機會，受到他人的排斥，怎麼可能探究清楚是非呢？著令徵召周堪前來京師。」封拜周堪為光祿大夫，秩祿為中二千石，領尚書事。張猛再度擔任太中大夫給事中。石顯控制尚書事務，其中的尚書五人，都是他的黨羽。周堪很少見到皇帝，時常通過石顯報告事情，政事決於石顯之口。恰逢周堪得了瘖啞失音的重病，不能說話而逝世。石顯誣陷詆毀張猛，命令他自殺於公車署。劉更生深感傷悼，就撰著〈疾讒〉、〈擿要〉、〈救危〉及〈世頌〉等文章，共有八篇，依託古事而有所寄寓，哀傷自己和同道的沉淪。於是被廢黜了十餘年。

成帝即位，顯等伏辜❶，更生乃復進用，更名向。向以故九卿召拜為中郎，使領護三輔都水❷。數奏封事，遷光祿大夫。是時帝元舅❸陽平侯王鳳為大將軍秉政，倚太后，專國權，兄弟七人皆封為列侯❹。時數有大異，向以為外戚貴盛，鳳兄弟用事之咎。而上方精於詩書，觀古文，詔向領校中五經祕書❺。向見尚書洪範，箕子為武王陳五行陰陽休咎之應❻。向乃集合上古以來歷春秋六國至秦漢符瑞災異之記，推迹行事，連傳❼禍福，著其占驗❽，比類相從，各有條目，凡十一篇，號曰洪範五行傳論❾，奏之。天子心知向忠精，故為鳳兄弟起此論也，然終不能奪王氏權。

【章旨】以上為〈劉向傳〉的第五部分。成帝即位後，王氏勢力急劇膨脹，劉向乘機著書以諷諫成帝。

【注釋】❶伏辜　即伏罪。意為依據法律受到應有的懲治。還有另外一種意涵，是指當事人自己承認有罪。❷領護三輔都水　職官術語。兼管京畿三輔地區的水利事務。領護是表示以高官兼理低級職事之意。三輔，漢代對京畿地區（京兆尹、左馮翊、右扶風）的專稱。都水，官署名。西漢時期中央與地方均有設置。設於地方的都水官員，主管水利事務。❸元舅　大舅。❹兄弟七人皆封為列侯　據卷九十八〈元后傳〉，先是元后的長兄（漢成帝的元舅）王鳳繼承其父王禁的封爵為陽平侯，又有元后的同母弟王崇受封為安成侯。稍後王氏兄弟五人竟然是同日受封，當時就有「五侯」之稱：王譚封為平阿侯，王商封為成都侯，王立封為紅陽侯，王根封為曲陽侯，王逢時封為高平侯。總計王氏兄弟先後受封為侯者七人。此為王氏外戚勢力坐大的象徵之一。❺領校中五經祕書　負責組織對宮禁之中所藏《五經》等圖書的校對整理。領，以高官兼理低級職事之意。校，校對。古代對圖書的文字加以整理的方法之一。中，宮禁之中。❻箕子為武王句　箕子對周武王陳述分析五行運行、陰陽變化所顯示的相生相剋對王朝興替的應驗。箕子，殷商末期的貴族政治家，可能是商紂王的叔父（一說為庶兄）。箕應該是他的封國國號。箕子見商紂王暴虐無道，反覆進諫而被囚禁。周武王滅商之後釋放了箕子，並且向他求教治國大法。箕子依據傳說中大禹所得到的《洛書》，闡述了九種大法。史官根據周武王和箕子之間的問答記錄，整理成篇，就是《尚書》中的〈洪範〉。休咎，善惡；吉凶。❼傳　解釋；解說。❽占驗　應驗了的占卜之類的預言。❾洪範五行傳論　書名。據本書〈藝文志〉記載，有劉向所著《五行傳記》十一卷，當為該書的異名縮寫。本書〈五行志〉中多次出現「劉向以為」的引用文字，應該出自該書之說。

【語　譯】漢成帝登基稱帝，石顯等人依據法律受到應有的懲治，劉更生才再度得到進用，改名為劉向。劉向以前九卿高官的身分被宣召覲見任命為中郎，漢成帝指令他兼管京畿三輔地區的水利事務。他多次上奏密封的文書陳述政見，遷陞為光祿大夫。當時漢成帝的大舅陽平侯王鳳擔任大將軍秉執朝政，倚仗太后，專斷國家大權，兄弟七人都受封為列侯。當時多次出現重大災異現象，劉向以為是外戚貴盛，王鳳兄弟執掌政事引發的災難。而皇上正在精心研讀《詩經》《尚書》，觀覽古文，下詔指令劉向負責組織對宮禁之中所藏《五經》等圖書的校對整理。劉向看到《尚書・洪範》這篇文獻，內容是箕子對周武王陳述分析五行運行、陰陽變化所顯示的相生相剋對王朝興替的應驗。劉向就收集了上古以來歷經春秋戰國到秦漢時期的符瑞災異的記載，推演探索災異的表現形式，深入解釋蘊涵的禍福徵兆，凸現其中應驗了的占卜之類的預言，依照類別加以整理，各自設立條目，共十一篇，定名為《洪範五行傳論》，加以呈奏。天子心中知道劉向出於忠精報國之心，特意針對王鳳兄弟而標揭此論，但是終究不能削奪旁落到王氏手中的權力。

1 久之，營起昌陵❶，數年不成，復還歸延陵❷，制度泰奢。向上疏諫曰：

2 「臣聞易曰：『安不忘危，存不忘亡，是以身安而國家可保也❸。』故賢聖之君，博觀終始，窮極事情，而是非分明。王者必通三統❹，明天命所授者博，非獨一姓也。孔子論詩，至於『殷士膚敏，祼將于京❺』，喟然❻歎曰：『大哉天命！善不可不傳于子孫，是以富貴無常；不如是，則王公其何以戒慎，民萌❼何以勸勉？』蓋傷微子❽之事周，而痛殷之亡也。雖有堯舜之聖，不能化丹朱❾之子；雖有禹湯之德，不能訓末孫之桀紂。自古及今，未有不亡之國也。昔高皇帝既滅秦，將都雒陽，感寤劉敬之言，自以德不及周，而賢於秦，遂徙都關中，依周之德，因秦之阻。世之長短，以德為效❿，故常戰栗，不敢諱亡⓫。孔子所謂『富貴無常』，蓋謂此也。

3 「孝文皇帝居霸陵⓬，北臨廁⓭，意悽愴悲懷，顧謂群臣曰：『嗟乎！以北山石為椁⓮，用紵絮斮陳漆其間⓯，豈可動哉！』張釋之⓰進曰：『使其中有可欲⓱，雖錮⓲南山猶有隙；使其中無可欲，雖無石椁，又何慼⓳焉？』夫死者無終極⓴，而國家有廢興，故釋之之言，為無窮計㉑也。孝文寤焉，遂薄葬，不起山墳。

4 「易曰：『古之葬者，厚衣之以薪㉒，藏之中野，不封不樹㉓。後世聖人易之以棺槨。』棺槨之作，自黃帝始。黃帝葬於橋山㉔，堯葬濟陰㉕，丘壠㉖皆小，葬具甚微。舜葬蒼梧㉗，二妃不從㉘。禹葬會稽㉙，不改其列㉚。殷湯無葬處㉛。

文、武、周公葬於畢[32]，秦穆公葬於雍橐泉宮祈年館下[33]，樗里子葬於武庫[34]，皆無丘隴之處。此聖帝明王賢君智士遠覽獨慮無窮之計也。其賢臣孝子亦承命順意而薄葬之，此誠奉安[35]君父，忠孝之至也。

5 「夫周公，武王弟也，葬兄甚微。孔子葬母於防[36]，稱古墓而不墳[37]，曰：『丘，東西南北之人也，不可不識也[38]。』為四尺墳，遇雨而崩[39]。弟子修之，以告孔子，孔子流涕曰：『吾聞之，古者不修墓。』蓋非之也。延陵季子[40]適[41]齊而反，其子死，葬於嬴、博之間[42]，穿不及泉[43]，斂[44]以時服，封墳掩坎[45]，其高可隱[46]，而號[47]曰：『骨肉歸復於土，命也，魂氣則無不之也。』夫嬴、博去吳千有餘里，季子不歸葬。孔子往觀曰：『延陵季子於禮合矣[48]。』故仲尼孝子，而延陵慈父，舜禹忠臣，周公弟弟[49]，其葬君親骨肉，皆微薄矣；非苟[50]為儉，誠便於體[51]也。宋桓司馬[52]為石槨，仲尼曰：『不如速朽[53]。』秦相呂不韋集知略之士而造春秋，亦言薄葬之義，皆明於事者也。

6 「逮[54]至吳王闔閭[55]，違禮厚葬，十有餘年，越人發之。及秦惠文、武、昭、嚴襄[56]五王，皆大作丘隴，多其瘞臧[57]，咸盡發掘暴露，甚足悲也。秦始皇帝葬於驪山之阿[58]，下錮三泉[59]，上崇[60]山墳，其高五十餘丈，周回五里有餘；石槨為游館[61]，人膏為燈燭，水銀為江海，黃金為鳧[62]鴈。珍寶之臧，機械之變[63]，棺槨之麗，宮館之盛，不可勝原[64]。又多殺宮人，生薶[65]工匠，計以萬數。天下苦其役而反之，驪山之作未成，而周章[66]百萬之師至其下矣。項籍燔[67]其宮室營宇，往者咸見發掘[68]。其後牧兒亡羊，羊入其鑿[69]，牧者持火照求羊，失火燒其臧槨。自古至今，葬未有盛如始皇者也，數年之間，外被項籍之災，內離[70]牧豎之禍，豈不哀哉！

7 「是故德彌[71]厚者葬彌薄，知[72]愈深者葬愈微。無德寡知，其葬愈厚，丘隴彌高，宮廟甚麗，發掘必速。由是觀之，明暗之效，葬之吉凶，昭然可見矣。周德既衰而奢侈，宣王賢而中興，更為儉宮室，小寢廟[73]。詩人美之，斯干之詩[74]是也，上章道宮室之如制，下章言子孫之眾多也[75]。及魯嚴公[76]刻飾宗廟，多築臺囿，後嗣再絕[77]，春秋刺[78]焉。周宣如彼而昌，魯、秦如此而絕，是則奢儉之得失也。

8 「陛下即位，躬親[79]節儉，始營初陵，其制約小，天下莫不稱賢明。及徙昌陵，增埤[80]為高，積土為山，發民墳墓，積以萬數，營起邑居，期日迫卒[81]，功費大萬[82]百餘。死者恨於下，生者愁於上，怨氣感動陰陽，因之以饑饉，物故流離[83]以十萬數，臣甚惛[84]焉。以死者為有知，發人之墓，其害多矣；若其無知，又安[85]用大？謀之賢知則不說，以示眾庶則苦之；若苟以說愚夫淫侈之人，又何為哉！陛下仁慈篤美甚厚，聰明疏達蓋世，宜弘漢家之德，崇劉氏之美，光昭五帝、三王，而顧與暴秦亂君競為奢侈，比方丘隴，說愚夫之目，隆一時之觀，違賢知之心，亡萬世之安，臣竊為陛下羞之。唯陛下上覽明聖黃帝、堯、舜、禹、湯、文、武、周公、仲尼之制，下觀賢知穆公、延陵、樗里、張釋之之意。孝文皇帝去墳薄葬，以儉安神，可以為則[86]；秦昭、始皇增山厚臧，以侈生害，足以為戒。初陵之橅[87]，宜從公卿大臣之議，以息眾庶。」

9 書奏，上甚感向言，而不能從其計。

【章　旨】以上為〈劉向傳〉的第六部分，主要記載劉向上疏勸誡成帝不要建造奢華的陵寢之事。在上書中，他反覆稱舉歷代賢明者的薄葬行為，說明因厚葬所造成的禍害，以便能勸說成帝回心轉意，但成帝最後還是沒有聽從他的諫議。

【注　釋】❶昌陵　漢成帝為自己建設的第二個陵墓。因為工程浩大，受到大臣們的幾次反對，不得不中止。參見卷八十五〈谷永傳〉所載谷永的進諫之說：「今陛下輕奪民財，不愛民力，……改作昌陵，反天地之性，因下為高，積土為山，……靡敝天下，五年不成而後反故。」❷延陵　漢成帝即位之初所建的陵墓，昌陵工程停建之後，得以復建。漢成帝死後葬於延陵。延陵位於今陝西咸陽東北。❸安不忘危三句　引文出自《周易・繫辭傳下》。今本《易傳》文字略有不同，作「君子安而不忘危，存而不忘亡，治而不忘亂，是以身安而國家可保也」。❹三統　中國古代用以解釋王朝興替的重要範疇之一。「三統循環」與「五行生剋」之說同樣擁有複雜的知識體系為其支撐。簡而言之，不同朝代的政權興替應該按照黑統（或稱人統）、白統（或稱地統）、赤統（或稱天統）所謂的「三統」循環，各個新興起的朝代，要推行相應的改正朔、易服色的一套制度。而夏、商、周三代與「三統」之間存在著如下對應關係：夏代以十三月為正，色尚黑，謂之得人統；商代以十二月為正，色尚白，謂之得地統；周代以十一月為正，色尚赤，謂之得天統。信奉此種說法的古人，相信周代之後的王朝興亡依然按照這一系統在循環。❺殷士膚敏二句　詩句引自《詩經・大雅・文王》。直譯大意：「殷商的卿士品德優美而行為敏疾，前往周都參加對周人祖先的祭祀（表示歸附有德新朝）」。殷士，殷商的卿士。膚，品德優美。敏，行為敏疾。祼，即灌祭，古代祭祀祖先的儀式之一。將，進行。京，周朝京城。❻喟然　歎息之貌。❼萌　字或作「甿」、「氓」，無知之貌。古代用作對民眾的輕蔑稱謂。❽微子　商周之際的貴族政治家。商紂王的庶兄，與比干、箕子並稱為「殷之三仁」，以進諫不用而出走。周滅商之後，微子受封，立國於宋。❾丹朱　傳說中的唐堯之子。是「父賢子不肖」的代表性人物之一。❿效　徵驗。⓫不敢諱亡　不敢因避諱而不說滅亡之事。⓬霸陵　漢文帝陵墓，以位於霸上而得名，在今陝西西安東的灞水西岸。霸陵因山為墳，不另外修築起陵墓，曾經被作為漢文帝葬制「簡樸」的例證而受到後人的讚頌，其實「因山為墳」是在山體之內開鑿地宮，其工程量不亞於平地起墳。⓭臨廁　臨，登臨。廁，通「側」。邊側。李奇注釋：「霸陵山北頭廁近霸水，帝登其上以遠望也。」⓮椁　同「槨」。古代葬制有內棺外槨之說，槨為棺外的套棺。⓯用紵絮斮陳漆其間　把紵麻絲綿剁碎再用漆粘連為一體充塞它的間隙。斮，斫的異體字。本意為大鋤，引申為砍，斬，剁。陳，施。漆，此處用作動詞。間，間隙。⓰張釋之　漢文帝時期的名臣，官至御史大夫，以「執法平」而著稱。詳見卷五十〈張釋之傳〉。⓱使其中有可欲　假如其中有可以引發貪欲的東西。此處是指隨葬品豐厚，有金玉之物，就會誘使盜墓者發冢取寶。⓲錮　用金屬熔液填塞空隙。⓳慼　憂愁；憂慮。⓴終極　窮盡。㉑為無窮計　為長久安全設想的計策。「無窮」對應於上文的「終極」。㉒厚衣之以薪　引文出自《周易・繫辭傳下》。大意為：以厚厚的積薪覆蓋在死者身上。衣，用作動詞，覆蓋。之，指示代詞，指代死者。㉓不封不樹　不聚土為墳也不種樹以作特殊標記。不封，不在葬處聚土為墳。不樹，不在葬處種樹。㉔橋山　山名。黃帝死後所葬之地的橋山，按照早期的傳說應該位於今河北涿鹿東南，後世則多以陝西黃陵的橋山當之。㉕濟陰　地名。故治在今山東定陶西北。㉖丘壠　冢墳。「壠」字或作「壟」。㉗蒼梧　山名。位於今湖南寧遠。㉘二妃不從　二位妃子不相從殉葬。二妃，娥皇、女英。是傳說中的唐堯之女，虞舜之妃。㉙會稽　山名。在今浙江紹興東南。㉚不改其列　不改變葬地周圍樹木百物的排列原貌。㉛無葬

處　沒有關於下葬之地的記載。㉜畢　地名。位於今陝西咸陽東北。㉝秦穆公句　秦穆公安葬在雍都橐泉宮祈年館的下面。秦穆公，春秋時期秦國的雄主，以稱霸西戎而著稱。雍，秦國的古都之一，位於今陝西鳳翔之南。橐泉宮，秦國宮名。㉞樗里子葬於武庫　樗里子安葬在漢代武庫的位置下面。樗里子，戰國時代的秦國政治家，秦惠文王的異母弟，官至丞相。以富於智略而著稱。顏師古注：「樗里子且死，曰：『葬我必於渭南章台東，後百年當有天子宮夾我墓。』及漢興，長樂宮在其東，未央宮在其西，武庫正直其上也。」㉟奉安　恭敬安置。㊱防　或言地名，或言山名，在今山東曲阜附近。㊲稱古墓而不墳　符合於上古修墓而不堆土起墳的原則。稱，符合；相副。顏師古注：「墓謂壙穴也。墳謂積土也。」㊳東西南北之人也二句　孔子周遊列國以宣揚其學說，不能在家守孝，故而墓穴上需要有標識之物。識，標記；標誌。㊴崩　倒塌。㊵延陵季子　代指春秋吳國季札。季札為人賢明博學，因封邑在延陵，故有延陵季子之稱。延陵，地名，在今江蘇常州。㊶適　到。㊷葬於嬴博之間　埋葬在嬴、博之地。嬴博，邑名。顏師古注：「二邑並在泰山，其子死於其間。」㊸穿不及泉　挖建墳穴淺。泉，地下水。㊹斂　通「殮」。為死者換衣著裝稱小殮，入棺稱大殮。㊺坎　原意是說地面低陷的地方，後引申為墓穴。㊻其高可隱　高度僅到平伸手臂可以撫據。此語見《禮記・檀弓下》。據舊注：「隱，據也。封可手據，謂高四尺。」當時一般以八尺為標準身高，可以推知代指「半人高」。㊼號　顏師古注：「號謂哭而且言也。」㊽延陵季子於禮合矣　語見《禮記・檀弓下》。原文作：「孔子曰：『延陵季子之於禮也，其合矣乎。』」㊾弟弟　敬順兄長的弟弟。前「弟」，後來寫作「悌」。㊿苟　僅僅。(51)體　事體情理。(52)宋桓司馬　指春秋宋國司馬桓魋，與孔子同時，曾迫害過孔子。(53)不如速朽　（屍體）還不如早些腐朽呢。桓魋造作石槨，太過於奢靡，故孔子有譏刺之語。(54)逮　及；到。(55)闔閭　即吳王闔廬。姓姬，名光，春秋吳國國君。(56)嚴襄　即莊襄，秦始皇之父。班固作《漢書》時，避東漢明帝劉莊之諱，故改莊襄為嚴襄。(57)瘞臧　埋藏金玉器物等陪葬品。瘞，瘞埋；埋藏。(58)阿　山或水的彎曲處，文中是說在驪山的山曲處。(59)三泉　多重泉水出處，即地下深處。泛指人死後的下葬處。(60)崇　使高大。使動用法。(61)游館　古人侍死如生，大型墓葬多仿造世間建築，故有供遊戲的觀舍。顏師古注：「多累石作槨於壙中，以為離宮別館也。」(62)梟　野鴨。(63)機械之變　據說始皇在修建陵墓時，令工匠們造作弩矢機關，當人接近時則自動發射。因為工匠皆知機關所在，始皇棺槨下葬後，就封閉羨門，工匠均死於其中。(64)勝原　顏師古注：「言不能盡其本數。」(65)薶　埋葬；埋藏。(66)周章　秦末農民起義將領陳勝部將之一。(67)燔　火焚；火燒。(68)往者咸見發掘　凡是到始皇陵的，都要挖墳掘墓找財物。(69)鑿　或言陵墓被鑿穿處。(70)離　通「罹」。遭逢；遭遇。(71)彌　更加。(72)知　一說為知識。一說為智慧。此處取後者。(73)更為儉宮室二句　變更奢侈之風，使宮室儉樸，減小寢廟規模。儉，使儉。小，使小。寢廟，泛稱宗廟中祭祀、收藏祖先衣冠的處所。[74]斯干之詩　斯干，《詩經・小雅》篇名。因首章有「秩秩斯干」之句，故稱為「斯干之詩」。喻指周宣王之德如同山澗水源，「秩秩流出，無極已也」。[75]上章道宮室之如制二句　顏師古注：「宮室如制，謂『殖殖其延，有覺其楹，君子攸寧』也。子孫眾多，謂『維熊維羆，男子之祥；維虺維蛇，女子之祥』也。」[76]魯嚴公　即魯莊公。[77]後嗣再絕　後嗣兩度絕傳。孟康注：「謂子般、閔公皆殺死也。」[78]刺　諷刺；指責。[79]躬親　親自實行；身體力行。[80]埤　低；矮。[81]卒　急迫；突然。[82]大萬　顏師古注：「大萬，億也。大，巨萬。」[83]物故流離　死亡和逃亡。顏師古注：「物故，謂死也。流離，謂亡其居處也。」[84]惛　糊塗；困惑。[85]安　疑問代詞。哪裡。[86]則　效法。[87]橅　同「模」。法式；規範。

【語　譯】經過很久，漢成帝興建昌陵，修了幾年不成，又回頭重修延陵，所建陵墓的規格過於奢侈。劉向為此上疏進諫說：

2 「我聽得《周易》說：『安寧時不忘危難，生存時不忘滅亡，以如此態度處世身體可安而國家可保。』所以賢聖的君主，廣泛觀察歷史演變的全部過程，徹底探求世事的因果關係，從而達到是非分明。君主必須通曉『三統循環』之說，懂得天命所授的人很多，並非單獨授給一姓的大道理。孔子講論《詩經》，說到『殷商的卿士品德優美而行為敏疾，前往周都參加對周人祖先的祭祀』一句，喟然感歎說：『偉大啊，天命！善德不可不傳於子孫，這是因為富貴本來就沒有常保而不失的；不是如此，那麼王公貴人該用什麼來告誡自己，而一般民眾該用什麼來鼓勵自己？』大概這是感傷於微子事奉周人，而悲痛於殷商王朝的滅亡。即便有唐堯虞舜這樣的聖明君父，不能教化丹朱這樣的兒子；即便有大禹商湯那般道德，不能訓誡夏桀商紂之流的後世子孫。自古到今，未有不滅亡的國家。昔日高皇帝在滅亡秦朝之後，有意定都雒陽，被劉敬所談論的道理所觸動感悟，自以為德政不及周王朝，而超過了秦王朝，於是就遷都到關中地區，依仗周朝的德政，憑藉秦廟的地形險阻。傳世的長短，以德政為效驗，所以時常戰戰兢兢，不敢因避諱而不說滅亡之事。孔子所謂的『富貴本來就沒有常保而不失的』，大概說的就是這種道理吧。

3 「孝文皇帝巡視霸陵，向北登臨灞水岸邊的山頭，在觀看之際引發悽愴悲傷之意，環顧群臣說道：『嗟乎！如果使用北山的石頭為堅固的外槨，把紵麻絲綿剁碎再用漆粘連為一體充塞它的間隙，難道還能夠打得開麼！』張釋之進對說：『假如其中有可以引發貪欲的東西，即便是熔鑄金屬填塞南山作為棺槨也還有間隙會被盜墓者利用；假如其中沒有可以引發貪欲的東西，即便沒有石槨，又有什麼可以憂慮的？』死者的地下生活是沒有窮盡的，但是國家是有廢有興的，所以張釋之的言論，是為墓主的長久安全設想的計策。孝文帝徹悟了其中的道理，於是實行薄葬，不另行修建山陵墳墓。

4 「《周易》說：『上古的安葬儀式，在死者身上覆蓋厚厚的積薪，安藏在廣闊的原野，不聚土為墳也不種樹以作特殊標記。後世的聖人改用棺槨制度。』棺槨的興作，自黃帝時代開始。黃帝安葬於橋山，唐堯安葬在濟陰，墳墓都很小，葬具很簡單。虞舜安葬在蒼梧，二位妃子不相從殉葬。大禹安葬在會稽山，不改變葬地周圍樹木百物的排列原貌。商湯沒有關於下葬之地的記載。周文王、周武王、周公安葬在畢，秦穆公安葬在雍都橐泉宮祈年館的下面，樗里子安葬在漢代武庫的位置下面，都是沒有墳墓的處所。這是聖帝明王賢君智士富有遠見獨具卓識而選擇的長久之計。他們的賢臣孝子也秉承遺命順應心意而實施薄葬，這確實是恭敬安置君父的做法，是忠孝的極致啊。

5 「周公，是周武王的弟弟，安葬兄長禮儀很簡易。孔子埋葬母親於防地，符合於上古修墓而不堆土起墳的原則，說道：『孔丘我是周遊四方的人，母親的墓地不可不作標記。』隆起四尺高的墳頭，因下雨而崩塌。弟子幫著修好，並告訴孔子，孔子流著眼淚說：『我聽說，古代是不修墓的。』意思是說不贊成弟子修繕。延陵季子出使齊國而返歸，他的兒子死去，他把兒子埋葬在嬴、博間，墓穴挖得很淺而不見地下水，收殮時仍穿著平常的衣服，封土掩坑，墳頭高度僅到平伸手臂可以撫據，並號啕哭道：『身體歸還於土地，這是命啊，魂氣則是無處不到的啊。』嬴、博之地距離吳國有一千餘里，季子不將兒子歸葬故里。孔子前往觀看，說道：『延陵季子所為合於禮法。』所以仲尼為孝子，延陵為慈父，虞舜、夏禹為忠臣，周公是恭順的弟弟，他們埋葬君王、親人的遺體，都是採取薄葬；並非僅是出於節儉，實在是符合於事體情理的。宋國的司馬桓魋造作石槨，仲尼說：『不如讓屍體早些腐朽。』秦國丞相呂不韋匯集智略之士寫作《呂氏春秋》，也說薄葬的意義，都是明於事理的人啊。

6「等到吳王闔閭時，違背禮節而厚葬，十多年後，越人就挖開他的墳墓。到秦惠文王、武王、昭襄王、莊襄王等五王時，都修建大的墳墓，多埋葬珠寶等隨葬物，結果都被發掘屍骨暴露於外，是多麼可悲啊。秦始皇埋葬於驪山的山曲處，用金屬熔液填塞墓穴間隙處以隔離地下水，墓室上又隆起高高的墳山，高達五十多丈，四周回旋約有五里多；將石槨作為離宮別館，以人魚膏油作燈燭，用水銀作江海，用黃金作野鴨、大雁。埋葬的珍寶，機關的設置，棺槨的奢麗，宮館的盛多，不計其數。又多殺死宮人，活埋工匠，數以萬計。天下百姓為勞役所苦而造反，驪山陵墓尚未完工，周章率領的百萬大軍就已到達。項籍燔燒秦的宮室廟宇，此前的秦王墓葬都被人發掘。後來牧羊童丟失羊，走失的羊進入被鑿穿的陵墓處，放羊者舉火照明找羊，失火燔燒埋藏珍寶的外槨。從古到今，厚葬沒有超過像始皇這樣的，數年間，外遭項籍的燔燒之災，內受牧童的失火之禍，難道不可悲嗎！

7「因此，道德越是高尚的人喪葬越是簡約，越是聰明的人喪葬越是微薄。無德寡知的人，他們的喪葬越是豐厚，墳頭越來越高，宮廟越來越華麗，而被人發掘的也越快。由此看來，聰明與愚昧的效果，喪葬的吉與凶，是顯而易見的。周朝德政衰敗之後而奢侈風起，宣王賢明而周朝再次興盛，變更奢侈之風，使宮室儉樸，減小寢廟規模。詩人因此而頌揚，〈斯干〉之詩就是如此，上章稱頌宮室合於禮制，下章說子孫眾多。到魯莊公時，雕刻裝飾宗廟，多修建樓臺苑囿，後嗣兩度絕傳，所以《春秋》諷刺此事。周宣王節儉而昌盛，魯莊公、秦始皇因奢侈而絕滅，這就是奢侈、節儉所造成的得失啊。

8「陛下即位，身體力行節儉，起初營造初陵時，因其規模簡約，天下沒有不稱譽您的賢明的。等到遷建昌陵，將低處填高，堆土成山，挖掘百姓墳墓，數以萬計，營造陵邑，期限急迫，花費多達百億。死者抱恨於地下，生者愁困於世間，怨憤之氣感動天地，然後有饑荒，百姓死亡和逃亡的數以十萬計，我對此很是困惑難解。假如死者有知的話，挖掘他人的墳墓，危害不小；假若無知的話，又為何要營造如此奢華的陵墓呢？同那些賢能智慧的人士謀劃他們不會贊同，若把它公諸百姓就會引發反對；假若僅是為取悅於愚昧淫侈的人，又何苦去做呢！陛下您非常慈祥仁愛，聰明寬達蓋世，理應弘揚漢家的德政，廣大劉氏的美譽，光耀五帝、三王，但卻與昏暴的秦朝亂君競相奢華，攀比陵墓的規格豪奢，取悅於愚昧之人的眼睛，看重一時的熱鬧壯觀，違背賢能智慧者的心意，毀壞子孫後世的安穩基業，我私下為此替您感到羞恥。希望陛下您上則取法於明君聖主黃帝、唐堯、虞舜、夏禹、商湯、周文王、周武王、周公、仲尼的禮制，下則觀覽賢能明智的穆公、延陵、樗里、張釋之的用意。孝文皇帝省去墳山提倡薄葬，以儉樸而安養神靈，可以引為楷模；秦昭王、始皇高築墳山隨葬豐富，因奢侈生禍害，足以作為借鑑。初陵的規模，宜聽從公卿大臣們的諫議，以休養生息天下百姓。」

9 上書之後，成帝很是感動，但卻不能聽從他的計策。

向睹俗彌奢淫，而趙、衛之屬❶起微賤，踰禮制。向以為王教由內及外，自近者始。故採取詩書所載賢妃貞婦，興國顯家可法則，及孽嬖❷亂亡者，序次為列女傳❸，凡八篇，以戒天子。及采傳記行事，著新序❹、說苑❺凡五十篇奏之。數上疏言得失，陳法戒❻。書數十上，以助觀覽，補遺闕。上雖不能盡用，然內嘉其言，常嗟歎之。

【章　旨】以上為〈劉向傳〉的第七部分，略載劉向鑑於當時風氣的奢淫及禮制的破壞，採擇典籍傳記，撰書上奏成帝，以為勸誡。

【注　釋】❶趙衛之屬　指皇后趙飛燕姊妹、衛婕妤等人。趙飛燕，詳見卷九十七〈外戚傳·孝成趙皇后傳〉。衛，指李平，原為班婕妤使者，後成帝寵愛，故賜姓衛並稱婕妤。❷孽嬖　孽，庶子。嬖，意指寵愛。❸列女傳　今本七卷，記載古代婦女事跡。七卷篇名分別是：〈母儀〉、〈賢明〉、〈仁智〉、〈貞順〉、〈節義〉、〈辯通〉、〈孽嬖〉。七篇中每一傳都以「君子曰」和「《詩》云」結尾，最後還有四言八句的「頌曰」（相當於評論性質的文字）。除個別篇外，每篇均為十五個傳。此書是古代最早為婦女作傳的典籍。❹新序　原本三十卷，今本十卷。十篇分別是〈雜事〉五篇，〈刺奢〉、〈節士〉、〈義勇〉各一篇，〈善謀〉上下兩篇。是書雜錄先秦至漢初的「嘉言善行」，借古喻今，勸誡當世。❺說苑　今本二十卷，亦為輯錄先秦至漢初史事、傳說，間以議論，勸誡世人。由於博采群書，許多古籍早已失傳，而所記之事多與先秦漢初子史諸書相出入，對於校勘古籍有一定參考價值。以上三書，都是劉向意為勸諫「優柔不斷」、「湛於酒色」的成帝而作，故可視為陳古諷今的「諫書」。❻法戒　法，效法；取法。戒，防備；警戒。

【語　譯】劉向目睹風俗日漸奢靡淫逸，趙飛燕姊妹及衛婕妤出身卑賤，逾越禮制。劉向認為王道教化應由內而外，從身邊親近的人開始。所以採擇《詩》、《書》中記載的興國顯家的賢明妃子貞烈婦女可以引為楷模的，以及寵姬嬖妾引發國家混亂滅亡的，編次為《列女傳》，總共八篇，以告誡天子。又取材於傳記資料，著作《新序》、《說苑》等共五十篇奏呈天子。他多次上疏言明治亂得失，陳述該效法或警戒的事宜。奏書有十多封，以便天子觀覽，拾遺補闕。成帝雖然不能完全採用他的主張，然而心中讚賞他的言論，常常為之感歎。

1 時上無繼嗣，政由王氏出，災異浸❶甚。向雅❷奇陳湯智謀，與相親友，獨謂湯曰：「災異如此，而外家日盛，其漸必危劉氏。吾幸得同姓末屬，絫❸世蒙漢厚恩，身為宗室遺老，歷事三主。上以我先帝舊臣，每進見常加優禮，吾而不言，孰❹當言者？」向遂上封事極諫曰：

2 「臣聞人君莫不欲安，然而常危，莫不欲存，然而常亡，失御臣之術也。夫大臣操[5]權柄，持國政，未有不為害者也。昔晉有六卿[6]，齊有田、崔，衛有孫、甯，魯有季、孟，常掌國事，世執朝柄。終後田氏取齊；六卿分晉；崔杼弒其君光；孫林父、甯殖出其君衎，弒其君剽；季氏八佾[7]舞於庭，三家者以雍徹[8]，並專國政，卒逐昭公。周大夫尹氏筦[9]朝事，濁亂王室，子朝、子猛更立，連年乃定。故經曰『王室亂』，又曰『尹氏殺王子克』，甚之也[10]。春秋舉成敗，錄禍福，如此類甚眾，皆陰盛而陽微，下失臣道之所致也。故書曰：『臣之有作威作福，害于而家，凶于而國[11]。』孔子曰『祿去公室，政逮大夫[12]』，危亡之兆。秦昭王舅穰侯[13]及涇陽[14]、葉陽君[15]專國擅勢，上假太后之威，三人者權重於昭王，家富於秦國，國甚危殆，賴寤范雎之言，而秦復存。二世委任趙高，專權自恣，壅蔽大臣，終有閻樂望夷之禍[16]，秦遂以亡。近事不遠，即漢所代也。

3 「漢興，諸呂無道，擅相尊王。呂產、呂祿席[17]太后之寵，據將相之位，兼南北軍[18]之眾，擁梁、趙王[19]之尊，驕盈無厭，欲危劉氏。賴忠正大臣絳侯、朱虛侯等竭誠盡節以誅滅之，然後劉氏復安。今王氏一姓乘朱輪華轂[20]者二十三人，青紫貂蟬[21]充盈幄內，魚鱗左右[22]。大將軍秉事用權，五侯驕奢僭盛，並作威福，擊斷自恣[23]，行汙而寄治，身私而託公[24]，依東宮之尊[25]，假甥舅之親，以為威重。

尚書九卿州牧郡守皆出其門[26]，筦執樞機，朋黨比周。稱譽者登進，忤恨者誅傷；游談者助之說，執政者為之言。排擯宗室，孤弱公族，其有智能者，尤非毀而不進。遠絕宗室之任，不令得給事朝省，恐其與己分權；數稱燕王、蓋王[27]以疑上心，避諱呂、霍而弗肯稱[28]。內有管、蔡之萌，外假周公之論，兄弟據重，宗族磐互[29]。歷上古至秦漢，外戚僭貴未有如王氏者也。雖周皇甫[30]、秦穰侯、漢武安、呂、霍、上官之屬，皆不及也。

4 「物盛必有非常之變先見，為其人微象[31]。孝昭帝時，冠石立於泰山，仆柳起於上林[32]。而孝宣帝即位，今王氏先祖墳墓在濟南者，其梓柱[33]生枝葉，扶疏[34]上出屋，根垂[35]地中，雖立石起柳，無以過此之明也。事勢[36]不兩大，王氏與劉氏亦且不並立，如下有泰山之安，則上有累卵之危。陛下為人子孫，守持宗廟[37]，而令國祚移於外親，降為皁隸[38]，縱不為身，奈宗廟何！婦人內夫家，外父母家，此亦非皇太后之福也[39]。孝宣皇帝不與舅平昌、樂昌侯權，所以全安之也。

5 「夫明者起福於無形，銷患於未然。宜發明詔，吐德音[40]，援[41]近宗室，親而納信，黜遠[42]外戚，毋授以政，皆罷令就第[43]，以則效[44]先帝之所行，厚安外戚，全其宗族，誠東宮之意，外家之福也。王氏永存，保其爵祿，劉氏長安，不失社稷，所以褒睦外內之姓，子子孫孫無疆之計也。如不行此策，田氏復見於今，六卿必起於漢，為後嗣憂，昭昭甚明，不可不深圖，不可不蚤慮。易曰：『君不密，則失臣；臣不密，則失身；幾事不密，則害成㊺。』唯陛下深留聖思，審固幾密，覽往事之戒，以折中㊻取信，居萬安之實，用保宗廟，久承皇太后㊼，天下幸甚。」

6 書奏，天子召見向，歎息悲傷其意，謂曰：「君且休㊽矣，吾將思之。」以向為中壘校尉㊾。

【章　旨】以上為〈劉向傳〉的第八部分，記述劉向因災異上書勸誡成帝疏遠王氏外戚、保全劉氏天下一事。

【注　釋】❶漫　漸漸。❷雅　一向；素來。❸絫　顏師古注：「古累字。」❹孰　誰。❺操　操持；秉持。❻晉有六卿　指春秋時期晉國的智伯、范、中行、韓、魏、趙六個世家大族。❼八佾　佾，古代樂舞的行列。八人為一行，稱一佾。六十四人為八行，叫八佾。《論語·八佾》：「孔子謂季氏八佾舞於庭，是可忍也，孰不可忍也？」❽三家者以雍徹　三家撤膳時奏〈雍〉樂。三家，指魯國孟孫、季孫、叔孫等三世卿。〈雍〉樂，本為周天子撤膳時所用。從八佾到〈雍〉樂，都是在說禮崩樂壞之際，世卿之家僭越王制的行為。❾筦　同「管」。有管理、管轄之意，文中是說秉權擅政。❿甚之也　極力給予批判，斥其罪惡極大之意。⓫臣之有作威作福三句　引語見《尚書·洪範》：「臣無有作福作威玉食。臣之有作福作威玉食，其害於而家，凶于而國。」意思是：（唯有君主才能作威作福）臣子一旦作威作福，就會傷害你的家室，並給你的國家帶來禍患。⓬祿去公室二句　爵祿不由國君做主，政令下移到大夫手中。《論語·季氏》：「孔子曰：『祿之去公室，五世矣；政逮於大夫，四世矣，故夫三桓之子孫微矣。』」⓭穰侯　魏冉，秦人，是秦昭襄王母宣太后的異父弟。因昭王年幼，宣太后支持，魏冉持掌朝政，與涇陽君、葉陽君及高陵君公子悝等四人並擅國事，號稱「四貴」，權傾一時。後來魏人范雎入秦，遊說昭襄王，魏冉才被免相。⑭涇陽　指昭襄王弟弟嬴市。宣太后卒後，被貶斥，就封邑。⑮葉陽君　一作「華陽君」，是宣太后弟弟芈戎的封號。⑯終有閻樂望夷之禍　最後有閻樂在望夷宮率兵誅殺二世的災禍。閻樂，趙高的女婿，嘗為咸陽令。望夷，秦宮名，在今陝西涇陽長平道東。⑰席　憑藉。顏師古注：「席猶因也，言若人之坐於席也。」⑱南北軍　西漢京師禁衛軍有南北之分：南軍守未央宮等處，由衛尉指揮；北軍守京師，由中尉指揮。⑲梁趙王　指梁王呂產、趙王呂祿，二者均為呂后之姪。⑳朱輪華轂　秦漢社會重車馬，而車馬的規格文飾，不同階層是有不同的規定的。例如，本書中曾載：「令長吏二千石車朱兩轓，千石至六百石朱左轓。」文中所言，泛稱貴官所乘之車。轂，是車輪中心的圓木，華轂是說車轂上帶有花紋。㉑青紫貂蟬　均用來喻指高級或親近官僚。青紫，原本是說高級官員的官印綬帶顏色。漢代丞相、太尉金印紫綬，御史大夫銀印青綬。貂蟬，漢代皇帝近侍所服用的冠飾。《漢官儀》：「侍中冠武弁大冠，亦曰惠文冠。加金璫，附蟬為文，貂尾為飾，謂之貂蟬。」㉒魚鱗左右　像魚鱗一般結集在皇帝左右。顏師古注：「言在帝之左右，相次若魚鱗也。」㉓擊斷自恣　隨意決斷。㉔行汙而寄治二句　自身行為汙穢不堪卻被寄以治理天下的重任，一身謀私卻假託秉公行事。汙，亦作「污」。㉕依東宮之尊　憑藉太后的尊貴地位。顏師古注：「東宮，太后所居也。」㉖尚書九卿句　顏師古注：「言為其僚吏者皆居顯要之職。」㉗燕王蓋主　均為武帝子女，因有「非分」企圖而罹禍，王氏藉此以達到使成帝心疑並遠離宗族的目的。燕王、蓋主事，見卷六十三〈武五子傳·燕刺王劉旦傳〉。㉘避諱呂霍而弗肯稱　顏師古注：「呂后、霍后二家皆坐僭擅誅滅，故為王氏諱而不言也。」㉙磐互　盤結交互。一說「互」或作「牙」，從字形來說，確實有這種可能，顏師古注「謂若犬牙相交入之意也」。㉚周皇甫　西周幽王卿士，因受周后寵愛，居高位、權傾朝野。㉛微象　象徵；跡象。㉜冠石立於泰山二句　泰山有冠狀巨石自行立起，上林苑中倒地的枯死柳樹立起復活。冠石，臣瓚曰：「冠山下有石自立，三石為足，一石在上，故曰冠石也。」二事皆被當時人視為非常之事，詳見卷七十五〈眭孟傳〉。㉝梓柱　木柱。梓，落葉喬木。因為古代多用以製器，故被借用來泛指木材。㉞扶疏　枝條向四周伸展。㉟垂　插入。㊱事勢　事局發展的情理、趨勢。㊲守持宗廟　原指嗣子才有祭祀祖先的權利，引申為政權的繼承人。㊳卑隸　卑賤之人。㊴婦人內夫家三句　婦人本來就以夫家為根本，以父母家為外屬，也不是皇太后的福氣。內，動詞，以之為內。親近；親愛。這是劉向的巧妙說辭，故意強調王太后與劉氏皇室之間的利益一致性，意在減少漢成帝削奪王氏權勢的顧忌。㊵德音　對皇帝詔旨或命令的敬稱。㊶援　援引；提拔。顏師古注：「援，引也，謂升引而附近之也。」㊷遠　疏遠。顏師古注：「遠謂疏而離之也。」㊸第　宅第。㊹則效　取則效法。㊺君不密六句　引文出自《周易·繫辭上》。意思是：君主做事或決斷不周密，則會失去臣子的支持；臣子做事或決斷不周密，則將危害自身；機密之事不慎重，則釀成災禍。密，祕密；保密。幾事，機密或祕密之事。㊻折中　調和二者，取其中正，無所偏頗。㊼久承皇太后　顏師古注：「言社稷不安，則帝身亦不得久事皇太后也。」㊽休　顏師古注：「且令出外休息。」或取休沐之意。漢代官員有休假，有時或簡稱為「休」。㊾中壘校尉　官名，漢武帝初置，為京師八校尉之一。

【語　譯】這時成帝沒有子嗣，王氏發號施令，災異漸為頻繁。劉向素來敬佩陳湯的智略，與他親近友善，單獨對他說道：「災異如此嚴重，外戚勢力日盛，勢必逐漸危害劉氏天下。我有幸為同姓支屬，累世蒙受漢室厚恩，身為宗室遺老，先後侍奉三朝皇帝。皇上以為我是先帝舊臣，每當進見時常常加以優待禮遇，假若我不上書奏言，還有誰會說呢？」劉向於是奏上密封文書極力勸諫說：

2　「我聽說君主沒有不渴望國家安定的，然而卻常處於危患之中，沒有不盼望國家長久存在的，然而卻常是衰亡，這都是因為失去駕御臣下的方略。大臣操持權力、秉持國政，沒有不為非作歹的。昔日晉國有六卿，齊國有田氏、崔氏，衛國有孫氏、甯氏，魯國有季孫氏、孟孫氏，他們長期掌握國政大權，世代執掌權力。最後田氏取代姜氏稱王齊國；六卿瓜分晉國；崔杼殺死他的君主姜光；孫林父、甯殖驅逐他們的君主姬衎，殺死君主姬剽；季孫氏在庭中僭用八佾的規格跳舞，三家撤膳時竟奏〈雍〉樂，他們共專國政，終於驅逐魯昭公。周朝大夫尹氏專擅朝政，使王室汙濁混亂，子朝、子猛相繼即位，一年多後始安定下來。故《春秋》經書上說『王室荒亂』，又說『尹氏殺死王子克』，這是在極力批判尹氏罪惡嚴重。《春秋》列舉成敗，記載禍福，諸如此類的很多，都是陰盛陽衰，這是臣下失去應堅守的原則而造成的結果。故《尚書》中說：『臣子一旦作威作福，就會傷害你的家室，並給你的國家帶來禍患。』孔子說『爵祿不由國君做主，政令下移到大夫手中』，這是國家危亡的徵兆。秦昭王的舅舅穰侯以及涇陽君、葉陽君等人專擅權勢，在上憑藉太后的聲威，三人的權力比昭王還大，家室比秦國還富有，國家處於極度的危急狀態，秦昭王幸因范雎的言詞而感悟，秦國因此得以復存。秦二世皇帝委任趙高，趙高專權獨斷，隔絕大臣，終於有閻樂在望夷宮殺死二世皇帝的禍害，秦朝因此而滅亡。這是距今不遠的，就是被漢家所取代的秦國史事。

3　「漢朝初興，呂氏無道，擅自互相推尊稱王。呂產、呂祿憑藉呂太后的寵幸，占據將相的官位，又兼領南北軍的軍權，擁有梁王、趙王的尊顯地位，驕盈不知滿足，欲圖危害劉氏天下。幸賴忠心正直大臣絳侯、朱虛侯等人的竭誠盡力得以誅殺諸呂，然後劉氏天下得以安穩。而今王氏一姓乘坐朱輪華轂之車的有二十三人，擔任高級或親近官僚的充斥於內宮，像魚鱗般結集在皇帝左右。大將軍秉政當權，王氏五侯驕奢僭越盛極一時，作威作福，隨意決斷，自身行為汙穢不堪卻被寄以治理天下的重任，一身謀私卻假託秉公行事，憑藉太后的尊貴威勢，依託甥舅的親情，形成自己的威重之勢。尚書、九卿、州牧、郡守都出自王氏之門，秉持樞紐機要的職位，結黨營私。稱頌讚譽自己的就升遷重用，違背己意或仇恨者就加以殺死或迫害；遊說者協助他們，執政者又替他們說話。排斥宗室人員，使皇族勢力孤單弱小，對其中富有聰明智慧的人，尤其加以毀謗不升遷重用。疏遠、拒絕宗室之人任職，不讓他們在朝廷侍奉，是因為害怕宗室分削王氏的權力；多次稱引燕王、蓋主謀反的事以使皇上疑心宗室，卻避談呂氏、霍氏等外戚專權禍國的史事。王氏內心有管叔、蔡叔的邪心萌芽，外面卻假託周公之名，兄弟占處要職，宗族勢力相互盤結。自上古到秦漢，外戚僭越貴重者沒有像王氏這樣的。即便是周朝的皇甫、秦國的穰侯、漢代的武安侯、呂氏、霍氏、上官氏之輩，都比不上王氏。

4 「人物的勢力發展到隆盛階段一定會有奇異現象先表現出來，成為這些人的象徵。孝昭皇帝時，有冠石自動立起於泰山，倒地的柳樹自動立起於上林苑中。而孝宣皇帝即位，今王氏祖墳在濟南，木柱長出枝葉，茂密生長而出於屋頂，樹根插於土中，即便是冠石自立、仆柳自起，都沒有如此顯明的徵兆。事局發展的情理是不能出現兩股政治力量同時壯大，王氏與劉氏也無法以對等方式並立，如果臣子有泰山般的安穩，則君主會處於累卵一樣的危境中。陛下您是劉氏的子孫，持守宗廟祭祀，如果使得政權轉移到外戚手中，自身降為皁隸一般的賤民，縱使不為您自己考慮，如何對得起宗廟祖先呢！婦人本來就以夫家為根本，以父母家為外屬，出現王氏壓過劉氏的變局也不是皇太后的福氣。孝宣皇帝不分權於舅舅平昌侯、樂昌侯，正是為了保全他們啊。

5 「聖明的人造福於無形之中，銷除禍患於未成氣候前。您應當頒行英明的詔書，傾吐德音，援引接近宗室，親近信任他們，黜退疏遠外戚，不要給予外戚權力，全部罷免他們的官職，讓他們回家，用以取法先帝們的作為，優厚地安置外戚，保全他們的宗族，這誠然是太后的意思，也是外戚家族的福氣啊。王氏可以長久存在，保持其爵位俸祿，劉氏得以長期安穩，不失去社稷天下，這是和睦宗室與外戚，造福子孫的長遠之計啊。假若不實行此策，田氏代齊將再次出現於今天，晉國六卿之類的人物勢必興起於漢朝，成為後代子嗣的憂患，這是很明白的道理，不能不深加圖謀，不能不早些考慮啊。《周易》中說：『君主做事或決斷不周密，則會失去臣子的支持；臣子做事或決斷不周密，則將危害自身；機密之事不慎重，則釀成災禍。』希望陛下就此展開您聖明的智慧，審慎固持機密之事，觀覽往事的經驗教訓，無所偏頗取其中正，使劉氏處於萬全之地，保全宗廟，長久地奉事太后，天下將以此為幸事。」

6 奏書進呈後，成帝召見劉向，歎息悲傷其用意，說道：「您暫且回家休息，我將考慮您的建議。」漢成帝任命劉向為中壘校尉。

1 向為人簡易❶無威儀，廉靖樂道，不交接世俗，專積思於經術，晝誦書傳，夜觀星宿，或不寐達旦。元延❷中，星孛❸東井❹，蜀郡岷山❺崩雍❻江。向惡此異，語在五行志。懷不能已，復上奏，其辭曰：

2 「臣聞帝舜戒伯禹❼，毋若丹朱敖❽；周公戒成王，毋若殷王紂。詩曰『殷監不遠，在夏后之世❾』，亦言湯以桀為戒也。聖帝明王常以敗亂自戒，不諱❿廢興，故臣敢極陳其愚，唯陛下留神察焉。

3 「謹案春秋二百四十二年，日蝕三十六，襄公尤數，率⓫三歲五月有奇⓬而壹食。漢興訖竟寧，孝景帝尤數，率三歲一月而一食。臣向前數言日當食，今連三年比[13]食。自建始以來，二十歲間而八食，率二歲六月而一發，古今罕有。異有小大希稠，占有舒疾緩急，而聖人所以斷疑也。易曰：『觀乎天文，以察時變[14]。』昔孔子對魯哀公，並言夏桀、殷紂暴虐天下，故曆失則攝提[15]失方，孟陬無紀[16]，此皆易姓[17]之變也。秦始皇之末至二世時，日月薄食，山陵淪亡，辰星[18]出於四孟[19]，太白[20]經天[21]而行，無雲而雷[22]，枉矢夜光[23]，熒惑襲月[24]，孽火燒宮[25]，野禽戲廷[26]，都門內崩[27]，長人[28]見臨洮，石隕[29]于東郡，星孛大角，大角以亡[30]。觀孔子之言，考暴秦之異，天命信[31]可畏也。及項籍之敗，亦孛大角。漢之入秦，五星聚于東井[32]，得天下之象也。孝惠時，有雨血，日食於衝[33]，滅光星見[34]之異。孝昭時，有泰山臥石自立，上林僵柳復起，大星如月西行，眾星隨之，此為特異。孝宣興起之表，天狗[35]夾漢而西，久陰不雨者二十餘日，昌邑不終之異也。皆著於漢紀。觀秦、漢之易世，覽惠、昭之無後，察昌邑之不終，視孝宣之紹起，天之去就，豈不昭昭然哉！高宗、成王亦有雊雉[36]拔木[37]之變，能思其故，故高宗有百年之福，成王有復風之報。神明之應，應若景嚮[38]，世所同聞也。

4 「臣幸得託末屬，誠見陛下有寬明之德，冀銷大異，而興高宗、成王之聲，以崇劉氏，故豤豤㊴數奸㊵死亡之誅。今日食尤屢，星孛東井，攝提炎及紫宮㊶，有識長老莫不震動，此變之大者也。其事難一二記，故易曰『書不盡言，言不盡意㊷』，是以設卦指爻㊸，而復說義。書曰『伻來以圖㊹』，天文難以相曉，臣雖圖上，猶須口說，然後可知，願賜清燕之閒㊺，指圖陳狀。」

5 上輒入㊻之，然終不能用也。向每召見，數言公族者國之枝葉，枝葉落則本根無所庇廕㊼；方今同姓疏遠，母黨專政，祿去公室，權在外家，非所以彊漢宗，卑私門，保守社稷，安固後嗣也。

6 向自見得信於上，故常顯訟㊽宗室，譏刺王氏及在位大臣，其言多痛切，發於至誠。上數欲用向為九卿，輒不為王氏居位者及丞相御史所持㊾，故終不遷。居列大夫官前後三十餘年，年七十二卒。卒後十三歲而王氏代漢。向三子皆好學：長子伋，以易教授，官至郡守；中子賜，九卿丞，蚤卒；少子歆，最知名。

【章旨】以上是〈劉向傳〉的第九部分，記述劉向因災異頻繁上書成帝事，並略載他疏遠外戚、親近宗室的諫議以及他的子嗣情況。

【注釋】❶簡易　平易近人。❷元延　漢成帝年號（西元前一二—前九年）。❸孛　星芒四射的樣子，因即以為彗星（俗名掃帚星）的別稱。❹東井　星宿名，即井宿，為二十八星宿之一。其分野在雍州，即今陝西中部、甘肅一帶。❺岷山　古山名，在今四川松潘以北。此山在四川北部，綿延於四川、甘肅兩省邊境，為長江、黃河的分水嶺，岷江、嘉陵江發源地。❻雍　通「壅」。堵塞；閉塞。❼伯禹　即以治水而聞名的大禹。伯為尊稱。❽敖　通「傲」。傲慢。❾殷監不遠二句　引文見《詩經・大雅・蕩》。意思是說：「殷商可以引為借鑑的並不遙遠，就在夏桀敗亡的歷史時段之中。」監，本意是古人盛水於盆中以照視己形，後來引申為借鑑。❿諱　諱言。⓫率　大概。⓬奇　零數；餘數。顏師古注：「奇謂成數之餘，不滿者也。」⓭比　頻頻；接連。⓮觀乎天文二句　引文見《易・賁・彖辭》。是說觀察天象的變化，以察知世變。⓯攝提　星名。左攝提、右攝提兩星的合稱。與斗杓一起，古人取其指向以建十二月時節。假若曆法有誤，是謂失序、失方。⓰孟陬無紀　正月的記載無法正常出現。孟陬，陰曆正月的別稱。《爾雅・釋天》：「正月為陬。」又按：劉向以曆法失序標揭政治失常，所言當是自《史記・曆書》化出：「孟陬殄滅，攝提無紀，曆數失序。」大意為：由於曆法的閏、餘錯亂，使得正月失位消失，不得其正。⓱易姓　借指改朝換代。古代家國同體，一姓被推翻，朝代亦隨著變更。⓲辰星　水星古名。由於距太陽近，可以其所在宿位推定出太陽所在的位置。⓳四孟　曆法術語，四季的第一個月。⓴太白　星名，即金星。除日月外，為目視最亮的星。光耀奪目，且光色最白，故名。㉑經天　天文術語。星晝見午上（白晝上中天，通過南天子午線）謂之「經天」。通常多指太白（金星）。金星在早晨或黃昏時見，其周日運動亦隨日東升西落。日出後白晝，通常星為日光所掩不易看到。但在某些時候，星光特強，雲層適宜時，偶可見太白白晝通過子午圈（上中天）。㉒無雲而雷　喻指君主沒有天下支持而發號施令。張晏注：「雷當託雲，猶君之託臣也。二世不恤天下，人有畔心，象獨號令而無臣也。」㉓枉矢夜光　流星的光亮劃破夜空。古人認為是「以亂伐亂」的徵兆。枉矢，星名，類於大流星。㉔熒惑襲月　熒惑星襲向月亮。熒惑，即火星。古人以為其運行軌道多變，故以「熒惑」名之。喻指內亂、臣將伐君。應劭注：「熒惑主內亂，月主刑，故趙高殺二世也。」㉕孽火燒宮　災火燔燒宮殿。㉖野禽戲廷　喻指君主將離位。張晏注：「野鳥入處，主人將去。」㉗都門內崩　京城城門向內崩塌。㉘長人　身材特別高大的人。據本書卷二十七〈五行志〉載：「秦始皇帝二十六年，有大人長五丈，足履六尺，皆夷狄服，凡十二人，見於臨洮。」㉙石隕　即隕石。隕，墜落。㉚大角以亡　大角星隱沒不見。大角，星名。應劭注：「天王坐席也。流星茀大角，大角因伏不見也。」㉛信　確實；的確。㉜五星聚于東井　金、木、水、火、土五星同時出現在井宿天區。㉝衝　日食發生在日月運行的相交之處。衝，本意為交通要道，此處借指星空的要道。㉞滅光星見　陽光被遮，星空出現。㉟天狗　流星。古人視為「祆星」，一旦出現就意味著災禍即將降臨。㊱雊雉　據說商王武丁祭祀成湯時，野雞飛來並落在鼎耳上。在當時人看來，是不祥的徵兆。武丁接受臣下諫議，整頓政事，實行德政，化險為吉，故有「武丁中興」。事見《尚書・商書・高宗肜日》，並參見本書卷二十七〈五行志〉。雊，雉鳴。㊲拔木　據說周公去世後的秋天，莊稼尚未收割，突來暴風雨，禾苗、樹木被吹倒。成王與大臣打開金縢，看到周公願意頂替武王去死的策書，故將拔木倒禾視為上天動怒，藉以告誡周成王必須表彰周公的德行。成王為感謝周公，故祭天，天雨，風向倒轉，禾苗、樹木重新立起。故文中說成王有「復風之報」。事見《尚書・周書・金縢》，並參見本書卷二十七〈五行志〉。㊳景嚮　如影隨形，如響應聲。景，通「影」。嚮，通「響」。㊴貇貇　誠懇的樣子。貇，通「懇」。㊵奸　干犯。㊶紫宮　星區名。古人將其與人間的皇宮相比擬。參見本書卷二十六〈天文志〉：「中宮天極星，其一明者，泰一之常居也，旁三星三公，或曰子屬。後句四星，末大星正妃，餘三星後宮之屬也。環之匡衛十二星，藩臣。皆曰紫宮。」㊷書不盡言二句　引文見《周易・繫辭上》。沒辦法將所有的話寫出，寫出來又未必能表達所有的意思。㊸爻　《周易》中組成卦的符號，分陽爻「⚊」和陰爻「⚋」。㊹伻來以圖　引文見《尚書・周書・洛誥》。原意是周公敦請成王到洛邑來共商大計。伻，使。圖，籌劃；圖謀。此處劉向是在活用典故，結合自己的獻天文圖以言事，將〈洛誥〉中的「圖」字引申為「圖畫」之意。至少是語存雙關，應當靈活理解。㊺清燕之閒　清靜安寧的時刻。閒，閒暇。㊻入　召入。㊼庇廕　庇護。㊽訟　頌揚；歌頌。㊾持　顏師古注：「持謂扶持佐助也。」

【語　譯】劉向為人平易近人不講究排場儀表，廉潔謙恭樂於探求大道事理，不與世俗之人交往，一心致力於學問，白天誦讀詩書，晚上觀察天象星宿，有時甚至通宵不眠。元延年間，有彗星出現於東井，蜀郡的岷山崩塌堵塞江水。劉向厭惡此種特大災異，此事記載於〈五行志〉中。心中感傷不已，他再次上奏成帝，說道：

2「我聽說虞舜告誡大禹說，不要像丹朱那樣傲慢；周公勸誡成王，不要像殷紂王一般。《詩經》說『殷商可以引為借鑑的並不遙遠，就在夏桀敗亡的歷史時段之中』，也是說商湯以夏桀為警戒。聖明的帝王常常以國家敗亡衰亂為警戒，不忌諱說王朝的興亡，所以我才敢極力陳說我的愚昧看法，希望陛下您留意明察啊。

3「查案春秋時期的二百四十二年間，日食出現過三十六次，魯襄公在位時期尤為頻繁，大概每三年又五個多月就有一次日食。漢朝立國到元帝竟寧年間，日食以孝景帝在位時期尤多，大概每三年又一個多月就有一次。臣劉向此前多次說過會有日食，如今連續三年都有日食。自建始年間以來，二十年中就有八次日食，大概每二年又六個月就會出現一次，古今罕見。災異有大小頻罕，占驗有快慢緩急，而聖人據此決斷疑難之事。《周易》中說：『觀察天象的變化，用以察知世變。』」昔日孔子回答魯哀公，說道夏桀、殷紂殘暴虐害天下，故而曆法失序，攝提星位置有錯，正月的記載無法正常出現，這些都是改朝換代的徵兆啊。秦始皇末年到二世皇帝時，日月虧蝕，山陵淪陷，水星出現在四季的第一個月，太白星在白天出現，天上沒有雲而打雷，流星光亮劃破夜空，火星侵犯月亮，妖火引燒宮殿，野鳥在朝廷中嬉戲，京城門向內崩塌，長人出現於臨洮，隕石墜落於東郡，彗星出現於大角星區，大角星因此而隱沒不見。審思孔子的話，考察暴秦滅亡前的災異，天命的轉移實在是可怕啊。等到項籍敗亡時，彗星也出現在大角星區。漢王進入秦地，五星會聚在東井區，這是取得天下的天象啊。孝惠帝時，出現了天降雨血、日食發生在日月運行的相交之處、遮滅日光眾星出現等等異象。孝昭帝在位時，泰山倒地的石頭自動立起，上林苑中倒地的仆柳自動起立，大如月亮的星星向西運行，眾星跟隨大星，這是非同尋常的兆異，是孝宣皇帝興起的表徵。天狗流星傍著銀河西向而去，接連二十多天陰沉但卻不下雨，這是昌邑王不能久居皇位的徵兆啊。這些都記載於《漢紀》中。觀察秦、漢的易姓交替，審思惠帝、昭帝沒有子嗣，考察昌邑王不得善終，審視孝宣皇帝的繼承興起，天命的去留，難道不是很明白的嗎！商代高宗武丁、西周成王也有過野雞鳴叫、暴風拔木的災變，他們能思考災異出現的原因，故而高宗武丁有百年的福祐，成王有風向回轉的報答。神明的報應，如影隨形，如響應聲，這是世人所共知的啊。

4 「我有幸身為皇室的宗族成員，確實看到陛下您有寬廣仁明的德行，期望能消除大的災異，復興商代高宗武丁、西周成王的聲威，光大劉氏之德，故誠懇地多次干犯死罪上奏言事。如今日食更為頻繁，彗星出現於井宿區，掃過攝提星的彗尾波及紫宮垣，有識見的長老莫不大感震驚，這是重大的災變啊。這些事情難以詳細記述，故而《周易》中說『書不盡言，言不盡意』，因此設置卦相指陳爻義，再次解釋其中的意義。《尚書》中說『使人敦請前來共同圖謀』，天文星象是難以對人解說明白的，我即便是繪圖上奏，也仍然需要口頭說明，然後陛下您才可以知曉，但願您能有清閒的時間賜予給我，以便我能指著圖向您陳述情況。」

5 成帝讀到劉向的上奏後多次召見他，但最終也不能採納他的意見。劉向每當被召見時，屢屢進言公族是國家的輔助枝葉，一旦這些輔助枝葉削落則國家根本就會失去庇護；如今疏遠劉氏同姓，母黨專政，政令不由皇室發出，權勢落於外戚手中，這不是壯大漢室本宗，削弱私家勢力，保守國家，安定穩固後代的辦法啊。

6 劉向自知得到皇帝的信任，故而常常公開稱頌宗室，用言詞譏諷王氏勢力及執掌權力的當政者，言詞痛切，出於至誠之心。成帝多次想要任用劉向為九卿，但卻不受到王氏當政者及丞相、御史的支持，所以終於未能升遷。劉向官居諸大夫等職前後有三十多年，七十二歲而卒。他死後的第十三年，王莽取代漢家稱帝。劉向的三個兒子都勤奮好學：長子劉伋，教授《易經》，官至郡守；次子劉賜，曾任九卿丞職，很早就去世了；少子劉歆，最為有名。

1 歆字子駿，少以通詩書能屬文❶召，見成帝，待詔宦者署，為黃門郎❷。河平中，受詔與父向領校祕書，講六藝❸傳記，諸子❹、詩賦❺、數術❻、方技❼，無所不究。向死後，歆復為中壘校尉。

2 哀帝初即位，大司馬王莽舉歆宗室有材行，為侍中太中大夫，遷騎都尉❽、奉車光祿大夫，貴幸。復領五經，卒父前業。歆乃集六藝群書，種別為七略❾。語在藝文志。

3 歆及向始皆治易，宣帝時，詔向受穀梁春秋❿，十餘年，大明習。及歆校祕書，見古文春秋左氏傳⓫，歆大好之。時丞相史尹咸以能治左氏，與歆共校經傳。歆略從咸及丞相翟方進受，質⓬問大義。初左氏傳多古字古言，學者傳訓故⓭而已，及歆治左氏，引傳文以解經，轉相發明⑭，由是章句⑮義理⑯備焉。歆亦湛靖有謀⑰，父子俱好古，博見彊志⑱，過絕於人。歆以為左丘明好惡與聖人同⑲，親見夫子，而公羊、穀梁在七十子⑳後，傳聞之與親見之，其詳略不同。歆數以難㉑向，向不能非間㉒也，然猶自持其穀梁義。及歆親近，欲建立左氏春秋及毛詩㉓、逸禮㉔、古文尚書㉕皆列於學官。哀帝令歆與五經博士講論其義，諸博士或不肯置對㉖，歆因移書㉗太常博士，責讓之曰：

4 「昔唐虞既衰，而三代迭興㉘，聖帝明王，累起相襲，其道甚著。周室既微而禮樂不正，道之難全也如此。是故孔子憂道之不行，歷國應聘。自衛反魯，然後樂正，雅頌乃得其所；修易，序書，制作春秋，以紀帝王之道。及夫子沒而微言絕，七十子終而大義乖。重遭戰國，棄籩豆㉙之禮，理軍旅之陳，孔氏之道抑，而孫吳之術㉚興。陵夷㉛至于暴秦，燔經書，殺儒士，設挾書之法，行是古之罪㉜，道術由是遂滅。漢興，去聖帝明王遐遠，仲尼之道又絕，法度無所因襲。時獨有一叔孫通略定禮儀，天下唯有易卜，未有它書。至孝惠之世，乃除挾書之律，然公卿大臣絳、灌之屬咸介胄武夫，莫以為意。至孝文皇帝，始使掌故㉝朝錯㉞從伏生受尚書。尚書初出于屋壁，朽折散絕，今其書見在，時師傳讀而已。詩始萌牙[35]。天下眾書往往頗出，皆諸子傳說，猶廣立於學官，為置博士。在漢朝之儒，唯賈生[36]而已。至孝武皇帝，然後鄒、魯、梁、趙頗有詩、禮、春秋先師，皆起於建元之間。當此之時，一人不能獨盡其經，或為雅，或為頌，相合而成。泰誓[37]後得，博士集而讀之。故詔書曰：『禮壞樂崩，書缺簡脫，朕甚閔焉。』時漢興已七八十年，離於全經，固已遠矣[38]。

「及魯恭王[39]壞孔子宅，欲以為宮，而得古文於壞壁之中，逸禮有三十九篇，書十六篇。天漢之後，孔安國[40]獻之，遭巫蠱倉卒之難，未及施行。及春秋左氏丘明所修，皆古文舊書，多者二十餘通，臧於祕府，伏而未發。孝成皇帝閔學殘文缺，稍離其真，乃陳發祕臧，校理舊文，得此三事，以考學官所傳，經或脫簡，傳或間編[41]。傳問民間，則有魯國桓公、趙公、賈公、膠東庸生之遺學與此同，抑而未施。此乃有識者之所惜閔，士君子之所嗟痛[42]也。往者綴學之士不思廢絕之闕，苟因陋就寡，分文析字，煩言碎辭，學者罷[43]老且不能究其一藝。信口說而背[44]傳記，是末師而非往古，至於國家將有大事，若立辟雍[45]、封禪[46]、巡狩[47]之儀則幽冥[48]而莫知其原。猶欲保殘守缺，挾恐見破之私意，而無從善服義之公心，或懷妒嫉[49]，不考情實，雷同相從，隨聲是非，抑此三學，以尚書[50]為不備，謂左氏為不傳春秋，豈不哀哉！

6 「今聖上德通神明，繼統揚業，亦閔文學[51]錯亂，學士若茲，雖昭其情，猶依違[52]謙讓，樂與士君子同之。故下明詔，試左氏可立不[53]，遣近臣奉指銜命，將以輔弱扶微，與二三君子比意同力[54]，冀得廢遺[55]。今則不然，深閉固距[56]，而不肯試，猥以不誦絕之[57]，欲以杜塞餘道，絕滅微學。夫可與樂成，難與慮始[58]，此乃眾庶之所為耳，非所望士君子也。且此數家之事，皆先帝所親論，今上所考視，其古文舊書，皆有徵驗[59]，外內相應[60]，豈苟而已哉！

7 「夫禮失求之於野，古文不猶愈[61]於野乎？往者博士書有歐陽[62]，春秋公羊，易則施、孟[63]，然孝宣皇帝猶復廣立穀梁春秋，梁丘易[64]，大小夏侯尚書[65]，義雖相反，猶並置之。何則？與其過[66]而廢之也，寧過而立之。傳曰：『文武之道未墜於地，在人；賢者志其大者，不賢者志其小者[67]。』今此數家之言，所以兼包大小之義，豈可偏絕哉！若必專己守殘[68]，黨同門，妬道真[69]，違明詔，失聖意，以陷於文吏之議，甚為二三君子不取也。」

8 其言甚切，諸儒皆怨恨。是時名儒光祿大夫龔勝以歆移書上疏深自罪責，願乞骸骨[70]罷。及儒者師丹為大司空，亦大怒，奏歆改亂舊章，非毀先帝所立。上曰：「歆欲廣道術，亦何以為非毀哉？」歆由是忤執政大臣，為眾儒所訕[71]，懼誅，求出補吏，為河內[72]太守。以宗室不宜典三河[73]，徙守五原[74]，後復轉在涿郡[75]，歷三郡守。數年，以病免官，起家復為安定[76]屬國都尉[77]。會哀帝崩，王莽持政，莽少與歆俱為黃門郎，重之，白太后。太后留歆為右曹太中大夫，遷中壘校尉，羲和[78]，京兆尹，使治明堂[79]辟雍，封紅休侯。典儒林史卜之官，考定律曆[80]，著三統曆譜[81]。

9 初，歆以建平元年改名秀，字潁叔云。及王莽篡位，歆為國師[82]，後事皆在莽傳。

【章　旨】以上為〈劉歆傳〉。主要記載劉歆學術事跡，重點在劉歆為確立古文經在學官中的地位而付出的努力，而〈移讓太常博士書〉則是窺見漢代的經今古文之爭的第一手資料。

【注　釋】❶屬文　善於寫作文章。❷黃門郎　官名。漢代供職黃門的郎官。職任親近，奉事皇帝。❸六藝　《六經》，即通常所說的《詩》、《書》、《禮》、《樂》、《易》、《春秋》。❹諸子　諸子百家之學，是先秦各家各派學術的泛稱。❺詩賦　歌詩辭賦之學。❻數術　即術數，主要是天文曆算、卜筮占相之學。❼方技　多涉及醫學養生等書。通常，數術、方技合稱「方術」之學。❽騎都尉　官名。秦末漢初是統領騎兵的武職，不統兵時則為侍衛武官。宣帝時定秩祿為比二千石。因親近皇帝，多加官侍中。所設置的西域都護，以騎都尉領之，後基本成為定制。❾七略　是劉向、劉歆父子總校全書時撰寫的目錄學著作。父子二人將當時所見圖書典籍分為〈六藝略〉、〈諸子略〉、〈詩賦略〉、〈兵書略〉、〈術數略〉、〈方技略〉六大類，再加上全書總目〈輯略〉，故有「七略」之稱。此書雖然今天不存，但本書卷三十〈藝文志〉是以《別錄》、《七略》為基礎稍加改變而成，故仍可藉此窺見《七略》之一斑。具體情況，可參卷三十〈藝文志〉。略，簡略。意謂簡要介紹各書大概情形。❿穀梁春秋　即《春秋穀梁傳》，舊題魯國穀梁赤所撰，實則恐非出於一人之手。此書為《春秋》三傳之一，是為解釋《春秋》經文而作，敘述史事絕少，多講「微言大義」。性質近於《公羊傳》，與《左氏傳》大異。⓫春秋左氏傳　又稱《左氏春秋》，相傳為春秋魯國左丘明所著。是書亦為解釋《春秋》經文而作，是古代第一部較為完整的編年體史書。記事上起魯隱公元年（西元前七二二年），下至魯哀公二十七年（西元前四六八年），對春秋時期的史事作了比較全面的記載，內容豐富，文筆生動，尤長於對戰爭的描寫。歷來注釋《左傳》的學者很多，堪稱集大成之作的莫過於楊伯峻的《春秋左傳注》。⓬質　就正；詢問。⓭訓故　顏師古注：「故謂指趣。」指，通「旨」。⓮發明　發現；闡明。⓯章句　對經書分章分節，斷其句讀，是疏通字詞、說明文義的基礎性工作。⓰義理　是說經書的旨趣、大意。⓱湛靖有謀　深沉有謀略。⓲博見彊志　見識廣博長於記誦。顏師古注：「志，記也。」⓳好惡與聖人同　顏師古注：「《論語》載孔子曰：『巧言令色足恭，左丘明恥之，丘亦恥之；匿怨而友其人，左丘明恥之，丘亦恥之。』」⓴七十子　據說孔子弟子三千，著名者有七十二人。故「七十子」乃是對孔子弟子的泛稱，大概是舉其成數而言的。㉑難　詰問。㉒非間　批評指責。非，非議。間，原指縫隙，文中作動詞用，意為找出問題、毛病。㉓毛詩　即毛公所傳《詩經》。西漢毛公有大、小之別，大毛公為毛亨，魯國人；小毛公為毛萇，趙國人。二者均治《詩經》，大毛公以所作《詩故訓傳》傳授毛萇；毛萇繼毛亨之業，完成《毛詩》二十九卷。漢代傳授《詩經》的有齊、魯、韓三家，《毛詩》晚出，不得立於學官。後來三家皆廢，而《毛詩》大行於世。㉔逸禮　指《儀禮》十七篇以外的《古文禮經》，有三十九篇。其中十七篇同於高堂生用今文隸書所傳的《禮經》（即《儀禮》），十七篇以外的三十九篇就被稱為《逸禮》，今佚，內容不得而知。逸，超越；超出。㉕古文尚書　是指在孔子舊宅牆壁中發現的用古文字書寫的《尚書》。漢代伏勝所傳《尚書》二十九篇，是用當時通行的隸書寫定，故被稱為《今文尚書》。但《古文尚書》未立於學官，流傳不久就亡佚了。後來東晉梅賾所獻《古文尚書》，經學者考辨定為偽作，故稱《偽古文尚書》。漢代經學有今古文之分，兩者不僅書寫字體不同，文字、篇章、傳注及對人事的評判亦有差別，從而形成所謂的「經今古文」之爭。劉歆是古文經的重要發現、傳授者，〈移讓太常博士書〉正是窺見當時今古文經學相爭之一斑。㉖置對　對答辯論。㉗移書　送達文書。移，是指地位對等的機構或個人之間的文書往來。㉘迭興　相繼興起。㉙籩豆　古代祭祀時盛放食品的竹、木器皿，是當時重要的禮器。㉚孫吳之術　代指兵家之學。孫，指孫武。吳，指吳起。二者均以善用兵而聞名於世。㉛陵夷　衰落。㉜是古之罪　認為古代是對的都有罪。顏師古注：「以古事為是者即罪之。」㉝掌故　官名。西漢置，是負責禮樂制度一類的典章制度、供備諮詢的官員，有太常掌故、太史掌故、治禮掌故、文學掌故等不同之分。㉞朝錯　即「鼂錯」，詳見卷四十九〈鼂錯傳〉。㉟萌牙　即「萌芽」，原為草木初生，文中是說《詩經》開始有傳學之人。㊱賈生　指賈誼，漢初著名政論家，詳見卷四十八〈賈誼傳〉。㊲泰誓　《古文尚書》篇名，亦作「太誓」，周武王伐紂會諸侯於孟津的誓言。今已亡佚，現在所傳為《偽古文尚書》本。㊳離於全經二句　現存的經書與完備的經書原貌相比較，確實有很大距離了。㊴魯恭王　景帝子，詳見卷五十三〈魯恭王傳〉。㊵孔安國　魯（今山東曲阜）人，西漢經學家，曾跟隨申公學《詩經》，從伏生學《尚書》。孔壁遺文出，是由他整理的。他奉詔作《書傳》、定《尚書》為五十八篇，又作《古文孝經傳》、《論語訓解》等。古文經學遂開始流傳。㊶經或脫簡二句　經文或有脫漏，傳文或前後錯亂。間，意為間隔。在紙張被普遍運用前，簡帛是主要的書寫材料。竹（木）簡一般都有編繩，以防止簡序錯亂。但因自然、人為的損壞，簡的編繩容易斷絕，記載經文的竹（木）簡或有佚失，故有「脫簡」的說法；而為經文作注的傳文，也因此會造成簡序的錯亂，故又有「錯簡」之稱。㊷嗟痛　嗟歎；痛心。㊸罷　通「疲」。乏困；乏力。㊹背　違反；違背。㊺辟雍　本為周天子所設太學，亦作「辟雝」等。古時太學有五部分，中曰辟雍，東為東序，南為成均，西為瞽宗，北為上庠，是為五學。西漢亦建辟雍，以存古制；東漢以後，歷代有之，但功用已發生變化，主要成為祭祀的場所。㊻封禪　又作「封墠」，古帝王祭祀天地的大禮。泰山為五嶽之最，在泰山頂築土為壇祭天，報天之功，稱「封」或「登封」。封禪時將禱辭刻於玉片，藏於玉匣，並在匣上封以玉璽，封固後再藏於石匣，再加印封固，埋於封禪臺上，用五色土堆封，這是封禪典儀中最主要的禮儀，故「封」又有印封、封埋之意。然後在泰山腳下梁父山闢基祭地，稱「禪」。㊼巡狩　帝王巡視四方。㊽幽冥　文中是說暗昧無知。㊾妬嫉　嫉妒。妬，同「妒」。㊿尚書　指魯恭王宅所發現之《古文尚書》。(51)文學　文獻經典。(52)依違　原意是猶豫不決，此處的語意是，皇帝對學士們留出餘地表示尊重，而不以個人決斷的方式定案。(53)不　否。(54)比意同力　齊心協力。(55)冀得廢遺　希望由此使得被廢置遺忘的經藝學問興盛起來。(56)深閉固距　有強烈抵制的意思。(57)猥以不誦絕之　苟且以沒有師承誦習為理由而加以廢絕。(58)可與樂成二句　只可以與他們共同歡慶事業的成功，卻難以與他們共同籌劃事業的開創。這是「英雄造時勢」的觀點，典出於《商君書．更法》：「愚者闇於成事，知者見於未萌。民不可與慮始，而可與樂成。」(59)徵驗　驗證；證明。(60)外內相應　是說世間傳本與內府祕藏相吻合。(61)愈　勝於；勝過。(62)歐陽　由歐陽生開創的傳習《尚書》的經學世家。詳見卷八十八〈儒林傳．歐陽生傳〉。(63)易則施孟　傳習《易》學的施讎、孟喜兩家。詳見卷八十八〈儒林傳．施讎傳〉及〈孟喜傳〉。(64)梁丘易　梁丘賀傳習的《易》學。梁丘賀，詳見卷八十八〈儒林傳．梁丘賀傳〉。(65)大小夏侯尚書　經師夏侯勝、夏侯建所傳習的《尚書》。夏侯勝、夏侯建，見卷七十五〈夏侯勝傳〉。(66)過　誤。此處為以動用法，以之為誤。(67)文武之道未墜於地四句　周文王、周武王之「道」所以未曾失落，是因為有人在傳誦；賢能的人記住其根本，一般人則記住那些細枝末節。引文見《論語・子張》子貢論孔子的求學之道。文中的「志」字，在今傳本《論語》中作「識」字。(68)專己守殘　固守自己師門傳授的學問、苟守殘缺之文。(69)黨同門二句　偏袒同師之學，嫉妒真正的經藝之學。(70)乞骸骨　原意是使骸骨歸葬故里，引申為辭職歸家。(71)訕　譏諷；誹謗。(72)河內　郡名，治今河南武陟西南。(73)三河　指河東（今山西夏縣西北）、河南（今河南洛陽東北）、河內（今河南武陟西南）三郡。(74)五原　郡名，治今內蒙古包頭西北。(75)涿郡　郡名，治今河北涿州。(76)安定　郡名，治今寧夏固原。(77)屬國都尉　漢武帝時設，是專門管理邊郡地區內附的少數民族機構，長官為都尉。最初直接隸屬於中央的典屬國，成帝時裁省典屬國，大概改隸於郡守，故文中稱為安定屬國都尉。(78)羲和　相傳是帝堯時掌天地四時之官。漢平帝元始元年（西元一年），執掌朝政的王莽「復古」而設置此官，劉歆所任即為此職。始建國元年（西元九年），王莽改漢官大司農為羲和，後又更名為納言。(79)明堂　古代帝王宣明政教的地方，凡朝會、祭祀、慶賞、選士、養老等大典，均在此處舉行。秦漢以後的明堂，建於近郊東南，尚存古制，但用途不及先秦廣泛。(80)律曆　音律、曆法。(81)三統曆譜　劉歆依據《太初曆》改造而成《三統曆》，在其中附錄了一份說明古代帝王年代的曆譜，即為《三統曆譜》。以「三統」為名，是因為引入了董仲舒論證王朝興替的理論——「三統說」。《三統曆》載入卷二十一〈律曆志〉中，從而成為我國歷史上第一部有完整記載的曆法，也是當時最精密的曆法。(82)國師　新莽官名，始建國元年置，位上公，與太師、太傅、國將共為四輔。

【語　譯】劉歆字子駿，年輕時就因通曉《詩經》、《尚書》及善於寫文章而被成帝召見，在宦者的衙署聽詔待命，任職黃門郎。漢成帝河平年間，他接受詔令與父親劉向共同主持校閱朝廷藏書，講習《六經》的傳疏，對於諸子百家、詩歌辭賦、術數、方技等學問，沒有他不研究的。劉向死後，劉歆又任職中壘校尉。

2 哀帝即位之初，大司馬王莽舉薦劉歆為宗室中有才能德行的人，擔任侍中太中大夫職務，升遷為騎都尉、奉車光祿大夫等職，尊崇顯貴。他再度受命主持校定《五經》，終於完成父親生前未完成的事業。劉歆總匯六藝群書，分門別類而成《七略》。這些記載在〈藝文志〉中。

3 劉歆及父親劉向原來都研習《易經》，宣帝時曾詔令劉向學習《穀梁春秋》，十多年後，劉向對此很是精通。等劉歆校閱朝廷藏書時，發現古文書寫的《春秋左氏傳》，他非常喜好它。當時的丞相屬吏尹咸因為能研習《左氏傳》，和劉歆一同校閱經傳。劉歆大略跟從尹咸及丞相翟方進受學，探求《左氏傳》的旨趣。起初《左氏傳》中多用古字古語，學者們僅是傳授文字解釋而已，到劉歆研習《左氏傳》時，援引傳文來解釋經文，互相闡明其意，從此文字訓詁與義理旨趣都已齊備。劉歆為人沉靜有謀略，父子都好古，博聞強記，遠遠超過一般人。劉歆認為左丘明的好惡與孔子相同，親眼見過孔子，而公羊高、穀梁赤都在孔子弟子以後，傳聞所得的學問與親見孔子所得的學問，詳略是不同的。劉歆屢次以《左氏傳》求教劉向，劉向不能反駁，但還是堅持《穀梁傳》的旨趣。等劉歆受寵而被主政者親近時，打算將《左氏春秋傳》以及《毛詩》、《逸禮》、《古文尚書》等都列入太學的學官體系中。哀帝命令劉歆與《五經》博士討論古文經中的意旨，但博士們有的卻不願與他對答辯論，劉歆於是致信太常博士們，責備他們說：

4 「昔日唐堯、虞舜衰落後，夏、商、周三代相繼興盛，聖明的帝王，接連出現，他們的『治道』很是明白。周王室衰微之後而禮樂制度就混亂不正，『治道』是如此難以保全。因此孔子擔憂『治道』不能實行，遊歷各國以圖被任用。他從衛國返歸魯國，整理失序的禮樂，〈雅〉、〈頌〉才得以各得其所；孔子修訂《易經》，序次《尚書》，寫作《春秋》，用以記載帝王的治國之道。到孔子去世後微言中絕，七十子去世後大義乖謬。又遭遇戰國的動亂，廢棄了祭祀的禮儀，講究軍旅戰陣，孔子的主張受壓抑，以孫吳為代表的兵家學說興盛。這種衰亂延續到秦朝，焚毀經書，誅殺儒士，增設挾書有罪的法令，推行歌頌古代即為有罪的律條，自古流傳的『道術』因此而滅絕。漢朝興起，但距聖帝明王的時代已經遙遠，孔子的『道術』又絕滅，典章制度沒有可以因襲取法的。當時僅有叔孫通一個人大略制定禮儀制度，天下只有《易經》占卜之書，沒有其他的書。到孝惠帝時，廢除挾書有罪的禁令，然而公卿大臣絳侯周勃、灌嬰等人都是一介武夫，對此都不加留意。孝文皇帝時，才開始讓掌故鼂錯跟隨伏生研習《尚書》。《尚書》剛從屋舍牆壁中發現時，竹簡都已腐朽折斷、編繩斷絕，而今這些書仍然存在，當時的學者僅能傳授誦讀罷了。《詩經》的學問開始出現。藏於天下的眾多書籍往往不斷問世，但都是諸子百家之學的傳說，尚且廣泛設立於學官之列，為之設置傳授學問的博士官。漢朝的儒生，僅有賈誼一人而已。孝武皇帝時，鄒、魯、梁、趙等地才逐漸有傳授《詩經》、《禮》、《春秋》

的經師，他們都興起於建元年間。此時，一個人不能單獨研習群經，或研究〈雅〉，或學習〈頌〉，組合才成為一部經書。〈泰誓〉篇後出，博士們聚集誦讀。所以詔書說：『禮樂制度崩壞，典籍缺簡脫漏，我很是感傷憐憫。』當時漢朝興盛已有七八十年了，現存的經書與完備的經書原貌相比較，確實有很大距離了。

5 「後來魯恭王毀壞孔子的故宅，打算修建宮殿，但在毀壞的牆壁中發現用古文書寫的典籍，《逸禮》溢出今本《儀禮》之外的有三十九篇，《尚書》溢出今本之外的有十六篇。武帝天漢年間後期，孔安國將這些古文典籍獻給朝廷，但突然遭遇巫蠱之禍，未來得及實行。《春秋左氏傳》是左丘明所撰，都是古文書寫的舊典籍，多達二十多種，藏在朝廷宮府中，收存但無人校閱。孝成帝時憐憫其學殘文缺，背離其本來面目，於是命人打開祕府所藏圖書，校對整理舊文，得到這三種典籍，用它們校對學官所傳授的文本，經文或有脫漏，傳文或前後錯亂。到民間調查詢問，則發現有魯國桓公、趙公、貫公、膠東庸生等人所遺傳的學術與此相同，但受抑制未能得以廣泛傳習。這是有識之士所憐惜，士人君子們所痛心的啊。此前傳承學問的人不考慮古學廢絕後所造成的缺憾，苟且因陋就寡，析分文字，言詞瑣碎，學習的人到老都不能窮究一種經書。相信口耳相傳之學而背棄文字傳記，以近來的經師為是而非議過去的古文經書，一旦國家遇到大事的時候，例如設立辟雍、舉行封禪大典、巡狩四方等禮儀時，則暗昧無知而不知道其源頭所在。還想抱殘守缺，懷有害怕被人識破短處的私心，而沒有從善服膺道義的公心，或者是懷抱嫉妒之心，不考察實情，人云亦云，事關是非判定而出於隨聲附和，壓抑這三種學問，認為古文《尚書》是不完備的，說《左氏傳》不是為注釋《春秋》而作，難道不可悲嗎！

6 「當今皇上道德通達神智聖明，繼承大統弘揚祖宗大業，也憐惜文獻典籍錯亂，學者的狀況又是如此，雖然完全明白其中實情，皇帝依然對學士們留出餘地表示尊重和禮讓，樂得與士君子們共同完成整理典籍的大業。故而頒下英明詔書，詢問《左氏傳》能否被立於學官，派遣近臣奉旨領命，將要扶植處於微弱的古文經書，與諸位君子同心協力，以圖興盛這些被廢絕遺忘的經傳。如今你們卻不贊同皇帝的意圖，堅決抵制，而不肯認真考察古文經傳的內容，苟且以沒有師承誦習為理由而加以廢絕，想要來堵塞學官之外的學問之道，滅絕衰微狀態下的古文經學。說到那些只可以與他們共同歡慶事業的成功，卻難以與他們共同籌劃事業的開創，這是尋常百姓的作為，而不是對士君子們的期望。況且這幾家古文經傳的事，都是先帝所親自論及的，當今皇上所觀覽審視過的，這些古文舊書，都是經過證實驗證的，民間的與朝廷的傳本都相符合，難道是苟且編造的嗎！

7 「禮制失傳可以尋求於民間，古文經傳難道不勝於民間的傳習嗎？過去的博士官講授《尚書》的有歐陽氏，講授《春秋》的有公羊氏，講授《易經》的則有施氏、孟氏，然而孝宣皇帝依然在太學中設立《穀梁春秋》、《梁丘易》學、《大小夏侯尚書》學，他們所宣講的經義雖然相反，還是共同立於學官。為什麼呢？與其以為它是錯誤的而予以廢棄，不如冒著犯錯的風險而讓它們立於學官。文獻記載說：『文王、武王之道所以未曾失落，是因為有人在傳誦；賢能的人記住其根本，一般人則記住那些細枝末節。』而今這三家古文經傳包含根本的道理與具體的細節，難道可以偏廢滅絕它們嗎！假若你們一定要固守自己師門傳授的學問，抱殘守缺，偏袒同門，嫉妒真道，違背詔書，觝牾聖君的美意，使自己陷於文法之吏的審議之中，很為諸位君子感到遺憾。」

8 劉歆言詞痛切，儒生們都怨恨他。當時有名的儒士光祿大夫龔勝因劉歆的移書而上疏對自己深加責斥，希望辭職告老還鄉。還有儒士師丹擔任大司空，也勃然大怒，上奏彈劾劉歆改變擾亂原有的典章，非議毀謗先帝所立的學官。哀帝說：「劉歆僅是想要推廣傳播經傳道術，怎能認為他非議毀謗先帝呢？」劉歆因此與執政大臣相違逆，遭受諸多儒生們的毀謗，害怕被誅罰，故而請求外調任地方官吏，擔任河內太守一職。但因為宗室成員不適宜在三河地區任職，故被調任五原太守，後來又轉任涿郡太守，歷任三郡的郡守。數年過後，劉歆因病被免官，後來又以平民身分被起用擔任安定屬國都尉一職。恰好哀帝去世，王莽秉持朝政，王莽年輕時與劉歆一塊做過黃門郎，很是器重劉歆，向太后稟報推薦。太后留任劉歆為右曹太中大夫，升遷為中壘校尉，羲和，京兆尹，派他規劃修建明堂、辟雍，封為紅休侯。典掌儒林、史官、占卜等官署事務，考訂樂律與曆法，撰作《三統曆譜》。

9 當初劉歆在建平元年改名為劉秀，取表字為穎叔。至王莽篡位，劉歆被任命為國師，此後的事情均記在〈王莽傳〉中。

贊曰：仲尼稱「材難不其然與❶！」自孔子後，綴文之士眾矣，唯孟軻、孫況、董仲舒、司馬遷、劉向、揚雄。此數公者，皆博物洽聞❷，通達古今，其言有補於世。傳曰「聖人不出，其間必有命世者焉❸」，豈近是乎？劉氏洪範論❹發明大傳，著天人之應；七略剖判藝文，總百家之緒❺；三統曆譜考步日月五星之度。有意其推本之也❻。嗚虖❼！向言山陵之戒，于今察之，哀哉！指明梓柱以推廢興，昭矣❽！豈非直諒多聞❾，古之益友與！

【章旨】以上是〈楚元王傳〉的「贊」語，但讚頌的核心仍是劉向，重點在表彰劉向一生的功業。

【注釋】❶材難不其然與　賢才難得不是嗎。與，通「歟」。引文出自《論語・泰伯》。最後一字「與」，在今本《論語》作「乎」。❷博物洽聞　識見淵博。❸聖人不出二句　聖人不出現，其間必有著名於世者。命世，聞名於世。❹洪範論　即前文所言《洪範五行傳論》。❺緒　頭緒；開端。❻有意其推本之也　窮究根本，蘊含深意。❼虖　通「乎」。語氣詞，表示疑問或感歎。❽昭矣　昭然明白。❾直諒多聞　《論語・季氏》稱孔子曰「益者三友，損者三友。友直，友諒，友多聞，益矣」。借孔子之語讚劉向有「直、諒、多聞」的德才，稱之為皇帝的益友。直，正直。諒，真誠。

【語譯】史官評議說：孔子說「賢才難得不是嗎！」從孔子以後，著書立說的人很多，唯有孟軻、孫況、董仲舒、司馬遷、劉向、揚雄值得稱道。這幾位先生，都是廣聞博識，通達古今，言詞有益於世道。傳世文獻中說「聖人不出現，其間必有聞名於世者」，大概接近這樣的狀況吧？劉向的《洪範五行傳論》發明《尚書大傳》的意義，闡明天人感應的理論；《七略》剖析經傳典籍，總匯條理諸子百家的脈絡；《三統曆譜》考察日月五星的運行軌度。有探詢本源的深意啊。嗚呼！劉向所說的帝王修建陵墓的勸誡話語，從現今給予觀照對比，真是令人痛心啊！根據王氏墓葬中的梓柱萌發新枝推論王朝的興廢，如此明確無誤！難道不是正直、誠實、識見廣博，古人所說的益友麼！

【研析】〈楚元王傳〉記載的是一個以學術傳家的宗室大家族。楚元王劉交的敏古好學，使之與河間獻王劉德、淮南王劉安，共同構成了宗室王潛心向學、推進文化發展的歷史形象。為研究漢代的諸侯王國問題，拓展了空間。

本傳是以劉向為重心而展開的。而成功塑造劉向這一「宗室直臣」豐滿形象的根本途徑，就是援引他充滿了憂患意識的政論。傳中引用劉向的政論約有五篇，篇篇都是言詞懇切、針砭時弊的急切之文。元帝時，他先指使他人上「變事」書，為受迫害的堅貞忠直的大臣蕭望之等人辯護，直斥弘恭、石顯等擅權者；後上「封事」書，在直言佞邪當權之弊的同時，指明皇帝本人多疑、用人不堅是小人進、賢士退的重要原因；成帝時，他先上「延陵」陵寢書，引經據史，反對奢靡厚葬，意在勸誡皇帝實行薄葬；接著上「封事」書，藉災異直言外戚王氏勢盛，勢必危害劉氏天下；後上「災異」書，藉怪異的星象來喻說國家將有大的災禍。上書之中，劉向不畏權貴，直言不諱；即便是皇帝，他也無所畏懼，敢於說出「陛下為人子孫，守持宗廟，而令國祚移於外親，降為皁隸，縱不為身，奈宗廟何」、「讒邪之所以並進者，由上多疑心」等話語。

這些政論在專制獨裁時代無疑是難能可貴的。通覽《漢書》，這樣的例子還有許多，最著者莫過於賈誼及其〈治安策〉。當西漢王朝興盛之初，針對讚譽「安且治者」的說法，賈誼冒「天下之大不韙」，認為此種說法「非愚則諂」，痛陳關係國家安危者數事。處西漢政局存亡之秋的劉向，亦甘願觸「龍鱗」，激揚文字，痛責昏政。究其心思，無不是以王朝的興危存亡、百姓的疾苦生死為重。拳拳之心，忠貞之意，雖越千古，光燿彌爍。清人趙翼曾說漢人「上書無忌諱」，並以劉向諫成帝書等事為例，說道：「此等狂悖無忌之語，敵以下所難堪，而二帝受之，不加譴怒，且歎賞之，可謂盛德矣。」處身「文字獄」頻仍的時代，趙翼的話確實可以反見漢家政治的寬容性！漢帝即使是不能採納這些政論家的觀點，但至少還允許、容忍種種不同「刺耳」的聲音存在，甚者還承認乃至讚賞他們的說法！

劉向的政論，多是憑災異而論人事，恰是「天人感應」說在當時政治中的體現。當董仲舒上「天人三策」神化「皇權」的同時，也在無形中形成對最高權力的約束：因為「人受命於天」，而天命「靡常」；一旦人君有昏悖舉動，上天就通過「災異」來警戒、告示。固然，以天命來制衡至高無上的皇權，並非是約束、防止權力被濫用的根本，但至少還有些許的制約作用；更主要的是，言災異的目的仍在於「證人事」、「規時政」，諷諫人君不能為所欲為、無視天意。「降及後世，機智競興，權術是尚，一若天下事皆可以人力致而天無權」，人事之防已毀，專制政體愈加強化。故而，漢人的「災異」說即便是帶有強烈的「天命」色彩，但「得魚忘筌」之意不可忽略。

劉歆的〈移讓太常博士書〉，言詞犀利，更為傳誦千古的名論。其在中國古代學術史上的意義，我們只要溫習徐復觀先生在《中國經學史的基礎》的論斷，就可以瞭然胸中：「因《五經》博士們對經學的壟斷而又低能，激出了劉歆們的〈讓太常博士書〉，對博士作了總的批評與暴露，並由此書而發展出東漢經學中與博士相抗的古學，這在經學史上是一個轉折點，是一件大事。」

卷三十七

季布欒布田叔傳第七

【題解】〈季布欒布田叔傳〉是漢初三位有性格特點的名臣的合傳，而以季布為主。傳主共同的價值取向是「喜任俠」，他們把俠者「重言諾」、剛正不阿、快意恩仇、捨生求義的處世之道，帶入了官場，使得漢代的官場風貌平添一抹奇異的光彩。本傳與卷五十〈汲黯傳〉同為了解漢代「官俠」文化不可多得的經典之作。其中所涉及的君臣關係的理念，以及不同於儒家、法家的治國用人之道，也有值得闡發的價值。

季布，楚❶人也，為任俠有名。項籍使將兵，數窘漢王❷。項籍滅，高祖購求❸布千金，敢有舍匿❹，罪三族❺。布匿濮陽❻周氏，周氏曰：「漢求將軍急，迹❼且至臣❽家，能聽臣，臣敢進計；即否，願先自剄。」布許之。迺髡鉗❾布，衣褐❿，置廣柳車⓫中，并與其家僮⓬數十人，之魯朱家所賣之。朱家心知其季布也，買置田舍。乃之雒陽見汝陰侯滕公⓭，說曰：「季布何罪？臣各為其主用，職⑭耳。項氏臣豈可盡誅邪？今上始得天下，而以私怨求一人，何示不廣也！且以季布之賢，漢求之急如此，此不北走胡，南走越耳。夫忌壯士以資敵國，此伍子胥⑮所以鞭荊平之墓也。君何不從容為上言之？」滕公心知朱家大俠，意布匿其所，乃許諾。侍間⑯，果言如朱家指⑰。上乃赦布。當是時，諸公⑱皆多⑲布能摧剛為柔⑳，朱家亦以此名聞當世。布召見，謝，拜郎中㉑。

【章旨】以上為〈季布傳〉的第一部分，主要寫了季布的任俠本性和他與劉邦的特殊關係，表彰他在楚亡漢興的轉折關頭表現出的理智態度。對朱家的俠氣膽識更是充滿敬意。

【注釋】❶楚　地名，秦與西漢時期言人籍貫，多沿用戰國國名。❷數窘漢王　多次使漢王陷入窘困境地。此處的漢王，是實錄劉邦當時名號，下句所言高祖則是終史事而言之。❸購求　公布千金重賞以通緝季布。❹舍匿　隱匿；窩藏。❺罪三族　滅族的株連刑，是古代酷刑之一。三族，一說指父母、兄弟、妻子；或說指父族、母族、妻族。❻濮陽　縣名，在今河南境內。❼迹　追尋蹤跡。極言形勢之急迫。❽臣　秦漢時廣泛用於對話時的第一人稱，雙方不一定要有君臣上下關係的存在。❾髡鉗　刑罰名。髡是強制剪去頭髮的侮辱刑；鉗是以鐵製刑具束頸。❿衣褐　使之身穿貧賤者所穿的粗布短衣。衣，動詞，此處是使動用法，使之穿著。⓫廣柳車　依據《周禮・天官・冢宰・縫人》鄭氏注當為運載棺柩的喪車。其形制特點是車外有掩飾之物，使人難以窺見車內情景。符合此處迷藏季布出行而不欲人知的特定要求。⓬家僮　家中私有的奴婢。⓭汝陰侯滕公　夏侯嬰，西漢開國功臣之一，劉邦的心腹親信。初為滕令奉車，遂號為滕公。後來受封為汝陰侯，官居太僕。事見本書卷四十一〈夏侯嬰傳〉。⓮職　常規；常道；職責所在。⓯伍子胥　春秋後期的名臣伍員，字子胥。⓰侍間　在侍奉天子時找尋方便進言的機會。⓱指　通「旨」。旨意；語意。⓲諸公　泛指統治集團的上層人物。⓳多　推重；讚賞。⓴摧剛為柔　變剛強為柔順。摧，折斷。㉑拜郎中　鄭重其事地任命為郎中。拜是古代任命官吏的專用術語之一，表示用某種確定的禮儀規格授予官職。郎中是官名，隸屬於郎中令。秦漢時期的郎官「掌守門戶，出充車騎」（卷十九〈百官公卿表上〉）。

【語　譯】季布，是楚地人，以喜愛行俠而著名。項籍讓他領兵作戰，曾經多次使漢王劉邦窘困遇險。項籍覆滅之後，漢高祖劉邦懸賞千金以通緝季布，有膽敢隱藏庇護者，處以滅三族的重罪。季布藏匿在濮陽縣周氏家中，周氏說：「漢朝廷懸賞通緝將軍刻不容緩，追蹤行跡很快就會找到我家，如果將軍能聽從我的話，我敢進獻計策；假如將軍不同意我的話，甘願先行刎頸自殺。」季布許諾聽從他的建議。於是周氏對季布施加髡鉗之刑，讓他身穿粗布短衣，藏身在原用於送葬的廣柳車中，與家中僮奴數十人一起，前往魯地大俠朱家的家中出售。朱家心中明知此人是受通緝的季布，仍然將他買下安置在田舍之中。朱家為此前往雒陽，拜見汝陰侯滕公夏侯嬰，說道：「季布有何罪過？臣下各為其主所用，這是完全正常的。難道項氏的臣屬能夠全部誅殺嗎？當今皇上剛剛奪得天下，卻因為私怨就懸賞通緝一個人，為何向天下人昭示自己的胸懷如此不寬廣！況且以季布的賢能才幹，漢朝廷通緝他如此急迫，他不是向北逃亡到匈奴境內，就是向南逃亡到南越之地。排斥壯士使之為敵國所用，這正是伍子胥之所以對楚平王掘墓鞭屍的原因所在。您何不對皇上細細說明其中的道理？」滕公心知朱家是大俠，猜測季布藏匿在他家中，就答應了他的要求。在侍奉皇帝時利用方便進言的機會，就兌現諸言按照朱家的意思對皇帝進言。皇帝於是赦免了季布。在這個時期，朝廷諸位大臣都讚賞季布能夠變剛強為柔順，朱家也因此而名聞當世。季布得到皇帝的召見，當面謝罪，被任命為郎中。

1 孝惠❶時，為中郎將❷。單于嘗為書嫚❸呂太后❹，太后怒，召諸將議之。上將軍樊噲曰：「臣願得十萬眾，橫行匈奴中。」諸將皆阿❺呂太后，以噲言為然。布曰：「樊噲可斬也。夫以高帝兵三十餘萬，困於平城❻，噲時亦在其中。今噲柰何以十萬眾橫行匈奴中，面謾❼！且秦以事胡❽，陳勝等起。今瘡痍未瘳❾，噲又面諛，欲搖動天下。」是時殿上皆恐，太后罷朝，遂不復議擊匈奴事。

2 布為河東守。孝文時，人有言其賢，召欲以為御史大夫。人又言其勇，使酒難近⑩。至，留邸⑪一月，見罷⑫。布進曰：「臣待罪⑬河東，陛下無故召臣，此人必有以臣欺陛下者。今臣至，無所受事，罷去，此人必有毀臣者。夫陛下以一人譽召臣，一人毀去臣，臣恐天下有識者聞之，有以窺陛下⑭。」上默然，慚曰：「河東吾股肱郡，故特召君耳。」布之官。

3 辯士曹丘生⑮數招權顧金錢⑯，事貴人趙談等，與竇長君⑰善。布聞，寄書諫竇長君曰：「吾聞曹丘生非長者，勿與通。」及曹丘生歸，欲得書請布⑱。竇長君曰：「季將軍不說足下⑲，足下無往。」固請書，遂行。使人先發書⑳，布果大怒，待曹丘。曹丘至，則揖布曰：「楚人諺曰『得黃金百，不如得季布諾』，足下何以得此聲梁楚之間㉑哉？且僕與足下俱楚人，使僕游揚㉒足下名於天下，顧㉓不美乎？何足下距僕之深也！」布乃大說。引入，留數月，為上客，厚送之。布名所以益聞者，曹丘揚之也。

【章旨】以上為〈季布傳〉的第二部分，重點塑造了季布面對最高統治者敢於直言進諫的「官俠」形象。把「任俠」之風帶入官場，使之別開生面，季布不失為典型。同時，對季布信守承諾的品行給予高度評價，「一諾千金」的典故得以流傳千古。

【注釋】❶孝惠　漢惠帝劉盈。❷中郎將　官名。隸屬於郎中令，統領中郎，有五官、左、右三將，官秩皆為比二千石。❸嫚　含有侮辱、猥褻之意的辭語。❹呂太后　漢高祖的皇后、漢惠帝的生母呂雉。❺阿　迎合；曲從其意。❻困於平城　漢高祖被匈奴精兵包圍於平城（今山西大同東北）附近的白登山長達七晝夜，賴陳平「奇計」才得以脫身。❼面謾　當面欺誑。❽事胡　有事於胡，即征伐匈奴。❾瘡痍未瘳　創傷未癒。瘳，病癒。此處借指戰爭造成的困境尚未解除。❿使酒難近　酗酒使性難以勝任近侍天子的大臣。⓫邸　各郡國在京師修建的館舍。其功能，一般認為主要是供地方官員進京朝見時用作居所。⓬見罷　在召見之後即令罷歸還郡。⓭待罪　任職的自謙之辭。其意為擔憂自己難以勝任本職，早晚會有獲罪之虞，故一任職就進入了等待被治罪的狀態。⓮有以窺陛下　藉此窺見陛下胸襟見識的深淺高下。⓯曹丘生　曹丘先生的簡稱。秦漢時期，尊稱「先生」可以選用其中一字為簡稱。⓰招權顧金錢　以結交權貴而自重，藉權貴威勢因行請託之事，故得他人以金錢相酬謝。⓱竇長君　漢文帝竇皇后之兄，漢景帝的舅父。⓲欲得書請布　希望得到竇長君的推薦書，以便進見季布。⓳足下　對人的敬稱，用於同一輩分之間。⓴使人先發書　派人先致書於季布，使之事先閱讀。㉑梁楚之間　指戰國時梁（即魏）、楚兩國舊地。㉒游揚　到處宣揚。㉓顧　帶有轉折、反詰之意的語氣詞。卻；難道。

【語　譯】孝惠帝時期，季布為中郎將。匈奴單于曾經致書漢朝廷，內有褻瀆呂太后的話語，太后大怒，召集諸將討論。上將軍樊噲說：「臣願得十萬軍隊，就可以橫行匈奴全境。」諸將都曲從呂太后的意旨，認為樊噲的說法是正確的。季布說：「樊噲應該斬首。當年高帝統兵三十餘萬，被匈奴困於平城，樊噲當時也在其中。現在樊噲為何表示以十萬軍隊就可以橫行匈奴中，這是當面矇騙！況且秦朝正是因為征伐匈奴，導致陳勝等起兵。現在戰爭造成的創傷尚未恢復，樊噲又當面阿諛，是想要搖動天下。」當時殿上群臣都為季布擔憂，太后罷朝而退，此後就不再討論出擊匈奴的事了。

2　季布出任河東太守。孝文帝時，有人說他賢能，宣召入京準備升為御史大夫。又有人說他過於武猛，酗酒使性不適宜擔任接近皇帝身邊的大臣。季布到達京城，閒居郡邸一月，總算得到皇帝召見一面，卻隨即讓他歸去。季布進言說：「臣任職於河東，陛下無故召臣，這必是有人以臣賢能的話欺矇了陛下。現在臣來到京城，沒有接到任何指令，就讓歸去，這必定是有人詆毀臣。陛下因為一人的讚譽而召臣入京，又因為一人的詆毀而使臣離去，臣恐天下有識者聽聞此事，會藉此窺測陛下胸襟見識的深淺高下。」文帝默然良久，慚愧地說：「河東郡是國家的股肱重地，所以特別召見您。」季布回到了原任職位。

3 辯士曹丘先生屢屢結交權貴，因行請託之事，故得他人以金錢相酬謝，結交貴人趙談等人，與皇戚竇長君相善。季布聽聞，就寄書規諫長君說：「我聽聞曹丘先生不是謹厚長者，不要與他交往。」等到曹丘先生歸來，希望得到竇長君的推薦書去進見季布。竇長君說：「季將軍不喜歡足下，足下不必前往。」但曹丘先生執意請求賜書，於是就成行了。曹丘先生使人預先把推薦書送達季布，讓他看閱，季布果然大怒，只待曹丘前來。曹丘到達之後，只是對季布行地位對等的揖手之禮，說：「楚人傳唱謠諺『得黃金百，不如得季布諾』，足下憑藉什麼在梁楚之間得到如此好的名聲呢？況且我與足下都是楚人，讓我到處宣揚足下的美名於天下，難道不是一樁美事嗎？為何足下排斥我到了如此之深的程度！」季布於是對他大為欣賞。引入府中，留居數月，待為上客，厚禮相送。季布的美名之所以傳播得更為廣泛，是曹丘為他宣揚的結果。

布弟季心氣蓋關中❶，遇人恭謹，為任俠，方數千里，士爭為死。嘗殺人，亡吳，從爰絲匿，長事爰絲❷，弟畜灌夫、籍福之屬。嘗為中司馬❸，中尉郅都❹不敢加。少年❺多時時竊借其名以行。當是時，季心以勇，布以諾，聞關中。

布母弟❻丁公❼，為項羽將，逐窘高祖彭城西。短兵接，漢王急，顧謂丁公曰：「兩賢❽豈相戹❾哉！」丁公引兵而還。及項王滅，丁公謁見高祖，以丁公徇❿軍中，曰：「丁公為項王臣不忠，使項王失天下者也。」遂斬之，曰：「使後為人臣無傚丁公也！」

【章　旨】以上為〈季布傳〉的第三部分，附寫了季布的弟弟季心、同母異父弟丁公的簡要事跡。實際上是為了繼續完善對傳主季布的形象塑造，深化本文的意義。不可作無足輕重的附筆來看。

【注　釋】❶關中　地域名稱。具體所指的範圍有四關之內、二關之中兩說。《史記．項羽本紀》中有「關中阻山河四塞」之說，所謂「四塞」，據徐廣注是指「東函谷，南武關，西散關，北蕭關」。四關之中即為關中。又《史記．高祖本紀》注引《三輔舊事》云：「西以散關為限，東以函谷為界，二關之中謂之關中。」❷長事爰絲　以兄長之禮事奉爰絲。爰絲即漢初名臣爰盎。爰盎，又寫作袁盎。❸中司馬　官名。是中尉屬下之司馬。❹郅都　西漢時著名酷吏。❺少年　在《史記》、《漢書》中，往往特指活動於民間、不受法律約束而敢作敢為的年輕人。❻母弟　同母異父之弟。❼丁公　名固，薛地人。❽兩賢　劉邦自謂與丁固皆為賢人。❾戹　通「厄」。困窘；迫害。❿徇　強制巡行示眾。

【語　譯】季布的弟弟季心以任氣敢為名蓋關中，待人恭謹，行事任俠，在方圓數千里的範圍內，士人爭相願意為他效死。他曾經在殺人之後，逃亡到吳地，藏匿在爰絲處，以兄長之禮事奉爰絲，以待弟弟之情結交灌夫、籍福等人。曾經擔任中司馬之職，時任中尉的郅都不敢以上司的身分對他頤指氣使。敢作敢為的年輕人時常假借季心的名義行事。在這一時期，季心以勇猛任氣，季布以承諾守信，名聞關中。

季布的同母異父弟丁公，是項羽的部將，追逐高祖至彭城西加以圍困。短兵相接，漢王在危急之中，回頭對丁公說：「你我兩位英雄賢才，難道要互相為難嗎！」丁公便領兵而退。及至項王覆滅，丁公前來謁見高祖，高祖下令押解丁公在軍中巡行示眾，宣布說：「丁公為項王的臣屬卻不忠於項王，使項王喪失天下的就是此人。」隨即斬了他，說道：「讓以後為人臣的不要仿效丁公！」

1 欒布，梁人也。彭越為家人時❶，嘗與布游，窮困，賣庸❷於齊，為酒家保❸。

數歲別去，而布為人所略，賣為奴於燕。為其主家❹報仇❺，燕將臧荼❻舉以為都尉。荼為燕王，布為將。及荼反❼，漢擊燕，虜布。梁王彭越聞之，乃言上，請贖布為梁大夫。使於齊，未反，漢召彭越責以謀反，夷三族，梟首雒陽，下詔有收視者輒捕之。布還，奏事彭越頭下，祠而哭之。吏捕以聞。上召布罵曰：「若❽與彭越反邪？吾禁人勿收，若獨祠而哭之，與反明矣。趣❾亨之。」方提趨湯❿，顧曰：「願一言而死。」上曰：「何言？」布曰：「方上之困彭城，敗滎陽、成皋間，項王所以不能遂西，徒⓫以彭王居梁地，與漢合從苦楚也。當是之時，彭王壹顧，與楚則漢破，與漢則楚破。且垓下之會，微彭王，項氏不亡。天下已定，彭王剖符受封⓬，欲傳之萬世。今漢壹徵兵於梁，彭王病不行，而疑以為反。反形未見，以苛細誅之，臣恐功臣人人自危也。今彭王已死，臣生不如死，請就亨。」上乃釋布，拜為都尉。

2 孝文時，為燕相，至將軍。布稱曰：「窮困不能辱身，非人也；富貴不能快意，非賢也。」於是嘗有德，厚報之；有怨，必以法滅之。吳楚反時，以功封為鄃侯⓭，復為燕相。燕齊之間皆為立社⓮，號曰欒公社。

3 布薨，子賁嗣侯，孝武時坐為太常犧牲不如令⓯，國除。

【章　旨】以上為〈欒布傳〉，以哭彭越為中心，突出了欒布不畏強梁、剛正不阿的形象，更藉欒布之口，極言彭越之功不可沒，所謂的「謀反」是冤獄。

【注　釋】❶彭越為家人時　彭越，秦漢之交的名將。事詳本書卷三十四〈彭越傳〉。家人，沒有官職的普通百姓。❷賣庸　出賣勞力，受人雇傭。❸保　雇工；僕役。❹主家　指買進欒布的主人之家。❺報仇　即復仇。漢代盛行復仇之風。❻臧荼　秦末起兵的將軍，漢初官至燕王，後因叛亂被俘。❼反　通「返」。歸還。❽若　通「汝」。你。❾趣　通「促」。迅速；立即。❿方提趨湯　正在讓人把欒布舉起快步前行欲投之於鼎沸的容器之中。提，舉起。趨，快步走向。⓫徒　只是。⓬剖符受封　指高祖六年劉邦分封功臣為諸侯王、列侯的儀式。劉邦與受封者合符而分授之，略同於虎符之制。為了強調君臣共治天下的誠意，且有「剖符世世勿絕」的誓詞。剖，破開。符，符信。⓭吳楚反時二句　吳楚七國叛亂時，欒布因為參與平叛立有軍功而受封為鄃侯。鄃，縣名。漢代的鄃縣隸屬清河郡，位於今山東平原西南。⓮社　此專指民間設置的祭祀祠堂。古時有德政的官吏，常有在世之時民間就設置祠堂祭拜之例，史謂「立生祠」。⓯坐為太常犧牲不如令　觸犯了擔任太常之職、祭祀所用的牲畜供品不符合政令規定的罪條。

【語　譯】欒布，是梁地人。彭越早年間為普通百姓時，曾經與欒布相交遊，為窮困所迫，受人雇傭於齊地，做酒肆的雇役。幾年之後相別離去，而欒布卻為人所劫略，賣到燕地為奴。欒布有為其主人家復仇的舉動，燕將臧荼推薦他擔任了都尉之職。臧荼為燕王，欒布受命為將軍。等到臧荼反抗漢廷，漢出兵擊燕，俘虜了欒布。梁王彭越得知消息，就對皇上言明二人的貧賤之交，請求出資為欒布贖罪並任為梁國大夫。欒布出使齊國，未及歸還，漢廷宣召彭越進京嚴懲他的謀反之罪，將他夷滅三族，梟首示眾於雒陽，下詔說有膽敢為彭越收屍和看望者立即加以逮捕。欒布歸來，到彭越的頭下奏報出使情況，並祭奠痛哭。官吏逮捕欒布並報告朝廷。皇上召見欒布大罵說：「你與彭越共同造反嗎？我嚴禁所有人不得為彭越收屍，惟獨你去祭奠痛哭彭越，可見參與造反是明確無誤了。立即把此人烹殺。」正讓人把欒布舉起快步前行要投到鼎沸的容器之中，欒布回顧皇帝說：「希望讓我說完一句話再死。」皇上說：「你要說什麼話？」欒布說：「當初皇上受困彭城，戰敗於滎陽、成皋之間，項王之所以不能乘勝西進，只因為彭王活動在梁地，與漢軍聯合作戰而使楚軍苦不堪言。在那個關鍵時刻，彭王稍有舉動，與楚結盟就會導致漢失敗，與漢結盟就會導致楚失敗。況且垓下會戰時，假如沒有彭王，項氏也不會滅亡。天下已定之後，彭王得以剖符為信受封為諸侯王，希望基業可以傳給子孫萬世。而現在朝廷因為一次徵兵於梁國，彭王因病不能親行，就據此懷疑他要造反。造反的形跡尚未見到，就以苛刻細小的罪名誅殺他，臣恐怕功臣會因此而人人自危。現在彭王已死，臣生不如死，請允許我接受烹刑而死。」皇上聞言就開釋欒布，任命他為都尉。

2 孝文帝時，欒布為燕相，官至將軍。欒布宣稱：「在窮困之時不能辱身以求生存，就不是有理智的人；在富貴之時不能爽快地按照本意行事，就不是有賢才的英雄。」於是曾經對他有恩德的人，給予厚謝；有宿怨的人，必定找到法律上的藉口加以誅滅。吳楚七國叛亂時，欒布因為平叛有功而受封為鄃侯。再次出任燕相。燕齊之間都為欒布設立「生祠」，號為「欒公社」。

3 欒布逝世，其子欒賁繼承侯國的封爵，到孝武帝時，因擔任太常之職觸犯了祭祀所用牲畜供品不符規定的罪條，封國被廢除。

1 田叔，趙陘城人❶也。其先，齊田氏也。叔好劍，學黃老術於樂鉅公❷。為人廉直，喜任俠。游諸公❸，趙人舉之趙相❹趙午，言之趙王張敖，以為郎中。數歲，趙王賢之，未及遷。

2 會趙午、貫高等謀弒上，事發覺，漢下詔捕趙王及群臣反者。趙有敢隨王，罪三族。唯田叔、孟舒等十餘人赭衣自髡鉗❺，隨王至長安。趙王敖事白，得出，廢王為宣平侯，乃進言叔等十人。上召見，與語，漢廷臣無能出其右者❻。上說，盡拜為郡守、諸侯相。叔為漢中守十餘年。

3 孝文帝初立，召叔問曰：「公知天下長者乎？」對曰：「臣何足以知之！」上曰：「公長者，宜知之。」叔頓首曰：「故雲中守孟舒，長者也。」是時孟舒坐虜大入雲中免。上曰：「先帝❼置孟舒雲中十餘年矣，虜嘗❽一入，孟舒不能堅守，無故士卒戰死者數百人。長者固殺人乎❾？」叔叩頭曰：「夫貫高等謀反，天子下明詔，趙有敢隨張王者罪三族，然孟舒自髡鉗，隨張王，以身死之，豈自知為雲中守哉！漢與楚相距，士卒罷❿敝，而匈奴冒頓新服北夷⓫，來為邊寇，孟舒知士卒罷敝，不忍出言，士爭臨城死敵，如子為父，以故死者數百人，孟舒豈毆之哉⓬！是乃孟舒所以為長者。」於是上曰：「賢哉孟舒！」復召以為雲中守。

【章　旨】以上為〈田叔傳〉的第一部分，通過拼死追隨趙王張敖、極力推薦孟舒兩個典型實例，集中展示了田叔的俠者本性與長者風範。

【注　釋】❶趙陘城人　趙地陘城人。西漢無「陘城」而有「苦陘」縣（王莽時期改名為北陘。東漢章帝時更名為漢昌）。陘城當即為苦陘縣城的簡稱。❷學黃老術於樂鉅公　跟隨樂鉅公學習黃老之術。黃老術，託名於黃帝、老子的一種學術流派，為道家之一支，形成於戰國，鼎盛於西漢前期。樂鉅公，傳說是戰國名將樂毅的後人。活動於趙國、齊國之間，是黃老之學的重要傳人。❸諸公　對年高德劭者的尊稱。❹趙相　趙國丞相。漢初，諸侯王國的官職一同於中央，設丞相管理政務。❺赭

衣自髡鉗　身穿囚徒衣服並自施髡鉗之刑，即以家奴、刑徒自居。赭衣，赤褐色的衣服，秦漢時期為囚徒之服。髡鉗，刑罰名。❻無能出其右者　沒有人在才幹方面超過他們。漢代以右為上。❼先帝　漢文帝對漢高祖的尊稱。❽嘗　曾經。❾長者固殺人乎　此為反詰句。❿罷　通「疲」。下亦同。⓫匈奴冒頓新服北夷　匈奴首領冒頓新近征服了北部眾多夷人。⓬孟舒豈敺之哉　哪裡是孟舒故意驅趕他們戰死的呢。敺，通「驅」。

【語譯】田叔，是趙地陘城人。他的祖先，是齊國的宗室田氏。田叔喜好劍術，跟隨樂鉅公學習黃老之術。為人清廉正直，性喜任俠。與年高德劭的長者交遊，趙人把他推舉給趙相趙午，趙午又把他介紹給趙王張敖，任命他為郎中。如此數年，趙王很賞識他，尚未來得及升遷官職。

2 恰恰遇到了趙午、貫高等人密謀刺殺皇帝的事情，密謀之事被發覺，漢朝廷下詔逮捕趙王及群臣參與造反的人。並明確宣布趙人膽敢伴隨趙王左右的，以滅三族的重罪懲罰。只有田叔、孟舒等十餘人身穿囚徒衣服並自施髡鉗之刑，隨趙王同行至長安。趙王張敖沒有參與密謀的事總算真相大白，得以獲釋出獄，廢去王位而改封為宣平侯，於是就向皇帝進言田叔等十人的行跡。皇上召見他們，與他們交談議論，感覺漢廷群臣沒有人能超過他們。皇上很高興，全部任命他們為郡守、諸侯王國的丞相。田叔任漢中郡守十餘年。

3 孝文帝剛即位，宣召田叔詢問說：「您知曉天下長者嗎？」田叔回答說：「臣哪有資格知曉天下長者！」皇上曰：「您本身是長者，理應知曉長者。」田叔頓首回答：「前雲中郡守孟舒，肯定是位長者。」當時，孟舒因為匈奴大舉深入雲中郡被判罪免職。皇上說：「先帝任用孟舒為雲中郡守十餘年了，曾經遭遇匈奴的一次入侵，孟舒不能堅守，導致士卒數百人無故戰死。難道長者就是讓部屬白白地被人所殺嗎？」田叔叩頭說：「說到貫高等人謀反之時，天子頒下明詔，規定趙人有敢隨從張王的要被滅三族，但是孟舒自行髡鉗為奴，追隨張王，準備為王而以身殉死，哪裡想到會成為雲中郡守啊！經歷了漢與楚的對峙爭戰，我軍士卒疲敝，而匈奴單于冒頓新近征服了北部眾多夷人，來侵擾邊境造成寇患，孟舒深知士卒疲敝，不忍心下令激戰，是將士們爭先登城與敵人拼死作戰，如同兒子為父親效力一般，所以導致數百人戰死，哪裡是孟舒故意驅趕他們戰死的呢！這正是孟舒之所以為長者的原因。」於是皇上說：「孟舒真是賢才啊！」再次宣召孟舒讓他擔任雲中郡守。

1 後數歲，叔坐法失官。梁孝王使人殺漢議臣爰盎❶，景帝召叔案梁，具得其事❷。還報，上曰：「梁有之乎？」對曰：「有之。」「事安在？」叔曰：「上無以梁事為問❸也。今梁王不伏誅，是廢漢法也；如其伏誅，太后食不甘味，臥不安席，此憂在陛下。」於是上大賢之，以為魯相。

2 相初至官，民以王取其財物自言者百餘人。叔取其渠率❹二十人笞，怒之曰：「王非汝主邪？何敢自言主！」魯王聞之，大慙，發中府❺錢，使相償之。相曰：「王自使人償之，不爾，是王為惡而相為善也。」

3 魯王好獵，相常從入苑中，王輒休相就館❻。相常暴❼坐苑外，終不休，曰：「吾王暴露，獨何為舍？」王以故不大出遊。

4 數年以官卒，魯以百金祠，少子仁不受，曰：「義不傷先人名。」

5 仁以壯勇為衛將軍❽舍人❾，數從擊匈奴。衛將軍進言仁為郎中，至二千石、丞相長史，失官。後使刺三河❿，還，奏事稱意，拜為京輔都尉⓫。月餘，遷司直⓬。數歲，戾太子舉兵⓭，仁部閉城門，令太子得亡，坐縱反者族⓮。

【章　旨】以上為〈田叔傳〉的第二部分，通過查辦梁孝王案件、在魯相任上感化魯王兩個典型實例，集中展示了田叔顧全大局、善於緩和統治集團內部矛盾的政治智慧。並附寫了其子田仁的簡歷與命運。

【注　釋】❶梁孝王使人殺漢議臣爰盎　梁孝王，漢景帝之弟劉武。在平定吳楚七國之亂時有功，他一直得到太后寵愛，侍寵而驕，甚至一度有覬覦帝位之心。惡爰盎阻止其事，指使刺客殺死爰盎。❷事　文書。此處指可以證明梁孝王謀反的審案記錄。❸上無以梁事為問　皇上不必再追問梁王的事情了。❹渠率　通「渠帥」。首領。渠，大。❺中府　位於諸侯王府中的府庫，其中收藏的財物屬於國王私有。又見於本書卷六十五〈東方朔傳〉，館陶公主寵幸董偃，因推令散財交士，令中府曰：「董君所發，一日金滿百斤，錢滿百萬，帛滿千匹，乃白之。」顏師古曰：「中府，掌金帛之臧者也。」可以互相參照。漢代的財政體制區分為國家財政和帝室財政，漢初的諸侯王國職官體系一同於中央，其財政體制當亦仿照中央制度，王國公共財產與國王私有府庫有別，此為中府存在之理由。❻王輒休相就館　魯王動輒請國相到館舍中休息。休，動詞，使動用法。使……休息。❼暴　暴露。置身於外，承受日曬雨淋。此為田叔的「苦肉計」，藉以諫止魯王行獵。❽衛將軍　衛青。事詳本書卷五十五〈衛青傳〉。❾舍人　戰國至漢代，泛指達官權貴的左右親隨之類的屬官。❿使刺三河　奉使到三河之地監察地方吏治。三河，指河南、河內、河東。西漢時三河居天下之中，屬於要害地區。⓫京輔都尉　官名。漢武帝元鼎四年在三輔地區置三輔都尉，京輔都尉為其中之一，其餘為左輔都尉、右輔都尉。職掌略同於各郡的都尉。至元帝時規定三輔都尉的官秩為二千石。⓬司直　官名。全稱當為丞相司直，簡稱司直。位居丞相屬官之首，輔助丞相執掌監察大權。⓭戾太子舉兵　戾太子劉據在所謂的「巫蠱」之變的恐懼重壓下，起兵殺死武帝派出的使者江充，並與丞相劉屈氂所率領的軍隊大戰於長安。劉據兵敗出逃，後在圍捕之中被迫自殺。⓮坐縱反者族　觸犯了縱放造反者的罪名而被滅族。

【語　譯】過了幾年，田叔因觸犯法律而被免官。梁孝王指使刺客殺了漢廷的議事之臣爰盎，景帝宣召田叔負責查辦梁案，掌握了全部事實根據。還報之時，皇上問說：「梁王真有派人刺殺爰盎之事嗎？」田叔回答：「確有其事。」「證據在何處？」田叔說：「皇上不必再追問梁王的事情了。假如梁王不依法處死，就是廢壞了漢法；如果將他依法處死，那麼太后就會食不甘味，臥不安席，此事就會使陛下左右為難了。」因此皇上對田叔的才幹大為讚賞，任命他為魯國的國相。

2 魯相田叔就職之初，魯民自行前來控告魯王強取其財物者多達百餘人。田叔扣留了其領頭者二十人加以笞打，怒斥他們說：「國王難道不是你們的主人嗎？為何膽敢自行控訴你們的主人！」魯王聽聞此事，大感慚愧，拿出了王府中的私有財物，使國相補償給民眾。國相田叔說：「大王應該親自派人補償給民眾，否則，在民眾心目中就成了大王為惡而國相為善了。」

3 魯王喜好打獵，國相田叔時常隨從進入禁苑中，魯王動輒請國相到館舍中休息。國相經常露天坐在禁苑外，始終不到館舍中休息，他說：「我的國王置身於外，我獨自到館舍中休息是何道理？」魯王因此不大出外行獵了。

4 數年之後田叔在任上去世，魯人用百金為他立祠祭奠，他的少子田仁不接受，說：「按照做兒子的道理，不能接受百金而有傷先人的名聲。」

5 田仁憑藉壯勇成為衛將軍的舍人，多次跟隨出擊匈奴。衛將軍向皇帝推薦田仁擔任郎中，官秩至二千石、丞相長史，因事被免官。後奉使到河南、河內、河東地區監察地方吏治，田仁返還京城，因為奏事符合皇帝的意旨，被任命為京輔都尉。過了一個多月，升遷為丞相司直。幾年之後，戾太子舉兵起事，田仁受命部署關閉城門，因使太子得以出城逃亡，觸犯縱放造反者的罪名而被滅族。

贊曰：以項羽之氣，而季布以勇顯名楚，身履軍搴旗❶者數矣，可謂壯士。及至困戹奴僇❷，苟活而不變，何也？彼自負其材，受辱不羞❸，欲有所用其未足也，故終為漢名將。賢者誠重其死❹。夫婢妾賤人，感槩❺而自殺，非能勇也，其畫無俚❻之至耳。欒布哭彭越，田叔隨張敖，赴死如歸，彼誠知所處，雖古烈士❼，何以加哉！

【章　旨】以上是對三位傳主行為和稟賦的總評。其中藉季布的能屈能伸而發出的人生感悟，是作者的點睛之筆。

【注　釋】❶履軍搴旗　踐踏敵軍，奪取敵旗。極言能征善戰的威勇之姿。履，踐踏；踏平。搴，拔，勝敵而拔取其旗。❷奴僇　奴役侮辱。指髡鉗為奴而被售賣之事。僇，古「戮」字。❸受辱不羞　受到侮辱而不看作為羞恥。不羞，不以之為羞。❹誠重其死　確實不願意輕易地死去。重，動詞。以動用法，以之為重。❺感槩　因有所感觸而導致憤慨。槩，通「慨」。❻其畫無俚　其劃策不足以仰賴。即計謀無法實現。俚，聊；賴。❼烈士　古代泛指有志於建立功業的人，也指為了堅持自己的信念而自甘以身相殉的人。

【語　譯】史官評議說：以項羽那般的武猛之氣，而季布卻能夠憑藉勇猛而揚名於楚國，多次親身掃蕩敵軍、奪取敵旗，可稱得上壯士。等到遭遇困厄被人奴役侮辱，忍辱苟活而自信不改，原因何在？因為他對自己的才幹充滿了自信，受到侮辱而不以為羞恥，只為能讓他的才幹有充分發揮的時候，故終於成為漢家名將。真正有德行才幹的人確實不願意輕易地死去。那些奴婢妾婦之類地位低下的人，因有所感觸導致憤慨而自殺，並不能證明他們的勇敢，而是說明他們沒有可藉以脫困的計謀只好選擇自殺罷了。欒布哭祭彭越，田叔追隨張敖，把身赴死地視為歸家一般尋常，他們確實知道在生死關頭應該如何自處，即便是古時功業顯赫德操高尚的烈士，也無法超過他們啊！

【研　析】〈季布欒布田叔傳〉的主要特點及其價值，應該注意從以下幾個方面加以理解：

其一，展示了「任俠」之風對漢初社會的深刻影響。季布、季心、欒布、田叔、田仁身在官場而始終不渝地實踐俠者理念，使得漢代的官場風貌平添一抹奇異的光彩。記載布衣之俠朱家的筆墨雖然有限，但他的高尚情操、巨大的社會活動能量和對朝野上下的影響，留下了不可磨滅的印記。這為研究漢代的「任俠」風尚、特別是「官俠」問題，提供了寶貴的資料。

其二，褒獎了一種遇挫思奮、積極用世的人生態度。季布在漢初遭到懸賞千金通緝的「特殊待遇」，他不惜廁身奴僕罪徒，不避刑具加身，但求留得有用之身以待來日之用。欒布也曾經歷了被略賣為奴、戰敗被俘的人生低谷，同樣頑強生存而終為名將。田叔為了追隨國君張敖，也曾經喬裝奴僕罪徒。特別是最後的「贊曰」，更是對賢者的生命意識、自我期許意識，給予全面肯定。這是一部讀後可以使人勵志的史傳。

其三，倡導了注重信義、不畏權勢的「大丈夫」精神。季布怒斥樊噲以告誡呂太后不可用兵匈奴，當面指責漢文帝用人之道有缺，膽略見識均非常人所可企及。欒布蔑視朝廷法禁，哭祭舊交、故主彭越，並且冒著被烹殺的危險，在漢高祖面前侃侃而談，揭破彭越被屈殺的內幕，又是何等慷慨激烈。田叔縱論長者，使得漢文帝改變錯誤決策再任孟舒為郡守，無愧於一言而奪人主之意。在最高統治者面前，他們都是鐵骨錚錚的賢才，與阿諛逢迎之輩有霄壤之別。這才是中華民族的脊梁。

其四，討論了君臣關係的深層內涵。朱家論季布無罪的「各為其主」說，田叔等人抗命中央而效死於封國之君所表現出的漢初王國「自為君臣」的政治倫理，都值得注意。特別是漢高祖對季布、丁公的不同處理方式，更有研究的價值。丁公在楚漢戰爭中私縱劉邦，事後卻被勝利者劉邦按照背主之罪處斬；與季布當時苦苦與劉邦為敵、事後卻得以赦罪重用，恰恰形成鮮明的對照。特別是在劉邦殺丁公的用意上大作文章，寫盡了帝王御臣的心機。

《季布欒布田叔傳》不僅是了解漢初政治史的必讀篇章，而且是解讀官風民俗、人心人情乃至於官僚政治祕奧的開卷有益之作。

卷三十八

高五王傳第八

【題解】《高五王傳》是班固在《史記・齊悼惠王世家》的基礎之上，經過調整、發展、充實而撰寫的人物合傳。傳主是漢高祖受封為王的五個兒子及其後嗣。秦漢之間政治制度的變易，莫過於漢代推行「郡國並行」制度，以取代秦朝所推行的單一的郡縣制。漢高祖在消滅異姓功臣王的同時，就開始封劉氏宗室成員為王。其中，他的兒子自然成為分封制度的主要受益者。封國一旦成立，它們與中央政權的關係，就成為一個很不穩定的政治問題。特別是漢高祖死後，呂太后當政，隨即分封呂氏為王，形成劉氏宗室、呂氏外戚、開國功臣三大政治集團紛紜複雜的政治關係，進而上演出呂氏專制、呂氏受誅、文帝入繼、吳楚七國叛亂、漢武帝立法貶抑諸侯王等等有聲有色的歷史活劇。如果要揭示這一系列變化的內幕，特別是其中齊悼惠王及其子孫所經歷的宦海沉浮所反映的政壇風雲變幻，這篇傳記無疑是極為難得的歷史資料。

高皇帝八男：呂后生孝惠帝，曹夫人生齊悼惠王肥，薄姬生孝文帝，戚夫人生趙隱王如意，趙姬生淮南厲王長，諸姬❶生趙幽王友、趙共王恢、燕靈王建。

淮南厲王長自有傳。

【章　旨】以上為本卷的第一部分，簡敘漢高祖八個兒子的名字及其生母的情況。八個兒子當中，孝惠帝、孝文帝以及淮南厲王劉長分別另有〈紀〉〈傳〉，故實際所記載的是五位封王之事。此為本篇列傳取名〈高五王傳〉之由來。

【注　釋】❶諸姬　泛指姬妾，史佚其姓氏與名位。

【語　譯】高皇帝有八個兒子：呂后生孝惠帝，曹夫人生齊悼惠王劉肥，薄姬生孝文帝，戚夫人生趙隱王劉如意，趙姬生淮南厲王劉長，其他姬妃生趙幽王劉友、趙共王劉恢、燕靈王劉建。淮南厲王劉長自有列傳。

齊悼惠王肥，其母高祖微時外婦❶也。高祖六年立，食七十餘城。諸民能齊言者皆與齊❷。孝惠二年，入朝。帝與齊王燕飲❸太后前，置齊王上坐，如家人禮❹。太后怒，迺令人酌兩卮鴆酒❺置前，令齊王為壽。齊王起，帝亦起，欲俱為壽。太后恐，自起反❻卮。齊王怪之，因不敢飲，陽❼醉去。問知其鴆，迺憂，自以為不得脫長安。內史❽士❾曰：「太后獨有帝與魯元公主，今王有七十餘城，而公主迺食數城。王誠以一郡上太后為公主湯沐邑❿，太后必喜，王無患矣。」於是齊王獻城陽⓫郡以尊公主為王太后⓬。呂太后喜而許之。迺置酒齊邸⓭，樂飲，遣王歸國。後十三年薨，子襄嗣。

【章　旨】以上為本卷的第二部分，簡敘齊悼惠王劉肥的一生。以其在長安的受困、脫困為重點，意在描摹呂太后的為人胸襟。

【注　釋】❶外婦　外室情婦。❷諸民能齊言者皆與齊　民眾凡是能說齊地方言的都劃歸齊國。諸，所有；總計。❸燕飲　設酒食款待。燕，通「宴」。❹如家人禮　如同尋常家庭的禮節。這裡強調的是按著兄弟長幼為序而不論君臣之禮。❺鴆酒　毒酒。鴆，鳥名。據說以其羽毛置於酒中，就可以製成毒性極強的毒酒。❻反　通「翻」。❼陽　通「佯」。假裝。❽內史　官名。漢初朝廷與王國均有內史的設置。王國的內史，官秩為二千石，是高級行政官員。❾士　內史的人名，史佚其姓。查《史記・齊悼惠王世家》記載其名為「勛」，而《史記・呂太后本紀》，也作「士」。❿湯沐邑　封邑的別稱。湯沐，本指浴身洗頭，與邑聯稱，意為封邑的收入專供於封君的私人生活之用。《史記・平準書》：「山川園池市井租稅之入，自天子以至於封君湯沐邑，皆各為私奉養焉，不領於天下之經費。」⓫城陽　漢代郡國名。原為齊國境內一郡，漢文帝時改郡為國。城陽郡的治所在莒縣（今山東境內）。⓬王太后　王國的太后。齊王以尊奉母后的禮節侍奉呂太后之女魯元公主，這是為了自保而對呂太后做出的討好姿態。⓭齊邸　齊國設在京城長安的公幹場所。漢代各個郡國均在都城設有官邸，以便利於公幹。類似於後世的辦事處。

【語　譯】齊悼惠王劉肥，他的母親是高祖未曾顯貴之時的外室情婦。高祖六年劉肥被立為齊王，封地食邑七十餘城。民眾凡是能說齊地方言的都劃歸齊國統治。孝惠帝二年，齊王入京朝見皇帝。孝惠帝與齊王共同在太后面前設置便宴，安排齊王坐在上座，如同尋常百姓的兄弟長幼禮節一般而不論君臣之禮。呂太后為此大怒，就令人盛兩杯鴆酒放在宴席前，隨即令齊王為太后祝壽。齊王起立，孝惠帝也起立，準備同時為太后祝壽。呂太后唯恐親生兒子誤飲毒酒而恐懼失態，自己起立打翻孝惠帝的杯子。齊王對呂太后的舉動感到怪異，因此不敢飲酒，佯裝醉酒而離去。稍後探聽得知那兩杯酒是鴆酒，就憂心忡忡，自以為不能從長安脫身。一位名叫士的內史官說：「太后的親生子女獨有當今皇帝與魯元公主，現在大王擁有七十餘城的封地，而公主卻只有數城的食邑。大王如果能夠以一郡之地獻上太后作為公主的湯沐邑，那麼太后必定高興，大王就沒有禍患了。」於是齊王獻出城陽郡的土地以尊公主為齊國的王太后。呂太后極為高興地同意了他的奏請。於是呂太后在齊國設於長安的官邸中設置酒宴，在歡樂的氣氛中痛飲一番，隨即派遣齊王歸國。過了十三年之後齊王劉肥逝世，兒子劉襄繼承王位。

1 趙隱王如意，九年❶立。四年❷，高祖崩，呂太后徵王到長安，鴆殺之。無子，絕。

2 趙幽王友，十一年立為淮陽❸王。趙隱王如意死，孝惠元年，徙友王趙，凡立十四年。友以諸呂女為后，不愛，愛它姬。諸呂女怒去，讒之於太后曰：「王曰：『呂氏安得王？太后百歲後，吾必擊之。』」太后怒，以故召趙王。趙王至，置邸不見，令衛圍守之，不得食。其群臣或竊饋之，輒捕論❹之。趙王餓，乃歌曰：「諸呂用事兮，劉氏微；迫脅王侯兮，彊授我妃。我妃既妒兮，誣我以惡；讒女亂國兮，上曾不寤。我無忠臣兮，何故棄國？自快中野❺兮，蒼天與直❻！于嗟不可悔兮，寧早自賊❼！為王餓死兮，誰者憐之？呂氏絕理兮，託天報仇！」遂幽死。以民禮葬之長安。

3 高后崩，孝文即位，立幽王子遂為趙王。二年，有司請立皇子為王。上曰：「趙幽王幽死，朕甚憐之。已立其長子遂為趙王。遂弟辟彊❽及齊悼惠王子朱虛侯章、東牟侯興居有功，皆可王。」於是取趙之河間❾立辟彊，是為河間文王。文王立十三年薨，子哀王福嗣。一年薨，無子，國除。

4 趙王遂立二十六年，孝景時鼂錯以過削趙常山❿郡，諸侯怨，吳楚反，遂與合謀起兵。其相建德⓫、內史王悍諫，不聽。遂燒殺德、悍，發兵住其西界，欲待吳楚俱進，北使匈奴與連和。漢使曲周侯酈寄擊之，趙王城守邯鄲，相距七月。吳楚敗，匈奴聞之，亦不肯入邊。欒布自破齊還，并兵引水灌趙城。城壞，王遂自殺，國除。景帝憐趙相、內史守正死，皆封其子為列侯。

5 趙共王恢。十一年，梁王彭越誅，立恢為梁王。十六年，趙幽王死，呂后徙恢王趙，恢心不樂。太后以呂產女為趙王后，王后從官皆諸呂也，內擅權，微司⓬趙王，王不得自恣。王有愛姬，王后鴆殺之。王乃為歌詩四章，令樂人歌之。王悲思，六月自殺。太后聞之，以為用⓭婦人故自殺，無思奉宗廟禮，廢其嗣。

6 燕靈王建。十一年，燕王盧綰亡入匈奴，明年，立建為燕王。十五年薨，有美人⓮子，太后使人殺之，絕後。

【章旨】以上為本卷的第三部分，簡敘趙隱王劉如意、趙幽王劉友、趙王劉遂、趙共王劉恢、燕靈王劉建等漢高祖子孫的立國始末，重點在於記載和批評呂太后對劉氏宗室諸王的壓抑、控制過於嚴苛。

【注釋】❶九年　漢高祖九年。初記諸侯立國，使用朝廷紀年，以明政治統緒。❷四年　趙王四年。西漢諸侯王國各自紀年。❸淮陽　西漢前期的王國。以陳（在今河南淮陽）為都。❹論　論罪；判罪。❺自快中野　快疑為「決」。自殺於曠野。❻與直　與，給予。直，裁定為正確、理直。❼自賊　自殺。❽辟彊　戰國秦漢時期常見用於人名。其讀音有二：一讀闢疆，一讀壁強（可以參見卷三十六〈楚元王傳〉顏師古注，《史記》卷五十〈楚元王世家〉注引《史記索隱》）。❾河間　漢代地名。以地處兩河之間而得名。漢文帝時改郡為國。河間國以樂城（今河北獻縣東南）為都。❿常山　漢代郡名。原名恆山，後來為避漢文帝劉恆的名諱而改稱。治元氏（在今河北元氏）。⓫建德　趙相的名字。其姓不可考知。⓬微司　暗中伺察、偵查。司，通「伺」。⓭用　因為；以此。⓮美人　秦漢時期的嬪妃名位之一。

【語　譯】趙隱王劉如意，高祖九年冊立為王。趙王四年，高祖崩逝，呂太后徵召趙王到長安，使用鴆酒殺害了他。趙王無子，封國絕傳。

2　趙幽王劉友，高祖十一年立為淮陽王。趙隱王劉如意死後，在孝惠元年，徙封劉友到趙國為王，共立國十四年。劉友以呂氏家族的女子為王后，沒有相愛之心，而愛其他姬妃。那位呂氏之女發怒離去，並在呂太后面前說劉友的壞話道：「趙王說：『呂氏怎麼可以稱王？等到太后百歲之後，我必定要擊滅呂氏。』」呂太后大怒，找一個說辭宣召趙王進京。趙王劉友到達京城之後，安置他在府邸中不加召見，並令衛士包圍監視他，使他無法得到食物。趙國群臣間或有人暗中饋送食物給他，立即被收捕論罪。趙王飢餓難耐，就唱起自己編寫的歌謠：「呂氏一族執掌權柄啊，劉氏皇室衰微；迫脅宗室王侯啊，強制匹配呂氏之女為我妃。我的呂妃不僅嫉妒啊，還誣陷我以惡言；讒言之女足以亂國啊，在上位者竟然不醒悟。我難道是因為無有忠臣的緣故嗎，何故使我喪棄封國？我將自殺於曠野啊，但願蒼天給予公正裁斷！此時如何感歎也不可追悔啊，為何不早日自殺而顯示壯烈！身為國王卻遭餓死啊，又有誰人憐憫我？呂氏滅絕天理啊，惟有一死託天報仇！」就這般被囚禁餓死。呂太后下令以平民的禮儀將劉友安葬在長安。

3　高后崩逝，孝文帝即位，冊立幽王劉友的兒子劉遂為趙王。孝文帝二年，有關官員請立皇子為王。孝文帝說：「趙幽王幽禁而死，朕甚為憐憫他。已經冊立他的長子劉遂為趙王。劉遂的弟弟劉辟彊以及齊悼惠王的兒子朱虛侯劉章、東牟侯劉興居有功，都可以封王。」於是割取趙國的河間郡冊立劉辟彊，這就是河間文王。河間文王在位十三年逝世，其子哀王劉福繼承王位。劉福在位一年逝世，無子，封國被廢除。

4 趙王劉遂立國二十六年，孝景帝時期鼂錯抓住劉遂的過失削奪趙國的常山郡，諸侯王因此而怨恨，吳楚兩國反叛，劉遂與他們合謀起兵。趙國丞相建德、內史王悍諫阻，劉遂不聽。於是遂燒殺建德、王悍，發兵駐屯其西部邊界，準備等待吳楚軍隊共同進兵，還向北派出使者到匈奴與之聯合。漢朝廷命令曲周侯酈寄進擊趙軍，趙王據城守衛邯鄲，兩軍相互對峙七個月。吳楚軍隊戰敗，匈奴聽聞消息，也不肯進入邊境為趙國助戰。漢軍將領欒布從破齊作戰的前線歸來，與酈寄合兵引水灌趙城。城牆潰壞，趙王劉遂自殺，封國被廢除。孝景帝憐憫趙國的丞相、內史堅守正道而死，都封他們的兒子為列侯。

5 趙共王劉恢。高祖十一年，梁王彭越被誅，冊立劉恢為梁王。梁王劉恢十六年，趙幽王死，呂后徙封劉恢到趙國為王，劉恢心中不樂。呂太后以呂產的女兒為趙王的王后，王后的侍從官員都是呂氏家族的人，在宮內專擅權力，並暗中伺察趙王，趙王不能按自己的意願行事。趙王有個心愛的姬妾，王后用鴆酒毒殺了她。趙王於是寫作了歌詩四章，命令藝妓樂人加以歌唱。趙王悲憤追思，六個月之後自殺身亡。呂太后聽聞此事，斥責趙王劉恢因為一個婦人的緣故而自殺，未曾思考奉守宗廟的大禮，因此廢除了他兒子的傳承資格。

6 燕靈王劉建。高祖十一年，燕王盧綰逃亡到匈奴，次年，冊立劉建為燕王。劉建立國十五年逝世，有一位美人為他誕育一子，太后派人加以殺害，因此而斷絕後嗣。

1 齊悼惠王子，前後凡九人為王：太子襄為齊哀王，次子章為城陽景王，興居為濟北❶王，將閭為齊王，志為濟北王，辟光為濟南❷王，賢為菑川❸王，卬為膠西❹王，雄渠為膠東❺王。

2 齊哀王襄，孝惠六年嗣立。明年，惠帝崩，呂太后稱制❻。元年，以其兄子鄜❼侯呂台為呂王，割齊之濟南郡為呂王奉邑。明年，哀王弟章入宿衛於漢，高后封為朱虛侯，以呂祿女妻❽之。後四年，封章弟興居為東牟侯，皆宿衛❾長安。高后七年，割齊琅邪郡，立營陵❿侯劉澤為琅邪王。是歲，趙王友幽死于邸。三趙王⓫既廢，高后立諸呂為三王⓬，擅權用事。

3 章年二十，有氣力，忿劉氏不得職。嘗入侍燕飲，高后令章為酒吏⓭。章自請曰：「臣，將種也，請得以軍法行酒⓮。」高后曰：「可。」酒酣，章進歌舞，已而曰：「請為太后言耕田。」高后兒子畜之⓯，笑曰：「顧⓰乃父知田耳，若⓱生而為王子，安知田乎？」章曰：「臣知之。」太后曰：「試為我言田意。」章曰：「深耕穊種⓲，立苗欲疏；非其種者，鉏⓳而去之。」太后默然。頃之，諸呂有一人醉，亡酒⓴，章追，拔劍斬之，而還報曰：「有亡酒一人，臣謹行軍法斬之。」太后左右大驚。業已許其軍法，亡以罪也。因罷酒。自是後，諸呂憚章，雖大臣皆依朱虛侯。劉氏為彊。

4 其明年，高后崩。趙王呂祿為上將軍㉑，呂王產為相國㉒，皆居長安中，聚兵以威大臣，欲為亂。章以呂祿女為婦，知其謀，乃使人陰出告其兄齊王，欲令發兵西㉓，朱虛侯、東牟侯欲從中與大臣為內應，以誅諸呂，因立齊王為帝。

5 齊王聞此計，與其舅駟鈞、郎中令㉔祝午、中尉㉕魏勃陰謀㉖發兵。齊相召平㉗聞之，乃發兵入衛王宮。魏勃紿㉘平曰：「王欲發兵，非有漢虎符㉙驗也。而相君圍王，固善。勃請為君將兵衛衛王㉚。」召平信之，乃使魏勃將。勃既將，以兵圍相府。召平曰：「嗟乎！道家㉛之言『當斷不斷，反受其亂㉜』。」遂自殺。於是齊王以駟鈞為相，魏勃為將軍，祝午為內史，悉發國中兵。使祝午紿琅邪王曰：「呂氏為亂，齊王發兵欲西誅之。齊王自以兒子，年少，不習兵革之事，願舉國委大王。大王自高帝將也，習戰事。齊王不敢離兵㉝，使臣請大王幸之臨菑㉞見齊王計事，并將齊兵以西平關中之亂。」琅邪王信之，以為然，迺馳見齊王。齊王與魏勃等因留琅邪王，而使祝午盡發琅邪國而并將其兵。

6 琅邪王劉澤既欺㉟，不得反㊱國，乃說齊王曰：「齊悼惠王，高皇帝長子也，推本言之，大王高皇帝適長孫㊲也，當立。今諸大臣狐疑未有所定，而澤於劉氏最為長年，大臣固待澤決計。今大王留臣無為也，不如使我入關計事。」齊王以為然，乃益具車送琅邪王。

7 琅邪王既行，齊遂舉兵西攻呂國之濟南。於是齊王遺㊳諸侯王書曰：「高帝平定天下，王諸子弟。悼惠王薨，惠帝使留侯張良立臣為齊王㊴。惠帝崩，高后用事，春秋高，聽諸呂擅廢帝更立，又殺三趙王，滅梁、趙、燕，以王諸呂，分齊國為四㊵。忠臣進諫，上惑亂不聽。今高后崩，皇帝春秋富㊶，未能治天下，固待大臣諸侯。今諸呂又擅自尊官，聚兵嚴威，劫列侯忠臣，撟制㊷以令天下，宗廟以危。寡人帥兵入誅不當為王者㊸。」

8 漢聞之，相國呂產等遣大將軍潁陰侯灌嬰將兵擊之。嬰至滎陽㊹，乃謀曰：「諸呂舉兵關中，欲危劉氏而自立，今我破齊還報，是益呂氏資也。」乃留兵屯滎陽，使人諭齊王及諸侯，與連和㊺，以待呂氏之變而共誅之。齊王聞之，乃屯兵西界待約。

9 呂祿、呂產欲作亂，朱虛侯章與太尉勃、丞相平等誅之。章首先斬呂產，太尉勃等乃盡誅諸呂。而琅邪王亦從齊至長安。

10 大臣議欲立齊王，皆曰：「母家駟鈞惡戾，虎而冠㊻者也。訪㊼以呂氏故，幾亂天下，今又立齊王，是欲復為呂氏也。代王㊽母家薄氏，君子長者，且代王高帝子，於今見在最為長。以子則順，以善人則大臣安。」於是大臣乃謀迎代王，而遣章以誅呂氏事告齊王，令罷兵。

11 灌嬰在滎陽，聞魏勃本教齊王反，既誅呂氏，罷齊兵，使使召責問魏勃。勃曰：「失火之家，豈暇先言丈人後救火乎[49]！」因退立，股戰而栗[50]。恐不能言者，終無他語。灌將軍孰視[51]，笑曰：「人謂魏勃勇，妄庸[52]人耳，何能為乎！」乃罷[53]勃。勃父以善鼓琴見秦皇帝。及勃少時，欲求見齊相曹參，家貧無以自通，乃常獨早埽齊相舍人門外。舍人怪之，以為物[54]而司[55]之，得勃。勃曰：「願見相君無因，故為子埽，欲以求見。」於是舍人見[56]勃，曹參因以為舍人。壹為參御言事，以為賢，言之悼惠王。王召見，拜為內史。始悼惠王得自置二千石[57]。及悼惠王薨，哀王嗣，勃用事重於相。

12 齊王既罷兵歸，而代王立，是為孝文帝。

13 文帝元年，盡以高后時所割齊之城陽、琅邪、濟南郡復予齊，而徙琅邪王王[58]燕。益封朱虛侯、東牟侯各二千戶，黃金千斤。

14 是歲，齊哀王薨，子文王則嗣。十四年薨，無子，國除。

15 城陽景王章，孝文二年以朱虛侯與東牟侯興居俱立，二年薨。子共王[59]喜嗣。孝文十二年，徙王淮南，五年，復還王城陽，凡立三十三年薨。子頃王延嗣，二十六年薨。子敬王義嗣，九年薨。子惠王武嗣，十一年薨。子荒王順嗣，四十六年薨。子戴王恢嗣，八年薨。子孝王景嗣，二十四年薨。子哀王雲嗣，一年薨，無子，國絕。成帝復立雲兄俚[60]為城陽王，王莽時絕。

16 濟北王興居初以東牟侯與大臣共立文帝於代邸，曰：「誅呂氏，臣無功，請與太僕滕公[61]俱入清宮[62]。」遂將少帝出，迎皇帝入宮。

17 始誅諸呂時，朱虛侯章功尤大，大臣[63]許盡以趙地王[64]章，盡以梁地王興居。及文帝立，聞朱虛、東牟之初欲立齊王，故黜[65]其功。二年，王諸子，乃割齊二郡以王章、興居。章、興居意自以失職奪功[66]。歲餘，章薨，而匈奴大入邊，漢多發兵，丞相灌嬰將擊之，文帝親幸太原。興居以為天子自擊胡，遂發兵反。上聞之，罷兵歸長安，使棘蒲侯柴將軍[67]擊破，虜濟北王。王自殺，國除。

18 文帝憫濟北王逆亂以自滅，明年，盡封悼惠王諸子罷軍[68]等七人為列侯[69]。至十五年，齊文王又薨，無子。時悼惠王後尚有城陽王在，文帝憐悼惠王適嗣[70]之絕，於是乃分齊為六國，盡立前所封悼惠王子列侯見在者六人為王。齊孝王將閭以楊虛侯立，濟北王志以安都侯立，菑川王賢以武成侯立，膠東王雄渠以白石侯立，膠西王卬以平昌侯立，濟南王辟光以扐[71]侯立。孝文十六年，六王同日俱立。

19 立十一年，孝景三年，吳楚反，膠東、膠西、菑川、濟南王皆發兵應吳楚。欲與[72]齊，齊孝王狐疑，城守不聽。三國[73]兵共圍齊，齊王使路中大夫[74]告於天子。天子復令路中大夫還報，告齊王堅守，漢兵今破吳楚矣。路中大夫至，三國兵圍臨菑數重，無從入。三國將與路中大夫盟曰：「若[75]反言漢已破矣，齊趣下三國[76]，不且見屠。」路中大夫既許，至城下，望見齊王，曰：「漢已發兵百萬，使太尉亞夫擊破吳楚，方引兵救齊，齊必堅守無下！」三國將誅路中大夫。

20 齊初圍急，陰與三國通謀，約未定，會[77]路中大夫從漢來，其大臣乃復勸王無下三國[78]。會漢將欒布、平陽侯[79]等兵至齊，擊破三國兵，解圍。已後[80]聞齊初與三國有謀，將欲移兵伐齊。齊孝王懼，飲藥自殺。而膠東、膠西、濟南、菑川王皆伏誅，國除。獨濟北王在。

21 齊孝王之自殺也，景帝聞之，以為齊首善[81]，以迫劫有謀，非其罪也，召立孝王太子壽，是為懿王。二十三年薨，子厲王次昌嗣。

22 其母曰紀太后。太后取其弟紀氏女為王后，王不愛。紀太后欲其家重寵[82]，令其長女紀翁主[83]入王宮，正[84]其後宮，無令得近王，欲令愛紀氏女。王因與其姊翁主姦。

23 齊有宦者徐甲，入事漢皇太后[85]。皇太后有愛女曰脩成君，脩成君非劉氏子[86]，太后憐之。脩成君有女娥，太后欲嫁之於諸侯。宦者甲乃請使齊，必令王上書請娥。皇太后大喜，使甲之齊。時主父偃知甲之使齊以取后事，亦因謂甲：「即事成，幸言偃女願得充王後宮。」甲至齊，風以此事[87]。紀太后怒曰：「王有后，後宮備具。且甲，齊貧人，及為宦者入事漢，初無補益，乃欲亂吾王家！且主父偃何為者？乃欲以女充後宮！」甲大窮[88]，還報皇太后曰：「王已願尚[89]娥，然事有所害，恐如燕王。」燕王者，與其子昆弟[90]姦，坐死。故以燕感太后[91]。太后曰：「毋復言嫁女齊事。」事寖淫[92]聞於上。主父偃由此與齊有隙。

24 偃方幸用事，因言：「齊臨菑十萬戶，市租千金[93]，人眾殷富，鉅[94]於長安，非天子親弟愛子不得王此。今齊王於親屬益疏。」乃從容言呂太后時齊欲反，及吳楚時孝王幾為亂。今聞齊王與其姊亂。於是武帝拜偃為齊相，且正[95]其事。偃至齊，急治王後宮宦者為王通於姊翁主所者，辭[96]及王。王年少，懼以罪為吏所執誅，乃飲藥自殺。

25 是時趙王懼主父偃壹出敗齊，恐其漸疏骨肉，乃上書言偃受金[97]及輕重[98]之短，天子亦因囚偃。公孫弘曰：「齊王以憂死，無後，非誅偃無以塞[99]天下之望[100]。」

偃遂坐誅。

26 厲王立五年，國除。

27 濟北王志，吳楚反時初亦與通謀，後堅守不發兵，故得不誅，徙王菑川。元朔(101)中，齊國絕。

28 悼惠王後唯有二國：城陽、菑川。菑川地比(102)齊，武帝為悼惠王冢園在齊，迺割臨菑東圜(103)悼惠王冢園邑盡以予菑川，令奉祭祀。

29 志立三十五年薨，是為懿王。子靖王建嗣，二十年薨。子頃王遺嗣，三十五年薨。子思王終古嗣。五鳳(104)中，青州刺史奏終古使所愛奴與八子(105)及諸御婢(106)姦，終古或參與被席(107)，或白晝使臝(108)伏，犬馬交接(109)，終古親臨觀。產子，輒曰：「亂不可知(110)，使去其子。」事下丞相御史，奏終古位諸侯王，以令置八子，秩比六百石，所以廣嗣重祖也。而終古禽獸行(111)，亂君臣夫婦之別，悖逆人倫，請逮捕。有詔削四縣。二十八年薨。子考王尚嗣，五年薨。子孝王橫嗣，三十一年薨。子懷王交嗣，六年薨。子永嗣，王莽時絕。

【章　旨】以上為本卷的第四部分，是本篇列傳的重點所在。詳略有別地記述了齊悼惠王受封為王的九個兒子及其後嗣的歷史活動和沉浮軌跡。其中，有兩個不同的階段。第一個階段，以呂太后當政和呂氏集團覆滅為背景，著重記載了劉襄、劉章、劉興居三兄弟敢作敢為的性格，特別是對劉章有濃墨重彩的描摹，對他在特殊時期為捍衛劉氏根基所做出的貢獻，給以高度評價。第二個階段，以文景時期朝廷與諸侯王國之間的反覆爭奪為背景，以平定吳楚七國叛亂為重點，記敘了齊悼惠王後嗣的幾個王國的政治選擇。膠東、膠西、菑川、濟南四國積極參與了叛亂，而齊國、濟北國盡管有據城自守抵制叛亂的行為，但是，他們在心態上實際是傾向於叛亂集團的，甚至有與叛亂者私下通謀的行徑。聯繫到此前濟北王劉興居在漢文帝時期的叛亂，可以說，齊悼惠王劉肥後裔的各個王國，基本上是與文景時期的朝廷離心離德的。追究其原因，顯然與漢文帝即位之後對源出齊國的諸王之故意貶抑有關。有意研究漢初朝廷與諸侯王國的關係，這一段落的史料價值，是應該得到充分重視的。

【注　釋】❶濟北　秦漢郡國名。原為齊國所轄之郡，漢文帝時改郡為國。濟北國以盧（今山東長清南）為都城。❷濟南　秦漢郡國名。原為齊國所轄之郡，呂太后時為呂國所在，漢文帝時改郡為國，吳楚七國叛亂被平定之後，國除為郡。治東平陵（今山東章丘西北）。❸菑川　古代地名。原為齊國所轄，漢文帝時立國。菑川國以劇（今山東昌樂西北）為都城。❹膠西　漢代郡國名。原為齊國所轄之郡，漢文帝時改郡為國，吳楚七國叛亂被平定之後，國除為郡。治高密（今山東高密西南）。❺膠東　漢代郡國名。原為齊國所轄之郡，漢文帝時改郡為國，吳楚七國叛亂被平定之後，國除為郡。治即墨（今山東平度東南）。❻稱制　代行皇帝威權。制書是皇帝下達文書的專用尊稱之一。稱制就意味著取得了以皇帝名義發號施令的權力。❼酈　漢代縣名，舊址位於今陝西洛川境內。而據《史記・齊悼惠王世家》記載，呂台的原封地為酈。酈縣治今河南南陽西北。❽妻　名詞用作動詞。意為「使……為妻子」。❾宿衛　在宮廷中為皇帝值宿警衛。對受封諸王的子弟而言，入值宿衛是一種信任和榮耀。❿營陵　秦漢縣名。屬於齊地，是北海郡的治所所在。故地在今山東昌樂境內。⓫三趙王　三位劉氏宗室趙王，即劉如意、劉友、劉恢。⓬三王　呂太后所晉封的呂氏三王，即呂王（後徙封梁王）呂產、趙王呂祿、燕王呂通。⓭酒吏　古代飲宴時為了助興而特設的筵席協調人，習稱監酒官。在飲酒之時勸誘客人歡飲、以遊戲的方式「懲罰」違犯酒令的人，是其職責所在。⓮行酒　在酒宴上巡行監酒，勸人歡飲。⓯兒子畜之　當作孩童一般看待。兒子，意同孺子、孩童。畜，畜養；看護。⓰顧　「只是」之義。⓱若　你。⓲概種　稠密地播種。概，稠密。⓳鉏　同「鋤」。⓴亡酒　為逃避飲酒而自行離開酒宴。亡，逃亡。㉑上將軍　官名。戰國至漢代，凡以重臣出任上將軍，即為武官之長。呂太后死前安排呂祿為上將軍，呂產為相國，就是以呂氏的核心人物，同時執掌文武大權。㉒相國　官名。輔助皇帝綜理全國政務的最高行政長官。名位較丞相為高。漢高祖時，蕭何原為丞相，後來以參與誅殺韓信之功進位相國。漢惠帝六年，改相國為丞相。呂太后逝世前，陳平以丞相在位，呂太后死前安排呂產為相國，具有特拜的性質，目的在於使其位居群臣之上，以壓抑太尉周勃、丞相陳平等人。所以，此處的相國，應該理解為特殊的尊號。㉓西　用作動詞。西進。齊國居東，長安居西。㉔郎中令　官名。漢初朝廷與諸侯王國均設有郎中令，漢武帝時朝官改稱光祿勳。掌守衛宮殿門戶，是統率皇帝、諸侯王侍衛禁軍的要職。㉕中尉　官名。漢初朝廷與諸侯王國均設有中尉，漢武帝時朝官改稱執金吾。王國的中尉，執掌軍事。㉖陰謀　暗中密謀。㉗召平　人名。秦漢之際當有三個召平，即：效力於陳勝的廣陵人召平、為蕭何獻策避禍的秦東陵侯召平、齊相召平。見《史記・齊悼惠王世家》注引《史記索隱》。㉘紿　欺騙；欺誑。㉙虎符　戰國秦漢時期調動軍隊的憑證信物。以青銅鑄成虎形，背部有銘文。縱剖為二，右半存於帝王處，左半授予地方高級長官或統兵大將。調兵之時，須有使者持虎符驗合，否則即為違法興兵，陷入重罪。現存虎符以秦朝的陽陵虎符、新郪虎符、杜虎符最為知名。㉚將兵衛衛王　率領軍隊禁衛齊王。實際是以武力囚禁齊王的意思。第一個衛字，據顏師古註應該是「衛守之具」，有人以為是衍文，不確；第二個衛字，是動詞，作「禁衛」解。㉛道家　戰國時期的學術流派之一。漢初興盛的黃老學派即為其支脈。齊相召平引用道家之語，或許他本人就是黃老學派的人物。㉜當斷不斷二句　當決斷而不決斷，反倒會承受因為猶豫不決而產生的禍亂。這句當時的流行性語言，主旨在強調當機立斷。據《後漢書・儒林列傳上・楊倫傳》以及注文，此語出自《黃石公三略》。㉝齊王不敢離兵　齊王不敢離開軍隊。這是祝午用於欺騙琅邪王劉澤的客套語言，意為齊王本來應該親自來請琅邪王，只是因為不敢離開軍隊才改派祝午前來。㉞臨菑　古代地名，先秦時代的齊國以及漢初的齊國，均以臨菑為都城。臨菑古城在今山東淄博。㉟欺　《史記・齊悼惠王世家》作「見欺」，《漢書》疑脫一「見」，見欺，被欺騙也。㊱反　通「返」。㊲適長孫　嫡長孫。適，通「嫡」。古代以正妻所生為嫡出。齊悼惠王劉肥是漢高祖外室所生，本來與嫡出無涉，琅邪王劉澤為謀求脫身而出此權變之語。㊳遺　致送。㊴惠帝使留侯句　孝惠帝派出留侯張良立我為齊王。此句是齊王劉襄藉惠帝和留侯張良的名義，提高自己的地位，為其圖謀帝位張目。㊵分齊國為四　剖分齊國為四個封國。四國是指齊國、濟南、琅邪、城陽。㊶春秋富　對年幼的委婉表達。以春秋喻年齡為習見。富，以富於資產比喻年歲的長遠。顏師古注：「言年幼也。比之於財，方未匱竭，故謂之富。」㊷撟制　即矯制。撟，通「矯」。矯制，或稱「矯詔」，假託皇帝的制詔名義而下達命令，俗稱假傳聖旨。漢代有懲治矯制的立法。參見本書終軍、陳湯、馮奉世等人的本傳。㊸寡人帥兵句　我帥兵入關就是要誅滅那些不應當受封為王的人。此句的要旨是，為齊王起兵且兵鋒直指都城的行為尋求政治合法性。入誅不當為王者，是在徵引漢高祖晚年的「白馬之盟」，以聲討呂氏稱王之罪。寡人，帝王的自謙稱謂。㊹滎陽　地名。秦漢時期的滎陽古城，位於今河南滎陽東北。楚漢相爭時，項羽與劉邦在此反覆爭奪。是由中原進出關中的兵家必爭之地。故灌嬰屯守此地，即可制衡關中與齊國兩方。㊺連和　聯結；聯合。㊻虎而冠　如同惡虎頂戴冠帽一般。形容有人的外表而兇暴如惡獸。㊼訪　通「方」。剛剛；正好。㊽代王　即後來的漢文帝劉恆。漢高祖時，受封為代王。代國以中都（今山西平遙西南）為都城。㊾豈暇先言丈人後救火乎　怎能有餘暇先稟告家長然後再去救火呢。以失火比喻社稷將危，以自行舉兵比喻子弟無暇待家長之命而首先救火。丈人，年長者；家長。㊿股戰而栗　兩腿因為恐懼而瑟瑟發抖。這是魏勃為求避禍而偽裝膽怯。股，大腿。戰，通「顫」。栗，通「慄」。(51)孰視　反覆審視。(52)妄庸　膽大妄為但才幹平庸。(53)罷　開釋，不再追究罪責之意。(54)物　怪異之物；神魔鬼怪。(55)司　通「伺」。偵伺；窺伺。(56)見　通「現」。使動用法，使……顯露。即推薦、引見之意。(57)二千石　官員俸祿。秦漢時期習慣以官員俸祿來表示官職級別。從朝廷九卿到郡國守相，俸祿一般為二千石。所以二千石可以作為郡守的代稱，也可以作為高級官員的泛稱。(58)王　用作動詞。稱王；統治。(59)共王　諡號。共，通「恭」。(60)俚　人名。(61)太僕滕公　漢初大臣夏侯嬰。太僕，是夏侯嬰當時所居官位。滕公，是對夏侯嬰的尊稱。早年間夏侯嬰曾經擔任過滕縣的縣令，故獲此尊稱。(62)清宮　清掃宮殿。在宮廷事變之後的清宮，實際是驅趕乃至於誅殺原來的帝王及其從者，以為新君即位掃除障礙。(63)大臣　朝廷大臣。具體指主持滅呂之役的周勃、陳平等人。由此許諾可知，參與其事的功臣集團與宗室成員之間，曾有利益分割方面的協議。(64)王　用作動詞。使……稱王；統治。(65)黜　削奪；貶抑。(66)失職奪功　失去了本來應該屬於自己的職位，被削奪了功勞。具體指事先許諾的趙、梁兩個大國的分封。(67)棘蒲侯柴將軍　棘蒲，縣名。故治在今河北魏縣。柴將軍，據張晏注為柴武。《史記・齊悼惠王世家》以及〈袁盎鼂錯列傳〉、〈淮南衡山列傳〉亦作柴武。但是《史記・漢興以來將相名臣年表》及〈高祖功臣侯者年表〉卻作陳武。不知何說為是。(68)罷軍　人名。(69)列侯　爵名。為秦漢二十等爵的最高一級。本稱徹侯，後以避漢武帝劉徹名諱，改稱通侯、列侯。漢武帝時期頒行「推恩令」，諸侯王子弟得以受封為侯，亦稱列侯。(70)適嗣　嫡傳繼承人。適，通「嫡」。(71)扐　漢代縣名。屬於平原郡，故治在今山東商河東北。又，扐字在本書〈王子侯表上〉作「朸」。(72)與　聯合；結盟。即邀約齊國與之同反。(73)三國　據張晏註當為膠西、菑川、濟南三國。但是，《史記・吳王濞列傳》記載：「三王之圍齊臨菑也，三月不能下。漢兵至，膠西、膠東、菑川王各引兵歸。」是出兵圍齊的三國之中，有膠東而無濟南。另外，本書〈天文志〉對此事有「膠西、膠東、淄川三國攻圍齊」的記載，則與《史記》上引文字相合。似乎三國當以膠西、膠東、菑川為是，並存異文以備考。[74]路中大夫　姓路的中大夫，史佚其名。中大夫，官名。郎中令的屬官，以掌議論、備顧問為職責所在。[75]若　汝；你。[76]趣下三國　趕快投降三國。趣，通「促」。趕快；立即。下，投降。[77]會　正值；恰好趕上。[78]無下三國　不要投降三國。無，通「勿」。[79]平陽侯　平陽侯的始封者是漢初名臣曹參（詳見〈曹參傳〉），而參與平定吳楚之亂的平陽侯，應該是曹參的孫子曹奇。據顏師古注為曹襄，實誤。平陽侯曹襄是曹參的玄孫，在漢武帝時期曾經以後將軍的身分出擊匈奴，故知顏師古所注為誤。而且擊敗三國叛軍以解齊國之圍，似乎以平陽侯功勞居多。本書〈天文志〉就記載為「平陽侯敗三國之師于齊，咸伏其辜」。[80]已後　以後；稍後。已，通「以」。[81]首善　顏師古注：「言其初首無逆亂之心。」[82]重寵　累積得寵。重，重疊。[83]紀翁主　生母姓紀的諸侯王之女。漢代的稱謂制度，天子之女為公主，諸侯王之女為翁主。趙翼《廿二史箚記》論漢代習俗有「皇子繫母姓」之說，如「衛太子」之類。其實，此種習俗不限於皇子，貴族子女皆可以生母姓氏為號。故而齊國紀太后所生之女，即稱之為紀翁主。[84]正　端正；約束。[85]漢皇太后　漢武帝的母親。[86]脩成君非劉氏子　脩成君不是劉氏的後代。皇太后早年間先嫁金氏為婦，後嫁給漢景帝。脩成君即是她先與金氏婚配時所生。故脩成君是漢武帝同母異父的姊姊。可以參見趙翼《廿二史箚記》「漢初妃后多出微賤」條。[87]風以此事　委婉地告知此事。風，通「諷」。[88]大窮　大為窘迫。窮，困頓；窘迫。[89]尚　奉侍，匹配。自秦代皇帝制度產生以來，男子娶公主為妻，專稱為「尚公主」，以示以婦制夫之意。脩成君之女娥，本非公主。徐甲此言為討好皇太后而發。[90]子昆弟　女兒們。子，古代可以泛指子女。昆弟，既可以指兄弟，也可以指姊妹。此處應該理解為幾個女兒。顏師古的注文保留兩種解釋，因為燕王劉定國的本傳中有「與其子女三人姦」之說，故可以明確判定他的亂倫對象是女兒而不包括他的姊妹。[91]以燕感太后　藉燕王的事情來觸動太后。這是說齊王與其姊妹通姦，與燕王所犯罪條相同，終究會被判處死刑，不應該嫁女兒給他。感，感悟；觸動。[92]寖淫　逐漸。顏師古注：「寖，古浸字也。浸淫，猶言漸染也。」[93]市租千金　市肆的商業稅收每天有千金的收入。此是主父偃對臨菑商業繁榮的誇張性描述。師古曰：「收一市之租，直千金也。」[94]鉅　大。[95]正　端正；整肅。[96]辭　供詞；證詞。[97]受金　接受金錢賄賂。[98]輕重　顏師古注：「輕重，謂用心不平。」應該是指在推行「推恩令」時濫用法律與皇帝的信任而上下其手，事詳《史記・平津侯主父列傳》：「使人上書，告言主父偃受諸侯金，以故諸侯子弟多以得封者。」[99]塞　顏師古注：「塞，滿也。」不應該理解為滿足之意，而是指阻塞、止住。[100]望　怨恨；怨懟。可以參見《史記・平津侯主父列傳》公孫弘之語：「陛下不誅主父偃，無以謝天下。」[101]元朔　漢武帝年號（西元前一二八—前一二三年）。[102]比　接近；毗鄰。[103]圜　環繞。[104]五鳳漢宣帝年號（西元前五七—前五四年）。105八子　秦漢時期的嬪妃名號。本書卷九十七上〈外戚傳上〉：「漢興，因秦之稱號，……適稱皇后，妾皆稱夫人。又有美人、良人、八子、七子、長使、少使之號焉。」從秩俸級別而言，皇帝的八子相當於千石之官，諸侯王的八子據下文可知為比六百石。106御婢　供王侍御的婢女。107參與被席　參與被席之事。與，通「豫」。所謂「被席之事」應該是婉指男女床笫之事，如此，則劉終古不僅是性亂交的變態旁觀者，還是參與者。108嬴　原作「贏」。依景祐本作「嬴」。王念孫說此古字之僅存者。嬴，裸露形體。109犬馬交接　令人與犬馬交媾。趙翼《廿二史箚記》「漢諸王荒亂」條收載劉終古之事，並表述為「與犬馬交接」。110亂不可知　混亂不可知曉。在菑川王劉終古的指揮之下，宮中女子處於性亂交狀態，故一旦生育則無法確知其父親。111禽獸行　漢代罪名。主要用於懲治「亂人倫，逆天道」的行為，一般要處以死刑。西漢諸侯王所犯的亂倫等嚴重違背人倫綱常的行為，大多以此罪名處罰。

【語譯】齊悼惠王的兒子，前後共有九人為王：太子劉襄為齊哀王，次子劉章為城陽景王，劉興居為濟北王，劉將閭為齊王，劉志為濟北王，劉辟光為濟南王，劉賢為菑川王，劉卬為膠西王，劉雄渠為膠東王。

2 齊哀王劉襄，孝惠帝六年時承襲為王。第二年，孝惠帝崩逝，呂太后稱制代行皇權。高后元年，任命其兄長之子酈侯呂台為呂王，割取齊國的濟南郡作為呂王的奉邑。第二年，哀王的弟弟劉章進入漢廷充任宿衛，高后封劉章為朱虛侯，把呂祿的女兒嫁給他為妻。過了四年，封劉章的弟弟劉興居為東牟侯，兄弟二人都在長安擔任宿衛。高后七年，割取齊國的琅邪郡，冊立營陵侯劉澤為琅邪王。這一年，趙王劉友被幽禁死於府邸。三位宗室趙王既已經被廢除，高后就冊立諸呂成員三人為三國的封王，壟斷權力控制國事。

3 劉章二十歲時，有氣力，忿恨劉氏不得事權。曾經入宮侍奉高后飲宴，高后令劉章為監酒令。劉章自行奏請說：「我是將門後裔，請允許我以軍法來施行監酒令的職責。」高后說：「同意奏請。」酒酣耳熱之時，劉章進前奉獻歌舞，隨即說：「請允許我為太后談說耕田之事。」高后平常把他當作孩童一般看待，笑著回答：「只有你的父親還算知曉耕田的事情，你出生就貴為王子，怎麼可能知曉耕田的事情呢？」劉章說：「我知曉耕田的事。」太后說：「不妨嘗試著給我說說耕田的要旨。」劉章說：「深深耕地密密下種，定苗之時要有間隔使之茁壯；鋤地時看到不是同種的，就一定把它鋤掉。」太后聽聞默然不語。過了一會，諸呂中有人喝醉，為了逃酒而私自離開宴席，劉章追及，拔劍斬殺了他，然後還報說：「有一人從酒宴上逃跑，臣嚴格地施行軍法斬了他。」太后左右親信都大驚失色。因為事先太后已同意劉章按軍法行事，也就無法加罪劉章。只能匆匆罷酒。自此之後，諸呂都忌憚劉章，即便是朝廷大臣也都倚仗朱虛侯。劉氏的勢力因此而有所增強。

4 又過了一年，高后崩逝。趙王呂祿擔任上將軍，呂王呂產出任相國，都居住在長安城中，集聚軍隊以威懾大臣，準備叛亂。劉章因為娶呂祿的女兒為妻子，得以知曉呂氏密謀，就派人祕密出京告知他的兄長齊王，準備讓齊王發兵西進，朱虛侯、東牟侯準備與大臣們聯手從中為內應，以便誅殺諸呂，順勢立齊王為皇帝。

5 齊王劉襄聽聞此計，與其舅父駟鈞、郎中令祝午、中尉魏勃密謀發兵。齊國的丞相召平聞知此事，就發兵入內包圍王宮。魏勃欺騙召平說：「齊王準備徵發軍隊，但沒有漢朝廷的虎符作為憑據。那麼相君包圍王宮限制齊王行動，確實做得好。我魏勃請求為您率領軍隊禁衛齊王。」召平相信了他的話，就命令魏勃統領軍隊。魏勃在掌控軍隊之後，統率大兵包圍了相府。召平感歎說：「嗟乎！道家有這樣的說法『當斷不斷，反受其亂』。」隨即自殺而死。於是齊王任命駟鈞為丞相，魏勃為將軍，祝午為內史，徵發國中全部兵員。派遣祝午去欺騙琅邪王劉澤說：「呂氏擾亂國事，齊王發兵準備西進京城誅滅他們。齊王自知是低一輩的人，年紀還小，不熟悉兵革之事，願意把齊國全部委託給大王。大王從高帝時期就是統兵作戰的將軍，深通戰爭事宜。現在齊王不敢離開軍隊前來，讓下臣我來請大王賞光前往臨菑，與齊王會見議事，並統率齊國軍隊用以西進平定關中之亂。」琅邪王劉澤相信了他的話，以為安排得當，就策馬急進去見齊王。齊王與魏勃等藉機軟禁琅邪王，立即指令祝午調發琅邪國全部的軍隊並統領這支軍隊。

6 琅邪王劉澤在被欺騙之後，不得返回自己的封國，就勸說齊王：「齊悼惠王是高皇帝的長子，追本溯源說來，大王是高皇帝的嫡長孫，應當立為皇帝。現在朝廷的大臣們還在猶豫未能確定擁立的人選，而我劉澤在劉氏宗室之中年齡最長，大臣們肯定要等待我做出決斷。現在大王留我在此沒有什麼用處，不如讓我到關中去與大臣們計議國事。」齊王以為他說得對，就配備更多的車馬禮送琅邪王西行。

7 琅邪王劉澤既已西行，齊國就舉兵西進，攻打隸屬呂國的濟南。當時齊王致諸侯王的文書說：「高帝平定天下，分封諸位子弟為王。悼惠王去世時，孝惠帝派出留侯張良立我為齊王。惠帝崩逝，高后裁斷國事，她年事已高，聽任呂氏族人擅自廢立皇帝，又殺害三位趙王，滅絕梁、趙、燕三個宗室封國，用來分封呂氏族人為王，剖分齊國為四個封國。忠臣進諫，在上位者昏聵而不加採納。現在高后崩逝，皇帝年少，不能治理天下，本來就需要倚仗朝廷大臣和宗室諸侯。現在呂氏家族又擅自尊寵官位，聚集軍隊耀武揚威，劫持列侯忠臣，矯託皇帝聖旨以號令天下，朝廷宗廟因此陷入危難。我率兵入關就是要誅滅那些不應當受封為王的人。」

8 漢朝廷聽聞這一消息，相國呂產等派遣大將軍潁陰侯灌嬰統兵迎擊齊軍。灌嬰到達滎陽，就與部屬籌劃說：「呂氏族人起兵於關中，準備危害劉氏而自立為帝，假如我擊破齊軍凱旋報捷，就是增加了呂氏篡國的資本。」於是便停止進兵屯駐在滎陽，派出使者告知齊王及諸侯，與他們溝通聯盟，以等待呂氏公開變亂然後共同誅滅呂氏。齊王聽聞此事，就屯兵在齊國的西部邊界等待下一步的約定。

9 呂祿、呂產準備叛亂，朱虛侯劉章與太尉周勃、丞相陳平等人誅殺他們。劉章首先斬殺呂產，太尉周勃等人進而全部誅滅諸呂。而琅邪王劉澤也從齊國到達長安。

10 大臣們商討準備立齊王為帝的提議，都說：「齊王的母舅駟鈞為人兇惡暴戾，是衣冠禽獸之流的人物。剛剛經歷的危機就是因為外戚呂氏的緣故，幾乎禍害天下，如果現在又擁立齊王為帝，那就是要再次製造出一個新的呂氏集團。代王的母家薄氏，是仁義君子忠厚長者，況且代王是高帝的兒子，在今天在世的幾位兄弟中年齡最大。按照兒子繼承父業來看迎立代王則名正言順，按照選擇善人為外戚來看迎立代王則大臣心安。」於是大臣們就議定迎立代王為帝，隨即派遣劉章將誅滅呂氏一事告知齊王，令他撤兵。

11 灌嬰在滎陽，聽聞魏勃原本是教唆齊王造反起兵的主謀，在誅滅呂氏之後，命令齊兵撤回，派出使者將魏勃召來加以責問。魏勃解釋說：「失火的人家，怎能有餘暇先稟告家長然後再去救火呢！」隨即後退站立，兩腿因為恐懼而瑟瑟發抖。如同恐懼得說不出話的樣子，直到最後也沒有說出其他解釋的話語。灌將軍看了他很久，最後笑著說道：「人們傳說魏勃勇猛，不過是一個膽大妄為而才幹平庸的人罷了，還能夠做出什麼大事來呢！」於是就放過了魏勃。魏勃的父親因為善於鼓琴而進見過秦朝皇帝。在魏勃年輕時，有意求見齊國丞相曹參，因為家貧無法自行打通關節謁見，就時常獨自在淩晨時分到齊國丞相舍人的門外清掃。舍人為此感到奇怪，以為有鬼神相助而暗中觀察，由此抓住魏勃。魏勃解釋說：「我希望拜見相君卻沒有機緣，所以前來為您清掃，想藉此得以求見。」於是舍人向曹參引見魏勃，曹參因此任命他為相府的舍人。利用第一次為曹參御車的機會，魏勃有意談論事情，曹參認定他是賢能的人，把他推薦給齊悼惠王。齊王召見，任命他為內史。原本齊悼惠王就享有得以自行任命秩祿為二千石高級官員的權力。等到齊悼惠王逝世，齊哀王繼位，魏勃參與政事，實際權力重於齊國的丞相。

12 齊王既已罷兵歸國，隨後代王入繼立為皇帝，他就是孝文帝。

13 孝文帝元年，將高后時所割奪的齊國的城陽、琅邪、濟南三郡的土地全部歸還給齊國，為此徙封琅邪王劉澤到燕國為王。增封朱虛侯、東牟侯的封地各二千戶，賞賜黃金千斤。

14 這一年，齊哀王劉襄逝世，其子文王劉則繼位。劉則在位十四年逝世，沒有兒子，封國被廢除。

15 城陽景王劉章，孝文帝二年以朱虛侯的原有封爵與東牟侯劉興居同時被封王立國，在位二年逝世。兒子共王劉喜繼位。孝文帝十二年，劉喜改封為淮南王，過了五年，再度返還城陽為王，共在位三十三年逝世。兒子頃王劉延繼位，在位二十六年逝世。兒子敬王劉義繼位，在位九年逝世。兒子惠王劉武繼位，在位十一年逝世。兒子荒王劉順繼位，在位四十六年逝世。兒子戴王劉恢繼位，在位八年逝世。兒子孝王劉景繼位，在位二十四年逝世。兒子哀王劉雲繼位，在位一年逝世，沒有兒子，封國廢絕。孝成帝又冊立劉雲的兄長劉俚為城陽王，到王莽時封國廢絕。

16 濟北王劉興居當初以東牟侯的原有封爵與大臣們共同擁立文帝於代王官邸，他說：「誅滅呂氏，我沒有功勞，現在自請與太僕滕公共同入宮完成清宮的重任。」於是他押送少帝出宮，迎接新皇帝入宮。

17 當初誅殺呂氏家族時，朱虛侯劉章的功勞最大，朝廷大臣們許諾把全部趙地分封給劉章為王，把全部梁地分封給劉興居為王。等到孝文帝即位，聽聞朱虛侯劉章、東牟侯劉興居當初打算擁立齊王為帝的內情，因此就貶抑他們的功勞。孝文帝二年，分封諸位皇子為王，才割取齊國的二郡土地用來封立劉章、劉興居為王。劉章、劉興居心中認定自己是失去了本來應該屬於自己的職位而被削奪了功勞。這樣過了一年多，劉章逝世，而匈奴大舉入侵邊界，漢朝廷大量徵發軍隊，丞相灌嬰率兵迎擊匈奴，孝文帝親自臨幸太原。劉興居以為這是天子親自出擊匈奴，於是就藉關中空虛之機發兵造反。皇帝聽聞此事，停止對匈奴用兵而返歸長安，命令棘蒲侯柴將軍擊破叛軍，俘虜濟北王劉興居。濟北王自殺，封國被廢除。

18 孝文帝憐憫濟北王因為叛亂而自取滅亡，到第二年，把齊悼惠王的兒子劉罷軍等七人全部晉封為列侯。到孝文帝十五年，齊文王又逝世，沒有兒子繼承。當時齊悼惠王的後裔還有城陽王在位，孝文帝憐憫齊悼惠王嫡傳封國的中絕，於是就剖分原來的齊國為六國，將此前所晉封的齊悼惠王的兒子為列侯至今依然健在的六人全部冊立為王。齊孝王劉將閭以楊虛侯的原有爵號被冊立為王，濟北王劉志以安都侯的原有爵號被冊立為王，菑川王劉賢以武成侯的原有爵號被冊立為王，膠東王劉雄渠以白石侯的原有爵號被冊立為王，膠西王劉卬以平昌侯的原有爵號被冊立為王，濟南王劉辟光以扐侯的原有爵號被冊立為王。孝文帝十六年，六王在同一天都被冊立為王。

19 齊孝王劉將閭受封為王十一年，孝景帝三年，吳楚兩國叛亂，膠東、膠西、菑川、濟南幾個封王都發兵響應吳楚叛軍。叛亂者想要聯合齊國一同造反，齊孝王心中猶豫，據城堅守不聽從他們的誘惑。三個封國的叛軍共同包圍齊國，齊孝王派遣路中大夫向天子告急求救。天子又令路中大夫返還回報，告知齊王一定要堅守，漢兵現在就要擊敗吳楚叛軍了。路中大夫歸來，三國的軍隊把臨菑城重重包圍，無法入城。三國的統兵將軍與路中大夫訂立盟誓：「你要反過來說漢軍已經戰敗了，齊國趕快投降三國，否則就要面臨屠殺。」路中大夫在許諾他們之後，來到城下，遠遠地見到齊王，大聲喊道：「漢朝廷已經發兵百萬，命令太尉周亞夫擊破吳楚叛軍，正在領兵前來援救齊國，齊國一定要繼續堅守，不要投降！」三國的將軍殺害了路中大夫。

20 齊國當初被包圍形勢危急之時，齊王曾經暗中與三國通謀，盟約尚未商定，恰好路中大夫從漢朝廷歸來，齊國的大臣就又勸阻齊王不要投降三國。恰好漢軍將領欒布、平陽侯曹奇等人率兵到達齊國，擊破三國叛軍，解除了包圍。此後漢朝廷聽聞齊王當初與三國有通謀之事，準備調動軍隊攻伐齊國。齊孝王畏懼，喝毒藥自殺。而膠東、膠西、濟南、菑川四個封王都被處死，封國被廢除。惟獨濟北王得以幸存。

21 齊孝王自殺一事，孝景帝聽聞之後，以為齊王起初是善良的無意謀反，後來因為受到脅迫才產生通謀之事，這不是齊王的罪過，於是就宣召齊孝王的太子劉壽冊立為王，這就是齊懿王。齊懿王在位二十三年逝世，兒子厲王劉次昌繼位。

22 厲王的母親是紀太后。太后把她的弟弟紀氏之女娶為厲王的王后，厲王卻不喜愛。紀太后想要讓紀家世代得以寵貴，讓她的長女紀翁主進入王宮，約束厲王的後宮嬪妃不許接近厲王，希望藉此讓厲王專愛紀氏之女。厲王因此與其姊姊紀翁主通姦。

23 齊國有個宦官徐甲，入長安事奉漢朝廷的皇太后。皇太后有個愛女叫脩成君，脩成君不是劉氏的後代，太后很愛憐她。脩成君有個女兒名字叫娥，太后想把她嫁給諸侯。宦官徐甲就自請出使齊國，表示必定能讓齊王上書請求娶娥為王后。皇太后大喜，命令宦官徐甲前往齊國。當時主父偃得知徐甲出使齊國是想讓齊王娶王后，也乘機對徐甲說：「如果事情成功，希望您說明我主父偃的女兒願意躋身齊王後宮的行列。」徐甲到達齊國，委婉地告知此事。紀太后大怒說：「齊王已經有王后，後宮嬪妃也全部齊備。況且徐甲本是齊國的貧人，等到做了宦官入朝事奉漢廷，本來對齊國就沒有任何補益，現在竟然要擾亂我齊王家室！更何況主父偃是何等人物？竟然想要以女兒入充後宮！」徐甲大為窘迫，回到長安報告皇太后說：「齊王已經願意與娥匹配，但是此事有所妨害，恐怕有如同燕王一般的事情。」這是說燕王劉定國，與他的幾個女兒有姦情，獲罪被處死。因此徐甲藉燕王的事情來觸動太后。太后說：「不要再說嫁女到齊國去的事了。」此事逐漸被皇帝聽到了。主父偃因此與齊王有了嫌隙。

24 主父偃這時正得到皇帝的寵信而執掌權柄，藉機說道：「齊國的臨菑有十萬戶，市肆的稅收高達千金，人口眾多資產殷富，超過了長安，不是天子的親弟弟和愛子應該不能在此為王。而且現在的齊王在親屬關係上與皇帝更加疏遠了。」隨即就從容說起呂太后時齊國要造反，以及吳楚叛亂時齊孝王幾乎參與叛亂的事。

現在又傳聞齊王與其姊姊有亂倫通姦之事。於是武帝任命主父偃為齊相，並且查處整肅此事。主父偃到達齊國，嚴峻地刑訊齊王後宮宦官中那些幫助齊王前往其姊紀翁主住所的人，口供證詞涉及齊王本人。齊王年少，懼怕因為犯罪被執法官吏所拘禁誅殺，就喝毒藥自殺。

25 這時趙王劉彭祖擔憂主父偃初次出京就顛覆了齊國，恐怕他會逐漸疏遠皇帝與宗室封王的骨肉關係，就上書彈劾主父偃受賄金錢以及辦事居心不正輕重隨意的劣跡，天子也因此而拘捕了主父偃。公孫弘說：「齊王因為憂懼而死，無後絕嗣，如果不誅殺主父偃就無法止住天下人的怨憤。」主父偃因此被依法處死。

26 齊厲王在位五年，封國被廢除。

27 濟北王劉志，在吳楚造反時起初也與叛軍通謀，後來堅守城池不發軍隊參與叛亂，因此得以不被誅殺，徙封為菑川王。到漢武帝元朔年間，齊國廢絕。

28 齊悼惠王的後裔唯有兩個王國得以幸存：城陽國、菑川國。菑川國的領地毗鄰齊國，漢武帝因為齊悼惠王的陵園在齊國，就劃出臨菑城以東環繞齊悼惠王陵園的地盤全部歸屬菑川國，令菑川國負責祭祀齊悼惠王。

29 劉志在位三十五年逝世，他就是懿王。其子靖王劉建繼位，在位二十年逝世。其子頃王劉遺繼位，在位三十五年逝世。其子思王劉終古繼位。漢宣帝五鳳年間，青州刺史劾奏劉終古讓他所喜愛的家奴與「八子」一級的妃妾以及曾經被他親近過的婢女通姦，劉終古本人間或有參與被席之事，有時在白晝讓他們裸體臥伏在一起，讓他們與犬馬交媾，劉終古親臨觀看。如果有人產子，劉終古動輒說：「血脈混亂不可確知父子關係，讓她除掉那個孩子。」這封彈劾文書下達給丞相和御史審理，丞相和御史奏報：劉終古身居諸侯王的尊位，按照法令給他配置了八子一級的妃妾，八子享受比六百石的官秩俸祿，為的是多生育後代敬重祖宗。但是劉終古觸犯「禽獸行」的罪名，淆亂君臣、夫婦之間的尊卑區別，破壞人倫綱常，請求加以逮捕。皇帝下詔削奪四縣的封地作為懲處。思王劉終古在位二十八年逝世。其子考王劉尚繼位，在位五年逝世。其子孝王劉橫繼位，在位三十一年薨。其子懷王劉交繼位，在位六年逝世。其子劉永繼位，到王莽時封國廢絕。

贊曰：悼惠之王齊，最為大國。以海內初定，子弟少，激秦孤立亡藩輔❶，故大封同姓，以填❷天下。時諸侯得自除❸御史大夫群卿以下眾官，如漢朝，漢獨為置丞相。自吳楚誅後，稍奪諸侯權，左官附益阿黨之法設❹。其後諸侯唯得衣食租稅，貧者或乘牛車。

【章　旨】以上是作者的「贊」語，對漢初封國制度的形成及其演變，做出了簡明扼要的評價。

【注　釋】❶激秦孤立亡藩輔　有感於秦朝皇帝孤立沒有藩國輔助。激，激發；有感於。孤立，按照漢初人的認識，秦朝推行單一的郡縣制度造成孤立無援，參見卷四十八〈賈誼傳〉所載〈過秦論〉。亡，沒有。❷填　通「鎮」。鎮撫；安撫。❸除　任命。❹左官附益阿黨之法設　設立了左官律、附益法、阿黨法等法律。這些法律，均是為限制、削弱諸侯王國而設。左官律、附益法，根據本書卷十四〈諸侯王表〉的記載，設立於漢武帝平定衡山王、淮南王謀反之後。左官律的內涵是：出仕於諸侯王國的人，名列左官，並規定不得在朝廷任職。顏師古注曰：「漢時依上古法，朝廷之列以右為尊，故謂降秩為左遷，仕諸侯為左官也。」附益法的內涵並不明確，但大意可知：凡是違背朝廷法度而助益諸侯王國的行為，均在制裁之列。阿黨法，張晏注釋為：「諸侯有罪，傅相不舉奏，為阿黨。」這是脅迫王國傅相密切監督封王、以做朝廷耳目的立法。此後，屢見有嚴苛之稱的官吏出任封國傅相，國王竟然自殺身亡之事。可見諸侯王所受約束之酷苛。

【語　譯】史官評議說：齊悼惠王統治下的齊國，是天下最大的封國。當時因為天下剛剛平定，劉氏子弟少，有感於秦朝推行郡縣制度而皇帝孤立沒有藩國輔助的歷史教訓，所以大封宗室同姓為王，以鎮撫天下。當時諸侯得以自行任命御史大夫諸卿以下眾官，如同漢朝廷的官僚體系一樣，漢朝廷惟獨為王國設置丞相。自從吳楚叛亂被誅滅之後，朝廷相繼削奪諸侯王的權力，設立了左官律、附益法、阿黨法等法律。此後諸侯王只能享受租稅收入作為日常生活的來源，生活貧窮的諸侯王有的竟然只能乘坐牛車。

【研　析】〈高五王傳〉無疑是了解漢初政治劇變的必讀篇章。這些傳主是身為宗室諸侯王的高級貴族，身不由己地捲入了一系列的政治漩渦。他們以不同的方式，參與到呂氏專制、呂氏受誅、文帝入繼、吳楚七國叛亂、漢武帝立法貶抑諸侯王等漢初的政治變革之中。在政治利益的驅使之下，他們本來是骨肉至親，卻連續上演爾虞我詐、刀兵相向的人倫悲劇。在呂氏專權的年代，劉氏宗室王受到如影隨形的監視和摧殘，貴為諸侯王竟然被囚禁餓死。漢文帝號稱為寬仁明君，卻以壓抑有功宗室的手段，直接造成城陽王劉章的憂憤而終、濟北王劉興居的拼死叛亂。政治黑幕在衝破了血緣親情的脈脈溫情之後，更加令人感覺毛骨悚然。人倫慘禍與心靈變態相互交織，揭示出圍繞著權力爭奪的可怕。

〈高五王傳〉以具體人物的命運為線索，實際上在討論一個十分沉重的話題：國家的政治體制應該如何建立？中央與地方的權力分配應該如何掌握？漢代推行「郡國並行」制度，特別是封劉氏宗室成員為王，並沒有從根本上解決中央與地方的關係問題。漢高祖死後，呂太后又分封呂氏為王，形成劉氏宗室、呂氏外戚、開國功臣三大政治集團紛紜複雜的政治關係。在呂氏被滅族、文帝入繼之後，朝廷與宗室封國之間的矛盾仍然繼續發展，吳楚七國叛亂把體制性問題鮮明地顯現出來。傳文最後的「贊」更是點破主題，直接對漢初封國制度的形成及其演變，做出了簡明扼要的述論。

本篇在突出敘事重點、塑造人物形象、凸現人物性格方面，都有可圈可點之處。齊悼惠王與呂太后之間的關係何等複雜，作者通過「飲宴——毒酒——獻地——飲宴」的一個循環，用極為有限的文字，把各自的立場和心態充分展示出來。對於呂太后，既揭示她心狠手辣的一面，也展示了愛惜女兒的「兒女情長」。劉章在宗室與呂氏「鬥法」的過程中，無疑是舉足輕重的人物，宮中宴會上的一首〈耕田歌〉和追斬逃酒呂氏一人，就寫活了他的慷慨豪氣、智勇雙全。在促成齊王劉襄起兵的過程中，起了關鍵性作用的魏勃，能屈能伸，以巧言蒙蔽齊相召平，而奪得領兵之權；當大局已定之後，他又以怯懦的假象，躲過了漢軍大將灌嬰的審查而自保其身。此外，包括路中大夫、祝午、徐甲等人在內，僅僅隻言片語就樹立起一個獨具特色的人物形象，令人過目不忘。

卷三十九

蕭何曹參傳第九

【題　解】《蕭何曹參傳》大體襲用《史記》〈蕭相國世家〉及〈曹相國世家〉的文字，但將原先的「獨傳」形式改為「合傳」。傳中記載蕭、曹二人在風雲際會之時，如何由碌碌無為的刀筆吏，一躍而成為漢朝開國功臣名相的歷史。蕭何的功績在於：富有遠見，故能獨收秦朝律令圖書，使高帝知曉天下形勢、關津要塞、民所疾苦，順民所願，改弦更張；鎮撫百姓、穩定後方，為前線戰事提供源源不斷的兵力、物力支援，使劉邦在屢敗之後得以重振軍勢，最終打敗項羽而登基稱帝；天下初定後，又輔佐高、惠二帝，規創典章制度、興建長安城，平定異姓諸侯國叛亂。曹參之功則在於兩點：在開國戰爭中，斬將搴旗、攻城奪地；在入朝為相之後，曹參持守黃老之術，延續蕭何時期的既定政策，遵行不失，故有「蕭規曹隨」之說。正是由於漢初二位賢相推行無為而治、與民休息的政策，漢帝國才能在戰爭廢墟上建立、穩固下來，並在短期內恢復發展社會經濟，為「文景之治」的到來，打下堅實的物質鋪墊。此外，傳中還特意記述蕭、曹二人為避免掌權者猜忌，如何苦心孤詣的謀求「自保」諸事，讀起來令人感慨萬千。

蕭何，沛❶人也。以文毋害❷為沛主吏掾❸。高祖為布衣時，數以吏事護❹高祖。高祖為亭長❺，常佑❻之。高祖以吏繇❼咸陽，吏皆送奉錢❽三，何獨以五。秦御史❾監郡者，與從事辨❿之。何迺給⓫泗水卒史⓬事，第一⓭。秦御史欲入言徵何，何固請，得毋行。

【章旨】以上為〈蕭何傳〉的第一部分，敘述蕭何未發跡前在秦朝任職縣吏的情況，以及其與高祖劉邦的交情。這些敘說，既顯現蕭何的吏治才能，也為後來事情的發展做鋪墊。

【注釋】❶沛　縣名，屬泗水郡（治相縣，在今安徽濉溪西北），在今江蘇沛縣。❷文毋害　精通律令文法而不周納害人。文指律令文書。或說毋害是無人能比，意為通曉律令文書無人能比。另有一說，文毋害是一事，能寫作文書而沒有疵病。❸主吏掾　主吏，官名，即功曹。掌官府人事，居掾屬之首。掾，屬官的泛稱。❹護　救助；保護。❺亭長　秦漢時期鄉里基層小吏。亭長主要負責治安，亦兼理辭訟等事。❻佑　助；幫助。❼繇　通「傜」。傜役。文中是說高帝護送服役的人到咸陽。❽奉錢　出錢資助行程。顏師古注：「出錢以資行，他人皆三百，何獨五百。」❾御史　官名，監察官。是御史大夫的屬官。❿辨　治理；處理。⓫給　供事。⓬卒史　官名，是秦及西漢初郡府的主要屬吏。漢初簡牘所見有「尚書卒史」之名，故「卒史」之官並不限於地方政府部門。漢武帝時，左、右內史、大行及郡太守皆有卒史各二人。一般卒史秩百石，統稱「百石卒史」。三輔地區因地位特殊，故卒史秩為二百石。⓭第一　考課第一。舊注以「事第一」斷句，清齊召南認為「事」字當屬上句。今據改。

【語譯】蕭何，沛縣人。以精通律令文法卻不周納害人而成為沛縣主吏掾。高祖為平民時，蕭何多次以處理公事之便保護高祖。高祖做亭長時，蕭何又經常幫助他。高祖以小吏身分護送服役的人到咸陽時，官吏們都送錢三百，蕭何卻送五百。秦朝御史受命前來監郡的人，蕭何與他共同處理事務總是很妥當。蕭何因此被委任為泗水郡的卒史，在考課中獲得第一。秦御史欲藉機薦言朝廷徵召蕭何，蕭何堅決辭謝，才得以不去。

及高祖起為沛公，何嘗為丞督事❶。沛公至咸陽，諸將皆爭走❷金帛財物之府分之，何獨先入收秦丞相御史律令圖書臧之。沛公具知天下阸塞❸，戶口多少，彊弱處，民所疾苦者，以何得秦圖書也。

【章旨】以上為〈蕭何傳〉的第二部分，記述蕭何收藏秦律令圖書及其對高帝的意義，凸現蕭何的遠見與抱負。

【注釋】❶督事 督察眾事。顏師古注：「督謂監視之也。何為沛丞，專督眾事。」❷走 奔向。❸阸塞 險阻重地。

【語譯】在高祖起兵反秦稱沛公時，蕭何曾以丞的身分督察眾事。沛公率軍進入咸陽，將領們都爭著去藏有金帛財物的官府分搶東西時，唯獨蕭何先進入秦丞相、御史大夫府中把律令圖書收藏起來。沛公之所以詳盡地知曉天下要地、戶口多少、各地強弱之處及百姓疾苦，是因為蕭何得到秦朝的律令圖書的緣故。

1 初，諸侯相與約，先入關❶破秦者王其地。沛公既先定秦，項羽後至，欲攻沛公，沛公謝❷之得解。羽遂屠燒咸陽，與范增❸謀曰：「巴蜀道險，秦之遷❹民皆居蜀。」迺曰：「蜀漢亦關中地也。」故立沛公為漢王，而三分關中地，王秦降將以距漢王。漢王怒，欲謀攻項羽。周勃、灌嬰、樊噲皆勸❺之，何諫之曰：「雖王漢中之惡，不猶愈❻於死乎？」漢王曰：「何為乃死也？」何曰：「今眾弗如，百戰百敗，不死何為？周書❼曰『天予不取，反受其咎❽』。語曰『天漢』❾，其稱甚美。夫能詘⑩於一人之下，而信⑪於萬乘之上者，湯武⑫是也。臣願大王王漢中，養⑬其民以致賢人，收用巴蜀，還定三秦⑭，天下可圖也。」漢王曰：「善。」乃遂就國，以何為丞相。何進韓信，漢王以為大將軍，說漢王今引兵東定三秦。語在信傳。

2 何以丞相留收巴蜀，填撫諭告，使給軍食。漢二年⑮，漢王與諸侯擊楚，何守關中，侍太子，治櫟陽⑯。為令約束⑰，立宗廟⑱、社稷⑲、宮室、縣邑，輒奏，上可許以從事⑳；即不及奏，輒以便宜施行，上來以聞。計戶㉑轉漕㉒給軍，漢王數失軍遯㉓去，何常興關中卒，輒補缺。上以此剸㉔屬任何關中事。

3 漢三年，與項羽相距京㉕、索㉖間，上數使使勞㉗苦丞相。鮑生㉘謂何曰：「今王暴衣露蓋㉙，數勞苦君者，有疑君心。為君計，莫若遣君子孫昆弟能勝兵者悉詣軍所，上益信君。」於是何從其計，漢王大說。

4 漢五年，已殺項羽，即皇帝位，論功行封，群臣爭功，歲餘不決。上以何功最盛，先封為酇㉚侯，食邑㉛八千戶。功臣皆曰：「臣等身被堅執兵㉜，多者百餘戰，少者數十合㉝，攻城略地，大小各有差。今蕭何未有汗馬㉞之勞，徒㉟持文墨議論㊱，不戰，顧㊲居臣等上，何也？」上曰：「諸君知獵乎？」曰：「知之。」

「知獵狗乎？」曰：「知之。」上曰：「夫獵，追殺獸者狗也，而發縱指示[38]獸處者人也。今諸君徒能走得獸耳，功狗也；至於蕭何，發縱指示，功人也。且諸君獨以身從我，多者三兩人；蕭何舉宗數十人皆隨我，功不可忘也！」群臣後皆莫敢言。

列侯畢[39]已受封，奏位次，皆曰：「平陽侯曹參身被七十創，攻城略地，功最多，宜第一。」上已橈[40]功臣多封何，至位次未有以復難[41]之，然心欲何第一。關內侯[42]鄂秋時為謁者[43]，進曰：「群臣議皆誤。夫曹參雖有野戰略地之功，此特一時之事。夫上與楚相距五歲，失軍亡眾，跳身[44]遁者數矣，然蕭何常從關中遣軍補其處。非上所詔令召，而數萬眾會[45]上乏絕[46]者數矣。夫漢與楚相守滎陽[47]數年，軍無見糧[48]，蕭何轉漕關中，給食不乏。陛下雖數亡山東[49]，蕭何常全關中待陛下，此萬世功也。今雖無曹參等百數[50]，何缺於漢？漢得之不必待以全。柰何欲以一旦之功加萬世之功哉！蕭何當第一，曹參次之。」上曰：「善。」於是乃令何第一，賜帶劍履上殿[51]，入朝不趨[52]。上曰：「吾聞進賢受上賞，蕭何功雖高，待鄂君迺得明。」於是因鄂秋故所食關內侯邑二千戶，封為安平侯。是日，悉封何父母兄弟十餘人，皆食邑。乃益封何二千戶，「以嘗繇咸陽時何送我獨贏[53]錢二也」。

6 陳豨[54]反，上自將，至邯鄲[55]。而韓信謀反關中，呂后用何計誅信。語在信傳。上已聞誅信，使使拜丞相為相國，益封五千戶，令卒五百人一都尉[56]為相國衛。諸君皆賀，召平獨弔[57]。召平者，故秦東陵侯。秦破，為布衣，貧，種瓜長安城東，瓜美，故世謂「東陵瓜」，從召平始也。平謂何曰：「禍自此始矣。上暴露於外，而君守於內，非被矢石之難，而益君封置衛者，以今者淮陰新反於中，有疑君心。夫置衛衛君，非以寵君也[58]。願君讓封勿受，悉以家私財佐軍。」何從其計，上說。

7 其秋，黥布反，上自將擊之，數使使問相國何為[59]。曰：「為上在軍，拊循[60]勉百姓，悉所有佐軍，如陳豨時。」客[61]又說何曰：「君滅族不久矣。夫君位為相國，功第一，不可復加。然君初入關，本得百姓心，十餘年矣。皆附君，尚復孳孳[62]得民和。上所謂數問君，畏君傾動[63]關中。今君胡不[64]多買田地，賤[65]貰貣[66]以自汙[67]？上心必安。」於是何從其計，上乃大說。

8 上罷布軍歸，民道遮行[68]，上書言相國彊賤買民田宅數千人。上至，何謁。上笑曰：「今相國迺利民！」民所上書皆以與何，曰：「君自謝民。」後何為民請曰：「長安地陿，上林[69]中多空地，棄，願令民得入田，毋收稾[70]為獸食。」上大怒曰：「相國多受賈人財物，為請吾苑！」乃下[71]何廷尉[72]，械繫之。數日，王衛尉[73]侍，前問曰：「相國胡大罪，陛下繫之暴也？」上曰：「吾聞李斯[74]相秦皇帝[75]，有善歸主，有惡自予。今相國多受賈豎[76]金，為請吾苑，以自媚[77]於民。故繫治之。」王衛尉曰：「夫職事苟有便於民而請之，真宰相事也。陛下柰何乃疑相國受賈人錢乎！且陛下距楚數歲，陳豨、黥布反時，陛下自將往，當是時相國守關中，關中搖足則關西非陛下有也。相國不以此時為利，乃利賈人之金乎？且秦以不聞其過亡天下，夫李斯之分過，又何足法哉！陛下何疑宰相之淺也！」上不懌[78]。是日，使使持節[79]赦出何。何年老，素恭謹，徒跣[80]入謝。上曰：「相國休[81]矣！相國為民請吾苑不許，我不過為桀紂[82]主，而相國為賢相。吾故繫相國，欲令百姓聞吾過。」

【章　旨】以上為〈蕭何傳〉的第三部分，是本傳重心，依次敘述以下諸事：一，蕭何勸說沛公就封漢中並舉薦韓信，使高帝能暫避項羽鋒芒，蓄勢待發；二，蕭何留守關中，鎮撫百姓，為前線戰事提供源源不斷的物資、兵力支援；三，蕭何因功勞而榮獲重封厚賞，也因此遭受高帝猜忌，故不得不自玷令名、謀求自保。其中，又以第二、三事敘述居多。功人、功狗的說法，早已是膾炙人口、婦孺皆知之事；而蕭何小心翼翼謀求自保之策，尤值得玩味。

【注　釋】❶關　關口，多為要塞或出入要道。文中所言「關」有具體指代對象，即通常所說的「函谷關」。函谷關，戰國秦置，在今河南靈寶東北。東起於崤山，西至潼津，絕岸峭壁，谷深道狹，深險如函，統稱函谷，號為天險。因關在谷中得名。武帝元鼎三年（西元前一一四年）將關徙至新安縣，在今河南新安東。❷謝　道歉。❸范增　項羽的主要謀臣。漢王施反間計，范增受項羽猜忌，後瘡發而死。❹遷　放逐；流放。❺勸　勸進；贊同。❻愈　勝。❼周書　書名，見於本書卷三十〈藝文志〉，又稱《逸周書》，相傳為孔子刪定《尚書》之餘篇。其內容包括西周至春秋間六百年左右的事跡，全書編排以所記史事年代為次。成書年代尚有爭議，一般認為除少數篇章外，多數屬戰國時代之作，但後人亦不斷增補損益而成今日所見之書。❽天予不取二句　上天賜予而不接受，將因此而遭受災禍。《逸周書》現存篇章中，並不見此語。朱右曾整理《逸周書》時將它列入「逸文」。與之相類見諸其他典籍的，有「天與不取，反受其殃」、「天與不取，反為之災」等語。❾語曰天漢　俗話說「天漢」。有以天配漢之意，故被認為是美名。❿詘　折服；屈服。⓫信　通「伸」。伸直。⓬湯武　商湯、周武。商湯為商朝的建立者，周武王滅商紂王而建立周朝。二者均為上古時代英明聖武的君主。⓭養　供養；事奉。⓮三秦　項羽分封諸王時，封歸降的秦將章邯為雍王，都廢丘（今陝西興平東南），領有陝西中部咸陽（今咸陽東北）以西和甘肅東部地區；司馬欣為塞王，都櫟陽（今陝西臨潼北），領有咸陽以東至黃河之地；董翳為翟王，都高奴（今延安東北），領有今陝西北部地區。故合稱三秦。後漸成為關中地區的別稱。⓯漢二年　漢王二年，西元前二〇五年。⓰櫟陽　縣名，在今陝西臨潼東北。漢王二年，以櫟陽為都；七年，遷於長安。⓱為令約束　制定法令，設立約禁。⓲宗廟　最先泛稱祭祀祖宗先人的處所，後漸成為王朝或國家祭祀祖先地方的專稱，故被用來代指朝廷或國家。⓳社稷　帝王、諸侯祭祀土神和稷神的場所。社，土神。稷，穀神。社稷聯稱，代指國家。⓴上可許以從事　顏師古注：「可其所奏，許其所請，依以行事。」㉑計戶　統計戶口，徵收賦稅。㉒轉漕　水道轉送糧食。㉓遯　逃走；逃避。㉔剸　通「專」。㉕京　縣名，在今河南滎陽東南。㉖索　城名，故址在今河南滎陽。㉗勞　慰勞。㉘鮑生　當時的有識之士，姓鮑而名字不詳。㉙暴衣露蓋　喻指劉邦過著日曬露宿的艱苦生活。暴，曬；使乾。露，露水。㉚鄼　屬南陽郡，即今河南永城西。參見本書卷一〈高帝紀〉「相國鄼侯下諸侯王」句下，注引臣瓚、顏師古之說。㉛食邑　又稱封邑、采邑等，是諸侯王或貴族的封地。商周時期，受封者對封地及封地之民行使自主權；秦漢及以後時期，受封者僅按封戶的多少享受相關賦稅權利。㉜被堅執兵　身披鎧甲、手執兵器。㉝合　兩軍接觸、交戰。㉞汗馬　汗，使動用法，使馬出汗。喻征戰功勞。㉟徒　僅以。㊱文墨議論　寫作文書、議論政事。㊲顧　用作轉折副詞，有卻、反而之意。㊳發縱指示　解開繫犬的繩子，並用手指向（獵物）所在之處。㊴畢　全部；完畢。㊵橈　屈從；順從。文中為使動用法。㊶難　詰難。㊷關內侯　二十等爵的第十九級，僅次於徹侯。㊸謁者　官名，為皇帝的侍從人員，多為郎中令屬官。太后、太子及王國亦置此官，漢初簡牘所見尚有長信謁者令、長信謁者等。謁者除侍從皇帝、掌司禮儀外，常充任皇帝使者，奉詔前往災區宣慰存問和發放賑貸，或奉命收捕、考案官貴。㊹跳身　輕身而出。㊺會　恰巧；適逢。㊻乏絕　缺乏；斷絕。㊼滎陽　縣名，秦時屬三川郡，漢初改三川郡為河南郡。古滎陽在今河南滎陽東北。㊽見糧　現成的糧食。㊾山東　戰國、秦漢時代，統稱華山或崤山以東的地方為山東，與漢代的「關東」含義相同。華山，山名，在今陝西華陰。崤山，山名，在今河南洛寧北。㊿數　作動詞。計；算。(51)賜帶劍履上殿　恩賜（蕭何）帶劍穿鞋上殿。這是高祖對蕭何的特殊優待，因為古代大臣上朝是不許帶劍穿鞋的。(52)趨　本意為跑、疾行，引申為低頭彎腰、小步快走，表示恭敬的一種行走姿勢。(53)贏　顏師古注：「贏，餘也。」(54)陳豨　漢初將領，嘗以趙相國身分，監守趙國、代國北邊地，統領軍隊。守邊之時，陳豨大量招致賓客，勾結匈奴，於高帝十年發動叛亂，戰敗被殺。詳見卷三十四〈盧綰傳〉。(55)邯鄲　縣名，戰國時曾為趙國都城，秦滅趙置縣。在今河北邯鄲。漢初為趙國都城所在，是秦漢時期黃河北岸最大的商業中心。(56)都尉　武官名，在將軍之下。文中所見，似為統帥五百人之長。漢初有「備塞都尉」一職，秩為二千石。漢景帝時，將郡尉改名為郡都尉；而中央政府部門也逐漸衍生出諸多與都尉相關的官稱，如主爵都尉、關都尉等。詳見卷十九〈百官公卿表下〉。(57)弔　慰問喪家或受到災禍的人，又引申為悲傷、憐憫之意。(58)夫置衛衛君二句　設置護衛保護您，並非是優寵。當時，高帝在外平定陳豨叛亂，無暇西顧長安。淮陰侯韓信趁機「謀反」，呂后用蕭何之謀而誅殺韓信，穩定局勢。蕭何雖有功勳，但高帝仍然對之有戒備之心。故為之設衛，以防止變亂。顏師古注：「恐其為變，故守衛之。」(59)何為　有何舉動作為。顏師古注：「問其居守，何所營為。」(60)拊循　撫慰。拊，通「撫」。(61)客　泛稱賓客、食客，主要是寄食於高官貴族的人。(62)孳孳　不懈怠的樣子。孳，同「孜」。(63)傾動　傾覆、搖動。(64)胡不　疑問詞。意同「何不」。(65)賤　使動詞。低價。(66)貰貣　貰，賒欠。貣，向人求物。(67)汙　玷汙。(68)民道遮行　百姓沿途攔路阻止車駕行進。這應該是向皇帝「告御狀」的一種方式。遮，攔遮。(69)上林　苑囿名，秦置，專屬皇家，不允許百姓進入其中採樵漁獵。經秦末戰爭的破壞，已漸荒蕪。因其中有空地，故蕭何上奏劉邦，請求允許百姓進入耕種。武帝時，上林苑不斷發展，苑內放養禽獸，以供皇帝射獵，又修建離館別宮、樓亭臺榭，極為奢華壯麗。司馬相如所作〈上林賦〉，正可見其一斑。故址在今陝西西安西南戶縣、周至一帶。(70)稾　莊稼的禾稈。秦漢時期的實物賦稅之一種。《睡虎地秦墓竹簡》及《張家山漢墓竹簡（二四七號墓）》等簡牘文獻中，有諸多與之相關的材料。(71)下　指將犯人移交給特定部門（主要是司法部分）以驗問定罪。(72)廷尉　官名，秦漢時期主管司法刑獄。漢初秩祿中二千石，是「九卿」之一。(73)王衛尉　姓王的衛尉，名失載。衛尉，官名，主要負責宮廷警衛安全等事。漢初秩祿為二千石。(74)李斯　秦政治家，法家代表性人物之一。他於戰國末年入秦，協助秦王掃平六國，統一天下。李斯堅決主張郡縣制而反對分封制，又主張嚴禁私學，故有著名的「焚書」之議。始皇崩於沙丘，他與趙高矯詔迫使公子扶蘇自殺，擁立胡亥為帝。後被趙高誣陷而死。詳見《史記》卷八十七〈李斯列傳〉。(75)秦皇帝　秦朝皇帝，指秦始皇與秦二世。(76)賈豎　對商人的賤稱。(77)媚　取好、討好他人。顏師古注：「媚，愛也，求愛於民。」(78)不懌　不高興。顏師古注：「懌，悅也。慼衛尉之言，故慙悔而不悅也。」(79)節　是漢代執行王命的憑信物，據說是在竹竿上裝上三重用犛牛尾毛所製的旄而成。(80)徒跣　赤腳步行。這是鄭重請罪的表示。古代一般謝罪免冠即可，重者始徒跣。(81)休　顏師古注：「令出外自休息。」(82)桀紂　古代有名的暴君。桀，指夏桀。紂，商紂王。

【語譯】起初，諸侯相互約定，先進入函谷關攻破秦軍，就可在秦地稱王。沛公已先安定秦地，項羽後到達，想攻打沛公，沛公向他致歉才得以和解。項羽於是屠城並火燒咸陽，與范增商量說：「巴蜀地區道路險狹，秦朝被放逐的人都在巴蜀居住。」於是說：「蜀漢也是關中之地。」因而封沛公為漢王，而將關中之地一分為三，封秦朝的降將為王以抵禦漢王。漢王發怒，謀劃進攻項羽。周勃、灌嬰、樊噲都贊同漢王，蕭何則進諫說：「雖然是稱王於漢中的貧瘠土地，不仍然勝於死亡嗎？」漢王說：「為何說死亡呢？」蕭何說：「現在兵眾不如項羽，百戰百敗，怎麼會不死？《周書》說『上天賜予而不接受，將因此而遭受災禍』。俗語說『天漢』，此名甚好。能夠屈服於一人之下，而能伸直於萬乘大國的，是商湯、周武。我願大王您稱王漢中，奉養百姓以招徠賢能人才，收集巴蜀之財，恢復三秦之地，就可圖謀天下。」漢王說：「好。」於是到封地，任命蕭何為丞相。蕭何進薦韓信，漢王任命他為大將軍，韓信勸說漢王下令統兵東進，平定三秦。詳情記載在〈韓信傳〉中。

2　蕭何以丞相身分留守巴蜀，鎮撫曉諭百姓，使之供應軍糧。漢王二年，漢王與諸侯王攻打項羽，蕭何鎮守關中，侍奉太子，並以櫟陽為治所。制定法令約禁，設立宗廟、社稷、宮室、縣邑，每次向漢王奏事，漢王總是批覆同意施行；如來不及奏請，則見機行事，等漢王回來再將事情稟報。統計戶口數目，徵收糧餉，水陸道轉運糧草以供給軍隊，漢王數次戰敗逃走，蕭何常常徵發關中兵卒，以填補士兵的缺額。漢王因此將關中事務全權委任蕭何。

3 漢王三年，漢王與項羽相對峙於京、索間，漢王多次派使者慰勞丞相。鮑生對蕭何說：「如今漢王日曬露宿，多次慰勞您，是對您有懷疑之心。為您考慮，不如讓您的子孫兄弟凡能投入戰事者均到軍中去，漢王將會更加信任您。」因此蕭何採納了他的計策，漢王很喜悅。

4 漢王五年，項羽已被誅殺，漢王登基為皇帝，按功勞大小進行封賞，群臣爭功，一年多都拖延不決。高帝認為蕭何的功勞最大，就先封他為酇侯，食邑八千戶。功臣都說：「我們身披鎧甲、手執兵器，多者曾經歷一百餘次戰鬥，少者也有數十次，攻城奪地，功勞大小各有不同。而今蕭何沒有征戰之功，僅以操持文書、出謀劃策之功，不曾參戰，反而位居我們之上，為什麼呢？」高帝說：「諸位知道打獵嗎？」功臣回答說：「知道。」高帝又問：「諸位知道獵狗嗎？」功臣回答說：「知道。」高帝說：「打獵，追逐捕殺野獸的是狗，而放開獵狗、指出獵物藏身之處的卻是人。如今各位僅能奔跑捕得野獸，是有功之狗；至於蕭何，放開獵狗、指出野獸藏身處，是有功之人。況且諸位僅是一個人追隨我，多的也僅有三兩人；蕭何全族數十人都跟隨我，功勞不可忘記啊！」群臣以後都不敢再說此事了。

5 列侯均已受封完畢，在奏報排列朝班位次時，都說：「平陽侯曹參身受七十餘處創傷，攻城略地，功勞最多，應當第一。」高帝既已使功臣屈從自己的意思多封賞蕭何，至於位次就不宜再為難他們，然而心中仍希望蕭何居於第一。關內侯鄂秋當時為謁者，進言說：「群臣所說都不對。曹參雖然有野戰奪地的功勞，只不過是一時間的事。皇上與楚軍相持五年，損失兵士，輕身逃亡多次，而蕭何常常從關中派遣兵士補替缺亡之人。沒有皇上詔令的召喚，而數萬人眾恰逢陛下困絕危急時到來，也有數次。漢軍與楚軍相持滎陽數年，軍中沒有現糧，蕭何從關中轉運糧草，供給不斷。陛下雖然多次失去山東土地，蕭何常保全關中之地以待陛下，這是萬世不朽的功勳啊。如今即便是沒有曹參之類的戰將上百人，對漢朝又有什麼缺損呢？漢朝有了他們也未必能倚賴他們得以保全。為何要將一時之功凌駕於萬世功勞之上呢！蕭何理應為第一，曹參第二。」高帝說：「好。」於是讓蕭何位次第一，賜許他帶劍穿鞋上殿，入朝時可以不小步快跑。高帝說：「我聽說進薦賢人的應受上賞，蕭何功勞雖高，經過鄂君辯說才得以昭顯。」於是在鄂秋原食封關內侯邑二千石的基礎上，封為安平侯。當天，又將蕭何父母兄弟十餘人都加以封賞，賜給食邑。又加封蕭何二千戶，「這是因為我服役去咸陽時唯獨蕭何所送的錢比他人多二百的緣故」。

6 陳豨造反，高帝親自率兵平叛，行進至邯鄲。而韓信又謀反關中，呂太后採用蕭何的計謀誅殺韓信。這些記載〈韓信傳〉中。高帝聽說韓信已被誅殺，就派使者任命丞相蕭何為相國，加封五千戶，並命令士兵五百人及都尉一人為相國的護衛。諸人都慶賀，唯獨召平前來弔慰。召平，是業已滅亡的秦朝東陵侯。秦朝覆滅，召平淪落為平民百姓，家中貧困，就在長安城東種瓜，瓜味甜美，所以世間有美譽的「東陵瓜」，是從召平開始的。召平對蕭何說：「您的災禍自此開始了。皇帝苦戰於外，而您留守於京師，沒有蒙受矢石的險難，反而增封您的食邑數目，為您設置護衛，是因為淮陰侯新近謀反於京城，皇帝因此也對您有疑心。設置護衛保護您，並非是優寵之意。建議您辭讓封戶，並將家中的私財全部用來佐助軍需。」蕭何聽從他的計策，高帝為之歡喜。

7 當年秋天，黥布造反，高帝親自率軍平定叛亂，多次派遣使者詢問相國在做什麼。蕭何回覆說：「因為皇帝在前線作戰，我則安撫勉勵百姓，將所有財產一併佐助軍用，就如同平定陳豨時一樣。」賓客又勸說蕭何：「您的滅族之禍不久就要到來了。您官居相國，功勞第一，權位榮譽都無法再增加了。可是您一入關中，就深得民心，已經十多年。百姓都親附您，而您仍孜孜不倦持續受到百姓的擁戴。皇帝之所以多次安慰問訊您，是害怕您傾覆關中。而今您為什麼不多買田地，並用低價賒欠及向百姓索取財物以自汙您的名聲？這樣，陛下一定會放心的。」於是蕭何聽從賓客的說法，高帝很是高興。

8 高帝撤回平定黥布的大軍返歸長安，百姓沿途攔路阻止車駕行進，上書告發相國蕭何強行以低價購買百姓田宅的有數千人。高帝回到宮廷，蕭何前來拜謁。高帝笑著說：「而今相國也漁利於民！」又將百姓呈上的告狀文書全部給蕭何，說道：「您自己向百姓道歉吧。」後來蕭何為百姓請求：「長安土地狹窄，上林苑中多有荒蕪土地，已被拋荒，請陛下允許百姓進入上林苑中耕種，不收取莊稼的禾稈用以供禽獸之食。」高帝大怒說：「相國收受商人財物，為他們而來討求我的上林苑！」於是將蕭何移交廷尉拘禁，並戴上刑具。數天後，王尉衛侍奉高帝，上前問：「相國有什麼大罪，陛下您為何這麼突然地收繫他？」高帝說：「我聽說李斯輔佐秦皇帝時，有善譽則歸於主上，有惡名則自己承擔。如今相國收受賤商的錢財，為他們請求我的上林苑，自己討好於百姓。因而收繫審問。」王尉衛說：「職責分內的事如果能夠給百姓帶來便利而上請，這真正是宰相應當做的事。陛下為何懷疑相國接受商人的錢財呢！何況陛下與楚軍相持數年，陳豨、黥布謀反之時，陛下親自率軍前往平定，當時相國鎮守關中，關中稍有變動則關西之地就不歸陛下所有。相國不在當時謀求大利，竟然會求利於商人的錢財嗎？況且秦朝皇帝因為不知道自己的過失而亡天下，李斯分擔過錯的行為，又哪裡值得效法！陛下為何懷疑宰相會如此淺陋呢！」高帝聽後心中不高興。當天，派使者拿著符節赦免蕭何。蕭何年老，素來恭敬謹慎，光著腳步行入朝謝罪。高帝說：「相國您回府休息吧！相國為百姓請上林苑之地而我不允許，我不過是桀、紂般的昏君，而相國您則是賢能之相。所以我故意收繫您，想讓天下百姓知道我的過錯。」

1 高祖崩，何事惠帝。何病，上親自臨視何疾，因問曰：「君即百歲後❶，誰可代君？」對曰：「知臣莫若主。」帝曰：「曹參何如？」何頓首❷曰：「帝得之矣。何死不恨❸矣！」

2 何買田宅必居窮辟❹處，為家不治垣❺屋。曰：「今後世賢，師吾儉；不賢，毋為勢家❻所奪。」

3 孝惠二年，何薨，諡曰文終侯。子祿嗣，薨，無子。高后乃封何夫人同為酇侯，小子延為筑陽侯。孝文元年，罷同，更封延為酇侯。薨，子遺嗣。薨，無子。文帝復以遺弟則嗣，有罪免。景帝二年，制詔御史：「故相國蕭何，高皇帝大功臣，所與為❼天下也。今其祀絕❽，朕甚憐之。其以武陽❾縣戶二千封何孫嘉為列侯❿。」嘉，則弟也。薨，子勝嗣，後有罪免。武帝元狩中，復下詔御史：「以酇戶二千四百封何曾孫慶為酇侯，布告天下，令明知朕報蕭相國德也。」慶，則子也。薨，子壽成嗣，坐⓫為太常⓬犧牲瘦免。宣帝時，詔丞相御史求問蕭相國後在者，得玄孫建世等十二人，復下詔以酇戶二千封建世為酇侯。傳子至孫獲，坐使奴殺人減死論⓭。成帝時，復封何玄孫之子南䜌⓮長⓯喜為酇侯。傳子至曾孫，王莽敗乃絕。

【章　旨】以上為〈蕭何傳〉的第四部分，敘述蕭何侍奉惠帝、居家之訓及爵位傳承等事。

【注　釋】❶百歲後　死的諱稱。❷頓首　叩頭的古稱。是古代拜禮之一。跪拜在地，引頭至地，頭觸地面的時間很短（「頓」取義於此）。在拜禮之中是較輕的，一般用於身分對等者之間的行禮。❸恨　遺憾。❹辟　偏僻。❺垣　圍牆。❻勢家　有權有勢。❼為　經營；治理。顏師古注：「為，治也。亦曰共造其功業。」❽祀絕　無人祭祀。喻指沒有繼承之人。祀，祭祀。❾武陽　地名。據〈地理志〉所載，東海郡有武陽侯國（今山東郯城境），可能為蕭何後裔封地。❿列侯　爵名，二十等爵的最高爵。原為徹侯，後避漢武帝諱而改為列侯，也稱為通侯。⑪坐　坐罪；被罪。⑫太常　官名，主管宗廟禮儀。漢初其秩祿為二千石，是「九卿」之一。⑬論　論罪。⑭南䜌　地名，在今河北鉅鹿北。⑮長　縣長。漢代的縣依據戶口多少而有大小之別，大縣的縣長稱為令，小縣稱為長。

【語　譯】高祖去世，蕭何侍奉惠帝。蕭何有病，惠帝親臨探視他的病情，於是問：「如果您百歲之後，誰可接替您呢？」蕭何回答說：「知道臣下的莫過於主上。」惠帝說：「曹參怎樣？」蕭何頓首說：「您找到適合的人選了。我死而無憾！」

2 蕭何買田地、宅舍一定在貧瘠偏僻的地方，建房屋不立圍牆。他說：「如果後世子孫賢明，則會學習我的儉樸；不賢明，田宅也不會為權勢之家侵奪。」

3 惠帝二年，蕭何去世，謚號為文終侯。其子蕭祿繼承爵位，去世時，沒有子嗣。呂太后因此封蕭何夫人同為酇侯，小兒子蕭延為筑陽侯。漢文帝元年，酇侯同被罷免，改封蕭延為酇侯。蕭延去世，其子蕭遺繼承爵位。蕭遺去世時，沒有子嗣。文帝又讓蕭遺的弟弟蕭則繼承，後有罪被免除爵位。景帝二年，下詔御史：「前相國蕭何，是高皇帝的大功臣，與高皇帝一同開創、治理漢家天下。如今無人祭祀，朕很是憐憫。將武陽縣二千戶封蕭何孫子蕭嘉為列侯。」蕭嘉，是蕭則的弟弟。蕭嘉去世，其子蕭勝繼承爵位，後來有罪而被免爵。武帝元狩年間，又下詔御史：「以酇地的二千四百戶封蕭何曾孫蕭慶為酇侯，宣告天下，使天下人清楚知道朕答報蕭相國的厚德。」蕭慶，是蕭則之子。蕭慶去世，兒子蕭壽成繼承爵位，因官為太常而祭祀犧牲不肥獲罪免職。宣帝時，下詔丞相御史訪求蕭何相國的後裔現存者，有玄孫蕭建世等十二人，又下詔將酇縣的二千戶民眾分封蕭建世為酇侯。傳承爵位到其孫蕭獲，蕭獲因指使家奴殺人而被罪以減刑免死論處。成帝時，又封蕭何玄孫的兒子南䜌縣長蕭喜為酇侯。爵位由其子傳承至曾孫，王莽敗亡時才斷絕。

1 曹參，沛人也。秦時為獄掾，而蕭何為主吏，居縣為豪吏❶矣。高祖為沛公也，參以中涓❷從。擊胡陵❸、方與❹，攻秦監公❺軍，大破之。東下薛❻，擊泗水守軍薛郭❼西。復攻胡陵，取之。徙守方與。方與反為魏❽，擊之。豐❾反為魏，攻之。賜爵七大夫❿。北擊司馬欣⓫軍碭⓬東，取狐父⓭、祁⓮善置⓯。又攻下邑⓰以西，至虞⓱，擊秦將章邯⓲車騎。攻轅戚⓳及亢父⓴，先登。遷為五大夫。北救東阿㉑，擊章邯軍，陷陳㉒，追至濮陽㉓。攻定陶㉔，取臨濟㉕。南救雍丘㉖，擊李由㉗軍，破之，殺李由，虜秦候一人。章邯破殺項梁㉘也，沛公與項羽引兵而東。楚懷王以沛公為碭郡長，將碭郡兵。於是乃封參執帛㉙，號曰建成君。遷為戚公㉚，屬碭郡。

2 其後從攻東郡㉛尉軍，破之成武㉜南。擊王離㉝軍成陽㉞南，又攻杠里㉟，大破之。追北，西至開封㊱，擊趙賁軍，破之，圍趙賁開封城中。西擊秦將楊熊軍於曲遇㊲，破之，虜秦司馬及御史各一人。遷為執珪㊳。從西攻陽武㊴，下轘轅㊵、緱氏㊶，絕河津㊷。擊趙賁軍尸㊸北，破之。從南攻犨㊹，與南陽守齮㊺戰陽城㊻郭東，陷陳，取宛㊼，虜齮，定南陽郡。從西攻武關㊽、嶢關㊾，取之。前攻秦軍藍田㊿南，又夜擊其北軍，大破之，遂至咸陽，破秦。

3 項羽至，以沛公為漢王。漢王封參為建成侯。從至漢中，遷為將軍。從還定三秦，攻下辨[51]、故道[52]、雍[53]、斄[54]。擊章平[55]軍於好畤[56]南，破之，圍好畤，取壤鄉[57]。擊三秦軍壤東及高櫟，破之。復圍章平，平出好畤走。因擊趙賁、內史保軍，破之。東取咸陽，更名曰新城[58]。參將兵守景陵[59]二十日，三秦使章平等攻參，參出擊，大破之。賜食邑於寧秦[60]。以將軍引兵圍章邯廢丘[61]；以中尉[62]從漢王出臨晉關[63]。至河內[64]，下脩武[65]，度圍津[66]，東擊龍且[67]、項佗[68]定陶，破之。東取碭、蕭[69]、彭城[70]。擊項籍軍，漢軍大敗走。參以中尉圍取雍丘。王武反於外黃[71]，程處反於燕[72]，往擊，盡破之。柱天侯[73]反於衍氏[74]，進破取衍氏。擊羽嬰於昆陽[75]，追至葉。還攻武彊[76]，因至滎陽。參自漢中為將軍中尉，從擊諸侯，及項王敗，還至滎陽。

4　漢二年，拜為假[77]左丞相，入屯兵關中。月餘，魏王豹[78]反，以假丞相別與韓信東攻魏將孫遫[79]東張[80]，大破之。因攻安邑[81]，得魏將王襄。擊魏王於曲陽[82]，追至東垣[83]，生獲魏王豹。取平陽[84]，得豹母妻子，盡定魏地，凡五十二縣。賜食邑平陽。因從韓信擊趙相國夏說軍於鄔[85]東，大破之，斬夏說。韓信與故常山王張耳引兵下井陘[86]，擊成安君陳餘，而令參還圍趙別將[87]戚公於鄔城中。戚公出走，追斬之。迺引兵詣漢王在所。韓信已破趙，為相國，東擊齊，參以左丞相屬焉。攻破齊歷下(88)軍，遂取臨淄(89)。還定濟北郡(90)，收著(91)、漯陰(92)、平原(93)、鬲(94)、盧(95)。已而從韓信擊龍且軍於上假密(96)，大破之，斬龍且，虜亞將(97)周蘭。定齊郡，凡得七十縣。得故齊王田廣相田光，其守相(98)許章，及故將軍田既。韓信立為齊王，引兵東詣陳(99)，與漢王共破項羽，而參留平齊未服者。

5 漢王即皇帝位，韓信徙為楚王。參歸相印焉。高祖以長子肥為齊王，而以參為相國。高祖六年，與諸侯剖符(100)，賜參爵列侯，食邑平陽萬六百三十戶，世世勿絕。

6 參以齊相國擊陳豨將張春，破之。黥布反，參從悼惠王(101)將車騎十二萬，與高祖會擊黥布軍，大破之。南至蘄(102)，還定竹邑(103)、相(104)、蕭、留(105)。

7 參功：凡下二國，縣百二十二；得王二人，相三人，將軍六人，大莫敖(106)、郡守、司馬、侯、御史各一人。

【章旨】以上為〈曹參傳〉的第一部分，詳細敘述曹參的赫赫戰功，也是對漢朝開國進程的很好描述。

【注釋】❶豪吏　有勢力有名望的官吏。顏師古注：「言參及蕭何並為吏之豪長也。」❷中涓　本為官名，宮中近侍小臣，執掌清潔之事。秦漢時期已有主通書謁的職責。此處借指近侍親信。涓，意為潔或使清潔。❸胡陵　縣名，秦時屬山陽郡，在今山東魚臺東南。❹方與　縣名，今山東魚臺西。❺監公　對郡監（即監郡御史）的尊稱。秦時，郡中設守、尉、監，郡監主要負責監察之事。公，對人的尊稱。❻薛　縣名，在今山東滕州南。❼郭　外城，是為保護內城而修築的外圍工事。❽魏魏王咎。魏咎，魏國的後裔。秦末戰事方起，被周市等人擁立為魏王。詳見卷三十三〈魏豹傳〉。⑨豐　秦邑名，屬沛縣，今江蘇豐縣。當時雍齒守豐，但其不願歸屬沛公，故歸順魏王，並據豐對抗沛公。⑩七大夫　爵名。但秦漢二十等爵中並無七大夫，其第五、六、七級分別是大夫、官大夫、公大夫。或認為「七大夫」是指第七級的「公大夫」，可備一說。⑪司馬欣　秦軍別將。《史記・曹相國世家》作「司馬𡰥」，二者不同，或許當以本書為是。⑫碭　縣名，秦屬碭郡，在今河南永城東北。⑬狐父　一作狐父城。在今安徽碭山縣南。⑭祁　縣名，在今河南夏邑東北。⑮善置　在地名為「善」的地方所設置的郵驛機構。善，地名，隸屬於祁縣的鄉級地名。置，是秦漢郵驛系統的組成之一，類於驛站。秦漢時期的驛置遺址，以甘肅河西走廊發掘的懸泉置最為有名。⑯下邑　縣名，在今安徽碭山縣。⑰虞　縣名，在今河南虞城北。⑱章邯　秦軍將領。秦末，時任少府的章邯，受命率軍鎮壓反秦義軍，屢屢獲勝，後敗降於項羽，被封為雍王。漢王自漢中再占關中，章邯戰敗自殺。參見卷三十一〈項籍傳〉。⑲轅戚　縣名，《史記・曹相國世家》作「爰戚」，在今山東嘉祥南。⑳亢父　縣名，在今山東濟寧南。㉑東阿　縣名，在今山東東阿西南。㉒陷陳　攻克敵陣。陷，攻陷；攻克。㉓濮陽　縣名，在今河南濮陽西南。㉔定陶　縣名，在今山東定陶西北。㉕臨濟　邑名，在今河南封丘東。㉖雍丘　縣名，在今河南杞縣。㉗李由　李斯之子，當時為三川郡守。㉘項梁　項羽叔父，其家世代為楚將，封於項（在今河南項城），故姓項氏。項梁為反秦統帥之一，曾擁立楚懷王。後因驕傲輕敵，為章邯擊敗而死。詳見卷三十一〈項籍傳〉。㉙執帛　戰國時楚國爵名。秦末亂起，崛起於故楚之地的反秦義軍，多用舊楚官爵名號。此種風習沿用到漢初。㉚戚公　對戚縣縣令的尊稱。戚，當即前注⑲所見的「轅戚」。楚漢之際有尊稱縣令為公的習俗，如劉邦之稱沛公、夏侯嬰之稱滕公。㉛東郡　秦郡名，治濮陽，今河南濮陽西南。㉜成武　縣名，在今山東成武。㉝王離　秦名將王翦之孫，鉅鹿之戰時被項羽俘獲。㉞成陽　縣名，在今山東鄄城東南。㉟杠里　地名，在成陽西。㊱開封　縣名，在今河南開封南。㊲曲遇　地名，在今河南中牟東。㊳執珪　戰國時楚國的高級爵稱。秦末亂起，崛起於故楚之地的反秦義軍，多用舊楚官爵名號。此種風習沿用到漢初。㊴陽武　縣名，在今河南原陽東南。㊵轘轅　山名，在今河南偃師南緱氏東南，接登封、鞏義界。因山道險礙，凡十二曲，盤旋往還而得名。形勢險阻，為歷代兵家必爭要地。㊶緱氏　縣名，在今河南偃師東南。㊷絕河津　渡過黃河渡口。絕，渡過。河，此處專指黃河。津，渡口。㊸尸　尸鄉，地名，在今河南偃師西南。㊹犨　縣名，秦時置，在今河南魯山縣東南。㊺齮　這位秦的南陽郡守姓名，據荀悅《漢紀》所載為呂齮。〈曹參傳〉載南陽守齮被虜，而〈高帝紀〉言齮在陳恢勸說下歸降，並受封為殷侯。兩種記載可以互參。㊻陽城　縣名，在今河南方城東。㊼宛　縣名，在今河南南陽。㊽武關　古代關名。為進出關中的名關之一。戰國秦漢時期的武關舊址，當在今陝西商南的丹江邊上。(49)嶢關　關名。秦漢時期的嶢關，即今陝西商州西北牧護關。因臨嶢山而得名。(50)藍田　縣名，在今陝西藍田西。(51)下辨　縣名，在今甘肅成縣西。(52)故道　縣名，在今陝西寶雞西南大散關東南。(53)雍　縣名，在今陝西鳳翔南。(54)斄　縣名，在今陝西武功西南。(55)章平　人名。章邯之弟。(56)好畤　縣名，在今陝西乾縣東。(57)壤鄉　地名。在今陝西武功南。(58)新城　咸陽改稱，在今咸陽東北。(59)景陵　或以為縣名，或以為陵名。地望不詳。(60)寧秦　縣名，在今陝西華陰東。(61)廢丘　縣名，是章邯都城所在，在今陝西興平南。(62)中尉　官名，秦漢時負責京師治安的官員。漢初秩祿為二千石。(63)臨晉關　關名。戰國時魏置，在今陝西大荔東的黃河西岸。又名蒲坂關，簡稱蒲關。阸蒲津渡口，歷代倚為秦、晉間重險。漢武帝元封六年（西元前一〇五年）改稱蒲津關。(64)河內　秦郡名，治懷縣（今河南武陟西南）。(65)脩武　縣名，在今河南獲嘉。(66)圍津　渡口名，也稱白馬津，在今河南滑縣東北。(67)龍且　項羽部下大將，後為韓信所殺。(68)項佗　項羽的族人，亦作項它。當時接受項羽指令出任魏相，後來敗降於劉邦，受封為平皋侯，賜姓劉氏。(69)蕭　縣名，在今安徽蕭縣西北。(70)彭城　縣名，是項羽都城所在，在今江蘇徐州。(71)外黃　縣名，在今河南杞縣東北。(72)燕　縣名，在今河南延津東北。(73)柱天侯　姓名不詳，劉邦部將。(74)衍氏　邑名，在今河南鄭州北。(75)擊羽嬰於昆陽　進攻羽嬰於昆陽。羽嬰，應為項羽部將。昆陽，縣名，在今河南葉縣。(76)武彊　城名，在今河南鄭州東北。(77)假　暫時代理某職。(78)魏王豹　魏王咎之弟，曾自立為魏王。詳見卷三十三〈魏豹傳〉。(79)遬　顏師古注：「古速字。」(80)東張　城名，在今山西臨晉西。(81)安邑　縣名，在今山西夏縣西北。(82)曲陽　縣名，在今河北曲陽西。(83)東垣　縣名，在今河北石家莊東。(84)平陽　縣名，魏王都城所在，在今山西臨汾西南。(85)鄔　縣名，在今山西介休東北。(86)井陘　即井陘口，亦稱井陘關。為北方的軍事要地。故址在今河北井陘東北的井陘山上。(87)別將　獨立作戰部隊的將領。(88)歷下　邑名，在今山東濟南。(89)臨淄　縣名，在今山東淄博東北。(90)濟北郡　郡名，治博陽（今山東泰安東南）。顏師古注：「時未有濟北郡，史追書之耳。」(91)著　縣名，在今山東濟陽西北。(92)漯陰　縣名，在今山東臨邑東。(93)平原　縣名，在今山東平原西南。(94)鬲　縣名，在今山東陵縣西北。(95)盧　縣名，在今山東長清南。(96)上假密　縣名，即高密。故治在今山東高密西南。卷四十一〈灌嬰傳〉作「假密」。(97)亞將　次將；部將。(98)守相　代理丞相。(99)陳　縣名，在今河南淮陽。(100)剖符　古帝王分封諸侯、功臣時，將作為憑證的信物一分為二，彼此各執一半，以示永不違背約言。(101)悼惠王　齊悼惠王劉肥，詳見卷三十八〈高五王傳〉。(102)蘄　縣名，在今安徽宿州東南。蘄以及下文中的竹邑、相、蕭、留四縣，秦屬泗水郡，入漢屬沛郡，而當時皆為淮南王英布（黥布）的領地。(103)竹邑　縣名，在今安徽宿州北。(104)相　縣名，在今安徽淮北西北。(105)留　縣名，在今江蘇沛縣東南。(106)大莫囂　官名。原為戰國時期楚國的卿號，位次令尹之下。項羽沿用楚國官稱，故有大莫敖之官。嚻，一作囂。

【語　譯】曹參，沛縣人。秦朝時曾擔任獄掾，蕭何為主吏，二人在縣中都是有名望的官吏。高祖做沛公時，曹參以中涓的身分跟隨左右。攻打胡陵、方與，又攻打秦朝郡監的軍隊，大破敵軍。東進攻下薛縣，進擊泗水郡守軍於薛縣外城之西。又攻打胡陵，並占領其地。他被調動前往方與鎮守。方與謀反歸屬魏王，曹參進攻方與。豐邑也叛變歸降魏王，曹參又去攻打豐邑。沛公賜曹參爵為七大夫。北進攻打司馬欣的軍隊於碭縣東，奪取狐父、祁縣的善置兩地。又進攻下邑以西的地方，行進到虞縣，攻打秦將章邯的車騎部隊。攻打轅戚及亢父時，曹參先登上敵城。被遷為五大夫。向北救援東阿，攻擊章邯的部隊，攻陷敵陣，追敵軍至濮陽。攻打定陶，攻取臨濟。向南援救雍丘之急，攻打李由的部隊，擊破敵軍，誅殺李由，俘虜秦軍候一人。章邯打敗並殺死項梁，沛公與項羽率兵東行。楚懷王任命沛公為碭郡長，統帥碭郡軍隊。於是封曹參為執帛，號為建成君。遷為戚縣縣令，隸屬於碭郡。

2 後來曹參跟從沛公攻打東郡郡尉的部隊，在成武之南打敗敵軍。他進擊王離軍隊於成陽之南，又攻打杠里，大破秦軍。他追擊敗軍，向西攻打到開封，攻擊趙賁率領的軍隊，大破敵軍，圍困趙賁在開封城中。向西進擊秦將楊熊率領的軍隊於曲遇，打敗敵軍，俘虜秦司馬及御史各一人。曹參被升遷為執珪。他跟從沛公西進攻打陽武，奪下轘轅、緱氏，渡過黃河渡口。他攻打趙賁的軍隊於尸鄉北，打敗敵軍。曹參跟隨沛公南進攻打犨縣，與秦南陽郡守呂齮戰於陽城的城郭以東，攻陷敵陣，奪取宛城，俘虜呂齮，平定南陽郡。他跟隨沛公西進攻打武關、嶢關，並奪取它們。他前進攻打秦軍於藍田縣南，又在晚上攻打北面的秦軍，大敗敵軍，於是進軍到咸陽城，覆亡秦朝。

3 項羽率兵到咸陽，封沛公為漢王。漢王封曹參為建成侯。他跟從漢王到漢中，晉升為將軍。他跟從漢王回軍平定三秦之地，進攻下辨、故道、雍、斄。曹參攻打章平軍隊於好時南，打敗敵軍，圍攻好時，奪取壤鄉。攻打三秦軍於壤鄉東及高櫟，打敗敵軍。又圍攻章平，章平逃離好時。乘勢攻打趙賁、內史保的軍隊，打敗他們。東進奪取咸陽，漢王將之改名為新城。曹參率兵堅守景陵二十三天，三秦派章平等人攻打曹參，曹參出擊，大敗敵軍。漢王封賜他食邑於寧秦。曹參以將軍統兵圍攻章邯於廢丘；又以中尉身分跟隨漢王出臨晉關。行軍至河內，攻下脩武，渡過圍津，東進攻打龍且、項佗於定陶，並打敗他們。向東進兵奪取碭縣、蕭縣、彭城。攻打項羽的部隊，漢軍大敗而潰逃。曹參以中尉圍攻並奪取雍丘。王武在外黃反叛，程處反叛於燕縣，曹參率軍攻打，將他們都打敗。柱天侯反叛於衍氏，曹參進軍攻奪衍氏。攻打羽嬰於昆陽，追至葉縣。回兵攻打武彊，乘勢行進至滎陽。曹參自從漢中擔任將軍中尉後，跟隨漢王攻打諸侯，等項羽兵敗，他回到滎陽。

4 漢王二年，曹參官拜假左丞相一職，領兵屯駐關中。一個多月後，魏王魏豹反叛，曹參以假左丞相身分與韓信各自領軍東攻魏王將領孫遨於東張，大敗敵軍。乘勢攻打安邑，俘虜魏將王襄。攻打魏王於曲陽，追至東垣，活捉魏王魏豹。奪取平陽，虜得魏王魏豹的母親及妻子兒女，完全平定魏地，共五十二縣。漢王將平陽作食邑賜予曹參。曹參又跟著韓信，在鄔縣東部攻打趙國的相國夏說所率的部隊，大勝敵軍，斬殺夏說。韓信與前常山王張耳率兵進逼井陘，攻打成安君陳餘，派曹參還兵圍攻趙國別將戚公於鄔城中。戚公出逃，曹參將之追殺。於是率兵到漢王的駐地。韓信已攻敗趙國，並任相國，率兵東進攻打齊國，曹參則以左丞相身分隸屬韓信之下。攻破齊國歷下的部隊，於是奪取臨淄。還兵平定濟北郡，占領著、漯陰、平原、鬲、盧。接著跟隨韓信攻打龍且軍隊於上假密，大敗敵軍，斬殺龍且，俘虜亞將周蘭。平定齊郡，計有七十縣城。俘獲前齊王田廣的丞相田光，和他的代理丞相許章，以及前將軍田既。韓信被封為齊王，率兵東進到達陳地，與漢王合力攻破項羽部隊，而曹參則留在齊國平定那些尚未降服的地方。

5 漢王登基為皇帝，韓信被改封為楚王。曹參將相印歸還朝廷。高祖封自己的長子劉肥為齊王，任命曹參為齊相國。高祖六年，與諸侯王剖符盟誓，賜曹參爵為列侯，食邑為平陽一萬六百三十戶，代代相傳不使斷。

6 曹參以齊相國進擊陳豨部將張春，打敗敵軍。黥布造反，曹參跟從齊悼惠王統帥車騎大軍十二萬，與高祖會合共同攻打黥布的軍隊，大勝叛軍。行軍南進至蘄縣，還兵平定竹邑、相、蕭、留四縣。

7 曹參的功績：總計攻下二國，一百二十二縣；俘虜王二人，相三人，將軍六人，大莫囂、郡守、司馬、候、御史各一人。

孝惠元年，除諸侯相國法❶，更以參為齊丞相。參之相齊，齊七十城。天下初定，悼惠王富於春秋，參盡召長老諸先生❷，問所以安集❸百姓。而齊故諸儒以百數，言人人殊，參未知所定。聞膠西❹有蓋公❺，善治黃老言❻，使人厚幣❼請之。既見蓋公，蓋公為言治道貴清靜而民自定，推❽此類具言之。參於是避❾正堂❿，舍⓫蓋公焉。其治要⓬用黃老術，故相齊九年，齊國安集，大稱賢相。

蕭何薨，參聞之，告舍人⓭趣⓮治行⓯，「吾且入相。」居無何⓰，使者果召參。參去，屬⓱其後相曰：「以齊獄市⓲為寄，慎勿擾也。」後相曰：「治無大於此者乎？」參曰：「不然。夫獄市者，所以并容也，今君擾之，姦人安所容乎？吾是以先之⓳。」

【章　旨】以上為〈曹參傳〉的第二部分，敘說曹參擔任丞相治理齊國的情形，著重突出其禮遇蓋公、以黃老之術為治國理念的事。故臨行之時，曹參叮囑繼任之相，以無擾「獄市」為寄。

【注　釋】❶諸侯相國法　相國，漢初中央政府與諸侯王國的最高行政長官，其地位名望在丞相之上。中央與地方的官名相同，彰現上下等級失序的弊端。惠帝元年（西元前一九四年），為貶抑諸侯王國之官，故將諸侯國的相國改稱為丞相，以示尊卑有別。曹參也由齊相國改稱齊丞相。❷長老諸先生　是對賢能年長人士的泛稱。曹參聽從蒯通的話，禮遇齊國賢能之人，如東郭先生、梁石君及蓋公等人，請問治國之道。❸安集　安定、和睦。集，和睦。❹膠西　郡名，治高密（今山東高密西南）。❺蓋公　蓋，作姓氏。❻黃老言　黃老學說。黃，指傳說中的黃帝。老，指老子及其所代表的道家學派。黃老之學興起於戰國後期，是在吸收道家、法家等諸家學派思想的基礎上發展起來，並成為漢初居於主導地位的統治思想。其學說主張無為而治、與民休息，反映在政治生活中，就是要求統治者愛惜民力、輕繇薄賦，從而達到恢復經濟、安定社會等目的。❼厚幣　豐厚的禮物。古代把束帛作為祭祀或饋贈的禮物，稱為「幣」，後漸成為禮物的代稱。❽推　推陳；依此類推。❾避　避開。文中有讓出之意。❿正堂　齊國丞相治事之處。⓫舍　使動用法。使住。⓬要　關鍵；要領。⓭舍人　家臣。達官貴人身邊侍從的通稱。⓮趣　通「促」。急速；趕快。⓯治行　整理行裝。⓰居無何　過了沒有多久。⓱屬　叮囑。⓲獄市　監獄與市場。歷來註家對此解釋紛紜，或以為獄市為藏汙納垢之處，兼守善惡，一旦窮極奸人，使之無所容身，則將產生混亂。要之，曹參對獄市的管理方式必定是寬緩型的，甚至於是放縱型的，即默許某些「不合法」現象的暫時存在。這與他信用黃老之術治理齊國、實行寬大而不嚴苛的政策若合符契。後人將曹參此論與老子的「治大國若烹小鮮」相提並論。西晉文學家潘尼的詠史詩，就有「老氏喻小鱗，曹參寄獄市」之句。⓳先之　以之為先。

【語　譯】孝惠帝元年，廢除了諸侯王國設置相國的法令，改任曹參為齊丞相。曹參做齊丞相時，齊國有七十座城邑。天下剛剛安定，齊悼惠王年輕，曹參於是把齊國長老先生全部召集在一起，請問如何才能安定百姓的辦法。然而齊國舊有的儒生數以百計，眾說紛紜，曹參不知道該聽從誰的說法。他聽說膠西一帶有一位蓋公，善於精研黃老學說，於是派人致送豐厚的禮物請他。在與蓋公相見時，蓋公對曹參談論治國之道貴在清靜無為，百姓自然會安定。依此類推地給曹參做了許多說明。曹參於是讓出正堂，禮請蓋公住在裡面。曹參治理齊國的關鍵是採用黃老學說，故而為齊丞相九年，齊國安定和睦，被人們盛讚為賢相。

蕭何去世，曹參聽到消息，告訴舍人快點收拾行裝，並說：「我將要到朝廷擔任相國。」沒過多久，朝廷使者果然來宣召他入朝。曹參在臨行之時，叮囑繼任丞相說：「希望您把齊國的監獄和市場當作他人寄管的物品一般，千萬不要加以擾亂。」繼任丞相說：「治理國家難道就沒有比這更重要的事嗎？」曹參說：「不是的。監獄和市場，是好人、壞人都可以容納聚集的場所，假如您隨意擾亂，奸人能到哪裡藏身呢？因而我才把它當作頭等要事。」

1 始參微❶時，與蕭何善，及為宰相，有隙❷。至何且死，所推賢唯參。參代何為相國，舉❸事無所變更，壹遵何之約束❹。擇郡國吏長大❺，訥於文辭❻，謹厚❼長者，即召除為丞相史❽。吏言文❾刻深❿，欲務聲名，輒斥⓫去之。日夜飲酒。卿大夫⓬以下吏及賓客見參不事事⓭，來者皆欲有言。至者，參輒飲⓮以醇酒⓯，度⓰之欲有言，復飲酒，醉而後去，終莫得開說⓱，以為常。

2 相舍後園近吏舍，吏舍日飲歌呼。從吏⓲患之，無如何⓳，迺請參遊後園。聞吏醉歌呼，從吏幸⓴相國召按㉑之。乃反取酒張坐㉒飲，大歌呼與相和㉓。

3 參見人之有細過㉔，掩匿覆蓋㉕之，府中無事。

4 參子窋為中大夫㉖。惠帝怪相國不治事，以為「豈少朕與㉗？」迺謂窋曰：「女㉘歸，試私從容問乃父曰：『高帝新棄群臣㉙，帝富於春秋，君為相國，日飲，無所請事，何以憂天下？』然無言吾告女也。」窋既洗沐㉚歸，時間㉛，自從其所㉜諫參。參怒而笞㉝之二百，曰：「趣入侍，天下事非乃所當言也。」至朝時，帝讓㉞參曰：「與窋胡治㉟乎？乃者我使諫君也。」參免冠謝曰：「陛下自察聖武孰與高皇帝？」上曰：「朕乃安敢望先帝！」參曰：「陛下觀參孰與蕭何賢？」上曰：「君似不及也。」參曰：「陛下言之是也。且高皇帝與蕭何定天下，法令既明具㊱，陛下垂拱㊲，參等守職，遵而勿失，不亦可乎？」惠帝曰：「善。君休矣！」

【章旨】以上為〈曹參傳〉的第三部分，敘述曹參擔任中央相國時不理政事、日飲醇酒的事。曹參繼任蕭何為相國，基於漢初特殊的政治、經濟、邊疆等形勢，遵行高帝、蕭何時的既定政策，無為而治。曹參日飲醇酒及君臣對答部分，尤為精彩、傳神。

【注釋】❶微　微賤無名。❷有隙　有怨隙、隔閡。顏師古注：「(曹)參自以戰鬭功多，而封賞每在(蕭)何後，故怨何也。」❸舉　皆；全。❹約束　泛指規章制度。❺長大　年齡大。❻訥於文辭　不善辭令。訥，拙於言詞；口才不佳。❼謹厚　謹慎敦厚。❽丞相史　丞相屬吏。❾言文　言語有文采，善於言辨。❿刻深　苛刻周納。⓫斥　斥逐。⓬卿大夫　本指西周分封體系中位次諸侯的封君，秦漢時期用作對高級文官的泛稱。⓭不事事　不處理職責內的政事。第一個「事」用作動詞。⓮飲　使動用法。使……飲。⓯醇酒　味道濃厚的美酒。⓰度　揣測。⓱開說　開口言說。⓲從吏　隨從之吏。顏師古注：「從吏，吏之常從相者也。」⓳無如何　省略句，「無之如何」。意為也沒有什麼辦法。⓴幸　希望。㉑按　按問；查問。㉒張坐　陳設坐席。坐，後來寫為「座」。㉓與相和　與之相唱和。㉔細過　小過失。㉕掩匿覆蓋　隱匿掩蓋之意。㉖中大夫　官名。秦漢時期，郎中令屬下有中大夫，為議論之官，以備皇帝顧問應對。㉗豈少朕與　難道是因為我年幼嗎。少，輕視。㉘女　通「汝」。㉙新棄群臣　剛剛離開群臣，是對高皇帝之死的諱稱。㉚洗沐　休假。漢代，中官(相對外官而言)五日一休，即在宮中供職五天，然後可以出宮休息。此休息日，就是洗沐，也稱休沐。後世有人把「洗沐」理解為官員例假的通稱。㉛時間　尋找空閒時間。時，伺；窺伺。閒，空隙。㉜自從其所　用自己的話來勸說。顏師古注：「自從其所，猶言自出入其意也。」㉝笞　用竹、木或鞭子抽打。㉞讓　責讓；責備。㉟治　懲罰；懲處。㊱明具　明確具備。㊲垂拱　垂衣拱手。藉以比喻不親自做事。典出《尚書・武成》「垂拱而天下治」。後世多以「天子垂拱」來代指最高統治者的「無為而治」。

【語　譯】當初曹參微賤時，與蕭何交情友好，自蕭何擔任宰相後，彼此始有怨隙。在蕭何臨終前，所推薦的賢人僅有曹參一人而已。曹參接替蕭何為相國，凡事都不加改變，一切遵從蕭何所確定的規章制度。曹參選擇郡國官吏中那些年高、不善文辭、謹慎敦厚的長者，就召來任命為丞相的屬吏。官吏中善於言談、苛刻周納，追求名望聲譽的，就將他們斥退。他日夜飲酒。卿大夫以下的官吏及賓客見到曹參不處理丞相職責內的政事，故拜訪之人都想勸說他。這些人來到相府，曹參就會讓他們飲美酒，揣度著他們要說什麼，他又會讓他們繼續喝酒，直到喝醉離去為止，這些人始終沒有機會開口勸說，如此習以為常。

2 相府後園靠近吏員住所，吏員住所中整天有人飲酒唱歌、大聲呼喊。曹參隨從吏以此為患，又想不出什麼辦法，於是請曹參遊覽後園。聽到官吏醉酒唱歌、大聲呼喊，隨從希望曹相國將鬧酒呼喊者召來訓斥治罪。但是曹參卻令人擺酒、設置坐席痛飲開來，並高歌呼叫與鬧酒的吏員互相唱和。

3 曹參見到別人有微小過失，總是為他們隱匿掩蓋，相府中因此平安無事。

4 曹參的兒子曹窋為中大夫。惠帝因相國不處理政事而感到奇怪，認為「難道是我年幼而輕視我？」於是對曹窋說：「你回到家中，在私下試著在閒談時問你父親：『高帝新近去世，皇帝又年輕，您身為相國，整天飲酒，不向皇帝奏請政事，如何能以天下事為憂？』但不要說是我告訴你的。」曹窋休假回家，有意找尋父親的空閒時間，以從自己的身分出發的方式勸諫父親。曹參大怒而笞打曹窋二百，說道：「趕快入宮侍奉皇上，國家政事不是你應該談論的。」到朝會的時候，惠帝責讓曹參說：「為何要懲治曹窋？前者是我讓他勸諫您的。」曹參免冠謝罪說：「陛下您自己審視您與高皇帝誰聖明英武呢？」惠帝說：「朕哪敢同先帝相比！」曹參又說：「陛下審視我曹參與蕭何誰更賢能呢？」惠帝說：「您似乎不如蕭何。」曹參說：「陛下說得對。高皇帝與蕭何平定天下，法令既已明白完備，陛下您可以垂拱而治，曹參等輩恪守本職，遵行不變，不也是可以嗎？」惠帝說：「好。您回去休息吧！」

參為相國三年，薨，諡曰懿侯。百姓歌❶之曰：「蕭何為法，講若畫一❷；曹參代之，守而勿失。載❸其清靖，民以寧壹❹。」

窋嗣侯，高后時至御史大夫。傳國至曾孫襄，武帝時為將軍，擊匈奴，薨。子宗嗣，有罪，完❺為城旦❻。至哀帝時，乃封參玄孫之孫本始為平陽侯，二千戶，王莽時薨。子宏嗣，建武❼中先降河北，封平陽侯。至今八侯。

【章旨】以上為〈曹參傳〉的第四部分，記述百姓對蕭何、曹參的歌頌及曹氏爵位傳襲等事。而百姓對蕭、曹的歌頌，正可見漢初黃老政策的實效。

【注釋】❶歌　歌頌；頌揚。❷講若畫一　明確又整齊。講，《史記·曹相國世家》作「顜」，意為明確、明白。畫一，整齊。❸載　顏師古注：「載猶乘也。」由乘載的本意，延伸為行進、推行。❹寧壹　安寧而同心同德。❺完　刑名，肉刑的一種。使犯罪者肉體不受其他肉刑，僅將其鬚鬢剃除而已。❻城旦　勞役刑名，是讓罪犯從事築城等勞役工作。❼建武　東漢光武帝劉秀的年號。

【語　譯】曹參做相國三年，去世，諡號懿侯。百姓歌頌道：「蕭何定法度，明確又整齊；曹參接替他，遵行不變易。推行清靜術，百姓得寧壹。」

曹窋繼承爵位，高后時官至御史大夫。封國傳承到曾孫曹襄，武帝時任將軍，攻打匈奴，後去世。曹襄之子曹宗繼承爵位，因犯罪而被判刑為完為城旦。到哀帝時，封曹參玄孫的孫子曹本始為平陽侯，食邑二千，王莽時去世。兒子曹宏繼承爵位，建武年間因最先使河北歸降，被封為平陽侯。如今已經傳承八代。

贊曰：蕭何、曹參皆起秦刀筆吏❶，當時錄錄❷未有奇節。漢興，依日月之末光❸，何以信謹守管籥❹，參與韓信俱征伐。天下既定，因民之疾秦法，順流與之更始，二人同心，遂安海內。淮陰、黥布等已滅，唯何、參擅❺功名，位冠❻群臣，聲施後世，為一代之宗臣❼，慶流苗裔❽，盛矣哉！

【章　旨】「贊」語部分，評論蕭、曹二人由錄錄無奇的刀筆吏，因從龍附驥才得以飛黃騰達、廣為人敬的歷史。

【注　釋】❶刀筆吏　為低級文書小吏。秦漢時期，以簡牘作為書寫的主要材料。文書小吏必備刀筆，以便書寫；如寫錯，則用刀削去重寫。刀筆吏之名由此而起。顏師古注：「刀所以削書也，古者用簡牘，故吏皆以刀筆自隨也。」❷錄錄　同「碌碌」。平庸。❸依日月之末光　依憑日月餘光的照耀（才凸現出來）。此處貶蕭何、曹參意在頌揚漢高祖。❹守管籥　管籥，鑰匙。喻指蕭何保守關中。顏師古注：「高祖出征，（蕭）何每居守，故言守管籥。」❺擅　獨享；擁有。❻冠　為首；居第一。❼宗臣　顏師古注：「言為後世之所尊仰，故曰宗臣也。」❽慶流苗裔　恩澤流被後世子孫。

【語　譯】史官評議說：蕭何、曹參都出身於秦朝的刀筆吏，當時錄錄無為沒有奇特之處。漢王崛起，依憑日月餘光的照耀他們才凸現出來，蕭何以誠信謹慎把守關中，曹參與韓信一同征戰。天下平定後，順應百姓嫉恨秦朝嚴刑酷法的潮流而變更政策，二人同心協力，遂使海內安定。淮陰、黥布等已被鏟除，唯蕭何、曹參獨享功名，官爵高居於群臣之上，聲望流傳後世，成為人所景仰的一代名臣，恩澤流被後裔，真是盛隆啊！

【研　析】孤立地看〈蕭何曹參傳〉，所見必定受限。如將其人其事放置於秦漢大變革時代中，則會有不同尋常的發現：上古三代「世侯世卿」之制，至秦漢時「始蕩然淨盡」；而漢代「布衣將相」局面的出現，如趙翼所言，誠為「天地一大變局」。不同階層的流動，不僅衝擊世襲社會的痼疾，也為社會發展提供動力、注入新活力。漢高祖劉邦以布衣匹夫起事，與貴族世家逐鹿中原而定一尊；其臣既有亡命之徒，亦有刀筆吏之輩。蕭何、曹參出身刀筆吏，在世變風雲的激蕩之中，發揮才智、各盡其能，終至位於人臣之極，流芳百世。故「從龍附驥」之說，掩蔽當時歷史的真實，不足為道。

文中正面寫蕭何功業的地方著墨不多，卻運用大量篇幅勾勒君臣間的猜忌與防範。在專制獨裁時代，權力會造成人格的扭曲與矮化。蕭何以其寵辱不驚的定性，運用忍辱含垢的各種自保之術，固然保住了一生的榮華富貴，卻留下了數不盡的廢書長歎！蕭何的一生，竭其智力輔佐漢高祖開國治國，同時又在小心翼翼謀求自保。在君主的威嚴之下，他的恭謹，流露出太多的無奈和屈從，甚至於給人以世故與媚上的感覺。特別是他的後半生，實際上都在演戲。在專制雄主的猜忌之下，漢初的開國大臣做出了不同的選擇：張良以遁世自保，韓信以貪位且疏於防範而滅族，曹參與陳平以刻意「無為」而自求免禍，蕭何則獨出心裁——不惜以犧牲人格自尊而換取君主的信任，並在權限之內做些「利國利民」之事，蕭何的選擇似更有意義。讀〈蕭何傳〉最大的看點，不在蕭何的人格扭曲，而是造成這一悲劇的深層原因。劉邦的猜忌多疑、翻雲覆雨，令人感歎專制君主的殘酷無情。

曹參雖然出身行伍，卻非尋常武夫可比，而是頗有政治見識的人物。他在齊國丞相的位置上，系統地把黃老之術運用到政治實踐之中，收到了地方安寧的效果。入朝為相之後，「蕭規曹隨」留下了一段千古佳話。同為相國，曹參與蕭何相比，其所處環境更為複雜。高帝死後，惠帝受制於呂太后，不可能真正有所作為，而呂后對功臣集團又素來忌憚，曹參入相難免會遭猜忌。此時，清靜無為之策，竟可蛻變為日飲醇酒不理政事。曹相國的風采睿智，在「飲酒」中亦展現得淋漓盡致：自飲自娛、勸飲阻諫、共醉歌呼，身為相國，行為中每每透著怪異，似有幾分頑鈍，又似含幾分滑稽。究其實，不過為博呂太后放心而已。其苦心營造以致近於佯狂，固然可見其「用心」，更可見專制政體之違背人道。

要解讀皇帝與宰相大臣的關係，本傳應該列為首選。

卷四十

張陳王周傳第十

【題解】〈張陳王周傳〉是班固在《史記》的〈留侯世家〉、〈陳丞相世家〉、〈絳侯周勃世家〉三卷基礎上稍作調整、補充而撰寫的人物合傳。張良、陳平、王陵、周勃四位傳主都是漢初追隨漢高祖劉邦奪取天下的重臣。楚漢相爭，劉邦以布衣登天子位，為有史以來一大變局，清代史學家趙翼總結為「漢初布衣將相之局」。這一局面的開創是劉邦與一大批文臣武將共同努力、浴血奮戰的結果。漢初的政治舞臺上，變故迭起，圍繞劉邦翦除異姓王、儲君廢立之爭，在功臣集團和劉邦之間衍生出複雜的政治糾葛；劉邦死後，諸呂擅權，功臣集團和劉姓宗室之間、呂氏集團之間矛盾重重，最後功臣集團和劉姓宗室聯手剷除諸呂，文帝以外藩入繼大統。在這前後，劉邦大封同姓王的後遺症開始顯露出來，最終在景帝時爆發了吳楚七國之亂，周亞夫平叛等政治事件接連不斷。梳理楚漢戰爭的若干事實，了解漢初的政治風雲變幻，尤其是剷除呂氏後漢文帝如何能夠從劉邦眾多兒子當中脫穎而出，得以入繼大統，本篇是必讀的基本史料，這也是班固在《史記》基礎上所補入的重要史料。

1 張良，字子房，其先❶韓人也。大父❷開地❸，相韓昭侯、宣惠王、襄哀王❹。

父平，相釐[5]王、悼惠王。悼惠王二十三年[6]，平卒。卒二十歲，秦滅韓。良少，未宦事[7]韓。韓破，良家僮三百人，弟死不葬，悉以家財求客[8]刺秦王，為韓報仇，以五世[9]相韓故。

2 良嘗學禮[10]淮陽[11]。東見倉海君[12]，得力士，為鐵椎[13]重百二十斤[14]。秦皇帝東游，至博狼沙[15]中，良與客狙擊[16]秦皇帝，誤中副車[17]。秦皇帝大怒，大索[18]天下，求賊急甚。良乃更名姓，亡匿[19]下邳[20]。

3 良嘗閒[21]從容步游[22]下邳圯[23]上，有一老父[24]，衣褐[25]，至良所，直[26]墮[27]其履圯下，顧謂良曰：「孺子[28]下取履！」良愕然，欲毆[29]之。為其老，迺彊忍，下取履，因跪進。父以足受之，笑去。良殊大驚。父去里所[30]，復還，曰：「孺子可教矣。後五日平明，與我期[31]此。」良因怪，跪曰：「諾。」五日平明，良往。父已先在，怒曰：「與老人期，後[32]，何也？去，後五日蚤會。」五日，雞鳴往，父又先在，復怒曰：「後，何也？去，後五日復蚤來。」五日，良夜半往。有頃[33]，父亦來，喜曰：「當如是。」出一編書[34]，曰：「讀是則為王者師。後十年興。十三年，孺子見我，濟北[35]穀城山[36]下黃石即我已[37]。」遂去不見。旦日[38]視其書，迺太公兵法[39]。良因異[40]之，常習讀[41]誦。

【章　旨】以上是〈張良傳〉的第一部分，首先介紹了張良的家世及其反秦的動機和行刺秦始皇的經過。然後以傳神之筆，描述了張良在下邳時黃石老人賜書的奇遇，給張良的足智多謀平添了神祕光環。

【注　釋】❶先　祖先。❷大父　祖父。❸開地　人名。❹襄哀王　韓倉。一作襄王。❺釐　通「僖」。諡號用字。❻悼惠王二十三年　西元前二五〇年。❼宦事　做官服侍國君。❽客　刺客。❾五世　五代。指從韓昭侯至悼惠王共五代。❿禮　禮學，為古代文化的主要載體之一。典章制度亦屬其中。⓫淮陽　按秦時無淮陽郡，漢高帝十一年（西元前一九六年）置淮陽國，都陳（在今河南淮陽）。⓬倉海君　隱士，姓名不詳。一說倉海君為東夷君長。顏師古以為當時賢者之號。按秦時無倉海郡、縣，武帝時東夷薉君降以為蒼海郡。⓭鐵椎　一種奮擊武器。椎，通「錘」。⓮百二十斤　相當於今天六十餘斤。按秦漢時一斤相當於現在四分之一公斤略多。⓯博狼沙　地名，在今河南原陽東關。按《史記・秦本紀》作博狼沙，《史記・留侯世家》作博浪沙。⓰狙擊　暗中埋伏，乘機襲擊。⓱副車　屬車；隨行車輛。⓲大索　大舉搜索。⓳亡匿　逃亡躲藏。⓴下邳　縣名。治今江蘇睢寧西北。㉑閒　通「閑」。閒暇時。㉒步游　散步。㉓圯　橋。東楚方言稱橋為圯。㉔老父　老丈。父，古時對老年男子的尊稱。㉕衣褐　穿粗布短衣。衣，穿。動詞。褐，獸毛或粗麻製成的短衣，古代貧苦人的穿著。㉖直　故意。㉗墮　墜落，使動用法。㉘孺子　小子。親昵的稱呼。㉙歐　通「毆」。㉚所　許；左右。㉛期　約會；相約。㉜後　後到。動詞。㉝有頃　不久；過了一會。㉞一編書　一冊書。古時書刻在竹簡上，用韋（皮革條子）或繩子把一片一片的竹簡連綴起來，這種連綴的皮革條子或繩子就叫編。㉟濟北　地名。秦設濟北郡，治博陽縣（今山東泰安東南）。㊱穀城山　一名黃山。在今山東平陰西南東阿鎮東北五里。㊲已　通「矣」。㊳旦日　明日。㊴太公兵法　相傳為周初太公呂尚所作。太公，姜姓，呂氏，名尚，字子牙，號太公望。㊵異　奇異，意動用法。㊶習讀　習，溫習。「習」字之下原無「讀」字，據宋祁說及景祐本補。

【語　譯】張良，字子房，他的祖先是韓國人。祖父張開地，做過韓昭侯、宣惠王、襄哀王的丞相。父親張平，做過韓釐王、悼惠王的丞相。悼惠王二十三年，張平逝世。死後二十年，秦滅韓。張良年輕，未曾在韓國做過官。韓國滅亡後，張良家有奴僕三百人，弟弟死了不厚葬，用全部家產訪求刺客謀刺秦王，為韓國報仇，因為他的祖父、父親做過五代韓王丞相的緣故。

2 張良曾經在淮陽學習禮學。他到東方見到倉海君，找到一位大力士，製作了一百二十斤重的鐵錘。秦始皇東巡，到博狼沙時，張良和刺客暗中埋伏，伺機突襲秦始皇，誤中隨行的車輛。秦始皇大怒，命令在全國大舉搜查，急於捉拿刺客。張良於是改名換姓，逃亡躲藏到下邳縣。

3 張良閒暇時，曾到下邳橋上悠閒散步。有一老人，穿粗布短衣，走到張良面前，故意把鞋子掉到橋下，看著張良說道：「小子下去取鞋上來！」張良驚奇不已，想揍他。但是因為他年老，便強忍著，下去撿起鞋子，就便跪著送上。老人伸腳穿上，笑著揚長而去。張良更是驚訝。老人走了約莫一里左右，又返回，說道：「小子可以教導。五天後拂曉，和我在這裡相會。」張良因而感到驚異，跪下道：「是。」第五天天亮時，張良前往。老人已先到了，生氣地說：「和老人相約，竟然遲到，怎麼回事？走吧，過五天早點來見。」過了五天，張良雞鳴時分就去了，老人又先到了，又氣憤地說：「後到，為什麼？去，過五天再早點來。」過了五天，張良夜半時分就去了。過了一會，老人也來了，高興地說：「應當像這個樣子。」取出一冊書，說道：「讀了這本書就能成為帝王的老師。十年後你會發跡。十三年後，你小子來見我，濟北穀城山下的那塊黃石就是我了。」說完就離去不見了。天亮後看那本書，原來是《太公兵法》。張良覺得它不尋常，經常溫習誦讀。

1 居下邳，為任俠❶。項伯❷嘗殺人，從良匿。

2 後十年，陳涉等起，良亦聚少年❸百餘人。景駒❹自立為楚假王❺，在留❻。良欲往從之，行道遇沛公❼。沛公將❽數千人略地下邳，遂屬焉❾。沛公拜❿良為廄將⓫。良數以太公兵法說沛公，沛公喜，常用其策。良為它人言，皆不省⓬。

良曰：「沛公殆⑬天授。」故遂從不去。
3 沛公之⑭薛⑮，見項梁⑯，共立楚懷王⑰。良乃說項梁曰：「君已立楚後，韓
諸公子⑱橫陽君成⑲賢，可立為王，益樹黨⑳。」項梁使良求韓成，立為韓王。以
良為韓司徒㉑，與韓王將千餘人西略韓地，得數城，秦輒復取之，往來為游兵㉒
潁川㉓。
4 沛公之從雒陽㉔南出轘轅㉕，良引兵從沛公，下韓十餘城，擊楊熊㉖軍。沛公
迺令韓王成留守陽翟㉗，與良俱南，攻下宛㉘，西入武關㉙。沛公欲以二萬人擊秦
嶢關㉚下軍，良曰：「秦兵尚彊，未可輕。臣聞其將㉛屠者子，賈豎㉜易動以利。
願沛公且留壁㉝，使人先行，為五萬人具食㉞，益張旗幟諸山上，為疑兵，令酈
食其㉟持重寶啗㊱秦將。」秦將果欲連和俱西襲咸陽㊲，沛公欲聽之。良曰：「此
獨其將欲叛，士卒恐不從。不從必危，不如因其解㊳擊之。」沛公迺引兵擊秦軍，
大破之。逐北㊴至藍田㊵，再戰，秦兵竟㊶敗。遂至咸陽，秦王子嬰㊷降沛公。
5 沛公入秦，宮室帷帳狗馬重寶婦女以千數，意欲留居之。樊噲㊸諫，沛公不
聽。良曰：「夫秦為無道，故沛公得至此。為天下除殘去賊，宜縞素㊹為資㊺。
今始入秦，即安其樂，此所謂『助桀為虐㊻』。且『忠言逆耳利於行，毒藥苦口

利於病』，願沛公聽樊噲言。」沛公迺還軍霸上(47)。

6 項羽至鴻門(48)，欲擊沛公。項伯夜馳至沛公軍，私見良，欲與俱去。良曰：「臣為韓王送沛公，今事有急，亡去(49)不義。」迺具語(50)沛公。沛公大驚，曰：「為之奈何(51)？」良曰：「沛公誠(52)欲背項王邪(53)？」沛公曰：「鯫生(54)說我距(55)關毋(56)內(57)諸侯，秦地可王也，故聽之。」良曰：「沛公自度(58)能卻(59)項王乎？」沛公默然，曰：「今為奈何？」良因要(60)項伯見沛公。沛公與伯飲，為壽(61)，結婚(62)，令伯具言沛公不敢背項王，所以距關者，備它盜也。項羽後解(63)，語在羽傳(64)。

7 漢元年，沛公為漢王(65)，王(66)巴(67)蜀(68)，賜良金百溢(69)，珠二斗，良具以獻項伯。漢王亦因令良厚遺(70)項伯，使請漢中(71)地。項王許之。漢王之國，良送至褒中(72)，遣良歸韓。良因說漢王燒絕棧道(73)，示天下無還心，以固(74)項王意。迺使良還。行，燒絕棧道。

8 良歸至韓，聞項羽以良從漢王故，不遣韓王成之國，與俱東(75)，至彭城(76)殺之。時漢王還定三秦(77)，良乃遺項羽書曰：「漢王失職(78)，欲得關中(79)，如約即止，不敢復(80)東。」又以齊反書遺羽，曰：「齊與趙欲并滅楚。」項羽以故北擊齊。

9 良迺閒行(81)歸漢。漢王以良為成信侯，從東擊楚。至彭城，漢王兵敗而還。至下邑(82)，漢王下馬踞(83)鞍而問曰：「吾欲捐(84)關(85)已(86)東等棄之，誰可與共功者(87)？」良曰：「九江王布(88)，楚梟將(89)，與項王有隙(90)；彭越(91)與齊王(92)反梁地(93)，此兩人可急使。而漢王之將獨韓信(94)可屬(95)大事，當一面。即(96)欲捐之，捐之此三人，楚可破也。」漢王乃遣隨何(97)說九江王布，而使人連彭越。及魏王豹(98)反，使韓信特將(99)北擊之，因舉(100)燕、代(101)、齊、趙。然卒(102)破楚者，此三人力也。

10 良多病，未嘗特將兵，常為畫策(103)臣，時時從。

11 漢三年，項羽急圍漢王於滎陽(104)，漢王憂恐，與酈食其謀橈(105)楚權(106)。酈生曰：「昔湯伐桀，封其後杞(107)；武王誅紂，封其後宋(108)。今秦無德，伐滅六國，無立錐之地。陛下(109)誠(110)復立六國後，此皆爭戴陛下德義，願為臣妾(111)。德義已行，南面稱伯(112)，楚必斂衽(113)而朝。」漢王曰：「善。趣(114)刻印，先生因行佩之。」

12 酈生未行，良從外來謁(115)漢王。漢王方食(116)，曰：「客有為我計橈楚權者。」具以酈生計告良，曰：「於子房何如？」良曰：「誰為陛下畫此計者？陛下事(117)去矣。」漢王曰：「何哉？」良曰：「臣請借前箸(118)以籌(119)之。昔湯武伐桀紂封其後者，度能制其死命也。今陛下能制項籍死命乎？其不可一矣。武王入殷(120)，表[121]商容[122]閭[123]，式[124]箕子[125]門，封[126]比干[127]墓，今陛下能乎？其不可二矣。發鉅橋[128]之粟，散鹿臺[129]之財，以賜貧窮，今陛下能乎？其不可三矣。殷事以畢，偃革為軒[130]，倒載干戈，示不復用，今陛下能乎？其不可四矣。休馬華山[131]之陽[132]，示無所為，今陛下能乎？其不可五矣。息牛桃林[133]之壄，天下不復輸積[134]，今陛下能乎？其不可六矣。且夫天下游士，離親戚[135]，棄墳墓[136]，去故舊[137]，從陛下者，但日夜望咫尺之地[138]。今乃立六國後，唯[139]無復立者，游士各歸事其主，從親戚，反[140]故舊，陛下誰與取天下乎？其不可七矣。且楚唯毋彊[141]，六國復橈而從之，陛下焉得而臣[142]之？其不可八矣。誠用此謀，陛下事去矣。」漢王輟食[143]吐哺[144]，罵曰：「豎儒[145]，幾敗迺公[146]事！」令趣銷印。

13 後韓信破齊欲自立為齊王，漢王怒。良說漢王，漢王使良授齊王信印。語在信傳[147]。

14 五年冬，漢王追楚至陽夏[148]南，戰不利，壁[149]固陵[150]，諸侯[151]期[152]不至。良說漢王，漢王用其計，諸侯皆至。語在高紀[153]。

15 漢六年，封功臣。良未嘗有戰鬭功，高帝曰：「運籌策[154]帷幄中，決勝[155]千里外，子房功也。自擇齊三萬戶。」良曰：「始臣起下邳，與上會留，此天以臣授陛下。陛下用臣計，幸[156]而時中[157]，臣願封留足矣，不敢當[158]三萬戶。」迺封良為留侯，與蕭何[159]等俱封。

16 上已封大功臣二十餘人，其餘日夜爭功而不決，未得行封。上居雒陽南宮，從復道[160]望見諸將往往數人偶語。上曰：「此何語[161]？」良曰：「陛下不知乎？此謀反耳。」上曰：「天下屬[162]安定，何故而反？」良曰：「陛下起布衣[163]，與此屬[164]取天下，今陛下已為天子，而所封皆蕭、曹故人所親愛[165]，而所誅者皆平生仇怨。今軍吏計功，天下不足以徧封，此屬畏陛下不能盡封，又恐見疑過失及誅，故相聚而謀反耳。」上迺憂曰：「為將奈何？」良曰：「上平生所憎，群臣所共知，誰最甚者？」上曰：「雍齒[166]與我有故怨，數窘辱[167]我，我欲殺之，為功多，不忍。」良曰：「今急先封雍齒，以示群臣，群臣見雍齒先封，則人人自堅[168]矣。」於是上置酒，封雍齒為什方[169]侯，而急趣丞相[170]御史[171]定功行封。群臣罷酒，皆喜曰：「雍齒且侯，我屬無患矣。」

17 劉敬[172]說上都[173]關中，上疑之。左右大臣皆山東[174]人，多勸上都雒陽：「雒陽東有成皋[175]，西有殽黽[176]，背河[177]鄉雒[178]，其固[179]亦足恃。」良曰：「雒陽雖有此固，其中小，不過數百里，田地薄，四面受敵，此非用武之國[180]。夫關中左殽函[181]，右隴蜀⑱，沃野千里，南有巴蜀之饒，北有胡苑之利⑱，阻三面而固守，獨以一面東制諸侯。諸侯安定，河、渭⑱漕輓⑱天下，西給⑱京師⑱；諸侯有變⑱，順流而下，足以委輸⑱。此所謂金城千里，天府之國。劉敬說是也。」於是上即日駕⑲，西⑲都關中。

【章　旨】以上是〈張良傳〉的第二部分，為描寫的重點，記述了張良在追隨劉邦後，為劉邦運籌帷幄：武關獻計折秦兵；鴻門宴前後解困劉邦；勸劉邦燒絕棧道贏得戰爭先機；彭城慘敗後，下邑劃策，為劉邦制定戰略規劃；諫阻劉邦分封六國後代；說服劉邦封韓信為齊王，爭取韓信支持；鴻溝劃界後建言劉邦毀約追擊項羽；在劉邦被困固陵時獻計爭取諸侯援軍；勸劉邦封雍齒以安群臣；與劉敬共勸劉邦都關中等。充分展示了張良謀略蓋世的帝師形象。

【注　釋】❶任俠　古人把重言諾、輕生死、抑強扶弱的行為叫任俠。參見卷九十二〈游俠傳〉。❷項伯　名纏，字伯。項羽叔父，在鴻門宴上，他曾經保全劉邦，西漢建立後，封射陽侯，賜姓劉氏。❸少年　指青年男子，與老年相對。❹景駒　楚國王族後裔。❺假王　暫時代理為王。❻留　縣名。治今江蘇沛縣東南。❼沛公　劉邦。秦二世元年，陳勝起義，各地紛紛響應，沛縣吏民殺沛令，立劉邦為沛公。按，原楚國稱縣令為公，沛公意為沛縣之長。詳見卷一〈高帝紀〉。❽將　率領。❾焉　之。指沛公。❿拜　授予官職或爵位。⓫廄將　管理軍馬的官員。⓬省　領悟。⓭殆　大概。表示推測語氣的助詞。⓮之　往；到。⓯薛　縣名。治今山東滕州南四十里皇殿崗故城址。⓰項梁　戰國末楚將項燕之子，項羽的叔父，秦末農民起義領袖。曾立楚懷王孫熊心為楚懷王，後為秦將章邯所殺。⓱楚懷王　項梁、項羽起兵反秦後，以復興楚國相號召，利用楚懷王客死秦國，人們懷念他的心理，在民間找到戰國時楚懷王熊槐的孫子熊心，將他立為王，也尊稱楚懷王。後被項羽改稱義帝，迫使他遷往長沙郡郴縣，中途派英布等將其殺死。按：戰國時楚懷王為謚號，此楚懷王為尊號。⓲諸公子　對公子的統稱。⓳橫陽君成　韓成。橫陽君是他的封號。⓴益樹黨　增建與國，以為黨援。黨，同「夥」。㉑司徒　官名。周朝設地官司徒，是六卿之一，管理土地、人民，相當於後世的戶部尚書。春秋時沿用。漢哀帝時改丞相為大司徒。㉒游兵　游動作戰之兵。㉓潁川　郡名。治陽翟（在今河南禹州）。㉔雒陽　都邑名。故址在今河南洛陽東北漢魏故城。㉕轘轅　山名。在今河南偃師南緱東南。㉖楊熊　秦朝的將領。㉗陽翟　縣名。治所在今河南禹州。㉘宛　縣名。治所在今河南南陽。㉙武關　關名。在今陝西商南西南丹江上，即秦之南關。㉚嶢關　關名。舊址即今陝西商州西北。㉛其將　指駐守嶢關的秦軍將領。㉜賈豎　對商人的貶稱。賈，商人。豎，僮僕。㉝壁　軍營的圍牆。泛指營壘。㉞具食　準備糧食。具，準備。㉟酈食其　辯士。詳見卷四十三〈酈食其傳〉。㊱啗　引誘；收買。㊲咸陽　秦朝都城，在今陝西咸陽西北。㊳解　通「懈」。懈怠；鬆懈。㊴逐北　追擊敗軍。北，敗逃。㊵藍田　縣名。在今陝西藍田西。㊶竟　最後；終於。㊷子嬰　秦朝的最後一位統治者。秦二世被趙高殺死後，子嬰繼立為秦王，在位僅四十六日，投降劉邦，後被項羽所殺。㊸樊噲　人名。詳見卷四十一〈樊噲傳〉。㊹縞素　白色絲絹，引申為樸素。㊺資　憑藉。㊻助桀為虐　比喻幫助壞人幹壞事。桀，夏朝末代君主，歷史上有名的暴君。㊼霸上　地名。一作「灞上」。在今陝西西安東白鹿原北首，是捍衛長安的軍事要地。㊽鴻門　地名。在今陝西臨潼東七十里，附近有鴻門堡。㊾亡去　逃離。㊿具語　全部告訴。具，通「俱」。語，動詞，告訴。(51)奈何　怎麼；怎麼辦。(52)誠　果真；的確。(53)邪　通「耶」。表疑問的語氣助詞。(54)鯫生　謂小人，罵人之詞。鯫，一說指小魚。一說為姓。(55)距　通「拒」。(56)毋　不要。(57)內　通「納」。接納。(58)度　估計；推測。(59)卻　使退卻，使動用法。(60)要　通「邀」。邀請。(61)為壽　西漢時的重要禮儀之一。向人敬酒，祝福長壽。(62)結婚　結為親家。(63)解　和解。(64)羽傳　指卷三十一〈項籍傳〉。按：齊召南指出此處是直接引用《史記》文。《史記》在〈項羽本紀〉中記載鴻門宴甚詳，故〈留侯世家〉說語在〈項羽〉事中，但是班固作《漢書》時把鴻門宴事移錄在〈高帝紀〉中，在〈項籍傳〉記載從略，所以當言語在〈高紀〉而不應直接移錄《史記》文。(65)沛公為漢王　指沛公被項羽封為漢王。劉邦從漢元年正月至漢五年稱帝以前，稱漢王。(66)王　稱王；統治。用作動詞。(67)巴　郡名，治江州（今重慶嘉陵江北岸）。(68)蜀　郡名。在今四川西部，治成都（在今四川成都）。(69)溢　通「鎰」。重量單位。秦時計量黃金以二十兩為鎰。(70)遺　贈與；致送。(71)漢中　郡名。在今陝西南部、湖北西部，治南鄭（在今陝西漢中）。(72)褒中　縣名。治今陝西漢中西北褒城鎮東。(73)棧道　亦稱閣道。在山崖險絕之處，傍山岩陡壁鑿上洞眼，施架木頭，鋪上木板，以供人馬通行的道路。(74)固　穩固；堅定。使動用法。(75)與俱東　挾持韓王成一起東進。(76)彭城　縣名，治今江蘇徐州。(77)三秦　為防止漢王東出，項羽將秦朝故地關中三分，封秦朝降將章邯為雍王、司馬欣為塞王、董翳為翟王，合稱「三秦」。(78)失職　失去應得的權位。意謂按照與楚懷王約定，漢王應封關中，但項羽卻將其徙封漢中。(79)關中　地區名。因其位於函谷關以西、散關以東、武關以北、蕭關以南，居四關之中，故稱關中。大致指今陝西關中平原。80復 復字原無。據宋祁說補。81閒行 抄小路走。閒，閒道；偏僻小路。82下邑 縣名。治所在今安徽碭山縣。83踞 憑倚。84捐 棄；贈與。85關 指函谷關。86已 通「以」。87與共功者 與我一起共建統一天下的大功。88九江王布 英布。又稱黥布。詳見卷三十四〈英布傳〉。89梟將 猛將。90隙 嫌隙；隔閡。91彭越 詳見卷三十四〈彭越傳〉。92齊王 即田榮，戰國時齊國王族後代，秦末戰爭中自立為齊王，常與項梁、項羽為敵，後兵敗被殺。93梁地 即魏地。因戰國時魏徙都大梁（在今河南開封），故稱。大致指今河南東部開封一帶。94韓信 詳見卷三十四〈韓信傳〉。95屬 託付。96即 假使；如果。97隨何 辯士。後任護軍中將。98魏王豹 魏豹。詳見卷三十三〈魏豹傳〉。99特將 獨自領軍。特，單獨。將，統率軍隊。100因舉 乘勢攻占。101代 原作「伐」字。何焯說「伐」當做「代」，《史記》作「代」。據改。102卒 最終。103畫策 出謀劃策。104滎陽 縣名。治今河南滎陽東北。105橈 通「撓」。削弱。106權 權力；力量。107杞 國名。在今河南杞縣。相傳周武王封禹的後代東樓公於此。這裡說是商湯所封，是辯士的隨口湊說。108宋 國名。在今河南東部和山東、安徽交界地區。周成王封商紂王的庶兄微子啓於此，都睢陽（今河南商丘南）。109陛下 對皇帝的尊稱。此時劉邦尚未稱帝，「陛下」一語是史家追稱。110誠 果真；如果。111臣妾 這裡指臣民百姓。古代稱男奴為臣，女奴為妾。112伯 通「霸」。霸主；諸侯盟長。113斂衽 整理衣裳。斂，收束。衽，衣襟。114趣 通「促」。趕快。115謁 拜見。116方食 正在吃飯。117事 指一統天下的大事。118箸 筷子。119籌 籌劃。120殷 商朝從盤庚遷都到殷（今河南安陽西北小屯村）以後稱殷，或稱殷商。121表 標誌；標榜。122商容 商紂時賢人，曾任樂官，後隱居太行山，周武王曾在其里門對他加以表彰。123閭 里門。124式 通「軾」。本指車前扶手的橫木。後世乘車遇見尊長或經過尊長者之門時，伏在車前的橫木上，表示敬意，稱作「軾」。125箕子 商紂的伯叔父，做過太師。因對商紂進諫，被囚禁。周武王滅商後被釋放。126封 封土築墳。127比干 商紂的伯叔父。做過少師。因強行進諫被剖腹挖心而死。周武王滅商後，為他重新修建墳墓。128鉅橋 商紂糧倉所在地，舊址在今河北曲周東北。129鹿臺 商紂王所築高臺之名，舊址在今河南湯陰。130偃革為軒 廢兵車而改為軒車，意即偃武修文。偃，息；停廢。革，兵車。軒，朱軒，貴族所乘的車。131華山 山名。主峰在陝西華陰南，古稱西嶽。132陽 山的南面。133桃林 地名，在今河南靈寶西。134輸積 運輸與積聚。135親戚 指父母兄弟。136墳墓 指祖宗、故土。137故舊 老朋友。138咫尺之地 狹小的地方。咫，八寸。139唯 發語詞。140反 通「返」。141楚唯毋彊 即「唯楚毋彊」，意即當今唯有楚國強大，無有強大者。142臣 臣服；稱臣。使動用法。143輟食 停止吃飯。144吐哺 把嘴裡的食物吐出來。145豎儒 對儒生的鄙稱。豎，小子；童僕。146迺公 你老子。147信

傳 指卷三十四〈韓信傳〉。[148]陽夏 縣名。治所在今河南太康。[149]壁 營壘。此處用作動詞，意為建築並堅守營壘。[150]固陵 地名。在今河南太康南。[151]諸侯 指韓信、彭越。[152]期 相約；約會。[153]高紀 指卷一〈高帝紀〉。[154]籌策 計謀策劃。[155]決勝 決定最後的勝負，此言最後的勝利。[156]幸 僥倖。[157]時中 偶爾料中。[158]當 承受。[159]蕭何 詳見卷三十九〈蕭何傳〉。[160]復道 閣道。[161]何語 「語何」的倒裝句，說什麼。[162]屬 近；剛剛。[163]布衣 古代平民穿布衣，因以指代平民。[164]此屬 這一班人。屬，輩；等。[165]蕭曹故人所親愛 「所親愛」是「蕭、曹故人」的後置定語，意為所親近喜愛的蕭、曹等人。[166]雍齒 沛縣人。秦末隨劉邦起兵，曾降魏，後復歸漢。[167]窘辱 困辱。[168]自堅 自己堅信。[169]什方 縣名。治所在今四川什邡。[170]丞相 官名。秦、漢時為朝廷的最高官職，輔佐皇帝，掌管全國最高政務。[171]御史 官名，本為史官，秦代開始有監察權。漢代御史因職務不同，有侍御史、符璽御史、治書御史、監軍御史等。這裡指御史大夫，是泛稱的「三公」之一。[172]劉敬 即婁敬。詳見卷四十三〈婁敬傳〉。[173]都 用作名詞，建都。[174]山東 地區名。戰國秦漢時代，通稱崤山或華山以東為山東，與當時所謂的「關東」含義相同。一般可以理解為泛指戰國後期秦國以外的六國領土。[175]成皋 縣名。在今河南滎陽西汜水鎮。[176]殽黽 指崤山和澠池。殽，通「崤」。崤山在今河南洛寧西北。有兩山對峙，上有峻坡，下有深澗，山路險狹，為長安與洛陽間的險要之地。黽，澠池，縣名，治今河南澠池西。[177]背河 背依黃河。河，專指黃河。[178]鄉雒 面向雒水。鄉，通「嚮」。雒，雒水，今洛河，流經河南洛陽南入黃河。[179]固 四面阻塞，形勢穩固。[180]國 都城；地方。[181]函 函谷關。位於今河南靈寶東北。[182]隴蜀 隴山和蜀地的岷山。隴，隴山，在今陝西隴縣西北。蜀，指蜀地的岷山，在今四川北部。隴山南聯岷山，故云。[183]胡苑之利 指畜牧資源的便利。關中北部與胡地相接，可以牧養禽獸，又能從交界的邊地得到胡馬，故有「胡苑之利」。胡，古代對西北方部族的稱呼，這裡指匈奴。苑，畜養禽獸的地方。[184]渭 渭河，黃河最大的支流，在陝西中部。[185]漕輓 指水上運輸。多指為朝廷運輸糧食。漕，漕運；水道運輸。輓，本意為牽引，可以泛指拉車或拉船。[186]給 供給；供應。[187]京師 京都。京，大。師，眾。古代帝王所都，皆以城大人眾著稱。[188]有變 發生事變。[189]委輸 運輸；轉運。指轉運軍隊和軍需物資。[190]駕 駕車起程。[191]西 用作動詞，向西進發。

【語 譯】張良居留下邳時，為人行俠仗義。項伯曾殺人，投奔張良一起藏匿。

2 過了十年，陳涉等起兵，張良也聚集青年一百多人。景駒自立為楚假王，駐在留縣。張良想去投奔他，途中遇見沛公。沛公率領幾千人攻占下邳，張良就歸附了他。沛公任命張良做廄將。張良多次向沛公陳說《太公兵法》，沛公喜歡，常常採納他的計策。張良對別人講，都不能領悟。張良說：「沛公大概是天賦之才。」因此就跟隨了沛公不再離去。

3 沛公到薛縣，會見項梁，共同擁立楚懷王。張良就勸說項梁：「您已經擁立楚王的後代，韓國各公子中橫陽君韓成賢明，可以立為王，用以增加反秦陣營的力量。」項梁派張良找韓成，立他為韓王。韓王任命張良為韓國的司徒，和韓王率一千多人向西攻占韓國舊地，奪得數座城邑，秦軍很快又奪了回去，張良等所率韓國軍隊作為游擊作戰之兵往來於潁川地方。

4 沛公從雒陽向南穿過轘轅山，張良領兵追隨，攻下韓地十餘座城邑，擊潰楊熊的軍隊。沛公於是令韓王成留守陽翟，自己和張良一起南下，攻下宛縣，向西進入武關。沛公想以兩萬軍隊攻擊秦朝嶢關下的軍隊，張良說：「秦軍還強大，不可輕視。我聽說嶢關的守將是屠戶之子，生意人容易用錢財打動。希望您留守在軍營，派人先行一步，為五萬人準備糧食，並在各山頭上多多張掛旗幟，布作疑兵，同時派酈食其攜帶貴重寶物收買秦將。」秦將果然願意和沛公一起西進襲擊咸陽。沛公打算聽從秦將的要求。張良說：「這只是那些秦將想要叛降，士卒恐怕不會聽從他們。士卒若不從我們必然遇到危險，不如趁他們鬆懈麻痹之時進擊他們。」沛公於是領兵進擊秦軍，大破敵人。追擊敗兵到藍田，再次交戰，秦兵最終失敗。沛公於是攻占咸陽，秦王子嬰投降沛公。

5 沛公進入秦都，看到宮室、帷帳、狗馬、貴重寶物、宮女數以千計，想留下住在那裡。樊噲規勸，沛公不聽從。張良說：「因為秦君無道，所以您才能到這裡。替天下剷除兇殘的暴君，應以崇尚樸素作為原則。現在才進入秦都，就安於享樂，這就是人們所說的『助桀為虐』。況且『忠言逆耳利於行，毒藥苦口利於病』，希望您聽從樊噲的話。」沛公這才領軍回到霸上。

6 項羽到鴻門，打算進擊沛公。項伯連夜趕到沛公軍中，私下會見張良，想讓張良同他一起離開。張良說：「我替韓王護送沛公，如今事情緊急，逃走不道義。」就全都告訴了沛公。沛公大驚失色，說道：「那怎麼辦？」張良說：「沛公果真要背叛項王嗎？」沛公說：「有個小子要我守住函谷關不讓諸侯進來，這樣在秦地就可稱王，因此就聽信了他的。」張良說：「沛公您自己估計能擊退項王嗎？」沛公沉默一會，說道：「現在該怎麼辦？」張良便邀請項伯見沛公。沛公和項伯共飲，祝福項伯長壽，與項伯約定結為親家，讓項伯詳盡地告訴項王說沛公不敢背叛他，之所以派兵把守函谷關，是為了防備其他盜賊。項羽後來和劉邦和解，這些話記載在〈項籍傳〉中。

7 漢王元年，沛公做了漢王，統治巴蜀地區，賞賜張良黃金百鎰，珍珠兩斗，張良把它們全部獻給了項伯。漢王也因此讓張良重重送禮給項伯，請項伯代他請封漢中地區。項王答應了。漢王前往封地，張良送到褒中，漢王派遣張良回韓國。張良乘機勸說漢王燒絕棧道，向天下表示他絕無東還的意圖，以此穩定項王的心。於是讓張良歸韓。漢王一邊走，一邊把棧道燒斷。

8 張良回到韓國，聽說項羽因為張良跟從漢王的緣故，不派韓王韓成到封地去，挾持韓王一同東進，到彭城將其殺害。這時漢王已經回師平定三秦，張良就給項羽寫信說：「漢王失去應得的權位，要取得關中，實現過去的盟約即止步，不敢再向東進發。」張良又把齊國反楚的文書轉給項羽，說：「齊國和趙國想要聯合滅掉楚國。」項羽於是向北攻打齊國。

9 張良於是抄小路回歸漢軍。漢王封張良為成信侯，隨他東進攻打楚國。到彭城，漢王兵敗而回。行至下邑，漢王下馬倚著馬鞍問道：「我想把函谷關以東等地方捨棄作為封賞，誰能和我共建功業？」張良答道：「九江王英布，楚國猛將，和項王有隔閡；彭越和齊王田榮在梁地反楚，這兩個人可立即派上用場。而您的將領中只有韓信可以託付大事，獨當一面。如果您真要捐棄函谷關以東等地，就贈與這三個人，楚國就可打敗了。」漢王於是派隨何遊說九江王英布，並派人聯合彭越。等到魏王魏豹反漢，漢王派韓信獨自領兵北擊魏豹，並趁勢攻占了燕地、代地、齊地、趙地。這樣最終打敗楚國，主要是這三個人的力量。

10 張良身體多病，不曾獨自領兵，常常作為出謀劃策之臣，時時跟隨漢王。

11 漢王三年，項羽急迫地包圍漢王於滎陽，漢王憂愁恐懼，和酈食其商量如何削弱楚國的力量。酈先生說：「從前商湯征伐夏桀，封夏朝子孫於杞；周武王攻伐商紂，封商朝子孫於宋。如今秦朝不講道德，攻滅六國，使他們無立錐之地。陛下如果重新立六國後代，他們都會因此爭相擁戴陛下的德義，甘心做您的臣民。德義已經施行，您南面稱霸，楚國一定會整理衣冠，恭敬地前來朝拜。」漢王說：「好。趕快刻製印信，先生就前往授予他們佩帶。」

12 酈先生還沒有動身，張良從外面進來拜見漢王。漢王正在吃飯，說道：「客人中有個向我獻計削弱楚國力量的人。」漢王把酈先生的計策詳盡地告訴了張良，並問道：「子房認為怎麼樣？」張良說：「誰給陛下出的這個主意？您的大事完了。」漢王問：「為什麼呢？」張良答道：「我請求借您面前的筷子來籌劃一下當前的形勢。從前商湯、周武王討伐夏桀、商紂而分封其子孫，是因為估量自己能置其於死地。現在陛下能置項籍死地嗎？這是不可封六國後代的第一個原因。周武王攻入殷商的都城，在商容的里門表彰其德行，經過箕子的門前立車憑軾示其對箕子的敬意，築土增高比干的墳墓，如今陛下能做到嗎？這是不可封的第二個原因。周武王發放鉅橋糧倉的糧食，散發鹿臺府庫的錢財，賜給貧苦的百姓，如今陛下能做到嗎？這是不可封的第三個原因。商朝滅亡後，周武王廢棄戰車，改為軒車，倒放兵器，表示不再使用，現在陛下能做到嗎？這是不可封的第四個原因。周武王把戰馬放在華山之南，表示用不著了，如今陛下能做到嗎？這是不可封的第五個原因。把運載軍需的牛放在桃林的原野上休息，向天下表示不再需要運輸積聚，如今陛下能做到嗎？這是不可封的第六個原因。況且天下的遊士之所以離別父母兄弟，離開故鄉，辭別過去的老朋友而追隨陛下，只是日夜想得到一塊封地。如今封六國後代，他們就不可能有分封的希望，這些四處奔走的士人們就會各自回去侍奉他們的主子，和親人團聚，返回故鄉，陛下還依靠誰來奪取天下呢？這是不可封的第七個原因。如今只有使楚國不再強大，否則的話，您所封的六國就會又屈從於楚國，陛下又怎能使他們臣服？這是不可封的第八個原因。如果採用了這個計謀，陛下的大事就完了。」漢王飯也不吃了，吐出口中的食物，罵道：「這個書呆子，差點壞了老子的大事！」下令即刻銷毀印信。

13 後來韓信攻破齊國後想自立為齊王，漢王惱怒。張良勸說漢王，漢王派張良授予韓信齊王印信。這些事記載在〈韓信傳〉中。

14 漢王五年冬天，漢王追擊楚軍到陽夏南，戰鬥不利，在固陵築營壘堅守，所約諸侯都逾期不到。張良勸說漢王，漢王採納了他的計策，諸侯軍全都來到。這些事記載在〈高帝紀〉中。

15 漢朝六年，分封功臣。張良沒有戰陣爭鬥之功，高帝說：「出謀劃策在營帳中，決定勝利在千里外，這就是子房的功勞。你自己選擇齊地三萬戶作為封邑吧。」張良說：「當初臣起兵下邳，和皇上在留縣會合，這是上天把臣交給陛下。陛下採納我的計策，僥倖偶爾料中，我希望把留縣封給我就滿足了，不敢領受三萬戶。」於是封張良為留侯，和蕭何等一起受封。

16 皇上已經分封了大功臣二十多名，其餘的日夜爭功一時無法決定，尚未進行封賞。皇上住在雒陽南宮，從閣道中望見將領們常常幾個人聚在一起悄悄議論。皇上說：「這是在說什麼呢？」張良說：「陛下還不知道嗎？這是在圖謀造反呢。」皇上說：「天下剛剛安定，為什麼要謀反呢？」張良說：「陛下以平民身分起兵，和這班人共同奪取天下，如今陛下已經貴為天子，但所封賞的都是您所親近、喜愛的蕭何、曹參這些老朋友，而所誅殺的都是您平常所怨恨的人。如今軍中官吏計算功勞，以為天下之地不夠封賞，這班人擔心陛下不能全部封賞，又害怕受到猜忌犯有過失而遭到誅殺，所以就聚在一起圖謀造反。」皇上於是擔心地問道：「那該怎麼辦？」張良說：「皇上往日所憎恨的人中，群臣都知道的，皇上最恨哪個？」皇上說：「雍齒和我有舊怨，曾多次困辱我，我想殺掉他，因他功勞多，所以不忍心。」張良說：「現在趕快封賞雍齒，藉以昭示群臣，他們看到雍齒先受封賞，對自己受封就會堅信不疑了。」於是皇上便擺設酒宴，封雍齒為什方侯，並急速催促丞相、御史評功行封。群臣參加酒宴之後，都高興地說：「雍齒尚且封侯，我們這些人就更不用擔心了。」

17 劉敬勸說皇上建都關中，皇上猶豫不決。皇上身邊的大臣都是山東地區人，大多勸說皇帝建都雒陽說：「雒陽東有成皋，西有殽山、黽池，背靠黃河，面向雒水，它的險固也足可以憑藉。」張良說：「雒陽雖有這些險要，但它的地域狹小，不過方圓幾百里，土地貧瘠，四面受敵，這裡不是用武之地。而關中地區左有殽山、函谷關，右有隴山、岷山，沃野千里，南有巴、蜀的富饒，北有畜牧資源的便利，三面險要可以固守，獨獨用一面向東控制諸侯。諸侯安定，黃河、渭水可轉運天下糧食，西上供給京師；若諸侯反叛，順流而下，足以供給軍需。這就是所謂的銅牆鐵壁千里、物產富饒的天府之國。劉敬說得對。」於是皇上當天就起駕動身，往西進發，定都關中。

1 良從入關，性❶多疾，即道引❷不食穀❸，閉門不出❹歲餘。

2 上欲廢太子❺，立戚夫人❻子趙王如意。大臣多爭❼，未能得堅決❽也。呂后❾恐，不知所為。或謂呂后曰：「留侯善畫計，上信用之。」呂后乃使建成侯呂澤❿劫⓫良，曰：「君常為上謀臣，今上日⓬欲易⓭太子，君安得高枕而臥？」良曰：「始上數在急困之中，幸用臣策；今天下安定，以愛欲易太子，骨肉⓮之間，雖⓯臣等百人何益！」呂澤彊要⓰曰：「為我畫計。」良曰：「此難以口舌爭也。顧⓱上有所不能致⓲者四人⓳，四人年老矣，皆以上嫚娒⓴士，故逃匿山中，義不為漢臣。然上高㉑此四人。今公誠能毋愛㉒金玉璧㉓帛㉔，令太子為書，卑辭㉕安車㉖，因使辨士㉗固請，宜來。來，以為客，時從入朝，令上見之，則一助也。」於是呂后令呂澤使人奉㉘太子書，卑辭厚禮，迎此四人。四人至，客建成侯所。

3 漢十一年，黥布反，上疾，欲使太子往擊之。四人相謂曰：「凡來者㉙，將㉚以存㉛太子。太子將兵，事危矣。」迺說建成侯曰：「太子將兵，有功即位不益，無功則從此受禍。且太子所與俱(32)諸將，皆與上定天下梟將也，今迺使太子將之，此無異使羊將狼，皆不肯為用，其無功必矣。臣聞『母愛者子抱(33)』，今戚夫人日夜侍御(34)，趙王常居前，上曰『終不使不肖(35)子居愛子上』，明其代太子位必矣。君何不急請呂后承間(36)為上泣言：『黥布，天下猛將，善用兵，今諸將皆陛下故等夷(37)，迺令太子將，此屬莫肯為用，且布聞之，鼓行(38)而西耳。上雖疾，彊載(39)輜車(40)，臥而護之(41)，諸將不敢不盡力。上雖苦，彊為妻子計。』」於是呂澤夜見呂后。呂后承間為上泣而言，如四人意。上曰：「吾惟(42)之，豎子固不足遣，迺公自行耳。」於是上自將而東，群臣居守，皆送至霸上。良疾，彊起至曲郵(43)，見上曰：「臣宜從，疾甚。楚人剽疾(44)，願上慎毋與楚爭鋒(45)。」因說上令太子為將軍監關中兵。上謂：「子房雖疾，彊臥傅(46)太子。」是時叔孫通(47)已為太傅(48)，良行少傅(49)事。

4 漢十二年，上從破布歸，疾益甚，愈欲易太子。良諫不聽，因疾不視事(50)。叔孫太傅稱說(51)引古，以死爭(52)太子。上陽(53)許之，猶欲易之。及宴，置酒，太子侍。四人者從太子，年皆八十有餘，須眉皓白，衣冠甚偉(54)。上怪，問曰：「何為者？」四人前對，各言其姓名。上迺驚曰：「吾求公，避逃我，今公何自從吾兒游乎？」四人曰：「陛下輕士善罵，臣等義不辱，故恐而亡匿。今聞太子仁孝，恭敬愛士，天下莫不延頸願為太子死者，故臣等來。」上曰：「煩公幸㊺卒㊻調護㊼太子。」

四人為壽已畢，趨㊽去。上目送之，召戚夫人指視曰：「我欲易之，彼四人為之輔，羽翼已成，難動矣。呂氏真迺主矣。」戚夫人泣涕，上曰：「為我楚舞㊾，吾為若楚歌。」歌曰：「鴻鵠㊿高飛，一舉千里。羽翼以(61)就(62)，橫絕(63)四海(64)。橫絕四海，又可奈何！雖有矰繳(65)，尚(66)安(67)所施(68)！」歌數闋(69)，戚夫人歔欷(70)流涕，上起去，罷酒。竟不易太子者，良本招此四人之力也。

【章旨】以上是〈張良傳〉的第三部分，敘述了張良在劉邦建漢之後功成身退以求自保，但是漢朝首席智囊的身分使他不能脫身於漢初的政治舞臺：不得已介入立儲之爭，獻計請出商山四皓，擁立太子劉盈，避免了廢長立幼可能引起的社會動盪。

【注釋】❶性　生命；身體。❷道引　道家的養生之法，即呼吸俯仰、屈伸手足，使血氣充足，身體輕捷，促進身體健康。道，通「導」。❸不食穀　亦稱「辟穀」。即不吃糧食，而服用藥物，也是道家的所謂養生之法。❹閉門不出　指不通賓客、不外訪。❺太子　指漢惠帝劉盈，呂后所生。❻戚夫人　劉邦寵愛的妃子。劉邦死後被呂后虐殺。❼爭　通「諍」。諫諍；勸阻。❽堅決　明確的決定。❾呂后　呂雉，劉邦妻。漢惠帝即位後，呂后掌實權。惠帝死後，臨朝稱制，前後執政共十六年。❿建成侯呂澤　呂澤當作呂釋之。據《史記・高祖功臣侯者年表》建成侯為呂釋之。呂澤，呂后長兄，封周呂侯。呂釋之，呂后次兄，封建成侯。下文的呂澤，均當作呂釋之。⓫劫　脅迫；威脅。⓬日　每天；天天。⓭易　更換。⓮骨肉　比喻至親，這裡指劉邦和劉如意的父子關係。⑮雖　即使；縱然。⑯彊要　堅決要求。⑰顧　考慮到。⑱致　求得；招致。⑲四人　指商山四皓：東園公、綺里季、夏黃公、甪里先生，秦末隱士。⑳嫚侮　怠慢輕侮。嫚，同「慢」。侮，「侮」的異體字。㉑高　尊敬。動詞。㉒愛　吝惜。㉓璧　玉器，平圓形，中心有孔。㉔帛　絲織品。㉕卑辭　謙遜的言詞。㉖安車　一種小型的坐車。古車立乘，此為坐乘。高官告老或徵召有名望的人，往往賜乘安車。㉗辨士　有口才的人。辨，通「辯」。㉘奉送；進獻。㉙來者　來的目的。㉚將　語氣副詞，表示將來語氣。㉛存　保存；保全。㉜俱　在一起。㉝母愛者子抱　語本《韓非子》「其母好者其子抱」，意為愛其母必抱其子。㉞侍御　親近陪從帝王。㉟不肖　不像樣；不成材。㊱承間　伺隙；找機會。承，通「乘」。㊲等夷　地位輩分相等的人。夷，平；齊等。㊳鼓行　指軍隊行進大張旗鼓，無所畏懼。㊴彊載　自己勉強坐在車上。彊，「強」的異體字。㊵輜車　有帷帳的大車；臥車。㊶護之　監護諸將。㊷惟　想；考慮。㊸曲郵　地名，在今陝西臨潼東北。㊹剽疾　勇猛敏捷。㊺爭鋒　正面交戰以決勝敗。㊻傅　輔佐。㊼叔孫通　詳見卷四十三〈叔孫通傳〉。㊽太傅　即太子太傅，輔導太子的官員。㊾少傅　即太子少傅，輔導太子的官員，位次太傅。㊿視事　就職；辦公。(51)稱說　陳說；宣揚。(52)爭　爭保。(53)陽　通「佯」。假裝。(54)偉　特異。(55)幸　好好地。(56)卒　自始至終地。(57)調護　調理；保護。(58)趨　快步走。(59)楚舞　楚地之舞。戚夫人是楚地人，故善楚舞。(60)鴻鵠　天鵝，一般用以比喻志向高遠的人。這裡喻指劉盈。(61)以　通「已」。(62)就　成。(63)橫絕　橫渡；往來飛越。(64)四海　古人以為中國四邊皆是海，故以四海代指天下。(65)矰繳　繫有絲繩用以射鳥的短箭。矰，短箭。繳，繫在短箭上的生絲繩。(66)尚　將；且。(67)安　哪裡。(68)施　設置；布設。(69)闋　樂曲一首為一闋；樂曲終了也稱闋。(70)歔欷　同「欷歔」。歎氣；抽泣聲。

【語譯】張良跟隨皇上入關，身體多病，因此行導引之法，辟穀不吃糧食，一年多閉門不出。

2 皇上想要廢黜太子，立戚夫人的兒子趙王劉如意。很多大臣諫諍，沒能使皇上確定下來。呂后惶恐，不知如何是好。有人對呂后說：「留侯善於出謀劃策，深得皇上信任。」呂后於是派建成侯呂澤脅迫張良，說道：「您經常做皇上的謀臣，如今皇上天天想要改立太子，您怎麼能夠高枕而臥呢？」張良答道：「當初皇上多次處在危急之中，幸而採用了我的計策；現在天下安定，皇上因為私愛要改立太子，這是至親骨肉之間的事情，即使有一百個像我這樣的人又有什麼用呢！」呂澤強行要求說：「給我出個主意。」張良說：「這件事以言詞諫諍難以成功。考慮到皇上所不能招致而來的有四個人，這四個人年紀大了，都是因為皇上怠慢輕侮讀書人，所以逃避山中，堅守節操不做漢臣。但是皇上尊敬這四人。現在如果您確實能不吝惜金玉璧帛，讓太子親自寫封書信，言詞謙遜，備好舒適的座車，派說客敦請，他們應該會來。如果來了，當作貴客招待，讓他們時時隨太子上朝，讓皇上見到，這就是對太子的一大幫助。」於是呂后令呂澤派人帶上太子的書信，用謙遜的言詞、隆重的禮儀，去迎接這四個人。這四個人到後，就以貴客的身分住在建成侯的住所。

3 漢高祖十一年，黥布謀反，皇上有病，想要派太子前去征伐。四位老人商量說：「我們來的目的，是準備保全太子。如果太子領兵，事情就危險了。」於是勸建成侯：「太子領兵，有功也不會提高地位，無功就會從此招致禍端。況且和太子一起去的各位將領，都是和皇上一起平定天下的猛將，現在讓太子統率他們，無異於讓羊統率狼，都不願為太子出力，太子無功而返是一定的了。我們聽說『母親受到寵愛，所生之子必定受懷抱撫愛』，如今戚夫人日夜侍奉皇上，趙王時常在皇上面前，皇上說『終歸不能讓不肖子位居愛子之上』，表明趙王接替太子之位是一定的了。您為什麼不趕緊請呂后找機會對皇上哭訴：『黥布，天下猛將，善於用兵，如今的各位將領都是皇上過去的同輩人，卻讓太子統帥，這幫人終究不肯為太子所用，況且黥布聽說後，就會大張旗鼓，無所顧忌地向西進發了。皇上雖然患病，也可勉強乘坐臥車，躺下來監督將領們，他們不敢不賣力。皇上雖然辛苦，但為了妻子兒女也要強打精神。』」於是呂澤連夜去見呂后。呂后找個機會按照四位老人的意思對皇上哭訴一番。皇上說道：「我也想到了，這小子本來就不值得差遣，還是老子親自出馬算了。」於是皇上親自統兵東進，留守群臣都送到霸上。張良有病，強打精神送到曲郵，謁見皇上：「我本該跟隨皇上，實在是病得太厲害了。楚地人勇猛敏捷，希望皇上謹慎行事，不要和他們正面硬拼。」接著勸說皇上讓太子做將軍監督關中軍隊。皇上說：「子房雖然病重，躺著也要打起精神輔佐太子。」這時叔孫通已經做了太傅，張良就代行少傅之職。

4 漢高祖十二年，皇上從擊破黥布的戰場歸來，病得更加厲害，越發地想要改立太子。張良規勸，皇上不聽從，張良便稱病不理事。叔孫太傅引用古今事例進行規勸，以死爭保太子。皇上佯裝答應，實際上還是要改立太子。等到舉行宴會，設置酒席，太子侍從皇上。四位老人一直跟隨太子，他們年齡都八十多歲，鬚髮皆白，衣冠很是奇特。皇上覺得奇怪，問道：「幹什麼的？」四人上前應答，各自報上姓名。皇上大驚，說道：「我訪求邀請您們，您們逃避我，如今各位為什麼主動和我兒子交往呢？」四人答道：「陛下輕視讀書人，喜歡辱罵人，我們講求節操不受侮辱，所以惶恐不安地躲藏起來。如今聽說太子仁義孝順，對人恭敬，仁愛士人，天下沒有不願引頸為太子效力去死的，因此我們就來了。」皇上說：「麻煩您們善始善終地關心保護太子。」

5 四位老人祝福完畢，快步離去。皇上目送四人，召喚戚夫人，指著四位老人給她看，說：「我想改立太子，但那四個人輔佐他，太子羽翼已成，難以撼動他的地位了。呂后真是你的主人啦。」戚夫人泣不成聲，皇上說道：「你為我跳楚舞，我為你唱楚歌。」唱道：「鴻鵠高飛，一飛千里。羽翼已成，翱翔天下。翱翔天下，又能怎麼辦！雖有矰箭繳繩，又有何用！」唱了好幾遍，戚夫人歎氣流淚，皇上起身離開，酒宴散去。最終沒有更換太子的原因，是張良出主意招來的四位老人發揮了作用。

1 良從上擊代❶，出奇計下馬邑❷，及立蕭相國❸，所與從容言天下事甚眾，非天下所以存亡，故不著❹。良迺稱曰：「家世相韓，及韓滅，不愛萬金之資，為韓報仇彊秦，天下震動。今以三寸舌❺為帝者師，封萬戶，位列侯❻，此布衣之極，於良足矣。願棄人間事，欲從赤松子❼游耳。」迺學道❽，欲輕舉。高帝崩❾，呂后德良，迺彊食❿之，曰：「人生一世間，如白駒之過隙，何自苦如此！」良不得已，彊聽食。後六歲薨。謚曰文成侯。

2 良始所見下邳圯上老父與書者，後十三歲從高帝過濟北，果得穀城山下黃石，取而寶祠⓫之。及良死，并葬黃石。每上冢⓬伏臘⓭祠黃石。

3 子不疑嗣侯。孝文⓮三年坐不敬⓯，國除。

【章　旨】以上是〈張良傳〉的第四部分，總括張良傳奇的一生，點明〈張良傳〉以關係天下興亡的重大決策為取材範圍。藉此突出了張良的特殊地位。以貌似淡淡之筆，敘述了穀城山下黃石的傳說，與前文張良在下邳橋上得黃石老人授書前後呼應，增添了神祕色彩。還簡要介紹了張良後代的情況。

【注　釋】❶擊代　代相陳豨反叛，自立為代王，劉邦率軍征討。代，國名，在今山西北部和河北西北角，建都代縣（今河北蔚縣東北）。平定陳豨叛亂後，劉邦立子劉恆（後來的漢文帝）為代王，都中都（今陝西平遙西南）。❷馬邑　縣名，治所在今山西朔州。❸立蕭相國　指張良勸劉邦以蕭何為相國。❹著　記載。❺三寸舌　指富於辯才、能說會道，以言詞取勝。❻列侯　爵位名。秦、漢二十等爵位的最高爵位第二十等為徹侯，後避漢武帝名諱改稱通侯，也稱列侯。❼赤松子　傳說中的仙人。相傳神農時的雨師，教神農能入火不燒。常登崑崙山，隨風雨上下。❽道　仙道。❾崩　古代諱稱皇帝死為崩，猶如山嶺崩。❿食　通「飼」。給人吃。⓫祠　通「祀」。祭祀。⓬上冢　上墳掃墓。⓭伏臘　古時，夏天的伏日、冬天的臘日，都是祭祀的節日，合稱伏臘。⓮孝文　漢文帝劉恆。詳見卷四〈文帝紀〉。⓯坐不敬　由於不敬皇帝獲罪。坐，由於，特指犯罪的原因。不敬，封建時代的大罪名，指不敬皇帝。

【語　譯】張良跟隨皇上攻打代國，出奇計攻下馬邑，以及建議任命蕭何為相國，和皇上從容談論的天下事很多，但不是關係到天下存亡的事情，所以不加以記載。張良聲稱：「我家世代做韓國宰相，到韓國滅亡，不吝惜萬金家財，替韓國向強秦報仇，天下震動。如今憑三寸不爛之舌成為皇帝的老師，被賜封萬戶，位居列侯，這是平民百姓可以爭取到的仕途的巔峰了。對我來說，已經是很知足了。我希望拋棄人間俗事，想隨赤松子一起雲遊天下。」張良就學習道術，想要輕身成仙。高帝死後，呂后感激張良，就強行請他進食，勸說道：「人生一世間，就像白駒過隙一樣短暫，何必這樣自討苦吃！」張良不得已，只能勉強聽從而進食。過了六年就過世了。謚號稱文成侯。

2 張良當初在下邳橋上所遇到的那位送給他兵書的老人，十三年後他跟隨高帝經過濟北，果然在穀城山下看見有塊黃石，就取回來當作寶物祭祀。等到張良死後，就和黃石一起安葬。後人每當上墳掃墓以及伏日、臘日祭祀張良的時候，也都要祭祀黃石。

3 張良之子張不疑繼承侯爵。孝文帝三年因為犯不敬罪，封國被除。

1 陳平，陽武❶戶牖鄉❷人也。少時❸家貧，好讀書，治黃帝、老子之術。有田三十畝，與兄伯居。伯常耕田，縱❹平使游學。平為人長大美色，人或謂平：「貧何食❺而肥若是？」其嫂疾❻平之不親家生產❼，曰：「亦食糠覈❽耳。有叔如此，不如無有！」伯聞之，逐其婦棄之。

2 及平長，可取❾婦，富人莫與❿者，貧者平亦媿之。久之，戶牖富人張負⓫有女孫，五嫁夫輒死，人莫敢取，平欲得之。邑中有大喪，平家貧侍喪⓬，以先往後罷⓭為助。張負既見之喪所，獨視⓮偉⓯平，平亦以故⓰後去。負隨平至其家，家迺負郭窮巷⓱，以席為門，然門外多長者⓲車轍。張負歸，謂其子仲曰：「吾欲以女孫予陳平。」仲曰：「平貧不事事⓳，一縣中盡笑其所為，獨奈何予之女？」負曰：「固有美如陳平長貧者乎？」卒與女。為平貧，迺假貸⓴幣以聘㉑，予酒肉之資以內㉒婦。負戒其孫曰：「毋以貧故，事人不謹。事兄伯如事迺父，事嫂如事迺母。」平既取張氏女，資用益饒，游道㉓日廣。

3 里㉔中社㉕，平為宰㉖，分肉甚均。里父老曰：「善，陳孺子之為宰！」平曰：「嗟乎，使平得宰天下㉗，亦如此肉矣！」

【章旨】以上是〈陳平傳〉的第一部分，介紹了陳平的家世以及鄉里對陳平的看法。通過陳平為里中宰一事，體現了陳平「宰天下」的遠大抱負。

【注釋】❶陽武　縣名。治今河南原陽東南。❷戶牖鄉　鄉名。在今河南蘭考東北。❸少時　古人把未滿三十歲的青年、少年都叫「少」。❹縱　聽任；任憑。❺何食　食何；吃什麼。❻疾　憎恨；埋怨。❼不親家生產　不顧家、不從事生產。❽糠覈　指粗惡飯食。覈，通「籺」。米麥的麤屑。❾取　通「娶」。❿與　給；嫁給。⓫張負　一說人名；一說是姓張的老婦人。負，通「婦」。⓬侍喪　在喪家服務。按：古時富貴人家很重視喪葬，規模大的喪禮，要使用大量的人力。⓭先往後罷　早去晚走。⓮視　注視；看上。⓯偉　高大；英俊。此處用作動詞，意為「賞識」、「器重」。⓰以故　因為要在張負面前留下好印象的緣故。⓱負郭窮巷　靠近外城城牆的偏僻小巷。負，倚；靠。郭，外城。窮巷，偏僻的里巷；死胡同。⓲長者　這裡指顯貴者。⓳不事事　不事生產。上「事」字，動詞，從事。下「事」字，名詞，生產事業。⓴假貸　借給。㉑聘　訂婚。㉒內　通「納」。㉓游道　交遊的聯繫面。㉔里　隸屬於鄉之下的基層行政單位。㉕社　土地神。這裡指社祭，用如動詞。㉖宰　主持分配祭肉的人。㉗宰天下　管理天下。宰，主持；支配。

【語譯】陳平，陽武縣戶牖鄉人。年少時家貧，愛好讀書，鑽研黃帝、老子之術。家裡有田三十畝，和兄長陳伯一起住。陳伯經常耕種田地，卻任憑陳平交遊求學。陳平長得高大英俊，有人問陳平：「你家中貧寒，吃的什麼長得這麼健壯？」他的嫂子惱恨陳平不顧家、不從事生產，說道：「也是吃糠屑罷了，有這樣的小叔子，不如沒有！」陳伯聽說後，趕走他的妻子並休了她。

2 等到陳平成年，可以娶親了，富貴人家沒有人肯把女兒嫁給他，貧窮人家陳平又看不上。很久以後，戶牖鄉的富人張負有個孫女，五次嫁人丈夫都死了，沒有人敢再娶她，陳平想娶她。鄉邑有大戶人家的喪事，陳平因家中貧困就去喪家幫忙，總是去得比人早走得比人晚以獲取更多酬勞。張負在喪家見到陳平之後，特別注視陳平，流露出賞識的神態，陳平也因為要討好張負的緣故最後離開喪家。張負跟隨陳平到了他的家，陳平家在緊靠外城城牆的偏僻小巷裡，用席子做門，但是破門外留有許多貴人的車轍痕跡。張負回到家，對兒子張仲說：「我想把孫女嫁給陳平。」張仲說：「陳平家貧又不從事生產，全縣的人都笑他的所作所為，為什麼偏偏把女兒嫁給他呢？」張負說：「難道有像陳平這樣相貌堂堂的人會長久貧困的嗎？」最後把孫女嫁給了陳平。因為陳平貧窮，張負便借給他財禮讓陳平來行聘，又給他買酒肉的錢來娶親。張負告誡孫女說：「不要因為丈夫家中貧寒的緣故，就對人家不恭敬。對哥哥陳伯要像對你的父親一樣，對嫂子要像對你的母親一樣。」陳平娶了張家女子後，用度一天天寬裕，交遊也一天天廣泛。

3 里中舉行社祭，陳平主持分配祭肉，祭肉分得很均勻。里中父老說：「好，陳平這小伙子做分祭肉的人！」陳平說：「唉，如果讓我主持管理天下，也會像分這祭肉一樣公平！」

1 陳涉❶起王❷，使周市❸略地，立魏咎❹為魏王，與秦軍相攻於臨濟❺。平已前謝兄伯，從少年往事魏王咎，為太僕❻。說魏王，王不聽。人或讒❼之，平亡去。

2 項羽略地至河上❽，平往歸之，從入破秦，賜爵卿❾。項羽之東王彭城也，漢王還定三秦而東。殷王❿反楚，項羽迺以平為信武君，將魏王客在楚者往擊，殷降而還。項王使項悍拜平為都尉⑪，賜金二十溢。居無何，漢攻下殷。項王怒，將誅定殷者。平懼誅，迺封其金與印，使使⑫歸項王，而平身⑬間行杖⑭劍亡。渡河，船人見其美丈夫，獨行，疑其亡將，要⑮下當有寶器金玉，目⑯之，欲殺平。平心恐，乃解衣贏而佐刺船⑰。船人知其無有，迺止。

3 平遂至脩武⑱降漢，因⑲魏無知⑳求見漢王，漢王召入。是時，萬石君㉑石奮為中涓㉒，受平謁㉓。平等十人俱進，賜食。王曰：「罷，就舍㉔矣。」平曰：「臣為事㉕來，所言不可以過今日。」於是漢王與語而說之，問曰：「子居楚何官？」平曰：「為都尉。」是日拜平為都尉，使參乘㉖，典㉗護軍㉘。諸將盡讙㉙，曰：「大王一日得楚之亡卒，未知高下，而即與共載，使監護長者㉚！」漢王聞之，愈益幸㉛平，遂與東伐項王。至彭城，為楚所敗，引師而還。收散兵至滎陽㉜，以平為亞將㉝，屬韓王信㉞，軍㉟廣武㊱。

4 絳㊲、灌㊳等或讒平曰：「平雖美丈夫，如冠玉耳㊴，其中未必有也。聞平居家時盜其嫂㊵；事魏王不容，亡而歸楚；歸楚不中㊶，又亡歸漢。今大王尊㊷官㊸之，令護軍。臣聞平使諸將，金多者得善處㊹，金少者得惡處。平，反覆亂臣也，願王察之。」漢王疑之，以讓㊺無知，問曰：「有之乎？」無知曰：「有。」漢王曰：「公言其賢人何也？」對曰：「臣之所言者，能也；陛下所問者，行也。今有尾生㊻、孝已㊼之行，而無益於勝敗之數㊽，陛下何暇用之乎？今楚漢相距㊾，臣進奇謀之士，顧其計誠足以利國家耳。盜嫂受金又安足疑乎？」漢王召平而問曰：「吾聞先生事魏不遂，事楚而去，今又從吾遊㊿，信者(51)固(52)多心(53)乎？」平曰：「臣事魏王，魏王不能用臣說，故去事項王。項王不信人，其所任愛，非諸項即妻之昆弟，雖有奇士不能用。臣居楚聞漢王之能用人，故歸大王。贏身來，不受金無以為資(54)。誠(55)臣計畫有可采者，願大王用之；使(56)無可用者，大王所賜金具(57)在，請封(58)輸官(59)，得請骸骨(60)。」漢王乃謝(61)，厚賜，拜以為護軍中尉(62)，盡護諸將。諸將迺不敢復言。

【章　旨】以上是〈陳平傳〉的第二部分，簡要講述了在秦末社會風雲中，陳平在追隨劉邦以前先後投奔魏咎、跟隨項羽的經歷，主要描寫了陳平初到漢營時劉邦及各位將領對他的態度。解衣脫禍、智辯漢將讒言，突出了陳平的應變謀略。而劉邦知人善任的馭臣之術，也令人難忘。

【注　釋】❶陳涉　陳勝的表字。❷王　稱王。❸周市　人名，陳涉部將。後被秦將章邯擊殺。❹魏咎　戰國時魏國公子，秦末亂起受封為魏王，後兵敗自殺。❺臨濟　邑名。在今河南封丘東。❻太僕　管理車馬的官。❼讒　詆毀；說壞話。❽河上　黃河邊。河，古代黃河的專用名。❾賜爵卿　賜給卿一級的爵位。此處的卿為虛銜。❿殷王　司馬卬。殷，封國名，在今河南北部，都朝歌（在今河南淇縣）。⓫都尉　比將軍略低的武官。⓬使使　派遣使者。上一個「使」是動詞，派遣。後一個「使」是名詞，使者。⑬身　隻身一人。⑭杖　通「仗」。執持。⑮要　通「腰」。⑯目　注視。⑰刺船　撐船。⑱脩武　縣名。治所在今河南獲嘉。⑲因　通過；憑藉。⑳魏無知　劉邦的近臣。㉑萬石君　石奮。詳見卷四十六〈石奮傳〉。㉒中涓　秦漢時代皇帝的侍從官，負責清潔灑掃及傳達之事。㉓謁　名片。㉔舍　客舍。㉕事　指機密要事。㉖參乘　亦作「驂乘」。指陪乘或陪乘的人，居車之右，起平衡車座和護衛車主的作用。古人乘車，車主居左，中為御者，參乘居右。㉗典　掌管。㉘護軍　軍中監督諸將的官員。劉邦對陳平的這一任命，屬於臨時設置。負責監督和協調各將領的行動。㉙讙　喧譁。㉚長者　這裡指資歷老的將領們，是諸將自稱。㉛幸　寵信。㉜滎陽　縣名。治今河南滎陽東北。㉝亞將　相當於副將，次於主將的將領。㉞韓王信　韓王韓信，與淮陰侯韓信是兩人。詳見卷三十三〈韓王信傳〉。㉟軍　駐紮。㊱廣武　城名，舊址在今河南滎陽東北。㊲絳　絳侯周勃。㊳灌　指灌嬰。詳見卷四十一〈灌嬰傳〉。㊴如冠玉耳　如同裝飾冠帽的美玉而已。喻指外表好看，而內中空虛。㊵盜其嫂　與他的嫂子私通。㊶不中　不合；不合心意。㊷尊　尊重；器重。㊸官　封給官職。使動用法。㊹處　待遇；安排。㊺讓　責備。㊻尾生　古代傳說中徒知堅守信約而不知變通的人。尾生與一女子相約橋下，女子未來而洪水至，尾生遂抱柱死於橋下。㊼孝已　商高宗武丁之子，以有孝行著稱。㊽勝敗之數　勝敗的命運。㊾相距　對峙；相持不下。距，通「拒」。㊿遊　交往。51信者　講信用的人。52固　本來；原來。53多心　三心二意。54資　資用；費用。55誠　如果。56使　假使；假如。57具　通「俱」。58封　封存。59輸官　送交官府。60請骸骨　請求辭職。古時為官，看作是以身許君，進退不能自主，故辭官叫「請骸骨」。骸骨，指身體。61謝　道歉。62護軍中尉　武官名，負責監督和協調各將領的行動。

【語　譯】陳涉起兵稱王，派周市攻城略地，封立魏咎為魏王，和秦朝軍隊在臨濟交戰。陳平此前已辭別兄長陳伯，率領一群年輕人前去投奔魏王魏咎，被任命為太僕。陳平向魏王獻計，魏王不聽取。有人說他的壞話，陳平逃走了。

2　項羽攻城略地到黃河邊上，陳平前去歸附他，隨從入關攻破秦朝，項羽賜給陳平卿一級的爵位。後來項羽東歸在彭城稱王，漢王回師平定三秦後繼續向東進發。殷王反叛楚國，項羽就封陳平為信武君，率領魏王留在楚軍中的部下前去攻打，降服殷王而回。項王派項悍任命陳平做都尉，賞賜黃金二十鎰。過了沒多久，漢軍攻占殷地。項王惱怒，準備誅殺平定殷國的人。陳平害怕被殺，就把項羽所給的黃金和官印密封起來，派使者交還項王，而自己卻隻身仗劍抄小路逃走了。渡黃河時，船夫見他是個英俊男子，單身獨行，懷疑他是逃亡的將領，腰裡一定藏有金玉寶貝，盯著他，想要殺他。陳平心中害怕，便解開衣服袒露身子幫著划船。船夫知道他沒有什麼東西，才作罷。

3 陳平於是到脩武投靠漢王，通過魏無知求見漢王，漢王召他進去。這時候萬石君石奮擔任中涓，接受了陳平的名謁。陳平等十人都進去了，漢王賜給他們酒食。漢王說：「吃完了，就去客舍吧。」陳平說：「我為要事而來，我要說的不能拖過今天。」於是漢王和他交談當即就喜歡上了他，問道：「你在楚國任什麼官？」陳平答道：「擔任都尉。」當天漢王就任命陳平為都尉，讓他做自己的參乘，負責監督協調各位將領的行動。各位將領都喧譁起來，說：「大王偶爾得到楚軍的逃兵，不知道他本領高低，卻立即就和他共乘一輛車，派他監護我們這些老將！」漢王聽說後，更加寵幸陳平，並和他一起東進攻打項王。到彭城，被楚軍打敗，漢王率兵返回。一路上收集逃散的士兵到滎陽，讓陳平擔任亞將，隸屬韓王信，駐軍在廣武。

4 絳侯周勃、灌嬰等人詆毀陳平說：「陳平雖然是美男子，如同裝飾冠帽的美玉而已，內中不見得真有實在的本事。聽說陳平在家時，與他的嫂子私通；奉侍魏王不能容身，逃走歸順楚王；投靠楚王不得意，又逃走歸順漢王。如今大王器重並封給他官職，讓他監督和協調各位將領的行動。我們聽說陳平調派各位將領，送他金錢多的得到美差，送錢少的得到不好的差事。陳平，是個反覆無常的亂臣，希望大王明察他的行徑。」漢王對陳平也懷疑起來，就責怪魏無知，問道：「有這些事嗎？」魏無知說：「有。」漢王說：「那您為什麼說他是個賢能的人呢？」魏無知答道：「我所說的是才能，陛下所問的是品行。假如有尾生、孝已的品行，但對勝敗的機運沒有好處，陛下哪有閒功夫理會這些人呢？如今楚漢相爭，我舉薦奇謀之士，考慮的是他們的計謀確實有利於國家。至於私通嫂子、收受金錢又有什麼值得您疑慮的呢？」漢王召來陳平責問道：「我聽說先生為魏王效力不成，投靠楚王又逃走，現在又來與我交往，講信義的人就是這樣三心二意的嗎？」陳平說：「我投靠魏王，魏王不能採用我的計謀，因此就離開他投奔項王。項王不信任人，所任用、寵信的不是姓項的本家就是他妻子的兄弟，即使有奇謀之士也不能重用。我在楚國的時候就聽說漢王善於用人，所以就來歸順大王。我空身而來，不接受金錢就沒有什麼可以資用。如果我的計謀有值得採納的，希望大王採用；如果沒有可以採用的，那麼大王所賞賜的金錢都在這，請讓我封存起來送還，並辭去官職。」漢王表示歉意，重重賞賜了陳平，任命他為護軍中尉，全面監督協調各將領的行動。各將領才不敢再說什麼了。

1 其後，楚急擊，絕漢甬道❶，圍漢王於滎陽城。漢王患之，請割滎陽以西和。項王弗聽。漢王謂平曰：「天下紛紛，何時定乎？」平曰：「項王為人，恭敬愛人，士之廉節好禮者多歸之。至於行功賞爵邑❷，重❸之，士亦以此不附。今大王嫚而少禮，士之廉節者不來；然大王能饒❹人以爵邑，士之頑頓❺耆利❻無恥者亦多歸漢。誠各去兩短，集兩長，天下指麾❼即定矣。然大王資侮人❽，不能得廉節之士。顧楚有可亂者，彼項王骨鯁❾之臣亞父❿、鍾離眜⓫、龍且⓬、周殷⓭之屬，不過數人耳。大王能出捐數萬斤金，行反間⓮，間⓯其君臣，以疑其心，項王為人意忌⓰信讒，必內相誅。漢因舉兵而攻之，破楚必矣。」漢王以為然，乃出黃金四萬斤予平，恣所為，不問出入。

2 平既多以金縱⓱反間於楚軍，宣言⓲諸將鍾離眜等為項王將，功多矣，然終不得列地⓳而王，欲與漢為一，以滅項氏，分王其地。項王果疑之，使使至漢。漢為太牢之具⓴，舉進，見楚使，即陽驚曰：「以為亞父使，迺㉑項王使也！」

復持去，以惡草具㉒進楚使。使歸，具以報項王，果大疑亞父。亞父欲急擊下滎陽城，項王不信，不肯聽亞父。亞父聞項王疑之，迺大怒曰：「天下事大定矣，君王自為之！願乞骸骨歸！」歸未至彭城，疽㉓發背而死。

3 平迺夜出女子二千人滎陽東門，楚因擊之。平迺與漢王從城西門出去。遂入關，收聚兵而復東㉔。

4 明年，淮陰侯信破齊，自立為假齊王，使使言之漢王。漢王怒而罵，平躡㉕漢王。漢王寤㉖，迺厚遇齊使，使張良往立信為齊王。於是封平以戶牖鄉。用其計策，卒滅楚。

【章旨】以上是〈陳平傳〉的第三部分，生動地塑造了陳平在楚漢戰爭中輔助劉邦獲勝的智囊形象。他所發揮的作用，主要體現在：劉邦被困滎陽時，運用離間計離間楚國君臣；滎陽城李代桃僵夜出劉邦；躡足封韓信為齊王以安其心。劉邦採用陳平計策，最終滅楚。這一部分是了解陳平生平的基本史料，同時也是評說楚漢戰爭的基本史料。

【注釋】❶甬道　築有牆垣的通道。甬道在滎陽到敖倉之間，漢軍用以運輸糧草。❷行功賞爵邑　論功行賞，授爵位，封食邑。❸重　愛惜；吝惜。❹饒　慷慨施恩惠。❺頑頓　圓滑沒有骨氣。❻耆利　貪圖私利。耆，通「嗜」。❼指麾　一指點，一揮手。形容事情很容易辦到。麾，通「揮」。❽大王資侮人　大王天性喜歡輕慢士人。資，謂天資，天性。侮，即「侮」。❾骨鯁　比喻忠心剛直。鯁，魚骨。❿亞父　即范增，楚國的重要謀臣，項羽稱他為亞父以示尊敬。⓫鍾離眛　項羽部將。項羽死後，投靠韓信，後被迫自殺。⓬龍且　齊國人，項羽部將，後被韓信所殺。⓭周殷　項羽的大司馬，後降漢。⓮反間用計離間敵人，使起內訌。⓯間　離間；挑撥使疏遠。⓰意忌　猜忌。意，猜疑。⓱縱　大量派出。⓲宣言　公開散布；公開傳播。⓳列地　劃分土地。列，通「裂」。⓴太牢之具　豐盛的筵席。太牢，古代祭祀時三牲（牛、羊、豕）齊備稱為太牢。這裡代指最尊貴的待客之禮。㉑迺　竟然。㉒惡草具　惡劣的食物。草，粗劣。㉓疽　癰疽；毒瘡。㉔東　東行。㉕躡　踩。㉖寤　通「悟」。

【語　譯】此後，楚軍發動猛烈進攻，切斷了漢軍運輸糧草的甬道，把漢王圍困在滎陽城中。漢王憂心忡忡，請求割讓滎陽以西同楚軍講和。項王不答應。漢王對陳平說：「天下紛亂不休，什麼時候才能安定呢？」陳平說：「項王的為人，恭敬愛人，那些廉潔好禮的士人大多歸依他。但到了論功行賞、授官爵、封食邑的時候，卻又很吝嗇，士人因此又不歸附他。如今大王待人輕慢，不講究禮節，那些重操守講氣節的士人不肯前來；但是大王能夠慷慨地授人官爵、封人食邑，因此那些隨和圓通、貪圖私利、不講氣節的士人又多歸附漢國。如果各自去掉雙方的短處，集中雙方的長處，那麼天下可揮手而定。然而大王天性輕慢士人，所以不能得到那些廉潔之士。但楚國存在可以致亂的因素，項王身邊的骨鯁之臣無非亞父范增、鍾離眛、龍且、周殷這些人，也不過幾個人罷了。大王如果能夠拿出幾萬斤金，施行反間計，離間楚國君臣，使他們相互猜忌，項王為人猜忌多疑，聽信讒言，一定會引起內訌，相互誅殺。漢國乘機發兵攻擊，一定能攻破楚國。」漢王認為說得對，於是拿出四萬斤黃金交給陳平，聽憑他使用，不過問花費情況。

2　陳平用了許多黃金派人到楚軍中實行反間計，公開散布言論說鍾離眛等人做項王將領，功勞很多，然而終究不能劃地封王，想與漢軍結盟，消滅項王，瓜分楚國土地，各自為王。項王果然懷疑他們，派遣使者到漢營。漢王準備了最為豐盛的筵席，讓人抬著進來，一見到楚國的使者，便假裝吃驚地說道：「我們還以為是亞父的使者，原來竟是項王的使者！」又把筵席抬走，用粗劣的飯食招待楚王的使者。使者回去後，把這一切都報告給項王，項王果然懷疑亞父。亞父想要趕快攻下滎陽城，項王不信任他，不肯聽亞父的話。亞父聽說項王懷疑自己，於是大怒道：「天下事大局已定，大王您好自為之！我請求把我這把老骨頭賜給我回老家去！」亞父回家還沒走到彭城，背上毒瘡發作而死。

3 陳平於是趁黑夜派兩千名女子出滎陽城東門，楚軍就勢攻擊。陳平趁亂和漢王從城西門出城了。於是漢王進入函谷關，收集兵力再次東進。

4 第二年，淮陰侯韓信攻破齊國，自立為代理齊王，派使者去稟告漢王。漢王氣得大罵，陳平暗地裡踩了一下漢王。漢王醒悟，優待齊國的使者，派張良前去冊立韓信為齊王。漢王把戶牖鄉封給陳平。漢王採用陳平的計策，最終消滅了楚國。

1 漢六年，人有上書告楚王韓信反。高帝問諸將，諸將曰：「亟❶發兵阬❷豎子耳。」高帝默然。以問平，平固辭謝，曰：「諸將云何？」上具告之。平曰：「人之上書言信反，人有聞知者乎？」曰：「未有。」曰：「信知之乎？」曰：「弗知。」平曰：「陛下兵精孰與❸楚？」上曰：「不能過也。」平曰：「陛下將用兵有能敵韓信者乎？」上曰：「莫❹及也。」平曰：「今兵不如楚精，將弗及，而舉兵擊之，是趣❺之戰也，竊❻為陛下危❼之。」上曰：「為之奈何？」平曰：「古者天子巡狩❽，會諸侯。南方有雲夢❾，陛下第❿出，偽游雲夢，會諸侯於陳⓫。陳，楚之西界，信聞天子以好⓬出游，其勢必郊迎謁。而陛下因⓭禽⓮之，特⓯一力士之事耳。」高帝以為然，迺發使告諸侯會陳，「吾將南游雲夢」。上因隨以行。行至陳，楚王信果郊迎道中。高帝豫⓰具⓱武士，見信，即執縛之。語在信傳。

2 遂會諸侯於陳。還至雒陽，與功臣剖符定封，封平為戶牖侯，世世勿絕。平辭曰：「此非臣之功也。」上曰：「吾用先生計謀，戰勝克敵，非功而何？」平曰：「非魏無知臣安⑱得進？」上曰：「若⑲子可謂不背本⑳矣！」迺復賞魏無知。

3 其明年，平從擊韓王信於代。至平城㉑，為匈奴㉒圍，七日不得食。高帝用平奇計㉓，使單于閼氏㉔解，圍以得開。高帝既出，其計祕，世莫得聞。高帝南過曲逆㉕，上其城，望室屋甚大，曰：「壯哉縣！吾行天下，獨見雒陽與是耳。」顧問御史：「曲逆戶口幾何？」對曰：「始秦時三萬餘戶，間者㉖兵數起，多亡匿，今見㉗五千餘戶。」於是詔御史，更封平為曲逆侯，盡食之㉘，除前所食戶牖。

4 平自初從，至天下定後，常以護軍中尉從擊臧荼㉙、陳豨㉚、黥布。凡六出奇計㉛，輒益邑封㉜。奇計或頗祕，世莫得聞也。

【章旨】以上是〈陳平傳〉的第四部分，重點描寫陳平在漢朝開國之初輔助漢高祖平定天下的傳奇經歷：獻計偽遊雲夢擒韓信，解除劉邦的心頭大患；獻祕計助劉邦白登脫險。並且對陳平跟隨劉邦後「六出奇計」，關鍵時刻總能幫助劉邦解危脫困進行總結，與前魏無知舉薦陳平時所言「奇謀之士」相呼應。

【注　釋】❶亟　急速；趕快。❷阬　通「坑」。坑殺；活埋。❸孰與　何如；比起來怎麼樣。❹莫　無；沒有人。❺趣　通「促」。促使；驅使。❻竊　私自。自謙副詞。❼危　感到危險。❽巡狩　亦作「巡守」。古時天子視察諸侯所守的地方。按照古制，天子巡狩所至，諸侯應該前來朝見述職。❾雲夢　古湖澤名。其名稱、地域說法很多，大致指今湖北江漢平原及其周圍地區。❿第　但；只。⓫陳　縣名。治河南淮陽。⓬好　和好；善意。⓭因　乘機。⓮禽　通「擒」。⓯特　只；不過。⓰豫　通「預」。預先；提前。⓱具　準備。⓲安　哪裡；怎麼。⓳若　像。⓴背本　忘本。㉑平城　縣名。治今山西大同東北。㉒匈奴　北方部族名。亦稱胡。秦、漢之際，匈奴冒頓單于乘機南侵燕、代，邊將不能敵，往往私與勾結。高帝追韓王韓信，為冒頓所圍。㉓平奇計　有兩說。一說賄以珍寶。一說遊說閼氏，虛稱漢天子被圍中原將贈送絕色美女給單于，藉以誘導閼氏勸說單于放走漢家皇帝。㉔單于閼氏　匈奴君主的王后。單于，匈奴君主的稱號。閼氏，匈奴王后的稱號。㉕曲逆　縣名。治今河北完縣東南。㉖間者　近來。㉗見　通「現」。現存，動詞。㉘盡食之　把全縣都封給他作食邑。㉙臧荼　楚漢之際的風雲人物。曾被項羽封為燕王，後歸漢。至漢高帝五年起兵叛亂，失敗被殺。㉚陳豨　劉邦的將領，領兵鎮守邊地，叛漢，自立為代王，後失敗被殺。詳見卷三十四〈盧綰傳〉所附〈陳豨傳〉。㉛六出奇計　一對項羽、范增行反間計；二滎陽夜突圍；三勸立韓信為齊王；四偽遊雲夢擒韓信；五解平城之圍；六當是在進攻臧荼、英布、陳豨時所出，本傳無明文交代。㉜輒益邑封　每每增加封邑。輒，每每；總是。邑，食邑。

【語　譯】漢高帝六年，有人上書告發楚王韓信謀反。高帝問計於各位將領，將領們說：「趕快發兵活埋這小子算了。」高帝默然不語。就此事問陳平，陳平一再推辭，問道：「各位將領怎麼說？」皇上把他們的話全都告訴了陳平。陳平說：「有人上書說韓信謀反，別的人聽到了嗎？」皇上說：「沒有。」陳平又問：「韓信知道這事嗎？」皇上說：「不知道。」陳平再問：「陛下與楚相比，誰的兵力強？」皇上說：「比不過。」陳平問：「陛下的將領中用兵有能趕得上韓信的嗎？」皇上說：「沒有。」陳平說：「如今軍隊不如楚國的精壯，將領比不上韓信，卻要發兵攻打他，這是促使他起兵反叛啊，我個人認為陛下這樣做很危險。」皇上問：「那怎麼辦？」陳平說：「古代天子巡狩，會見諸侯。南方有個雲夢澤，陛下只要假裝巡遊雲夢，在陳縣會見諸侯。陳縣，位於楚國的西部邊界，韓信聽說天子以善意出遊，一定會出郊遠迎拜見陛下。陛下乘機抓住他，這只要一個大力士就能辦到的。」高帝認為對，就派使者遍告諸侯到陳縣會見，說「我將南遊雲夢」。皇上隨即起程。走到陳縣，楚王韓信果然在郊外的大路上迎接。高帝預先準備了武士，一見到韓信，就把他捆綁起來。詳細內容在〈韓信傳〉。

2 於是在陳縣會見了諸侯。高帝回到雒陽，和功臣剖分符券，確定封地，封陳平為戶牖侯，誓約子孫傳承不絕。陳平推辭道：「這不是我的功勞。」皇上說：「我用先生的計謀，克敵制勝，這不是你的功勞又是什麼？」陳平說：「沒有魏無知我哪裡能夠進見？」皇上說：「像先生這樣可說是不忘本啊！」就又賞賜了魏無知。

3 第二年，陳平跟隨高帝在代地攻打韓王韓信。到平城，被匈奴包圍，七天吃不到東西。高帝採用陳平妙計，派人向單于閼氏疏通，包圍圈得以解開，高帝脫困後，陳平的計策隱祕，世間沒有人得以知曉。高帝南行經過曲逆縣，登上城牆，望見房屋雄偉壯觀，說：「壯觀的大縣啊！我走遍天下，城池的壯觀只看到雒陽和這裡了。」回頭問御史：「曲逆縣戶數有多少？」御史答道：「秦朝時開始有三萬多戶，近來多次發生戰事，人口大多逃亡躲藏起來，現存五千多戶。」高帝當即下詔給御史，改封陳平為曲逆侯，把全縣都封給他作食邑，取消以前所封的戶牖食邑。

4 陳平自從跟隨高帝，到天下平定，常常以護軍中尉的身分跟隨高帝攻打臧荼、陳豨、黥布。總共六次進獻奇計，每每都增加了封邑。奇計有的很隱祕，世人無從知曉。

高帝從擊布軍還，病創❶，徐行❷至長安❸。燕王盧綰❹反，上使樊噲❺以相國將兵擊之。既行，人有短惡❻噲者。高帝怒曰：「噲見吾病，迺幾❼我死也！」用平計，召絳侯周勃受詔牀下，曰：「陳平乘馳傳❽載勃代噲將，平至軍中即斬噲頭！」二人既受詔，馳傳未至軍，行計⑨曰：「樊噲，帝之故人，功多，又呂后女弟呂嬃夫，有親且貴，帝以忿怒故欲斬之，即恐後悔。寧囚而致⑩上，令上自誅之。」未至軍，為壇⑪，以節⑫召樊噲。噲受詔，即反接，載檻車⑬詣⑭長安，而令周勃代將兵定燕⑮。

平行聞高帝崩，平恐呂后及呂嬃怒，迺馳傳先去。逢使者⑯詔⑰平與灌嬰屯於滎陽。平受詔，立復馳至宮，哭殊悲，因奏事喪前⑱。呂后哀之，曰：「君出休矣！」平畏讒之就⑲，因固請之，得宿衛⑳中。太后迺以為郎中令㉑，日傅教㉒帝。是後呂嬃讒迺不得行。樊噲至，即赦復爵邑。

【章　旨】以上是〈陳平傳〉的第五部分，描寫了陳平在劉邦去世前後的政治動盪之際，機智應對謀取自保。

【注　釋】❶病創　因受傷而病倒。劉邦攻黥布時，為流矢所中。創，傷。❷徐行　慢慢行走。❸長安　漢都城，在今陝西西安西北郊。❹盧綰　詳見卷三十四〈盧綰傳〉。❺樊噲　詳見卷四十一〈樊噲傳〉。❻短惡　指責、毀謗。短，指責別人的缺點、過失，動詞。惡，毀謗。❼幾　通「冀」。希望。❽馳傳　快速的傳車。本書卷一下〈高帝紀下〉如淳注引《漢律》「四馬高足為置傳，四馬中足為馳傳，四馬下足為乘傳，一馬二馬為軺傳。」傳，指驛站或驛站的馬車。❾行計　邊走邊商量。❿致　給與；送給。⓫壇　用土築的高臺。築臺宣布皇帝的詔書，是一種隆重的禮節。⓬節　古代使者所持用以作為憑證的信物，用竹或木製成。⓭檻車　周圍有柵欄的車輛，即囚車。⓮詣　到；往。⓯燕　封國名。在今河北北部，都薊（即北京西南）。⓰使者　朝廷的使者。⓱詔　帝王的命令。這裡作動詞用。按：高帝剛死，呂后害怕東方的劉氏諸王起兵危害諸呂，故命陳平、灌嬰駐軍滎陽，以防萬一。⑱喪前　指高帝靈柩前。⑲就　切近；成就。⑳宿衛　值宿宮廷，擔任警衛。㉑郎中令　官名。九卿之一，是皇帝侍從、警衛、顧問官員的首長。㉒傅教　輔佐、教導。

【語譯】高帝從打敗黥布的軍中歸來，因受傷病倒，慢慢行進到長安。燕王盧綰反叛，皇上派樊噲以相國的身分領兵攻打。樊噲動身以後，有人指責詆毀樊噲，高帝大怒：「樊噲見我病倒，就希望我死！」採用陳平的計策，召絳侯周勃在床邊受詔，說道：「陳平趕快乘驛站的傳車載著周勃去代替樊噲領兵，陳平到軍中將樊噲就地斬首！」兩人受詔後，乘傳車前往，未到軍中，邊走邊商量：「樊噲是高帝的老朋友，功勞多，又是呂后妹妹呂嬃的丈夫，和皇上既是親戚又地位顯貴，皇上因為一時忿怒所以要殺他，過後恐怕會後悔。還是把他囚禁起來交給皇上，讓皇上自己殺他好了。」他們沒有進入軍營，就築起高壇，用符節召來樊噲。樊噲接受詔書，立即把他反手捆起來，裝上囚車送往長安，而讓周勃接替樊噲統兵平定燕地。

陳平在回程途中聽說高帝駕崩，恐怕呂后和呂嬃發怒，就乘傳車先走。正遇上朝廷使者命令陳平、灌嬰屯兵滎陽。陳平受詔後，立即再驅車趕到宮中，哭得非常傷心，並乘機在高帝的靈柩前向呂后奏上差事。呂后哀憐陳平，說：「您出去休息吧！」陳平畏懼讒言加身，因而堅決請求在宮中宿衛。太后就任命他為郎中令，每天輔佐教導皇帝。這以後呂嬃的讒言沒能見效。樊噲到後，當即被赦免並恢復了爵位和封邑。

1 惠帝❶六年，相國曹參❷薨，安國侯王陵為右丞相，平為左丞相。

2 王陵，沛❸人也。始為縣豪，高祖微時兄事❹陵。及高祖起沛，入咸陽，陵亦聚黨數千人，居南陽❺，不肯從沛公。及漢王之還擊項籍，陵迺以兵屬漢。項羽取陵母置軍中，陵使至，則東鄉坐陵母❻，欲以招陵。陵母既私送使者，泣曰：

「願為老妾語❼陵，善事漢王。漢王長者，毋以老妾故持二心。妾以死送使者。」遂伏劍❽而死。項王怒，亨❾陵母。陵卒從漢王定天下。以善雍齒，雍齒，高祖之仇，陵又本無從漢之意，以故後封陵，為安國❿侯。

3 陵為人少文⓫任氣⓬，好直言。為右丞相二歲，惠帝崩。高后⓭欲立諸呂⓮為王，問陵。陵曰：「高皇帝刑白馬而盟曰：『非劉氏而王者，天下共擊之。』今王呂氏，非約也。」太后不說。問左丞相平及絳侯周勃等，皆曰：「高帝定天下，王子弟；今太后稱制，欲王昆弟諸呂，無所不可。」太后喜。罷朝，陵讓平、勃曰：「始與高帝唼血⓯而盟，諸君不在邪？今高帝崩，太后女主，欲王呂氏，諸君縱欲阿意⓰背約，何面目見高帝於地下乎！」平曰：「於面折⓱廷爭⓲，臣不如君；全社稷，定劉氏後，君亦不如臣。」陵無以應之。於是呂太后欲廢陵，迺陽遷陵為帝太傅，實奪之相權。陵怒，謝病免⓳，杜門⓴竟不朝請㉑，十年而薨。

【章　旨】以上是〈陳平傳〉的第六部分，是在〈陳平傳〉中插入的〈王陵傳〉。可分為兩層。第一層介紹王陵的生平和他與劉邦早年的交往。第二層主要描寫了王陵的性格特點。王陵在王諸呂問題上與呂后當面爭論，堅持維護漢高祖與群臣的白馬之盟。王陵的耿直與陳平的善於保全形成鮮明對照。此段內容較《史記》增加了在呂后欲封王諸呂問題上王陵、陳平的不同應答以及二人的對話，更形象的展示了王陵耿直、不善於隨機應變的性格特點，而陳平的回答則暗示安定劉姓天下需等待時機，也又一次生動塑造了陳平機智權變的形象。

【注釋】❶惠帝 漢惠帝劉盈。詳見卷二〈惠帝紀〉。❷曹參 詳見卷三十九〈曹參傳〉。❸沛 縣名。治所在今江蘇沛縣。❹兄事 以對待兄長的態度侍奉。❺南陽 郡名。在今河南西南部、湖北西北部，治宛縣（在今河南南陽）。❻東鄉坐陵母 讓王陵的母親向東坐著。鄉，通「嚮」。坐，使動用法。古以向東坐為尊。❼語 告訴；告誡。❽伏劍 引劍自殺。❾亨 通「烹」。烹煮。❿安國 縣名。治今河北安國東南。⓫少文 缺少文雅，不講客套。⓬任氣 放任意氣，不掩飾自己的感情。⓭高后 劉邦的正妻呂雉。詳見卷三〈高后紀〉。⓮諸呂 指呂后的姪子呂台、呂產、呂祿等。⓯唼血 同「歃血」。古代會盟時，宰牲，雙方口含牲血或蘸血塗於口旁，以表信誓。⓰阿意 屈從；迎合。⓱面折 當面指責人的過失。⓲廷爭 在朝廷上爭論。⓳謝病免 稱病辭職。⓴杜門 閉門不出。㉑朝請 也稱作「朝朔望」。漢代的春季朝會稱之為朝，秋季朝會稱之為請。漢代朝廷特許部分已經退休的大臣、宗室、列侯、外戚得以參與朝會，稱之為奉朝請。這是表示朝廷給予政治禮遇的特別方式。

【語譯】漢惠帝六年，相國曹參去世，安國侯王陵為右丞相，陳平為左丞相。

王陵，沛縣人。起初是縣裡的豪傑，高祖微賤時像侍奉兄長一樣對待王陵。等到高祖在沛縣起兵，攻入咸陽，王陵也聚起黨羽幾千人，駐紮在南陽，不願跟隨沛公。待到漢王回師攻打項羽，王陵才率兵歸附漢軍。項羽劫持王陵的母親安置在軍營中，王陵的使者到來時，項羽請王陵的母親向東而坐，想要以此招降王陵。王陵的母親隨後自己送使者，哭著說：「希望為我告訴王陵，好好侍奉漢王。漢王是長者，不要因為老身的緣故而三心二意。老身用死來送別使者。」說完引劍自殺。項王大怒，烹煮了王陵的母親。王陵終於跟隨漢王平定天下。王陵因為和雍齒要好，雍齒又是高祖的仇人，加之王陵最初沒有追隨漢王的意思，因此較其他功臣晚得封爵，封為安國侯。

王陵為人不講客套禮節，放任意氣，好直言不諱。他任右丞相兩年後，惠帝駕崩。高后想要立呂氏子弟為王，問王陵。王陵說：「高皇帝殺白馬與群臣盟誓：『不是劉氏子弟而稱王的，天下人共同攻打他。』如今立呂氏子弟為王，不符合白馬之盟。」太后不高興。問左丞相陳平和絳侯周勃等人，這些人都說：「高帝平定天下，封子弟為王；如今太后治理天下，要封呂氏子弟為王，沒什麼不可以的。」太后非常高興。退朝後，王陵責怪陳平、周勃說：「從前和高皇帝歃血盟誓時，各位難道不在場嗎？如今高帝駕崩，太后主政，要封呂氏子弟為王，各位一味曲意迎合、違背誓約；還有什麼臉面在地下見高皇帝！」陳平說：「在朝廷上當面爭論，指責別人過失，我不如您；保全社稷，安定劉家後代，您不如我。」王陵無話可說。呂后想要廢黜王陵，卻表面上提拔王陵做皇帝的太傅，實際上是剝奪他的丞相權力。王陵氣惱不過，稱病辭職，閉門謝客甚至拒不參加春秋兩季的大朝會，十年後就故世了。

1 陵之免，呂太后徙平為右丞相，以辟陽❶侯審食其❷為左丞相。食其亦沛人也。漢王之敗彭城西，楚取太上皇❸、呂后為質，食其以舍人❹侍呂后。其後從破項籍為侯，幸於呂太后。及為相，不治❺，監宮中，如郎中令，公卿百官皆因決事。

2 呂須常以平前為高帝謀❻執樊噲，數讒平曰：「為丞相不治事❼，日飲醇酒❽，戲婦人。」平聞，日益甚。呂太后聞之，私喜。面質❾呂須於平前，曰：「鄙語曰『兒婦人口❿不可用』，顧⓫君與⓬我何如耳，無畏呂須之譖⓭。」

3 呂太后多立諸呂為王，平偽聽⓮之。及呂太后崩，平與太尉⓯勃合謀，卒誅諸呂，立文帝⓰，平本謀⓱也。審食其免相，文帝立，舉⓲以為相。

4 太尉勃親以兵誅呂氏，功多；平欲讓勃位，迺謝病。文帝初立，怪⑲平病，問之。平曰：「高帝時，勃功不如臣；及誅諸呂，臣功亦不如勃。願以相讓勃。」於是迺以太尉勃為右丞相，位第一；平徙為左丞相，位第二。賜平金千斤，益封三千戶。

5 居頃之⑳，上益明習㉑國家事，朝而問右丞相勃曰：「天下一歲決獄㉒幾何？」勃謝不知。問：「天下錢穀一歲出入幾何？」勃又謝不知。汗出洽背，媿不能對。上亦問左丞相平。平曰：「各有主者㉓。」上曰：「主者為誰乎？」平曰：「陛下即問決獄，責㉔廷尉㉕；問錢穀，責治粟內史㉖。」上曰：「苟各有主者，而君所主何事也？」平謝曰：「主臣㉗！陛下不知其㉘駑下㉙，使待罪㉚宰相㉛。宰相者，上佐天子理陰陽㉜，順四時，下遂㉝萬物之宜，外填㉞撫四夷諸侯，內親附百姓，使卿大夫各得任其職也。」上稱善。勃大慙㉟，出而讓平曰：「君獨不素教我乎！」平笑曰：「君居其位，獨不知其任邪㊱？且陛下即問長安盜賊數，又欲彊對邪？」於是絳侯自知其能弗如平遠矣。居頃之，勃謝病請免相，而平顓㊲為丞相。

6 孝文二年，平薨，諡曰獻侯。傳子至曾孫何，坐略人妻棄市。王陵亦至玄孫，坐酎金㊳國除。辟陽侯食其免後三歲而為淮南王㊴所殺，文帝令其子平嗣侯。淄川㊵王反，辟陽近淄川，平降之，國除。

7 始㊶平曰：「我多陰謀㊷，道家㊸之所禁㊹。吾世㊺即廢，亦已㊻矣，終不能復起，以吾多陰禍㊼也。」其後曾孫陳掌㊽以衛氏親戚貴，願得續封之，然終不得也。

【章旨】以上是〈陳平傳〉的第七部分，是陳平後半生的傳記。可以劃分為四個層次。一是在〈陳平傳〉中插入的審食其的附傳。盡管文字有限，而對破解呂太后時期的政治實況，關係重大。二是簡敘陳平在呂太后、呂嬃之間虛與委蛇的政治策略。把陳平在呂后專權時期，避禍自保、韜光養晦、機變百出，以同情之心訴諸史冊。三是描寫了陳平在時機成熟時與周勃攜手誅滅呂氏集團，迎立漢文帝的事跡。四是在漢文帝時陳平不居功自傲，讓功周勃，在文帝群臣面前分說丞相職責。同時附帶述及陳平、王陵、審食其爵位的繼承情況。這部分內容除了仍是了解陳平生平事跡的基本史料外，也是了解呂氏集團發展覆滅過程的重要史料，尤其是陳平關於丞相職責的認識是研究宰相制度的極為珍貴的史料。

【注釋】❶辟陽　縣名。治今河北冀州東南。❷審食其　人名。事跡詳見下文。❸太上皇　對皇帝父親的尊稱。此處指稱劉邦的父親，是史家追述之語。❹舍人　此處指親近僚屬、家臣。❺不治　不處理丞相的職事。❻謀　出謀劃策。❼不治事　不處理政事。❽醇酒　醇厚的美酒。❾面質　當面對質。❿口　說的話。⓫顧　察看。⓬與　對於；對待。⓭譖　進讒言；說別人的壞話。⓮偽聽　假意聽從。⓯太尉　漢代最高軍事長官。⓰文帝　即漢文帝劉恆。詳見卷四〈文帝紀〉。⓱本謀　主謀。⓲舉　選用；選拔。⓳怪　認為奇怪。用作動詞。⓴居頃之　過了不久。㉑明習　明白熟悉。㉒決獄　審理和判決刑事案件。㉓主者　主管官員。㉔責　責成；查詢。㉕廷尉　官名。九卿之一，掌管刑獄司法。㉖治粟內史　官名。九卿之一，掌管錢糧。㉗主臣　有三解：一當時表示恭敬惶恐的習慣語。二主管群臣。三遵守臣道。㉘其　這裡是陳平自指。㉙駑下　愚劣卑下。駑，劣馬。引申為愚劣。㉚待罪　聽候辦罪。舊時官吏常怕因失職得罪，因此用待罪作為供職的謙辭。㉛宰相　君主時代行政首腦的泛稱。其職責是輔佐帝王，總理政務。但歷代所用官名和職權範圍各有不同。宰，主持。相，輔佐。㉜陰陽　古代用陰陽解釋萬物化生，凡天地、日月、晝夜、晴雨、男女等都分屬陰陽。㉝遂　申。㉞填　通「鎮」。鎮撫。㉟慙　「慚」的異體字。㊱邪　通「耶」。疑問語氣詞。㊲顓　通「專」。㊳酎金　皇帝祭祀宗廟時，令受封王侯獻金助祭，稱「酎金」。漢武帝時，曾經以酎金的數量或成色不足為罪名，大量罷廢侯國。㊴淮南王　指淮南厲王劉長。詳見卷四十四〈淮南王傳〉。㊵淄川　封國名。在今山東淄博西南部，都劇（今山東昌樂西北）。㊶始　當初；起始。追述之辭。㊷陰謀　暗中籌劃的詭祕計謀。㊸道家　戰國時期的學術流派之一。漢初興盛的黃老學派即為其支脈。陳平曾學習黃老之術，故有此說。㊹禁　禁戒。㊺世　後代；後嗣。㊻已　終止；完畢。㊼陰禍　暗中積下的禍根。㊽陳掌　漢武帝衛皇后的姊夫。

【語　譯】王陵被免官後，呂太后提拔陳平為右丞相，以辟陽侯審食其為左丞相。審食其也是沛縣人。漢王兵敗彭城向西逃亡時，楚人捉住太上皇、呂后作人質，食其以家臣的身分服侍呂后。後來跟隨漢王攻破項籍封侯，得寵於呂后。等他做了丞相，不處理丞相職事，監管宮中，如同郎中令一樣，公卿百官都通過他決斷政事。

2　呂嬃經常因為陳平以前為高帝出主意捉拿樊噲的事，多次詆毀陳平：「作為丞相，不理政事，每天喝美酒，玩弄女人。」陳平聽說後，更加放縱。呂太后聽到後，心中竊喜。她在陳平面前與呂嬃對質，說：「俗話說『小孩和女人的話不可信』，只看您對我怎麼樣，不要怕呂嬃說你的壞話。」

3　呂太后大肆立呂氏子弟為王，陳平假意聽從。等到呂太后駕崩，陳平和太尉周勃合謀，最終除掉了呂氏家族，迎立漢文帝，陳平是主謀。審食其被罷相，文帝當政後，任命陳平做丞相。

4　太尉周勃親自帶兵誅殺呂氏子弟，功勞大；陳平打算讓位給周勃，於是稱病不理政事。文帝剛剛登基，對陳平的託病感到奇怪，就問他。陳平說：「高帝時，周勃功勞不如我；等到誅滅呂氏，我的功勞又不如周勃。我希望把相位讓給周勃。」這樣文帝就讓太尉周勃任右丞相，位居第一；陳平調任為左丞相，位居第二。

文帝賜給陳平金錢千斤的重賞，增封食邑三千戶。

5 過了不多久，皇上逐漸明瞭熟悉國家政事，朝會時問右丞相周勃道：「全國一年處理多少刑事案件？」周勃告罪說不知道。又問：「全國一年的錢糧收支是多少？」周勃又告罪說不知道。汗溼沾衣，愧不能答。皇上又問左丞相陳平同樣的問題。陳平說：「各有主管官員。」皇上說：「主管者是誰？」陳平答：「陛下要問訴訟案件方面的就問廷尉；問錢糧收支方面的就問治粟內史。」皇上說：「如果各自都有主管官員，那麼您所主管的是什麼呢？」陳平告罪說：「微臣惶恐！陛下不知道我才智平庸，讓我忝居宰相之位。宰相的職責，上輔佐天子協理陰陽，順應四時，下讓萬物各得其宜，外鎮服四夷撫慰諸侯，內親近安撫百姓，使卿大夫各稱其職。」皇上聽後大為讚賞。周勃十分慚愧，出來後責怪陳平：「您怎麼平時不教給我這些呢！」陳平笑道：「您身居丞相之位，難道不知道宰相的職責嗎？如果陛下問您長安城中的盜賊數目，您也要勉強回答嗎？」從此絳侯知道自己的才能遠遠不如陳平。沒多久，周勃以有病為由請求免去丞相之職，因而陳平獨任丞相。

6 孝文帝二年，陳平死，諡稱獻侯。爵位傳給兒子，直到曾孫陳何，因強奪別人妻子的罪行被棄市處死。王陵的爵位也傳到玄孫，因為酎金成色不足封國被廢。辟陽侯審食其免官後三年被淮南王所殺，文帝令他的兒子審平繼承侯爵。淄川王謀反，辟陽靠近淄川，審平投降了他，封國被朝廷罷廢。

7 當初陳平說過：「我多用暗中籌劃的詭祕計謀，這是道家所禁忌的。我的後代如果被廢，也就完了，終究不能再興起，因為我暗中積下的禍根太多了。」後來他的曾孫陳掌因為是衛家的親戚而顯貴，希望能夠恢復陳氏原來的封號，但終究沒有成功。

周勃，沛人也。其先卷❶人也，徙沛。勃以織薄曲❷為生，常以吹簫給喪事❸，材官❹引強❺。

高祖為沛公初起，勃以中涓從攻胡陵❻，下方與❼。方與反，與戰，卻敵。攻豐❽。擊秦軍碭❾東。還軍留及蕭❿。復攻碭，破之。下下邑，先登。賜爵五大夫⓫。攻蒙⓬、虞⓭，取之。擊章邯⓮車騎殿⓯。略定魏地⓰。攻轅戚⓱、東緡⓲，以往至栗⓳，取之。攻齧桑⓴，先登。擊秦軍阿㉑下，破之。追至濮陽㉒，下甄城㉓。攻都關㉔、定陶㉕，襲取宛朐，得單父令㉖。夜襲取臨濟，攻壽張㉗，以前至卷，破李由㉘雍丘㉙下。攻開封㉚，先至城下為多。後章邯破項梁，沛公與項羽引兵東如㉛碭。自初起沛還至碭，一歲二月。楚懷王封沛公號武安㉜侯，為碭郡長。沛公拜勃為襄賁令㉝。從沛公定魏地，攻東郡㉞尉㉟於成武㊱，破之。攻長社㊲，先登。攻潁陽㊳、緱氏㊴，絕河津㊵。擊趙賁㊶軍尸㊷北。南攻南陽守齮㊸，破武關、嶢關。攻秦軍於藍田。至咸陽，滅秦。

【章旨】以上是〈周勃傳〉的第一部分。可以劃分為兩個層次：一是敘述周勃風雲際會之前的出身和職業；二是記載周勃追隨劉邦投身反秦戰爭的事跡。

【注釋】❶卷　地名。故址在今河南原陽西南。❷薄曲　蠶箔。用蘆葦或竹子編織的養蠶器具，像席子或篩子。❸吹簫給喪事　辦喪事時吹簫，相當於後世的吹鼓手。❹材官　步兵武士。❺引強　能拉強弓的弓箭手。❻胡陵　縣名。治今山東魚臺東南。❼方與　縣名。治今山東魚臺西。❽豐　邑名。治所在今江蘇豐縣。❾碭　郡名。在今河南、山東、安徽交界地區，治碭縣（今河南永城東北）。❿蕭　縣名。治今安徽蕭縣西北。⓫五大夫　爵位名。秦制，根據軍功大小定爵位二十級，第一級（最低級）為公士，第九級為五大夫。⑫蒙　縣名。治今河南商丘東北。原作「蘭」。據齊召南、王先謙說改。⑬虞　縣名。治今河南虞城北。⑭章邯　人名。原為秦少府，曾率軍鎮壓了陳勝起義，後被項羽擊敗、投降，封雍王。楚漢戰爭中被劉邦打敗、自殺。⑮殿　一說率軍作後衛部隊；一說本文中的「殿」、「最」、「多」都指戰功：上等功叫「最」，下等功叫「殿」，單獨立功叫「多」。⑯魏地　指今河南東部一帶。⑰轅戚　縣名。治今山東嘉祥南。⑱東緡　縣名。治所在今山東金鄉。⑲栗　縣名。治所在今河南夏邑。⑳齧桑　亭名。在今江蘇沛縣西南。㉑阿　指東阿縣，治今山東東阿西南。㉒濮陽　縣名。治今河南濮陽西南。㉓蘄城　地名。當作「甄城」。按：秦及兩漢時沒有蘄城縣，有蘄縣，治今安徽宿州南四十里蘄縣鎮。與上下文所述地理位置不符。查《史記‧絳侯周勃世家》作「甄城」，治今山東甄城北，距濮陽較近，當以《史記》為是。㉔都關　縣名。治今山東甄城東北。㉕定陶　縣名。治今山東定陶西北。㉖單父令　單父縣的縣令。單父，縣名。治所在今山東單縣。㉗壽張　縣名。治今山東東平西南。西漢時稱壽良縣，東漢改名壽張縣。㉘李由　秦三川郡的郡守，丞相李斯之子。㉙雍丘　縣名。治所在今河南杞縣。㉚開封　縣名。治今河南開封南。㉛如　往；到。㉜武安　縣名。治今河北武安西南。㉝襄賁令　《史記》作「虎賁令」，指統帥警衛部隊的將領。如果說是「襄賁令」，則地隔千里（在今山東蒼山西南），且屬東海郡。㉞東郡　郡名。在今山東西北部和河南東北部，治濮陽（今河南濮陽西南）。㉟尉　郡尉，掌一郡軍事。秦朝在郡設郡守、郡尉、郡監三個主要官吏。㊱成武　縣名。治所在今山東成武。㊲長社　縣名。治今河南長葛東北。㊳潁陽　縣名。治今河南許昌西南。㊴緱氏　縣名。治今河南偃師東南。㊵河津　黃河渡口。這裡指黃河的重要渡口平陰津，在今河南孟津東北。㊶趙賁　秦將。㊷尸　尸鄉。在今河南偃師西。㊸齮　人名。秦南陽郡守呂齮。

【語　譯】周勃，沛縣人。祖先是卷地人，後來遷徙到沛縣。周勃靠編織養蠶器具維持生活，常常在人家辦喪事時幫忙吹簫，後來成了步兵武士中拉強弓的射手。

高祖稱沛公剛起兵時，周勃以中涓身分跟隨高祖進攻胡陵，攻下方與。方與反叛，周勃參與戰鬥，擊退了敵人。攻打豐邑。在碭郡東面打擊秦軍。率軍回到留縣、蕭縣。再次進攻碭郡，攻破城池。攻下下邑，周勃最先登上城樓，賜爵五大夫。進攻蒙縣、虞縣，都攻下來了。攻打章邯的車騎部隊，周勃擔任漢軍後衛。平定魏地，攻打轅戚、東緡，直到栗縣，一個個都攻占了。攻打齧桑，他最先登上城樓。在東阿城下擊敗秦軍，奪得城池。追擊秦軍到濮陽，攻下甄城。進攻都關、定陶，襲取宛朐縣，活捉單父縣令。乘夜偷襲，奪取臨濟，進攻壽張縣，作為前鋒到達卷縣，在雍丘城下大敗李由。進攻開封，他最先到達城下，立功很多。後來章邯打敗項梁，沛公和項羽領兵東歸回到碭郡。從沛縣起兵開始到回到碭郡，共一年兩個月。楚懷王封沛公為武安侯，擔任碭郡的長官。沛公任命周勃為虎賁令。周勃跟隨沛公平定魏地，在成武進攻東郡郡尉，擊敗了他。攻打長社，他最先登上城牆。攻打潁陽、緱氏，封鎖黃河渡口平陰津。在尸鄉北面攻打趙賁的部隊。向南攻打南陽郡守呂齮，攻破武關、嶢關。在藍田攻擊秦軍。一直打到咸陽城，消滅了秦朝。

1 項羽至，以沛公為漢王。漢王賜勃爵為威武侯。從入漢中，拜為將軍。還定三秦，賜食邑❶懷德❷。攻槐里❸、好畤❹，最。北擊趙賁、內史❺保於咸陽，最。北救漆❻。擊章平、姚卬❼軍。西定汧❽。還下郿❾、頻陽❿。圍章邯廢丘⓫，破之。西擊益已⓬軍，破之。攻上邽⓭。東守嶢關。擊項籍。攻曲遇⓮，最。還守敖倉⓯，追籍。籍已死，因東定楚地泗水⓰、東海郡⓱，凡得二十二縣。還守雒陽、櫟陽⓲，賜與潁陰侯⓳共食鍾離⓴。以將軍從高祖擊燕王臧荼，破之易㉑下。所將卒當馳道㉒為多。賜爵列侯，剖符世世不絕。食絳㉓八千二百八十戶。

2 以將軍從高帝擊韓王信於代，降下霍人㉔。以前至武泉㉕，擊胡騎，破之武泉北。轉攻韓信軍銅鞮㉖，破之。還，降太原㉗六城。擊韓信胡騎晉陽㉘下，破之，下晉陽。後擊韓信軍於硰石㉙，破之，追北八十里。還攻樓煩㉚三城，因擊胡騎平城下，所將卒當馳道為多。勃遷為太尉。

3 擊陳豨，屠㉛馬邑。所將卒斬豨將軍乘馬降㉜。轉擊韓信、陳豨、趙利㉝軍於樓煩，破之。得豨將宋最、鴈門守圂㉞。因轉攻得雲中守遬㉟、丞相箕肆、將軍博。定鴈門郡十七縣，雲中郡十二縣。因復擊豨靈丘㊱，破之，斬豨、丞相程縱、將軍陳武、都尉高肆。定代郡九縣。

4 燕王盧綰反，勃以相國代樊噲將，擊下薊㊲，得綰大將抵、丞相偃、守陘、太尉弱、御史大夫施，屠渾都㊳。破綰軍上蘭㊴，後擊綰軍沮陽㊵。追至長城㊶，定上谷㊷十二縣，右北平㊸十六縣，遼東㊹二十九縣，漁陽㊺二十二縣。最㊻從高帝得相國一人，丞相二人，將軍、二千石㊼各三人；別破軍二，下城三，定郡五，縣七十九，得丞相、大將各一人。

【章　旨】以上是〈周勃傳〉的第二部分，主要記述周勃在楚漢戰爭以及漢初平定異姓諸侯王戰爭中的赫赫戰功。

【注　釋】❶食邑　又稱「采邑」，是君主賜給臣下的封地。❷懷德　縣名。治今陝西大荔東南。❸槐里　縣名。治今陝西興平東南。❹好畤　縣名。治今陝西乾縣東。❺內史　秦代京城的行政長官。❻漆　縣名。治所在今陝西彬縣。❼章平姚卬　章邯的部將。章平是章邯之弟。❽汧　縣名。治今陝西隴縣南。❾郿　縣名。治今陝西眉縣東北。❿頻陽　縣名。治今陝西富平東北。⓫廢丘　雍王章邯的都城。即上文提到的槐里（漢代將廢丘改名為槐里）。⓬益已　章邯的部將。⓭上邽　縣名。

治所在今甘肅天水。⑭曲遇　聚邑名。在今河南中牟東。⑮敖倉　秦代在敖山上建立的著名糧倉。故址在今河南鄭州西北邙山上。⑯泗水　郡名。漢初改名沛郡，治相縣（今安徽淮北西北）。⑰東海郡　郡名。項羽時建，地在今山東、江蘇交界地區，治郯縣（今山東郯城北）。⑱櫟陽　縣名。治今安徽鳳陽東。⑲潁陰侯　灌嬰的封號。潁陰，在今河南許昌。⑳鍾離　縣名。治今安徽鳳陽東。㉑易　縣名。治今河北雄縣西北十五里古賢村。㉒當馳道　在馳道（古代皇帝行駛車馬的交通大道）上阻擊叛軍。當，抵敵。㉓食絳　把絳作為食邑。絳，縣名。治今山西侯馬東北。㉔霍人　縣名。治今山西繁峙東。㉕武泉　縣名。治今內蒙古自治區呼和浩特東北。㉖銅鞮　縣名。治今山西沁縣西南。㉗太原　郡名。治今山西中東部，治晉陽（今太原西南）。㉘晉陽　縣名。治今山西太原西南。㉙硰石　邑名。治今山西靜樂東北。㉚樓煩　縣名。治所在今山西寧武。㉛屠　指屠城，即殺其民、毀其城。㉜乘馬降　陳豨的部將。姓乘馬，名降。《史記》作乘馬絺。㉝趙利　原戰國時期趙國君主的後裔，漢初韓王韓信與匈奴聯合叛漢之時，共同立趙利為王。屬於韓王韓信的黨羽。㉞鴈門守圂　鴈門郡守圂。鴈門，郡名。地在今山西西北部、內蒙古自治區南端，治善無（今山西右玉南）。守，郡守。圂，鴈門郡守的名字。㉟雲中守遬　雲中郡守遬。雲中，郡名。在今內蒙古自治區大青山以南一帶，治雲中（今托克托東北）。遬，雲中郡守的名字。㊱靈丘　縣名。治所在今山西靈丘。㊲薊　縣名。治今北京城西南隅。㊳渾都　即軍都，縣名。治今北京昌平西南。㊴上蘭　地名，即馬蘭溪，在今河北懷來東北。㊵沮陽　縣名。治今河北懷來東南。㊶長城　指今河北懷來北面的長城。㊷上谷　郡名。在今北京至河北張家口一帶，治沮陽（今河北懷來東南）。㊸右北平　郡名。在今河北東北部、遼寧西南端，治平剛（今遼寧凌源西南）。㊹遼東　郡名。在今遼寧大淩河以東，治襄平（在今遼陽）。㊺漁陽　郡名。在今河北境內北京東北地區，治漁陽（今北京密雲西南）。㊻最　總計；合計。㊼二千石　俸祿為二千石的官吏，漢代主要指郡守和諸卿。

【語　譯】項羽來到，封沛公做漢王。漢王賜封周勃為威武侯。周勃跟隨漢王進入漢中，被任命為將軍。回師平定三秦後，漢王把懷德賜給他作爵邑。攻打槐里、好時，周勃立了頭功。北進咸陽攻擊趙賁、內史保，又立頭功。向北救援漆縣，打敗章平、姚卬的軍隊。向西平定汧縣，回師攻下郿縣、頻陽。把章邯圍困在廢丘，並擊潰章邯軍。向西攻打益已的軍隊，大敗其軍。進攻上邽，往東守住嶢關。攻打項籍。進攻曲遇，立頭功。回守敖倉，追擊項籍。項籍已死，乘勢向東平定楚地的泗水郡、東海郡，共占領二十二個縣。回師守衛雒陽、櫟陽，高帝把鍾離縣賜給他和潁陰侯作為共同的食邑。周勃以將軍身分跟隨高帝攻打燕王臧荼，在易縣城下擊潰燕王。他所統率的士兵在馳道上阻擊叛軍，立功很多。高帝賜封列侯爵位，剖分符券，世代相傳不絕。賜封絳縣八千二百八十戶作他的食邑。

2 周勃以將軍的身分跟隨高帝在代地攻打韓王韓信，降服霍人縣。他率軍趕在諸將之前到達武泉縣，進攻匈奴騎兵，在武泉北擊敗對方。轉而在銅鞮攻打韓信的部隊，大敗韓信軍。回師時，降服太原郡六座城池。在晉陽城下攻打韓信和匈奴騎兵，打垮他們，拿下晉陽城。然後在硰石攻打韓信部隊，大敗韓信軍，追擊敗軍八十里。回軍攻下樓煩三座城池，乘勢在平城下進擊匈奴騎兵，他所統率的士卒在馳道上阻擊叛軍，立功很多。周勃被提升為太尉。

3 周勃攻打陳豨，屠滅馬邑縣城。所部將士斬殺陳豨的部將乘馬降。轉而進擊韓信、陳豨、趙利部隊於樓煩，大敗叛軍。活捉陳豨將領宋最、鴈門郡守圂。乘勢轉攻，捉住雲中郡守遬、丞相箕肆、將軍博。平定鴈門郡十七個縣，雲中郡十二個縣。乘勢再次在靈丘進擊陳豨，大破叛軍，斬殺陳豨、丞相程縱、將軍陳武、都尉高肆。平定代郡九縣。

4 燕王盧綰反叛，周勃以相國身分代替樊噲統兵，攻克薊縣，活捉盧綰的大將抵、丞相偃、郡守陘、太尉弱、御史大夫施，屠滅渾都城。在上蘭大敗盧綰的軍隊，後來在沮陽進擊盧綰的部隊。追擊盧綰軍隊到長城邊，平定上谷郡十二縣，右北平郡十六縣，遼東郡二十九縣，漁陽郡二十二縣。總計，周勃跟隨高帝生俘相國一人，丞相二人，將軍、二千石各三人；單獨領兵打垮了兩支軍隊，攻下三座城池，平定了五個郡、七十九個縣，活捉一個丞相、一個大將。

1 勃為人木彊❶敦厚❷，高帝以為可屬❸大事。勃不好文學，每召諸生說事，東鄉坐責❹之：「趣為我語。」其椎❺少文❻如此。

2 勃既定燕而歸，高帝已崩矣，以列侯事惠帝。惠帝六年，置太尉官，以勃為太尉。十年，高后崩。呂祿以趙王為漢上將軍❼，呂產以呂王為相國❽，秉❾權，欲危劉氏。勃與丞相平、朱虛侯章❿共誅諸呂。語在高后紀。

3 於是陰謀以為「少帝⓫及濟川、淮陽、恆山王皆非惠帝子，呂太后以計詐名它人子，殺其母，養之後宮，令孝惠子之⓬，立以為後，用彊呂氏⓭。今已滅諸呂，少帝即⓮長⓯用事⓰，吾屬無類矣，不如視⓱諸侯賢者立之」。遂迎立代王⓲，是為孝文皇帝。

4 東牟侯興居，朱虛侯章弟也，曰：「誅諸呂，臣無功，請得除宮⓳。」迺與太僕汝陰⓴滕公㉑入宮。滕公前謂少帝曰：「足下非劉氏，不當立。」迺顧麾㉒左右執戟㉓，皆仆兵㉔罷㉕。有數人不肯去，宦者令㉖張釋㉗諭告，亦去。滕公召乘輿車㉘載少帝出。少帝曰：「欲持我安之乎？」滕公曰：「就舍少府㉙。」迺奉天子法駕㉚，迎皇帝代邸㉛，報曰：「宮謹除。」皇帝入未央宮㉜，有謁者㉝十人持戟衛端門㉞，曰：「天子在也，足下何為者？」不得入。太尉往喻，迺引兵去，皇帝遂入。是夜，有司㉟分部㊱誅濟川、淮陽、常山王及少帝於邸。

5 文帝即位，以勃為右丞相，賜金五千斤，邑萬戶。居十餘月，人或說勃曰：

「君既誅諸呂，立代王，威震天下，而君受厚賞處尊位以厭[37]之，則禍及身矣。」勃懼，亦自危，迺謝請歸相印。上許之。歲餘，陳丞相平卒，上復用勃為相。十餘月，上曰：「前日吾詔列侯就國[38]，或頗未能行，丞相朕所重，其為朕率列侯之國。」迺免相就國。

6 歲餘，每河東[39]守尉[40]行縣[41]至絳，絳侯勃自畏恐誅，常被[42]甲，令家人持兵以見。其後[43]人有上書告勃欲反，下[44]廷尉，逮捕勃治之。勃恐，不知置辭。吏稍侵辱之。勃以千金與獄吏，獄吏迺書牘[45]背示之，曰「以公主為證」。公主者，孝文帝女也，勃太子[46]勝之尚[47]之，故獄吏教引為證。初，勃之益封，盡以予薄昭[48]。及繫急，薄昭為言薄太后[49]，太后亦以為無反事。文帝朝，太后以冒絮[50]提[51]文帝，曰：「絳侯綰[52]皇帝璽，將兵於北軍[53]，不以此時反，今居一小縣，顧[54]欲反邪！」文帝既見勃獄辭，迺謝[55]曰：「吏方[56]驗而出之。」於是使使持節赦勃，復爵邑。勃既出，曰：「吾嘗將百萬軍，安知獄吏之貴也！」

7 勃復就國，孝文十一年薨，諡曰武侯。子勝之嗣，尚公主不相中[57]，坐殺人，死，國絕。一年，文帝乃擇勃子賢者河內太守[58]亞夫復為侯。

【章　旨】以上是〈周勃傳〉的第三部分，為重點所在、精華所在。首先以惜墨如金的史家之筆，記述周勃「厚重少文」的性格特點，隨之詳細地記載了周勃與陳平等聯手鏟除呂氏集團、迎立漢文帝的經過，可補《史記》之不足。特別是以誅心之筆描寫周勃在迎立文帝之後遭到疑忌回到封國、被陷害入獄又被赦免的遭遇，與開始對周勃的赫赫戰功的描寫和劉氏將傾時周勃的誅呂安劉之功形成鮮明反差，反映了封建時代君臣關係的微妙。並簡要介紹了其死後爵位的繼承情況。

【注　釋】❶木彊　質樸剛強。❷敦厚　忠厚穩重。❸屬　託付。❹責　責令；命令。❺椎　直率；質樸。❻文　文飾。❼上將軍　官名。戰國至漢代，凡以重臣出任上將軍，即為武官之長。呂太后死前安排呂祿為上將軍，呂產為相國，就是以呂氏的核心人物，同時執掌文武大權。❽相國　官名。輔助皇帝綜理全國政務的最高行政長官。名位較丞相為高。漢高祖時，蕭何原為丞相，後來以參與誅殺韓信之功進位相國。漢惠帝六年，改相國為丞相。呂太后逝世前，陳平以丞相在位，呂太后死前安排呂產為相國，具有特拜的性質，目的在於使其位居群臣之上，以壓抑太尉周勃、丞相陳平等人。所以，此處的相國，應該理解為特殊的尊號。❾秉　把持。❿朱虛侯章　朱虛侯劉章。詳見卷三十八〈高五王傳〉。朱虛，縣名。治今山東臨朐東南。⓫少帝　呂后為漢惠帝所立的繼承人。呂后曾兩次立少帝。第一次取後宮美人所生子冒充漢惠帝張皇后所生，不久被廢並被幽禁。第二次所立為劉義（更名劉宏）。⓬子之　把他們當作兒子。⓭彊呂氏　增強呂家的力量。⓮即　如果。⓯長長大成人。⓰用事　親政；當政。⓱視　考察。⓲代王　漢文帝劉恆，初封代王，詳見卷四〈文帝紀〉。⓳除宮　清除皇宮，宮廷政變之後的除宮，實際上就是驅逐甚至斬殺原來的帝王以為新君即位掃除障礙。⓴汝陰　縣名。在今安徽阜陽。㉑滕公指夏侯嬰。夏侯嬰早年曾經擔任滕縣的縣令，故獲此尊稱。詳見卷四十一〈夏侯嬰傳〉。㉒麾　通「揮」。揮手叫人離開。㉓執戟　秦、漢時的宮廷侍衛官，因當值時手執戟，故稱。㉔仆兵　放下兵器。仆，放倒；推倒。㉕罷　離開。㉖宦者令　宦官首領，主管皇宮中事。㉗張釋　人名。《史記・呂太后本紀》作「張澤」。㉘乘輿車　皇帝所坐的便車。㉙少府　官名。九卿之一，掌管皇宮用度。此處指少府官署。㉚天子法駕　皇帝的車駕，規格次於大駕，屬車有四十六乘，大駕屬車八十一乘。詳見《後漢書》卷一百十九〈輿服志上〉。㉛代邸　指原來代王在京城長安設置的公館。㉜未央宮　漢宮名。位於長安城西南隅。在今陝西西北郊馬家寨村北。㉝謁者　皇宮中掌管接待賓客的侍衛之臣。㉞端門　宮殿的正門。㉟有司　古代設官分職，各有專司，故稱。㊱分部　分工執行。㊲厭　承當。㊳就國　回到封地，不在朝廷擔任職務。就，歸；返回。㊴河東　郡名。

在今山西西南部，治安邑（今山西夏縣西北）。㊵守尉　郡守、郡尉。㊶行縣　到所屬各縣巡視。㊷被　通「披」。㊸其後　指漢文帝四年（西元前一七六年）。㊹下　往下交付。㊺牘　書寫公文的木簡。㊻勃太子　周勃的太子。當時列侯的繼承人也可稱太子。㊼尚　秦漢時期娶公主為妻稱「尚主」。尚，為「侍奉」之意。㊽薄昭　薄太后的弟弟，封為軹侯。㊾薄太后　劉邦的妃子，漢文帝的母親。㊿冒絮　一種老年婦女戴的頭巾。(51)提　擲。(52)綰　繫結。(53)北軍　漢代守衛京城的衛戍部隊。未央宮在長安城西南，其衛兵稱南軍；長樂宮在長安城東面偏北，其衛兵稱北軍。呂后死後，命呂祿統率北軍，呂產統率南軍。周勃等平定呂氏之亂，首先奪取北軍的軍權，然後捕殺諸呂，廢少帝，迎立文帝。「綰皇帝璽，將兵於北軍」即指此事。(54)顧　卻；反而。(55)謝　道歉。(56)方　正在。(57)不相中　不和睦；不融洽。(58)文帝句　此十二字原作「弟」。據景祐本、閩本改。

【語　譯】周勃為人質樸剛強、忠厚穩重，高帝認為可以囑託大事。周勃不喜好儒學，每次召見儒生談論事情，自己向東而坐命令他們：「快為我說。」他的質樸不講究禮儀到了如此程度。

2 周勃平定燕國回來，高帝已經駕崩，他以列侯身分輔佐漢惠帝。漢惠帝六年，設置太尉官職，任命周勃為太尉。十年，高后駕崩。呂祿以趙王身分擔任漢朝的上將軍，呂產以呂王的身分任相國，把持大權，想要顛覆漢家天下。周勃和丞相陳平、朱虛侯劉章共同誅滅呂氏集團。詳細記載在〈高后紀〉。

3 於是周勃等人暗中策劃，認為「少帝和濟川王、淮陽王、恆山王都不是惠帝的兒子，是呂后使用詐計把別人所生的兒子假冒為惠帝的兒子，殺掉他們的母親，在後宮將他們養大，讓惠帝認他們做兒子，立為惠帝的後代，藉以加強呂家勢力。如今已經誅滅呂氏集團，但如果少帝長大後掌政，我們這些人就完了。不如考察諸侯中賢明的人立為皇帝」。於是迎立代王，這就是孝文皇帝。

4 東牟侯劉興居，是朱虛侯劉章的弟弟，他說：「誅滅呂氏家族，我沒有立功，請讓我清除皇宮。」就和太僕汝陰侯滕公一同入宮。滕公上前對少帝說：「足下不是劉家後代，不應立為皇帝。」接著回頭向少帝身邊執戟的兵士一揮手，兵士們放下武器離開了。有幾個人不肯離去，宦者令張釋曉諭他們，這幾個人也走了。滕公召便車載少帝出宮。少帝問：「要把我帶到哪裡去？」滕公說：「到少府官署住。」然後備好天子法駕，到代王在京中的府邸去接駕，報告說：「宮中已經謹慎地清除。」皇帝進入未央宮，有十名謁者持戟守在正門，說：「天子在裡面，足下是幹什麼的？」皇帝不能進去。太尉趕來曉諭他們，才帶兵器離開，皇帝於是進入。這天夜裡，有關官員分別在官邸殺死濟川王、淮陽王、常山王及少帝。

5 漢文帝即位，任命周勃為右丞相，賞賜金錢五千斤，食邑萬戶。過了十幾個月，有人對周勃說：「您既已誅滅呂氏集團，擁立了代王，威名震天下，您領受厚賞、身處尊位而心安理得，那麼災禍也就臨身了。」周勃害怕了，也覺得自己很危險，就辭官請求歸還相印。皇上答應了。過了一年左右，丞相陳平去世，皇上又起用周勃為丞相。過了十幾個月，皇上說：「前些時候我下詔讓列侯回到自己的封地，但有很多還沒有走，丞相您是我所敬重的，就替我作個表率帶領列侯回到封國去吧。」於是免除相職回到封國。

6 過了一年多，每當河東郡的郡守、郡尉巡視屬縣來到絳縣時，絳侯周勃害怕自己被殺，經常身披鎧甲，命令家人手持兵器護衛才與郡守、郡尉相見。此後有人上書告發周勃想謀反，朝廷把這件事交給廷尉處理，逮捕周勃治罪。周勃很恐懼，不知如何應答。獄吏頗為欺淩、侮辱他。周勃送千斤金錢給獄吏，獄吏就在公文的背面寫字暗示他，上面寫著「以公主為證人」。公主，就是孝文帝的女兒，周勃長子周勝之娶了她，所以獄吏告訴他請她作證。當初，周勃封賞增加的時候，增加的部分全都贈送給了薄昭。等到案件審理急迫的時候，薄昭就替他在薄太后那裡說情，薄太后也認為沒有謀反的事。文帝朝見時，薄太后用包頭巾摔投他，說道：「絳侯身繫皇帝大印，在北軍營壘統帥士兵，沒在那個時候謀反，如今在一個小小的縣裡，反而要謀反！」文帝已經看到了周勃的獄中供詞，就道歉說：「獄吏正在核實準備放他出去。」於是派使臣持節去赦免周勃，恢復他的爵位和食邑。周勃出獄後，說：「我曾統率百萬大軍，哪裡知道獄吏的尊貴啊！」

7 周勃又回到封國，在孝文帝十一年去世，謚號為武侯。兒子周勝之繼承爵位，他娶了公主，但感情不和，因犯殺人罪被處死，封國斷絕。過了一年，文帝選擇周勃兒子當中賢能的河內太守周亞夫封為列侯。

1 亞夫為河內守時，許負❶相之：「君後三歲而侯。侯八歲，為將相，持國秉❷，貴重矣，於人臣無二。後九年而餓死。」亞夫笑曰：「臣之兄以❸代父侯矣，有如❹卒，子當代，我何說侯乎？然既已貴如負言，又何說餓死？指視❺我。」負指其口曰：「從理❻入口，此餓死法❼也。」居三歲，兄絳侯勝之有罪，文帝擇勃子賢者，皆推亞夫，迺封為條❽侯。

2 文帝後六年❾，匈奴大入邊。以宗正❿劉禮為將軍軍⓫霸上，祝茲侯徐厲為將軍軍棘門⓬，以河內守亞夫為將軍軍細柳⓭，以備胡。上自勞⓮軍，至霸上及棘門軍，直馳入，將以下騎出入送迎。已而之細柳軍，軍士吏被甲，銳兵刃，彀⓯弓弩，持滿。天子先驅⓰至，不得入。先驅曰：「天子且至！」軍門⓱都尉曰：「軍中聞將軍之令，不聞天子之詔。」有頃，上至，又不得入。於是上使使持節詔將軍曰：「吾欲勞軍。」亞夫迺傳言開壁⓲門。壁門士請車騎曰：「將軍約，軍中不得驅馳。」於是天子迺按轡⓳徐行。至中營，將軍亞夫揖，曰：「介胄之士⓴不拜，請以軍禮見。」天子為動，改容㉑式車㉒。使人稱謝㉓：「皇帝敬勞將軍。」成禮而去。既出軍門，群臣皆驚。文帝曰：「嗟乎，此真將軍矣！鄉者㉔霸上、棘門如兒戲耳，其將固可襲而虜也。至於亞夫，可得而犯邪！」稱善者久之。月餘，三軍皆罷。迺拜亞夫為中尉㉕。

3 文帝且崩時，戒太子㉖曰：「即有緩急㉗，周亞夫真可任將兵。」文帝崩，亞夫為車騎將軍㉘。

4 孝景帝三年，吳楚反㉙。亞夫以中尉為太尉，東擊吳楚。因自請上曰：「楚兵剽輕㉚，難與爭鋒。願以梁委之㉛，絕其食道，乃可制也。」上許之。

5 亞夫既發，至霸上，趙涉㉜遮㉝說亞夫曰：「將軍東誅吳楚，勝則宗廟安，不勝則天下危，能用臣之言乎？」亞夫下車，禮而問之。涉曰：「吳王素富，懷輯㉞死士㉟久矣。此知將軍且行，必置間人㊱於殽黽阸陿之間。且兵事上㊲神密，將軍何不從此右去㊳，走藍田，出武關，抵雒陽，間不過差一二日，直入武庫㊴，擊鳴鼓㊵。諸侯聞之，以為將軍從天而下也。」太尉如其計。至雒陽，使吏搜殽黽間，果得吳伏兵。迺請涉為護軍㊶。

6 亞夫至，會兵滎陽。吳方攻梁，梁急，請救。亞夫引兵東北走昌邑㊷，深壁而守。梁王使使請亞夫，亞夫守便宜，不往。梁上書言景帝，景帝詔使救梁。亞夫不奉詔，堅壁不出，而使輕騎兵弓高侯㊸等絕吳楚兵後食道。吳楚兵乏糧，飢，欲退，數挑戰，終不出。夜，軍中驚㊹，內相攻擊擾亂，至於帳下。亞夫堅臥不起。頃之，復定。吳奔壁東南陬㊺，亞夫使備西北。已而其精兵果奔西北，不得入。吳楚既餓，迺引而去。亞夫出精兵追擊，大破吳王濞。吳王濞棄其軍，與壯士數千人亡走，保於江南丹徒㊻。漢兵因乘勝，遂盡虜之，降其縣，購吳王千金。月餘，越人㊼斬吳王頭以告。凡相守攻三月，而吳楚破平。於是諸將迺以太尉計謀為是。由此梁孝王㊽與亞夫有隙。

7 歸，復置太尉官。五歲，遷為丞相，景帝甚重之。上廢栗太子㊾，亞夫固爭之，不得。上由此疏之。而梁孝王每朝，常與太后㊿言亞夫之短(51)。

8 竇太后曰：「皇后(52)兄王信可侯也。」上讓曰：「始南皮(53)及章武(54)先帝不侯，及臣即位，迺侯之，信未得封也。」竇太后曰：「人生各以時行耳。竇長君在時，竟不得侯，死後，迺其子彭祖顧(55)得侯。吾甚恨之。帝趣侯信也！」上曰：「請得與丞相計之。」亞夫曰：「高帝約『非劉氏不得王，非有功不得侯。不如約，天下共擊之』。今信雖皇后兄，無功，侯之，非約也。」上默然而沮(56)。

9 其後匈奴王徐盧(57)等五人降漢，上欲侯之以勸後(58)。亞夫曰：「彼背其主降陛下，陛下侯之，即何以責人臣不守節者乎？」上曰：「丞相議不可用。」迺悉封徐盧等為列侯(59)。亞夫因謝病免相。

10 頃之，上居禁中[60]，召亞夫賜食。獨置大胾[61]，無切肉，又不置箸。亞夫心不平，顧謂尚席[62]取箸。上視而笑曰：「此非不足君所乎[63]？」亞夫免冠謝上。上曰：「起。」亞夫因趨出。上目送之，曰：「此鞅鞅[64]，非少主[65]臣也！」

11 居無何，亞夫子為父買工官[66]尚方[67]甲楯[68]五百被[69]可以葬者。取庸[70]苦之，不與錢。庸知其盜買縣官[71]器，怨而上變告子[72]，事連汙亞夫。書既聞，上下吏。吏簿責[73]亞夫，亞夫不對。上罵之曰：「吾不用也[74]。」召詣廷尉。廷尉責問曰：「君侯欲反何？」亞夫曰：「臣所買器，迺葬器也，何謂反乎？」吏曰：「君縱不欲反地上，即欲反地下耳。」吏侵之益急。初，吏捕亞夫，亞夫欲自殺，其夫人止之，以故不得死，遂入廷尉，因不食五日，歐血而死。國絕。

12 一歲，上迺更封絳侯勃它子堅為平曲[75]侯，續絳侯後。傳子建德，為太子太傅，坐酎金免官。後有罪，國除。

13 亞夫果餓死。死後，上迺封王信為蓋[76]侯。至平帝元始二年，繼絕世，復封勃玄孫之子恭為絳侯，千戶。

【章旨】以上是〈周勃傳〉的第四部分，為周勃之子周亞夫的傳記。重點講述了周亞夫駐軍細柳營時治軍的嚴整、平定吳楚七國之亂時的指揮若定以及在景帝欲侯皇后之兄王信問題上的持正不阿。以事實揭破景帝對周亞夫的不滿、猜忌是導致周亞夫不得善終的根本原因。而史家特書一筆「周亞夫死後，漢景帝就封王信為蓋侯」，更加透視出周亞夫的人生悲劇：為漢家天下的長治久安而得罪皇帝，自己卻落得下獄餓死的悲慘下場，真正是為誰辛苦為誰忙！

【注釋】❶許負　河內郡溫縣（今已併入沁陽縣）人，是一個善於看相的老婦。負，通「婦」。據《楚漢春秋》劉邦曾封許負為雌鳴亭侯。❷秉　通「柄」。權力。❸以　通「已」。已經。❹有如　倘若；如果。❺視　通「示」。❻從理　指臉上的豎紋。從，通「縱」。❼法　相法。❽條　縣名。治今河北景縣南。❾文帝後六年　漢文帝的後元六年，即西元前一五八年。漢文帝時尚無年號，但是他有前後兩個紀年。❿宗正　官名。九卿之一，負責皇族內部事務。⓫軍　駐紮；駐軍。⓬棘門　地名。在今陝西咸陽東北。⓭細柳　地名。在今陝西咸陽西南渭河北岸。⓮勞　慰勞。⓯彀　張滿弓箭。⓰天子先驅　皇帝出巡時的前導者。⓱軍門　營門。⓲壁　營壘。⓳轡　駕馭牲口的韁繩。⓴介冑之士　身穿鎧甲、頭戴頭盔的將士。㉑改容　表情變得嚴肅起來。㉒式車　將身子俯在車前的橫木上，以示敬禮。式，通「軾」。車前的橫木。㉓稱謝　向人致謝，表示感謝。㉔鄉者　以前；過去。鄉，通「向」。㉕中尉　武官名，掌管京城治安。㉖太子　指漢景帝劉啟。詳見卷五〈景帝紀〉。㉗緩急　指危急之事或發生變故之時。偏義複詞。㉘車騎將軍　將軍名，職位僅次於大將軍。㉙吳楚反　指漢景帝前元三年（西元前一五四年）吳、楚等七國發動的武裝叛亂。為首的是吳王劉濞，參加的有楚王劉戊、膠西王劉卬、膠東王劉雄渠、濟南王劉辟光、菑川王劉賢、趙王劉遂。㉚剽輕　剽悍兇猛，行動迅速。㉛以梁委之　意即先聽任吳兵攻梁而不救，用以牽制吳兵。梁，封國名。在今河南、安徽交界地區，建都睢陽（今河南商丘南）。委，捨棄。㉜趙涉　人名。㉝遮　攔在路上。㉞懷輯　同「懷集」。召集收買。㉟死士　敢死的武士。㊱間人　間諜、刺客之類的人員。㊲上　通「尚」。崇尚。㊳右去　就面東而言，即向右（向南方）繞道，避開殽黽的狹隘險道。㊴武庫　儲藏兵器的倉庫。㊵鳴鼓　即軍鼓。㊶護軍　武官名，軍中監督諸將的官員。㊷昌邑　縣名。治今山東金鄉西北。㊸弓高侯　將軍韓穨當的封號。弓高，縣名。在今河北景縣西北。㊹軍中驚　指周亞夫軍中發生的小的驚擾。《資治通鑑》作：「條侯軍中夜驚。」㊺陬　隅；角落。㊻丹徒　縣名。治今江蘇鎮江東。㊼越人　指東越人，是南方越人的一支，曾出兵跟隨劉濞叛亂，敗後退守東越。㊽梁孝王　劉武。詳見卷四十七〈文三王傳・梁孝王劉武〉。㊾栗太子　漢景帝所立的第一位太子劉榮，因其生母栗姬而得此名。詳見卷五十三〈景十三王傳・臨江閔王劉榮傳〉。㊿太后　竇太后。漢景帝之母。(51)短　不是處；缺點。(52)皇后　指景帝王皇后，武帝的生母。

53南皮　竇太后兄竇長君之子竇彭祖的封號。南皮，縣名。治今河北南皮東北。54章武　竇太后弟竇廣國的封號。章武，縣名。治今河北黃驊西北。55顧　反而。56沮　終止；阻止。57徐盧　據《史記》卷十九〈惠景間侯者年表〉作「唯徐盧」。58勸後　用以激勵以後的歸降者。勸，勸勉；激勵。後，後繼者。59悉封徐盧等為列侯　徐盧被封為容城侯，其餘是桓侯賜、遒侯陸強、易侯仆䵣、范陽侯范代、翕侯邯鄲。60禁中　指帝王所居宮內。61大胾　大塊未切開的肉。62尚席　官名。掌管皇帝宴席之事。63此非不足君所乎　舊有二說，一說釋為「賜君食而不設箸，此由我意於君有不足」，意思是說，請您吃飯而不在席上放筷子，這是因為我對您有不滿的地方；另一說釋為「非故不足君之食具，偶失之也」，意即不是故意不給您放筷子，是偶然的失誤。兩說均欠妥當，可釋為「這事您不滿意嗎？」不足，不滿足。君所，意即「在您這」的意思。所，或釋為「意」。不足君所即不使你滿意。64鞅鞅　通「怏怏」。表示不滿的神態。65少主　指太子劉徹。周亞夫反對立劉徹為太子，又反對封王皇后（劉徹的母親）的哥哥王信為侯，所以景帝擔心周亞夫將來不利於繼位人劉徹。66工官　官署名。主管製造日用器皿和武器的官府。67尚方　官署名。主造皇室所用刀劍等兵器及玩好器物。68甲楯　鎧甲、盾牌。甲，護身的鎧甲。楯，即盾，盾牌。69被　具；件。70庸　搬運甲楯的雇工。71縣官　天子的別稱。72上變告子　上書告發周亞夫之子有謀反之意。變，變故；緊急事件。73簿責　根據獄案文書所列罪狀加以審訊責問。74吾不用也　意即「我不用你的供詞，也可以定罪」。75平曲　侯國名。治今江蘇東海縣東南。76蓋　縣名。治今山東沂源東南。

【語　譯】周亞夫任河內太守時，許負給他看相說：「您三年後封侯。封侯八年後，任將相，掌握國家大權，位尊權重，大臣中無人可比。再過九年就會餓死。」亞夫笑著說：「我的兄長已經接替了父親的侯爵之位，如果他死了，應該由他兒子接替，我怎麼說得上封侯呢？況且既已經像您說的那樣顯貴，又怎麼說會餓死？請您指給我看。」許負指著他的嘴說：「臉上的豎紋通到口中，這就是餓死的面相啊。」過了三年，哥哥絳侯周勝之獲罪，文帝挑選周勃兒子中賢能者，都推舉周亞夫，於是封周亞夫為條侯。

2　漢文帝後元六年，匈奴大規模入侵邊境。文帝派宗正劉禮任將軍駐軍霸上，祝茲侯徐厲任將軍駐軍棘門，派河內郡守周亞夫任將軍駐軍細柳，以防備匈奴。皇上親自慰勞軍隊，到達霸上及棘門的軍營，長驅直入，將軍以下官兵都騎馬迎進送出。不久，到了細柳的軍營，軍士都身披鎧甲，手執銳器，張滿弓弩。天子的前導到了，不能進去。前導說：「天子要到了！」營門都尉說：「軍中只聽從將軍命令，不聽天子詔令。」過了一會，皇上駕到，還是不能進去。於是天子派使者手持符節詔令將軍：「我要慰勞軍隊。」周亞夫才傳令打開營門。守衛營門的軍士告知車騎侍從說：「將軍有令，軍營中車馬不得快速奔跑。」因此天子就緩轡而行。到了中軍大營，將軍周亞夫向天子拱手行禮，說道：「甲冑之士不行跪拜禮，請以軍中禮節參見。」天子為之動容，面容嚴肅起來，俯身在車前橫木上致敬。派人宣告：「皇帝恭敬地慰勞將軍。」勞軍禮畢，文帝離去。出了營門，群臣都很震驚。文帝說：「好啊，這才是真正的將軍啊！前面所見的霸上、棘門軍營如同兒戲，那裡的將軍根本就可輕易遭到襲擊而成為俘虜。至於周亞夫，會有機會侵犯嗎！」文帝稱讚了他很久。一個月後，三軍都撤回。任命周亞夫為中尉。

3 文帝駕崩前，告誡太子說：「國家如有急難，周亞夫確實可以擔當領兵的重任。」文帝駕崩景帝即位，周亞夫任車騎將軍。

4 孝景帝三年，吳楚反叛。周亞夫以中尉的本職代行太尉職權，率兵向東進攻吳楚。他乘機親自奏請皇上說：「楚軍剽悍兇猛，行動迅捷，難以和他們正面硬拼。希望暫時聽任他們進攻梁國不管，斷絕他們的糧道，才可以制服他們。」皇上同意了這個建議。

5 周亞夫已經出發，到達霸上，趙涉攔住周亞夫勸道：「將軍向東討伐吳、楚叛軍，如果勝利，則國家安定；如果失敗，則天下危亡。能採納我的建議嗎？」周亞夫下車，有禮貌的向他請教。趙涉說：「吳王向來很富足，召集死士已經很長時間了。這次知道將軍將要出行，一定會在殽山、黽池間的狹隘地帶布置間諜或刺客。況且軍事上講究以神速祕密為上，將軍為什麼不從此地往右邊繞過去，奔藍田，出武關，直達雒陽，時間上也不過差一兩天，直接進入武庫，敲響戰鼓。諸侯聽了，會以為將軍是從天而降。」周亞夫按照趙涉的計策行事。到雒陽，派官兵在殽山、黽池之間搜索，果然抓獲了吳國的伏兵。於是奏請趙涉擔任護軍。

6 周亞夫一到，就調集軍隊到滎陽。吳軍正在進攻梁國，梁國危急，請求救援。周亞夫卻率領軍隊向東北急行軍到昌邑，深溝壁壘，堅守不出。梁王派使者請求周亞夫救援，周亞夫堅守既定的策略，不發救兵。梁王上書奏明景帝，景帝下詔讓周亞夫救援梁國。周亞夫不奉詔，堅守營壘不出兵；卻派弓高侯等人率輕騎兵去切斷吳楚軍隊的後方糧道。吳楚叛軍缺少糧食、忍飢挨餓，想要退卻，多次前來挑戰，周亞夫終不出戰。有天夜裡，漢軍中發生驚擾，相互攻擊，一直鬧到周亞夫的營帳外。周亞夫卻安睡不動，過了一會安靜下來。吳軍前來攻擊軍營的東南角，周亞夫讓士兵在西北角戒備。不久吳軍精銳部隊果然前來攻打軍營的西北角，不能打進來。吳、楚兵士餓了，才引兵撤走。周亞夫派出精兵追擊，大破吳王劉濞。吳王劉濞丟下他的大部隊，和幾千名強壯士兵逃走，屯駐江南丹徒。漢兵於是乘勝追擊，全部俘虜了他們，降服吳國的縣邑，懸賞千金捉拿吳王。過了一個多月，東越人斬下吳王的頭前來報告。這次平叛從防守到反攻共三個月，吳、楚叛亂就被擊破平定。這時將領們才領會到太尉的策略是正確的。從此梁孝王和周亞夫之間有了隔閡。

7 周亞夫回來後，朝廷重新設置太尉官職。五年後，周亞夫由太尉調任丞相，景帝很敬重他。皇上廢黜栗太子，周亞夫堅決諫諍，沒有成功。皇上從此開始疏遠他。而梁孝王每次朝見，經常向太后說周亞夫的不是。

8 竇太后說：「皇后的兄長王信可以封侯。」皇上謙讓說：「當初南皮侯和章武侯先帝在時都沒有封侯，等到我即位，才封他們為侯，王信不能封侯。」竇太后說：「人生各自按當時的情況行事罷了。竇長君在世時，竟沒被封侯，死後，他的兒子竇彭祖反倒被封侯。我對此非常遺憾。皇上趕快封王信為侯！」皇上說：「請讓我和丞相商量一下。」周亞夫說：「高帝有盟約：『不是劉氏子弟不得封為王，沒有軍功的不能封侯。如果不遵守盟約，天下人共同攻擊他』。現在王信雖然是皇后的兄長，無有軍功，如果封侯，就是違背高帝的盟約。」皇上默然不語，只得作罷。

9 後來匈奴王徐盧等五人投降漢朝，皇上想封他們為侯以勸勉後來投降的人。周亞夫說：「他們背叛他們的主子投降陛下，陛下如果給他們封侯，以後怎麼責備臣子中不守節操的人呢？」皇上說：「丞相的建議不可採用。」於是把徐盧等五人全部封為列侯。周亞夫因此稱病辭去丞相之職。

10 不久，皇上在宮中召見周亞夫，請他吃飯。只擺設一大塊肉，沒有切碎的肉，也不擺筷子。周亞夫心中不快，回頭叫主管酒席的人拿筷子。皇上笑著說：「這裡準備的您不滿意嗎？」周亞夫免冠向皇上表示謝罪。

皇上說：「起來吧。」周亞夫就藉機快步走出。皇上一直看著他走出去，說：「這個憤憤不平的人，不適合做少主的臣子啊！」

11 過了不久，周亞夫的兒子為父親從工官官署的尚方購買了五百件皇家用來殉葬的鎧甲盾牌。徵用的雇工很辛苦，卻沒給工錢。雇工知道他是非法盜買皇家專用器物，心中怨恨就上書告發周亞夫的兒子要謀反，事情牽連到周亞夫。告發信送了上去，皇上交給有關官吏處理。官吏依照文書中列舉的罪狀責問周亞夫，周亞夫拒不答話。皇上罵道：「我不用你的供詞了。」下詔讓他到廷尉處受審。廷尉責問道：「君侯為什麼要謀反？」周亞夫說：「我所買的器物，都是葬器，怎麼說得上是謀反呢？」法吏說：「君侯即使不想在地上謀反，也是要到地下謀反。」獄吏淩辱他更加厲害。起初，官吏來逮捕周亞夫，周亞夫要自殺，他夫人阻止了，因此沒有死，就進了廷尉的大牢，五天不吃東西，吐血而死。封國斷絕。

12 一年後，皇上才改封絳侯周勃的另一個兒子周堅為平曲侯，延續絳侯的爵位。爵封傳給了兒子周建德，周建德曾做了太子太傅，後因為酎金成色不足被免官。後來犯了罪，封國被廢除。

13 周亞夫果然餓死。他死後，皇上就封王信為蓋侯。到漢平帝元始二年，恢復斷絕了的功臣的爵封，又封周勃玄孫的兒子周恭為絳侯，食邑千戶。

贊曰：聞張良之智勇，以為其貌魁梧奇偉，反若婦人女子。故孔子稱「以貌取人，失之子羽❶」。學者多疑於鬼神❷，如良受書老父，亦異矣。高祖數離❸困阸，良常有力，豈可謂非天乎！陳平之志，見於社下，傾側擾攘楚、魏之間，卒歸於漢，而為謀臣。及呂后時，事多故矣，平竟自免，以智終。王陵廷爭，杜門自絕，亦各其志也。周勃為布衣時，鄙樸❹庸人，至登輔佐，匡❺國家難，誅諸呂，立孝文，為漢伊周❻，何其盛也！始呂后問宰相，高祖曰：「陳平智有餘，王陵少戇❼，可以佐之；安劉氏者必勃也。」又問其次，云：「過此以後，非迺所及。」終皆如言，聖矣夫！

【章旨】以上作者以「贊」的形式對本卷傳主進行評說。對「守正」之德與「達變」之智兩種為臣之道，所持的理解和同情，無疑表達了作者的理性態度。

【注釋】❶子羽　孔子弟子澹臺滅明的字，相貌醜陋而品行善美。引文出自《韓非子・顯學篇》：「孔子曰：『以容取人乎，失之子羽；以言取人乎，失之宰予。』」《史記・仲尼弟子列傳》：「澹臺滅明，……狀貌甚惡。欲事孔子，孔子以為材薄。既已受業，退而修行，行不由徑，非公事不見卿大夫。南遊至江，從弟子三百人，設取予去就，名施乎諸侯。孔子聞之，曰：『吾以言取人，失之宰予；以貌取人，失之子羽。』」❷學者多疑於鬼神　學者大多對鬼神之說有所疑惑。此語脫胎於《史記・留侯世家》的太史公曰：「學者多言無鬼神，然言有物。」❸離　通「罹」。遭受。❹鄙樸　粗野憨厚。❺匡　匡正；挽救。❻伊周　伊尹和周公。伊，伊尹，商初大臣，曾輔佐商湯滅夏桀。後有流放殷王太甲的非常之舉。周，周公姬旦，周朝初年的著名政治家，周成王年幼，周公攝政（或有稱王之說），管叔、蔡叔聯合武庚發動叛亂，周公東征，平定了叛亂，安定周室。而有「返政成王」之舉。伊尹和周公聯稱，多指代有德的輔政大臣斷然行廢立君主之事。❼戇　憨厚剛直。

【語譯】史官評議說：聽說張良智勇雙全，以為他一定體貌不俗魁梧高大，豈知他反倒像婦人女子一般模樣。所以孔子說過「我以前用外貌來判斷一個人，因而錯看了子羽」。學者大多都懷疑鬼神，像張良接受黃石老人贈書，也就奇了。漢高祖數次遭受困厄，張良常常給與大力幫助，這難道不是天意嗎！陳平的志向，在社祭的時候就已經顯現出來，後來他艱難地跋涉在楚、魏之間，最終歸附漢王，成為漢朝謀臣。到呂后時，政事多變，陳平竟然能夠自免於禍，憑智慧終享天年。王陵在朝堂上直言抗爭，閉門不出，也是人各有志。周勃還是老百姓的時候，本是個粗野憨厚的普通人，等到登上高位，卻能匡扶社稷，挽救國家危難，誅滅呂氏家族，擁立孝文帝，成為漢朝的伊尹、周公，這是多麼功德顯赫啊！當初呂后詢問誰可任宰相，高祖說：「陳平智謀有餘，王陵稍顯憨直，可以輔助他；但是安定我劉家天下的一定是周勃了。」呂后又問以後的人，高祖說：「這以後的事，就不是你所能知道的了。」後來的事都被高帝說中，真是神了！

【研　析】〈張陳王周傳〉是了解楚漢戰爭以及漢初政治局勢的必讀篇目。傳主無論是在掃平群雄、平定天下的楚漢戰爭時期還是在漢初波譎雲詭的政治舞臺上都是熠熠閃光的人物，了解漢初的歷史，本卷中任何一個人物都是不可或缺的。

楚漢戰爭中，之所以漢勝楚敗，劉邦的善於用人是一個重要因素。張良的戰略謀劃、陳平的戰術權變、周勃的勇猛善戰，都在楚漢戰爭中發揮了重要作用。漢初，劉邦的這幾位重臣為穩定政局都做出了各自的貢獻。但由於各自的性格特點，在如何處理功臣與皇帝關係問題上有不同的特色，從而導致了各自不同的結局。

張良作為漢初三傑之一，無論是輔佐劉邦掃除群雄、平定天下還是在漢初廢立太子問題上都起了關鍵性的作用。但是張良在政局穩定後急流勇退、力圖遠離政治的漩渦，得以全身而退、終老天年。陳平則在呂后當政時期巧妙周旋，得以和周勃成就再造漢室之功，文帝時又謙讓自保，得以善終。王陵則性格耿直，為遵守「白馬之盟」而與呂后在朝堂上當面抗爭，被明升暗降，鬱鬱而終。周勃則以質樸敦厚而為漢高祖所信任，與陳平共同謀劃誅滅呂氏集團，擁立漢文帝。但是周勃卻由於漢文帝的疑忌而遭受牢獄之災。周勃之子周亞夫平定七國之亂，再安漢室，但是由於持正不阿受到漢景帝的猜忌，在受盡獄吏的凌辱後，餓死獄中。

本卷中的幾位傳主除張良外，都曾任職丞相，可謂是一人之下，萬人之上。但是各自人生志趣不同，造成不同的人生結局，揭示出古代「伴君如伴虎」的政治悲劇。

卷四十一

樊酈滕灌傳靳周傳第十一

【題解】〈樊酈滕灌傳靳周傳〉是在《史記》卷九十五〈樊酈滕灌列傳〉及卷九十八〈傳靳蒯成列傳〉記載的基礎上稍作調整、組合並略作補充而成。此卷主要記載漢初開國功臣樊噲、酈商、夏侯嬰、灌嬰、傅寬、靳歙、周緤等七人的事跡。史書所載諸人出身或詳或略，但樊噲屠狗、灌嬰販繒等事則無疑；正如蕭何、曹參崛起於「刀筆吏」，可窺見當時「世變」之一斑。七人之中，周緤情形與其他六人稍有不同：樊、酈等人以戰功而封侯食邑，周緤則常為「參乘」、對高帝忠心耿耿而封侯。此卷對於認識秦亡、楚敗、漢興的歷史進程有極大的幫助，但因多記戰事進展及攻城奪地等事，故讀來難免有枯燥乏味之感。但樊噲答項王語、排闥見高祖事，扣人心絃，頗富傳神之筆；酈寄賣友、滕公護幼等事，或發人深省，或活靈活現，亦可把弄玩味。

1 樊噲，沛人也，以屠狗❶為事。後與高祖俱隱❷於芒碭❸山澤間。

2 陳勝初起，蕭何、曹參使噲求迎❹高祖，立為沛公。噲以舍人從攻胡陵、方與，還守豐，擊泗水監❺豐下，破之。復東定沛，破泗水守薛西。與司馬𡰖❻戰碭東，卻❼敵，斬首十五級，賜爵國大夫❽。常從，沛公擊章邯軍濮陽，攻城先登，斬首二十三級，賜爵列大夫❾。從攻城陽❿，先登。下戶牖⓫，破李由軍，斬首十六級，賜上聞爵⓬。後攻圉⓭都尉⓮、東郡守尉於成武，卻敵，斬首十四級，捕虜十六人，賜爵五大夫⓯。從攻秦軍，出亳⓰南。河間守軍於杠里，破之。擊破趙賁軍開封北，以卻敵先登，斬候一人，首六十八級，捕虜二十六人，賜爵卿⓱。從攻破揚熊於曲遇。攻宛陵⓲，先登，斬首八級，捕虜四十四人，賜爵封號賢成君⓳。從攻長社⓴、轘轅，絕河津，東攻秦軍尸鄉，南攻秦軍於犨。破南陽守齮於陽城。東攻宛城，先登。西至酈㉑，以卻敵，斬首十四級，捕虜四十人，賜重封㉒。攻武關，至霸上㉓，斬都尉一人，首十級，捕虜百四十六人，降卒二千九百人。

3 項羽在戲下㉔，欲攻沛公。沛公從百餘騎因㉕項伯面見項羽，謝無有閉關事㉖。項羽既饗㉗軍士，中酒㉘，亞父㉙謀欲殺沛公，令項莊拔劍舞坐中，欲擊沛公，項伯常屏蔽之。時獨沛公與張良得入坐，樊噲居營外，聞事急，迺持盾入。初入營，營衛㉚止噲，噲直撞入㉛，立帳下。項羽目之，問為誰。張良曰：「沛公參乘㉜樊噲也。」項羽曰：「壯士。」賜之卮㉝酒彘肩㉞。噲既飲酒，拔劍切肉食之。項羽曰：「能復飲乎？」噲曰：「臣死且不辭，豈特[35]卮酒乎！且沛公先入定咸陽，暴師霸上，以待大王[36]。大王今日至，聽小人之言，與沛公有隙，臣恐天下解心疑大王也。」項羽默然。沛公如廁，麾[37]噲去。既出，沛公留車騎[38]，獨騎馬，噲等四人步從，從山下走歸霸上軍，而使張良謝項羽。羽亦因遂已[39]，無誅沛公之心。是日微[40]樊噲奔入營譙[41]讓項羽，沛公幾[42]殆[43]。

4 後數日，項羽入屠咸陽，立沛公為漢王。漢王賜噲爵為列侯，號臨武侯。遷為郎中[44]，從入漢中。

5 還定三秦，別擊西[45]丞白水[46]北，雍[47]輕車騎雍南[48]，破之。從攻雍、斄城，先登。擊章平軍好畤，攻城，先登陷陣，斬縣令丞各一人，首十一級，虜二十人，遷為郎中騎將。從擊秦車騎壤東，卻敵，遷為將軍。攻趙賁，下郿[49]、槐里[50]、柳中[51]、咸陽；灌廢丘，最[52]。至櫟陽，賜食邑杜[53]之樊鄉[54]。從攻項籍，屠煮棗[55]，擊破王武、程處軍於外黃。攻鄒[56]、魯[57]、瑕丘[58]、薛。項羽敗漢王於彭城，盡復取魯、梁地。噲還至滎陽，益食平陰[59]二千戶，以將軍守廣武[60]一歲。項羽引東，從高祖擊項籍，下陽夏[61]，虜楚周將軍[62]卒四千人。圍項籍陳，大破之。屠胡陵。

6 項籍死，漢王即皇帝位，以噲有功，益食邑八百戶。其秋，燕王臧荼反，噲從攻虜荼，定燕地。楚王韓信反，噲從至陳，取信，定楚。更賜爵列侯，與剖符，世世勿絕，食舞陽63，號為舞陽侯，除前所食。以將軍從攻反者韓王信於代。自霍人64以往至雲中65，與絳侯66等共定之，益食千五百戶。因擊陳豨與曼丘臣67軍，戰襄國68，破柏人69，先登，降70定清河、常山71凡二十七縣，殘72東垣，遷為左丞相。破得綦毋卬、尹潘軍於無終73、廣昌74。破豨別將胡人王黃軍代南，因擊韓信軍參合75。軍所將卒斬韓信，擊豨胡騎橫谷76，斬將軍趙既，虜代丞相馮梁、守孫奮、大將王黃、將軍77一人、太僕解福等十人。與諸將共定代鄉邑七十三。後燕王盧綰反，噲以相國擊綰，破其丞相抵78薊79南，定燕縣十八，鄉邑五十一。益食千三百戶，定食舞陽五千四百戶。從，斬首百七十六級，虜二百八十七人。別，破軍七，下城五，定郡六，縣五十二，得丞相一人，將軍十三人，二千石以下至三百石十二人。

【章　旨】以上是〈樊噲傳〉的第一部分，記述樊噲在秦末的反秦戰爭及楚漢戰爭中的赫赫戰功。

【注　釋】❶屠狗　殺狗。秦漢時有食用狗肉的習俗，故樊噲以屠狗為生。❷隱　隱匿；藏匿。❸芒碭　芒山、碭山的合稱，芒山在河南永城東北，碭山又在芒山北。❹求迎　尋找、迎接。當時高帝逃亡在外，故蕭何、曹參讓樊噲尋找、迎接之。❺監　秦時郡設守、尉、監等官，各有職事：守負責行政、尉主軍事、監專司監察。通常，郡監由中央派遣的御史擔任。參看本書卷一〈高帝紀〉，可知泗水監名平。❻司馬𡰪　司馬或被視為複姓，或被視為官職稱謂，𡰪為人名則無疑。❼卻　使卻。❽國

大夫　或解為官大夫，是二十等爵的第六級。❾列大夫　或解為公大夫，是二十等爵的第七級。❿城陽　秦縣，治所在今山東鄄城東南。城，一作成。⓫戶牖　陽武縣鄉名，在今河南蘭考東北。⓬上聞爵　又作「上間爵」，《史記・樊酈滕灌列傳》《集解》引孟康之說「不在二十爵中，如執圭執帛比也。」似為優寵之號。張晏注：「得徑上聞也。」⓭圉　縣名，在今河南杞縣南。⓮都尉　圉縣當設「尉」而無「都尉」，「都」字為衍文。〈高帝紀〉作「沛公攻破東郡尉於成武」，〈曹參傳〉作「其後從攻東郡尉軍，破之成武南」，《史記・樊酈滕灌列傳》作「從攻圍東郡守尉於成武」，故「圉都尉」三字或是衍文。⓯五大夫　二十等爵的第九級。⓰亳　同「薄」。縣名，在今山東曹縣南。⓱爵卿　高爵的泛稱。公士、上造、簪裊、不更，統稱為「士」爵；大夫、官大夫、公大夫、公乘、五大夫，統稱為「大夫」爵；左庶長、右庶長、左更、中更、右更、少上造、大上造、駟車庶長、大庶長，統稱為「卿」爵；關內侯、徹侯，統稱為「侯」爵。樊噲被賜爵卿，實際是賜予爵「卿」中的某一等爵位。⓲宛陵　地名，在今河南新鄭東北。⓳賢成君　爵號。秦制，列侯乃有封爵。楚漢之際，權設寵榮，假其位號，或得邑地，或空受爵。⓴長社　地名，在今河南長葛東，漢時屬潁川郡。㉑酈　縣名，在今河南南陽西北。㉒賜重封　賜給兩重封號。㉓霸上　亦作「灞上」，在今陝西西安東南白鹿原北，是咸陽、長安附近的軍事要地。㉔戲下　地名，在今陝西臨潼東。戲，水名，源自驪山，北流入渭水。㉕因　依靠；憑藉。㉖閉關事　關閉函谷關阻止項羽等諸侯進入關中之事。沛公進入咸陽，聽從「鯫生」的話，「距關，毋內諸侯，秦地可盡王矣。」引起項羽的強烈不滿，揮兵攻破函谷關，並打算率兵進攻沛公，形勢一觸即發。沛公聽從項伯、張良之言，親自向項王謝罪。㉗饗　犒勞。㉘中酒　酒酣。顏師古注：「飲酒之中也。不醉不醒，故謂之中。」㉙亞父　對范增的敬稱。㉚營衛　營帳的守衛者。㉛直撞入　顏師古注：「謂以盾撞擊人。」㉜參乘　即驂乘，也稱陪乘，位在車右，是警衛之人。㉝卮　盛酒器。㉞彘肩　豬腿。㉟特　但；只。㊱大王　對項羽的尊稱，出於史家追記。顏師古注：「時項羽未為王，故〈高紀〉云『以待將軍』。此言大王，史追書耳。」㊲麾　揮手。㊳車騎　顏師古注：「沛公所乘之車及從者之騎。」㊴遂已　滿足心意。㊵微　沒有。㊶譙　責備；責難。㊷幾　幾乎。㊸殆　危險；危急。㊹郎中　君王的親近侍衛之官。平時侍從君主，戰時隨從征戰。㊺西　縣名，在今甘肅天水西南。㊻白水　水名，具體指何水道，尚存爭議，多以今之白水江當之。另外或說白水為地名，在今甘肅秦安東。㊼雍　指雍王章邯的封國。㊽雍南　雍縣之南。雍，縣名。故治今陝西鳳翔南。㊾郿　縣名，在今陝西眉縣東。㊿槐里　縣名，漢王三年（西元前二〇四年）改廢丘置縣，在今陝西興平東南。(51)柳中　地名。顏師古注：「柳中即細柳地也，在長安西。」(52)最　功勞第一。(53)杜　縣名，在今陝西西安東南。(54)樊鄉　杜縣之鄉，在今陝西長安南。(55)煑棗　地名，在今山東東明南。(56)鄒　縣名，在今山東鄒城。

57魯 縣名，在今山東曲阜。58瑕丘 縣名，在今山東兗州北。59平陰 縣名，在今河南孟津東北。60廣武 地名，在今河南滎陽東北廣武山上。61陽夏 縣名，在今河南太康。62周將軍 周殷。秦末人，楚漢戰爭時，為楚大司馬。63舞陽 縣名，在今河南舞陽西北。64霍人 地名，在今山西繁峙東北。65雲中 縣名，在今內蒙古自治區托克托東北。66絳侯 指周勃，漢朝開國的重要功臣之一。詳見卷四十〈周勃傳〉。67曼丘臣 韓王信部下，隨韓王信反叛，兵敗後逃亡匈奴。後又與陳豨勾結，聯合反漢，兵敗被殺。68襄國 縣名，在今河北邢臺。秦名信都，項羽改為襄國。69柏人 縣名，在今河北隆堯西。70降 原作「降之」。王先謙說「之」衍文，當刪。71清河常山 清河，郡名，治清陽（今河北清河東南）。常山，郡名，治元氏（今河北元氏西北）。常山，原為恆山，避文帝名諱，故改為常山。72殘 殘滅；殘破。73無終 縣名，在今河北石家莊東北。74廣昌 縣名，在今河北淶源北。75參合 縣名，在今山西高陽南。76橫谷 縣名，在今河北蔚縣西北。77將軍 原作「將軍大將」。「大將」衍文，當刪。78抵 人名。燕王盧綰的大臣。此處記載為丞相，而《史記・絳侯周勃世家》記載「燕王盧綰反，勃以相國代樊噲將，擊下薊，得綰大將抵、丞相偃」，據此則抵為燕王盧綰的大將而非丞相。79薊 古地名，秦置縣，項羽封臧荼為燕王都於此。在今北京西南隅，因城西北有薊丘而得名。

【語譯】樊噲，沛縣人，以殺狗為生。後來與高祖隱匿芒、碭山林川澤中。

2 陳勝起兵反秦，蕭何、曹參讓樊噲找尋、迎接高祖，並擁立為沛公。樊噲以舍人身分跟隨高祖攻打胡陵、方與，回軍駐守豐地，攻打泗水監於豐縣附近，打敗敵軍。他東進平定沛縣，攻破泗水守於薛縣之西。又與司馬𡰖交戰於碭縣之東，使敵軍敗卻，斬首十五級，受賜國大夫的爵號。他常常跟從沛公，沛公在濮陽攻打章邯的部隊，樊噲最先登上敵城，斬首二十三級，被賜列大夫爵。跟從沛公攻打城陽，最先登上敵城。攻打戶牖，打敗李由的部隊，斬首十六級，被賜上聞爵。後攻打圉縣都尉、東郡守尉於成武，敗卻敵軍，斬首十四級，俘虜十六人，被賜五大夫爵。跟隨沛公攻打秦軍，經過亳縣南。河間郡守駐軍於杠里，樊噲攻破敵軍。攻打趙賁軍隊於開封縣北，因為敗卻敵軍，率先登上敵城，斬殺候一人，斬首六十八級，俘虜二十六人，被賜爵卿。跟從沛公攻打揚熊於曲遇。攻打宛陵，率先登城，斬首八級，俘虜四十四人，被賜爵及賢成君的封號。跟從沛公攻打長社、轘轅，率眾渡過黃河渡口，向東攻打秦軍於尸鄉，向南攻打秦軍於犨縣。在陽城攻破南陽太守呂齮。向東攻打宛城，率先登城。率軍西行至酈縣，因為敗卻敵軍，斬首十四級，俘虜四十人，被賜給兩重封號。攻打武關，行軍至霸上，斬殺都尉一人，斬首十級，俘虜一百四十六人，收降兵卒二千九百人。

3 項羽駐軍戲下，準備攻打沛公。沛公乘車及隨行騎士一百餘騎，通過項伯面見項羽，向項羽說明並沒有派人把守關口之事。項羽既犒勞將士，酒酣之際，亞父想要乘機謀殺沛公，讓項莊拔劍起舞於酒宴之中，打算擊殺沛公，項伯則一直以身體庇護沛公。當時僅有沛公與張良得以入座飲酒，樊噲則在營外等候，樊噲聽到情形緊急，於是持盾進入帳內。剛入營門，營門衛士攔住樊噲，樊噲則直接闖入，站在營帳內。項羽目視樊噲，問是何人。張良說：「沛公的參乘樊噲。」項羽說：「壯士。」賜給他卮酒、豬腿。樊噲飲酒後，拔劍切肉而食。項羽說：「還能再喝嗎？」樊噲說：「我連死都不害怕，難道會害怕喝酒！況且沛公率先進入並安定咸陽，揮軍退歸霸上風餐露宿，等待大王到來。如今大王您到來，卻聽信小人讒言，與沛公產生怨隙，我害怕天下人心離散而懷疑大王您。」項羽沉默不語。沛公起立去廁所，招樊噲離去。出營帳後，沛公撇下車騎，一個人騎馬，樊噲等四人步行跟隨，從山下跑至霸上軍營，而讓張良向項羽道歉謝罪。項羽也因為達成心願，不再有誅殺沛公的念頭。如果當天沒有樊噲奔入營帳、責讓項羽，沛公幾乎就有喪命的危險。

4 後來幾天，項羽率軍進入咸陽並屠城，封沛公為漢王。漢王賜樊噲列侯爵，號為臨武侯。樊噲被遷為郎中，跟隨沛公進入漢中封地。

5 漢王回軍平定三秦，樊噲單獨領兵攻打西縣縣丞於白水之北，雍王章邯的輕車騎部隊布防在雍縣以南，樊噲打敗這支敵軍。跟隨漢王攻打雍縣、斄城，率先登城。攻擊章平的部隊於好畤，攻打城池，率先登城，衝鋒陷陣，斬殺縣令、縣丞各一人，斬首十一級，俘虜二十人，被遷為郎中騎將。跟隨漢王攻打秦軍車騎部隊於壤地之東，擊退敵軍，被遷為將軍。攻打趙賁的軍隊，攻下郿、槐里、柳中、咸陽。水灌廢丘，樊噲功勞最大。行至櫟陽，漢王將杜縣樊鄉賞賜給樊噲作食邑。跟從漢王攻打項籍，屠滅煮棗城，攻破王武、程處的部隊於外黃。攻打鄒、魯、瑕丘、薛。項羽在彭城打敗漢王，奪回魯、梁地。樊噲還軍至滎陽，漢王將平陰二千戶增封為他的食邑，讓他以將軍之職鎮守廣武一年。項羽率兵東還，樊噲跟從高祖追擊項羽，攻下陽夏，俘虜楚周將軍兵卒四千人。圍攻項羽於陳縣，大敗之。屠滅胡陵。

6 項羽兵敗而死，漢王登基為皇帝，因為樊噲有功，加封食邑八百戶。當年秋天，燕王臧荼反叛，樊噲跟從高帝攻打並俘虜臧荼，平定燕地。楚王韓信反叛，樊噲跟隨高帝到達陳縣，擒獲韓信，平定楚地。高帝改賜樊噲列侯之爵，與他剖符定封，世世代代傳繼不絕，以舞陽為食邑，號為舞陽侯，此前所食封邑一併免除。樊噲以將軍之職跟從高帝在代地攻打反叛的韓王信。從霍人一直進軍至雲中，他與絳侯周勃等人共同平定韓王信封地，增封食邑一千五百戶。乘機攻打陳豨、曼丘臣的部隊，在襄國交戰，攻破柏人，樊噲率先登城，降服、平定清河、常山等共二十七縣，殘破東垣，遷為左丞相。在無終、廣昌攻破並俘虜綦毋卬、尹潘及其軍隊。攻破陳豨別將胡人王黃的軍隊於代南，乘勢攻打韓王信軍隊於參合。樊噲率領的將卒斬殺韓王信，攻打陳豨部下胡人騎兵於橫谷，斬殺將軍趙既，俘虜代丞相馮梁、郡守孫奮、大將王黃、將軍一人、太僕解福等十人。樊噲與諸將共同平定代地鄉邑七十三。後來燕王盧綰反叛，樊噲以相國統兵攻打盧綰，攻敗燕王丞相抵於薊南，平定燕地屬縣十八，鄉邑五十一。高帝增封樊噲食邑一千三百戶，確定舞陽縣五千四百戶為食邑。跟隨高帝作戰，樊噲斬首一百七十六級，俘虜二百八十七人。單獨率兵交戰，攻破敵軍有七次，攻下城池五座，平定六郡，平定五十二縣，俘獲丞相一人，將軍十三人，二千石以下至三百石不同級別官吏共十二人。

1 噲以呂后弟❶呂嬃為婦，生子伉，故其比諸將最親。先❷黥布反時，高帝嘗病，惡❸見人，臥禁中❹，詔戶者❺無得入群臣。群臣絳、灌等莫敢入。十餘日，噲迺排闥❻直入，大臣隨之。上獨枕一宦者臥。噲等見上流涕曰：「始陛下與臣等起豐沛，定天下，何其壯也！今天下已定，又何憊❼也！且陛下病甚，大臣震恐，不見臣等計事，顧獨與一宦者絕❽乎？且陛下獨不見趙高❾之事乎？」高帝笑而起。

2 其後盧綰反，高帝使噲以相國擊燕。是時高帝病甚，人有惡❿噲黨⓫於呂氏，即上一日宮車晏駕⓬，則噲欲以兵盡誅戚氏、趙王如意之屬。高帝大怒，迺使陳平載絳侯代將，而即軍中斬噲。陳平畏呂后，執噲詣長安。至則高帝已崩，呂后釋噲，得復爵邑。

3 孝惠六年，噲薨，諡曰武侯，子伉嗣。而伉母呂須亦為臨光侯，高后時用事顓權，大臣盡畏之。高后崩，大臣誅呂須等⓭，因誅伉，舞陽侯中絕數月。孝文帝立，迺復封噲庶子市人為侯，復故邑。薨，諡曰荒侯。子佗廣嗣。六歲，其舍人上書言：「荒侯市人病不能為人⓮，今其夫人與其弟亂而生佗廣，佗廣實非荒侯子。」下吏⓯，免。平帝元始二年⓰，繼絕世，封噲玄孫之子章為舞陽侯，邑千戶。

【章旨】以上是〈樊噲傳〉的第二部分，記述樊噲在劉邦稱帝後平定異姓諸侯王叛亂、爵邑傳承之事，文中又加敘樊噲與呂氏聯姻及嗣子由此獲誅等事。

【注釋】❶弟　古代妹也可稱弟。❷先　舊注為黥布謀反前，不確。楊樹達認為：先猶言前或初。〈張良傳〉載黥布反叛，高帝有疾。故高帝在黥布反叛時有病，不能說是在黥布謀反前。❸惡　厭惡。❹禁中　宮中。宮殿門戶有禁，嚴禁人隨意出入。❺戶者　把守門戶的侍衛。❻排闥　闖門而入。顏師古注：「闥，宮中小門也，一曰門屏也。」排，推，文中意為強行進入。❼憊　疲乏；困頓。❽絕　訣絕。❾趙高　秦人，任職中車府令，曾教授始皇少子胡亥。始皇死後，他與李斯篡改始皇遺詔，賜公子扶蘇、大將蒙恬等自盡，擁立胡亥為二世皇帝。專權擅斷，害李斯，逼殺二世，立子嬰為秦王，後被殺。❿惡　誹謗；詆毀。⓫黨　偏私；偏袒；為私利而勾結在一起。⓬宮車晏駕　是皇帝死亡的諱稱。⓭大臣誅呂嬃等　惠帝時，呂后把持朝政；惠帝去世後，呂后又臨朝稱制。她違背「白馬之盟」，封呂氏諸人為王，排擠劉姓諸侯王，打擊軍功貴族勢力。呂后一死，軍功貴族、劉氏諸王聯手發動政變，鏟除呂氏勢力，呂嬃亦因此被誅殺。⓮不能為人　因病不能行房事，不能生育。⓯下吏　交司法部門審理。⓰元始二年　西元二年。元始為平帝年號（西元一—五年）。

【語譯】樊噲娶呂后女弟呂嬃為妻，生下兒子樊伉，所以他與諸將相比更為親近高帝和呂后。在黥布謀反之初，高帝曾有病，厭惡見人，躺臥於禁中，令守門衛士不要讓大臣們進入。大臣周勃、灌嬰等不敢進入。十多天後，樊噲竟直接闖入宮中，大臣們緊隨其後。高帝正枕著一個宦官躺臥。樊噲等人見到高帝流淚哭泣說：「當初陛下您與我們起兵豐沛，平定天下，是多麼威武啊！如今天下已然平定，又是何等疲憊啊！況且陛下您病情嚴重，大臣們惶恐不安，而您又不召見我們謀議國事，難道要同這個宦官獨處而訣絕天下嗎？再說陛下難道沒有看過趙高專權禍國之事嗎？」高帝一聽便笑著起來。

2　後來燕王盧綰反叛，高帝命樊噲以相國率兵攻打燕王。當時高帝病情嚴重，有人私下告發樊噲與呂氏結黨，一旦皇帝駕崩，那麼樊噲就打算率兵誅殺戚氏、趙王如意等人。高帝盛怒，於是派陳平車載絳侯取代樊噲統帥眾軍，並於軍中斬殺樊噲。陳平畏懼呂后，拘捕樊噲返歸長安。到長安時，高帝已經去世，呂后釋放樊噲，恢復他的封爵及食邑。

3　孝惠帝六年，樊噲去世，諡號武侯，其子樊伉繼承爵位。而樊伉之母呂嬃亦被封為臨光侯。高后掌握政事擅弄威權，大臣都畏懼她。高后去世，大臣們誅殺呂嬃等人，樊伉亦被誅殺，舞陽侯爵位中絕幾個月。孝文帝登基，就又封樊噲的庶子樊市人為侯，恢復其原有食邑。樊市人去世，謚號荒侯。其子樊佗廣繼承爵位。六年後，佗廣的舍人上書告發說：「荒侯市人有病不能生育，讓他的夫人與弟弟淫亂而生育佗廣，佗廣實際上不是荒侯的子嗣。」佗廣被交付官府處置，免除爵位。平帝元始二年，使爵位傳承中斷的功臣後裔重新為侯，賜封樊噲玄孫的兒子樊章為舞陽侯，食邑一千戶。

1 酈商❶，高陽❷人也。陳勝起，商聚少年得數千人。沛公略地六月餘，商以所將四千人屬沛公於岐❸。從攻長社，先登，賜爵封信成君。從攻緱氏，絕河津，破秦軍雒陽東。從下宛、穰❹，定十七縣。別將❺攻旬關❻，西定漢中。

2 沛公為漢王，賜商爵信成君，以將軍為隴西❼都尉。別定北地❽郡，破章邯別將於烏氏❾、栒邑❿、泥陽⓫，賜食邑武城⓬六千戶。從擊項籍軍，與鍾離眛⓭戰，受梁相國印⓮，益食四千戶。從擊項羽二歲，攻胡陵。

3 漢王即帝位，燕王臧荼反，商以將軍從擊荼，戰龍脫⓯，先登陷陣，破荼軍易⓰下，卻敵，遷為右丞相，賜爵列侯，與剖符，世世勿絕，食邑涿郡⓱五千戶。別定上谷⓲，因攻代，受趙相國印⓳。與絳侯等定代郡⓴、鴈門㉑，得代丞相程縱、守相㉒郭同、將軍以下至六百石十九人。還，以將軍將太上皇衛一歲。十月㉓，以右丞相擊陳豨，殘東垣。又從擊黥布，攻其前垣㉔，陷兩陳，得以破布軍，更封為曲周㉕侯，食邑五千一百戶，除前所食。凡別破軍三，降定郡六，縣七十三，得丞相、守相、大將㉖各一人，小將㉗二人，二千石以下至六百石十九人。

【章旨】以上為〈酈商傳〉的第一部分，記述酈商反秦、反楚及在漢初平定異姓諸侯王的戰功業績。

【注釋】❶酈商　人名。漢初名臣，當時辯士酈食其的弟弟。❷高陽　地名，在今河南杞縣西南。❸岐　地名。大略位置在今河南開封東南至杞縣一帶。❹穰　縣名，在今河南鄧州。❺別將　單獨領兵作戰。將，統率。❻旬關　關名，舊址在今陝西旬陽。顏師古注：「先言攻旬關，定漢中，然後云沛公為漢王，是則沛公從武關、藍田而來，商時別從西道平定漢中。」❼隴西　郡名，治狄道（在今甘肅臨洮）。❽北地　郡名，秦時治義渠（今甘肅寧縣西北）。❾烏氏　又作閼氏、焉氏。縣名，在今寧夏固原東南。❿栒邑　縣名，在今陝西旬邑東北。⓫泥陽　縣名，在今甘肅寧縣東南。⓬武城　縣名，在今陝西華縣東北。⓭鍾離眛　項羽悍將。項羽敗亡後，鍾離眛逃歸楚王韓信。高帝疑韓信有反叛心，偽遊雲夢旨在誘擒韓信。當時，韓信惶恐不安，聽從他人之言，迫使鍾離眛自剄而死，並將其頭獻於高帝。但正如鍾離眛預言，「吾今死，公隨手亡矣」。⓮受梁相國印　顏師古注：「漢以梁相國印授之。」⓯龍脫　地名，在今河北徐水縣西。⓰易　縣名，在今河北雄縣西北。⓱涿郡　武帝元狩六年置，治涿縣（在今河北涿州）。此處所記，當為史家追書。⓲上谷　郡名，治沮陽（今河北懷來東南）。⓳受趙相國印　顏師古注：「初受梁相國印，今又受趙相國印。」⓴代郡　本代國，戰國趙武靈王置郡。秦、西漢時期，治代縣（今河北蔚縣東北代王城）。㉑鴈門　戰國趙武靈王置。秦、西漢治善無，即今山西右玉南。㉒守相　顏師古注：「守相，謂為相而居守者。」一說守為代理，守相是代理丞相。㉓十月　楊樹達據本傳敘述酈商戰功上下文皆無年月，故認為當屬上讀。意謂酈商作太上皇護衛一年又十月。可備一說。㉔前垣　《史記・樊酈滕灌列傳》作「前拒」，當指軍前以戰車為障，堅如垣牆。一說解為前鋒堅牢如垣牆。㉕曲周　縣名，在今河北曲周東北。㉖大將　原作「大將軍」。軍字為衍文，據景祐本刪。㉗小將　原作「小將軍」。軍字為衍文，據景祐本刪。

【語譯】酈商，是高陽人。陳勝起兵，酈商聚集年輕人約有數千。沛公攻城奪地六個多月，酈商才統率屬下四千人在岐地歸屬沛公。跟隨高帝攻打長社，酈商率先登城，高帝賜他爵號封為信成君。他跟隨高帝攻打緱氏，率眾封鎖黃河渡口，在雒陽東面攻破秦軍。跟從高帝攻下宛、穰二地，平定十七縣。他單獨統兵攻打旬關，率軍西進平定漢中。

2 沛公為漢王，賜封酈商信成君的封號，酈商以將軍之職兼任隴西都尉。單獨率兵平定北地郡，在烏氏、栒邑、泥陽攻破章邯別將，高帝賜給酈商武城縣六千戶當作食邑。酈商跟隨高帝攻打項羽的部隊，與鍾離眛交戰，接受梁國的相國印綬，加封食邑四千戶。跟從攻打項羽二年，攻打胡陵。

3 漢王登基為皇帝，燕王臧荼反叛，酈商以將軍的身分跟隨高帝攻打臧荼，與臧荼的軍隊在龍脫交戰，酈商率先登城，衝鋒陷陣，在易縣城下攻破臧荼的部隊，擊退敵軍，遷為右丞相，被賜爵列侯，高帝與他剖符定封，世世代代傳繼不絕，以涿郡五千戶為酈商的食邑。他另外率軍平定上谷，乘勢攻打代國，接受趙國相國的印綬。他與絳侯等人平定代郡、鴈門等地，俘虜代國丞相程縱、守相郭同、將軍以下至六百石的官吏十九人。還軍京城，他以將軍身分統率太上皇護衛一年。十月，酈商以右丞相率軍攻打陳豨，殘滅東垣。又跟隨高帝攻打黥布，攻打堅固的前鋒軍陣，攻陷兩個敵陣，才得以攻破黥布的軍隊，高帝改封他為曲周侯，食邑五千一百戶，此前食邑一併免除。總計酈商單獨領兵攻破敵軍三次，降服平定六郡，七十三縣，俘虜丞相、守相、大將各一人，小將二人，二千石以下至六百石的官吏十九人。

商事孝惠帝、呂后。呂后崩，商疾不治事❶。其子寄，字況，與呂祿善。及高后崩，大臣欲誅諸呂，呂祿為將軍，軍❷於北軍❸，太尉勃不得入北軍，於是乃使人劫❹商，令其子寄紿❺呂祿。呂祿信之，與出游，而太尉勃迺得入據北軍，遂以誅諸呂。商是歲薨，謚曰景侯。子寄嗣。天下稱酈況賣友。

孝景時，吳、楚、齊、趙反❻，上以寄為將軍，圍趙城，七月不能下。欒布自平齊來，迺滅趙。孝景中二年❼，寄欲取平原君為夫人❽，景帝怒，下寄吏，免。上迺封商它子堅為繆侯，奉❾商後。傳至玄孫終根，武帝時為太常，坐巫蠱❿誅，國除。元始中，賜高祖時功臣自酈商以下子孫爵皆關內侯，食邑凡百餘人。

【章　旨】以上為〈酈商傳〉的第二部分，主要敘述酈寄賣友及酈氏家族的爵邑傳襲、廢絕等事。

【注　釋】❶不治事　不處理政事。文穎注：「商有疾病，不能治官事。」❷軍　駐軍。❸北軍　西漢京師長安的衛戍部隊。駐軍長安城北，故名。❹劫　劫持；挾持。❺紿　欺騙。❻吳楚齊趙反　即「七國之亂」。漢初分封的同姓諸侯王勢力不斷膨脹，嚴重威脅朝廷安全。景帝時，聽取鼂錯建議，更定法令，著手削藩。故吳王劉濞等人在景帝前三年（西元前一五四年）以「誅鼂錯，清君側」為名起兵反叛，因為先後參加反叛的有七個諸侯國，故史稱「七國之亂」。❼孝景中二年　孝景帝的紀年年分，相當於西元前一四八年。漢景帝時期尚無年號紀年，在景帝七年（西元前一五〇年）之後，再稱元年，史稱「中元年」（西元前一四九年）。❽寄欲取平原君為夫人　原作「寄欲取平原君姊為夫人」。姊字為衍文，當刪。平原君，景帝王皇后的母親臧兒。取，通「娶」。當時臧兒尚未尊稱平原君，文中所記當為史官追書的結果。❾奉　承繼。❿巫蠱　又稱巫祠祝詛，是當時社會上流傳的帶有神祕色彩的習俗。巫是巫術，蠱是病痛或病毒。行巫蠱的人，以巫術或祝詛，或是利用偶像或放蠱毒來詛咒自己所嫉恨的人，以加害於人或祈求其早點死去。武帝晚年多疑、迷信，又加之當時社會上不安及宮廷廟堂間個人恩怨與緊張關係，終釀成慘痛的巫蠱之禍，不僅太子遇害，不少朝臣也因牽涉此事而死。

【語　譯】酈商侍奉孝惠帝、呂后。呂后去世，酈商因有病而不能處置政事。他的兒子酈寄，表字況，與呂祿交情友好。等高后去世，大臣們預謀誅殺呂氏。呂祿當時為將軍，在北軍軍營駐軍，太尉周勃不能進入北軍軍營，於是派人劫持酈商，讓酈寄欺哄呂祿。呂祿相信酈寄的話，和他出遊，而太尉周勃才得以進入統帥北軍，於是由此誅殺呂氏。酈商當年去世，謚號景侯。其子酈寄繼承爵位。天下人說酈況出賣朋友。

孝景帝時，吳、楚、齊、趙諸國反叛朝廷，景帝任命酈寄為將軍，圍攻趙城，七月都沒有攻下。欒布自平定齊國的戰場率軍到來，才攻滅趙國。孝景帝中二年，酈寄想要娶後來受封為平原君的臧兒為妻子，景帝生氣，下令將酈寄交付官府處置，免除爵位。景帝於是封酈商庶子酈堅為繆侯，承繼酈商爵邑。爵邑傳承到玄孫酈終根，酈終根武帝時任職太常，因觸犯巫蠱罪名而被誅殺，罷黜封國。漢平帝元始年間，封賜高祖時代的功臣自酈商以下的子孫均為關內侯，享有食邑的有一百餘人。

夏侯嬰，沛人也。為沛廄司御❶，每送使客，還過泗上亭，與高祖語，未嘗不移日❷也。嬰已而❸試補❹縣吏，與高祖相愛❺。高祖戲而傷嬰，人有告高祖。高祖時為亭長，重坐傷人❻，告故不傷嬰❼，嬰證之。移獄覆❽，嬰坐高祖繫歲餘，掠笞❾數百，終脫高祖。

【章旨】以上是〈夏侯嬰傳〉的第一部分，主要敘述夏侯嬰與高祖的交情。

【注釋】❶沛廄司御　沛縣驛站負責駕車的人員。廄，廄置；驛站。司御，負責駕車的人員。❷移日　原意是說日影移動較大的距離。文中喻指交談甚歡，不覺時間已過許久。❸已而　不久。❹試補　試任，在正式擔任某職之前試用一段時間。❺相愛　關係親密、友好。❻重坐傷人　加重處罰傷人之罪。漢高祖時為亭長，如果觸犯傷人之罪，將被加重處刑。顏師古注：「為吏傷人，其罪重。」這應該視為秦朝嚴於治吏的體現。❼告故不傷嬰　自行申訴原本就沒有傷害夏侯嬰。告，自行申訴。故，原本；本來。❽移獄覆　轉審案件時案情結論出現了反覆。❾掠笞　用竹、木之類的刑具笞打。

【語譯】夏侯嬰，是沛縣人。他是沛縣驛站負責駕車的人員，每當送使者和客人，回來路過泗上亭，他與高祖交談，總要談個老半天的。不久，夏侯嬰被試用為縣里的小吏，與高祖很要好。高祖在嬉戲打鬧時誤傷了夏侯嬰，有人告發高祖。高祖當時做亭長，法律規定官吏傷害他人則加重懲治，高祖自行申訴原本就沒有傷害夏侯嬰，夏侯嬰也為高祖作證。轉審案件時案情結論出現了反覆，夏侯嬰因替高祖頂罪而被關押獄中一年多，被笞打數百下，最終使高祖開脫了此項罪名。

1 高祖之初與徒屬❶欲攻沛也，嬰時以縣令史為高祖使。上降沛一日，高祖為沛公，賜爵七大夫，以嬰為太僕，常奉車❷。從攻胡陵，嬰與蕭何降泗水監平，平以胡陵降，賜嬰爵五大夫。從擊秦軍碭東，攻濟陽❸，下戶牖，破李由軍雍丘，以兵車趣攻❹戰疾，破之，賜爵執帛。從擊章邯軍東阿、濮陽下，以兵車趣攻戰疾，破之，賜爵執圭。從擊趙賁軍開封，楊熊軍曲遇。嬰從捕虜六十八人，降卒八百五十人，得印一匱❺。又擊秦軍雒陽東，以兵車趣攻戰疾，賜爵封，轉為滕令❻。因奉車從攻定南陽，戰於藍田、芷陽❼，至霸上。沛公為漢王，賜嬰爵列侯，號昭平侯，復為太僕，從入蜀漢。

2 還定三秦，從擊項籍。至彭城，項羽大破漢軍。漢王不利，馳去。見孝惠、魯元，載之。漢王急，馬罷❽，虜在後，常蹶❾兩兒棄之，嬰常收載行，面雍樹❿馳。漢王怒，欲斬嬰者十餘，卒得脫，而致孝惠、魯元於豐。

3 漢王既至滎陽，收散兵，復振⓫，賜嬰食邑沂陽⓬。擊項籍下邑，追至陳，卒⑬定楚。至魯，益食茲氏⑭。

【章　旨】以上是〈夏侯嬰傳〉的第二部分，記述夏侯嬰在反秦、反楚戰爭中的功績。其中加敘夏侯嬰冒著生命危險，庇護惠帝、魯元公主等事。

【注　釋】❶徒屬　徒眾、部屬；被統屬的人。❷奉車　駕車。顏師古注：「為沛公御車。」❸濟陽　縣名，在今河南蘭考東北。❹趣攻　急攻。趣，通「促」。急速；趕快。❺匱　櫃子。❻滕令　滕縣縣令。滕，縣名，在今山東滕州西南。❼芷陽　縣名，在今陝西西安東北。漢文帝建霸陵於此，後改名為霸陵。❽罷　通「疲」。乏力；乏困。❾蹬　用腳撥開；用腳蹬踏。❿面雍樹　面對面地抱緊孩子。雍樹，是當時的一種方言，大人面對面地抱緊孩子，孩子則抱大人頸部，如同懸在樹上一般，故稱之為雍樹。雍，通「擁」。一說古時立乘，夏侯嬰恐小兒墮地，分別將之置於左右手邊抱著。⓫振　整頓；奮起。⓬沂陽　地名，地望不詳。⓭卒　終究；終於。⓮茲氏　縣名，在今山西汾陽東南。

【語　譯】起初高祖與徒屬準備攻打沛縣，夏侯嬰當時以縣令史的身分充任高祖的使者。高祖降服沛縣的這天，高祖稱沛公，賜夏侯嬰七大夫爵，任命他為太僕，時常在自己左右駕車。跟隨高祖攻打胡陵，夏侯嬰與蕭何降服泗水監平，平獻出胡陵歸降高祖，高祖賜夏侯嬰五大夫爵。跟隨高祖攻打秦軍於碭縣東，攻打濟陽，奪下戶牖，在雍丘他擊敗了李由的軍隊，以戰車快速進攻勇猛搏戰，擊敗敵軍，高祖賜他執帛的爵號。在東阿、濮陽城下，他跟隨高祖攻打章邯的軍隊，以戰車猛烈攻擊敵陣，攻破秦軍，高祖賜他執圭的爵號。他跟隨高祖攻打趙賁的軍隊於開封，攻擊楊熊的軍隊於曲遇。夏侯嬰跟隨高祖俘虜六十八人，收降士卒八百五十人，得到印章一櫃。在雒陽東，他又攻打秦軍，以戰車快速進攻勇猛搏戰，高祖賜他爵位，轉任滕縣縣令。因駕車跟隨高祖攻打、平定南陽，與敵軍戰於藍田、芷陽，行軍至霸上。沛公受封為漢王，賜給夏侯嬰列侯爵位，號為昭平侯，再次擔任太僕，跟隨高祖進入蜀、漢地區。

2 漢王回軍平定三秦，夏侯嬰跟隨漢王攻打項羽。行軍到彭城，項羽大敗漢軍。漢王戰事失利，倉惶而逃。

路上遇見孝惠帝、魯元公主，讓他們上車。漢王急於脫身，馬匹疲乏，後又有追趕的敵兵，多次用腳撥踹兩個孩子下車意欲拋棄他們，夏侯嬰多次把孩子撿起來放在車上前行，面對面地抱緊孩子快速奔馳。漢王為此大怒，十多次都打算殺夏侯嬰，他們最終還是得以逃脫，把孝惠帝、魯元公主送到豐邑。

3 漢王到達滎陽，收集散兵，重整軍威，將沂陽賞賜給夏侯嬰作食邑。攻打項羽於下邑，追至陳縣，最終平定楚地。到達魯地，漢王將茲氏縣增封給他作食邑。

1 漢王即帝位，燕王臧荼反，嬰從擊荼。明年，從至陳，取楚王信。更食汝陰❶，剖符，世世勿絕。從擊代，至武泉❷、雲中，益食千戶。因從擊韓信軍胡騎晉陽❸旁，大破之。追北❹至平城❺，為胡所圍，七日不得通。高帝使使厚遺閼氏❻，冒頓❼乃開其圍一角。高帝出欲馳，嬰固徐行❽，弩皆持滿外鄉，卒以得脫。益食嬰細陽❾千戶。從擊胡騎句注❿北，大破之。擊胡騎平城南，三陷陳，功為多，賜所奪邑五百戶。從擊陳豨、黥布軍，陷陳卻敵，益千戶，定食汝陰六千九百戶，除前所食。

2 嬰自上初起沛，常為太僕從，竟高祖崩。以太僕事惠帝。惠帝及高后德⓫嬰之脫孝惠、魯元於下邑間也，乃賜嬰北第⓬第一，曰「近我」，以尊異之。惠帝崩，以太僕事高后。高后崩，代王之來，嬰以太僕與東牟侯入清宮，廢少帝，以天子法駕⑬迎代王代邸⑭，與大臣共立文帝，復為太僕。八歲薨，謚曰文侯。傳至曾孫頗，尚平陽公主⑮，坐與父御婢姦，自殺，國除。

3 初嬰為滕令奉車，故號滕公。及曾孫頗尚主，主隨外家姓，號孫公主，故滕公子孫更為孫氏。

【章　旨】以上為〈夏侯嬰傳〉的第三部分，記述夏侯嬰在平定異姓諸侯王、鏟除諸呂叛亂、爵位傳承等事情，後又補敘夏侯氏改姓孫氏的原因。

【注　釋】❶汝陰　縣名，在今安徽阜陽。❷武泉　縣名，在今內蒙古呼和浩特東北武川境。❸晉陽　縣名，在今山西太原西南。❹追北　追逐敗兵。❺平城　縣名，在今山西大同東北。❻閼氏　匈奴王后的稱號。❼冒頓　匈奴單于名。秦二世元年（西元前二〇九年），冒頓殺死父親自立為單于。他率眾東征西伐，滅東胡，驅月氏，降服樓煩等部，控制河西、西域諸國，並占領河套地區，建立了一個東自遼東，西逾葱嶺，北達貝加爾湖，南抵長城的強大草原帝國。詳見卷九十四〈匈奴傳〉。❽嬰固徐行　夏侯嬰堅持緩緩行進。顏師古曰：「故示閑暇，所以固士卒之心，而令敵不測也。」❾細陽　縣名，在今安徽太和東南。❿句注　句注山，在今山西代縣西北。⓫德　恩德。文中用為動詞，感激恩德。⓬北第　鄰近北闕的宅舍。⓭法駕　皇帝的車駕，屬車六十四乘，規模次於大駕（屬車八十一乘）。⓮邸　邸舍；邸館。⓯平陽公主　西漢時期，見於記載的平陽公主有二：一為景帝之女，武帝之姊。本為陽信長公主，因嫁給平陽侯曹壽，故稱平陽公主。後曹壽有惡疾就封國，武帝下詔令她改嫁大將軍衛青；二為漢元帝之女，所適之家未見記載。夏侯嬰的曾孫夏侯頗所尚的平陽公主，肯定不是景帝之女；從年輩推測與元帝之女也未必相值，姑且存疑。

【語　譯】漢王登基為皇帝，燕王臧荼反叛，夏侯嬰跟隨高帝攻打臧荼。第二年，跟隨高帝到陳縣，俘獲楚王韓信。高帝將他的食邑改為汝陰，剖符定封，世代傳承不絕。跟隨高帝到代地，到達武泉、雲中，加封食邑一千戶。跟隨高帝在晉陽附近攻打韓信的胡人騎兵部隊，大破敵軍。追擊逃兵到平城，被匈奴包圍，七日無法與外聯繫。高帝派遣使者將厚禮送給閼氏，冒頓單于才開放包圍的一角。高帝出城想奔馳而去，夏侯嬰則堅持緩緩離開，將士拉滿弓弩對外，最終得以脫離險境。高帝增封夏侯嬰細陽食邑一千戶。跟隨高帝攻打胡人騎兵於句注北，大破敵軍。在平城南攻打胡人騎兵，三次衝鋒陷陣，功勞多，高帝將所奪邑地五百戶賞賜給他作為食邑。跟隨高帝攻打陳豨、黥布，衝鋒陷陣，擊退敵軍，加封食邑一千戶，高帝將汝陰六千九百戶作為他的食邑，此前所封食邑則免除。

2 夏侯嬰自從高祖起兵沛縣以來，常常任職太僕跟從高祖，一直到高祖去世。他又以太僕之職侍奉漢惠帝。漢惠帝及高后感激夏侯嬰在下邑路上解救惠帝、魯元公主，於是賜他最為鄰近北闕的住宅，說道「可以靠近我」，以示尊崇。惠帝去世，他又以太僕侍奉高后。高后去世，代王來到京師，夏侯嬰以太僕的身分與東牟侯進入皇宮清除異己勢力，廢黜少帝，並用天子乘用的車駕來代王官邸迎接，與大臣們擁立代王為文帝，又一次擔任太僕一職。八年後去世，諡號文侯。爵位傳承至曾孫夏侯頗，娶平陽公主為妻，因與父親侍婢通姦有罪，故自殺，封國被廢除。

3 起初，夏侯嬰為滕縣縣令駕車，故稱滕公。其曾孫夏侯頗娶公主為妻，公主又從外祖家姓，稱為孫公主，故滕公子孫改以孫氏為姓。

1 灌嬰，睢陽❶販繒❷者也。高祖為沛公，略地至雍丘，章邯殺項梁，而沛公還軍於碭，嬰以中涓從，擊破東郡尉於成武及秦軍於杠里，疾鬬，賜爵七大夫。又從攻秦軍亳南、開封、曲遇，戰疾力❸，賜爵執帛，號宣陵君。從攻陽武以西至雒陽，破秦軍尸❹北。北絕河津，南破南陽守齮陽城東，遂定南陽郡。西入武關，戰於藍田，疾力，至霸上，賜爵執圭，號昌文君。

2 沛公為漢王，拜嬰為郎中，從入漢中，十月，拜為中謁者❺。從還定三秦，下櫟陽，降塞王。還圍章邯廢丘，未拔。從東出臨晉關，擊降殷王❻，定其地。擊項羽將龍且、魏相項佗軍定陶南，疾戰，破之。賜嬰爵列侯，號昌文侯，食杜平鄉❼。

3 復以中謁者從降下碭，以北至彭城。項羽擊破漢王，漢王遁❽而西，嬰從還，軍於雍丘。王武、魏公申徒反，從擊破之。攻下外黃，西收軍於滎陽。楚騎來眾，漢王迺擇軍中可為騎將者，皆推故秦騎士重泉❾人李必、駱甲習騎兵，今為校尉，可為騎將。漢王欲拜之，必、甲曰：「臣故秦民，恐軍不信臣，臣願得大王左右善騎者傅❿之。」嬰雖少，然數力戰，迺拜嬰為中大夫，令李必、駱甲為左右校尉，將郎中騎兵擊楚騎於滎陽東，大破之。受詔別擊楚軍後，絕其饟⓫道，起陽武至襄邑⓬。擊項羽之將項冠於魯下，破之，所將卒斬右司馬、騎將各一人。擊破柘公⓭王武軍燕西，所將卒斬樓煩⓮將五人，連尹⓯一人。擊王武別將桓嬰白馬⓰下，破之，所將卒斬都尉一人。以騎度⓱河南，送漢王到雒陽，從北迎相國韓信軍於邯鄲。還至敖倉⓲，嬰遷為御史大夫。

4 三年，以列侯食邑杜平鄉。受詔將郎中騎兵東屬相國韓信，擊破齊軍於歷下，所將卒虜車騎將華毋傷及將吏四十六人。降下臨淄，得相田光。追齊相田橫至嬴[19]、博[20]，擊破其騎，所將卒斬騎將一人，生得騎將四人。攻下嬴、博，破齊將軍田吸於千乘[21]，斬之。東從韓信攻龍且、留公[22]於假密，卒斬龍且，生得右司馬、連尹各一人，樓煩將十人，身生得亞將周蘭。

5 齊地已定，韓信自立為齊王，使嬰別將擊楚將公杲[23]於魯北，破之。轉南，破薛郡[24]長，身虜騎將一人[25]。攻傅陽[26]，前至下相[27]以東南僮[28]、取慮[29]、徐[30]。度淮，盡降其城邑，至廣陵[31]。項羽使項聲、薛公、郯公復定淮北，嬰度淮擊破項聲、郯公下邳[32]，斬薛公，下下邳、壽春[33]。擊破楚騎平陽[34]，遂降彭城。虜柱國項佗，降留、薛、沛、酇、蕭、相。攻苦[35]、譙[36]，復得亞將。與漢王會頤鄉[37]。從擊項籍軍陳下，破之。所將卒斬樓煩將二人，虜將八人。賜益食邑二千五百戶。

6 項籍敗垓下[38]去也，嬰以御史大夫將車騎別追項籍至東城[39]，破之。所將卒五人[40]共斬項籍，皆賜爵列侯。降左右司馬各一人，卒萬二千人，盡得其軍將吏。下東城、歷陽[41]。度江，破吳郡長[42]吳下，得吳守，遂定吳[43]、豫章[44]、會稽[45]郡。還定淮北，凡五十二縣。

【章　旨】以上為〈灌嬰傳〉的第一部分，敘述灌嬰在反秦、反楚戰爭中的功勳業績。

【注　釋】❶睢陽　縣名，在今河南商丘南。❷繒　泛指絲麻織品。❸戰疾力　猛烈、迅速地攻打。疾，急劇。❹尸　古時鄉名，在今河南偃師尸鄉溝。❺中謁者　官名。郎中令屬官，掌賓贊受事。常奉車外出視疾護喪，或奉引車駕。❻殷王　項羽所封諸侯王司馬卬。❼杜平鄉　顏師古注：「杜縣之平鄉。」杜，縣名，在今陝西西安東南。平鄉，杜縣之鄉名。❽遁　逃跑；逃亡。❾重泉　縣名，在今陝西蒲城東南。❿傅　輔佐；輔助。⓫饟　顏師古注：「饟，古餉字。」⓬襄邑　縣名，在今河南睢縣。⓭柘公　柘縣縣令的尊稱。柘，縣名，在今河南柘城西北。⓮樓煩　原為部族之名，主要分布於今山西寧武、岢嵐等地，朝廷後來在樓煩胡人故地設置樓煩縣（在今山西寧武）。因樓煩人善於騎馬射箭，故軍隊中善射之人亦被稱為「樓煩」。⓯連尹　原為楚國官名。⓰白馬　縣名，在今河南滑縣東。⓱度　通「渡」。⓲敖倉　古糧倉名，在今河南滎陽東北敖山。其地在黃河與古濟水分流處。秦漢時期，在此設立倉儲，積聚關東漕糧，然後經黃河轉輸關中和西北邊塞，故為兵家必爭之地。⓳嬴　縣名，在今山東萊蕪西北。⓴博　縣名，在今山東泰安東南。㉑千乘　縣名，在今山東高青東北。㉒留公　留縣縣令。留，縣名，在今江蘇沛縣東南。㉓公杲　楚將名字。㉔薛郡　郡名，治魯縣（在今山東曲阜）。㉕一人　原作「入」。據齊召南說改。㉖傅陽　原作「博陽」。據沈欽韓說改。傅陽，縣名，在今山東棗莊南。㉗下相　縣名，在今江蘇宿遷西南。㉘僮　縣名，在今江蘇睢寧西北。㉙取慮　縣名，在今江蘇睢寧西南。㉚徐　縣名，在今江蘇泗洪南。㉛廣陵　縣名，在今江蘇揚州西北。㉜下邳　縣名，在今江蘇睢寧西北。㉝壽春　縣名，在今安徽壽縣。㉞平陽　縣名，在今山東鄒城。㉟苦　縣名，在今河南鹿邑。㊱譙　縣名，在今安徽亳州。㊲頤鄉　地名，在今河南鹿邑東。㊳垓下　地名，在今安徽靈璧東南沱河北岸。㊴東城　縣名，在今安徽定遠東南。㊵五人　呂馬童、王翳、楊喜、呂勝和楊武。㊶歷陽　縣名，在今安徽和縣。㊷吳郡長　吳郡的長官。據下文當為吳郡郡守。顏師古注：「吳郡長，當時為吳郡長，嬰破之於吳下。」㊸吳　縣名，在今江蘇蘇州。㊹豫章　郡名，治南昌（在今江西南昌）。㊺會稽　郡名，治吳（在今江蘇蘇州）。

【語　譯】灌嬰，是睢陽的絲綢販子。高祖為沛公時，奪掠城池到雍丘，章邯殺死項梁，沛公還軍於碭縣，灌嬰則以中涓的身分跟隨沛公，在成武及杠里分別攻破東郡郡尉及秦軍，作戰勇猛，高祖賜他七大夫的爵號。他又跟隨高祖在亳南、開封、曲遇攻打秦軍，作戰勇敢，賜給執帛的爵號，號為宣陵君。跟隨高祖征戰從陽武以西直到雒陽，在尸鄉北攻破秦軍。率軍向北封鎖了黃河渡口，向南進攻在陽城東擊敗南陽郡守呂齮，於是平定南陽郡。向西進兵武關，在藍田與敵軍交戰，作戰勇猛，行軍到霸上，賜給執圭的爵號，號為昌文君。

2 沛公受封為漢王，任命灌嬰為郎中，跟隨漢王進入漢中，十月，被授予中謁者的官職。跟從漢王回軍平定三秦，攻下櫟陽，降服塞王。灌嬰回軍包圍章邯於廢丘，未能攻剋。灌嬰跟隨漢王率兵東出臨晉關，攻打並降服殷王司馬卬，平定殷王封地。在定陶南攻打項羽將領龍且、魏國丞相項佗的部隊，作戰勇猛，攻破敵軍。漢王賜他列侯爵位，號昌文侯，以杜縣的平鄉作為他的食邑。

3 灌嬰又以中謁者的身分跟隨高帝降服碭縣，北到彭城。項羽打敗漢王，漢王向西逃亡，灌嬰跟隨高帝返回，在雍丘駐軍。王武、魏公申徒反叛，他隨從高帝攻破叛軍。攻奪外黃，率部西進在滎陽收集散兵。楚軍騎兵前來進攻的很多，漢王在軍中挑選勝任的騎兵將領，諸將都推薦原秦軍中的騎士重泉人李必、駱甲熟習騎兵作戰，如今他們為校尉，可以擔任騎將。漢王打算任命他們，李必、駱甲說：「我們原為秦人，恐怕將士們不信任我們，我們希望以大王親近而又善騎射的人為騎將而讓我們來輔助他。」灌嬰雖然年少，但多次勇猛作戰，漢王於是任命灌嬰為中大夫，令李必、駱甲為左右校尉，統率郎中騎兵在滎陽東攻打楚軍騎兵，大敗楚軍。漢王命灌嬰單獨率兵攻打楚軍後方，斷絕他們的運糧通道，從陽武直到襄邑。灌嬰在魯縣城下攻打項羽部將項冠，打敗敵軍，他統率的士兵斬殺楚軍右司馬、騎將各一人。在燕西擊敗柘縣縣令王武的部隊，手下士兵斬殺樓煩將五人，連尹一人。在白馬一帶攻打王武的別將桓嬰，打敗敵軍，手下士兵斬殺都尉一人。率領騎兵渡過黃河南下，護送漢王到雒陽，跟從漢王北進迎接相國韓信的部隊於邯鄲。還軍敖倉，灌嬰遷任為御史大夫。

4 漢王三年，灌嬰以列侯享有杜縣平鄉的食邑。受詔統率郎中騎兵東進隸屬於相國韓信，在歷下打敗齊國的軍隊，灌嬰手下的士兵俘虜車騎將華毋傷及將吏四十六人。降服臨淄，虜獲齊國丞相田光。追趕齊國丞相田橫到嬴、博等地，打敗他的騎兵，手下的士兵斬殺騎將一人，活捉騎將四人。攻下嬴、博等地，在千乘攻破齊國將軍田吸，並將之斬殺。跟隨韓信率兵東進，在假密攻打龍且、留公的軍隊，士卒斬殺龍且，活捉右司馬、連尹各一人，活捉樓煩將十人，親自活捉亞將周蘭。

5 齊地已經平定，韓信自立為齊王，派灌嬰另率軍隊在魯北攻打楚將公杲，灌嬰打敗敵軍。率軍轉而南進，打敗薛郡長，親自俘獲騎將一人。攻打傅陽，率軍前進到下相以東和以南的僮、取慮、徐縣。渡過淮水，全部收降當地城邑，行軍到廣陵。項羽派項聲、薛公、郯公重新收復平定淮北之地。灌嬰渡過淮水在下邳打敗項聲、郯公，斬殺薛公，攻下下邳、壽春。在平陽打敗楚軍騎兵，接著降服彭城。俘虜楚柱國項佗，收降留、薛、沛、酇、蕭、相等地。攻打苦縣、譙縣，又活捉亞將。灌嬰與漢王在頤鄉會師。跟隨漢王攻打項羽於陳縣，打敗項羽。手下的士兵斬殺樓煩將二人，俘虜將領八人。漢王賜他食邑二千五百戶。

6 項羽兵敗垓下而逃去，灌嬰以御史大夫身分統率車騎軍隊單獨追擊到東城，打敗項羽。他手下的士兵五人共同斬殺項羽，都被賜以列侯爵位。收降左右司馬各一人，兵卒一萬二千人，俘虜楚軍中的所有將吏。灌嬰攻下東城、歷陽。渡過長江，在吳郡附近打敗吳郡長，俘虜吳郡郡守，於是平定吳郡、豫章、會稽郡。還軍平定淮北，共計五十二縣。

1 漢王即帝位，賜益嬰邑三千戶。以車騎將軍從擊燕王荼。明年，從至陳，取楚王信。還，剖符，世世勿絕，食潁陰❶二千五百戶。

2 從擊韓王信於代，至馬邑❷，別降樓煩以北六縣，斬代左將，破胡騎將於武泉北。復從擊信胡騎晉陽下，所將卒斬胡白題❸將一人。又受詔并將燕、趙、齊、梁、楚車騎，擊破胡騎於硰石❹。至平城，為胡所困。

3 從擊陳豨，別攻豨丞相侯敞軍曲逆❺下，破之，卒斬敞及特將❻五人。降曲逆、盧奴❼、上曲陽❽、安國❾、安平❿。攻下東垣。

4 黥布反，以車騎將軍先出，攻布別將於相，破之，斬亞將樓煩將三人。又進擊破布上柱國及大司馬軍。又進破布別將肥銖。嬰身生得左司馬一人，所將卒斬其小將十人，追北至淮上。益食邑二千五百戶。布已破，高帝歸，定令嬰食潁陰五千戶，除前所食邑。凡從所得二千石二人，別破軍十六，降城四十六，定國一，郡二，縣五十二，得將軍二人，柱國、相各一人，二千石十人。

5 嬰自破布歸，高帝崩，以列侯事惠帝及呂后。呂后崩，呂祿等欲為亂。齊哀王聞之，舉兵西，呂祿等以嬰為大將軍往擊之。嬰至滎陽，乃與絳侯等謀，因屯兵滎陽，風⓫齊王以誅呂氏事，齊兵止不前。絳侯等既誅諸呂，齊王罷兵歸。嬰自滎陽還，與絳侯、陳平共立文帝。於是益封嬰三千戶，賜金千斤，為太尉。

6 三歲，絳侯勃免相，嬰為丞相，罷太尉官。是歲，匈奴大入北地，上令丞相嬰將騎八萬五千擊匈奴。匈奴去，濟北王反，詔罷嬰兵。後歲餘，以丞相薨，諡曰懿侯。傳至孫彊，有罪，絕。武帝復封嬰孫賢為臨汝侯，奉嬰後，後有罪，國除。

【章旨】以上是〈灌嬰傳〉的第二部分，記述灌嬰平定異姓諸侯王、鏟滅諸呂叛亂、封地爵位傳承等事。

【注　釋】❶潁陰　縣名，在今河南許昌。❷馬邑　縣名，在今山西朔州。❸白題　匈奴別部名稱。以其有使用白色塗額的風俗而得名。❹砦石　地名，在今山西靜樂東北。❺曲逆　縣名，因曲逆水（今河北完縣曲逆河）得名，治今河北完縣東南。❻特將　將軍名稱。有獨立率領軍隊出征的權力。卷五十五〈衛青霍去病傳〉在總計衛青戰功時，列舉其部下「為特將者十五人」，顏師古注：「特將，謂獨別為將而出征也。」❼盧奴　縣名，在今河北定州。❽上曲陽　縣名，在今河北曲陽西。❾安國　縣名，在今河北安國東南。❿安平　縣名，在今河北安平。⓫風　通「諷」。微言勸告。文中有示意的意思。

【語　譯】漢王登基稱帝，加封灌嬰食邑三千戶。灌嬰以車騎將軍之職跟隨高帝攻打燕王臧荼。第二年，跟隨高帝至陳，捕拿楚王韓信。返歸京師後，高帝與灌嬰剖符為信，使之代代承繼不絕，以潁陰縣二千五百戶為食邑。

2 灌嬰跟隨高帝攻打韓王信於代地，到達馬邑，單獨率兵降服樓煩以北的六個縣，斬殺代國左將，在武泉北打敗匈奴騎兵。又跟從高帝攻打韓王信以及匈奴騎兵於晉陽城下，手下士兵斬殺匈奴的白題部族將領一人。又受詔統率燕、趙、齊、梁、楚等王國的車騎部隊，在砦石打敗匈奴騎兵。行軍到平城，被匈奴圍困。

3 灌嬰跟隨高帝攻打陳豨，獨自率軍在曲逆城下攻打陳豨丞相侯敞的部隊，打敗敵軍，兵士斬殺侯敞及特將五人。收降曲逆、盧奴、上曲陽、安國、安平等縣。灌嬰攻下東垣縣。

4 黥布反叛，灌嬰以車騎將軍先行進軍，在相縣攻打黥布的別將，打敗敵軍，斬殺亞將樓煩將三人。又進軍打敗黥布的上柱國及大司馬的軍隊。又進軍打敗黥布的別將肥銖。灌嬰親自俘獲左司馬一人，手下士兵斬殺黥布的小將十人，追逐敗軍到淮水。高帝增封灌嬰食邑二千五百戶。黥布被打敗，高帝返歸長安，將潁陰五千戶確定為灌嬰的食邑，免除此前享有的食邑。灌嬰跟隨高帝作戰，共計俘獲二千石官員二人，單獨領兵作戰共打垮敵軍十六支，降服城邑四十六座，平定一個封國，兩個郡，五十二個縣，俘獲將軍二人，柱國、相各一人，二千石官員十人。

5 灌嬰自打敗黥布的戰場歸還長安，高帝去世，他以列侯奉事惠帝以及呂后。呂后去世，呂祿等準備叛亂。齊哀王聽到消息，率軍西進，呂祿等人任命灌嬰為大將軍前往迎擊齊軍。灌嬰行軍到滎陽，與絳侯等人謀劃，因而屯兵滎陽，暗中告知齊王朝臣即將誅殺呂氏之事，齊國軍隊停止行進。絳侯等人誅殺呂氏之後，齊王罷兵返還齊國。灌嬰從滎陽還軍長安，與絳侯、陳平等人共同擁立文帝。因此漢文帝加封灌嬰食邑三千戶，賞賜他黃金千斤，任命他為太尉。

6 三年後，絳侯周勃被罷免丞相之職，灌嬰擔任丞相，罷廢太尉官職。當年，匈奴大舉進入北地郡，文帝命令丞相灌嬰統率騎兵八萬五千人攻打匈奴。匈奴軍離去，濟北王反叛，文帝下詔撤回灌嬰統領的軍隊。一年多後，灌嬰在丞相任上去世，諡號懿侯。爵位傳承到孫子灌彊，犯罪，封爵中絕。武帝又封灌嬰的孫子灌賢為臨汝侯，作為灌嬰的承繼人，後來灌賢犯罪，封國被廢除。

1 傅寬，以魏五大夫❶騎將從，為舍人，起橫陽❷。從攻安陽❸、杠里，趙賁軍於開封，及擊楊熊曲遇、陽武，斬首十二級，賜爵卿。從至霸上。沛公為漢王，賜寬封號共德君。從入漢中，為右騎將。定三秦，賜食邑雕陰❹。從擊項籍，待懷❺，賜爵通德侯。從擊項冠、周蘭、龍且，所將卒斬騎將一人敖下，益食邑。

2 屬淮陰，擊破齊歷下❻軍，擊田解。屬相國參，殘博，益食邑。因定齊地，剖符世世勿絕，封陽陵❼侯，二千六百戶，除前所食。為齊右丞相，備齊❽。五歲為齊相國。

3 四月，擊陳豨，屬太尉勃，以相國代丞相噲擊豨。一月，徙為代相國，將屯❾。二歲，為丞相，將屯。孝惠五年薨，諡曰景侯。傳至曾孫偃，謀反，誅，國除。

【章　旨】以上為〈傅寬傳〉，史書所載傅寬事跡較為簡單，大體敘述其戰功、任職及爵邑傳承等事。

【注　釋】❶五大夫　爵位名。在「二十等爵」中為第九級。❷橫陽　地名，在今河南商丘西南。❸安陽　地名，在今山東曹縣東。❹雕陰　地名，在今陝西富縣北。因境內有雕山（或稱雕陰山），故名。❺懷　縣名，在河南武陟西南。❻歷下　邑名，在今山東濟南西。❼陽陵　傅寬封國名，地望尚存爭議。如果判定為漢景帝陽陵所在地，在今陝西高陵西南。❽備齊　備禦齊國。此處的齊國，是指田橫為首的田齊舊部。❾將屯　將兵屯守。當時代國邊地常屯戍兵馬，以防備邊寇入侵，傅寬為代相，又兼統兵屯守之任。

【語　譯】傅寬，以魏國五大夫騎將的身分跟隨高帝，作為舍人，起兵橫陽。跟隨高帝攻打安陽、杠里，在開封攻打趙賁的軍隊，在曲遇、陽武攻打楊熊的部隊，斬首十二級，賜給爵卿。跟隨高帝行軍到霸上。沛公做漢王，賜予傅寬共德君的封號。跟隨高帝進入漢中，任職右騎將。平定三秦，高帝賜他食邑於雕陰。跟隨高帝攻打項籍，先攻占懷縣以等待高帝到來。高帝賜他爵號通德侯。跟隨高帝攻打項冠、周蘭、龍且，手下士兵在敖山之下斬殺騎將一人，增封食邑。

2 傅寬隸屬淮陰侯韓信，擊敗齊國屯駐歷下的軍隊，攻打田解。隸屬相國曹參，殘滅博地，增封食邑。因為平定齊地有功，高帝與他剖符為信，世代傳承爵邑不絕，封他為陽陵侯，食邑二千六百戶，免除此前的食邑。傅寬擔任齊國右丞相，屯兵防備田橫。五年後擔任齊相國。

3 四個月後，傅寬攻打陳豨，隸屬太尉周勃，以齊國相國的身分取代丞相樊噲攻打陳豨。一個月後，他轉任代國相國，將兵屯守。兩年後，擔任代國丞相，率兵駐防。惠帝五年，傅寬去世，諡號景侯。爵位傳承到曾孫傅偃，因為謀反，被誅殺，封國被廢除。

1 靳歙，以中涓從，起宛朐❶。攻濟陽。破李由軍。擊秦軍開封東，斬騎千人將❷一人，首五十七級，捕虜七十三人，賜爵封臨平君。又戰藍田北，斬車司馬❸

二人，騎長❹一人，首二十八級，捕虜五十七人。至霸上。沛公為漢王，賜歙爵建武侯，遷騎都尉。

2 從定三秦。別西擊章平❺軍於隴西，破之，定隴西六縣，所將卒斬車司馬、候各四人，騎長十二人。從東擊楚，至彭城。漢軍敗還，保雍丘，擊反者王武等。略梁地，別西擊邢說❻軍菑❼南，破之，身得說都尉二人，司馬、候十二人，降吏卒四千六百八十人。破楚軍滎陽東。食邑四千二百戶。

3 別之河內，擊趙賁軍朝歌❽，破之，所將卒得騎將二人，車馬二百五十匹。從攻安陽以東，至棘蒲❾，下十縣。別攻破趙軍，得其將司馬二人，候四人，降吏卒二千四百人。從降下邯鄲。別下平陽，身斬守相，所將卒斬兵守郡❿一人，降鄴⓫。從攻朝歌、邯鄲，又別擊破趙軍，降邯鄲郡六縣。還軍敖倉，破項籍軍成皋⓬南，擊絕楚饟道，起滎陽至襄邑。破項冠魯下。略地東至鄫⓭、郯⓮、下邳，南至蘄、竹邑。擊項悍濟陽下。還擊項籍軍陳下，破之。別定江陵⓯，降柱國、大司馬以下八人，身得江陵王⓰，致雒陽，因定南郡⓱。從至陳，取楚王信，剖符世世勿絕，定食四千六百戶，為信武⓲侯。

4 以騎都尉從擊代，攻韓信平城下，還軍東垣。有功，遷為車騎將軍，并將梁、趙、齊、燕、楚車騎，別擊陳豨丞相敞，破之，因降曲逆。從擊黥布有功，益封，定食邑五千三百戶。凡斬首九十級，虜百四十二人，別破軍十四，降城五十九，定郡、國各一，縣二十三，得王、柱國各一人，二千石以下至五百石三十九人。

高后五年，薨，諡曰肅侯。子亭嗣，有罪，國除。

【章旨】以上是〈靳歙傳〉，敘述靳歙一生的功業事跡及爵位食邑傳承等事。

【注釋】❶宛朐　縣名，在今山東定陶西南。❷騎千人將　騎兵將領。顏師古注：「騎將率號為千人。《漢儀註》邊郡置部都尉、千人、候也。」據此，騎千人將可以視為騎兵將領的別稱。❸車司馬　主管戰車的司馬，在軍中的地位低於都尉。❹騎長　騎兵中的低級武官。❺章平　雍王章邯的弟弟。❻邢說　人名。據《史記・傅靳蒯成列傳》張晏注：「特起兵者也。」可以推知邢說是秦漢之間獨立起兵的將領，而非項羽部屬。❼菑　縣名，在今河南民權東北。❽朝歌　縣名，在今河南淇縣。❾棘蒲　地名，在今河北魏縣東。❿兵守郡　文字的確切涵義舊注有歧解。李奇曰：「或以為郡守也，字反耳。」晉灼曰：「將兵郡守也。」師古曰：「當言兵郡守一人也。」查《史記》卷九十八〈傅靳蒯成列傳〉作「所將卒斬兵守、郡守各一人」。孟康曰：「將兵郡守。」取其大意，當理解為統兵郡守。⓫鄴　縣名，在今河北臨漳西南鄴鎮。⓬成皋　地名，在今河南滎陽汜水鎮。⓭鄣　古國名，在今山東蒼山縣西北。⓮郯　地名，在今山東郯城北。⓯江陵　縣名，在今湖北江陵。⓰江陵王　項羽封臨江王共敖之子共尉。⓱南郡　郡名，治江陵（在今湖北江陵）。⓲信武　靳歙的封號。此為褒美式封號，而非有實封之地。

【語譯】靳歙，以中涓的身分跟隨沛公，起兵宛朐。靳歙攻打濟陽，打敗李由的軍隊。在開封東攻打秦軍，斬殺騎千人將一人，斬首五十七級，俘虜七十三人，沛公賜給臨平君的爵號。又在藍田以北與敵軍交戰，斬殺車司馬二人，騎長一人，斬首二十八級，俘虜五十七人。行軍到達霸上。沛公被封為漢王，賜靳歙建武侯的爵號，遷任騎都尉。

2 靳歙跟隨高帝回軍平定三秦王控制的關中地區。他單獨率軍西進在隴西攻打章平的軍隊，打敗章平，平定隴西六縣，手下將士斬殺車司馬、候各四人，騎長十二人。靳歙跟隨高帝東進攻打楚國，行軍到彭城。漢軍兵敗而返，靳歙保守雍丘，攻打反叛者王武等人。靳歙攻略梁地，另外單獨率軍隊攻打邢說於菑縣南邊，打敗敵軍，親自俘獲邢說的都尉二人，司馬、候十二人，收降吏卒四千六百八十人。在滎陽東打垮楚軍。高帝賜封他食邑四千二百戶。

3 靳歙單獨率軍行進到河內，在朝歌攻打趙賁的軍隊，打敗趙賁，手下的士兵虜獲騎將二人，車馬二百五十匹。跟隨高帝攻打安陽以東地區，行軍到棘蒲，攻下縣城十座。靳歙單獨率軍攻破趙軍，虜獲趙軍司馬二人，候四人，收降吏卒二千四百人。跟隨高帝降服邯鄲。他另率軍攻下平陽，親自斬殺平陽守相，手下的士兵斬殺統兵郡守一人，收降鄴縣。跟隨高帝攻打朝歌、邯鄲，他又另率軍攻打趙軍，收降邯鄲郡的六個縣。還軍敖倉，在成皋南打敗項羽的軍隊，攻打並斷絕楚軍從滎陽到襄邑的運糧通道。在魯縣打敗楚軍將領項冠。攻占東到鄫、郯、下邳，南到蘄、竹邑的土地。在濟陽附近攻打項悍的部隊。還軍攻打項羽於陳縣一帶，打敗項羽的軍隊。他另率軍隊平定江陵，收降楚柱國、大司馬以下八人，親自俘獲江陵王，將之傳送到雒陽，於是平定南郡。跟隨高帝到陳縣，俘獲楚王韓信，高帝與他剖符為憑證，爵邑傳承世代不絕，確定食邑為四千六百戶，封為信武侯。

4 靳歙以騎都尉跟隨高帝攻打代地，在平城一帶攻打韓王信的部隊，還軍東垣。有戰功，遷為車騎將軍，同時統率梁、趙、齊、燕、楚的車騎部隊，分軍攻打陳豨丞相侯敞，打敗敵軍，乘勢收降曲逆。他跟隨高帝攻打黥布有戰功，增封食邑，確定他的食邑是五千三百戶。他的功勞共計斬首九十級，俘虜一百四十二人，單獨領兵打敗敵軍十四支，收降城池五十九座，平定郡、封國各一個，縣二十三個，俘獲王、柱國各一人，二千石以下到五百石的官吏三十九人。

5 高后五年，靳歙去世，諡號為肅侯。其子靳亭繼承爵位，犯罪，封國被廢除。

1 周緤，沛人也。以舍人從高祖起沛。至霸上，西入蜀漢，還定三秦，常為參乘，賜食邑池陽❶。從東擊項羽滎陽，絕甬道，從出度平陰，遇韓信軍襄國，戰有利不利，終亡離上心。上以緤為信武侯❷，食邑三千三百戶。

2 上欲自擊陳豨，緤泣曰：「始秦攻破天下，未曾自行，今上常自行，是亡人可使者乎？」上以為「愛我」，賜入殿門不趨❸。

3 十二年，更封緤為蒯城❹侯，孝文五年薨，謚曰貞侯。子昌嗣，有罪，國除。景帝復封緤子應為鄲❺侯，薨，謚曰康侯。子仲居嗣，坐為太常有罪，國除。

【章　旨】以上是〈周緤傳〉，重在敘述他對高帝的忠貞不渝之心，略述其戰功及傳襲等事。

【注　釋】❶池陽　縣名，在今陝西涇陽西北。❷信武侯　此為褒美式封號。顏師古注：「以其忠信，故加此號。」參見上文〈靳歙傳〉。❸賜入殿門不趨　賜給進入殿門不必俯身疾行的特殊禮遇。按照常規，臣子入殿門必須俯身疾行，以示對君主的恭敬。❹蒯城　鄉級地名，隸屬於陳倉縣，在今陝西寶雞東。地望不詳。❺鄲　屬沛郡，在今河南鄲城。

【語　譯】周緤，沛縣人。他以舍人的身分跟隨高祖起兵於沛縣。跟隨高祖行軍到霸上，西行進入蜀漢地區，還軍平定三秦，常常為參乘，高祖賜他食邑於池陽。他跟隨高祖東進在滎陽攻打項羽的部隊，斷絕楚軍的運糧甬道，跟隨高祖從平陰渡黃河，在襄國與韓信的軍隊相遇，爭戰各有勝負，但他始終沒有離開高祖的想法。高祖封他為信武侯，食邑三千三百戶。

2 高祖打算親自率軍攻打陳豨，周緤哭著說：「以前秦國打敗天下各國，皇帝都沒有親自出征的，而今皇上經常親自率兵進軍，難道是沒有人可以派遣嗎？」高祖認為周緤「愛護我」，恩賜他進入殿門不必俯身疾行。

3 高祖十二年，周緤被改封為鄲城侯，文帝五年去世，謚號貞侯。其子周昌繼承爵邑，犯罪，封國被廢除。景帝時，又封周緤的兒子周應為鄲侯，鄲侯去世，謚號康侯。周應的兒子周仲居承繼爵邑，因為在太常的職位上觸犯罪條，封國被廢除。

贊曰：仲尼稱「犁牛之子騂且角，雖欲勿用，山川其舍諸❶？」言士不繫於世類❷也。語曰「雖有茲基，不如逢時❸」，信矣！樊噲、夏侯嬰、灌嬰之徒，方其鼓刀❹僕御販繒之時，豈自知附驥之尾❺，勒功帝籍，慶流子孫哉？當孝文時，天下以酈寄為賣友。夫賣友者，謂見利而忘義也。若寄父為功臣而又執劫，雖摧呂祿，以安社稷，誼存君親❻，可也。

【章　旨】以上是作者對本卷傳主的評說，其主旨在於申明君臣之義。對於樊噲等武勇之臣，強調他們得以建功立業，全在於「逢時」而有君臣際遇之幸。而對於「酈寄賣友」的辯說，則更是立足於「義存君親」之大義。其中申明的君臣父子倫理思想，應特別重視。

【注　釋】❶犁牛之子騂且角三句　引自《論語・雍也》。顏師古注：「言牛色純而角美，堪為犧牲，雖以其母犁色而不欲用，山川寧肯置之？喻父雖不材，不害子之美。」犁牛，毛色駁雜的牛。騂，赤色。角，用為動詞，意為兩角長得端正。祭祀之時，以赤色犧牲為貴。母牛雖為犁色，但並不礙於其子為犧牲。即便是人為捨棄不用，但被祭祀的山川未必同意。❷世類　家世的類別。此處可理解為出身。❸雖有茲基二句　張晏注：「雖有農具，值時乃獲。」茲基，鉏，用於翻土及除草的農具。意思是雖然有農具，但仍需風調雨順才能收穫。❹鼓刀　操刀。文中指樊噲屠狗。❺附驥之尾　蚊虻附在良馬的尾上，可行千里。文中喻指樊、夏侯、灌等人，依附高帝而建功立業。❻誼存君親　原則上保護君主與父親。誼，根本；原則。

【語　譯】史官評議說：孔子說「毛色斑雜的牛生的小犢，毛色純赤兩角端正，雖然想要捨棄而不用作犧牲，但山川難道會捨棄牠嗎？」這句話是說士人同他的出身沒有關係啊。俗話說「雖然有農具，但不如風調雨順」，確實如此啊！樊噲、夏侯嬰、灌嬰等人，當他們操刀殺狗、養馬駕車、販賣絲綢時，難道能知道自己攀附良驥之尾，功載朝廷，恩德流被後世子孫嗎？在文帝時，天下人認為酈寄出賣朋友。所謂的出賣朋友，是說見利忘義。至於酈寄的父親身為功臣而被人劫持脅迫，酈寄即便是毀滅了朋友呂祿，因此得以安定國家，實踐了維護君主和父親的根本大義，他的做法是應該肯定的。

【研　析】本篇是西漢初幾員戰將的合傳。據本書〈高惠高后文功臣表〉，漢初定封諸侯之後，復據功勞大小，定「十八侯之位次」，本篇所記樊噲、酈商、夏侯嬰、灌嬰、傅寬、靳歙諸人，分別排第五、六、八、九、十、十一位，因而他們均屬於西漢建國的元勛功臣。周緤排第二十二位。茲就篇中史實所反映的一些問題略加分析。

篇中主要內容，是歷數各人歷次戰事所獲軍功，及其爵位不斷晉升的情況。戰國後期，廢除血緣貴族，以軍功授爵，制度最為嚴密的是秦國，原則是「殺人多者得上賞」，最高可封侯爵，秦亦因此獲得「尚首功之國」的罵名。本篇及其他各篇所記漢初軍功封侯者，從劉邦以沛公初起，到楚漢相爭及建國後平叛等戰爭，所歷軍功均有詳細的記錄，無疑是根據各人檔案編制而成的。可以想見，在劉邦初起事時，即定下按軍功晉爵受賞的制度，並有較為嚴格的檔案記錄。劉邦舉事反秦，但作為秦帝國的亭長，其下主事者蕭何、曹參等均曾是秦朝的中層官吏，對秦制並不陌生，反秦暴政，並不影響他們仿照秦軍功爵制、結合楚人熟悉的中涓之類的爵號，記錄將士軍功，激發其戰鬥意志。這與劉邦及其扈從主體上出自平民，無貴族觀念羈絆，也有很大關係。據此我們可以說「漢承秦制」，從劉邦為沛公時即已開始。詳細的功勞記錄，並據以行賞，不僅為劉邦後來據功分封、遏止諸將爭功減少了很多麻煩，也是他在創業時期能夠招徠跟隨者，且敗而能整的重要原因，而不只是他個人性格豁達所使然。當然，在論功行賞的大原則下，領袖個人好惡確也能對功賞起作用。如篇中周緤並沒有關於攻城掠地、斬首殺敵的記錄，「戰有利不利，終亡離上心」，且能時時向劉邦表忠心，

「上以為『愛我』」故亦得封侯。秦的二十等軍功爵，經漢政權的改造，不僅成為激勵將士的有效手段，還成為國家控制與協調社會的利器，日本學者西嶋定生所著《中國古代帝國的形成與結構：二十等爵制研究》對此有精深的研究，可以參看。

篇中人物，雖立功封侯，但均只是戰將，所立功皆力戰而得，即篇中所謂「身得」，他們最多是「別將」，沒有獨當一面的記錄。這批「鼓刀僕御販繒」之徒，按劉邦的話說，是一批受人「發縱指示」的「功狗」。〈韓信傳〉說韓信「羞與絳、灌等列。嘗過樊將軍噲，噲趨拜送迎，言稱臣，曰：『大王乃肯臨臣。』信出門，笑曰：『生乃與噲等為伍！』」韓信看不起樊噲、灌嬰等人沒頭腦，但沒主見也就沒有什麼政治野心，質樸忠誠，功高但不至於震主，在漢初「狡兔死，良狗烹」之時，才不會如韓信那樣被清算。劉邦晚年欲除掉樊噲，亦因劉邦寵愛戚夫人與趙王如意，引起呂后不滿，樊噲大概聽多了老婆呂嬃的枕邊風，毫無頭腦地放狠話：「即上一日宮車晏駕，則噲欲以兵盡誅戚氏、趙王如意之屬。」即使如此，他也無意挑戰劉邦本人的權威，所以陳平奉命至其軍中將其逮捕時，他束手就擒，並沒有反抗。

篇中史事還反應了秦漢之際兵種的變遷。春秋時以貴族車戰為主，戰國時攻城野戰，平民步兵成為主力，而騎兵以其反應快速與強大的衝擊力，越來越顯示其威力。秦國是與西北游牧者長期爭戰中成長起來的國家，騎兵戰技戰術水準自然高於六國地區，趙武靈王胡服騎射，目的就是要對付秦國的騎兵。〈夏侯嬰傳〉稱劉邦欲組建自己的騎兵部隊，「擇軍中可為騎將者，皆推故秦騎士重泉人李必、駱甲」，結果由「秦騎士」訓練的騎兵，「擊楚騎於滎陽東，大破之」，這在某種程度上，也可以解釋秦滅六國迅速的原因。篇中多處提到「樓煩」騎、將，樓煩部族居於今山西北部，附屬於匈奴，由此可看出秦末復興的各諸侯國家，亦招來胡人組建或訓練自己的騎兵隊伍。車戰顯然在山東六國還有著強大的生命力，劉邦戰時行動，是坐車而不是騎乘，所以夏侯嬰「常奉車」亦能立功封侯。夏侯嬰後來以「車騎將軍」名號活動，靳歙亦曾為車騎將軍，「並將梁、趙、齊、燕、楚車騎」，這一將軍號最初均實指兵種構成。而後來漢北與匈奴騎兵爭逐，並向嶺南、西南崇山峻嶺之地用兵，車兵已無用武之力，遂被淘汰，車騎將軍也就成了褒獎武將的顯赫名號，並不實際指揮車兵。

卷四十二

張周趙任申屠傳第十二

【題解】本卷為張蒼、周昌、趙堯、任敖、申屠嘉等五人的合傳。傳文基本原自司馬遷《史記・張丞相列傳》。張蒼，秦時曾為御史，秦末追隨劉邦滅秦，楚漢戰爭時先後任常山郡守、代國相、趙國相。漢朝建立後，因功封侯食邑，先後任主計、淮南國相、御史大夫，漢文帝時升任丞相。精通律曆，明瞭天下圖書簿籍，著書十八篇，屬陰陽家。周昌，秦時曾為泗水郡卒史，秦末追隨劉邦起兵滅秦，楚漢戰爭時先後任中尉、御史大夫，漢朝建立後，因功封為汾陰侯。為人倔強，敢直言。趙堯，高祖時為符璽御史，因獻策任御史大夫周昌為趙相以保全趙王如意，升任御史大夫，又因軍功封侯食邑。任敖，年輕時為獄吏，秦末隨高祖起兵，為御史，楚漢戰爭時任上黨郡守，漢朝建立後，因功封侯食邑，呂后時接替趙堯為御史大夫。申屠嘉，秦末追隨劉邦打項羽，擊英布，升為都尉，漢惠帝時為淮陽郡守，漢文帝時任御史大夫，又接替張蒼任丞相，封故安侯。為人正直清廉。司馬遷和班固將以上五人合併立傳，主要因他們均為追隨高祖的功臣，又相繼擔任御史大夫這一官職。

1 張蒼，陽武❶人也，好書律曆❷。秦時為御史❸，主柱下方書❹。有罪❺，亡歸❻。及沛公略地過陽武❼，蒼以客❽從攻南陽❾。蒼當斬，解衣伏質❿，身長大，肥白如瓠⓫，時王陵⓬見而怪⓭其美士，乃言沛公，赦勿斬。遂西入武關⓮，至咸陽⓯。

2 沛公立⓰為漢王⓱，入漢中⓲，還定三秦⓳。陳餘擊走常山王張耳，耳歸漢⓴，漢以蒼為常山守㉑。從韓信㉒擊趙，蒼得陳餘。趙地已平，漢王以蒼為代相㉓，備邊寇㉔。已而徙為趙㉕相，相趙王耳。耳卒，相其子敖。復徙相代。燕王臧荼㉖反，蒼以代相從攻荼有功，封為北平侯㉗，食邑㉘千二百戶。

3 遷為計相㉙，一月，更以列侯為主計㉚四歲。是時蕭何㉛為相國㉜，而蒼乃自秦時為柱下御史，明習㉝天下圖書計籍，又善用算律曆㉞，故令蒼以列侯居相府，領主郡國上計者㉟。黥布㊱反，漢立皇子長㊲為淮南㊳王，而蒼相之。十四年，遷為御史大夫㊴。

【章　旨】以上主要記載張蒼的出身、特長、在秦漢之際的經歷，一直到升任漢朝御史大夫的前半生傳記。

【注　釋】❶陽武　秦朝縣名，在今河南原陽東南。❷好書律曆　喜好書籍、樂律和曆法。律，含義頗廣，樂律、法令、候氣的儀器。❸御史　官名。秦之前是掌管文書典籍和記錄國家政事的史官。後來發展為有以各種職事立名的御史。❹主柱下

方書　掌管在殿柱之下收錄四方文書。主，負責掌管。柱，殿柱。方書，有兩種說法：一是四方文書；二是在木板上錄事。❺有罪　觸犯法令。❻亡歸　逃跑回家。❼及沛公句　等到劉邦略地經過陽武。及，到。沛，秦縣名，在今江蘇沛縣東。公，官名，此處指縣的行政長官，這是先秦時楚國的制度，劉邦響應陳勝反秦，故用楚制。沛公，指劉邦。略，攻占。❽客　賓客，沒有官職。❾南陽　郡名，治宛縣（在今河南南陽）。❿質　又作「鑕」、「櫍」，刑具，殺人時用的砧板。⓫瓠　一種葫蘆。⓬王陵　人名，沛縣人，原為縣豪，後歸順劉邦，定天下後封侯，漢惠帝時任丞相，為人直白少謀，因反對封諸呂為王，被呂后奪去相權。其事詳見卷四十〈王陵傳〉。⓭怪　驚異。⓮武關　關名，在今陝西商南南。⓯咸陽　秦朝的都城，在今陝西咸陽東北。⓰立　封；分封。⓱漢王　由項羽封立。此事詳見卷一〈高帝紀〉。⓲漢中　郡名，治南鄭（今陝西漢中東）。⓳還定三秦　指劉邦入漢中後又回師關中，平定三秦。三秦，秦朝滅亡後，項羽三分關中以封秦朝三降將，其中封章邯為雍王，領有咸陽以西地區；封司馬欣為塞王，領有咸陽以東地區；封董翳為翟王，領有咸陽以北地區，統稱為三秦。⓴陳餘擊走二句　陳餘和張耳同為戰國末魏國大梁（今河南開封西北）名士，有刎頸之交，秦末反秦共立武臣為趙王，鉅鹿之戰後兩人關係破裂，張耳被項羽封為常山王，陳餘歸附田榮，請兵襲擊張耳，張耳敗走後投奔劉邦，旋隨韓信破趙，斬殺陳餘。二人事詳見卷三十二〈張耳陳餘傳〉。㉑常山守　常山，郡名，原名為恆山郡，因避漢文帝劉恆之諱而改稱常山郡，治元氏（今河北元氏西北）。守，官名，郡級行政長官，漢景帝時改稱太守。㉒韓信　（西元前？—前一九六年），秦末淮陰（在今江蘇淮陰）人。中國古代著名軍事家，是劉邦戰勝項羽的最大功臣，曾先後被封為齊王、楚王、淮陰侯，漢初被逼謀反，被呂后與蕭何設計斬殺，其事詳見卷三十四〈韓信傳〉。㉓代相　代，封國名，都代縣（今河北蔚縣東北）。相，官名，輔佐國君的最高行政長官。㉔備邊寇　應指防備匈奴。㉕趙　封國名，都襄國縣（在今河北邢臺）。㉖臧荼　人名，秦末反秦時，本為燕王韓廣的部將，因功被項羽封為燕王，擊殺韓廣，後歸附劉邦，漢朝建立後，因謀反被殺。㉗北平侯　北平，縣名，在今河北滿城北。侯，爵名。㉘食邑　貴族的封地，按戶數多少享受封地的賦稅。㉙計相　官名，掌管上計（各地官府定期向朝廷報告戶籍、田賦、役刑等情況作為考核依據）。㉚主計　官名，由計相改稱主計，職責依舊。㉛蕭何　（西元前？—前一九三年），沛縣人。漢朝首任宰相，其事詳見卷三十九〈蕭何傳〉。㉜相國　官名，一國最高行政長官，原曾名相邦，漢初避高祖劉邦之諱改稱相國，後又改稱丞相。㉝明習　了解熟習。㉞算律曆　計算、樂律、曆法。㉟故令二句　所以讓張蒼以列侯的身分留在相國府中，領導管理郡國呈送朝廷的戶籍稅役等各種報告事務。㊱黥布　（西元前？—前一九五年），人名，又稱英布，秦漢之際著名軍事將領。其事詳見卷三十四〈黥布傳〉。㊲長　人名，劉邦之少子劉長。其事詳見卷四十四〈淮南王傳〉。

㊳淮南　王國名，都壽春（在今安徽壽縣）。㊴御史大夫　官名，地位僅次於丞相，秩祿為中二千石，其職責有三：負責全國的監察工作；佐助丞相處理天下政務；掌管國家圖籍、祕書、檔案。

【語譯】張蒼是陽武人，喜好書籍、樂律和曆法。秦朝時曾任御史，在殿柱下收錄四方文書。後來犯了罪，逃回家鄉。等到劉邦略地經過陽武時，張蒼以賓客的身分跟隨其進攻南陽。後張蒼犯法當斬首，解衣趴在行刑的砧板上，身長體大，又胖又白像似葫蘆，當時王陵看見，驚異他是個美男子，就為其求沛公，結果被赦不斬。於是西入武關，到達咸陽。

2 沛公被封為漢王，進入漢中，不久回師平定三秦。陳餘攻擊趕走常山王張耳，張耳歸附漢，漢王任命張蒼為常山郡守。張蒼隨從韓信攻打趙地，抓到了陳餘。趙地已經平定，漢王任命張蒼為代國相，防備邊地敵寇。不久又徙為趙國相，輔佐趙王張耳。張耳死後，又輔佐張耳的兒子張敖。後又徙為代國相。燕王臧荼反叛，張蒼以代國相的身分隨從攻打臧荼有功，被封為北平侯，食邑一千二百戶。

3 升為計相，一個月後，又改為以列侯身分擔任主計，共四年。當時蕭何擔任相國，而張蒼因為自秦朝時起就任柱下御史，了解和熟習天下的圖籍祕書、統計檔案，又通曉計算、樂律、曆法，所以讓張蒼以列侯身分留在相國府中，主管郡國呈送朝廷的戶籍稅役等各種報告事務。黥布反叛後，漢朝廷分封皇子劉長為淮南王，而由張蒼輔佐他。十四年後，升任御史大夫。

1 周昌者，沛人也。其從兄❶苛，秦時皆為泗水卒史❷。及高祖起沛，擊破泗水守監❸，於是苛、昌自卒史從沛公，沛公以昌為職志❹，苛為客。從入關破秦。沛公立為漢王，以苛為御史大夫，昌為中尉❺。

2 漢三年❻，楚❼圍漢王滎陽❽急❾，漢王出去❿，而使苛守滎陽城。楚破滎陽城，欲令苛將⑪，苛罵曰：「若⑫趣⑬降漢王！不然，今⑭為虜矣！」項羽怒，亨⑮苛。漢王於是拜昌為御史大夫，常從擊破項籍。六年⑯，與蕭、曹等俱封，為汾陰侯⑰。苛子成以父死事，封為高景侯⑱。

3 昌為人強力⑲，敢直言，自蕭、曹等皆卑下之⑳。昌嘗燕㉑入奏事，高帝方擁戚姬㉒，昌還走㉓。高帝逐得㉔，騎昌項㉕上，問曰：「我何如主也㉖？」昌仰曰：「陛下即桀紂㉗之主也。」於是上笑之，然尤憚㉘昌。及高帝欲廢太子㉙，而立戚姬子如意㉚為太子，大臣固爭㉛莫能得，上以留侯策㉜止。而昌庭爭㉝之強，上問其說㉞，昌為人吃㉟，又盛怒㊱，曰：「臣口不能言，然臣期期㊲知其不可。陛下欲廢太子，臣期期不奉詔。」上欣然而笑，即罷。呂后側耳於東箱㊳聽，見昌，為跪㊴謝曰：「微㊵君，太子幾㊶廢。」

4 是歲㊷，戚姬子如意為趙王，年十歲，高祖憂萬歲之後不全也㊸。趙堯為符璽御史㊹，趙人方與公㊺謂御史大夫周昌曰：「君之史趙堯，年雖少，然奇士，君必異之㊻，是且㊼代君之位。」昌笑曰：「堯年少，刀筆吏㊽耳，何至是乎！」居頃之㊾，堯侍㊿高祖，高祖獨心不樂，悲歌，群臣不知上所以然(51)。堯進請(52)問曰：「陛下所為不樂，非以趙王年少，而戚夫人與呂后有隙(53)，備(54)萬歲之後而趙王不能自全乎？」高祖曰：「我私[55]憂之，不知所出[56]。」堯曰：「陛下獨為趙王置貴彊相[57]，及呂后、太子、群臣素所敬憚[58]者乃可。」高祖曰：「然。吾念之欲如是，而群臣誰可者？」堯曰：「御史大夫昌，其人堅忍伉直[59]，自呂后、太子及大臣皆素嚴憚之。獨昌可。」高祖曰：「善。」於是召昌謂曰：「吾固[60]欲煩公，公彊[61]為我相趙。」昌泣曰：「臣初起從陛下，陛下獨奈何[62]中道[63]而棄之於諸侯乎？」高祖曰：「吾極知其左遷[64]，然吾私憂趙，念非公無可者。公不得已彊行！」於是徙[65]御史大夫昌為趙相。

5 既行久之，高祖持御史大夫印弄之，曰：「誰可以為御史大夫者？」孰視[66]堯曰：「無以易堯[67]。」遂拜堯為御史大夫。堯亦前有軍功食邑，及以御史大夫從擊陳豨[68]有功，封為江邑[69]侯。

6 高祖崩，太后使使[70]召趙王，其相昌令王稱疾不行。使者三反[71]，昌曰：「高帝屬[72]臣趙王，王年少，竊聞[73]太后怨戚夫人，欲召趙王并誅[74]之。臣不敢遣王，王且亦疾，不能奉詔。」太后怒，迺使使召趙相。相至，謁[75]太后，太后罵昌曰：「爾不知我之怨戚氏乎？而不遣趙王[76]！」昌既被徵[77]，高后使使召趙王。王果來，至長安月餘，見鴆殺[78]。昌謝病[79]不朝見，三歲而薨，諡曰悼[80]侯。傳子至孫意，有罪，國除(81)。景帝(82)復封昌孫左車為安陽(83)侯，有罪，國除。

7 初，趙堯既代周昌為御史大夫，高祖崩，事惠帝(84)終世。高后元年，怨堯前定趙王如意之畫(85)，迺抵堯罪(86)，以廣阿(87)侯任敖為御史大夫。

【章旨】以上主要是周昌的傳記，其中穿插附載了周苛、趙堯的事跡，並引出又一位御史大夫任敖。

【注釋】❶從兄　堂兄；叔伯哥哥。❷泗水卒史　泗水，郡名，治相縣（今安徽淮北西北）。卒史，郡級官府中屬吏，俸祿一般為百石。❸守監　郡守和監御史，監御史是朝廷派駐郡中的監察官。❹職志　官名，掌管旗幟。職，主管。志，通「幟」。❺中尉　官名，主管京師治安，諸卿之一，秩中二千石。❻漢三年　即漢高祖三年，西元前二〇四年。❼楚　指楚霸王項羽的軍隊。❽滎陽　縣名，在今河南滎陽東北。❾急　形勢危急。❿出去　逃出離去。⓫欲令苛將　想讓周苛為楚將。⓬若　你。⓭趣　通「促」。急促；趕快。⓮今　馬上；立刻。⓯亨　通「烹」。一種酷刑，用鼎煮殺人。⓰六年　漢高祖六年，西元前二〇一年。⓱與蕭曹二句　與蕭何、曹參等一起封侯，被封為汾陰侯。汾陰，縣名，在今山西萬榮西。⓲苛子成二句　周苛子周成因為父親為漢而死之事，被封為高景侯。高景，地名，在何處不清楚。⓳強力　倔強；強悍。⓴自蕭曹等皆卑下之　即使蕭何、曹參等人都比不上他。自，即使。卑下之，比他低下。㉑燕　安閒；休閒。㉒方擁戚姬　方擁，正抱著。戚姬，劉邦最寵愛的姬妾，劉邦死後受到呂后殘忍的迫害，其事詳見卷九十七〈外戚傳上〉。㉓還走　還，退回。走，跑。㉔逐得　追上；追到。㉕項　脖子。㉖我何如主也　我像什麼樣的君主。㉗桀紂　夏桀和商紂，中國歷史上著名的昏庸殘暴的君主。㉘憚　怕；敬畏。㉙太子　呂后之子劉盈，後來的漢惠帝。㉚如意　劉如意，封為趙王，後為呂后所害。其事詳見卷三十八〈高五王傳〉。㉛固爭　堅持勸諫。㉜留侯策　劉邦欲廢太子劉盈，改立戚姬子劉如意，群臣勸諫不聽，在呂后再三請求下，張良為太子劃策，呂后用張良計，請出劉邦長久仰慕但卻數召不就的「商山四皓」（秦末四大隱士），輔翼太子，終於使劉邦取消了廢立太子的決定。其事詳見卷四十〈張良傳〉。留侯，張良，字子房，劉邦最重要的謀士。㉝庭爭　通「廷諍」。在朝廷上直言勸諫。㉞上問其說　皇上問他諫諍的理由。㉟吃　口吃。㊱盛怒　非常氣憤激動。㊲期期　期，畢；一定。期期，因口吃而重複。㊳箱　正寢之東西室，因形狀像箱篋故名。㊴跪　漢人席地而坐，臀部置於腳跟上，跪時挺直腰，以示恭敬，與後世之下跪不同。㊵微　如果不是；如果沒有。㊶幾　將近；接近。㊷是歲　這一年，高帝九年（西元前一九八年）。㊸高祖憂句　高祖擔心自己死後趙王不能保全。萬歲之後，即死後，是對皇帝死後的委婉說法，猶如對常人說「百年之後」。全，保全。㊹符璽御史　官名，掌管皇帝符節印璽的御史。㊺方與公　方與，縣名，在今山東魚臺西。公，縣的行政長官。㊻異之　特別看待和對待他。㊼是且　這人將要。㊽刀筆吏　指擔任文書和司法一類職務的官吏。古人用簡牘載文，用筆書寫，用刀削改，刀、筆是文書、司法官吏不離身的東西，故以此名之。㊾居頃之　沒過多久。㊿侍　侍奉；陪伴。(51)所以然　這樣的原因。(52)進請　走近前拜謁。(53)有隙　有嫌隙、怨恨。(54)備　具備；已經構成。(55)私　私下；暗自。(56)不知所出　不知道有什麼辦法。(57)陛下獨為句　陛下只要為趙王安排一位位尊強幹的相。(58)素所敬憚　一向敬重畏懼。(59)堅忍伉直　堅定、剛毅、強幹、正直。(60)固　一定。(61)彊　勉強。(62)獨奈何　只是為什麼。(63)中道　半路。(64)左遷　降低官職。當時以右為尊，以左為卑。(65)徙　調任。(66)孰視　仔細審視。(67)無以易堯　沒有誰能代替趙堯任此職。(68)陳豨　人名，漢初北部邊將，封侯，任諸侯王相，後反叛自立為代王，被劉邦平定。其事詳見卷三十四〈韓彭英盧吳傳〉。(69)江邑　地名，在什麼地方不清楚。(70)使使　派遣使者。(71)三反　多次往返。三，古代三多數時候代表多數。反，通「返」。(72)屬　託付。(73)竊聞　私下聽說。(74)并誅　指同戚夫人一同誅殺。并，一起。(75)謁　拜見。(76)爾不知二句　你難道不知道我怨恨戚氏嗎？卻不放趙王來。爾，你。之，助詞，加重語氣。而，卻。(77)被徵　被（太后）召走。(78)見鴆殺　被鴆酒毒死。鴆，毒酒。(79)謝病　推託有病。(80)悼　悲傷。暗示了對周昌悲劇人生的同情。(81)國除　侯爵被取消，封國被廢除。(82)景帝　即漢景帝劉啟（西元前一八八－前一四一年），其事詳見卷五〈景帝紀〉。(83)安陽　縣名，在今河南正陽西南。(84)惠帝　漢惠帝劉盈，劉邦和呂后之子。其事詳見卷二〈惠帝紀〉。(85)畫　出謀劃策，指任周昌為趙相。(86)迺抵堯罪　就讓趙堯抵罪（指罷免御史大夫官職）。(87)廣阿　縣名，在今河北隆堯東。

【語　譯】周昌是沛縣人。其堂兄名周苛，秦朝時二人均在泗水郡府當卒史。等到高祖在沛縣起兵，打敗泗水郡守和監御史，當時周苛周昌就以卒史的身分追隨沛公，沛公讓周昌做掌管旗幟的職志，以周苛為賓客。二人隨沛公進入關中，滅亡秦朝。沛公被封為漢王後，任命周苛為御史大夫，任命周昌為中尉。

2 漢王三年，楚軍把漢王圍困在滎陽，形勢危急，漢王出城逃走，而讓周苛留守滎陽城。楚軍攻破滎陽城，想讓周苛為楚將，周苛罵道：「你們趕快投降漢王！不然，馬上就要成為俘虜！」項羽大怒，烹殺周苛。漢王於是拜周昌為御史大夫，經常跟隨在他身邊，打敗項羽。高祖六年，與蕭何、曹參一起封侯，被封為汾陰侯。周苛之子周成因為父親為漢而死之事，被封為高景侯。

3 周昌為人倔強，敢於直言，即使是蕭何、曹參等人也都比不上他。周昌曾經在高皇帝閒居時進宮奏事，高皇帝正摟抱著戚姬，周昌轉身就跑。高皇帝追上他，騎在周昌的脖子上，問道：「我像什麼樣的君主？」周昌昂起頭說：「陛下就是夏桀商紂那樣的君主。」當時皇上笑了，然而越加敬畏周昌。等到高皇帝想要廢掉太子，而改立戚姬之子劉如意為太子，大臣們執意勸諫但無濟於事，由於留侯的計策，皇上才打消了廢立太子的想法。而周昌是在廷諍時表現最強硬的，皇上問他反對的理由，周昌為人口吃，又異常氣憤激動，說：「臣雖然口不善言，但臣肯……定知道這件事情不可以。陛下如果要廢掉太子，臣肯……定不奉詔。」皇上高興地笑了，隨即就散朝了。呂后在東側屋裡側耳探聽，見到周昌，起身向他致謝說：「如果沒有您，太子就要被廢掉了。」

4 這一年，戚姬之子劉如意被封為趙王，年僅十歲，高祖憂慮自己萬歲之後趙王不能保全。趙堯擔任符璽御史，趙人方與縣公對御史大夫周昌說：「您的御史趙堯，雖然年輕，但卻是一個奇異之人，您一定要特別對待他，此人將要接替您的職位。」周昌笑著說：「趙堯年輕，只不過是個刀筆之吏，怎麼會達到這種地步啊！」過了沒有多久，趙堯侍奉高祖，高祖獨自心中悶悶不樂，悲傷地唱著歌，群臣不知皇上為什麼如此。趙堯走到近前拜謁，問道：「陛下所以不快樂，莫非是由於趙王年紀小，而戚夫人又與呂后有嫌隙，因此陛下怕萬歲之後趙王不能保全自己吧？」高祖說：「我暗地裡擔心此事，卻不知有什麼辦法。」趙堯說：「陛下只要為趙王安排一位位尊強幹的相，而且此人是呂后、太子、群臣一向所敬重、畏懼者就可以。」高祖說：「你說得沒錯。我考慮是想這麼做，但群臣之中誰可以呢？」趙堯回答說：「御史大夫周昌，此人剛毅正直，從呂后、太子到大臣都一向敬畏他。只有周昌可以。」高祖說：「好。」於是召見周昌，對他說：「我必須要麻煩你，你勉強為我輔佐趙王。」周昌流著淚說：「我從剛開始起兵時就跟隨陛下，只是為什麼陛下要中途把我丟棄給諸侯呢？」高祖說：「我非常清楚這是降低官職，但是我暗自擔憂趙王，反覆思量，非你無人可以勝任。你就不得已勉強去吧！」於是調任御史大夫周昌去當趙相。

5 周昌已經走了很長時間，高祖拿著御史大夫印在手中玩弄，說：「誰可以做御史大夫呢？」仔細審視趙堯說：「沒有誰可以替代趙堯。」於是任命趙堯為御史大夫。趙堯在此前也因軍功而食邑，等到以御史大夫身分跟隨攻打陳豨，有戰功，被封為江邑侯。

6 高祖去世，呂后派使者召趙王去京，趙王相周昌讓趙王稱病不去。使者多次往返，周昌說：「高皇帝把趙王託付給我，趙王年齡小，我私下聽說太后怨恨戚夫人，想召去趙王一起殺掉他們。我不敢放趙王走，而且趙王也生病了，不能遵奉詔命。」太后憤怒，就派使者召趙王相去京。趙相到京，拜見太后，太后罵周昌道：「你難道不知道我怨恨戚氏嗎？卻不放趙王來！」周昌已經被召走，太后就派使者去召趙王。趙王果然來了，到長安後一個多月，被用毒酒鴆殺。周昌推託有病，不再進宮朝見，三年後去世，諡號悼侯。侯位傳給兒子，又傳孫子周意，後周意犯罪，侯爵被取消，封國被廢除。漢景帝又封周昌的孫子周左車為安陽侯，後因犯罪，爵位被取消，封國被廢除。

7 此前，趙堯代替周昌做了御史大夫，高祖逝世後，又侍奉漢惠帝至死。高后元年，呂后怨恨趙堯先前為趙王謀劃，就讓趙堯抵罪，罷免其御史大夫官職，任命廣阿侯任敖為御史大夫。

任敖，沛人也，少為獄吏。高祖嘗避吏❶，吏繫❷呂后，遇之不謹❸。任敖素善高祖，怒，擊傷主❹呂后吏。及高祖初起，敖以客從為御史，守豐❺二歲。高祖立為漢王，東擊項羽，敖遷為上黨❻守。陳豨反，敖堅守，封為廣阿侯，食邑千八百戶。高后時為御史大夫，三歲免。孝文元年薨，諡曰懿侯。傳子至曾孫越人，坐為太常廟酒酸不敬❼，國除。

【章　旨】以上是任敖的小傳，記述了他的出身、與劉邦呂后的交情、主要功績和官爵等情況。

【注　釋】❶避吏　躲避官吏的抓捕。❷繫　拘囚；關押。❸不謹　輕薄；不嚴肅。❹主　主管。❺豐　邑名，在今江蘇豐縣。❻上黨　郡名，治壺關（今山西長治北）。❼坐為太常句　因為貢獻給太常用作宗廟祭祀的酒發酸而犯了不敬之罪。坐，因為……而犯罪。太常，官名，諸卿之一，主要掌管宗廟禮儀。

【語　譯】任敖是沛縣人，年輕時做獄吏。漢高祖曾經躲避官吏的抓捕，官吏就拘押了呂后，而且對待呂后輕薄不嚴肅。任敖平常與高祖交好，憤怒，打傷了管呂后的官吏。等到高祖剛剛起兵的時候，任敖以賓客身分跟隨，擔任御史，堅守豐邑兩年。高祖被封為漢王，東進攻打項羽，任敖升為上黨郡守。陳豨反叛時，任敖堅守上黨郡，被封為廣阿侯，食邑一千八百戶。高后時被任命為御史大夫，三年後免職。漢文帝元年去世，諡號為懿侯。傳侯位給兒子直至曾孫任越人，越人因為貢獻給太常用作宗廟祭祀的酒發酸而犯了不敬之罪，削奪侯爵，廢除封國。

1 初任敖免，平陽侯曹窋❶代敖為御史大夫。高后崩，與大臣共誅諸呂❷。後坐事免，以淮南相張蒼為御史大夫。蒼與絳侯❸等尊立孝文皇帝❹，四年，代灌嬰❺為丞相。

2 漢興二十餘年，天下初定，公卿皆軍吏。蒼為計相時，緒正❻律曆。以高祖十月始至霸上，故因秦時本十月為歲首，不革❼。推五德之運，以為漢當水德之時，上黑如故⑧。吹律調樂，入之音聲，及以比定律令，若百工，天下作程品⑨。至於⑩為丞相，卒就⑪之。故漢家言律曆者本⑫張蒼。蒼尤⑬好書，無所不觀，無所不通，而尤邃⑭律曆。

3 蒼德⑮安國⑯侯王陵，及貴，父事⑰陵。陵死後，蒼為丞相，洗沐⑱，常先朝⑲陵夫人上食⑳，然後敢歸家。

4 蒼為丞相十餘年，魯人公孫臣㉑上書，陳終始五德傳㉒，言漢土德時，其符黃龍見，當改正朔，易服色㉓。事下蒼㉔，蒼以為非是，罷之㉕。其後黃龍見成紀㉖，於是文帝召公孫臣以為博士㉗，草立㉘土德時曆制度，更元年㉙。蒼由此自詘㉚，謝病稱老。蒼任人為中候，大為姦利，上以為讓㉛，蒼遂病免。孝景五年薨，諡曰文侯。傳國至孫類，有罪，國除。

5 初蒼父長不滿五尺㉜，蒼長八尺餘，蒼子復長八尺，及孫類長六尺餘。蒼免相後，口中無齒，食乳，女子為乳母。妻妾以百數，嘗孕者不復幸㉝。年百餘歲迺卒。著書十八篇㉞，言陰陽律曆事。

【章旨】以上是張蒼後半生的傳記，主要記載了張蒼任御史大夫及升任丞相之後的事情，特別是記載了他為人精通律曆、感恩戴德、廣蓄妻妾的特點。

【注　釋】❶平陽侯曹窋　平陽，縣名，在今山西臨汾西南。曹窋，人名，漢初名相曹參之子，其事參見卷三十九〈曹參傳〉。❷誅諸呂　呂后掌權時，她的兄弟子姪封王封侯，呂后死，諸呂要奪權作亂，被誅滅。諸呂，呂后家族之人。❸絳侯　漢初名將周勃的侯名，其事詳見卷四十〈周勃傳〉。絳，縣名，在今山西侯馬東。❹孝文皇帝　即漢孝文帝劉恆（西元前二〇三—前一五七年），其事詳見卷四〈文帝紀〉。❺灌嬰　漢初著名將領，其事詳見卷四十一〈灌嬰傳〉。❻緒正　梳理整齊。❼以高祖三句　由於高祖是十月開始到達霸上，所以因襲秦時原有曆法，以十月作為一年的開頭，沒有變革。霸上，又作「灞上」，地名，軍事要地，在今陝西西安東。劉邦率起義軍滅秦，經此而進入秦都咸陽。因，因襲；沿用。❽推五德之運三句　推演五德的運行次序，認為漢朝應占據水德，像原來一樣崇尚黑色。推，推演；推算。五德，也稱五行，金、木、水、火、土。戰國秦漢時人以五德相生或者五德相剋來解釋和預測王朝的興亡交替。運，運行演變。上黑，以黑為上；崇尚黑色。❾吹律調樂五句　吹奏調節音律，譜成樂聲，及以此相比類，制定律令，至於像百工之事，也制定全天下可遵循的規則程式。❿至於　直到。⓫卒就　最終完成。⓬本　源。⓭尤　尤其；特別。⓮邃　精深。⓯德　感激。⓰安國　縣名，在今河北安國東南。⓱父事　像對父親一樣地侍奉。⓲洗沐　漢代官吏每五日離開官府回家休假的制度。⓳朝　拜見。⓴上食　進獻食物。㉑公孫臣　人名，其事參見卷二十五〈郊祀志〉。㉒陳終始五德傳　陳述五德終始轉移。傳，傳次；轉換。㉓言漢土德時四句　說漢朝正處於土德之時，其徵兆是有黃龍出現，應當改變一年的初始時間，更易服飾崇尚的顏色。符，祥瑞；徵兆。正朔，新年第一天。古代曆法，一年的第一個月為正，一月的第一天為朔，一年的第一天為正朔。㉔事下蒼　皇帝將此事下達給張蒼。㉕罷之　否定；停止。㉖成紀　縣名，在今甘肅通渭東北。㉗博士　學官名，隸屬於太常，博通天地古今，以備皇帝及有關部門顧問。㉘草立　粗略訂立。㉙更元年　改變為元年，即文帝後元元年，西元前一六三年。㉚自詘　自我貶退。詘，通「黜」。貶退；貶低。㉛蒼任人為中候三句　張蒼所舉薦的一個中候官，通過奸詐手段大肆謀取私利，皇上因為此事而責備張蒼。任人，保舉、推薦人。中候，官名，隸屬於將作少府（後改稱將作大匠），職責是監管工匠役徒。讓，責備。㉜尺　漢制一尺約合今二十三公分。㉝嘗孕者不復幸　曾經懷過孕的妻妾不再與之行房事。㉞著書十八篇　據本書卷三十〈藝文志〉記載，《張蒼》十六篇。

【語　譯】當初任敖免職，平陽侯曹窋代替任敖為御史大夫。高皇后去世，曹窋與大臣們一起誅滅諸呂。後來因為犯罪免職，任用淮南國相張蒼為御史大夫。張蒼與絳侯周勃等人擁立孝文為皇帝，四年之後，代替灌嬰為丞相。

2 漢初建立二十多年，天下剛剛平定，公卿百官都出身軍吏。張蒼在任計相的時候，梳理整齊樂律曆法。由於高祖是十月開始到達霸上，所以因襲秦時原有曆法，以十月作為一年的開頭，沒有變革。推演五德的運行次序，認為漢朝應占據水德，像原來一樣崇尚黑色。吹奏調節音律，譜成樂聲，及以此相比類，制定律令，至於像百工之事，也制定全天下可遵循的規則程式。直到擔任丞相時，才最終將這些事情完成。所以漢朝談論樂律曆法的人以張蒼作為源頭、依據。張蒼喜歡博覽群書，沒有什麼書不看，沒有什麼書不曉，而尤其精通樂律曆法。

3 張蒼感激安國侯王陵的救命之恩，等到顯貴後，像對待父親一樣侍奉王陵。王陵死後，張蒼做了丞相，休假時總是首先去拜見王陵的夫人，進獻食物，然後才敢回自己的家。

4 張蒼擔任丞相十幾年後，魯人公孫臣上書皇上，陳述五德終始轉移，說漢朝正處於土德之時，其徵兆是有黃龍出現，應當改變一年的初始時間，更易服飾崇尚的顏色。皇帝將此事下達給張蒼，張蒼認為不是這樣，此事因而作罷。在這之後，黃龍出現在成紀縣，於是漢文帝徵召公孫臣，任命他為博士，粗略擬定土德朝代的曆法制度，更改當年為元年。張蒼因此自我貶退，託言病老。另外張蒼所舉薦的一個中侯官，通過奸詐手段大肆謀取私利，皇上又因此事而責備張蒼，張蒼於是稱病免職。漢景帝五年去世，諡號為文侯。傳侯爵給兒子直至孫子張類，後張類犯罪，封國被廢除。

5 當初，張蒼的父親身高不到五尺，張蒼身高八尺有餘，張蒼的兒子也是身高八尺，等到孫子張類身高六尺多。張蒼免去丞相官職後，口中沒有牙齒，吃人奶，讓女人做乳母。妻妾以百數，凡是曾經懷過孕的妻妾不再與之行房事。年齡到了一百多歲才去世。著書十八篇，論述陰陽、樂律、曆法等問題。

1 申屠嘉，梁❶人也。以材官❷蹶張❸從高帝擊項籍，遷為隊率❹。從擊黥布，為都尉❺。孝惠❻時，為淮陽❼守。孝文元年，舉故以二千石從高祖者❽，悉以為關內侯❾，食邑❿二十四人，而嘉食邑五百戶。十六年，遷為御史大夫。張蒼免相，文帝以皇后弟竇廣國⓫賢有行⓬，欲相之，曰：「恐天下以吾私⓭廣國。」久念不可，而高帝時大臣餘見⓮無可者，迺以御史大夫嘉為丞相，因故邑封為故安侯⓯。

2 嘉為人廉直⓰，門不受私謁⓱。是時太中大夫鄧通方愛幸⓲，賞賜累鉅萬⓳。文帝常燕飲⓴通家，見寵如是。是時嘉入朝，而通居上旁，有怠慢之禮。嘉奏事畢，因言曰：「陛下幸愛群臣則富貴之，至於朝廷之禮，不可以不肅㉑！」上曰：「君勿言，吾私之㉒。」罷朝坐府中，嘉為檄召通詣丞相府㉓，不來，且㉔斬通。通恐，入言上。上曰：「汝第㉕往，吾今使人召若㉖。」通詣丞相府，免冠，徒跣㉗，頓首謝嘉㉘。嘉坐自如㉙，弗為禮㉚，責㉛曰：「夫朝廷者，高皇帝之朝廷也，通小㉜臣，戲㉝殿上，大不敬㉞，當斬。史㉟今行斬之！」通頓首，首盡出血，不解㊱。上度㊲丞相已困通㊳，使使持節㊴召通，而謝㊵丞相：「此吾弄臣㊶，君釋之。」鄧通既至，為上泣曰：「丞相幾㊷殺臣。」

3 嘉為丞相五歲，文帝崩，孝景即位。二年，鼂錯㊸為內史㊹，貴幸用事㊺，諸法令多所請變更，議以適罰[46]侵削[47]諸侯。而丞相嘉自絀[48]，所言不用，疾[49]錯。錯為內史，門東出，不便，更穿一門，南出。南出者，太上皇廟堧垣[50]也。嘉聞錯穿宗廟垣，為奏請誅錯。客有語錯，錯恐，夜入宮上謁，自歸上[51]。至朝，嘉請誅內史錯。上曰：「錯所穿非真廟垣，乃外堧垣，故冗官[52]居其中，且又我使為之，錯無罪。」罷朝，嘉謂長史曰：「吾悔不先斬錯乃請之[53]，為錯所賣[54]。」至舍，因歐[55]血而死。謚曰節侯。傳子至孫臾，有罪，國除。

4 自嘉死後，開封侯陶青[56]、桃侯劉舍[57]及武帝時柏至侯許昌[58]、平棘侯薛澤[59]、武彊侯莊青翟[60]、商陵侯趙周[61]，皆以列侯繼踵[62]，齪齪[63]廉謹，為丞相備員[64]而已，無所能發明功名著於世者[65]。

【章　旨】以上是申屠嘉的傳記，主要記載了他的出身、功績、升遷，特別是任御史大夫和丞相的情況，重點寫了對鄧通和鼂錯的兩件事，反映其廉直的個性。最後記了他死後的幾位充數丞相，更顯示出申屠嘉的不同。

【注　釋】❶梁　縣名，在今河南臨汝西南。❷材官　步兵。❸蹶張　用腳踏張開強弩。❹隊率　隊長。率，同「帥」。❺都尉　武官名，低於將軍和校尉。❻孝惠　漢惠帝，其事詳見卷二〈惠帝紀〉。❼淮陽　郡名，治陳縣（在今河南淮陽）。❽舉故句　推舉原來曾經以二千石身分跟隨高祖的人。二千石，指一年俸祿為二千石糧食的官吏，朝廷的九卿、郎將，地方上的郡守、王國相等均屬於這一等級的官員。❾關內侯　爵位名，秦漢時期實行二十等爵制度，關內侯是第十九級高爵，僅次於二十級的列侯。⑩食邑　徵收享用封地民戶的賦稅。⑪竇廣國　人名，其事詳見卷九十七〈外戚傳〉。⑫賢有行　賢德有善行。⑬私　偏向。⑭餘見　剩下還健在。⑮因故邑封為故安侯　就用原來的封邑封其為故安侯。⑯廉直　清廉正直。⑰門不受私謁　家中不接待因私事來者的拜訪。私謁，私下拜見；為謀私人利益而進見。⑱是時句　這個時候太中大夫鄧通正被皇帝寵愛。太中大夫，官名，位處諸大夫之首，秩祿千石，侍從皇帝左右，掌顧問應對，參議政事，奉詔出使，由皇帝的親信擔任。鄧通，漢代著名幸臣，其事詳見卷九十三〈佞幸傳〉。方愛幸，正受寵愛。⑲鉅萬　也作「巨萬」。萬萬，即億。⑳常燕飲　常常安閒飲宴。常，常常；每每。燕，通「宴」。安逸；安閒。㉑肅　嚴肅；莊重。㉒私之　私下告誡。㉓嘉為檄句　申屠嘉簽署一道命令召鄧通到丞相府來見。檄，古代用來徵召或聲討的文書，一般用木書寫，木長二尺。詣，到……去或來。㉔且　將要；就要。㉕第　但；只是。㉖吾今使人召若　我即刻就派人去叫你。今，即；就。若，你。㉗徒跣　赤腳。㉘頓首謝嘉　向申屠嘉磕頭謝罪。㉙自如　不變如故。㉚弗為禮　不施應有的禮節。㉛責　指責；斥責。㉜小　指地位低微，含輕蔑之意。㉝戲　嬉戲；遊戲；不嚴肅莊重。㉞大不敬　刑律名目，屬於重罪，應判死刑。㉟史　官名，丞相府中的長史，輔佐丞相。㊱不解　不緩解；不寬赦。㊲度　估量；猜測。㊳困通　使鄧通困頓、窘迫。㊴節　即符節，證明使者身分的憑證。㊵謝　道歉。㊶弄臣　專門為皇帝狎玩取樂的小臣。㊷幾　幾乎；差點兒。㊸鼂錯　（西元前二〇〇—前一五四年），潁川（在今河南禹州）人。西漢前期著名政論家，初習申、商刑名之學，漢文帝時起先後任太常掌故、博士、太子家令、中大夫等職，號稱「智囊」，多次上書建議勸農立本、徙民實邊、抵禦匈奴、削奪王侯，漢景帝即位後先後任命其為內史、御史大夫，接受其建議，更定法令，開始削藩，引發吳楚七國之亂，鼂錯身死族滅，其事詳見卷四十九〈鼂錯傳〉。㊹內史　官名，京師地區行政長官。㊺用事　掌權。㊻適罰　同「謫罰」。因犯罪被懲罰。㊼侵削　侵蝕削奪。㊽自絀　同「自詘」。自我貶退。㊾疾　同「嫉」。嫉恨。㊿堧垣　宮、廟的外牆。(51)自歸上　向皇上自首。(52)冗官　散官。(53)吾悔句　我後悔沒有先殺鼂錯而是先奏請皇上。(54)賣　搗鬼；算計。(55)歐　同「嘔」。吐。(56)開封侯陶青　開封，縣名，在今河南開封南。陶青，其父陶舍，漢高祖時因功封侯，死後傳爵於陶青。(57)桃侯劉舍　桃，縣名，在今河北衡水西北。劉舍，其父劉襄，漢高祖時因功封侯，死後傳爵於劉舍。(58)柏至侯許昌　柏至，地名，具體位置不詳。許昌，其祖父許盎（《史記》作「許溫」），漢高祖時因功封侯，死後爵兩傳至於許昌。(59)平棘侯薛澤　平棘，縣名，在今河北趙縣東南。薛澤，其祖父薛歐，漢高祖時因功封侯，死後爵兩傳至於薛澤。(60)武彊侯莊青翟　武彊，縣名，在今河北武強東北。莊青翟，也叫嚴青翟，其祖父嚴不識，漢高祖時因功封侯，死後爵兩傳至於莊青翟。(61)商陵侯趙周　商陵，地名，具體位置不詳。趙周，其父趙夷吾為楚王劉戊太傅，因諫阻劉戊反叛而死，趙周因此封侯。㊷繼踵　相繼；一個跟著一個。㊸躡躡　拘謹注意小節的樣子。㊹備員　充數；不起作用。㊺無所能句　沒有做出什麼可使功名著稱於世的成就。

【語　譯】申屠嘉是梁縣人。以步兵強弩之士的身分跟隨高皇帝攻打項羽，晉升為隊帥。跟隨攻打黥布，被任命為都尉。孝惠皇帝時擔任淮陽郡守。孝文帝元年，推舉原來曾經以二千石身分跟隨高祖的人，全部封為關內侯，食邑的有二十四人，而申屠嘉食邑五百戶。十六年，升為御史大夫。張蒼免相後，漢文帝因為皇后的弟弟竇廣國賢德有善行，想用他為相，說：「恐怕天下人會認為我是偏向竇廣國。」考慮再三，覺得不可以，而高皇帝時期的大臣剩下健在者沒有可以勝任的，就任命御史大夫申屠嘉為丞相，用原來的封邑封其為故安侯。

2 申屠嘉為人廉潔正直，家中不接待因私事來者的拜訪。這個時候太中大夫鄧通正被皇帝寵愛，賞賜累積上億。文帝常常在鄧通家裡安閒飲宴，他被寵幸達到了如此程度。在這期間申屠嘉一次上朝見皇帝，而鄧通在皇帝身邊，嬉戲怠慢，不遵守朝廷禮儀。申屠嘉奏報公事完畢，接著說道：「陛下寵愛群臣就讓他富貴，至於朝廷的禮節，不可以不嚴肅！」皇上說：「你不用說了，我私下會告誡他。」散朝以後坐在丞相府中，申屠嘉簽署一道命令召鄧通到丞相府來見，不來，就殺鄧通。鄧通害怕，進宮報告皇上。皇上說：「你只管前去，我隨即派人去召你。」鄧通到了丞相府，脫下官帽，打著赤腳，向申屠嘉磕頭謝罪。申屠嘉坐著不動，不施應有的禮節，斥責道：「這朝廷是高皇帝的朝廷，你鄧通一介微臣，在殿堂上嬉戲，犯了大不敬之罪，應當斬首。長史馬上去把他殺了！」鄧通磕頭，額頭上都是血，依然不被寬赦。皇上估量丞相已經使鄧通困頓、窘迫了，就讓使者拿著符節去召鄧通，同時向丞相道歉說：「這是我的狎玩小臣，你就放了他吧。」鄧通回到宮中後，向皇上哭訴道：「丞相差點兒殺了我。」

3 申屠嘉任丞相五年，漢文帝去世，漢景帝即位。景帝二年，鼂錯擔任內史，被寵掌權，各種法令多所請求更改，建議通過責罰過失的辦法削奪諸侯王的封地。而丞相申屠嘉則自我貶退，有所建議也不被採納，因而嫉恨鼂錯。鼂錯因為內史府門向東開出入不方便，就又穿鑿一門，從南面出入。南面出來的門是開在太上皇廟的外牆。申屠嘉聽說鼂錯穿鑿廟牆，就寫奏摺請求誅殺鼂錯。門客中有人將此事告訴了鼂錯，鼂錯很恐懼，連夜進宮拜見皇上，向皇上自首。等到上朝的時候，申屠嘉請求誅殺內史鼂錯。皇上說：「鼂錯所穿鑿的不是真正的廟牆，而是廟外面空地的圍牆，原來散官們住在裡邊，而且又是我讓他做的，鼂錯沒有罪。」散朝後，申屠嘉對長史說：「我後悔沒有先殺鼂錯而是先奏請皇上，結果反被鼂錯算計。」回到家中，就吐血而死。諡號為節侯。爵位傳給兒子直至孫子申屠臾，後臾犯罪，侯國被廢除。

4 自從申屠嘉死了之後，開封侯陶青、桃侯劉舍以及漢武帝時期的柏至侯許昌、平棘侯薛澤、武彊侯莊青翟、商陵侯趙周，都是以列侯身分相繼為丞相，謹小慎微，廉潔謹慎，做丞相不過充數而已，沒有做出什麼可使功名著稱於世的成就。

贊曰：張蒼文好❶律曆，為漢名相，而專遵用秦之顓頊曆❷，何哉？周昌，木強❸人也。任敖以舊德❹用。申屠嘉可謂剛毅守節，然無術學❺，殆❻與蕭、曹、陳平❼異矣。

【章　旨】以上是作者對各個傳主言簡意賅的評論。

【注　釋】❶文好　名為愛好。❷顓頊曆　古代曆法名，制定並始用於春秋戰國時期，秦統一後推行到全國，到漢武帝時被《太初曆》取代。該曆法以十月為歲首，置閏月於年終，定一年為三六五．二五日。❸木強　像木頭一樣倔強，僵硬，不隨和。❹舊德　指打傷戲侮呂后的獄吏。❺術學　術，計謀；策略。學，學問；知識。❻殆　必；一定；肯定。❼蕭曹陳平　蕭，蕭何。曹，曹參。陳平（西元前？—前一七八年），秦末陽武（在今河南原陽）人。少時家貧，治黃老之術，秦末起事時，先追隨魏王咎、項羽，後歸附劉邦，屢出奇謀建立功業，離間項羽君臣、偽遊雲夢捉拿韓信、收買閼氏解平城之圍等，封曲逆侯，漢惠帝時任丞相，呂后死後，與周勃等大臣一起誅滅諸呂，迎立漢文帝，其事詳見卷四十〈陳平傳〉。

【語　譯】史官評議說：張蒼名為愛好律曆，是漢朝著名的丞相，但只是沿襲使用秦朝的《顓頊曆》，這是為什麼呢？周昌是個倔強得像木頭一樣僵硬的人。任敖因從前對呂后的恩德而被重用。申屠嘉可以說是剛強、堅毅、恪守氣節，然而沒有謀略和學問，肯定是與蕭何、曹參、陳平不一樣的啊。

【研　析】本卷傳文雖然基本原自司馬遷的《史記・張丞相列傳》，但還是有些許的增刪，對增刪之處，我們可以有褒有貶。如在〈周昌傳〉中，呂后派使者召趙王去長安，比《史記》增加了周昌的一段話：「高帝屬臣趙王，王年少，竊聞太后怨戚夫人，欲召趙王并誅之。臣不敢遣王，王且亦疾，不能奉詔。」增加得好，更能顯示出人物的個性和品格，更能顯示出周昌不辜負高祖的肺腑之託。另外在周昌死後，比《史記》增加了其爵國世襲和廢除的情況，也是應該肯定的，這使人物傳記更為完整。在〈張蒼傳〉中，最後部分比《史記》增加「著書十八篇，言陰陽律曆事」，也應稱道，這不僅對傳記人物的完整，而且對漢初學術史料的留存均有意義。但在記載張蒼家族的身高時，在「蒼長八尺餘」後刪去了《史記》的「為侯、丞相」一句，在「及孫類長六尺餘」之後，刪去了「坐法失侯」一句，顯然不如《史記》。《史記》之所以要寫張家祖孫四代人的身高，目的是與張家的政治興衰相對應，而《漢書》刪去上面兩句話，使該段文意晦而不明，可見班固抄書沒有抄明白。

本卷的幾位傳主從漢高祖到漢景帝時期先後擔任御史大夫，有的又升任丞相，但他們基本屬於漢朝歷史上二流甚至三流的御史大夫和丞相，正如本卷評議所說：「殆與蕭、曹、陳平異矣。」一般來說，他們並不具備擔任漢朝最高行政長官的知識和謀略。張蒼雖然比較通曉律曆，但卻不接受賈誼、公孫臣等人的建議，尊用秦曆，故沒能給漢朝更合理的歷史地位。周昌是個倔強得像木頭一樣僵硬的人，雖有不辜負高祖顧託之心，但卻沒有保全趙王性命之智。至於申屠嘉，也是不學無術，針對寵臣鄧通嬉戲殿上，他對漢文帝說：「陛下寵愛群臣就讓他富貴，至於朝廷的禮節，不可以不嚴肅！」雖然表現出他不懼君權，敢於直言諫君，但與

「無功不侯」、「無能不官」的政治原則完全相反，寵愛幸臣就讓他富貴，甚至比讓他嬉戲殿上更糟。這就是申屠嘉為相的水平，而在對鼂錯的問題上，他身為宰相，不但沒有「撑船」的肚量，甚至是公報私仇。但是，不論是張蒼還是申屠嘉，或者是本應可以做幾年漢朝宰相卻因趙王而沒有做成的周昌，還都是敢言敢為的，比在他們之後接踵為相的陶青、劉舍、許昌、薛澤、莊青翟、趙周不過是備員充數要強。最後我們要指明，幾位傳主的作為和局限都具有時代的緣由，因為那是西漢初年，那是一個布衣君臣和丞相御史出於軍吏的時代。

卷四十三

酈陸朱劉叔孫傳第十三

【題　解】本卷為酈食其、陸賈、朱建、劉（婁）敬、叔孫通等五人的合傳。傳文基本原自司馬遷《史記》的《酈生陸賈列傳》和《劉敬叔孫通列傳》，班固將二傳合而為一。酈食其，秦末陳留縣高陽鄉人，家貧好學，自稱「高陽酒徒」，時人謂之「狂生」，劉邦起兵至高陽，酈食其獻計破陳留，封廣野君。楚漢戰爭中經常充當出使諸侯的說客，曾說服齊王田廣歸附漢王，後韓信偷襲齊國，田廣以為酈食其是麻痹欺騙自己，將其烹殺。陸賈，楚地人士，以賓客身分佐助劉邦建立漢王朝，有思想有口才，提醒劉邦：可以馬上得天下但不可以馬上治天下，兩次出使南越國，說服趙佗臣漢，和好丞相陳平和太尉周勃，共誅諸呂，迎立文帝，著書《新語》十二篇。朱建，楚地人，曾為淮南王英布相，英布謀反被殺後因其曾諫阻英布而被賜號平原君，朱建孝子，審食其用厚禮贈其母喪的辦法與其結交，審食其被呂后寵幸，諸呂被殺時賴朱建得以免禍，漢文帝即位後追究此事，朱建自殺。劉敬，齊地人，本名婁敬，因力陳建都關中之利並被採納，賜姓劉，因諫阻攻打匈奴而高祖不聽，平城慘敗後封其為建信侯，又建議與匈奴和親及遷徙六國貴族後裔與強宗大族十餘萬口充實關中，強本弱枝，均被採納。叔孫通，薛縣人，曾任秦朝博士，善於變通，秦末反秦時，先追隨項羽，又歸附劉邦，劉邦不喜儒服，他就改穿短衣，謀劃守敖倉這一重要糧食基地，漢朝初建，大臣們殿上譁然無禮，叔孫通制定禮儀，這才使劉邦知為皇帝之尊貴。班固把以上五人合併立傳，是因為他們基本具備以說客身分進言建策的重要特點和作用。

1 酈食其，陳留高陽❶人也。好讀書，家貧落魄❷，無衣食業。為里監門❸，然吏縣中賢豪不敢役❹，皆謂之狂生❺。

2 及陳勝❻、項梁❼等起，諸將徇地❽過高陽者數十人，食其聞其將皆握齪❾好荷禮❿自用⓫，不能聽大度⓬之言，食其迺自匿。後聞沛公⓭略⓮地陳留郊，沛公麾下⓯騎士適⓰食其里中子⓱，沛公時時⓲問邑中賢豪。騎士歸，食其見，謂曰：「吾聞沛公嫚易人⓳，有大略⓴，此真吾所願從游，莫為我先㉑。若㉒見沛公，謂曰『臣里中有酈生，年六十餘，長八尺㉓，人皆謂之狂生，自謂我非狂』。」騎士曰：「沛公不喜儒，諸客冠儒冠㉔來者，沛公輒解其冠，溺㉕其中。與人言，常大罵。未可以儒生說也。」食其曰：「第㉖言之。」騎士從容言食其所戒㉗者。

3 沛公至高陽傳舍㉘，使人召食其。食其至，入謁㉙，沛公方踞牀㉚令兩女子洗㉛，而見食其。食其入，即長揖㉜不拜，曰：「足下㉝欲助秦攻諸侯乎？欲率諸侯破秦乎？」沛公罵曰：「豎儒㉞！夫天下同苦秦㉟久矣，故諸侯相率攻秦，何謂助秦？」食其曰：「必欲聚徒合義兵誅無道秦，不宜踞見長者㊱。」於是沛公輟㊲

洗，起衣[38]，延[39]食其上坐，謝[40]之。食其因言六國從衡[41]時。沛公喜，賜食其食，問曰：「計安出？」食其曰：「足下起瓦合[42]之卒，收散亂之兵，不滿萬人，欲以徑入彊秦，此所謂探虎口者也。夫陳留，天下之衝[43]，四通五達[44]之郊也，今其城中又多積粟。臣知[45]其令，今請使，令下足下[46]。即不聽，足下舉兵攻之，臣為內應。」於是遣食其往，沛公引兵隨之，遂下陳留。號食其為廣野君。

4 食其言弟商[47]，使將[48]數千人從沛公西南略地。食其常為說客，馳使[49]諸侯。

5 漢三年[50]秋，項羽[51]擊漢，拔滎陽[52]，漢兵遁保鞏[53]。楚人聞韓信[54]破趙[55]，彭越[56]數反梁地[57]，則分兵救之[58]。韓信方東擊齊[59]，漢王數困滎陽、成皋[60]，計欲捐成皋以東，屯鞏、雒以距楚[61]。食其因曰：「臣聞之，知天之天[62]者，王事[63]可成；不知天之天者，王事不可成。王者以民為天，而民以食為天。夫敖倉[64]，天下轉輸久矣[65]，臣聞其下乃有臧[66]粟甚多。楚人拔滎陽，不堅守敖倉，迺引而東，令適卒[67]分守成皋，此乃天所以資漢。方今楚易取而漢反郤，自奪便[68]，臣竊以為過[69]矣。且兩雄不俱立，楚漢久相持不決，百姓騷動，海內搖蕩，農夫釋耒[70]，紅女[71]下機，天下之心未有所定也。願足下急復進兵，收取滎陽，據敖庾[72]之粟，塞[73]成皋之險，杜[74]太行[75]之道，距飛狐[76]之口，守白馬[77]之津，以示諸侯形制之勢[78]，則天下知所歸矣。方今燕[79]、趙已定，唯齊未下。今田廣據千里之齊，田間[80]將二十萬之眾軍於歷城[81]，諸田[82]宗彊，負海岱[83]，阻河濟[84]，南近楚[85]，齊人多變詐[86]，足下雖遣數十萬師，未可以歲月[87]破也。臣請得奉明詔說齊王，使為漢而稱東藩[88]。」上曰：「善。」

6 迺從其畫[89]，復守敖倉，而使食其說齊王，曰：「王知天下之所歸乎？」曰：「不知也。」曰：「知天下之所歸，則齊國可得而有也；若不知天下之所歸，即齊國未可保也。」齊王曰：「天下何歸？」食其曰：「天下歸漢。」齊王曰：「先生何以言之？」曰：「漢王與項王戮力[90]西面擊秦，約先入咸陽者王之[91]，項王背約不與，而王之漢中[92]。項王遷殺義帝[93]，漢王起蜀漢[94]之兵擊三秦[95]，出關而責義帝之負處[96]，收天下之兵，立諸侯之後。降城即以侯其將[97]，得賂[98]則以分其士，與天下同其利，豪英賢材皆樂為之用。諸侯之兵四面而至，蜀漢之粟方船[99]而下。項王有背約之名，殺義帝之負[100]；於人之功無所記，於人之罪無所忘；戰勝而不得其賞，拔城而不得其封；非項氏莫得用事[101]；為人刻印，玩[102]而不能授；攻城得賂，積財而不能賞。天下畔[103]之，賢材怨之，而莫為之用。故天下之士歸於漢王，可坐而策[104]也。夫漢王發蜀漢，定三秦；涉西河[105]之外，援上黨之兵[106]；

下井陘[107]，誅成安君[108]；破北魏[109]，舉三十二城：此黃帝[110]之兵，非人之力，天之福也。今已據敖倉之粟，塞成皋之險，守白馬之津，杜太行之阪[111]，距飛狐之口，天下後服者先亡矣。王疾下[112]漢王，齊國社稷可得而保也；不下漢王，危亡可立而待也。」田廣以為然，迺聽食其，罷[113]歷下兵守戰備，與食其日縱酒[114]。

7 韓信聞食其馮軾[115]下齊七十餘城，迺夜度兵平原襲齊[116]。齊王田廣聞漢兵至，以為食其賣[117]己，迺亨[118]食其，引兵走。

8 漢十二年[119]，曲周[120]侯酈商以丞相[121]將兵擊黥布[122]，有功。高祖舉[123]功臣，思食其。食其子疥數將兵，上以其父故，封疥為高梁[124]侯。後更食武陽，卒，子遂嗣[125]。三世，侯平有罪，國除。

【章　旨】以上為〈酈食其傳〉。主要記載了酈食其的出身、為人特點，投奔劉邦的生動過程及在楚漢相爭中的活動，重點記述了他作為說客是如何說服劉邦和齊王的。

【注　釋】❶陳留高陽　陳留，縣名，在今河南杞縣西南。高陽，鄉名。❷落魄　窮困潦倒。❸里監門　看管、開關里門的守門人。❹然更縣中賢豪不敢役　然而不管是吏還是縣中的賢能豪傑都不敢指使他。❺狂生　狂妄的儒生。❻陳勝　秦末起義軍領袖，其事詳見卷三十一〈陳勝傳〉。❼項梁　反秦將領，項羽的叔父，其事詳見卷三十一〈項籍傳〉。❽徇地　掠取地盤。❾握齱　同「齷齪」。局促；狹隘。❿好荷禮　喜歡繁瑣的禮節。⓫自用　只憑主觀行事，不聽他人建議。⓬大度　度量宏大。⓭沛公　沛，秦縣名，在今江蘇沛縣東。公，官名，此處指縣的行政長官，這是先秦時楚國的制度，劉邦響應陳勝反秦，故用楚制。沛公，指劉邦。⑭略　攻占。⑮麾下　部下；手下。麾，古代戰爭中主帥的大旗。⑯適　正好。⑰子　孩子，此處指青年。⑱時時　經常。⑲嫚易人　對人輕慢、輕侮。嫚易，同「慢易」。⑳大略　遠大的謀略。㉑莫為我先　沒有人為我介紹。先，事先致意；介紹。㉒若　你。㉓尺　當時一尺約合今二十三公分。㉔冠儒冠　戴儒生的帽子。㉕溺　通「尿」。小便。㉖第　但；只管。㉗戒　告誡；叮囑。㉘傳舍　古時供來往行人休息住宿的處所。㉙謁　進見時先行遞交的名帖。㉚踞牀　靠在床上。踞，靠。牀，供人坐臥的器具。㉛洗　洗腳。㉜長揖　見面的禮節，拱手自上至極下。㉝足下　對對方尊敬的稱呼，主要用於下稱上或者同輩之間。㉞豎儒　對儒生的蔑稱。豎，童僕，引申為對人蔑稱，猶如稱「小子」。㉟苦秦　被秦朝所苦。㊱必欲二句　真是想聚集黨徒組成正義之師討伐無道的秦朝，就不應該靠在床上會見長者。㊲輟　停止。㊳起衣　起身穿上衣服。㊴延　引請。㊵謝　道歉。㊶言六國從衡　談論戰國時期山東六國的合縱連橫。六國，戰國時期齊、楚、燕、趙、魏、韓等山東六個諸侯國。從衡，同「縱橫」。合縱連橫的簡稱，是戰國時期的軍事外交策略。所謂縱，就是聯合幾個弱國共同進攻或對抗強國。所謂衡，就是追隨一個強國攻打或對抗其他的國家。這個強國一般說是指秦國。此外還有一種說法，南北為縱，東西為橫。六國地連南北，聯合抗秦稱為合縱；秦地在西，六國居東，秦與六國中任何一國相聯合均稱為連橫。㊷瓦合　如破瓦拼合，比喻內部缺乏應有的組織協調。㊸衝　要衝；交通要道。㊹四通五達　形容交通便利，沒有險阻。四，四方。五，四方加中央。㊺知　認識；相知。㊻今請使二句　現在請派我為使者，讓他投降足下。㊼言弟商　勸說弟弟酈商。酈商，其事詳見卷四十一〈酈商傳〉。㊽使將　讓他率領。㊾馳使　乘車疾行以出使。㊿漢三年　即漢王，也就是漢高祖三年，西元前二〇四年。(51)項羽　（西元前二三二—前二〇二年），名籍，秦末下相（在今江蘇宿遷）人。滅亡秦朝最主要的軍事將領，自立為西楚霸王，與劉邦爭天下而終敗亡，其事詳見卷三十一〈項籍傳〉。(52)滎陽　縣名，在今河南滎陽東北。(53)鞏　縣名，在今河南鞏縣西南。(54)韓信　（西元前？—前一九六年），秦末淮陰（在今江蘇淮陰）人。中國古代著名軍事家，劉邦戰勝項羽的最大功臣，曾先後被封為齊王、楚王、淮陰侯，漢初被逼謀反，遭呂后與蕭何設計斬殺，其事詳見卷三十四〈韓信傳〉。(55)趙　楚漢之際的趙國，王為趙歇。(56)彭越　楚漢戰爭時期著名軍事將領，佐助劉邦戰勝項羽，其事詳見卷三十四〈彭越傳〉。(57)梁地　今河南東北和山東西部一帶地方。(58)救之　救趙和梁。(59)齊　楚漢之際的齊國，齊王是田廣。(60)成皋　古邑名，在今河南滎陽汜水鎮。(61)計欲二句　謀劃要放棄成皋以東地區，屯兵鞏縣、雒陽一線以抗拒楚軍。捐，棄；放棄。雒，即洛陽，縣名，在今河南洛陽東北。距，同「拒」。抵擋；抗拒。(62)天　所依存、所依靠的根本。(63)王事　帝王大業。(64)敖倉　秦朝的大糧倉，故址在今河南滎陽北敖山上。(65)天下轉輸久矣　全天下向這裡輾轉運糧已經很長時間了。轉輸，輾轉運輸。(66)臧　同「藏」。儲藏；貯藏。(67)適卒　因犯罪被懲罰服役的卒徒。適，通「謫」。因犯罪被罰。(68)奪便　喪失良機。(69)過　過失；錯誤。(70)釋耒　放下農具。耒，古代農具名，形似木叉，這裡泛指農具。(71)紅女　又作「工女」。古代指從事紡織刺繡的婦女。(72)敖庾　就是敖倉。(73)塞　扼守。(74)杜　堵塞。(75)太行　即太行山，主要指今太行山脈的南段。(76)飛狐　也作「蜚狐」。要隘名，在今河北淶源北蔚縣南。(77)白馬　古津渡名，位於秦、漢白馬縣西北古黃河南岸，在今河南滑縣東北，到金代黃河南徙之前，是歷代兵家必爭之地。(78)以示諸侯形制之勢　以此向諸侯顯示以形勢制勝的態勢。形制，因地理優勢而制勝。(79)燕　楚漢之際的諸侯國，燕王為臧荼。(80)田間　應為田解，田齊宗族之人，其事參見卷三十三〈田儋傳〉、卷四十一〈傳寬傳〉。(81)歷城　縣名，在今山東濟南西。(82)諸田　戰國齊國王族田氏的後代們。(83)負海岱　負，背靠。海，大海。岱，也叫岱嶽、岱宗，泰山的別稱。(84)河濟　黃河和濟水。(85)楚　楚漢之際的諸侯國，楚王就是項羽。(86)變詐　多變狡詐。(87)歲月　一年或幾個月；一年半載。(88)藩　藩國；臣屬之國。(89)迺從其畫　於是聽從酈食其的謀劃。(90)戮力　并力；合力。(91)約先入咸陽者王之　約定誰先攻入咸陽誰就在那裡做關中王。咸陽，秦朝都城，在今陝西咸陽東北。(92)漢中　郡名，治南鄭（今陝西漢中東）。(93)遷殺義帝　放逐弒殺義帝。義帝，名熊心，戰國楚懷王的孫子，秦滅楚後，流亡民間，秦末六國復辟，被立為楚懷王，秦滅亡後，項羽分封十八諸侯，自稱西楚霸王，佯尊楚懷王為義帝，卻將其從楚都彭城遷逐長沙，又讓英布將其暗殺。其事參見卷一〈高帝紀〉、卷三十一〈項籍傳〉。(94)蜀漢　蜀郡和漢中郡，蜀郡治所在成都（在今四川成都），這裡蜀漢泛指劉邦所占據的地區。(95)三秦　秦朝滅亡後，項羽三分關中王秦朝三降將，其中封章邯為雍王，領有咸陽以西地區；封司馬欣為塞王，領有咸陽以東地區；封董翳為翟王，領有咸陽以北地區，統稱為三秦。(96)出關句　出函谷關後詢問義帝在什麼地方。關，指函谷關。負，衍文。《史記》和《新序》均無此字。(97)侯其將　分封那些將領為侯。(98)賂　財物。(99)方船　兩船並排而行。(100)負　背叛忘恩。(101)非項氏莫得用事　不是項氏族人得不到重用。(102)玩　撫弄；觀賞。(103)畔　通「叛」。背叛。(104)策　馬鞭，引申為驅使。(105)涉西河　涉，渡過。西河，指山西陝西之間南北走向的黃河的南段。漢王二年（西元前二〇五年）劉邦派韓信渡西河敗魏。(106)援上黨之兵　援，拿取；引領。上黨，郡名，治壺關（今山西長治北）。上黨軍隊原屬魏豹，韓信打敗魏豹後引領這支隊伍，所以稱「援上黨之兵」。(107)井陘　關名，井陘關又名「土門關」，故址在今河北井陘以北的井陘山上，是太行山區進入華北平原的主要隘口之一。(108)成安君　楚漢之際趙將陳餘的封號。陳餘和張耳同為戰國末魏國大梁（今河南開封西北）名士，有刎頸之交，秦末反秦共立武臣為趙王，鉅鹿之戰後兩人關係破裂，張耳被項羽封為常山王，陳餘歸附田榮，請兵襲擊張耳，張耳敗走後投奔劉邦，旋隨韓信破趙，斬殺陳餘。二人事詳見卷三十二〈張耳陳餘傳〉。⑩北魏　魏豹被項羽封為西魏王，其地在今山西西南部，因在黃河以北，故又稱北魏。⑪黃帝　號軒轅氏，傳說中的上古帝王，發明和掌管兵器，又被尊為中華民族的祖先。⑪阸　險要的地勢。⑫疾下　馬上歸附。⑬罷　停止；結束。⑭日縱酒　天天縱情飲酒。⑮馮軾　馮，通「憑」。依據；依靠。軾，古代車廂前面用於扶手的橫木。馮軾是說酈食其只靠乘車遊說，不用軍隊武力。⑯迺夜度句　就連夜率軍渡過平原津偷襲齊國。度，同「渡」。平原，即平原津，黃河下游重要渡口，在今山東平原西南。⑰賣　出賣；背叛。這裡應該是說用計謀欺騙，指酈食其先麻痹齊王，幫助韓信破齊。⑱亨　通「烹」。一種酷刑，用鼎煮殺人。⑲漢十二年　即漢高祖十二年，西元前一九五年。⑳曲周　縣名，在今河北曲周東北。㉑丞相　官名，漢代最高行政長官。㉒黥布　（西元前？—前一九五年），又稱英布，秦漢之際著名軍事將領。其事詳見卷三十四〈英布傳〉。㉓舉　提起；提拔。㉔高梁　古邑名，在今山西臨汾東北。㉕後更食武陽三句　武陽，縣名，在今四川彭山縣東。據史家考證，「武陽」應為「武遂」，「陽」、「卒」、「子」三個字為衍文，「嗣」與「三世」相連。《史記》作「武遂」，武遂縣在今河北武強西北。

【語　譯】酈食其，陳留縣高陽鄉人。喜歡讀書，家中貧窮，窘迫潦倒，衣食生計沒有著落。當里中守門人，然而不管是縣吏還是縣中的賢能豪傑都不敢指使他，都稱他為「狂生」。

2　等到陳勝、項梁等起義時，攻城略地經過高陽的將領有數十人，酈食其聽說那些將領都是些局促狹隘，喜歡繁瑣的禮節，剛愎自用，聽不進遠見卓識的建議，酈食其就自己躲藏起來。後來聽說沛公略地到了陳留城郊，沛公手下的一名騎士正好是酈食其里中的子弟，沛公經常向他詢問鄉里賢能豪傑的情況。騎士回家時，酈食其見到他，對他說：「我聽說沛公輕侮人，但有遠大的謀略，這真正是我所願意與之交往的人，但沒人為我介紹。你看見沛公，可對他說『我家里中有個酈生，年齡六十多歲，身高八尺，人們都稱他狂生，他自稱我不狂』。」騎士說：「沛公不喜歡儒生，那些賓客戴著儒生帽子來時，沛公就解下他們的帽子，往裡邊撒尿。和人說話，常常破口大罵。你不可以以儒生的身分去遊說。」酈食其說：「你只管對他去說。」騎士找機會轉告了酈食其所囑託的話。

3　沛公到達高陽客店，派人叫酈食其來。酈食其來到，送入名帖，沛公正靠在床上讓兩個女子洗腳，就召見酈食其。酈食其進去後，就只作了一下揖，沒有下拜，說：「足下是要幫助秦朝攻打諸侯呢？還是要率領諸侯滅亡秦朝呢？」沛公罵道：「沒用的儒生！天下被秦朝所苦已有很長時間了，所以諸侯都相繼攻打秦朝，怎麼說去幫助秦朝呢？」酈食其說：「真是想聚集黨徒組成正義之師討伐無道的秦朝，就不應該靠在床上會見長者。」於是沛公停止洗腳，穿好衣服，引請酈食其坐到上座，並向他賠禮道歉。酈食其於是就談論六國合縱連橫過程中的情況。沛公很高興，賜給酈食其飯食，問道：「計策應該怎麼制定？」酈食其說：「足下率烏合之眾起兵，聚集的散亂兵卒，不足萬人，要率領這樣的軍隊進入實力強大的秦地，這正是所謂的虎口中探物啊。陳留是天下的要衝，交通四通八達，現在城中又囤積了大量糧食。我認識那個縣令，現在請派我為使者，讓他投降足下。如果他不聽勸說，足下就發兵攻城，我就做內應。」遂派酈食其前往，沛公率兵跟隨在後，於是就拿下了陳留。賜號酈食其為廣野君。

4 酈食其勸說弟弟酈商，讓他率領幾千人跟隨沛公向西南攻略地盤。酈食其常常作為說客，乘車疾行，出使各個諸侯。

5 漢王三年秋天，項羽攻打漢軍，攻克滎陽，漢軍退保鞏縣。楚人聽說韓信攻破了趙國，彭越多次在梁地反叛，就分出部分兵力去救趙、梁。韓信正東進要攻打齊國，漢王屢屢被圍困在滎陽、成皋，謀劃要放棄成皋以東地區，屯兵鞏縣、雒陽一線以抗拒楚軍。酈食其就說：「我聽說，知道天以何為本的人，帝王大業能夠成功；不知道天以何為本的人，帝王大業不能夠成功。帝王把民作為根本，而民又把糧食作為根本。敖倉，全天下向這裡輾轉運糧已經很長時間了，我聽說敖山下面就有很多藏儲的糧食。楚人攻克滎陽，不堅守敖倉，就引兵向東，讓那些因犯罪被懲罰服役的卒徒分守成皋，這真可謂是上天用來資助漢軍啊。眼下楚軍容易被打敗而漢軍卻反而要退卻，這是自己喪失天賜良機，我私自以為這樣做是錯誤的。況且兩雄不可能並立，楚漢雙方長期相持難分勝負，致使百姓罹難，天下動盪，農夫放下農具，婦女離開織機，天下人心沒有辦法安定。希望足下馬上重新進兵，奪回滎陽，依靠敖倉的糧食，占據成皋的險阻，堵斷太行的道路，扼守飛狐的關口，堅守白馬的渡口，以此向諸侯顯示以形勢制勝的態勢，那麼天下人就知道該歸附誰了。眼下燕、趙兩地已經平定，只有齊地尚未攻下。現在田廣廣占千里之齊地，田解統領二十萬之大軍駐紮在歷城，那些田氏宗族強大，背靠大海、泰山，倚仗黃河、濟水，南邊靠近楚國，齊人多變狡詐，足下即使派遣數十萬軍隊，也不可能在一年數月之內攻破齊地。我請求能夠帶著您的詔令，勸說齊王使之歸漢，稱為東方藩國。」漢王說：「好。」

6 劉邦於是聽從酈食其的謀劃，重新堅守敖倉，同時派酈食其去遊說齊王，酈食其對齊王說：「大王知道天下將歸屬誰嗎？」齊王回答：「不知道。」酈食其說：「知道天下將歸屬誰，齊國就會因此而得以存活；如果不知道天下將歸屬誰，那麼齊國就會因此而不能得以保全啊。」齊王問道：「天下將歸屬於誰？」酈食其回答：「天下將歸屬於漢王。」齊王問：「先生為什麼這樣說？」酈食其回答道：「漢王和項王并力西向攻打秦朝，約定誰先攻入咸陽誰就在那裡做關中王，項王違背約言不給漢王關中之地，而讓他到漢中做王。項王放逐弒殺義帝，漢王於是發蜀漢軍隊攻打三秦，出函谷關後就詢問義帝的下落，聚集天下的軍隊，封立諸侯的後代，占領城邑就分封那些將領為侯，獲得財物就分發給那些士卒，與天下人共享利益，豪傑、英雄、賢哲、才俊都願意為漢王所用。諸侯的軍隊四面歸來，蜀漢的糧食並船順流而下。項王有違背約言的壞名聲，有弒殺義帝的忘恩背叛之累；對於人們的功勞記不住什麼，而對於人們的過錯全都不會忘；仗打勝了卻得不到他的賞賜，攻下城邑卻得不到他的分封；不是項氏族人不會被重用掌權；為人刻好的印，在手中撫弄觀賞卻捨不得授予；攻下城邑後獲得的財物，堆積著卻不願意分發賞賜。天下人背叛他，賢哲才俊怨恨他，不願為他所用。所以天下之士歸附於漢王，漢王可以坐而驅使他們。漢王徵發蜀漢的軍隊，平定三秦；渡過西河，引領上黨的軍隊；攻克井陘關，殺成安君陳餘；打敗北魏，攻取三十二座城邑：此乃黃帝之師也，不是人的力量，而是天的福佑啊。眼下漢王已經握有敖倉的糧食，占據成皋的險阻，堅守白馬的渡口，堵斷太行的險要，扼守飛狐的關口，天下後歸附者就會先滅亡。大王趕快歸附漢王，齊國的社稷可得以保全；如果不歸附漢王，危亡就立等可待了。」田廣認為是這樣，就聽從酈食其的勸諫，解除了歷下軍隊的戰備防守，與酈食其天天縱情飲酒。

7 韓信聽說酈食其靠乘車遊說收服齊國七十多座城邑，於是連夜率軍渡過平原津偷襲齊國。齊王田廣聽到漢兵來到，認為酈食其欺騙和出賣了自己，就烹殺了酈食其，然後率兵逃走。

8 漢高祖十二年，曲周侯酈商以丞相身分率兵攻打黥布，立有軍功。高祖提拔封賞功臣，當時想到了酈食其。酈食其的兒子酈疥多次領兵，皇上因為他父親的緣故，分封他為高梁侯。後來又改為食邑武遂縣，爵位傳了三代，到武遂侯酈平時因犯罪，封國被廢除。

1 陸賈，楚❶人也。以客❷從高祖定天下，名有口辯❸，居左右，常使❹諸侯。

2 時中國❺初定，尉佗平南越❻，因王之❼。高祖使賈賜佗印為南越王。賈至，尉佗魋結箕踞❽見賈。賈因說佗曰：「足下中國人，親戚昆弟墳墓在真定❾。今足下反天性❿，棄冠帶⓫，欲以區區⓬之越與天子抗衡為敵國，禍且及身矣。夫秦失其正⓭，諸侯豪桀並起，唯漢王先入關，據咸陽。項籍背約，自立為西楚霸王，諸侯皆屬，可謂至彊矣。然漢王起巴蜀⓮，鞭笞⓯天下，劫⓰諸侯，遂誅項羽。五年之間，海內平定，此非人力，天之所建⓱也。天子聞君王王南越，而不助天下誅暴逆⓲，將相欲移兵⓳而誅王，天子憐百姓新勞苦，且休之，遣臣授君王印，剖符⓴通使。君王宜郊迎㉑，北面㉒稱臣，乃欲以新造未集㉓之越屈彊㉔於此。漢誠聞之，掘燒君王先人冢墓，夷㉕種宗族，使一偏將㉖將十萬眾臨越，即越殺王降漢，如反覆手耳。」

3 於是佗乃蹶然起坐㉗，謝㉘賈曰：「居蠻夷㉙中久，殊㉚失禮義。」因問賈曰：「我孰與蕭何、曹參㉛、韓信賢？」賈曰：「王似賢也。」復問曰：「我孰與皇帝賢？」賈曰：「皇帝起豐沛㉜，討暴秦，誅彊楚，為天下興利除害，繼五帝三王㉝之業，統天下，理中國。中國之人以億計，地方萬里，居天下之膏腴㉞，人眾車輿㉟，萬物殷富㊱，政由一家，自天地剖判未始有也㊲。今王眾不過數萬，皆蠻夷，崎嶇山海間，譬如漢一郡，王何迺比於漢！」佗大笑曰：「吾不起中國，故王此。使我居中國，何遽㊳不若漢？」迺大說㊴賈，留與飲數月。曰：「越中無足與語，至生來，令我日聞所不聞。」賜賈橐㊵中裝直千金㊶，它送亦千金。賈卒㊷拜佗為南越王，令稱臣奉漢約㊸。歸報，高帝大說㊹，拜賈為太中大夫㊺。

4 賈時時前說稱詩書㊻。高帝罵之曰：「乃公㊼居馬上得之㊽，安事㊾詩書！」賈曰：「馬上得之，寧可以馬上治乎？且湯武逆取而以順守之㊿，文武並用，長久之術也。昔者吳王夫差、智伯極武而亡(51)；秦任刑法不變，卒滅趙氏(52)。鄉使(53)秦以(54)并天下，行仁義，法先聖(55)，陛下安得而有之？」高帝不懌(56)，有慙色，謂賈曰：「試為我著秦所以失天下，吾所以得之者，及古成敗之國(57)。」賈凡著十二篇。每奏一篇，高帝未嘗不稱善，左右呼萬歲[58]，稱其書曰新語[59]。

5 孝惠[60]時，呂太后[61]用事，欲王諸呂，畏大臣及有口者[62]。賈自度不能爭之，迺病免。以好畤[63]田地善，往家[64]焉。有五男，乃出所使越橐中裝，賣千金，分其子，子二百金，令為生產。賈常乘安車駟馬[65]，從歌鼓瑟侍者十人，寶劍直百金，謂其子曰：「與女[66]約：過女，女給人馬酒食極欲[67]，十日而更。所死家，得寶劍車騎侍從者。一歲中以往來過[68]它客，率不過再過，數擊鮮[69]，毋久溷[70]女為也。」

6 呂太后時，王諸呂[71]，諸呂擅權，欲劫少主[72]，危劉氏。右丞相陳平[73]患之，力不能爭，恐禍及己。平常燕居深念[74]。陸生往，不請[75]，直入坐[76]，陳平方念，不見賈。賈曰：「何念深也？」平曰：「生揣我何念？」賈曰：「足下位為上相[77]，食三萬戶侯，可謂極富貴無欲矣。然有憂念，不過患諸呂、少主耳。」陳平曰：「然。為之奈何？」賈曰：「天下安，注意相；天下危，注意將。將相和，則士豫附[78]；士豫附，天下雖有變，則權不分。權不分，為社稷計，在兩君[79]掌握耳。臣常欲謂太尉絳侯[80]，絳侯與我戲[81]，易[82]吾言。君何不交驩[83]太尉，深相結？」為陳平畫呂氏數事。平用其計，乃以五百金為絳侯壽[84]，厚具樂飲太尉[85]，太尉亦報如之。兩人深相結，呂氏謀益壞❽❻。陳平乃以奴婢百人，車馬五十乘，錢五百萬，遺❽❼賈為食飲費。賈以此遊漢廷公卿❽❽間，名聲籍甚❽❾。及誅呂氏，立孝文❾⓪，賈頗有力。

7 孝文即位，欲使人之南越，丞相平乃言❾❶賈為太中大夫，往使尉佗，去黃屋稱制❾❷，令比❾❸諸侯，皆如意指❾❹。語在南越傳。陸生竟❾❺以壽終。

【章　旨】以上為〈陸賈傳〉。主要記載了陸賈作為辯士生動的人生故事，特別是他兩次出使南越國，使趙佗取消帝號向漢朝稱臣；勸諫劉邦在武力打天下之後，要以文德治天下；和好丞相陳平與太尉周勃的關係，共滅諸呂等三件大事，突出顯示了他的思想、智慧和能言善辯。

【注　釋】❶楚　古國名，羋姓，戰國時為七雄之一，西元前二二三年被秦滅亡。❷客　賓客，不任具體官職。❸名有口辯　以能言善辯而聞名。❹常使　經常出使。❺中國　古時含義不一，這裡應指華夏族、漢族居住、活動及其文化影響較大的地區。❻尉佗平南越　尉佗，即南海郡尉趙佗，其事詳見卷九十五〈南粵傳〉。南越，也作「南粵」。古族名，百越中的一支，生活在今天湖南南部、廣東、廣西及越南北部，秦始皇統一南越後，開始在這裡建立郡縣。❼王之　在那裡稱王。❽魋結箕踞　魋結，常寫作「椎髻」，一種椎形的髮髻。因沒有戴冠，所以對客人是怠慢無禮的。箕踞，坐時兩腿分開前伸，形似箕，是一種傲慢無禮的坐姿。❾真定　縣名，在今河北正定東南。❿天性　本性；原本具有的品行。⓫冠帶　帽子和衣帶，代表中原服飾和文明。⓬區區　小；少；微不足道。⓭正　通「政」。政治；政事。⓮巴蜀　巴郡和蜀郡。巴郡治所在江州（今重慶東北）。⓯鞭笞　用鞭子抽打，比喻征伐。⓰劫　脅迫。⓱建　建立；樹立。⓲暴逆　殘暴，背叛。此處應指秦朝和項羽。⓳移兵　調動軍隊。⓴剖符　古代帝王分封諸侯或封賞功臣時，將符一分為二，一半留帝王處，一半授予諸侯或功臣。符，憑證，用銅、玉、竹、木等製作。㉑郊迎　到郊外迎接，以示尊重。㉒北面　指臣服於人，因古代君王面南而坐，臣子朝見君王就要面向北。㉓新造未集　剛剛建立尚未安定。造，建。集，通「輯」。安定和睦。㉔屈強　倔強；不柔順。屈，通「倔」。㉕夷　鏟平；消滅。㉖偏將　偏師之將，即非主力部隊的將領。㉗蹶然起坐　蹶然，急急忙忙的樣子。起坐，起身坐正。㉘謝　道歉。㉙蠻夷　古代對華夏族以外的邊地少數民族的泛稱，嚴格區分稱少數民族應該是：南方為蠻、東方為夷、北方為狄、西方為戎，這裡蠻夷是指南越。㉚殊　極；特別。㉛蕭何曹參　蕭何（西元前？—前一九三年），沛縣人。佐助漢高祖定天下，漢朝建立後為首任相國，封酇侯，其事詳見卷三十九〈蕭何傳〉。曹參（西元前？—前一九〇年），沛縣人。佐助漢高祖定天下，漢朝建立後先任齊國相，封平陽侯，漢惠帝時接替蕭何為漢朝相國，是西漢初期實行清靜無為的黃老政治的代表人物，其事詳見卷三十九〈曹參傳〉。㉜豐沛　豐邑沛縣，在今江蘇豐縣。豐邑隸屬於沛縣。㉝五帝三王　五帝，傳說中的五位上古帝王，具體指說不一，一說指伏羲、神農、黃帝、唐堯、虞舜，再一說指黃帝、顓頊、帝嚳、唐堯、虞舜。三王，指夏禹、商湯、周文王。㉞膏腴　土地肥沃。㉟輿　眾；多。㊱殷富　富足。㊲自天地剖判未始有也　是自從開天闢地以來所未嘗有過的。㊳何遽　怎麼就。㊴說　通「悅」。喜歡；欣賞。㊵橐　口袋。㊶直千金　直，通「值」。價值。金，黃金的貨幣單位，漢代一金重一斤，合萬錢。㊷卒　盡；終。㊸奉漢約　接受漢朝約束。奉，接受；承受。㊹大說　非常高興。㊺太中大夫　官名，位處諸大夫之首，秩祿千石，侍從皇帝左右，掌管顧問應對，參議政事，奉詔出使，一般都由皇帝的親信擔任。㊻賈時時句　陸賈經常在向劉邦進言時稱道《詩》《書》。前說，上前說事；進言。稱，稱道；稱讚。詩，中國最早的詩歌總集，漢代儒學經學化以後，又稱為《詩經》。書，又稱《尚書》，即上古帝王之書，中國最早的政治論文集，漢代儒學經學化以後，又稱為《書經》。㊼乃公　傲慢自稱語，猶如今人自稱「老子」。㊽得之　指得到天下。㊾安事　哪裡用。㊿且湯武句　商湯和周武王以武力奪取天下而用文德鞏固天下。湯，即商湯，領導商族滅掉夏朝，建立商朝。武，即周武王，率領天下諸侯滅掉商朝，建立周朝。(51)昔者句　從前吳王夫差和晉國的智伯因武力用過了頭而遭致敗亡。吳王夫差，春秋末期人，曾大敗越王句踐，使越國幾乎亡國，但不知守國，繼續北上用兵，爭霸中原，結果反被「臥薪嘗膽」的句踐滅亡，夫差自殺。智伯，也作「知伯」，名瑤，春秋時期人，晉國著名六卿之一，與韓、趙、魏三家瓜分范氏和中行氏的土地後仍不滿足，又要滅亡趙氏，結果反被韓、趙、魏三家聯合滅掉。(52)趙氏　指秦朝皇族，秦人祖先造父被分封在趙城，於是以趙為氏，所以秦始皇叫嬴政，又叫趙政。(53)鄉使　假使。(54)以　通「已」。已經。(55)先聖　歷史上實行德治的聖王。(56)懌　高興；喜悅。(57)試為我三句　試著為我著書，寫明秦朝所以失天下，我所以得天下，以及古代國家成功和失敗的原因。(58)萬歲　古代表示歡呼、讚歎之語。(59)新語　該書現存，真偽不清，內容以倡王道、黜霸術為主，表現出對儒家理想政治的追求。(60)孝惠　漢惠帝劉盈，漢高祖劉邦和呂后之子，西元前一九四—前一八八年在位，其事詳見卷二〈惠帝紀〉。61呂太后　名呂雉，漢高祖劉邦的皇后，其事詳見卷三〈高后紀〉及卷一〈高帝紀〉、卷二〈惠帝紀〉。62有口者　能言善辯之士。63好畤　縣名，在今陝西乾縣東。64往家　前往安家。65安車駟馬　四匹馬拉的二輪坐車。安車，漢代站著乘的車叫高車，坐著乘的車叫安車。駟，同駕一輛車的四匹馬。66女　通「汝」。你；你們。67極欲　盡量滿足需要。68過　探望；拜訪。69數擊鮮　每次到後現宰殺，吃新鮮的魚和肉。數，屢次；每次。擊鮮，宰殺食鮮。70溷　亂；打擾。71王諸呂　分封呂氏家族的人為王，其事詳見卷三〈高后紀〉。72劫少主　劫，劫制；威脅控制。少主，小皇帝。漢惠帝張皇后無子，呂太后取後宮美人所生之子充作皇后子立為太子，惠帝死後繼為少帝，四年後廢掉幽死，呂太后又立後宮美人所生幼子為少帝，呂后死後，大臣們以其非惠帝之子而將其殺死。73陳平　(西元前?—前一七八年)，秦末陽武(在今河南原陽)人。少時家貧，治黃老之術，秦末起事時，先追隨魏王咎、項羽，後歸附劉邦，屢出奇謀建立功業，離間項羽君臣、偽遊雲夢捉拿韓信、收買閼氏解平城之圍等，封曲逆侯，漢惠帝時任丞相，呂后死後，與周勃等大臣一起，誅滅諸呂，迎立漢文帝，其事詳見卷四十〈陳平傳〉。74燕居深念　燕居，閒處。深念，深思。75不請　沒用通報。76直入坐　徑直進入坐下。77上相　當時漢朝設左右兩個丞相，右尊左卑，陳平為右丞相，故尊稱為上相。78豫附　心悅而歸附。79兩君　指陳平和太尉周勃。80太尉絳侯　太尉，官名，秦漢時期最高軍事長官，秩祿萬石。絳侯，漢初名將周勃的侯名，其事詳見卷四十〈周勃傳〉。絳，縣名，在今山西侯馬東。81戲開玩笑。82易　輕易；不重視。83交驩　交好；友好。驩，同「歡」。84壽　敬酒獻物，以此祝人長壽。85厚具樂飲太尉為太尉準備高規格的酒宴，與之暢飲。86益壞　更加不能得逞。87遺　贈送。88公卿　即傳統所說的「三公九卿」，此處泛指朝廷高級官員。89籍甚　因名聲大振而為人所知。90孝文　即孝文帝劉恆(西元前二〇三—前一五七年)，其事詳見卷四〈文帝紀〉。91言　進言；推薦。92黃屋稱制　黃屋，古代帝王的車蓋，因用黃色繒料為蓋裡而得名。制，皇帝的詔命。稱制，行使皇帝的權力。93比　並列；並排。94意指　意圖。95竟　最終。

【語　譯】陸賈，原來是楚國人。以賓客的身分跟隨漢高祖平定天下，以能言善辯而聞名，在高祖身邊，常常出使各諸侯國。

2　這時中國剛開始安定，南海郡尉趙佗平定南越，於是就在那裡稱王。漢高祖派陸賈賜給趙佗王印，承認其為南越王。陸賈到達南越後，南海郡尉趙佗椎髻不冠，伸腿箕坐，接見陸賈。陸賈於是對趙佗說：「足下是中國人，親戚兄弟的墳墓都在真定。現在足下違反天性，丟棄中國人的冠帽衣帶，想以小小的越國和天子對抗，成為敵國，災禍就要降到身上。秦朝政治混亂，諸侯豪傑紛紛起兵，只有漢王首先攻入關中，占領咸陽。項羽違背約言，自立為西楚霸王，諸侯都歸附他，可以說是非常強大了。然而漢王從巴蜀起兵，征服天下，脅迫諸侯，順利地消滅了項羽。五年的時間，海內平定，這不是人的力量，而是天意所為啊。天子聽說君王在南越稱王，而不佐助天下諸侯討伐暴逆，將相們都要求發兵征討你，天子憐惜百姓們剛剛遭受了戰爭的勞頓和苦難，還是讓他們休養生息，派我來授予你王印，剖符為信，互通使節。君王理應郊外迎接，北面稱臣，你卻要以剛剛建立尚未安定的越國，在此倔強對抗。漢朝如果真是聽到了這些，掘開並燒毀君王祖先的墳墓，消滅你的種姓宗族，派遣一名偏將率領十萬士卒兵臨南越，越人馬上會殺了你而投降漢朝，這一切都易如反掌。」

3 於是趙佗就急急忙忙地起身坐正，向陸賈道歉說：「在蠻夷之中生活時間長了，太失禮儀了。」於是就向陸賈問道：「我與蕭何、曹參、韓信相比，誰更賢達？」陸賈回答：「君王似乎更賢達。」趙佗又問道：「我和皇帝相比，誰更賢達？」陸賈說：「皇帝從豐沛起兵，討伐暴虐的秦朝，消滅強大的項羽，為天下人興利除害，承繼五帝三王的大業，統一天下，治理中國。中國的人民以億數，地方萬里，具有天下最富饒的土地，人多車眾，萬物富足，政令出於一姓，這是自從開天闢地以來所未嘗有過的。眼下君王的人民不過幾萬，都是蠻夷，居處在崎嶇的山海之間，就像漢朝的一個郡，君王怎麼和漢朝相比！」趙佗大笑著說：「我沒在中國起兵，所以才在此地稱王。假如讓我在中國，怎麼就不如漢朝？」於是非常欣賞陸賈，挽留他和自己暢飲了幾個月。趙佗說：「南越中沒有值得與之交談的人，先生到來，讓我每天都能聽到未曾聽到過的東西。」賞賜陸賈一袋價值千金的珍寶，其他饋贈也值千金。陸賈最終拜趙佗為南越王，讓他稱臣並接受漢朝的約束。陸賈回來後復命，高祖非常高興，任命陸賈為太中大夫。

4 陸賈經常在向劉邦進言時稱道《詩》《書》。高祖罵他說：「老子是騎在馬上奪取天下的，哪裡用什麼《詩》《書》！」陸賈說：「騎在馬上奪取天下，難道也可以騎在馬上治理天下嗎？商湯和周武王以武力奪取天下而用文德鞏固天下，文武並用，才是國運長久的辦法。從前吳王夫差和晉國的智伯因武力用過了頭而遭致敗亡；秦朝專門任用刑法而始終不改變，最終遭致滅亡。假使秦朝統一天下後，實行仁義治國，效法歷史上的聖王，陛下難道能夠得有天下嗎？」高帝不太高興，面有慚愧之色，對陸賈說：「你試著為我著書，寫明秦朝所以失天下，我所以得天下，以及古代國家成功和失敗的原因。」陸賈一共著書十二篇。每獻上一篇，高皇帝沒有不叫好的，旁邊的人都齊呼「萬歲」，陸賈的書被稱為《新語》。

5 漢惠帝的時候，呂太后掌權，想要分封諸呂為王，但又畏懼大臣以及能言愛說的辯士。陸賈自己估計沒有能力反對諫諍，就稱病免了官職。陸賈認為好時那個地方土地肥沃，就前往那裡安家。陸賈有五個兒子，他拿出出使南越時獲贈的袋中珍寶，變賣成一千黃金，分給他的兒子們，每個兒子二百金，讓他們用於經營產業。陸賈經常乘坐駟馬安車，帶著唱歌跳舞彈琴鼓瑟等侍從十人，佩有一把價值百金的寶劍，陸賈對他的兒子們說：「我與你們約定：到你們哪一家，哪一家就供給我的人和馬酒食草料，盡量滿足需要，十天更換一家。死在誰家，誰就得到寶劍、車馬和侍從。一年之中因為還要往來走訪其他客人，大概去你們每家不會超過兩次，每次到後要現宰殺，吃新鮮的魚和肉，我不會久住打擾你們。」

6 呂太后時，分封呂氏家族的人為王，呂氏獨斷專權，想威脅控制少帝，危害劉氏皇族。右丞相陳平憂慮這件事，但力單無法諫諍，又怕禍亂牽累自己。陳平常常閒處深思。陸賈去看陳平，沒用通報，徑直進入坐下，陳平正在深思，沒有看見陸賈。陸賈說：「想什麼這麼入神啊？」陳平說：「你猜我在想什麼？」陸賈說：「足下位居上丞相，為侯食邑三萬戶，可謂富貴至極無可再求了。然而卻有憂思，不過是擔憂諸呂、少主而已。」陳平說：「正是。該怎麼辦呢？」陸賈說：「天下安定的時候，要注意宰相；天下危亂的時候，要注意軍將。將相和睦，士大夫就心悅歸附；士大夫歸附，天下雖有變亂，但大權不會分散。大權不分散，為國家謀劃，就在你們二位的掌握中了。我常常想對太尉絳侯說這件事，但絳侯和我打趣，不重視我的意見。您為何不與太尉交好，深深地相互團結呢？」於是為陳平謀劃有關呂氏的幾件事。陳平採用他的計劃，就用五百金為絳侯祝壽，為太尉準備高規格的酒宴，與之暢飲，太尉也如此回報陳平。兩人深深地相互團結，呂氏的陰謀更加不能得逞。陳平於是把一百個奴婢，五十輛車馬，五百萬錢，送給陸賈作為飲食費用。陸賈用這些與漢朝廷的公卿們交往，名聲大振。等到消滅諸呂，擁立文帝時，陸賈對此出力很多。

7 漢文帝即位後，想派人去南越，丞相陳平推薦陸賈出任太中大夫，前往出使見尉佗，使他取消了黃屋車、稱制等皇帝的禮制，讓其地位與諸侯王相等，一切均符合文帝的意圖。陸賈的具體言詞寫在〈南越傳〉中。陸賈最終是以年老而壽終。

1 朱建，楚人也。故嘗為淮南王黥布相，有罪去，後復事布。布欲反時，問建，建諫止之。布不聽，聽梁父侯遂❶，反。漢既誅布，聞建諫之，高祖賜建號平原君，家徙長安❷。

2 為人辯有口，刻廉剛直，行不苟合，義不取容❸。辟陽侯❹行不正，得幸呂太后，欲知❺建，建不肯見。及建母死，貧未有以發喪❻，方假貣服具❼。陸賈素與建善，乃見辟陽侯，賀曰：「平原君母死。」辟陽侯曰：「平原君母死，何乃賀我？」陸生曰：「前日君侯❽欲知平原君，平原君義不知君，以其母故。今其母死，君誠厚送喪，則彼為君死矣。」辟陽侯迺奉百金稅❾，列侯貴人以辟陽侯故，往賻❿凡五百金。

3 久之，人或毀⓫辟陽侯，惠帝大怒，下吏⓬，欲誅之。太后慙，不可言⓭。大臣多害⑭辟陽侯行，欲遂誅之。辟陽侯困急⑮，使人欲見建。建辭曰：「獄急，不敢見君。」建乃求見孝惠幸臣閎籍孺⑯，說曰：「君所以得幸帝，天下莫不聞。今辟陽侯幸太后而下吏，道路⑰皆言君讒，欲殺之。今日辟陽侯誅，旦日⑱太后含怒，亦誅君。君何不肉袒⑲為辟陽侯言帝？帝聽君出辟陽侯，太后大驩。兩主俱幸君，君富貴益倍矣。」於是閎籍孺大恐，從其計，言帝，帝果出辟陽侯。辟陽侯之囚，欲見建，建不見，辟陽侯以為背之，大怒。及其成功出之，大驚。

4 呂太后崩⑳，大臣誅諸呂，辟陽侯與諸呂至深，卒㉑不誅。計畫所以全者，皆陸生、平原君之力也。

5 孝文時，淮南厲王㉒殺辟陽侯，以黨㉓諸呂故。孝文聞其客朱建為其策，使吏捕欲治。聞吏至門，建欲自殺。諸子及吏皆曰：「事未可知，何自殺為？」建曰：「我死禍絕，不及乃㉔身矣。」遂自剄㉕。文帝聞而惜之，曰：「吾無殺建意也。」乃召其子，拜為中大夫㉖。使匈奴㉗，單于㉘無禮，罵單于，遂死匈奴中。

【章旨】以上為〈朱建傳〉。主要記載朱建的出身、經歷及為人特點，特別是通過寫他與辟陽侯的曲折關係，突出他能言善辯和工於謀劃的特點。

【注釋】❶梁父侯遂　梁父，縣名，在今山東泰安東南。侯遂，姓侯名遂。❷長安　西漢王朝的都城，在今陝西西安西北。

❸行不二句　做事不苟且附和，正義而不曲從討好。苟合，苟且附和，曲意迎合。義，正義。取容，曲從討好，取悅於人。❹辟陽侯　即審食其，初從漢高祖為舍人，曾與呂后同被項羽扣押，後一直得到呂后的寵幸，封侯拜相，諸呂失敗後免相，後為淮南王所殺。❺知　相知；結交。❻發喪　發布死亡消息。❼方假貣服具　正向人借貸治喪的服飾器具。假，借。貣，乞求；借貸。❽君侯　列侯，漢代一般指身為宰相的列侯，後世泛指和尊稱達官貴人。❾祝　贈送死者的衣被。❿賻　送給死者家的布帛、錢財。⓫毀　說人的短處，加以嘲諷。⓬下吏　交給執法的官吏，即下獄。⓭不可言　即不可自言，不能自己出面說情。⓮害　嫉恨。⓯困急　窘困；焦急。⓰閎籍孺　據〈佞幸傳〉記載，漢高祖時有籍孺，漢惠帝時有閎孺，此處應為閎孺，「籍」字為衍文。⓱道路　道路上的人，即很多人。⓲旦日　明日。⓳肉袒　脫去上衣，露出肉體，以此表示降服或謝罪。⓴崩　古代天子死，皇后、皇太后死也稱崩。㉑卒　盡；完了；最終。㉒淮南厲王　漢高祖劉邦之少子劉長，被封淮南王，謚號為「厲」，其事詳見卷四十四〈淮南王傳〉。㉓黨　親近；偏私。㉔乃　你；你們。㉕自剄　用刀割脖自殺。㉖中大夫　官名，皇帝身邊的侍從官，掌管議論，秩祿比二千石。㉗匈奴　部族名，秦漢時期生活在中國北方的少數部族，詳細見卷九十四〈匈奴傳〉。㉘單于　匈奴族最高首領的稱號。

【語　譯】朱建，楚國人。原來曾經擔任淮南王黥布的相，因為犯罪而離開，後來又重新奉事黥布。黥布醞釀謀反事，詢問朱建的意見，朱建勸說阻止他。黥布不聽，聽從梁父人侯遂的意見，進行反叛。漢朝殺掉黥布後，聽說朱建曾經勸說黥布不要反叛，高祖就賜予朱建平原君的封號，讓他把家搬到長安。

2 朱建為人善辯，有口才，嚴格清廉，剛毅正直，做事不苟且附和，正義而不曲從討好。辟陽侯行為不正派，得到呂后的寵幸，想要結交朱建，朱建不肯見他。等到朱建的母親去世，由於貧窮無力治辦喪事，正向人借貸治喪的服飾器具。陸賈一向與朱建要好，就去見辟陽侯，向他祝賀道：「平原君的母親去世了。」辟陽侯說：「平原君的母親去世了，為什麼向我道賀？」陸賈說：「以前君侯要與平原君結交，平原君仗義不與你結交，是因為他母親的緣故。現在他母親去世了，你如果真能送去豐厚的喪禮，那麼他就會為你去死的。」辟陽侯於是就奉送一百金以置辦死者的衣被，列侯貴人們因為辟陽侯的緣故，紛紛前去贈送布帛、錢財，合計五百斤黃金。

3 過了很長時間，有人議論辟陽侯的短處，漢惠帝大怒，將辟陽侯下獄，要殺了他。太后很慚愧，不能自己出面為辟陽侯說情。大臣們都嫉恨辟陽侯，希望馬上殺了他。辟陽侯窘困焦急，派人告訴朱建想見他。朱建拒絕說：「案件緊急，不敢見你。」朱建於是求見漢惠帝的幸臣閎孺，遊說道：「你所以被皇帝寵幸的原因，天下人沒有不知道的。現在辟陽侯因被太后寵幸而下獄，就連馬路上的人都說是你進的讒言，想要殺他。今天辟陽侯被殺，明天太后心懷憤怒，也會殺你。你何不肉袒為辟陽侯向皇帝求情？皇帝聽你的話放了辟陽侯，太后會非常高興。兩位主子一同寵幸你，你會加倍富貴的。」當下閎孺非常恐懼，聽從朱建的謀劃，向皇帝進言，皇帝果然放了辟陽侯。辟陽侯被關押時，想要見朱建，朱建不見，辟陽侯認為朱建背棄了他，非常惱怒。等到他被朱建成功地救出，大為驚訝。

4 呂太后去世，大臣們誅殺諸呂，辟陽侯與諸呂的關係極其深厚，最終沒有被殺。所以能夠保全的謀劃，均賴陸賈和平原君之力。

5 漢文帝的時候，淮南厲王殺死了辟陽侯，由於他偏私諸呂的原故。漢文帝聽說他的賓客朱建為其出謀劃策，就派官吏去抓捕，想懲治他。聽說抓捕的官吏來到家門前，朱建就要自殺。他的兒子們和屬吏都說：「事情到底如何尚不可知，為什麼就自殺呢？」朱建說：「我一死災禍就了結了，不會牽連到你們身上。」於是就割頸自殺了。文帝聽說後為他惋惜，說：「我沒有要殺朱建的意思啊。」就召見他的兒子，拜官為中大夫。出使匈奴，由於單于無禮，大罵單于，結果死在匈奴。

1 婁敬，齊人也。漢五年❶，戍隴西❷，過雒陽❸，高帝在焉❹。敬脫輓輅❺，見齊人虞將軍❻曰：「臣願見上言便宜❼。」虞將軍欲與鮮衣❽，敬曰：「臣衣帛❾，衣帛見，衣褐❿，衣褐見，不敢易衣⓫。」虞將軍入言上，上召見，賜食。

2 已而[12]問敬，敬說曰：「陛下都[13]雒陽，豈欲與周室比隆哉[14]？」上曰：「然。」敬曰：「陛下王天下與周異。周之先自后稷[15]，堯封之邰[16]，積德絫[17]善十餘世。公劉避桀居豳[18]。大王以狄伐故，去豳，杖馬箠去居岐[19]，國人[20]爭歸之。及文王為西伯[21]，斷虞芮訟[22]，始受命[23]，呂望[24]、伯夷[25]自海濱來歸之。武王伐紂[26]，不期而會孟津[27]上八百諸侯，遂滅殷[28]。成王[29]即位，周公之屬傅相[30]焉，迺營成周都雒[31]，以為此天下中，諸侯四方納貢職[32]，道里鈞[33]矣，有德則易以王[34]，無德則易以亡[35]。凡居此者，欲令務以德致人[36]，不欲阻[37]險，令後世驕奢以虐民也。及周之衰，分而為二[38]，天下莫朝[39]周，周不能制[40]。非德薄，形勢弱也。今陛下起豐沛，收卒三千人，以之徑往，卷蜀漢，定三秦，與項籍戰滎陽，大戰七十，小戰四十，使天下之民肝腦塗地，父子暴骸中野[41]，不可勝數，哭泣之聲不絕，傷夷[42]者未起，而欲比隆成康之時[43]，臣竊以為不侔[44]矣。且夫秦地[45]被山帶河[46]，四塞[47]以為固，卒然[48]有急，百萬之眾可具。因秦之故，資甚美膏腴之地，此所謂天府[49]。陛下入關[50]而都之，山東[51]雖亂，秦故地可全而有也。夫與人鬭，不搤其亢[52]，拊[53]其背，未能全勝。今陛下入關而都，按[54]秦之故，此亦搤天下之亢而拊其背也。」

3 高帝問群臣，群臣皆山東人，爭言周王[55]數百年，秦二世則亡，不如都周[56]。上疑未能決。及留侯[57]明言入關便，即日駕西都關中[58]。

4 於是上曰：「本言都秦地者婁敬，婁者，劉也。」賜姓[59]劉氏，拜為郎中[60]，號曰奉春君[61]。

5 漢七年[62]，韓王信[63]反，高帝自往擊。至晉陽[64]，聞信與匈奴欲擊漢，上大怒，使人使[65]匈奴。匈奴匿[66]其壯士肥牛馬，徒[67]見其老弱及羸畜[68]。使者十輩來[69]，皆言匈奴易擊。上使劉敬復往使匈奴，還報曰：「兩國相擊，此宜夸矜見所長[70]。今臣往，徒見羸瘠[71]老弱，此必欲見短，伏奇兵以爭利。愚以為匈奴不可擊也。」是時漢兵以踰句注[72]，三十餘萬眾，兵已業[73]行。上怒，罵敬曰：「齊虜[74]！以舌得官[75]，迺今妄言沮[76]吾軍。」械繫敬廣武[77]。遂往，至平城[78]，匈奴果出奇兵圍高帝白登[79]，七日然後得解。高帝至廣武，赦敬，曰：「吾不用公言，以困平城。吾已斬先使十輩言可擊者矣。」迺封敬二千戶，為關內侯[80]，號建信[81]侯。

6 高帝罷[82]平城歸，韓王信亡入胡[83]。當是時，冒頓[84]單于兵彊，控弦[85]四十萬騎，數苦北邊[86]。上患之，問敬。敬曰：「天下初定，士卒罷於兵革，未可以武服也。冒頓殺父代立，妻群母[87]，以力為威，未可以仁義說也。獨可以計久遠子孫為臣耳[88]，然陛下恐不能為。」上曰：「誠可，何為不能！顧[89]為奈何？」敬曰：「陛下誠能以適長公主[90]妻單于，厚奉遺[91]之，彼知漢女送厚，蠻夷必慕[92]，以為閼氏[93]，生子必為太子，代單于。何者？貪漢重幣[94]。陛下以歲時漢所餘彼所鮮數問遺[95]，使辯士[96]風諭[97]以禮節。冒頓在，固為子壻；死，外孫為單于。豈曾聞外孫敢與大父亢禮[98]哉？可毋戰以漸臣也。若陛下不能遣長公主，而令宗室及後宮[99]詐稱公主，彼亦知不肯貴近[100]，無益也。」高帝曰：「善。」欲遣長公主。呂后泣曰：「妾唯以一太子、一女[101]，奈何棄之匈奴！」上竟不能遣長公主，而取家人子[102]為公主，妻單于。使敬往結和親[103]約。

7 敬從匈奴來，因言：「匈奴河南白羊、樓煩[104]王，去長安近者七百里，輕騎一日一夕可以至。秦中新破[105]，少民，地肥饒，可益實[106]。夫諸侯初起[107]時，非齊諸田[108]，楚昭、屈、景[109]莫與。今陛下雖都關中，實少人。北近胡寇，東有六國彊族[110]，一日有變，陛下亦未得安枕而臥也。臣願陛下徙齊諸田，楚昭、屈、景，燕、趙、韓、魏後，及豪傑名家，且實關中。無事，可以備胡；諸侯[111]有變，亦足率以東伐。此彊本弱末[112]之術也。」上曰：「善。」乃使劉敬徙所言關中十餘萬口。

【章　旨】以上為〈婁敬傳〉。主要記載了婁敬在西漢王朝剛剛建立的時期，向漢高祖劉邦提出的四項重要建議：定都關中，止伐匈奴，實行和親，遷徙豪族。這些都給西漢王朝的歷史發展以重大影響。

【注　釋】❶漢五年　即漢高祖五年，西元前二〇二年。❷戍隴西　戍，防守。隴西，郡名，治狄道（今甘肅臨洮南）。❸雒陽　著名的古都，後寫作「洛陽」，在今河南洛陽東北。❹在焉　在這裡。❺輓輅　輓，牽引；拉。輅，綁在車轅上用來牽引車子的橫木。❻虞將軍　劉邦手下將領。❼便宜　有利於國家的辦法和建議。❽鮮衣　新而且華美的衣服。❾衣帛　穿帛衣。帛，泛指絲織物。❿褐　用毛皮或粗麻布做成的短衣，一般是等級地位低的人穿的衣服。⓫不敢易衣　不敢更換衣服。不敢，是委婉之詞，實際是沒有必要的意思。⓬已而　隨即；不久。⓭都　定都。⓮豈欲句　難道是要與周朝比隆盛嗎。周室，周朝王室，從西元前十一世紀周武王滅商朝有天下始，到西元前二五六年被秦滅亡止，延續八百年。隆，高；尊盛；興盛；隆盛。⓯先自后稷　先，祖先。后稷，姬姓，名棄，號后稷，相傳是周族的始祖。傳說其母姜嫄野外踩巨人的腳印，懷孕生他，認為不吉，幾次將他丟棄未成，故起名叫棄，長大後善於農耕，被尊為農神。⓰堯封之邰　堯，傳說中的上古部落聯盟領袖，因為是陶唐氏部族首領，故稱唐堯。邰，古邑名，在今陝西武功西南。相傳周人的祖先從后稷到公劉均建都於此。⓱絫　古「累」字。⓲公劉避桀居豳　公劉時因躲避夏桀而徙居到豳地。公劉，周人早期有作為的祖先，從后稷三傳到公劉。桀，夏桀，中國古代著名的暴君，第一個王朝夏朝的最後一個國王，生活於西元前十六世紀，與商紂王一起合稱「桀紂」，成為暴虐君主的代名詞。豳，也作「邠」，古邑名，在今陝西旬邑西。⓳大王三句　太王時由於狄族人侵擾的緣故，離開豳地，持鞭驅馬前往岐地居住。大，通「太」。大王，就是周太王，名古公亶父，從公劉九傳到古公亶父，周人在這個時期建立了國家，所以古公亶父被稱為太王。狄，先秦時期對居住在北方的華夏族以外的少數部族的泛稱。去豳，離開豳地。杖馬箠，拿著馬鞭。去居，前往居住。岐，古邑名，在今陝西岐山東北。⓴國人　又稱「邦人」，居住在都城及其近郊的居民。㉑文王為西伯　文王，即周文王，名姬昌，周太王的孫子，中國歷史上著名的聖王，原為商朝在西方的諸侯，封為西伯，在位五十年，敬老慈幼，禮賢下士，團結諸侯，遠近歸附，雖然未及最後滅掉商朝，但已經發展到「三分天下而有其二」。㉒斷虞芮訟　排解了虞國和芮國之間的爭端。虞，故國名，在今山西平陸北。芮，古國名，在今陝西大荔東南，山西芮城西。訟，虞、芮兩國爭田，請周文王裁斷，文王以德感動了他們，不但排解了爭端，還歸附了文王。㉓受命　接受上天的命令，指稱王而統治天下。㉔呂望　又稱呂尚、姜尚、姜子牙、姜太公、太公望，姜姓，呂氏，名望，字牙。西周開國功臣。傳說商朝末年，不滿紂王暴虐，隱居東海之濱，後西行投奔周國，與周文王相遇在渭水之濱，文王說：「吾太公望子久矣」，故號稱「太公望」，輔佐文、武兩代周王，滅商而有天下。因功被分封在齊地建國。㉕伯夷　商朝末年諸侯孤竹國君的長子，隱居在北海之濱，父親死後，與弟弟叔齊相互謙讓不嗣君位，一同投奔周國。後周武王發兵滅商，兄弟倆叩馬諫阻，商朝滅亡後，他們不食周粟，餓死在首陽山。㉖武王伐紂　西元前十一世紀末，周武王興兵討伐商紂王，商朝滅亡，周朝建立。紂，商紂王，也稱帝辛，商朝末代君主，以暴虐聞名，牧野戰敗後，自焚而死。㉗孟津　古黃河津渡名，在今河南孟津東北。㉘殷　朝代名，也就是商，商朝從第二十代商王盤庚起遷都城到殷（在今河南安陽），直到亡國，故商朝又叫殷朝。㉙成王　周成王姬誦，周武王的兒子，幼年即位，由叔父周公旦攝政，七年後親臨天下，與其後的康王統治時期一起被譽為「成康之治」。㉚周公之屬傅相　周公，姬旦，中國古代著名政治家，對中國歷史發展有深遠影響，協助周武王滅商，輔佐周成王守國，東征平定反叛，營建東都雒邑，分封天下諸侯，制定禮樂典章，深受儒家尊崇。傅相，扶助；輔佐。㉛迺營成周都雒　就營造成周建東都雒邑。成周，即成周城，周成王時周公所建，居住的是被迫遷來的商朝遺民，傳說故址在今河南洛陽東郊白馬寺的東面。都雒，以雒邑為東都。東都雒邑包括二城，除成周城外，還有王城，居住者是周人，周朝自平王東遷後，天子就居於此，故址在今河南洛陽王城公園一帶。㉜貢職　貢獻物品。㉝道里鈞　道里，路程里數。鈞，通「均」。平均；均等。㉞以王　即以之王，因此而王天下。㉟以亡　即以之亡，因此而失天下。㊱致人　使人來；使天下人來歸附。㊲阻　依仗。㊳分而為二　指東周末年周王室分裂為東、西兩個小國，即東周君和西周君。㊴朝　拜見；納貢。㊵制　控制。㊶暴骸中野　暴露屍骨在荒野之中。㊷傷夷　創傷。㊸成康之時　周成王和周康王統治時期，共約四十多年，經歷了武王滅商、周公東征、制定禮樂典章制度後，政權鞏固，社會安定，甚至刑法不用，後世史家稱為「成康之治」。㊹侔　等同；相等。㊺秦地　指戰國時期秦國的地域，與秦中、關中的含義相仿，主要是今天陝西中部地區。㊻被山帶河　倚山臨水。㊼四塞　四面地勢險要。㊽卒然　突然。㊾天府　天然的府庫。㊿關　指函谷關。(51)山東　指崤山或華山以東地區。(52)搤其亢　搤，同「扼」。卡住。亢，咽喉；要害。(53)拊　拍；輕擊。(54)按　握有；掌握。(55)周王　周朝統治天下。(56)周　指成周，也就是洛陽。(57)留侯　即張良，秦漢之際著名政治家和戰略家，劉邦主要謀士，運籌帷幄，決勝千里，其事詳見卷四十〈張良傳〉。(58)即日駕西都關中　即日，當天。駕，皇帝的車，借指皇帝。關中，地區名，範圍與秦地、秦中相仿，函谷關以西的秦國故地，該地區東有函谷關，西有散關，北有蕭關，南有武關，因地處四關之中，故稱關中。(59)賜姓　古代帝王把自己的姓氏賜予臣屬，以示對他們的獎賞和恩寵。(60)郎中　官名，屬於侍衛官，隸屬於郎中令。(61)奉春君　春是一年之始，因婁敬始勸皇帝定都關中，故賜號奉春君。(62)漢七年　即漢高祖七年，西元前二〇〇年。(63)韓王信　戰國韓國王族後代，楚漢之際因功被劉邦封為韓王，後投降匈奴，其事詳見卷三十三〈韓王信傳〉。(64)晉陽　縣名，在今陝西太原西南。(65)使　出使。(66)匿　藏匿；使人看不見。(67)徒　只。(68)羸畜　瘦弱的牲畜。(69)十輩來　有十批回來。輩，批。來，回來。(70)此宜夸矜見所長　這個時候應該誇耀和顯示自己的優勢。夸矜，誇耀；顯耀。見，示；讓人看。(71)胔　腐爛的屍體。(72)以踰句注　以，通「已」。已經。踰，越過。句注，山名，又名陘嶺、雁門山、西陘山，屬雁門郡，在今山西代縣北。(73)已業　同「業已」。已經。(74)齊虜　齊國的俘虜。婁敬原是齊人，齊屬田氏，後歸漢。(75)以舌得官　靠言詞、遊說、議論獲得官職。(76)沮　阻止；敗壞。(77)械繫敬廣武　械繫，用腳鐐和手銬拘禁起來。廣武，縣名，在今山西代縣西南。(78)平城　縣名，在今山西大同東北。(79)白登　山名。(80)關內侯　爵名，秦漢時期實行二十等爵制，關內侯是第十九級，僅低於列侯。(81)建信　縣名，在今山東高青西北。(82)罷　疲勞；疲乏。(83)亡人胡　亡，逃亡；流亡。胡，匈奴。(84)冒頓　匈奴歷史上最有名的首領，西元前二〇九年殺父自立為單于，後對內訂立制度，對外四方征討，不但給匈奴，同時也給西漢王朝歷史發展以重大影響。其事詳見卷九十四〈匈奴傳〉。(85)控弦　張弓射箭。(86)數苦北邊　頻繁侵擾北方邊郡。數，頻繁；多次。苦北邊，使北邊受苦。北邊，北方邊郡。(87)妻群母　娶父親的其他妻子為妻。(88)獨可以句　只可以謀劃長遠的令其子孫成為漢朝臣子的辦法。(89)顧　但；只是。(90)適長公主　皇后所生的大女兒。適，通「嫡」。正妻，正妻所生為之嫡出。(91)奉遺　奉送饋贈。(92)慕　愛慕。(93)閼氏　匈奴單於妻子的稱號。(94)重幣　厚重的財物。(95)陛下句　陛下每年按照季節拿漢朝所多餘的而匈奴所缺少的東西多次去慰問、饋贈。歲時，一年中的季節。鮮，少；缺。問遺，慰問和饋贈。(96)辯士　能言善辯之士。(97)風諭　以委婉的言詞暗示和勸告。風，通「諷」。(98)與大父亢禮　大父，祖父；外祖父。亢禮，彼此以平等的禮節對待。亢，通「抗」。(99)宗室及後宮　宗室，帝王宗族的人。後宮，本來是指古代帝王的妃嬪姬妾所居住的宮室，借指妃嬪姬妾。(100)貴近　使之尊貴和親近之。(101)唯以一太子一女　唯以，只有。一太子，一個太子，即漢惠帝劉盈。一女，一個女兒，即魯元公主，後嫁給趙王張敖。(102)家人子　平常人家的女兒。家人，庶民；平民。(103)和親　不同民族或國家的統治者之間出於政治目的的通婚。(104)河南白羊樓煩　河南，地區名，指今天內蒙古河套一帶地方，也就是鄂爾多斯草原。白羊，匈奴國名。樓煩，古部族名，春秋末年，分布在今天山西寧武、岢嵐等地，後徙居到今天陝西北部及內蒙古南部，秦朝末年，被匈奴征服，移往河南地。(105)秦中新破　秦中，地區名，即關中、秦國故地。新破，剛剛遭到戰爭的破壞。(106)益實　更加殷實，指移民充實秦地。(107)諸侯初起　指秦朝末年原六國貴族後代開始起事。(108)齊諸田　戰國齊國王族田氏的各支後代。(109)楚昭屈景　戰國楚國王族的三家主要分支，此處也是指他們的後代。(110)六國彊族　指戰國時期東方六國貴族的後代。(111)諸侯此處是指西漢初年的異姓諸侯王。(112)彊本弱末　也作強幹弱枝，是古代處理中央和地方關係的一種思想主張，即加強中央集權，削弱地方勢力。

【語譯】婁敬，齊國人。漢高祖五年，去隴西戍守，途經雒陽，高皇帝正在這裡。婁敬卸下拉車的橫木，去見齊人虞將軍，說：「我希望見皇上談談有利於國家的一些事情。」虞將軍要給他新而且華美的衣服，婁敬說：「我穿的是絲帛，就穿絲帛去見，穿的是麻布，就穿麻布去見，不敢更換衣服。」虞將軍進去稟報皇上，皇上召見婁敬，並賜給飯食。

2 隨即，高帝問婁敬想要說什麼，婁敬說：「陛下定都雒陽，難道是要和周朝比隆盛嗎？」皇上說：「是這樣。」婁敬說：「陛下稱王於天下與周朝不同。周朝的祖先從后稷起，堯就分封他在邰地，累積了十幾代的德政善舉。公劉躲避夏桀居住在豳地。太王因為狄人侵擾的緣故，離開豳，持鞭驅馬前往岐地居住，國人爭相歸附他。到周文王時被封為西伯，排解了虞國和芮國之間的爭端，開始受天之命而稱王，於是呂望、伯夷從海濱前來歸附。周武王討伐商紂，不約而同在孟津渡口會合的諸侯竟達八百，於是就滅亡了殷商。周成王即位，周公等人扶助輔佐他，又營造成周建東都雒邑，認為這裡是天下的中心，諸侯們從四方前來交納貢物，路程里數大體相當，如果有德政則易於在此稱王，如果沒有德政也易於在此滅亡。凡是定都此地的君主，一定是要用德政使天下人都來歸附，不想依仗險阻，讓後代驕奢淫逸而虐待人民。等到周朝衰弱時，王畿分裂為兩國，天下諸侯沒有向周王朝拜進貢的，周王不能夠控馭他們。這不是由於德澤太薄，而是形勢衰弱了。而今陛下從沛縣豐邑起兵，收攏了三千士卒，率領他們徑直向前，席捲蜀漢，平定三秦，與項羽鏖戰滎陽，大戰七十次，小戰四十次，使得天下的人民肝腦塗地，父子同時暴骨荒野中者，多到數不清，哭泣之聲尚未斷絕，受傷倒地者還未站起，卻要與成康時期比隆盛，臣私下認為二者不能等同。而秦地倚山臨水，四面險要的地勢均可構成堅固的屏障，如果突然發生緊急情況，一百萬軍隊可以徵集到。利用秦朝原有的積蓄，加上十分美好肥沃的土地，這就是所說的天然的府庫。陛下進入函谷關定都秦地，即使山東叛亂，秦國故地是可以完全擁有的。與人搏鬥，不卡住他的咽喉，而只是拍打他的脊背，是不能獲得完全勝利的。如果現在陛下入函谷關而定都，占據秦國故地，這是既卡住天下的咽喉且又打它的脊背啊。」

3 高皇帝問群臣的意見，群臣都是山東人，爭相說周朝統治天下數百年，秦朝兩代就滅亡了，不如定都在成周。皇帝猶疑不能夠決定。等到留侯張良明確說進關定都更好，當天皇上的御駕就西進定都關中。

4 於是皇上說：「原本勸說定都秦地的是婁敬，所謂婁，就是劉。」賜婁敬劉姓，任命他為郎中，號稱奉春君。

5 漢高祖七年，韓王信反叛，高皇帝親自前往攻打。到達晉陽，聽說韓王信與匈奴要聯合攻打漢朝，皇上非常憤怒，派人出使匈奴。匈奴把他們的青壯年戰士和膘肥體壯的牛馬都隱藏起來，只把那些老弱的士卒和瘦弱的牛馬顯示給漢朝使者看。有十批使者回來，都說匈奴容易攻打。皇上又派劉敬再去出使匈奴，回來報告說：「兩國交戰，這個時候應該誇耀和顯示自己的優勢。現在我前往，卻只見瘦弱及死掉的牲畜和老弱殘兵，這一定是要故意顯示劣勢，埋伏奇兵以爭取勝利。我認為匈奴是不可以去進攻的。」這時漢朝的軍隊已經越過了句注山，三十多萬軍隊業已行動。皇上大怒，罵劉敬道：「齊國的降虜！靠嘴皮子得到官職，現在竟然胡說，敗壞我的軍心。」下令用腳鐐和手銬把劉敬拘禁在廣武。於是繼續前行，到達平城，匈奴果然出動奇兵把高皇帝包圍在白登山，七天之後才得以解圍。高皇帝回到廣武時，赦免了劉敬，說：「我沒有採納你的意見，以至於被困在平城。我已經把先前出使說可以攻打匈奴的十批使者殺掉了。」於是封劉敬食邑二千戶，爵為關內侯，封號是建信侯。

6 高皇帝疲勞地從平城回來，韓王信逃亡進入匈奴。就在這段時間，冒頓單于的軍事力量強盛，有控弦騎士四十萬，頻繁侵擾北方邊郡。皇上對此很憂慮，問劉敬。劉敬說：「天下剛剛安定，士卒因戰爭而疲憊不堪，不能夠用武力去征服。冒頓弒殺父親，自己代立為單于，娶父親的其他妻子為妻，靠武力建立自己的權威，不可以用仁義去勸說。只可以謀劃長遠的令其子孫成為漢朝臣子的辦法，然而就怕陛下不能夠實行。」皇上說：「如果真是能夠令其子孫成為漢朝臣子，為什麼不能實行呢！你儘管說要怎麼做呢？」劉敬說：「陛下如果真能夠把長公主嫁給單于為妻，再奉獻饋贈他厚禮，他知道是漢朝的公主，又陪送豐厚的財物，作為蠻夷一定會愛慕她，讓她做閼氏，生了兒子一定是太子，將來接替單于。這是為什麼呢？因為貪戀漢朝厚重的財物。陛下每年按照季節拿漢朝所多餘的而匈奴所缺少的東西多次去慰問、饋贈，派遣能言善辯之士，以委婉的言詞暗示和勸告他們以禮節。冒頓活著，肯定就是女婿；他要是死了，外孫就是單于。難道曾經聽說過外孫敢於和外祖父分庭抗禮的嗎？這樣就可以不通過戰爭而使其漸漸地臣服。如果陛下不能夠把長公主送去，而是讓宗室或者後宮之女假冒成公主，他也會知道，就會不肯尊貴和親近她，那就沒有意義了。」高皇帝說：「好吧。」想要把長公主送去。呂后哭泣道：「我只有一個太子和一個女兒，為什麼要把她丟棄到匈奴！」皇上最終沒能夠把長公主送去，而是找了個平常人家的女兒假稱為公主，嫁給單于為妻。派劉敬前往締結和親的盟約。

7　劉敬從匈奴歸來，就說：「匈奴中居處在河南一帶的白羊王、樓煩王，離長安近的只有七百里，輕騎兵一天一夜就可以到達。秦中地區剛剛遭到戰爭的破壞，人民稀少，但土地富饒，可以移民使之更加殷實。六國諸侯開始起事時，不是齊國的諸田、楚國的昭、屈、景三姓，沒有其他人能夠動員天下。現在陛下雖然建都關中，其實缺少人民。北邊靠近匈奴，受到其搶掠，東邊有六國的強宗大族，一旦發生變亂，陛下也就不能夠安枕無憂地睡覺了。我希望陛下遷徙齊國的各支田姓，楚國的昭、屈、景三姓，燕國、趙國、韓國、魏國的後代，以及豪傑名士之家，將他們充實關中地區。沒有事變，可以利用他們防備匈奴；如果諸侯進行反叛，也足可以率領他們向東征伐。這是強本弱末的策略。」皇上說：「好。」於是就派劉敬遷徙他所說的那些人到關中，共有十多萬人。

1　叔孫通❶，薛❷人也。秦時以文學徵❸，待詔博士❹。數歲，陳勝起，二世❺召博士諸儒生❻問曰：「楚戍卒攻蘄入陳❼，於公何如❽？」博士諸生三十餘人前曰：「人臣無將⑨，將則反，罪死無赦。願陛下急發兵擊之。」二世怒，作色⑩。通前曰：「諸生言皆非。夫天下為一家，毀郡縣城，鑠其兵⑪，視⑫天下弗復用。且明主在上，法令具於下，吏人人奉職，四方輻輳⑬，安有反者！此特群盜鼠竊狗盜，何足置齒牙間哉⑭？郡守尉⑮今捕誅，何足憂？」二世喜，盡⑯問諸生，諸生或言反，或言盜。於是二世令御史⑰按諸生言反者下吏，非所宜言。諸生言盜者皆罷⑱之。乃賜通帛二十匹，衣一襲⑲，拜為博士。通已出，反舍⑳，諸生曰：「生何言之諛㉑也？」通曰：「公不知，我幾㉒不免虎口！」迺亡去㉓之㉔薛，薛已降楚矣。

2 及項梁之薛，通從之。敗定陶㉕，從懷王。懷王為義帝，徙長沙㉖，通留事項王。漢二年，漢王從五諸侯㉗入彭城㉘，通降漢王。

3 通儒服㉙，漢王憎之，迺變其服，服㉚短衣，楚製㉛。漢王喜。

4 通之降漢，從弟子百餘人，然無所進㉜，剸言㉝諸故群盜壯士進之。弟子皆曰：「事先生數年，幸得從降漢，今不進臣等，剸言大猾㉞，何也？」通乃謂曰：「漢王方蒙矢石㉟爭天下，諸生寧㊱能鬬乎？故先言斬將搴㊲旗之士。諸生且待我，我不忘矣。」漢王拜通為博士，號稷嗣君㊳。

5 漢王已并天下，諸侯[39]共尊為皇帝於定陶，通就其儀號[40]。高帝悉去秦儀法[41]，為簡易。群臣飲爭功，醉或妄呼，拔劍擊柱，上患之。通知上益饜[42]之，說上曰：「夫儒者難與進取，可與守成。臣願徵魯[43]諸生，與臣弟子共起朝儀[44]。」高帝曰：「得無難乎[45]？」通曰：「五帝異樂[46]，三王不同禮[47]。禮者，因[48]時世人情為之節文[49]者也。故夏[50]、殷、周禮所因損益[51]可知者，謂不相復[52]也。臣願頗采古禮與秦儀雜就之。」上曰：「可試為之，令易知[53]，度[54]吾所能行為之。」

6 於是通使徵魯諸生三十餘人。魯有兩生不肯行，曰：「公所事者且[55]十主，皆面諛親貴[56]。今天下初定，死者未葬，傷者未起，又欲起禮樂。禮樂所由起，百年積德而後可興也。吾不忍為公所為。公所為不合古，吾不行。公往矣，毋汙我！」通笑曰：「若真鄙[57]儒，不知時變。」

7 遂與所徵三十人西，及上左右為學者[58]與其弟子百餘人為緜蕞[59]野外。習之月餘，通曰：「上可試觀。」上使行禮，曰：「吾能為此。」迺令群臣習肄[60]，會十月[61]。

8 漢七年，長樂宮[62]成，諸侯群臣朝十月。儀：先平明[63]，謁者[64]治禮，引以次入殿門，廷中陳車騎戍卒衛官[65]，設兵，張旗志[66]。傳曰：「趨！」[67]殿下郎中俠陛[68]，陛數百人。功臣列侯諸將軍軍吏[69]以次陳西方，東鄉[70]；文官丞相以下陳東方，西鄉。大行設九賓[71]，臚句傳[72]。於是皇帝輦[73]出房，百官執戟傳警[74]，引諸侯王[75]以下至吏六百石[76]以次奉賀。自諸侯王以下莫不震恐肅敬。至禮畢，盡伏[77]，置法酒[78]。諸侍坐殿上皆伏抑首[79]，以尊卑次起上壽[80]。觴[81]九行，謁者言「罷酒[82]」。御史執法舉不如儀者輒引去。竟[83]朝置酒，無敢讙譁[84]失禮者。於是高帝曰：「吾迺今日知為皇帝之貴也。」拜通為奉常[85]，賜金五百斤。

9 通因進[86]曰：「諸弟子儒生隨臣久矣，與共為儀，願陛下官[87]之。」高帝悉以為郎[88]。通出，皆以五百金賜諸生。諸生乃喜曰：「叔孫生聖人，知當世務[89]。」

10 九年，高帝徙[90]通為太子太傅[91]。十二年，高帝欲以趙王如意[92]易太子，通諫曰：「昔者晉獻公以驪姬故[93]，廢太子[94]，立奚齊[95]，晉國亂者數十年，為天下笑。秦以不早定扶蘇[96]，胡亥[97]詐立，自使滅祀[98]，此陛下所親見。今太子仁孝，天下皆聞之；呂后與陛下攻苦食啖[99]，其可背哉！陛下必欲廢適[100]而立少，臣願先伏誅[101]，以頸血汙地。」高帝曰：「公罷矣，吾特戲[102]耳。」通曰：「太子天下本[103]，本壹搖天下震動，奈何以天下戲！」高帝曰：「吾聽公。」及上置酒，見留侯所招客從太子入見，上遂無易太子志矣[104]。

11 高帝崩，孝惠即位，迺謂通曰：「先帝園陵寢廟[105]，群臣莫習。」徙通為奉常，定宗廟儀法。及稍定[106]漢諸儀法，皆通所論著也。惠帝為東朝長樂宮[107]，及間往[108]，數蹕[109]煩民，作復道[110]，方築武庫[111]南，通奏事，因請間[112]，曰：「陛下何自築復道高帝寢，衣冠月出游高廟[113]？子孫奈何乘宗廟道上行哉[114]！」惠帝懼，曰：「急壞[115]之。」通曰：「人主無過舉[116]。今已作，百姓皆知之矣。願陛下為原廟[117]渭北[118]，衣冠月出游之，益廣宗廟，大孝之本。」上乃詔有司[119]立原廟。

12 惠帝常出游離宮[120]，通曰：「古者有春嘗菓[121]，方今櫻桃熟，可獻[122]，願陛下出，因取櫻桃獻宗廟。」上許之。諸菓獻[123]由此興。

【章旨】以上為〈叔孫通傳〉。主要記載叔孫通從秦末到漢初，從事秦到反秦，從事楚到事漢的歷程，其中重點是為漢朝制定禮儀。傳記突出了他侍奉君主時靈活善變的為人特點。

【注釋】❶叔孫通　姓叔孫，名通。❷薛　郡名和縣名。薛郡治所在魯縣（在今山東曲阜），薛縣在今山東滕州南。❸以文學徵　文學，古代教育和選官中的一門科目，內容主要是文獻典籍。徵，召；徵召。特指君主、朝廷徵召臣民。❹待詔博士　待詔，應皇帝徵召，隨時待命，以備諮詢顧問，後成為正式官名。博士，古代學官名，掌管通古今歷史和典籍，以備諮詢顧問，秩祿六百石。❺二世　秦朝二世皇帝胡亥（西元前二三〇—前二〇七年），西元前二一〇年秦始皇病死沙丘，二世以秦始皇少子的身分通過政變做了皇帝，昏庸殘暴，誅殺大臣和自己的兄弟姊妹，專任趙高指鹿為馬，加重賦稅徭役，引發農民起義，秦二世胡亥最後在專權的趙高的逼迫之下自殺而死。❻儒生　通曉儒家經典的讀書人。❼楚戍卒攻蘄入陳　楚，楚地，戰國楚國的地方。戍卒，戍守邊地的士卒或役徒。蘄，縣名，在今安徽宿州南。陳，郡名和縣名，陳郡治所在陳縣，在今河南淮陽。❽於公何如　在你們看來怎麼辦呢。❾將　心懷異志，雖然未必行動，指有叛逆的想法。❿作色　變了臉色，是不許人們說陳勝謀反。⓫鑠其兵　鑠，熔化金屬。兵，武器。⓬視　通「示」。顯示；告訴。⓭輻輳　車輪的輻條集湊於車輪的軸心上，比喻人或者物聚集在一起。⓮此特二句　這只不過是一群像鼠狗一樣偷竊的盜賊，怎麼值得掛在嘴上議論呢。特，只；僅僅。鼠竊狗盜，像老鼠一樣偷竊，像狗一樣盜物，比喻僅僅是小角色。齒牙，指口頭談論。⓯郡守尉　官名，郡守和郡尉兩種官並稱，其中郡守是一郡之中最高行政長官，郡尉的職責是佐助郡守，並側重全郡的軍事事務。⓰盡　全；都；一個接一個。⓱御史　官名，隸屬於御史大夫，掌管彈劾糾察。⓲罷　作罷；不予追究。⓳襲　套，上下衣皆有。⓴反舍反，通「返」。舍，這裡指官舍。㉑諛　阿諛；諂媚。㉒幾　幾乎；差點兒。㉓亡去　逃亡離去。㉔之　前往。㉕定陶　縣名，在今山東定陶西北。㉖長沙　郡名，治臨湘（在今湖南長沙）。㉗五諸侯　楚漢之際的五個諸侯王，他們是魏王魏豹、韓王鄭昌、常山王張耳、河南王申陽、殷王司馬卬。㉘彭城　縣名，在今江蘇徐州。㉙儒服　儒生的服裝。㉚服　穿。㉛楚製楚地衣服的式樣。㉜進　推薦。㉝剸言　專門推薦。剸，同「專」。㉞猾　狡猾；奸猾。㉟蒙矢石　蒙，冒。矢石，箭頭和壘石，古時守城的武器。㊱寧　難道。㊲搴　拔取。㊳稷嗣君　是說叔孫通的道德事業足以繼承齊國稷下之風流。稷下是戰國時期齊國都城臨淄稷門一帶地方，是當時天下各學術流派爭鳴薈萃的地方。㊴諸侯　指楚漢之際那些最終幫助劉邦打敗項羽的七個諸侯王，包括：楚王韓信、梁王彭越、淮南王英布、韓王信、趙王張敖、燕王臧荼、衡山王吳芮。㊵就其儀號　就，草就。儀號，儀式，稱號。㊶儀法　禮儀制度。㊷益饜　益，漸漸。饜，通「厭」。厭惡。㊸魯　地區名，先秦時期魯國故地，在今山東泰山以南的汶水、泗水、沂水、沭水流域。㊹朝儀　朝會時的禮儀。㊺得無難乎　不會很難弄吧。㊻樂　音樂，是儒家表現禮儀的重要手段。㊼禮　禮制；行為規範。㊽因　由於；根據。㊾節文　調節文飾。㊿夏　夏朝，中國歷史上第一個王朝，大約存在於西元前二十一到前十六世紀。(51)所因損益　因，因襲；沿襲。損，減少。益，增加。(52)相復　相互重複。(53)易知　容易了解和掌握。(54)度　估計。(55)且　將要；將近。(56)皆面諛親貴　都是靠著當面阿諛而親近貴幸。(57)鄙　庸俗；淺陋。(58)及上左右為學者　和皇上身邊素有文化修養的近臣。及，與；加上。上左右，皇上身邊的近臣。為學者，素有文化修養的人。(59)緜蕞　古代進行朝會禮儀的演練時，用繩索隔離出演練處所稱為緜，用樹立的茅草來表示等級位置稱為蕞。(60)習肄　學習；練習。(61)會十月　朝會定在十月。(62)長樂宮　西漢王朝最大的宮殿建築群，幾乎占了長安城的四分之一，位於都城長安的東南隅，在今陝西西安西北郊。漢初劉邦在此聽朝，惠帝以後遷到未央宮，此處改為太后居住。(63)先平明　尚未天亮之前。(64)謁者　官名，隸屬於郎中令，是皇帝身邊的侍從官，掌管通內外，導引賓客，有時也奉命出使。(65)陳車騎戍

卒衛官　陳，陳列；排列。車騎，戰車和騎士。戍卒，皇宮之中不應該有戍卒，可能是「戎卒」，即武裝的衛士。衛官，侍從官。(66)張旗志　樹立張開旗幟。志，通「幟」。(67)傳曰趨　傳，傳令。趨，急行，表示謹敬。(68)殿下郎中俠陛　殿，帝王朝會的殿堂。郎中，官名，內掌執戟殿下，守護宮殿門戶，外充車騎，護從作戰。俠陛，夾立於臺階。俠，通「夾」、「狹」。陛，宮殿、祭壇的臺階。(69)將軍軍吏　將軍，武官名，高級軍事將領，往往在將軍前冠以各種名號。軍吏，軍隊中各級官員的統稱。(70)鄉　通「向」。朝。(71)大行設九賓　大行，官名，掌迎四方賓客之禮，典外交、出使之職。九賓，九個禮賓官員。(72)臚句傳　上下傳達。臚，從上向下傳語。句，從下向上傳語。(73)輦　車名，用人推拉，先秦時卿大夫以上均可乘坐，秦以後專供皇帝、皇后乘坐。(74)執戟傳警　戟，古代兵器，是矛和戈的合體，兼具直刺、旁擊和側鉤的功能。由於漢代除郎官之外，百官不許持兵器上殿，所以此字估計有誤，《史記》同傳作「職」，職通「幟」，旗幟，較妥。傳警，傳呼，警戒。(75)諸侯王　漢朝皇帝分封的最高等級貴族，相當於周朝的諸侯。(76)六百石　官吏的秩祿等級，屬於中級官員，銅印墨綬，月俸七十斛。(77)伏　身體前趨向下。(78)法酒　由有關的官員按照古法釀製的禮儀性用酒。(79)抑首　低頭不敢仰視。(80)上壽　走上前敬酒祝福。(81)觴　盛酒的器皿，這裡是指往酒器中斟酒。(82)罷酒　止酒；酒筵結束。(83)竟　從頭到尾；自始至終。(84)讙譁　即喧譁。(85)奉常　官名，後改稱太常，九卿之一，官秩中二千石，掌管宗廟禮儀。(86)進　進言。(87)官　任用為官。(88)郎　皇帝身邊侍從官員的通稱，包括侍郎、議郎、中郎、郎中等，職掌為議論、顧問、隨從、護衛等。(89)當世務　當時的要務。(90)徙　調任；提升。(91)太子太傅　官名，掌管太子的保養、監護、輔翼、教諭、訓導。(92)趙王如意　劉如意，劉邦寵姬戚夫人所生，劉邦死後被呂后鴆殺，其事詳見卷三十八〈高五王傳〉。(93)晉獻公以驪姬故　晉獻公，名詭諸，春秋時期晉國的國君，在位時國力發展較快，但因寵幸驪姬而易換太子，死後晉國長期大亂。(94)太子　名申生。(95)奚齊　驪姬的兒子。(96)扶蘇　秦始皇的長子，因勸諫秦始皇不要坑殺儒生，被派往邊地監軍，離開都城咸陽，秦始皇臨終雖然想讓扶蘇嗣立，但由於之前沒有立他為太子，被趙高、李斯和胡亥等矯詔逼迫自殺。(97)胡亥　秦始皇少子，始皇死後，在趙高、李斯的唆使下，矯詔做了皇帝，是為秦二世。(98)自使滅祀　自己讓自己宗廟祭祀斷絕。祀，祭祀。(99)攻苦食啖　致力於勤苦之事，飲食粗淡。謂過艱苦的生活。啖，通「淡」。粗劣無味。(100)適　通「嫡」。正妻所生。(101)伏誅　被殺。(102)特戲　只是開個玩笑。(103)本　根本。(104)見留侯二句　看見留侯所請來的賓客陪同太子前來進見，皇上便沒有更易太子的意圖了。所招客，劉邦欲廢太子劉盈，改立戚姬子劉如意，群臣勸諫不聽，在呂后再三請求下，留侯張良為太子劃策，請出劉邦長久仰慕但卻數召不就的「商山四皓」（秦末四大隱士），輔翼太子。志，打算；意圖。(105)先帝園陵寢廟　先帝，當朝已經去世的皇帝，本朝在位皇帝的亡父。園，帝王后妃的墓地。

陵，帝王的墳墓。寢廟，宗廟中的兩部分，前面為廟，是祭祀祖先的地方；後面是寢，是安放祖先生前物品的屋子。106稍定　逐漸制定。107東朝長樂宮　出未央宮向東去長樂宮朝見太后。108間往　在禮儀制度規定的正式朝見之外，比較隨便的臨時性探望。109蹕　帝王出行時，開路清道，禁止其他人通行。110復道　在樓閣之間架設的空間通道。111武庫　朝廷存放武器的地方。112請間　請求單獨進言。113陛下何二句　陛下怎麼自己把複道修在了高皇帝衣冠每月從陵寢出遊到高廟的通道上空呢。114子孫句　子孫怎麼能越過宗廟通道的上空而通行啊。115壞　拆毀。116人主無過舉　君主不應當舉事有過失。117原廟　正廟之外又立的廟。118渭北　渭水北岸。119有司　有關的官吏或機構。120離宮　帝王正式宮殿以外的宮室。121春嘗菓　春天品嘗剛成熟的鮮果，並奉獻給祖先，這是一種風俗禮儀。122獻　獻祭；獻物祭祖。123諸菓獻　向宗廟獻祭各種鮮果。

【語譯】叔孫通，薛地人。秦朝的時候，因為通曉文化典籍而被徵召，在博士官署待命，以備諮詢顧問。過了幾年，陳勝起事，秦二世召來博士以及那些儒生們問道：「楚地戍卒攻打蘄縣，進入陳縣，在你們看來怎麼辦呢？」博士儒生三十多人走上前來說：「作為人臣不可以心懷異志，心懷異志就是謀反，罪該判死，不能寬赦。希望陛下馬上發兵將其鎮壓。」秦二世憤怒得變了臉色。叔孫通走上前，說道：「諸位先生所說的都不對。現在天下歸為嬴秦一家，拆毀了郡縣的城池，熔化銷毀了武器，告訴天下人不再用兵打仗。而且，上面有英明的君主，下面有完備的法令，官吏人人克盡職守，四方郡縣如同車輪的輻條集湊於車輪的軸心一樣，統一於中央，怎麼會有反叛的呢！這只不過是一群像鼠狗一樣偷竊的盜賊，怎麼值得掛在嘴上議論呢？郡守郡尉正在抓捕斬殺，有什麼值得憂慮的？」秦二世很高興，接著問遍了所有儒生，儒生們有的說是反叛，有的說是盜賊。於是秦二世命令御史按察，儒生凡是說是反叛的，都被交給執法官吏查處，原因是他們說的是不應該說的。儒生凡是說是盜賊的，都作罷，不予追究。隨即賞賜叔孫通絹帛二十匹，衣服一套，任命為博士。叔孫通出來後，回到官舍，儒生們說：「你方才所言，為什麼如此諂媚？」叔孫通說：「你們不知道，我差點不能逃出虎口啊！」於是就逃離咸陽，前往薛地，此時薛地已經歸降了楚。

2 等到項梁到了薛地，叔孫通跟隨他。定陶戰敗後，跟隨楚懷王熊心。楚懷王改稱義帝後，被遷往長沙，叔孫通留下侍奉項王。漢高祖二年，漢王率領五諸侯的軍隊攻入彭城，叔孫通歸降了漢王。

3 叔孫通身穿儒生的衣服，漢王很憎惡，於是就改變他的服裝，穿上短衣，這是楚地衣服的式樣。漢王高興了。

4 叔孫通歸降漢王，跟隨他的弟子有一百多人，然而他卻沒有推薦過誰，而是專門推薦那些原來是群盜和壯士的人。弟子們都說：「侍奉先生多年，有幸跟隨您歸降了漢王，現在您不推薦我們這些人，卻專門推薦那些奸猾大盜，這是為什麼？」叔孫通就對他們說：「漢王現在正冒著矢石爭奪天下，諸位難道能夠去打仗嗎？所以要首先推薦斬將拔旗之士。你們各位暫且等待我，我不會忘了你們。」漢王任命叔孫通為博士，號稱稷嗣君。

5 漢王已經統一了天下，諸侯們在定陶共同擁戴他稱皇帝，叔孫通草就了那些儀式稱號。高皇帝全部取消秦朝的禮儀制度，做到簡單易行。群臣喝酒爭功，喝醉後有人狂呼亂叫，拿劍砍擊房柱，皇上對此很擔心。叔孫通知道皇上對這種情況漸漸地產生厭惡，就勸皇上說：「儒生難於同他們一起進攻奪取天下，但卻可以同他們一起守衛已成的帝業。我願意去徵召魯地的儒生們，與我的弟子們共同制定朝會的禮儀。」高皇帝說：「不會很難弄吧？」叔孫通說：「五帝不同樂，三王不同禮。所謂禮制，是隨著時世人情的發展而加以調節文飾的。所以夏、商、周三代的禮所因襲、減少和增加的情況是可以知道的，可謂是不相互重複。我願意稍微採用古代的禮制與秦朝的儀式結合起來成就它。」皇上說：「可以試著制定，但要讓人易於了解，估計我能夠實行就制定它。」

6 於是叔孫通奉高祖的使命徵召魯地儒生三十多人。魯地有兩個儒生不肯走，說：「你所侍奉的君主將近有十個了，都是靠著當面阿諛而親近貴幸。現在天下剛剛安定，死去的人尚未埋葬，受傷的人還不能站起，又要制定禮樂。凡所制定禮樂，都是在積累百年德政之後才可以興起。我不忍心替你去做這個事情。你所要做的事情不符合古代的規則，我不去。你走吧，不要玷汙我！」叔孫通笑著說：「你可真是個淺陋的儒生，不明白時勢的變化。」

7 於是與所徵召的三十多人西行，和皇上身邊素有文化修養的一些近臣以及他的弟子一百多人，在野外用繩索隔離出演練處所，用樹立的茅草來表示等級位置，進行朝會禮儀的演練。練習了一個多月，叔孫通說：「皇上可以試著觀看一下。」皇上讓禮儀開始進行，之後說：「我能夠做到這些。」於是命令群臣進行學習和練習，朝會定在十月。

8 漢高祖七年，長樂宮建成，諸侯群臣十月進行朝會。按照儀式：在天亮以前，謁者就開始主持典禮，引導人們按照次序進入宮殿大門，在廷中排列著戰車、騎士、武裝衛士、侍衛官，擺設著兵器，張立著旗幟。傳令說：「快步前行！」殿下郎官肅立在殿階兩側，宮殿的臺階上共有數百人。功臣列侯、諸位將軍、各級軍官，依照次序排列在西方，面向東方；文官自丞相以下，排列在東方，面向西方。大行官署設置了九位禮賓官，負責上下傳達。就在此時，皇帝的輦車從房中出來，百官手持旗幟傳呼警戒，引導諸侯王以下至六百石的官吏按照次序獻上祝賀。自諸侯王以下無不震恐肅靜。到朝禮完畢，全部俯身，擺放法酒。凡是坐在殿上奉侍的人都俯身低頭，按照尊卑次序起身上前敬酒祝賀。酒過九巡，謁者宣布「宴會結束」。御史負責執法，查出那些不遵守禮儀的人便把他們帶下去。從朝會開始到擺放法酒，沒有人敢喧譁、失禮的。於是高皇帝說：「我到今天才知道做皇帝的尊貴啊。」任命叔孫通為奉常，賞賜黃金五百斤。

9 叔孫通於是向皇帝進言說：「這些弟子和儒生跟隨我很長時間了，和我一起制定禮儀，希望陛下能夠任命他們為官。」高皇帝全部任命他們為郎官。叔孫通出來後，把五百斤黃金也都全部賞賜給儒生們。儒生們就高興地說：「叔孫先生真是聖人，知道當世的要務。」

10 漢高祖九年，高皇帝提升叔孫通為太子太傅。十二年，高皇帝想要用趙王如意替換太子劉盈為太子，叔孫通勸諫道：「從前晉獻公因為驪姬的緣故，廢掉原來的太子申生，立奚齊為太子，晉國混亂了幾十年，被天下人所恥笑。秦朝由於不及早確立扶蘇為太子，結果胡亥矯詔欺詐立為皇帝，自己讓自己宗廟祭祀斷絕，這是陛下所親眼看到的。眼下太子仁德孝順，這是天下都知道的；呂后與陛下一起同甘共苦，怎麼能夠背棄呢！陛下如果一定要廢掉嫡子而立幼子，我希望先被殺掉，用脖子上流出的血浸汙大地。」高皇帝說：「你不用再說了，我只不過是開個玩笑而已。」叔孫通說：「太子是天下的根本，如果根本動搖了，天下就要震動，怎麼能拿天下開玩笑！」高皇帝說：「我聽你的。」等到高皇帝舉行酒宴時，看見留侯所請來的賓客陪同太子前來進見，皇上便沒有更易太子的打算了。

11 高皇帝逝世，孝惠皇帝即位，就對叔孫通說：「先帝的園陵寢廟，群臣沒有人熟悉。」調叔孫通擔任奉常，制定宗廟禮儀制度。及逐漸制定漢朝其他各項禮儀制度，都是叔孫通論說著述的。漢惠帝由於定期要東出去長樂宮朝見太后，再加上臨時非正式的前去探望，常常要清道禁行打擾百姓，於是就修建了復道，正好修築在了武庫的南邊，叔孫通向皇上奏報事情，順便請求單獨進言，說：「陛下怎麼自己把復道修在了高皇帝衣冠每月從陵寢出遊的高廟的通道上空呢？子孫怎麼能越過宗廟通道的上空而通行啊！」惠帝很恐懼，說：「趕快把它拆毀了。」叔孫通說：「君主不應當舉事有過失。現在已經修了，百姓都知道這件事。希望陛下在渭水北岸修建原廟，讓先帝衣冠每月出遊到那裡，進一步擴大了宗廟，這是大孝的根本。」皇上就詔令有關官員建立原廟。

12 漢惠帝經常出遊離宮，叔孫通說：「古時候有春天品嘗獻祭鮮果的禮儀，眼下櫻桃成熟，可以獻祭，希望陛下出遊時，順便採摘些櫻桃獻祭宗廟。」皇上答應了。向宗廟獻祭各種鮮果的禮儀由此而興起。

贊曰：高祖以征伐定天下，而縉紳❶之徒騁❷其知辯，並成大業。語曰❸「廊廟之材非一木之枝，帝王之功非一士之略❹」，信❺哉！劉敬脫輓輅而建金城❻之安，叔孫通舍枹鼓❼而立一王之儀❽，遇其時也。酈生自匿監門，待主然後出，猶不免鼎鑊❾。朱建始名廉直，既距❿辟陽，不終其節，亦以喪身。陸賈位止大夫，致仕⓫諸呂，不受憂責⓬，從容⓭平、勃之間，附會⓮將相以彊社稷⓯，身名⓰

俱榮，其最優乎！

【章　旨】以上是作者班固對五個傳主極其簡練的評論和感歎，在突出表現時勢造英雄思想的同時，也承認個人才智的優劣。

【注　釋】❶縉紳　同「搢紳」。搢是插，紳是士大夫束在衣服外面的大帶子，縉紳是指把笏板插在帶子間，引申指稱士大夫。❷騁　盡量地施展和發揮。❸語曰　引用前人或當時流行的話。❹廊廟二句　這兩句話源自《慎子‧知忠》，原文是：「故廊廟之材，蓋非一木之枝也；粹白之裘，蓋非一狐之皮也；治亂安危，存亡榮辱之施，非一人之力也。」二句的意思是，建造廊廟的木材不只是一棵樹的枝木，成就帝王的功業不只是一個士人的謀略。❺信　實在；確實。❻金城　金屬造的城，比喻城防堅不可摧。❼舍枹鼓　古代打仗，擊鼓是進攻的命令，舍枹鼓，指不以戰陣功伐建立功名。枹，擊鼓的槌。❽一王之儀　指劉漢王朝的禮儀。❾鼎鑊　烹殺人的刑具，用鼎鑊煮人，一種酷刑。鑊，鼎大而且無足。❿距　通「拒」。抵禦；拒絕。⓫致仕　退還官職，也就是主動辭官。⓬不受憂責　沒有遭受憂愁和責難。⓭從容　斡旋；周旋。⓮附會　也作「傅會」，協和；調和。⓯社稷　本來是土神和穀神的合稱，後用來指代國家。⓰身名　身體和名聲。

【語　譯】史官評議說：漢高祖用武力征伐統一天下，而士大夫們則盡量施展和發揮他們有知識和善辯的特點，共同成就了定天下的大業。古語說「建造廊廟的木材不單是一棵樹的枝木，成就帝王的功業不只是一個士人的謀略」，確實如此啊！劉敬卸下拉車的橫木就創建了堅不可摧的金城湯池之固，叔孫通不以戰陣攻伐建立功名而以儒術為劉漢王朝制定禮儀，這是正好遇上了特定的時代。酈食其自我隱匿為監門之吏，等到了名主才肯出仕，但還是難免於鼎鑊之烹。朱建開始時以廉潔正直而聞名，已經拒絕了辟陽侯，但不能自始至終保持那種氣節，也因此而喪了命。陸賈的官位最高到大夫，因為諸呂而主動辭掉官職，沒有遭受憂愁和責難，在陳平和周勃之間從容斡旋，調和將相之間的關係以使國家得到鞏固，自己則身體長壽名聲榮耀，他應該是最高明的吧！

【研　析】本卷是酈食其、陸賈、朱建、婁敬、叔孫通等五人的合傳，把這五個人合在一起立傳是否合理，歷史上頗有微詞。如南宋史學家黃震在其著名的《黃氏日抄》中就認為，朱建、叔孫通不足為道，酈食其可能是善於選擇君主，婁敬也許是能夠自我奮鬥，然而怎麼能夠與陸賈比肩並伍呢。黃氏的觀點雖有可取之處，但也有明顯的偏頗。筆者認為，其可取之處主要有二：一是，就歷史作用和影響而言，陸賈明顯優於其他四人，他的「馬上得天下，寧可馬上治天下」的思想，無為而治的主張，以及《新語》一書，對西漢初年統治思想的轉變，起到了至關重要的作用，至於他兩次出使南越使趙佗臣漢，調和陳平、周勃關係以安劉氏天下，既是史家的生花妙筆，更是陸賈的人生精彩，所以南朝劉勰深刻地稱讚他是「漢室陸賈」。二是，朱建不足為道。本傳傳主的共同特點應是不以攻城略地建立功名，而是因獻納智慧謀略促成漢朝大業而青史留名，但朱建不但沒有什麼像樣的高謀奇計，反而為錢而出賣人格氣節，不應當入本傳。不過黃氏對酈食其、婁敬、叔孫通的評價似顯尖刻，尤其是說叔孫通與朱建一樣不足為道，更是與事實有距離，叔孫通為漢朝制定各種禮儀，對漢代等級社會的建立和穩定還是有明顯作用的。

本卷的文字基於司馬遷的《史記》，但還是有一些刪改，這些改動之處不能完全令人滿意。比如〈酈食其傳〉的最後，齊王在烹殺酈食其前，《史記》有一段生動的對話：「齊王田廣聞漢兵至，以為酈生賣己，乃曰：『汝能止漢軍，我活汝，不然，我將烹汝！』酈生曰：『舉大事不細謹，盛德不辭讓。而公不為若更言！』齊王遂烹酈生，引兵東走。」而《漢書》本卷只作「齊王田廣聞漢兵至，以為食其賣己，乃亨食其，引兵走」。不論是從史學還是從文學的角度，所述既不如《史記》的史料充實豐富，也不如《史記》對人物描寫的細膩生動。又如〈劉敬傳〉，婁敬戍隴西途經雒陽請求見劉邦時，《史記》記載他當時是「衣其羊皮」，而《漢書》本卷將這四字刪去，致使下面虞將軍要給他光鮮華美的衣服，婁敬說：「臣衣帛，衣帛見，衣褐，衣褐見，不敢易衣。」就略顯突兀，來龍去脈不清了。

卷四十四

淮南衡山濟北王傳第十四

【題解】本卷是淮南厲王劉長及其三個兒子：淮南王劉安、衡山王劉賜、濟北王劉勃的合傳。其中淮南衡山部分基本源自司馬遷的《史記・淮南衡山列傳》，而濟北王劉勃的傳是班固所增作。淮南厲王劉長是漢高祖劉邦的少子，漢文帝時，自以為與皇帝關係最近，驕奢淫逸，僭越稱制，自定法令，又擅自殺死辟陽侯審食其，文帝多次規勸不但不聽，還計議謀反，事發被廢流放，途中絕食而死。淮南王劉安，文化素養極高，擅長文學藝術，效法呂不韋，招致賓客數千人，著書立說，雜採儒、墨、道、法、陰陽五行等諸家學說，終以道家為歸，主張自然無為，撰成《淮南鴻烈》，也稱《淮南子》，後因謀反事發，自殺而死，受株連者達數千人之多。衡山王劉賜，原為廬江王，因與南越私相交往，被徙為衡山王，後因計議謀反，事發自殺。濟北王劉勃，先封為衡山王，十二年後徙為濟北王，兩年後去世。傳國至其孫劉寬時，因犯罪自殺，封國被廢除。

1 淮南厲王長，高帝❶少子也，其母故趙王張敖美人❷。高帝八年❸，從東垣過趙❹，趙王獻美人，厲王母也，幸❺，有身❻。趙王不敢內宮❼，為築外宮舍之❽。

及貫高[9]等謀反事覺，并逮治[10]王，盡捕王母兄弟美人，繫之河內[11]。厲王母亦繫，告吏曰：「日[12]得幸上，有子。」吏以聞[13]，上方怒趙，未及理厲王母。厲王母弟趙兼因辟陽侯言呂后[14]，呂后妒，不肯白[15]，辟陽侯不強爭[16]。厲王母已生厲王，恚[17]，即自殺。吏奉[18]厲王詣[19]上，上悔，令呂后母之[20]，而葬其母真定[21]。真定，厲王母家縣[22]也。

2 十一年[23]，淮南王布[24]反，上自將[25]擊滅布，即立子長為淮南王。王早失母，常附[26]呂后，孝惠[27]、呂后時以故得幸[28]無患，然常心怨辟陽侯，不敢發[29]。及孝文[30]初即位，自以為最親[31]，驕蹇[32]，數不奉法[33]。上寬赦之。三年[34]，入朝[35]，甚橫[36]。從上入苑獵[37]，與上同輦[38]，常謂上「大兄」。厲王有材力[39]，力扛鼎[40]，乃往請[41]辟陽侯。辟陽侯出見之，即自褏金椎椎之[42]，命從者刑之[43]。馳詣闕下[44]，肉袒而謝[45]曰：「臣母不當坐趙時事[46]，辟陽侯力能得之呂后[47]，不爭[48]，罪一也。趙王如意子母[49]無罪，呂后殺之，辟陽侯不爭，罪二也。呂后王諸呂[50]，欲以危劉氏，辟陽侯不爭，罪三也。臣謹為天下誅賊，報母之仇，伏闕下請罪。」文帝傷其志為親[51]，故不治，赦之。

3 當是時[52]，自薄太后[53]及太子[54]諸大臣皆憚[55]厲王。厲王以此歸國益恣[56]，不用漢法，出入警蹕[57]，稱制[58]，自作法令，數上書不遜順[59]。文帝重自切責[60]之。時帝舅薄昭為將軍[61]，尊重[62]，上令昭予厲王書諫數[63]之，曰：

4 「竊聞[64]大王剛直而勇[65]，慈惠而厚[66]，貞信多斷[67]，是天以聖人之資奉大王也甚盛，不可不察[68]。今大王所行，不稱天資[69]。皇帝初即位，易侯邑在淮南者[70]，大王不肯。皇帝卒[71]易之，使大王得三縣之實[72]，甚厚[73]。大王以未嘗與皇帝相見，求入朝見，未畢[74]昆弟之歡，而殺列侯以自為名[75]。皇帝不使吏與其間[76]，赦大王，甚厚。法，二千石缺，輒言漢補[77]，大王逐漢所置[78]，而請自置相、二千石。皇帝骫[79]天下正法而許大王，甚厚。大王欲屬國為布衣[80]，守家真定。皇帝不許，使大王毋失南面之尊[81]，甚厚。大王宜日夜奉法度，修貢職[82]，以稱[83]皇帝之厚德，今迺輕言恣行[84]，以負謗[85]於天下，甚非計[86]也。

5 「夫大王以千里為宅居[87]，以萬民為臣妾[88]，此高皇帝之厚德也。高帝蒙[89]霜露，沫[90]風雨，赴矢石[91]，野戰[92]攻城，身被創痍[93]，以為子孫成萬世之業，艱難危苦甚矣。大王不思先帝之艱苦，日夜怵惕[94]，脩身正行[95]，養犧牲[96]，豐潔粢盛[97]，奉祭祀，以無忘先帝之功德，而欲屬國為布衣，甚過。且夫貪讓國土之名，輕廢先帝之業，不可以言孝。父為之基[98]，而不能守，不賢。不求守長陵[99]，而求之真定，先母後父，不誼[100]。數逆天子之令，不順。言節行以高兄[101]，無禮。幸臣[102]有罪，大者立斷[103]，小者肉刑[104]，不仁。貴布衣一劍之任[105]，賤王侯之位[106]，不知[107]。不好學問大道[108]，觸情妄行[109]，不祥[110]。此八者，危亡之路也，而大王行之。棄南面之位，奮諸、賁[111]之勇，常出入危亡之路，臣之所見，高皇帝之神[112]必不廟食[113]於大王之手，明白。

6 「昔者[114]，周公誅管叔[115]，放蔡叔[116]，以安周；齊桓殺其弟[117]，以反國[118]；秦始皇殺兩弟[119]，遷其母[120]，以安秦；頃王亡代[121]，高帝奪之國，以便事[122]；濟北舉兵[123]，皇帝[124]誅之，以安漢。故周、齊行之於古，秦、漢用之於今，大王不察古今之所以安國便事[125]，而欲以親戚之意望[126]於太上[127]，不可得也。亡之諸侯[128]，游宦事人[129]，及舍匿[130]者，論皆有法[131]。其在王所，吏主者坐[132]。今諸侯子[133]為吏者，御史[134]主；為軍吏[135]者，中尉[136]主；客出入殿門者，衛尉大行[137]主；諸從蠻夷來歸誼及以亡名數自占者[138]，內史縣令[139]主。相欲委下吏，無與其禍，不可得也[140]。王若不改，漢繫大王邸[141]，論[142]相以下，為之奈何[143]？夫墮[144]父大業，退為布衣[145]所哀，幸臣皆伏法而誅，為天下笑，以羞[146]先帝之德，甚為大王不取也[147]。

7 「宜急改操易行[148]，上書謝罪[149]，曰：『臣不幸早失先帝，少孤，呂氏之世，

未嘗忘死[150]。陛下即位，臣怙恩德驕盈[151]，行多不軌[152]。追念[153]辠過，恐懼，伏地
待誅不敢起。』皇帝聞之必喜。大王昆弟歡欣於上，群臣皆得延壽於下；上下得
宜[154]，海內常安。願孰計而疾行之[155]。行之有疑[156]，禍如發矢[157]，不可追已[158]。」
8 王得書不說。六年[159]，令男子但[160]等七十人與棘蒲侯柴武[161]太子奇[162]謀，以輂
車[163]四十乘反谷口[164]，令人使閩越、匈奴[165]。事覺，治之，迺使使[166]召淮南王。
9 王至長安，丞相張蒼[167]，典客馮敬行御史大夫事[168]，與宗正、廷尉雜奏[169]：「長
廢先帝法，不聽天子詔，居處無度[170]，為黃屋蓋儗天子[171]，擅為法令，不用漢法。
及所置吏[172]，以其郎中[173]春為丞相，收聚漢諸侯人[174]及有罪亡者，匿與居[175]，為治
家室[176]，賜與財物爵祿田宅，爵或至關內侯[177]，奉以二千石所不當得。大夫[178]但、
士伍開章[179]等七十人與棘蒲侯太子奇謀反，欲以危宗廟社稷[180]，謀使閩越及匈奴
發其兵。事覺，長安尉奇[181]等往捕開章，長匿不予，與故中尉蕑忌[182]謀，殺以閉
口[183]，為棺槨衣衾[184]，葬之肥陵[185]，謾[186]吏曰『不知安在[187]』。又陽[188]聚土，樹表[189]
其上曰『開章死[190]，葬此下』。及長身自賊殺[191]無罪者一人；令吏論殺[192]無罪者六
人；為亡命棄市詐捕命者以除罪[193]；擅罪人[194]，無告劾繫治城旦[195]以上十四人；
赦免罪人死罪十八人，城旦舂[196]以下五十八人；賜人爵關內侯以下九十四人。前

日長病，陛下心憂之，使使者賜棗脯[197]，長不肯見拜使者。南海[198]民處廬江[199]界中者反，淮南吏卒擊之。陛下遣使者齎帛五十匹[200]，以賜吏卒勞苦者。長不欲受賜，謾[201]曰『無勞苦者』。南海王織[202]上書獻璧[203]帛皇帝，忌[204]擅燔[205]其書，不以聞[206]。吏請召治[207]忌，長不遣，謾曰『忌病』。長所犯不軌[208]，當棄市，臣請論如法[209]。」

10 制[210]曰：「朕不忍置法於王[211]，其與列侯吏二千石議[212]。」列侯吏二千石臣嬰[213]等四十三人議，皆曰：「宜論如法。」制曰：「其赦長死罪，廢勿王[214]。」有司[215]奏：「請處蜀嚴道邛郵[216]，遣其子、子母[217]從居[218]，縣為築蓋家室[219]，皆日三食，給[220]薪[221]菜鹽炊食器席蓐[222]。」制曰：「食長[223]，給肉日五斤，酒二斗。令故美人材人得幸者[224]十人從居。」於是盡誅所與謀者。迺遣長，載以輜車[225]，令縣次傳[226]。

11 爰盎[227]諫曰：「上素驕[228]淮南王，不為置嚴相傅[229]，以故至此。且淮南王為人剛[230]，今暴摧折[231]之，臣恐其逢霧露病死，陛下有殺弟之名，奈何！」上曰：「吾特苦之耳[232]，今復之[233]。」淮南王謂侍者曰：「誰謂乃公[234]勇者？吾以驕不聞過，故至此。」迺不食而死。縣傳者不敢發車封[235]。至雍[236]，雍令[237]發之，以死聞。上悲哭，謂爰盎曰：「吾不從公言，卒亡淮南王[238]。」盎曰：「淮南王不可奈何[239]，願陛下自寬[240]。」上曰：「為之奈何？」曰：「獨斬丞相、御史以謝天下[241]迺可。」

上即令丞相、御史逮諸縣傳淮南王不發封餽侍242者，皆棄市。迺以列侯葬淮南王于雍，置守家243三十家。

【章旨】以上是淮南厲王劉長的傳記。主要記載了劉長的不尋常身世，這種身世特點對其性格、言行的影響，傳文重點記載了他的驕縱不軌，他的謀反和他的死。

【注釋】❶高帝　漢朝開國皇帝劉邦，其事詳見卷一〈高帝紀〉。❷趙王張敖美人　趙王張敖，戰國名士張耳之子，秦末隨父參加起義，漢初嗣爵為趙王，娶劉邦之女魯元公主為妻，後手下人謀刺劉邦，受牽連貶爵為宣平侯。美人，漢代妃嬪的稱號。❸高帝八年　西元前一九九年。❹從東垣過趙　東垣，縣名，在今河北石家莊東。過趙，經過趙國（都邯鄲，在今河北邯鄲）。❺幸　特指皇帝行房事。❻有身　懷孕。❼內宮　納於後宮。內，通「納」。❽舍之　讓她居住。❾貫高　西漢初人，初為趙王張耳的賓客，後任趙相，因高祖劉邦經過趙國時侮辱趙王張敖，圖謀刺殺高祖，事發，雖受酷刑，極力為趙王開脫，高祖感其至誠，寬赦趙王，並要任貫高為官，貫高認為自己確有謀弒之罪，自殺抵罪。❿逮治　逮捕治罪。⓫繫之河內　繫，拘押。河內，郡名，治懷縣（今河南武陟西南）。⓬日　往日。⓭吏以聞　官吏把這件事報告給高祖。⓮因辟陽侯言呂后　通過辟陽侯告訴了呂后。因，通過；利用。辟陽侯，審食其，沛縣人，以舍人的身分跟隨劉邦起兵反秦，在楚漢戰爭中與劉邦的父母、呂后一起被項羽俘獲，由此得幸於呂后，呂后掌權時曾為左丞相，諸呂被殺時，雖然幸免，但最終被淮南王劉長殺死。呂后，漢高祖劉邦的皇后，又稱「高后」，佐助劉邦打天下，建立西漢王朝，劉邦死後控制朝政，惠帝死後親自掌權八年，其事詳見卷三〈高后紀〉。⓯白　地位低的人對地位高的人告訴、陳述。⓰強爭　竭力勸說。爭，同「諍」。直言勸告。⓱恚　恨；怒。⓲奉　兩手捧著送上。⓳詣　往；到。⓴母之　做他的母親。㉑真定　縣名，在今河北石家莊東北。㉒家縣　娘家所在的縣。㉓十一年　漢高祖十一年，西元前一九六年。㉔布　人名，黥布，又稱英布，秦漢之際著名軍事將領。其事詳見卷三十四〈黥布傳〉。㉕自將　親自率兵。㉖附　跟隨；倚恃。㉗孝惠　漢孝惠帝劉盈（西元前二一六－前一八八年），漢高祖劉邦和呂后所生之子，西漢王朝第二代皇帝，在位七年，其事詳見卷二〈惠帝紀〉。㉘以故得幸　因此得以有幸。㉙發　發作；發難。㉚孝文　漢孝文帝劉恆（西元前二〇三－前一五七年），漢高祖劉邦與薄姬所生之子，初封代王，呂后死後，諸呂被平定，大臣們迎立劉恆為皇帝，在位期間實行無為政治，輕徭薄賦，與民休息，與其後的漢景帝時期一起被稱為「文景之治」，其事詳見卷四〈文帝紀〉。㉛最親　指與漢文帝的關係最親近，因當時高皇帝的兒子只有兩人尚在，那就是漢文帝劉恆和淮南厲王劉長。㉜驕蹇　傲慢，不恭，不順。㉝數不奉法　屢屢不遵守法律。數，多次；屢次。奉，遵守。㉞三年　漢文帝三年，即西元前一七七年。㉟入朝　入京城朝見皇帝。㊱甚橫　非常驕橫。㊲從上入苑獵　跟隨皇上進入上林苑狩獵。苑，養禽獸植樹木的地方，後來主要是指帝王遊玩打獵的場所，這裡當具體指上林苑，在今陝西西安西渭水以南。㊳輦　用人推挽的車子，秦漢以後專指帝王乘坐的車子。㊴材力　才華和力量。材，通「才」。才華；才智。㊵扛鼎　舉鼎。鼎，古代烹煮用的器物，多用青銅鑄成，一般是圓形三足兩耳，也有方形四足的，後演變成禮器。㊶往請　前往請求拜見。㊷即自褏金椎椎之　即刻拿出藏在衣袖中的金屬槌子槌打辟陽侯。即，即刻；馬上。褏，古「袖」字。金椎，金屬槌子，用青銅或鐵製作，《史記》作「鐵椎」。㊸刑之　割下辟陽侯的頭。㊹闕下　帝王宮闕之下。闕，古代皇宮或宗廟門前兩邊的高建築物，左右各一，中間是通道。㊺肉袒而謝　肉袒，脫去上衣，露出肢體，以示降服或謝罪。謝，謝罪；請罪。㊻坐趙時事　因為趙國謀弒事變而獲罪。㊼辟陽侯句　辟陽侯的力量能夠影響呂后。㊽爭　同「諍」。規勸；勸諫。㊾趙王如意子母　趙隱王劉如意是漢高祖劉邦之子，其母是高祖寵姬戚夫人，由於母子被寵，高祖曾要用劉如意換易太子，所以遭到呂后的忌恨，高祖死後，呂后用極為殘忍的手段把母子二人害死。㊿王諸呂　分封諸呂為王。諸呂，呂氏家族的人，呂台、呂產、呂祿等。(51)文帝傷其志為親　漢文帝哀憐他的心志在於為母親報仇。傷，悲傷；哀憐。志，志向；心志。親，父母，這裡指母親。(52)當是時　在這個時候。(53)薄太后　漢高祖的妃子，漢文帝的母親。(54)太子　漢文帝的太子劉啟（西元前一八八—前一四一年），後來的漢景帝，在位期間（西元前一五六—前一四一年），實行輕徭薄賦、與民休息的政策，平定吳楚七國之亂，加強中央集權，與其父漢文帝時期一起被稱為「文景之治」，其事詳見卷五〈景帝紀〉。(55)憚　懼怕。(56)益恣　更加放肆。(57)警蹕　古代帝王出行時清道戒嚴。(58)稱制　行使天子的權力。制，天子的詔命。(59)遜順　恭敬順從。(60)重自切責　難於親自嚴詞斥責。重，難。(61)薄昭為將軍　薄昭，薄太后的弟弟，漢高帝時為郎，漢文帝時升為車騎將軍，封軹侯，奉漢文帝之命予書勸諫淮南厲王，後因殺朝廷使者被勒令自殺。將軍，武官名，高級軍事將領，往往在將軍前冠以各種名號。(62)尊重　位尊而權重。(63)諫數　諫，勸諫；直言勸說。數，條列罪狀加以責備。(64)竊聞　私下聽說。(65)剛直而勇　剛直，剛烈直率。勇，勇武。(66)慈惠而厚　慈惠，仁慈恩惠。厚，寬厚。(67)貞信多斷　貞信，守操守，有信用。多斷，善於決斷。(68)是天二句　這是老天把聖人的資質送給了大王，本來是很美好的事情，但又不能不審察。資，資質。奉，獻給；送給。盛，美；美好。(69)不

稱天資　不稱，不符合；不相稱。天資，老天賦予的資質。(70)易侯邑句　把原來在淮南國境內的列侯封邑，改封到其他郡地。(71)卒　終；最後。(72)實　實惠；好處。(73)厚　深厚。(74)未畢　未盡。(75)而殺列侯以自為名　用自己所謂的為母親報仇為名而殺列侯。(76)不使吏與其間　不讓官吏參與對大王殺害辟陽侯事件的審查處理。(77)二千石二句　二千石官職如有空缺，就報告朝廷，由朝廷派人補任。二千石，指一年俸祿為二千石糧食的官吏，朝廷的九卿、郎將，地方上的郡守、王國相等均屬於這一等級的官員。(78)逐漢所置　驅逐漢朝所派任的官吏。(79)骪　古「委」字，枉曲。(80)屬國為布衣　委棄王國而為平民。屬，棄；給別人。布衣，無官無爵的平民。(81)南面之尊　指王位，古時帝王坐北面南，故稱南面之尊。(82)修貢職　遵守定期向天子的貢納職責。修，遵循；遵守。貢，諸侯定期向天子獻納物品。(83)稱　相符；相合。(84)輕言恣行　胡亂而說，放肆而為。(85)負謗　受到公開的批評譴責。負，背負；遭受；受到。謗，公開指責別人的過失。(86)甚非計　實在不是好計策。(87)宅居　居住的地方。(88)臣妾　奴隸，男性稱奴，女性稱妾。(89)蒙　冒著。(90)沫　通「頮」。洗面。(91)赴矢石　赴，奔赴；投入。矢石，箭和壘石，均為守城的武器，借指戰爭。(92)野戰　在野外打仗。(93)創痍　創傷。(94)怵惕　驚駭，戒懼。(95)脩身正行　脩身，提高修養，陶冶性情。正行，端正品行。(96)養犧牲　豢養用於祭祀的家畜。(97)豐潔粢盛　豐潔，豐盛而且清潔。粢盛，祭祀器皿中的穀物。(98)基　奠基；基業。(99)長陵　古縣名，漢高祖劉邦的陵墓在此，漢高祖十二年，劉邦築陵置縣，在今陝西咸陽東北，曹魏以後廢縣。(100)誼　合宜的道德、行為和道理。(101)言節行以高兄　這句話大意是說，標榜放棄王國、為母守家的名節特行高於兄長漢文帝。(102)幸臣　君主寵幸之臣。(103)立斷　馬上斬首。(104)肉刑　是使人肉體受到傷殘的刑罰，在中國古代主要肉刑包括：黥刑、劓刑、臏刑、宮刑等。(105)貴布衣一劍之任　重視平民使用一劍的能力。貴，以……為貴；重視；看重。(106)賤王侯之位　輕視王侯的爵位。(107)知　通「智」。明智。(108)學問大道　學問，學習和問難；自學和求教。大道，大道理；正理。(109)觸情妄行　按照感情隨意行事。(110)祥　吉祥；吉兆。(111)諸賁　專諸和孟賁，是中國古代兩位著名的勇士。專諸，春秋時期吳國堂邑人，伍子胥因其有勇力，把他推薦給吳公子光，後為公子光刺殺吳王僚，自己也被殺，公子光就是吳王闔閭。孟賁，戰國時期齊國（也有說是衛國）人，十分勇武，能生拔牛角，水行不避蛟龍，陸行不避兕虎。(112)神　神靈。(113)不廟食　廟食，死後立廟，享受後人的祭祀。當時諸侯王國立有高帝廟，按時祭祀。不廟食，是暗指會失去王國。(114)昔者　從前的時候。(115)周公誅管叔　周公，姬旦，周武王的弟弟，中國古代著名政治家，對中國歷史發展有深遠影響，協助周武王滅商，輔佐周成王守國，東征平定管叔、蔡叔的反叛，營建東都雒邑，分封天下諸侯，制定禮樂典章，深受儒家尊崇。管叔，姬鮮，周武王的弟弟，武王滅商後，被分封在管（在今河南鄭州），故稱管叔，是周初在東方監視商紂王之子武庚的三監（管叔鮮、蔡叔度、霍叔處）之一。周武王死後，周成王幼年即位，周公旦攝政，管叔蔡叔對此不滿，揚言「周公將不利于孺子」，聯合武庚及東方一些諸侯武裝反叛，周公親自東征平定叛亂，管叔被殺。116蔡叔　姬度，周武王的弟弟，武王滅商後，被分封在蔡（今河南上蔡西南），故稱蔡叔，是周初在東方監視商紂王之子武庚的三監之一。周武王死後，周成王幼年即位，周公旦攝政，管叔蔡叔對此不滿，揚言「周公將不利于孺子」，聯合武庚及東方一些諸侯武裝反叛，周公親自東征平定叛亂，蔡叔被放逐。117齊桓殺其弟　齊桓，齊桓公，名小白，春秋時期齊國的國君，在位期間，任用管仲實行改革，致使國力強盛，實行「尊王攘夷」的外交政策，聯合諸侯，打敗北方戎狄，救燕國，存邢、衛，南伐楚，所謂「九合諸侯，一匡天下」，成為春秋五霸中的第一位霸主。殺其弟，指齊公子糾，但據《史記・齊太公世家》記載，公子糾是齊桓公的哥哥。118反國　通「返國」。齊桓公為公子時，因為齊國內亂，曾經離開齊國到莒國，齊襄公被殺後，返回齊國為國君。119秦始皇殺兩弟　秦始皇（西元前二五九—前二一〇年），嬴姓，名政。戰國末期秦國的國君，並於西元前二二一年滅亡六國，統一天下，建立了中國歷史上第一個統一多民族的專制主義中央集權的封建國家，並且自稱始皇帝，後世稱其為「千古一帝」。殺兩弟，殺死母親與嫪毐私通所生的兩個弟弟。120遷其母　秦始皇因其母親與嫪毐私通並生有二子，在平定嫪毐反叛並誅殺嫪毐後，將其母謫遷於咸陽宮，後經茅焦的勸諫，迎母親歸於咸陽。121頃王亡代　漢高帝劉邦的哥哥劉仲，分封為代王，匈奴入侵代地，不能堅守，逃回京師，被奪去所封王國，貶為郃陽侯。122以便事　以便於國法的執行。123濟北舉兵　濟北王武力反叛。濟北，齊悼惠王劉肥之子濟北王劉興居，與劉氏宗族及大臣共同誅殺諸呂，自以為功勞大，而獲得的利益和賞賜太少，故趁匈奴犯邊之際，起兵反叛。124皇帝　指漢文帝劉恆。125所以安國便事　所以用來安定國家，方便行事的辦法。126意望　願望；欲望。127太上天子，此處指漢文帝。128亡之諸侯　因犯罪逃亡到諸侯王國。129游宦事人　游，指為賓客、說客或食客。宦，指仕宦為官。事人，做供人役使的奴僕。130舍匿　提供居處使之隱匿藏身。131論皆有法　判罪都有法律依據。論，判罪。132其在二句　那些逃亡的罪犯藏在大王的封國內，主管的官吏要因此被判罪。其，指上面所說的逃亡罪犯。坐，因……犯罪。133諸侯子　諸侯王國的人。134御史　官名，隸屬於御史大夫，掌管彈劾糾察。135軍吏　軍隊中各級官吏的統稱，包括文職吏員。136中尉　官名，掌管京師地區治安，九卿之一，秩祿為中二千石，後更名為執金吾。137衛尉大行　衛尉，官名，掌管宮門守衛，九卿之一，秩祿為中二千石。大行，官名，掌管迎接賓客的禮儀及外交、出使等。138諸從句　那些從蠻夷地區前來歸附的以及脫離戶籍而現在自己申請登記戶籍的人。蠻夷，古代對華夏族以外的邊地少數族的泛稱，進一步區分應該是：南方稱蠻、東方稱夷、北方稱狄、西方稱戎。歸誼，指少數民族對中原文化的欽慕和對中原政權的歸附。誼，通「義」。合宜的道德或道理。

名數，戶籍。自占，脫離戶籍後主動申請戶籍登記。(139)內史縣令　內史，官名，一般來說是秦朝和西漢初期京師地區的地方行政長官，但這裡是指諸侯王國中掌管治民的行政官員。縣令，官名，縣級行政長官。(140)相欲三句　諸侯王國的相想要把責任推卸給下層官吏，自己不牽涉到禍患當中，這是不可能做到的。相，諸侯王國的相。委，推諉；推卸。下吏，下層官吏；地位低的官吏。(141)繫大王邸　把大王囚拘在官邸。繫，捆綁；囚拘。邸，官邸。(142)論　論罪，按照犯罪事實和律令條文進行定罪。(143)為之奈何　對此該怎麼辦。(144)墮　通「隳」。毀壞。(145)退為布衣　退，衰退。布衣，平民，與王侯貴族相對。(146)羞辱。(147)甚為句　強烈感覺大王不應採取這樣的做法。(148)改操易行　改變操守，更易行為。(149)謝罪　認罪；認錯。(150)未嘗忘死　不曾忘記會死，意思是說無時無刻不在擔心和恐懼會被呂氏殺死。(151)怙恩德驕盈　怙，依仗；依靠。驕盈，驕傲自滿。(152)不軌　不符合法律的規定。(153)追念　回想。(154)上下得宜　上下各得其所。宜，適宜。(155)願孰計而疾行之　我希望大王能夠仔細地考慮斟酌，然後盡快地行動。願，希望。孰，同「熟」。仔細；認真。計，考慮；謀劃。疾，快速；敏捷。(156)疑　猶豫；遲疑。(157)發矢　射箭，比喻快速而且一去不返。(158)已　用法同「矣」，句末語氣詞，相當於現代漢語的「了」。(159)六年　漢文帝六年，即西元前一七四年。(160)男子但　男子，對成年男性一般泛稱。但，人名。(161)棘蒲侯柴武　棘蒲，邑名，在今河北元氏東。柴武，也作陳武，秦末以將軍身分率二千五百人於薛地起兵，至霸上，於漢高祖二年歸附，入漢中，因軍功封棘蒲侯，曾經攻打齊歷下軍臨菑，斬韓王信於參合，迎立漢文帝，平定濟北王劉興居反叛。(162)太子奇　棘蒲侯太子柴奇，也稱陳奇，因謀反被殺。(163)輦車　使用人力推挽的車，多用於皇帝、皇后出行，《史記》同傳作「輂車」，輂車是馬拉的大車，古時一車四馬謂之一乘，輦車不應稱「乘」，所以應從《史記》作「輂車」。(164)谷口　古縣名，在今陝西禮泉東北，該地處於涇水出山谷處，故得此名。(165)使閩越匈奴　使，出使。閩越，古代越族的一支，居住在今福建一帶地區，秦始皇統一天下後，廢閩越王無諸為君長，置閩中郡，秦末無諸與天下共同亡秦，助劉邦打項羽，劉邦稱帝後，承認無諸為閩越王，王閩中故地，建都東治（在今福建福州），詳細見卷九十五〈兩粵傳〉。匈奴，古代部族名，西元前三世紀興起在中國北方的大漠南北，冒頓單于統治時期最為強盛，經常南下侵擾中原地區，漢武帝攻打匈奴後，其勢漸衰，西元一世紀分裂為南北兩部分，南匈奴附漢，北匈奴西遷，詳細見卷九十四〈匈奴傳〉。(166)使使　派遣使者。(167)張蒼　秦末陽武縣（在今河南原陽）人。秦末追隨劉邦滅秦，漢朝建立後，因功封侯食邑，先後任主計、淮南國相、御史大夫，漢文帝時升任丞相。本書卷四十二有傳。(168)典客馮敬行御史大夫事　典客，秦朝和西漢初期使用的官名，位列九卿，秩祿中二千石，掌管少數民族方面事務，漢景帝時改為大行令，漢武帝時又改為大鴻臚。馮敬，秦將馮無擇之子，漢文帝三年為典客，七年升為御史大夫，漢景帝後二年春，匈奴南下攻入雁門郡，時任太守的馮敬抵禦匈奴，戰死。行御史大夫事，代理御史大夫。御史大夫，官名，地位僅次於丞相，秩祿為中二千石，其職責有三：負責全國的監察工作；佐助丞相處理國家政務；掌管國家圖籍、祕書、檔案。169與宗正廷尉雜奏　宗正，官名，位列九卿，秩祿中二千石，一般由宗室擔任，掌管皇帝的宗族及外戚事務，管理皇族及外戚名籍，分別嫡庶親疏，參與對諸侯王等犯法案件的審理。廷尉，官名，位列九卿，秩祿中二千石，掌管刑獄，修訂法律，是全國最高司法審判機構的長官，受理全國大、要、疑難案件。雜奏，各方共同向皇帝奏報。170居處無度　居處，行為舉止。無度，不合禮儀法度。171為黃屋蓋儗天子　黃屋蓋，也稱「黃蓋」、「黃屋」，皇帝乘輿的特殊裝飾，其車蓋用黃色繒作襯裡。儗，比照；模擬。172及所置吏　至於所任用的官吏。及，到；至於。173郎中　官名，屬於侍衛官，隸屬於郎中令。174漢諸侯人　漢朝直轄郡縣以及其他諸侯王國的人。175匿與居　藏匿和給與住所。176治家室　建立家庭。177關內侯　爵位名稱，秦漢時期實行二十等爵制度，關內侯是第十九級高爵，僅次於第二十級的列侯。178大夫　爵位名稱，二十等爵中的第五級，屬於低爵。179士伍開章　士伍，沒有爵位的成年男子。開章，人名。180宗廟社稷　宗廟，古代天子或諸侯祭祀祖先的場所。社稷，社是土神，稷是穀神，合在一起往往用作國家的代稱。181長安尉奇　長安，縣名，西漢都城所在，在今陝西西安西北。尉，縣尉，官名，掌管一縣的軍事、治安，秩祿四百石到二百石，大縣設置二人，小縣一人。奇，縣尉的名。182簡忌　中尉的名字。183殺以閉口　殺開章以滅口。184棺椁衣衾　棺椁，棺是內棺，椁是外棺。衣衾，衣服和被子。185肥陵　縣名，在今安徽壽縣西南。186謾　欺瞞。187不知安在　不知道在哪裡。188陽　表面；假裝。189樹表　插置、豎立一木作為標識。190死　即屍，屍體。191身自賊殺　身自，親自。賊殺，暗殺。192論殺　選擇殺害。論，通「掄」。選擇。193為亡命句　為了頂替那些因為犯法逃亡應當棄市的罪犯，欺詐抓捕本來不是犯法逃亡的人，使罪犯得以逃脫免罪。亡命，因為犯罪，逃離原籍，流亡在外。棄市，在鬧市執行死刑，並將屍體暴露示眾。命者，在籍沒有逃亡的人。除罪，逃脫免罪。194罪人　給人定罪。195告劾繫治城旦　告劾，告發；檢舉。繫治，關押判罪。城旦，刑名，因旦起築城而得名，實際上是一種從事各種苦役的刑罰，其中又分為不同類型，如：城旦、完為城旦、髡鉗為城旦、黥為城旦、黥劓為城旦、刑為城旦，刑期是四至六年。196城旦舂　刑名，男犯旦起築城，女犯舂米。197棗脯　蜜汁乾棗。198南海　郡名，治番禺（在今廣東廣州），當時隸屬於南越國。199廬江　郡名，治舒（今安徽廬江西南），當時隸屬於淮南國。200賫帛五十匹　賫，攜帶。帛，絲織品。五十匹，《史記》作「五千匹」。201謾　通「慢」。傲慢；怠慢。202南海王織　越人後裔，漢高祖十二年封南武侯織為南海王，但此時的南海郡在南越王趙佗的控制之下，所以織實際上是虛封遙領。203璧　平而圓且中心有孔的玉。204忌　中尉簡忌。205燔　燒。206不以聞　不把這件事稟告朝廷。207請召治　請求召來治罪。(208)不軌　不合法度。(209)論如法　按照法律條文定罪。(210)制　皇帝命令中的一種。(211)朕不忍置法於王　朕，皇帝的自我稱謂。置法於王，把法律施行於諸侯王的身上，也就是依據法律懲罰諸侯王。(212)其與列侯吏二千石議　其，句中語氣詞，表示勸說或命令。列侯，爵位名，秦漢時期所實行的二十等爵制的最高一級，即第二十級，秦時稱「徹侯」，漢朝避漢武帝劉徹之諱，稱「通侯」、「列侯」，爵位僅低於諸侯王，列侯一般不就國，留居京城，可以與聞朝政，侯國行政事務由中央任命的相掌管。吏二千石，二千石秩祿的官員，京城中二千石主要包括漢朝朝廷的卿官及京師地方的行政長官。議，商議；議論。(213)嬰　即夏侯嬰，沛縣人，曾為滕令奉車，故號滕公，與劉邦關係甚好，跟隨劉邦起事，楚漢戰爭中，漢惠帝和魯元公主賴其得以保全，劉邦稱帝後被封為汝陰侯，協助劉邦剷除韓信等異姓王侯，劉邦死後，以太僕事惠帝、高后、文帝。(214)廢勿王　廢掉爵位，不再稱王。(215)有司　主管官員，古代設官分職，各有所司，故稱有司。(216)蜀嚴道邛郵　蜀，郡名，治成都（在今四川成都）。嚴道，縣級行政區的名稱，在今四川滎經。道，地處邊陲又是少數民族聚居的縣稱為道。邛郵，郵亭名，在今四川滎經西。(217)子母　孩子的母親，也就是生有子女的姬妾。(218)從居　跟隨一同居住。(219)家室　本指妻兒家庭，此處是指房屋。(220)給　供給。(221)薪　柴。(222)席蓐　席子和草墊子。(223)食長　供養劉長。(224)美人材人得幸者　美人，後宮嬪妃的名稱。材人，也作「才人」，後宮女官及嬪妃的名稱。得幸者，得到過幸御的美人、才人。(225)輜車　有帷蓋的載重大車。(226)次傳　按次序傳送。(227)爰盎　也作「袁盎」，安陵（在今陝西咸陽）人，漢文帝時為郎中，見淮南王驕縱，建議削減諸侯王封地以弱其勢，文帝不聽，淮南王果反，淮南王自殺後又建議立劉長三子為王，漢景帝時與御史大夫鼂錯交惡，因接受吳王賄賂被鼂錯查處免官，後密勸景帝殺鼂錯以平吳楚之亂，歷任隴西都尉、齊相、吳相、楚相等職，因諫阻立梁王為嗣，被梁王派人刺殺。(228)素驕　素，一向。驕，嬌慣；放縱。(229)相傅　相，諸侯王國的相，統領諸官，處理政務，輔佐諸侯王。傅，諸侯王傅，諸侯王的老師，負責教導和輔佐諸侯王。(230)剛　剛烈；強硬。(231)暴摧折　暴，既猛又急；突然。摧折，挫折；打擊。(232)吾特苦之耳　我只是困苦他一下罷了。苦，困苦；痛苦。(233)令復之　現在就讓他回來。令，《史記》作「今」，現在；眼下。(234)乃公　自稱之詞，帶有傲慢狂妄的語意，可譯為「你家老子我」。(235)縣傳者不敢發車封　縣傳者，負責傳送的各縣。發車封，打開封著的車門。(236)雍　古縣名，在今陝西鳳翔南。(237)雍令　雍縣縣令。(238)卒亡淮南王　卒，最終。亡淮南王，失去了淮南王，讓淮南王死了。(239)不可奈何　無可奈何，指人死無法復生。(240)自寬　自我寬慰。(241)以謝天下　以此向天下道歉。(242)餽侍　進獻和侍奉進食。餽，同「饋」。(243)守冢　守護墳墓。

【語　譯】淮南厲王劉長，是漢高帝的小兒子，他的母親原來是趙王張敖的美人。漢高帝八年，高帝從東垣經過趙國，趙王奉獻一位美人，這就是淮南厲王的母親，被高帝御幸，有了身孕。趙王不敢再把她納入後宮，就建造了一座外宮讓她居住。等到貫高等人謀反的事情被發覺，趙王也一起被逮捕治罪，並全部逮捕了趙王的母親、兄弟及美人，把他們拘押在河內郡。淮南厲王的母親也被拘押，她告訴獄吏說：「往日我曾被皇上御幸過，已經有了皇上的孩子。」官吏把這件事稟報給了高帝，皇上當時正為趙國的事情而憤怒，沒有去理會厲王的母親。厲王母親的弟弟趙兼通過辟陽侯告訴了呂后，呂后妒嫉，不肯去向皇上說，而辟陽侯審食其也沒有竭力勸說呂后。厲王的母親生下厲王後，非常怨恨，就自殺了。官吏捧著厲王去見皇上，皇上很後悔，讓呂后做他的母親養育他，把他的母親埋葬在真定縣。真定，是厲王母親的娘家所在的縣。

2 漢高帝十一年，淮南王英布謀反，皇上親自率兵攻打並消滅了英布，隨即立兒子劉長為淮南王。淮南王從小失去母親，經常倚侍呂后，在漢惠帝和呂后時期因此得以幸免於禍患，但是常常在心裡怨恨辟陽侯，只是不敢發難。等到漢文帝即位後，自以為與皇帝關係最為親近，傲慢不順，屢屢不遵守法律。皇上寬恕赦免了他。漢文帝三年，淮南王進京朝見皇上，非常驕橫。跟隨皇上去上林苑狩獵，與皇上同乘一車，經常稱皇上為「大哥」。淮南厲王富於才華和力量，力能舉鼎，就前往請求拜見辟陽侯。辟陽侯出來接見他，他馬上拿出藏在衣袖中的金屬槌子槌打辟陽侯，又命令隨從割下辟陽侯的頭。之後騎馬飛快趕到皇宮闕下，脫衣露肉地請罪說：「我的母親不應當因趙國謀弒事變而被治罪，辟陽侯的力量能夠影響呂后，但是他不勸諫，這是第一個罪。趙王如意子母二人沒有罪，呂后殘殺了他們，辟陽侯也不勸諫，這是第二個罪。呂后分封諸呂為王，想要危害劉氏皇族，辟陽侯又不勸諫，這是第三個罪。我敬謹為天下誅殺佞賊，為母親報仇，現在跪伏在宮闕之下，請求給以懲罰。」漢文帝哀憐他的心志在於為母親報仇，所以不予治罪，赦免了他。

3 在這個時候，從薄太后到太子、各位大臣都懼怕淮南厲王。厲王因此歸國後更加放肆，不遵守和實行漢朝的法令，出入戒嚴清道，發布命令如同皇帝一樣稱「制」，擅自制定法令，屢屢上書不恭敬順從。漢文帝難於親自嚴詞斥責他。這時皇帝的舅舅薄昭為將軍，位尊權重，皇上命令薄昭給厲王寫信，條列其罪狀加以勸諫和責備，薄昭在信中說：

4「我私下聽說大王剛烈直率而且勇武，仁慈恩惠而且寬厚，守操守，有信用，善於決斷，這是老天把聖人的資質送給了大王，本來是很美好的事情，但又不能不審察。現在大王所做的事情，與老天所賦予你的資質是不相稱的。皇帝開始即位時，把原來在淮南國境內的列侯封邑，改封到其他郡地，大王不肯接受。皇帝最終還是改封了那些侯邑，結果使大王獲得了三個縣的實惠，這是非常深厚的恩德。大王以未曾與皇帝見面為由，要求進京朝見皇帝，兄弟之間的歡情尚未敘完，就以自己所說的為母親報仇為名而殺害列侯。皇帝不讓官吏參與對大王殺害辟陽侯事件的審查處理，寬赦了大王，這是非常深厚的恩德。漢朝的法律規定，諸侯王國二千石官職如有空缺，就報告朝廷，由朝廷派人補任，但是大王驅逐漢朝所派任的官吏，而請求自己任命相、二千石官員。皇帝枉曲天下正式的法律而允許大王的請求，這是非常深厚的恩德。大王要委棄王國而為平民，到真定去為母親守墳冢。皇帝沒有允許，使大王沒有喪失坐享南面之尊的王位，這是非常深厚的恩德。大王應該日夜遵守朝廷的法律制度，遵守定期向天子的貢納職責，用這樣的做法來和皇帝對你的非常深厚的恩德相稱，而你現在卻是胡亂而說，放肆而為，因此在全天下遭到公開的批評譴責，這實在不是好計策。

5「大王用千里之地作為自己的住所，把萬民作為自己的奴隸，這是高皇帝的深厚恩德啊。高皇帝冒著霜露，淋著風雨，迎著亂箭和壘石，戰於郊外，攻於城下，身受創傷，因此為子孫建立了萬代基業，是多麼艱難危險困苦啊。大王不思念先帝當初創業的艱苦，日夜戒懼，提高修養，端正品行，豢養用於祭祀的家畜，使祭祀器皿中的穀物豐盛而且清潔，按時貢獻祭祀，以此而不忘先帝的功德，卻要把王國交給他人，自己去做平民，這是非常錯誤的。而且貪圖讓國土與他人的虛名，輕易放棄先帝所創基業，不可以稱為孝。父親為你奠定了基業，而你卻守不住它，這是不賢。你不希望守護先帝的長陵，卻要求為母親守護真定，先母親而後父親，這是不合道德常理的。多次違逆天子的命令，這是不恭順。標榜放棄王國、為母守冢的名節特行高於皇上兄長，這是無禮的。寵幸的臣僚犯罪，罪大者立即處死，罪小者施以肉刑，這是不仁義的。重視平民使用一劍的能力，卻輕視王侯的爵位，這是不明智的。不喜歡學習和求教人生的大道理，而是按照感情隨意行事，這是不吉祥的。以上這八個方面，是一條通向危亡的道路，而大王卻在走這條路，放棄諸侯王的尊位，而施展專諸、孟賁的勇武，經常出入於危亡的道路之上，按照我所看到的，高皇帝的神靈一定不會享受大王的祭祀，這是很明白的事情。

6 「從前，周公旦誅殺管叔，放逐蔡叔，因此使周朝獲得安定；齊桓公殺了他的弟弟，因此返回了齊國；秦始皇撲殺兩個弟弟，謫遷他的母親，因此使秦國獲得安定；頃王劉仲逃離代地，高皇帝剝奪了他的封國，因此便於國法的執行；濟北王劉興居武裝反叛，皇帝誅殺了他，因此使漢朝獲得了安定。所以說這種辦法，周、齊兩國在古代實行，秦、漢兩朝在今天施用，大王不考察古往今來所以安定國家，方便施法的辦法，而要利用親戚之情希望得到天子超越法律的遷就，這是不可能實現的。因犯罪逃亡到諸侯王國，或為遊說的賓客，或為仕宦的官吏，或為役使的奴僕，以及為逃亡者提供居處使之隱匿藏身，判罪都是有法律條文可循的。那些逃亡的罪犯藏在大王的封國內，主管的官吏要因此被判罪。現在諸侯王國的人仕宦為官吏者，由御史負責主管；在軍隊中為官吏者，由中尉負責主管；賓客出入殿門者，由衛尉、大行負責主管；那些從蠻夷地區前來歸附的以及脫離戶籍而現在自己申請登記戶籍者，由內史、縣令負責主管。諸侯王國的相想要把責任推卸給下層官吏，自己不牽涉到禍患當中，這也是不可能做到的。大王如果不思悔改，漢朝就會把大王囚拘在官邸，判處相以下官吏的罪刑，那時大王該怎麼辦呢？毀壞了父皇所創立的偉大基業，衰敗到被一般平民所哀憐，寵幸的大臣全都因觸犯法律而被誅殺，為天下人所恥笑，因此而讓先帝的聖德蒙受羞辱，我強烈感覺大王不應該採取這樣的做法。

7 「你現在應該立即改變操守，更易行為，給皇帝上書認罪，說：『臣不幸過早地失去了先帝，幼小就成為孤兒，在呂氏專權的時期，無時無刻不在擔心和恐懼會被呂氏殺死。陛下即位之後，我依仗陛下的恩德而驕傲自大，許多行為都不符合法律的規定。回想自己的罪行和錯誤，感到非常恐懼，現在趴在地下等待誅殺，不敢起身。』皇帝聽到你這樣說一定非常高興。上面大王兄弟二人友好歡樂，下面群臣都可以延長壽命；上下各得其宜，天下就會長治久安。我希望大王能夠仔細地考慮斟酌，然後盡快地行動。如果行動了又猶豫，那災禍就如同射出去的箭一樣，快速到來，不能夠再追回了。」

8 淮南王收到薄昭的信後很不高興。於漢文帝六年，命令男子但等七十人與棘蒲侯柴武的太子柴奇共同謀劃，用馬拉的大車四十輛在谷口發起叛亂，同時派人出使閩越和匈奴。事情被發現，漢朝廷要追查治罪，就派使者前往召淮南王來長安。

9 淮南王劉長到達長安。丞相張蒼、典客並代理御史大夫馮敬，與宗正、廷尉共同稟奏皇上說：「劉長廢棄先帝的法制，不聽從天子的詔令，行為舉止不合禮儀法度，乘坐黃屋蓋車，模擬天子，擅自制定法令，不遵用漢朝的法令。至於所任用的官吏，任命他的郎中春為丞相，收羅聚集漢朝直轄郡縣以及其他諸侯王國的人及其因犯罪而逃亡的人，把他們藏匿起來或者給與住所，幫助他們建立家庭，賞賜給錢財、物品、爵位、官職、田地和房屋，所賜的爵位，有的人甚至達到了關內侯，給予俸祿二千石等為這些人所不應當得到的。大夫但、士伍開章等七十人與棘蒲侯太子柴奇謀劃反叛，想要危害劉漢宗族和國家，謀劃讓閩越和匈奴出動他們的軍隊。事情被發覺，長安縣尉奇等人前往捉拿開章，淮南王劉長把開章藏起來不交出，和前中尉蕑忌密謀，殺開章以滅口，為其置辦了棺槨衣被，埋葬在肥陵，欺騙前來的官吏說『不知道開章在什麼地方』。又故意積土假裝為墳，豎立一木作為標識，上寫『開章屍體，埋葬此下』。另外劉長親自暗殺無罪者一人；命令官吏選擇殺害無罪者六人；為了頂替那些因為犯法逃亡應當棄市的罪犯，欺詐抓捕本來不是犯法逃亡的人，使真正的罪犯得以逃脫免罪；擅自給人定罪，不許告發檢舉，關押判處城旦以上刑罰者十四人；隨意赦免罪犯，其中死刑罪犯十八人，城旦舂刑罰以下罪犯五十八人；擅自賜予關內侯以下爵位九十四人。前些日子劉長生病，陛下為他擔心憂慮，派使者賜給他棗脯，劉長不肯接見和拜謝使者。寄居在廬江郡中的南海郡人造反，淮南國的軍吏和士卒攻打平亂。陛下派使者攜帶絹帛五十匹，用以賞賜軍吏士卒中的勞苦者。劉長不願意接受賞賜，傲慢地說『沒有勞苦者』。南海王織上書貢獻玉璧和絹帛給皇上，蕑忌擅自燒毀了南海王的上書，不把這件事稟告朝廷。有關的官吏請求召來蕑忌給以治罪，劉長拒不遣送，欺騙說『蕑忌病了』。劉長犯了違反法度的罪，應當處以棄市的死刑，我們請求按照法律條文對他定罪判刑。」

10　皇上下令說：「我不忍心依據法律懲罰諸侯王，還是與列侯、二千石的官員再商議。」大臣夏侯嬰等四十三位列侯、二千石官員商議後，都說：「應該按照法律判罪。」皇上命令說：「那就赦免劉長的死罪，廢掉他的爵位，不再稱王。」主管官員奏請道：「請將劉長安置在蜀郡嚴道邛郵亭，遣送他的孩子、孩子的母親們跟隨他一同居住，由嚴道縣為其修蓋房屋，所有人都是每日三頓飯，供給柴、菜、鹽、炊具、食器、席子、草墊子。」皇上命令說：「供養劉長，供給肉每天五斤，酒二斗，讓劉長原來的美人、才人中得到過幸御的十個人跟隨他一同居住。」於是誅殺了所有參與謀反的人。隨即遣送劉長，用載重的大車遣送，下令沿途所經各縣依次傳送。

11　爰盎勸諫文帝說：「皇上一向嬌慣淮南王，不為他安置嚴格的相與傅，因此才發展到現在這個樣子。再說淮南王為人剛烈，現在突然遭受如此大的打擊，我擔心他一路霧露相侵會染疾病死，陛下會有殺死兄弟的名聲，那怎麼辦！」皇上說：「我只是困苦他一下罷了，現在就讓他回來。」淮南王對侍候他的人說：「誰說你家老子我是一個勇武之人！我因為驕縱又聽不到別人說自己有過錯，所以才發展到了今天這個地步。」於是絕食而死。負責傳送淮南王的各縣都不敢打開封著的輜車門。輜車行到了雍縣，雍縣縣令打開了封著的車門，把淮南王已經死亡的消息上報了朝廷。皇上悲傷痛哭，對爰盎說：「我沒有聽從你的話，最終還是讓淮南王死了。」爰盎說：「淮南王已死，是無可奈何的了，希望陛下要自我寬慰。」皇上說：「那這事現在怎麼辦呢？」爰盎回答說：「只有殺了丞相、御史，以此向天下道歉才可以。」皇上即刻命令丞相、御史逮捕各縣傳送淮南王不打開封著的車門而進獻和侍奉進食的人，全部處以棄市的死刑。然後就用列侯的規格把淮南王埋葬在雍縣，安置三十戶居民為其守護墳墓。

1　孝文八年❶，憐❷淮南王，王有子四人，年皆七八歲，迺封子安為阜陵❸侯，子勃為安陽❹侯，子賜為陽周❺侯，子良為東城❻侯。

2 十二年，民有作歌歌淮南王❼曰：「一尺布，尚可縫；一斗粟，尚可舂。兄弟二人，不相容❽！」上聞之曰：「昔堯舜放逐骨肉❾，周公殺管蔡，天下稱聖，不以私害公。天下豈以為我貪淮南地邪？」迺徙城陽王王淮南故地❿，而追尊謚⓫淮南王為厲王，置園如諸侯儀⓬。

3 十六年，上憐淮南王廢法不軌，自使失國早夭，迺徙淮南王喜復王故城陽⓭，而立厲王三子王淮南故地，三分之：阜陵侯安為淮南王⓮，安陽侯勃為衡山王⓯，陽周侯賜為廬江王⓰。東城侯良前薨⓱，無後。

4 孝景三年⓲，吳楚七國⓳反，吳使者至淮南，王欲發兵應之。其相曰：「王必欲應吳，臣願為將。」王迺屬之⓴。相已將兵，因城守㉑，不聽王而為漢。漢亦使曲城侯㉒將兵救淮南，淮南以故得完㉓。吳使者至廬江，廬江王不應，而往來使越㉔；至衡山，衡山王堅守無二心。孝景四年，吳楚已破，衡山王朝，上以為貞信㉕，迺勞苦㉖之曰：「南方卑濕㉗。」徙王王於濟北以褒之㉘。及薨，遂賜謚為貞王。廬江王以邊越㉙，數使使相交，徙為衡山王，王江北㉚。

【章　旨】以上綜合記述淮南厲王劉長死後，他的四個兒子劉安、劉勃、劉賜、劉良的前半期傳記，敘述他們從被封侯到被封王，他們在吳楚七國之亂時的態度和表現，以及各個王國封地因循變異的情況。

【注 釋】❶孝文八年 漢文帝八年，西元前一七二年。❷憐 憐惜。❸阜陵 縣名，在今安徽和縣西。❹安陽 古縣名，在今河南正陽西南。❺陽周 縣名，在今陝西綏德西。❻東城 縣名，在今安徽定遠東南。❼民有句 民間有人做了一首關於淮南王的歌唱道。作歌歌淮南王，作歌唱淮南王的故事。❽一尺布六句 意思是：一尺布，可縫而共衣；一斗粟，可舂而共食；以劉氏天下之廣大，兄弟二人卻不能相容。布，麻布。粟，穀子。舂，穀子去殼。❾堯舜放逐骨肉 堯舜，即唐堯、虞舜，傳說中的兩位上古聖主。放逐骨肉，堯有天下，不傳給兒子丹朱，將其放逐，而傳給舜；舜有天下，將其異母弟象遠封有庳（今湖南道縣北），形同放逐。因為是遠古傳說，其事不可詳究。❿迺徙句 於是遷徙城陽王到淮南國故地為王。城陽，王國名，都城在莒（在今山東莒縣）。城陽王，景王劉章之子劉喜。⓫謚 謚號，古代貴族死後被加的帶有褒貶性的稱號。⓬置園如諸侯儀 置園，設置陵園。儀，準則；等級規格。⓭迺徙句 於是遷徙淮南王劉喜又返回城陽為王。⓮淮南王 分得九江郡，都城在壽春（在今安徽壽縣）。⓯衡山王 分得六安郡，都城在六縣（在今安徽六安）。⓰廬江王 分得廬江郡，並兼得江南豫章郡，都城在舒縣（今安徽廬江西南）。⓱薨 古代稱諸侯死為薨。⓲孝景三年 漢景帝前三年，即西元前一五四年。⓳吳楚七國 具體為：吳、楚、趙、膠西、膠東、濟南、菑川等七國，參與謀反的王分別是：吳王劉濞、楚王劉戊、趙王劉遂、膠西王劉卬、膠東王劉雄渠、濟南王劉辟光、菑川王劉賢。⓴屬之 把軍隊交給相。屬，通「囑」。委託；交付。㉑因城守 憑藉城牆而堅守。因，憑藉。㉒曲城侯 漢高祖功臣蟲達之子蟲捷，父死承嗣侯爵。㉓淮南以故得完 淮南國因此得以保全。完，完好；保全。㉔而往來使越 卻與南越往來通使。越，指南越國。南越，也作「南粵」，本為古族名，百越中的一支，生活在今湖南南部、廣東、廣西及越南北部。秦始皇統一南越後，開始在這裡建立郡縣。秦末天下大亂，南海郡尉趙佗在這裡割據稱王，建立了南越國，南越國存在了九十多年，對漢朝時臣時叛，漢武帝時將其滅亡。其事詳見卷九十五〈南粵傳〉。㉕貞信 堅貞，守信用。㉖勞苦 慰勞。㉗卑濕 地勢低窪潮溼。㉘徙王句 遷徙衡山王到濟北為王，以此褒獎他。濟北，諸侯國名，劉興居、劉志、劉勃先後在此為王，都城在盧縣（今山東長清西南）。褒，褒獎；表揚。㉙邊越 邊界與南越相接。㉚江北 長江以北。

【語 譯】漢文帝八年，皇上憐惜淮南王，淮南王有四個兒子，年齡都是七八歲，於是分封他的兒子劉安為阜陵侯，劉勃為安陽侯，劉賜為陽周侯，劉良為東城侯。

2 漢文帝十二年，民間有人做了一首關於淮南王的歌唱道：「一尺布可縫而共衣；一斗粟可舂而共食。以劉氏天下之廣大，兄弟二人卻不能相容！」皇上聽到後說：「從前唐堯放逐兒子丹朱，虞舜放逐弟弟象，周公誅殺管叔，流放蔡叔，天下人稱頌他們的聖德，不認為他們是以個人私怨而損害天下公利。難道天下人認為我是貪圖淮南王的封地嗎？」於是遷徙城陽王劉喜到淮南國故地為王，而追尊淮南王劉長為淮南厲王，按照諸侯王的等級規格設置陵園。

3 漢文帝十六年，皇上憐憫淮南王廢棄漢朝法律，言行不軌，自己造成了喪失封國、過早死去的結果。於是遷徙淮南王劉喜又返回城陽為王，而立淮南厲王的三個兒子在淮南國故地為王，三分淮南故地：阜陵侯劉安為淮南王，安陽侯劉勃為衡山王，陽周侯劉賜為廬江王。東城侯劉良在此之前已死，沒有後代。

4 漢景帝前三年，吳楚七國反叛，吳王劉濞的使者來到淮南國，淮南王劉安想要發兵響應叛軍。淮南國相說：「大王如果一定要響應吳國，我願意擔任將軍。」淮南王就把軍隊交給了他。淮南國相統領軍隊後，憑藉城牆進行防守，不聽淮南王的命令而為漢朝堅守。漢朝也派曲城侯蟲捷率兵解救淮南國，淮南國因此得以保全。吳王使者到廬江國，廬江王不答應使者的請求，卻與南越國往來通使；吳王使者到衡山國，衡山王為漢朝堅守，絕無二心。漢景帝前四年，吳楚之亂已被平定，衡山王到長安朝見皇上，皇上認為衡山王堅貞守信用，就慰勞他說：「南方地勢低窪潮溼。」遷徙衡山王到濟北為王，以此褒獎他。等到去世，就賜給他諡號稱濟北貞王。廬江王因為邊界與南越相接，多次派使者與南越相互交往，於是遷徙他為衡山王，只領有江北之地。

1 淮南王安為人好書❶，鼓琴❷，不喜弋獵狗馬馳騁❸，亦欲以行陰德拊循❹百姓，流名譽❺。招致賓客方術之士❻數千人，作為內書二十一篇，外書甚眾，又有中篇八卷❼，言神仙黃白之術❽，亦二十餘萬言。時武帝方好藝文❾，以安屬為諸父❿，辯博善為文辭⓫，甚尊重之。每為報書及賜⓬，常召司馬相如等視草迺遣⓭。初，安入朝，獻所作內篇，新出⓮，上愛祕⓯之。使為離騷傳⓰，旦受詔⓱，日食⓲時上。又獻頌德及長安都國頌。每宴見⓳，談說得失及方技賦頌⓴，昏暮㉑然後罷。

2 安初入朝，雅善太尉武安侯㉒，武安侯迎之霸上㉓，與語曰：「方今㉔上無太子，王親高皇帝孫，行仁義，天下莫不聞。宮車一日晏駕㉕，非王尚誰立者！」淮南王大喜，厚遺武安侯寶賂㉖。其群臣賓客，江淮間多輕薄㉗，以厲王遷死㉘感激㉙安。建元六年㉚，彗星見㉛，淮南王心怪之。或說㉜王曰：「先吳軍㉝時，彗星出，長數尺，然尚流血千里。今彗星竟天㉞，天下兵㉟當大起。」王心以為上無太子，天下有變，諸侯並爭，愈益治攻戰具㊱，積金錢賂遺郡國㊲。遊士妄作妖言㊳阿諛王，王喜，多賜予之。

3 王有女陵，慧有口㊴。王愛陵，多予金錢，為中詗長安㊵，約結上左右㊶。元朔二年㊷，上賜淮南王几杖㊸，不朝㊹。后荼㊺愛幸，生子遷為太子，取皇太后外孫修成君女㊻為太子妃。王謀為反具㊼，畏太子妃知而內泄事㊽，迺與太子謀，令詐不愛，三月不同席。王陽㊾怒太子，閉使與妃同內㊿，終不近妃。妃求去，王迺上書謝歸之(51)。后荼、太子遷及女陵擅國權，奪民田宅，妄致繫人(52)。

4 太子學用劍，自以為人莫及[53]，聞郎中雷被巧[54]，召與戲[55]。被壹再辭讓[56]，誤中太子。太子怒，被恐。此時有欲從軍者輒詣長安[57]，被即願奮擊[58]匈奴。太子數惡被[59]，王使郎中令斥免[60]，欲以禁後[61]。元朔五年，被遂亡之[62]長安，上書自明[63]。事下廷尉、河南[64]。河南治，逮淮南太子[65]。王、王后計欲毋遣[66]太子，遂[67]發兵。計未定，猶與[68]十餘日。會有詔即訊[69]太子，淮南相怒壽春丞留太子逮不遣[70]，劾不敬[71]。王請相[72]，相不聽。王使人上書告相，事下廷尉治。從迹連王[73]，王使人候司[74]。漢公卿請逮捕治王，王恐，欲發兵。太子遷謀[75]曰：「漢使即[76]逮王，令人衣[77]衛士衣，持戟[78]居王旁，有非是者[79]，即刺殺之，臣亦使人刺殺淮南中尉[80]，迺舉兵，未晚也。」是時上不許公卿[81]，而遣漢中尉宏即訊驗[82]王。王視漢中尉顏色[83]和，問斥雷被事耳，自度無何[84]，不發。中尉還，以聞。公卿治者曰：「淮南王安雍閼[85]求奮擊匈奴者雷被等，格明詔[86]，當棄市。」詔不許。請廢勿王，上不許。請削五縣，可[87]二縣。使中尉宏赦其罪，罰以削地。中尉入淮南界，宣言[88]赦王。王初聞公卿請誅之，未知得削地，聞漢使來，恐其捕之，迺與太子謀如前計。中尉至，即賀王，王以故不發。其後自傷曰：「吾行仁義見[89]削地，寡人甚恥之。」為反謀益甚。諸使者道[90]長安來，為妄言，言上無男[91]，即喜；言漢廷治[92]，有男，即怒，以為妄言，非[93]也。

5 日夜與左吳等按輿地圖[94]，部署兵所從入。王曰：「上無太子，宮車即晏駕，大臣必徵膠東王[95]，不即常山王[96]，諸侯並爭，吾可以無備乎！且吾高帝孫，親行仁義，陛下遇我厚[97]，吾能忍之；萬世[98]之後，吾寧能北面事豎子[99]乎！」

6 王有孽子[100]不害，最長，王不愛，后、太子皆不以為子兄數[101]。不害子建，材高有氣[102]，常怨望太子不省其父[103]。時諸侯皆得分子弟為侯[104]，淮南王有兩子，一子為太子，而建父不得為侯。陰結交[105]，欲害太子，以其父代之。太子知之，數捕繫笞[106]建。建具知[107]太子之欲謀殺漢中尉，即使所善壽春嚴正[108]上書天子曰：「毒藥苦口利病，忠言逆耳利行。今淮南王孫建材能高，淮南王后荼、荼子遷常疾害[109]建。建父不害無罪，擅數繫，欲殺之。今建在，可徵問，具知淮南王陰事[110]。」書既聞，上以其事下廷尉、河南治。是歲元朔六年也。故辟陽侯孫審卿[111]善丞相公孫弘[112]，怨淮南厲王殺其大父[113]，陰求淮南事而搆之於弘[114]。弘迺疑淮南有畔[115]逆計，深探其獄[116]。河南治建[117]，辭引太子及黨與[118]。

7 初，王數以舉兵謀問伍被[119]，被常諫之，以吳楚七國為效[120]。王引陳勝、吳廣[121]，被復言形勢不同，必敗亡。及建見治，王恐國陰事泄，欲發，復問被，被為言發兵權變[122]。語在被傳[123]。於是王銳欲發[124]，乃令官奴[125]入宮中，作皇帝璽，丞相、御史大夫、將軍、吏中二千石[126]、都官令、丞[127]印，及旁近郡太守[128]、都尉[129]印，漢使節法冠[130]。欲如伍被計，使人為得罪而西[131]，事大將軍[132]、丞相；一日[133]發兵，即刺大將軍衛青[134]，而說丞相弘下之[135]，如發蒙[136]耳。欲發國中兵，恐相、二千石不聽，王迺與伍被謀，為失火宮中，相、二千石救火，因[137]殺之。又欲令人衣求盜[138]衣，持羽檄[139]從南方來，呼言曰「南越兵入」，欲因以發兵。迺使人之廬江、會稽[140]為求盜，未決。

8 廷尉以建辭連太子遷聞，上遣廷尉監[141]與淮南中尉逮捕太子。至，淮南王聞，與太子謀召相、二千石，欲殺而發兵。召相，相至；內史以出為解[142]。中尉曰：「臣受詔使，不得見王。」王念[143]獨殺相而內史、中尉不來，無益也，即罷相[144]。計猶與[145]未決。太子念所坐者[146]謀殺漢中尉，所與謀殺者已死，以為口絕[147]，乃謂王曰：「群臣可用者皆前繫，今無足以舉事者。王以非時[148]發，恐無功[149]，臣願會逮[150]。」王亦愈欲休[151]，即許太子。太子自刑[152]，不殊[153]。伍被自詣吏[154]，具告[155]與淮南王謀反。吏因捕太子、王后，圍王宮，盡捕王賓客在國中者，索得[156]反具以聞。上下公卿治，所連引與淮南王謀反列侯、二千石、豪桀[157]數千人，皆以罪輕重受誅[158]。

衡山王賜，淮南王弟，當坐收[159]。有司請逮捕衡山王，上曰：「諸侯各以其

9 國為本，不當相坐[160]。與諸侯王列侯議。」趙王彭祖[161]、列侯讓[162]等四十三人皆曰：「淮南王安大逆無道，謀反明白，當伏誅[163]。」膠西王端[164]議曰：「安廢法度，行邪辟[165]，有詐偽[166]心，以亂天下，營惑[167]百姓，背畔宗廟，妄作妖言。春秋[168]曰：『臣毋將，將而誅[169]。』安罪重於將，謀反形[170]已定。臣端所見，其書印圖及它逆亡道事驗明白[171]，當伏法[172]。論國吏二百石以上及比者[173]，宗室[174]近幸臣不在法中者[175]，不能相教[176]，皆當免[177]，削爵[178]為士伍，毋得宦為吏[179]。其非吏[180]，它[181]贖死金二斤八兩，以章[182]安之罪，使天下明知臣子之道，毋敢復有邪僻背畔之意。」丞相弘[183]、廷尉湯[184]等以聞，上使宗正以符節治王。未至，安自刑殺。后、太子諸所與謀皆收夷[185]。國除為九江郡[186]。

【章旨】以上主要是淮南王劉安的後半段傳記，首先記載劉安在文章辭頌方面的才華和招攬賓客的特點，之後整個傳記都是寫他的謀反，集中反映了他的不識時務、優柔寡斷、意志軟弱和苟且偷安。

【注釋】❶好書　愛好讀書。好，喜歡；愛好。❷鼓琴　彈琴。❸弋獵狗馬馳騁　弋獵，射獵。弋，帶有繩子的箭。狗馬，供人玩好的狗和馬。馳騁，縱馬疾馳。❹行陰德拊循　陰德，暗中做有益於他人的事情。拊循，也作「拊巡」、「揗循」，撫慰；

安撫。❺流名譽　使名望聲譽流傳。❻招致賓客方術之士　招致，收羅；引來。方術之士，精通或擅長方技和數術的知識分子，其中方技主要包括占候、星占、卜筮、醫術、神仙術、命相術、遁甲、堪輿等，數術主要包括天文、曆法、氣象、地理、算術等。❼作為三句　編著成《淮南子》，〈內篇〉二十一篇，〈外篇〉非常多，又有〈中篇〉八篇。內書，也稱〈內篇〉，是《淮南子》一書中唯一流傳下來的部分。外書，也稱〈外篇〉，據本書卷三十〈藝文志〉記載，共有三十三篇，與〈中篇〉一樣，久佚失傳。其中〈內篇〉論道，〈外篇〉雜說，〈中篇〉言神仙和煉金之術。《淮南子》又稱《淮南鴻烈》，是一部以道家為主兼採百家思想學說的雜家著作，在中國古代學術發展史上占有非常重要的地位。❽言神仙黃白之術　論說神仙之術和煉金之術。神仙，即神仙之術，以長生不死為主要特徵的修煉技法，主要有吐納導引之術、服食異物之術、房中交接之術等。黃白之術，即煉金之術，用藥點化黃金白銀的技法。黃白，黃金白銀。❾時武帝方好藝文　時，當時。武帝，漢武帝劉徹（西元前一五六—前八七年），在位五十四年（西元前一四〇—前八七年），對外攘卻四夷，拓疆斥境，對內改革制度，加強集權，是中國古代最富雄才大略的皇帝，其事詳見卷六〈武帝紀〉。方，正；正在。藝文，文章，典籍。❿以安屬為諸父　因為劉安的輩分屬於叔父輩。屬，服屬；輩分。⓫辯博善為文辭　辯，善於言詞；口才好。博，博學；知識豐富。善為文辭，善於寫富於修飾性的文章。⓬報書及賜　報書，回覆的文書；回信。賜，賜書；賞賜的文書。這裡指皇上首先寫給劉安的信。⓭召司馬相如等視草迺遣　司馬相如（西元前？—前一一八年），蜀郡成都（在今四川成都）人。漢代著名文學家，尤善辭賦，曾貧窮無業，臨邛豪富卓王孫之女卓文君慕其才華，與之私奔，後得卓王孫之助致富，漢武帝讀其〈子虛賦〉，十分欣賞，將其招致身邊為郎，隨即又升為中郎將，出使並經營西南地區，明代人輯有《司馬文園集》。其事詳見卷五十七〈司馬相如傳〉。視草，奉旨起草和修正詔諭等文書。草，草稿。遣，遣人送出。⓮新出　剛剛寫出。⓯愛祕　愛惜地將之珍藏。⓰離騷傳　為〈離騷〉所作的說明解釋的傳文。離騷，我國戰國時期最偉大的詩人屈原所作的不朽的長篇敘事詩。傳，此時是針對原著的泛論文字，東漢以後則是注釋或闡述經義的文字。⓱旦受詔　旦，天亮；日出。受詔，接受詔令。⓲日食　吃飯。⓳宴見　也作「燕見」，閒暇時召見。⓴得失及方技賦頌　得失，成敗；利害。賦，古代的一種文體，有韻，但句式像散文。頌，一種文體，類似賦，但形式更加典雅，內容更偏向歌功頌德。㉑昏暮　日落的時候。㉒雅善句　平日與太尉武安侯田蚡交好。雅，平日；一向。太尉，官名，秦漢時期最高軍事長官，秩祿萬石。武安侯，田蚡，漢武帝母親王太后同母異父的弟弟，漢武帝即位後，封武安侯，任太尉，因好儒術，得罪了好黃老之術的竇太后而免官，竇太后死後為丞相，為人勢利，不正派，驕橫。武安，縣名，在今河北武安西南。㉓霸上　故地名，又稱「灞上」、「霸頭」，因地處霸水西面高原上而得名，地在今陝西西安東，古代軍事要地。(24)方今　當今。(25)宮車一日晏駕　皇上一旦去世。宮車晏駕，也作「宮車晚出」，是皇帝去世的委婉說法。一日，一旦；有一天。(26)厚遺武安侯寶賂　贈送武安侯豐厚的財寶。遺，贈送。寶賂，財寶；財物珍寶。(27)輕薄　輕佻浮薄。(28)遷死　指遣送蜀郡途中絕食而死。(29)感激　激發。(30)建元六年　西元前一三五年。建元，漢武帝的年號，中國古代王朝從此開始用年號紀年。(31)見　通「現」。出現。(32)或說　或，有人。說，勸說；解說。(33)先吳軍　先，先前。吳軍，吳王劉濞的軍隊。(34)竟天　從天的一頭到另一頭。(35)兵　軍事；戰爭。(36)愈益治攻戰具　更多地打造攻城和作戰的武器、械具等。(37)賂遺郡國　賂遺，賄賂贈送。郡國，其他的郡和封國。(38)妄作妖言　胡亂編造蠱惑人心的言論。(39)慧有口　聰慧而且有口才。(40)為中詗長安　到長安刺探朝中的情況。詗，刺探；候伺。(41)約結上左右　約結，巴結；結交。上左右，皇帝身邊的人。(42)元朔二年　西元前一二七年。元朔，漢武帝的年號。(43)几杖　倚几（憑靠的小桌子）和手杖，兩樣均為老年人用物，古代賜予几杖是敬老的禮節或表示。(44)不朝　不必按照禮儀制度的規定，定期到京城朝見皇帝。(45)后荼　淮南王的王后名字叫荼。(46)皇太后外孫修成君女　皇太后，漢武帝的母親王太后。修成君，漢武帝同母異父的姊姊，姓金。女，修成君的女兒，名娥。(47)謀為反具　密謀打造謀反的器具。(48)內泄事　在宮廷內洩露了這件事。(49)陽　表面上；假裝。(50)同內　同房。(51)王迺上書謝歸之　淮南王就上書道歉並把她送回娘家。(52)妄致繫人　隨便逮捕和關押人。(53)人莫及　沒有人趕得上。(54)巧　靈巧；機靈。這裡是指善於擊劍。(55)召與戲　召雷被來與他擊劍玩兒。(56)壹再辭讓　壹再，同「一再」。辭讓，退讓。(57)輒詣長安　總是去長安。(58)即願奮擊　即，則。奮擊，奮勇抗擊。(59)數惡被　多次在淮南王面前讒毀雷被。(60)使郎中令斥免　郎中令，官名，九卿之一，秩祿中二千石，掌管宮廷戍衛，侍從皇帝左右，參與謀議，職位顯重，漢武帝時改名為光祿勳。斥免，斥退免官。(61)欲以禁後　想以此禁止以後有人再如此。(62)亡之　逃亡前往。(63)自明　表白自己無辜。(64)事下廷尉河南　詔令將此事交與廷尉和河南郡一同查辦。(65)河南治二句　河南郡負責逮捕淮南王太子到河南。(66)計欲毋遣　計，計議；謀劃。欲，想；打算。遣，遣送；交出。(67)遂　於是；就；順勢。(68)猶與　同「猶豫」。(69)會有詔即訊　會，正好；恰好。即訊，就地審問。(70)淮南相句　淮南國相對壽春縣丞留下太子，沒按照逮捕命令讓太子到河南接受查處，非常惱怒。壽春，縣名，時為淮南國的都城，在今安徽壽縣。丞，官名，此處為縣丞，縣令的副手。留太子逮不遣，是指順從淮南王和王后的旨意，留下太子不讓他按照逮捕到河南接受查處的命令去河南。(71)劾不敬　彈劾壽春縣丞犯有不敬之罪。劾，彈劾。不敬，罪行名目，指對皇帝不尊敬，一般應判死刑。(72)請相　請求淮南相不要彈劾壽春縣丞。(73)從迹連王　從迹，同「蹤跡」。追蹤線索。連，牽連。(74)候司　窺探；探察。(75)謀　謀劃；出主意。(76)即　假如；如果。(77)衣　穿上。(78)戟　古代的一種兵器，是矛和戈的合體，兼具直刺、旁擊和側鉤的功能。[79]有非是者　發現不對的情況。[80]中尉　官名，掌管王國中的治安。[81]不許公卿　沒有答應公卿們的請求。[82]宏即訊驗　宏，姓殷。即訊，就地審訊。驗，查對；驗證。[83]顏色　臉色。[84]自度無何　自度，自己思量。無何，不會有什麼事。[85]雍閼　同「壅閼」。堵塞。[86]格明詔　格，抗拒；阻止。明詔，明主的詔令，指招募抗擊匈奴者的詔令。[87]可　批准。[88]宣言　宣布說。[89]見　被。[90]道　從。[91]男　男孩；兒子。[92]治　治理得好，安定太平。[93]非　不是事實。[94]與左吳等按輿地圖　左吳等，淮南王的賓客，左吳之外，還有趙賢、朱驕如等。按，考察。輿地圖，即地圖。輿，地。[95]大臣必徵膠東王　大臣們一定徵召膠東王做皇帝。徵，君召臣，這裡指大臣們一定是用武帝遺詔的形式徵膠東王。膠東王，劉寄，漢景帝之子。膠東，王國名，都城在即墨（今山東平度東南）。[96]不即常山王　不即，不然就是。常山王，劉舜，漢景帝之子。常山，王國名，都城在元氏（今河北元氏西北）。[97]厚　情意深厚。[98]萬世　如萬歲，皇帝死的委婉說法。[99]寧能北面事豎子　難道能夠北面臣事那些童子。寧，難道。北面，面北，面向北，指臣服於人。古代君主面南而坐，臣子朝見君主是面向北的。事，侍奉，指臣事君。豎子，童子；小子。[100]孽子　庶子；非正妻所生之子。[101]不以為子兄數　不把他算在兒子和兄長之內。[102]材高有氣　材，通「才」。才能。氣，氣魄。[103]怨望太子不省其父　怨恨太子不看望自己的父親。怨望，怨恨；心中不滿。省，探望；問候。[104]皆得分子弟為侯　皆得，都要；都應該。分子弟為侯，從王國中分出戶邑封子弟為王子侯。漢武帝元朔二年下推恩之令，「諸侯王得分戶邑以封子弟」。[105]陰結交　暗中與一些有才力的人結識交好。[106]笞　用竹板或荊條打。[107]具知　全部知道；了解全部細節。[108]所善壽春嚴正　所善，所交好、善待的人。壽春嚴正，壽春縣人嚴正。嚴正，人名。[109]疾害　嫉妒迫害。[110]陰事　隱密之事。[111]審卿　人名。[112]公孫弘　（西元前二〇〇—前一二一年），姓公孫，名弘，字季，又字次卿，菑川薛（在今山東滕州）人。年輕時為獄吏，四十多歲時才開始學習《春秋》雜說，漢武帝時為博士，為人圓滑，不肯廷爭，因熟悉文法吏事，又善緣飾以儒術，受到漢武帝賞識，連連升遷，並於元朔五年（西元前一二四年）官拜丞相，封為平津侯，開漢代由布衣為相和因宰相封侯兩個先例，曾建議漢武帝為博士置弟子員，提拔儒生為官吏，生活節儉，家無餘財，但為人外寬內忌，睚眥必報，著有《公孫弘》十篇，已亡佚，其事詳見卷五十八〈公孫弘傳〉。[113]大父　祖父。[114]陰求句　暗中搜求有關淮南國的事情，然後加以聯繫罪情，在公孫弘那裡構陷淮南王。陰求，暗中搜求。搆，即「構」，聯接構成，設計陷害。[115]畔　通「叛」。[116]深探其獄　深察那些爭訟的根源。探，探察。獄，爭訟。[117]河南治建　河南郡負責審問劉建。治，辦理，這裡是指審問。[118]辭引太子句　辭，口供；供詞。引，牽連。黨與，同夥；集團。[119]伍被　西漢楚人，漢武帝時任淮南國中郎，以才能為淮南王劉安數千賓客之冠，屢屢用吳楚七國之敗勸諫劉安，劉安用囚禁其父母的辦法逼迫他出謀劃策，淮南王謀反失敗後，株連被殺。其事詳見卷四十五〈伍被傳〉。(120)效　效驗；證明。(121)陳勝吳廣　秦末農民起義領袖，陳勝字涉，陽城（在今河南登封）人，吳廣字叔，陽夏（在今河南太康）人，二人領導起義後曾建立張楚政權，陳勝稱王，吳廣為假王，雖然僅幾個月就失敗了，但在他們感召下起兵的各路義軍，競相亡秦。其事詳見卷三十一〈陳勝傳〉。(122)權變　權宜變化；隨機應變。(123)語在被傳　具體所說的話記載在〈伍被傳〉中。(124)銳欲發　銳意要發兵。銳，專注快速，不可阻擋。(125)官奴　供官府役使的手工業奴隸。(126)中二千石　漢代官員的一個等級，滿二千石，銀印青綬，朝廷中的九卿都是這個等級的官員。(127)都官令丞　都官，也叫「中都官」，官府名稱，泛指設於京師，直屬朝廷的官署。令，官名，官署中的長官。丞，官名，官署中的佐官。(128)太守　官名，郡級政權的行政長官，原稱郡守，漢景帝時改為太守。(129)都尉　官名，郡級政權中佐助太守並掌管全郡軍事事務，原稱郡尉，漢景帝時改為都尉。(130)節法冠　節，符節，綴有犛牛尾的竹竿，是使者身分的憑證。法冠，執法官員所戴的帽子，御史、使節均戴此帽。(131)欲如二句　打算像伍被所計謀的那樣，派人假裝獲罪淮南王而西逃京城。為，通「偽」。詐偽；假裝。得罪，獲罪。西，西方，代指京城。(132)大將軍　官名，高級軍事統帥，非常設官職。(133)一日　一旦；一朝。(134)衛青　河東平陽（在今山西臨汾）人，漢代抗匈奴名將，本姓鄭，是其父與平陽侯家婢女衛氏私通所生，冒姓衛氏，因其姊被漢武帝寵幸，他也得到武帝的任用和提拔，在抗擊匈奴的戰爭中屢建大功，封侯，拜大將軍，其事詳見卷五十五〈衛青傳〉。(135)下之　歸降。(136)發蒙　揭去蒙在物品上的東西，比喻輕而易舉。(137)因　乘機。(138)求盜　負責追捕盜賊的亭卒。(139)羽檄　也叫「羽書」，古代徵調軍隊的一種文書，文書上插有鳥羽，以示緊急，必須盡快傳遞，盡快發兵。(140)會稽　郡名，治吳縣（在今江蘇蘇州）。(141)廷尉監　官名，隸屬於廷尉，掌管收捕罪犯，也參與對案犯的審問處理。(142)內史以出為解　內史，官名，掌管諸侯王國中的民政事務。以出為解，用已經出門作為不應詔的解釋。(143)念　考慮。(144)即罷相　就中止了殺丞相的行動。罷，停止。(145)猶與　同「猶豫」。遲疑不定。(146)所坐者　所犯的罪行。(147)口絕　證據沒有了。(148)非時　不適宜的時候。(149)無功　不能成功。(150)會逮　就擒；主動接受逮捕。(151)亦愈欲休　也苟且偷安想停止發兵。愈，通「偷」。苟且偷安。(152)自刑　自殺。(153)不殊　不絕；身首不斷，沒有死。(154)自詣吏　自己主動去見漢朝廷派來的官吏。詣，到；往；去。(155)具告　全部坦白。(156)索得　搜索得到。(157)豪桀　豪強，仗勢橫行一方的人。(158)誅　懲罰。(159)當坐收　應當連坐收捕。坐，連坐，一人犯法，其他人因各種關係而株連受罰。(160)相坐　互相連坐。(161)趙王彭祖　趙，諸侯王國名，漢高祖劉邦改邯鄲郡置趙國，都城在邯鄲（今河北邯鄲西南）。彭祖，劉彭祖，漢景帝之子，於漢景帝前元二年立為廣川王，四年徙為趙王，為人巧佞，遊戲法律，使王國相和二千石屢遭中傷，任職沒有能滿兩年的，其事詳見卷五十三〈趙敬肅王劉彭祖傳〉。

[162]讓　人名，但此時列侯沒有名字叫讓者，據字形疑為「襄」，即平陽侯曹參的玄孫曹襄，其於元光五年（西元前一三〇年）嗣爵，為侯十六年去世，此時為元朔六年（西元前一二三年），正是他為侯之時。[163]伏誅　趴下就戮；伏法被殺。[164]膠西王端　膠西，諸侯王國名，都城在高密（今山東高密西南）。端，劉端，漢景帝之子，漢景帝前元三年立為膠西王，屢屢犯法，王國被削減大半，陷害甚至藥殺王國相、二千石，其事詳見卷五十三〈膠西于王劉端傳〉。[165]邪辟　偏離法律，乖戾不正。[166]詐偽　欺騙詭詐。[167]營惑　迷惑。營，通「熒」。[168]春秋　書名，中國現存最早的編年體史書，是孔子根據魯國史官所編的《魯春秋》，又吸收周王室及各國史官的歷史記載修撰而成，記載了從魯隱公元年（西元前七二二年）到魯哀公十四年（西元前四八一年）之間二百四十二年的歷史大事，自西漢以來，被儒家奉為經典。[169]臣毋將二句　這兩句話為《春秋》義說，《春秋公羊傳》記為「君親無將，將而誅焉」，與之文稍異而義相同，意思是說，人臣不能心懷異志，心懷異志就要誅殺。將，指心懷異志，雖然未必行動，但有叛逆的想法。[170]形　情形；狀況。[171]其書印圖句　那些文書、印璽、地圖以及其他叛逆無道的事情都證據清楚明白，應當伏法被殺。書，文書。印，印璽。圖，地圖。驗，驗證；證據；憑證。[172]伏法　處死。[173]論國吏二百石以上及比者　論，判罪。國吏，淮南國的官吏。二百石以上及比者，真二百石及秩比二百石以上的。真二百石每月發祿穀三十斛，比二百石每月發祿穀二十七斛。[174]宗室　皇族。[175]不在法中者　因未參與謀反，不在刑罰懲處之中的人。[176]相教　加以勸教督導。[177]免　免去官職。[178]削爵　免去爵位。[179]毋得宦為吏　禁止任官為吏。[180]其非吏　那些不是官吏的人。[181]它　其他；另外；別的。[182]章　通「彰」。彰顯；突出。[183]弘　即公孫弘。[184]湯　張湯，杜陵（在今陝西西安）人，漢代著名酷吏，因窮治陳皇后獄和淮南王、衡山王謀反事件而受到漢武帝的賞識，執法嚴酷，斷案以皇帝意志為準繩，是漢律主要制定者之一。其事詳見卷五十九〈張湯傳〉。[185]收夷　收捕滅族。[186]國除為九江郡　淮南國被廢除，其地變為九江郡。

【語　譯】淮南王劉安為人愛好讀書，彈琴，不喜歡射獵、玩賞狗馬、縱馬疾馳，也想通過暗中做些有益於他人的事情來撫慰百姓，使自己的名望聲譽得以流傳。他收羅賓客及精通或擅長方技和數術的士人達數千人，編著成《淮南子》，〈內篇〉二十一篇，〈外篇〉非常多，又有〈中篇〉八篇，談論神仙之術和煉金之術，也有二十餘萬字。當時漢武帝正喜歡文章典籍，因為劉安的輩分屬於武帝的叔父輩，又口才好，博學多智，善於寫富於修飾性的文章，所以非常尊重他。每次回覆他的文書或主動賜給他的書信，經常召來司馬相如等人起草和修改，然後才派人送去。當初，劉安來京朝見皇上，獻上所編著的〈淮南內篇〉，剛剛寫出，皇上很愛惜地將之珍藏。皇上讓劉安寫〈離騷傳〉，劉安天亮接受詔令，到吃飯時就寫好呈上。此外還呈獻有〈頌德〉及〈長安都國頌〉等。皇上每逢閒暇之時召見劉安，談論治國的利害成敗以及方技之術和賦頌文章等，到天黑之後才結束。

2 淮南王當初進京去朝見皇帝時，因平日與太尉武安侯田蚡交好，武安侯田蚡到霸上迎接他，和他談論道：「當今皇上沒有太子，大王是高皇帝的親孫子，實行仁義之道，天下沒有誰不知道的。有一天皇上一旦駕崩，不是大王還會有誰是繼承人呢！」淮南王特別高興，贈送武安侯豐厚的財寶。淮南王手下的群臣和賓客，大多是江淮之間的人，多數都輕佻浮薄，他們用淮南厲王劉長被遣送蜀郡途中絕食而死之事刺激鼓動劉安。建元六年，彗星出現，淮南王劉安在心裡對這件事感到奇怪。有人對淮南王解說道：「先前吳王起兵時，彗星出現，長度不過數尺，然而血流尚且達到千里。眼下彗星與整個天空一樣長，天下當會發生大規模的戰爭。」淮南王在心裡以為皇上沒有太子，天下發生變亂，諸侯會一同逐鹿天下，於是更多地打造攻城和作戰的武器、械具等，又聚集金錢賄賂贈送其他的郡和封國。有些遊士胡亂編造蠱惑人心的言論阿諛奉承淮南王，淮南王高興，就多給他們賞賜。

3 淮南王有個女兒叫劉陵，聰慧而且有口才。淮南王喜歡劉陵，給她很多金錢，讓她到長安刺探朝中的情況，奴顏巴結和結交皇帝身邊的人。元朔二年，皇上賜給淮南王几杖，讓他不必按照禮儀制度的規定定期來京城朝見。淮南王王后荼受到寵愛。所生兒子劉遷是王太子，娶了皇太后的孫女修成君的女兒金娥做太子妃。淮南王密謀打造造反的器具，害怕太子妃知道後在宮廷內洩露了這件事，就與太子密謀，讓太子假裝不愛太子妃，三個月不與她同床共枕。淮南王假裝對太子很憤怒，把他關起來強令其與太子妃同房，最終太子還是沒有接近太子妃。太子妃請求離開，淮南王就上書道歉並把她送回了娘家。王后荼、王太子劉遷以及王女劉陵把持淮南國的大權，搶奪老百姓的田宅，隨便逮捕和關押人。

4 太子學習使用劍，自認為沒有人趕得上自己，聽說郎中雷被使劍精巧，就召雷被來與自己擊劍玩兒。雷被一再退讓，還是失誤擊中了太子。太子大怒，雷被很恐懼。此時有要參軍的人一般總是想去長安，雷被則願意奮勇抗擊匈奴。太子多次在淮南王面前讒毀雷被，淮南王就讓郎中令將雷被斥退免官，想以此禁止以後有人再如太子所告雷被那樣。元朔五年，雷被就逃亡前往長安，上書表白自己的無辜。詔令將此事交與廷尉和河南郡一同查辦，河南郡負責逮捕淮南王太子到河南。淮南王、王后謀劃不交出太子，乾脆順勢起兵。謀劃尚未定，猶豫了十多天。正在這時皇上下詔就地審問太子，淮南相對壽春縣丞留下太子，沒按照逮捕命令讓太子到河南接受查處，非常惱怒，彈劾壽春縣丞犯有不敬之罪。淮南王請求淮南相不要彈劾壽春縣丞，淮南相不聽。淮南王派人上書控告淮南相，皇帝詔令此事交由廷尉查處。追蹤線索牽連到淮南王，淮南王派人到長安探察。漢朝的公卿請求將淮南王逮捕治罪，淮南王很恐懼，想要發兵。太子遷出主意說：「漢朝使者假如來逮捕大王，讓人穿上衛士的衣服，拿著戟在大王身旁，發現情況不對，立即刺殺使者，我也派人刺殺淮南中尉，然後起兵，也不算晚。」這時皇上沒有批准公卿們的請求，而是派遣漢朝中尉殷宏來就地審訊查驗淮南王。淮南王看到漢朝中尉殷宏的面色和藹，只是問問雷被斥退免官的事情而已，自己思量不會有什麼事，就決定不起兵。中尉殷宏返回京城，彙報了情況。要求懲治淮南王的公卿說：「淮南王劉安阻止要求奮勇抗擊匈奴的雷被等人，這是對明主招募抗擊匈奴者詔令的抗拒，應當處以棄市的死刑。」皇上下令不准。有人請求廢掉爵位，不讓劉安為王，皇上也不准許。有人請求削奪淮南國五個縣的封地，皇上批准削去兩個縣。派中尉殷宏前去赦免淮南王的罪過，用削減封地給以懲罰。中尉殷宏一進入淮南國界，就宣布說赦免淮南王。淮南王開始聽說公卿們請求誅殺他，不知得到的是削地的處罰，聽說漢朝使者來了，恐怕使者逮捕他，就和太子謀劃像以前所計劃的那樣行動。中尉殷宏到達後，馬上祝賀淮南王，淮南王因此沒有發兵。這之後他自己傷感地說：「我施行仁義之道，卻被削奪封地，我為此感到非常羞恥。」於是謀劃反叛更加厲害。使者們從長安來，凡是胡言亂語，說皇上沒有兒子，淮南王就高興；凡是說漢朝廷治理得很好，皇上有兒子了，淮南王就發怒，認為是胡說八道，不是事實。

5 淮南王日夜同左吳等人考察地圖，部署軍隊從何處進入。淮南王說：「皇上沒有太子，皇帝一旦駕崩，大臣們一定徵召膠東王做皇帝，不然就是常山王，諸侯們一同爭奪皇位，我可以沒有準備嗎！況且我是高皇帝的孫子，親自施行仁義之道，陛下對我情意深厚，我能忍耐；陛下萬歲之後，我難道能夠北面臣事那些童子嗎！」

6 淮南王有個庶子叫劉不害，是年齡最大的兒子，淮南王不喜歡他，王后、太子都不把他算在自己的兒子和兄長的數內。劉不害的兒子叫劉建，才能高而且有氣魄，總是怨恨太子不看望自己的父親。當時諸侯王都要從王國中分出戶邑封子弟為王子侯，淮南王劉安有兩個兒子，一個兒子為太子，而劉建的父親卻沒有能夠被封侯。劉建暗中與一些有才力的人結識交好，想要殺害太子，然後讓自己的父親代替太子。太子知道了這件事，多次逮捕、拘禁、鞭打劉建。劉建知道太子想要謀殺漢朝中尉之類事情的全部細節，就讓一向與之交好的壽春人嚴正上書天子說：「毒藥苦口利於病，忠言逆耳利於行。現在淮南王的孫子劉建才能高，淮南王后荼、荼的兒子劉遷總是嫉妒迫害劉建。劉建的父親劉不害沒有犯罪，卻擅自多次拘押，想要殺掉他。現在劉建在，可以徵召詢問，知道全部淮南王所幹的那些隱密之事。」嚴正的上書遞交上去之後，皇上下令將這件事交與廷尉和河南郡共同處理。這一年是元朔六年。前辟陽侯審食其的孫子審卿與丞相公孫弘關係友好，怨恨淮南厲王殺害他的祖父，暗中搜求有關淮南國的事情，然後加以聯繫罪情，在公孫弘那裡構陷淮南王。於是公孫弘就懷疑淮南國有叛逆的計謀，深察那些爭訟的根源。河南郡審問劉建，供詞牽連到淮南國太子及其同夥。

7 當初，淮南王多次向伍被詢問起兵的謀略，伍被總是勸諫他，並用吳楚七國作為例證。淮南王則引用陳勝、吳廣的例子辯駁，伍被反覆說形勢不同了，如果起兵一定會失敗亡國。等到劉建被審問，淮南王害怕淮南國暗中謀劃起兵之事洩露，想要發兵，又問伍被，伍被為他講了發兵時的權宜變化。具體所說的話記載在〈伍被傳〉中。於是淮南王銳意要發兵，就下令讓官奴進入宮中，製作皇帝御璽、丞相、御史大夫、將軍、中二千石官吏、直屬朝廷的京城各個官署令、丞的印，以及淮南國近旁郡的太守、都尉印，漢朝使臣的符節和法冠。打算像伍被所計謀的那樣，派人假裝獲罪淮南王而西逃京城，侍奉大將軍、丞相；一旦淮南國發兵，馬上刺殺大將軍衛青，而說服丞相公孫弘降附，認為這如同揭去蒙在物品上的東西一樣輕而易舉。淮南王要發動淮南國中的軍隊，怕丞相、二千石官吏不聽。於是淮南王就和伍被密謀，想假裝王宮中失火，趁丞相、二千石前來救火時殺掉他們。又想讓人穿上求盜亭卒的衣服，手持羽書從南方跑來，呼喊道「南越軍隊攻入」，想用這種辦法發兵。於是要派人到廬江、會稽偽裝成求盜，但沒有最後決定。

8 廷尉因為劉建的供詞牽連到淮南王太子劉遷，就上報了皇上，皇上派遣廷尉監和淮南國中尉一塊逮捕太子。廷尉監到達淮南國後，淮南王才聽到這個消息，就與太子密謀召相、二千石前來，想殺了他們然後發兵。召相來，相到了；內史沒有來，用已經出門了作為不應詔的解釋。中尉說：「我受皇帝的詔命和派遣，不可以前去見大王。」淮南王考慮只是殺掉丞相，而內史、中尉不來，也沒有益處，就中止了殺丞相的行動。計謀猶豫不決。太子考慮所犯的罪行就是謀殺漢朝中尉，參與謀殺的人已經死了，因此認為證據沒有了，就對淮南王說：「群臣中可以任用的人此前都已經被逮捕了，現在沒有足以共同舉事之人。大王以不適宜的時候發兵，恐怕不會成功，我願意主動接受逮捕。」淮南王此時也苟且偷安想停止發兵，馬上答應了太子。太子自殺，但沒有死。伍被自己主動去見漢朝廷派來的官吏，全部坦白了參與淮南王謀反的情況。於是官吏們逮捕了太子、王后，包圍了王宮，全部逮捕了在封國中的淮南王的賓客，搜索得到了謀反的器具，然後上報皇上。皇上命令公卿辦理此案，與淮南王謀反有牽連的列侯、二千石、豪強等數千人，都依據罪行的輕重受到了懲罰。

9 衡山王劉賜，是淮南王的弟弟，應當連坐收捕。主管的官員請求逮捕衡山王。皇上說：「諸侯王每個人都以自己的封國為根本，不應該相互連坐。與諸侯王、列侯再商議這個問題。」趙王劉彭祖、列侯曹襄等四十三人都說：「淮南王劉安大逆無道，謀劃反叛罪證清楚，應當伏法就戮。」膠西王劉端發表看法說：「劉安廢棄漢朝廷的法規，行為乖戾不正，懷著欺騙詭詐的心理，以此禍亂天下，迷惑百姓，背叛祖宗，散布胡言亂語。《春秋》中說：『人臣不能心懷異志，心懷異志就要誅殺。』劉安所犯之罪重於心懷異志，他謀劃反叛的情況已經確定無疑。依我劉端的看法，那些文書、印璽、地圖以及其他叛逆無道的事情都證據清楚明白，應當伏法被殺。判處淮南國二百石及秩比二百石以上的官吏，皇族、淮南王身邊的近臣、被寵的幸臣，雖然未參與謀反，不在刑罰懲處之中，但由於他們不能對淮南王加以勸教督導，都應當免去官職，削去爵位成為一般士人，禁止任官為吏。那些淮南王身邊的和被寵幸的但不是官吏的人，要另外罰贖死錢黃金二斤八兩，以此彰顯劉安的罪過，讓天下人都明確知道為人臣為人子所應行之道，不敢再有違制背叛的想法。」丞相公孫弘、廷尉張湯等將議論的情況奏報給皇上，皇上派宗正拿著符節前來處治淮南王。宗正還沒有到達淮南國，劉安就自殺了，王后、太子以及所有參與謀反的人，都被收捕殺掉，淮南國被廢除，其地改為九江郡。

1 衡山王賜，后乘舒❶生子❷三人，長男爽為太子，次女無采，少男孝。姬徐來❸生子男女四人，美人厥姬❹生子二人。淮南、衡山相責望禮節❺，間不相能❻。衡山王聞淮南王作為畔逆具，亦心❼結賓客以應之❽，恐為所并❾。

2 元光六年❿入朝，謁者⓫衛慶有方術，欲上書事⓬天子，王怒，故劾慶死罪⓭，強榜服之⓮。內史以為非是⓯，卻其獄⓰。王使人上書告內史，內史治⓱，言王不直⓲。又數侵奪人田，壞人冢以為田。有司請逮治衡山王，上不許，為置吏二百石以上⓳。衡山王以此恚，與奚慈、張廣昌謀，求能為兵法候星氣者⓴，日夜縱臾㉑王謀反事。

3 后乘舒死，立徐來為后，厥姬俱㉒幸。兩人相妒，厥姬乃惡㉓徐來於太子，曰：「徐來使婢蠱殺㉔太子母。」太子心怨徐來。徐來兄至衡山，太子與飲，以刃刑傷㉕之。后以此怨太子，數惡之於王。女弟㉖無采嫁，棄歸㉗，與客姦㉘。太子數以數讓之㉙，無采怒，不與太子通。后聞之，即善遇無采及孝。孝少失母，附后，后以計愛之㉚，與共毀太子，王以故數繫笞㉛太子。元朔四年㉜中，人有賊傷后假母㉝者，王疑太子使人傷之，笞太子。後王病，太子時㉞稱病不侍。孝、無采惡太子：「實不病，自言，有喜色。」王於是大怒，欲廢太子而立弟孝。后知王決廢太子，又欲并廢孝。后有侍者善舞，王幸之，后欲令與孝亂以汙之㉟，欲并廢二子而以己子廣代之。太子知之，念后數惡己無已㊱時，欲與亂以止其口㊲。后飲太子㊳，太子前為壽㊴，因據后股㊵求與臥。后怒，以告王。王迺召，欲縛笞之。太子知王常欲廢己而立孝，迺謂王曰：「孝與王御者姦，無采與奴姦，王始食，請上書。」即背王去㊶。王使人止之，莫能禁，王迺自追捕太子。太子妄惡言㊷，王械繫㊸宮中。

4 孝日益以親幸㊹。王奇孝材能㊺，迺佩之王印，號曰將軍，令居外家㊻，多給金錢，招致賓客。賓客來者，微知㊼淮南、衡山有逆計，皆將養勸之㊽。王乃使孝客江都㊾人枚赫、陳喜作輣車鍛矢㊿，刻天子璽，將、相、軍吏印。王日夜求壯士如周丘等(51)，數稱引吳楚反時計畫約束(52)。衡山王非敢效(53)淮南王求(54)即天子位，畏淮南起并其國，以為淮南已西(55)，發兵定江淮間而有之，望如是(56)。

元朔五年秋，當朝(57)，六年(58)，過淮南。淮南王乃昆弟語(59)，除前隙，約束反具(60)。衡山王即上書謝病，上賜不朝。迺使人上書請廢太子爽，立孝為太子。爽聞，即使所善白嬴之長安上書，言衡山王與子謀逆，言孝作兵車鍛矢，與王御者姦。至長安未及上書，即吏捕嬴，以淮南事繫。王聞之，恐其言國陰事，即上書告太子，以為(61)不道。事下沛郡(62)治。元狩元年(63)冬，有司求捕與淮南王謀反者，得陳喜於孝家。吏劾孝首匿喜(64)。孝以為陳喜雅(65)數與王計反，恐其發(66)之，聞律先自告(67)除其罪，又疑太子使白嬴上書發其事，即先自告所與謀反者枚赫、陳喜等。廷尉治，事驗，請逮捕衡山王治。上曰：「勿捕。」遣中尉安(68)、大行息(69)即問王，王具以情實對(70)。吏皆圍王宮守之。中尉、大行還，以聞。公卿請遣宗正、大行與沛郡雜治王。王聞，即自殺。孝先自告反，告(71)除其罪。孝坐與王御婢姦，及后徐來坐蠱前后乘舒，及太子爽坐告王父不孝，皆棄市。諸坐與王謀反者皆誅。國除為郡。

【章　旨】以上是衡山王劉賜的後半段傳記，主要記載了兩個方面的內容，一是他的家庭成員內部複雜的矛盾和鬥爭，二是他謀劃反叛的詳細過程及其悲劇結局，而這兩個方面問題又是緊密地糾纏在一起，相互作用影響，最終將衡山王國推向滅亡。

【注釋】❶后乘舒　后，衡山王王后。乘舒，王后的名字。❷子　子女。❸姬徐來　姬，衡山王妾。徐來，妾的名字。❹厥姬　衡山王美人的名字。❺相責望禮節　相互指責抱怨對方有失禮節。責望，指責抱怨。❻間不相能　相互之間有嫌隙，不和睦。間，之間有嫌隙。不相能，不和睦。❼亦心　也想。❽應之　應對淮南王的反叛。❾恐為所并　害怕被淮南王所兼併。❿元光六年　西元前一二九年。元光，漢武帝的年號。⓫謁者　官名，掌管關通宮廷內外，導引賓客，也奉命出師，此處是衡山國的謁者。⓬事　侍奉。⓭故劾慶死罪　故意彈劾衛慶犯有死罪。故，故意；有意。劾，彈劾。⓮強榜服之　強力捶打讓他承認有死罪。強，竭力；強力。榜，捶擊；捶打。⓯內史以為非是　內史，衡山國的內史。非是，並非如此，指衛慶沒有犯死罪。⓰卻其獄　拒絕受理那個案子。卻，推辭；拒絕。獄，案子；官司。⓱內史治　內史被查治。⓲不直　行為不正直。⓳為置吏二百石以上　皇上為衡山國任命設置二百石以上的官吏。按：本來漢朝法律規定，諸侯王國可以自行任命四百石以下的官吏，現在皇上把任命二百石以上官吏的權力收歸，是對衡山王的一種懲罰。⓴求能為句　尋找能夠精通兵法、占驗星象、觀察雲氣的人。兵法，用兵打仗的方法。候星氣，占候星象和觀察雲氣，目的是預言人世的吉凶禍福。㉑縱臾　同「慫恿」。鼓勵、勸說別人幹壞事。㉒俱　都；共同；同時。㉓惡　讒毀；說人壞話。㉔使婢蠱殺　婢，婢女；奴婢。蠱殺，用蠱道殺害人。蠱，詛咒害人的邪術。㉕以刃刑傷　用刀殺傷。刃，刀。刑，殺。㉖女弟　妹妹。㉗棄歸　被丈夫休棄返回娘家。㉘與客姦　與賓客通姦。㉙太子數以數讓之　太子多次因此而責備她。數讓，條列罪狀加以責備。㉚后以計愛之　王后是因為耍計謀才關愛劉孝。㉛繫笞　捆綁鞭打。㉜元朔四年　西元前一二五年。元朔，漢武帝的年號。㉝賊傷后假母　賊傷，暗傷。假母，後母；繼母。㉞時　當時；那時。㉟亂以汙之　亂，淫亂；亂交。汙之，玷汙陷害劉孝。㊱無已　沒有完結；沒完沒了。㊲止其口　封住她的嘴。㊳后飲太子　王后請太子飲酒。㊴前為壽　上前敬酒，祝長壽。㊵據后股　據，靠著；按著。股，大腿。㊶背王去　背向王離去，即轉身離去。㊷妄惡言　胡亂瘋狂地說惡毒的話。㊸械繫　戴上枷鎖關押。㊹日益以親幸　一天比一天的被寵幸。親幸，寵幸。㊺奇孝材能　奇，引以為奇；看重。材，通「才」。㊻外家　外宅；王宮外面的私宅。㊼微知　暗中知道。㊽將養勸之　扶持幫助和勸勉衡山王陰謀叛逆。將，扶助；扶持。養，生養；奉養。勸，勸勉。㊾江都　縣名，在今江蘇揚州西南。㊿輣車鍛矢　輣車，戰車。鍛矢，鏃箭。(51)王日夜句　衡山王日夜尋找像周丘那樣的壯士。周丘，人名，下邳人，吳王劉濞手下的賓客，僅持一漢節，就為吳王劉濞拿下下邳城，聚得三萬人，後又發展到十餘萬。其事見卷三十五〈吳王劉濞傳〉。(52)數稱引句　多次援引吳楚反叛時的謀略和規矩。稱引，援引；引證。計畫，謀略。約束，規矩。(53)效　仿效；效法。(54)求　追求；要求。(55)已西　向西進兵之後。(56)望如是　希望的就是這樣。(57)當朝　按照漢朝制度規定，應當朝見天子。(58)六年　即元朔六年。(59)昆弟語　說兄弟之間的親近話。(60)除前隙二句　消除以前的嫌隙，共同約定製造反叛的器具。約束，規約；限制。(61)以為　用來作為理由。(62)沛郡　郡名，治相縣（今安徽淮北西北）。(63)元狩元年　西元前一二二年。元狩，漢武帝的年號。(64)吏劾孝首匿喜　官吏彈劾劉孝是陳喜的首領並藏匿陳喜。(65)雅　平素；一向。(66)發　檢舉揭發。(67)自告　坦白自首。(68)安　人名，即司馬安。(69)大行息　大行，即大行令，官名，位列九卿，秩祿中二千石，掌管少數民族方面事務，原稱典客，漢景帝時改為大行令，漢武帝後來又改為大鴻臚。息，人名，即李息，北地郡郁郅縣（在今甘肅慶陽）人，漢武帝時曾任材官將軍，隨衛青攻打匈奴有功，賜爵關內侯，後任大行令，其事詳見卷五十五〈李息傳〉。(70)王具以情實對　衡山王把事情的具體情況全部如實地作了交代。具，都；全部。實對，如實回答；如實交代。(71)告　該字為衍文。

【語譯】衡山王劉賜，他的王后乘舒生有三個子女，長子劉爽為太子，其次是女兒無采，最小的是兒子劉孝。他的妾徐來生有男女共四個孩子，他的美人厥姬生有兩個兒子。淮南王與衡山王相互指責抱怨對方有失禮節，兄弟之間有嫌隙，不和睦。衡山王聽說淮南王製作謀反的器具，也想結交賓客以應對淮南王的反叛，害怕被淮南王所兼併。

2　元光六年衡山王進京朝見皇帝，衡山國的謁者衛慶精通方技之術，要上書請求侍奉天子，衡山王大怒，於是故意彈劾衛慶犯有死罪，嚴加拷打讓他承認有死罪。衡山國內史認為衛慶沒有犯死罪，拒絕受理那個案子。衡山王派人上書控告內史，內史被查治，於是講了衡山王的行為不正直。又說多次侵占搶奪別人的土地，剷毀別人家的墳冢以為耕地。主管官員請求逮捕懲治衡山王，皇上不允許，只是下令為衡山國任命設置二百石以上的官吏。衡山王因此很憤恨，與奚慈、張廣昌密謀，尋找能夠精通兵法、占驗星象、觀察雲氣的人，這些人日夜慫恿衡山王幹謀反之事。

3　王后乘舒去世，衡山王立徐來做了王后，而厥姬也同時受到寵幸，兩人相互妒忌，厥姬就在太子面前讒毀徐來，說：「徐來讓婢女用蠱道殺害了太子的母親。」於是太子在心中怨恨徐來。徐來的哥哥來到衡山國，太子與他一同喝酒，用刀殺傷了徐來的哥哥。王后因此而怨恨太子，多次在衡山王面前讒毀太子。太子的妹妹無采出嫁後，被丈夫休棄回來，與賓客通姦。太子多次因此而責備她，無采惱怒，不與太子交往。王后聽說這些後，就善待無采和劉孝。劉孝很小就失去了母親，依附王后，但王后是因為耍計謀才關愛劉孝，為的是與劉孝一起讒毀太子，衡山王因此多次捆綁鞭打太子。元朔四年中，有人暗傷皇后的繼母，衡山王懷疑是太子派人刺殺的，就鞭打太子。後來衡山王病了，太子當時假稱有病不來侍奉。劉孝、劉無采讒毀太子說：「其實沒有病，自己說有病，面有喜色。」衡山王於是大怒，要廢掉太子而改立他的弟弟劉孝為太子。王后知道衡山王決心要廢掉太子，她又想同時也廢掉劉孝。王后有一個侍女善於跳舞，衡山王幸御過她，王后想讓侍女同劉孝淫亂而玷汙陷害劉孝，要同時廢掉太子兩兄弟而讓自己的兒子劉廣代替他們為太子。太子知道這事後，想到王后屢屢讒毀自己沒完沒了之時，想通過與其淫亂而封住她的嘴。一次，王后請太子飲酒，太子上前敬酒，就勢按住王后的大腿要求與他躺下交媾。王后大怒，將此事告訴了衡山王。王把太子召來，要把他捆起來鞭打。太子知道衡山王常常要廢掉自己而立劉孝為太子，就對衡山王說：「劉孝與大王幸御過的人通姦，無采與奴客通姦，大王只管多吃吧，請讓我把這些事上書皇帝。」於是轉身，背向著王離去。衡山王讓人制止太子，但沒有人能夠禁止得了，衡山王於是就親自追捕太子。太子胡亂而瘋狂地說些惡毒的話，衡山王給太子戴上枷鎖關押在王宮中。

4 劉孝一天比一天的被寵幸。衡山王很看重劉孝的才能，於是給他佩帶王印，號稱將軍，讓他居住在王宮外面的私宅，又給他很多金錢，讓他招攬賓客。來的賓客，暗中知道淮南國、衡山國有叛逆的計劃，都扶持幫助和勸勉衡山王陰謀叛逆。衡山王就讓劉孝的賓客江都人枚赫、陳喜製造戰車、鏃箭，刻天子的印璽，將軍、丞相、軍吏的官印。衡山王日夜尋找像周丘那樣的壯士，多次援引吳楚反叛時的謀略和規矩。衡山王不敢仿效淮南王要求登上皇帝的高位，而是害怕淮南王起兵之後吞併了自己的封國，因此要等淮南王西進之後，自己乘機發兵平定和占有江淮之間，他所希望的就是這樣。

5 漢武帝元朔五年的秋天，按照漢朝制度的規定，衡山王應當朝見天子，元朔六年，衡山王路過淮南國。淮南王就和他說了些兄弟之間的親近話，消除了以前的嫌隙，共同約定製造反叛器具。衡山王即刻上書推說有病，皇上恩賜他可以不去朝見。衡山王又派人上書請求廢掉太子劉爽，立劉孝為太子。劉爽聽說後，立即派和他關係好的白嬴去長安上書皇帝，就說衡山王與兒子謀劃叛逆，說劉孝製造兵車和鏃矢，與衡山王幸御過的婢女通姦。白嬴到達長安，尚未來得及上書，即刻被官吏逮捕，是因為淮南國的事情而逮捕他的。衡山王聽說此消息後，害怕白嬴說出衡山國陰謀反叛之事，馬上上書控告太子，理由是他的行為不道德。此事交給沛郡查治。元狩元年的冬天，主管官吏要求逮捕與淮南王謀反有關的人員，在劉孝家中抓到了陳喜。官吏彈劾劉孝是陳喜的首領並藏匿陳喜。劉孝認為，陳喜平素多次參與衡山王計議謀反之事，害怕他檢舉揭發這事，聽說漢朝法律規定，首先坦白自首的人免罪，又懷疑太子派白嬴上書檢舉揭發了謀反之事，於是就首先自首，告發參與謀反的枚赫、陳喜等人。廷尉負責查治此事，謀反之事得到驗證，請求逮捕衡山王並給以懲治。皇上說：「不要逮捕。」派遣中尉司馬安、大行令李息前往衡山國，就地審問衡山王，衡山王把事情的具體情況全部如實地作了交代。官吏整個包圍並堅守王宮，中尉、大行令返回長安，把情況奏報皇上。公卿們請求派遣宗正、大行令與沛郡共同論罪處罰衡山王。衡山王聽說後，馬上自殺了。劉孝首先自首，坦白謀反之事，免除其罪。劉孝因犯有與衡山王幸御的婢女通姦之罪，及王后徐來犯有用詛咒害人的蠱術害死前王后乘舒之罪，以及太子劉爽犯有告發父親衡山王的不孝之罪，全部被判處棄市的死刑。所有犯有參與衡山王謀反之罪的人都被誅殺。衡山國被廢除，其地變為郡。

濟北貞❶王勃者，景帝四年徙❷。徙二年❸，因前王衡山，凡十四年薨。子式王胡❹嗣，五十三年薨。子寬嗣。十二年，寬坐與父式王后光、姬孝兒姦，誖❺

人倫，又祠祭祝詛❻上，有司請誅。上遣大鴻臚利❼召王，王以刃自剄死。國除為北安縣❽，屬泰山郡❾。

【章　旨】以上是濟北王劉勃後半段的簡單傳記，主要記載了劉勃由衡山徙封濟北後，王國傳襲的簡況。

【注　釋】❶貞　劉勃死後的謚號。❷景帝四年徙　景帝四年，漢景帝前元四年，即西元前一五三年。徙，變異封地，劉勃原封為衡山王。❸徙二年　徙封為濟北王後兩年。❹式王胡　濟北式王劉胡。式，劉胡的謚號。❺詩　違背；混亂。❻祠祭祝詛　祠祭，在廟堂中祭祀。祝詛，向鬼神禱告，以求降禍於某人。❼大鴻臚利　大鴻臚，官名，位列九卿，秩祿中二千石，掌管少數民族方面事務，原稱典客，漢景帝時改為大行令，漢武帝時改為大鴻臚。利，本應是任大鴻臚的人名，但此時漢朝的大鴻臚一職是由田廣明擔任，估計「利」字有誤。❽北安縣　據卷二十八〈地理志上〉記載，泰山郡沒有北安縣，史學家揣測是盧縣短期改名為北安縣，盧縣在今山東長清西南。❾泰山郡　郡名，治奉高（今山東泰安東）。

【語　譯】濟北貞王劉勃，漢景帝前元四年徙王濟北。徙為濟北王後兩年，加上之前在衡山為王，總共做了十四年王，而後去世。兒子濟北式王劉胡繼嗣，五十三年後去世。兒子劉寬繼嗣。十二年後，劉寬犯了與父親濟北式王的王后光、姬孝兒通姦之罪，違背人倫，另外在廟堂中祭祀時詛咒皇上，主管官員請求誅殺他。皇上派遣大鴻臚利召濟北王進京，濟北王用刀自殺而死。濟北王國被廢除，其地改為北安縣，隸屬於泰山郡。

贊曰：詩❶云「戎狄是膺，荊舒是懲❷」，信哉是言也！淮南、衡山親為骨肉，疆土千里，列❸在諸侯，不務遵蕃臣職❹，以丞輔❺天子，而剸❻懷邪辟之計，謀為畔逆，仍❼父子再❽亡國，各不終其身❾。此非獨王❿也，亦其俗薄⓫，臣下漸靡⑫使然。夫荊楚剽輕⑬，好⑭作亂，迺自古記之⑮矣。

【章旨】以上為作者的評論和感言。作者引用《詩經》之語，認為淮南王父子兩代不守藩臣之職，謀反作亂，結果全都是人死國亡，這不僅是他們個人的原因，也是與楚地風俗有關的。

【注釋】❶詩　中國最早的詩歌總集，漢代儒學經學化以後，又稱為《詩經》。❷戎狄二句　戎狄正遭抗擊，荊舒正被懲罰。戎，中國古代西方少數部族的泛稱。狄，中國古代北方少數部族的泛稱。膺，抵抗；打擊。荊，古代楚國的別稱。舒，春秋時期的古國，在今安徽廬江縣。懲，懲治；懲罰。按：這兩句詩引自《詩．魯頌．閟宮》。❸列　爵位；位次。❹不務遵蕃臣職　不致力於遵守藩臣的職責。務，致力；從事。蕃，同「藩」。本指籬笆、屏障，引申為藩國，古代分封諸侯，目的在於屏衛王室、京師。蕃臣，屏衛王室、保衛天子之臣。❺丞輔　輔助；佐助。❻剸　同「專」。❼仍　接連；連續。❽再　二；兩次；兩度。❾不終其身　不能自然地活到生命的終結；不能自然終其天年。❿此非獨王　這不是只因為王（的過錯）。⓫俗薄　俗，風俗。薄，輕薄；不淳厚。⓬漸靡　漸，浸染。靡，通「摩」。接近；相隨從。⓭剽輕　強悍輕捷。⓮好　易於。⓯迺自古記之　迺，就是；原來是。自古記之，自從古代就記載了這種情況。按：指上面所引的《詩經》中的二句詩。

【語譯】史官評議說：《詩經》中說「戎狄正遭抗擊，荊舒正被懲罰」，這話確實是這樣啊！淮南王、衡山王與天子有骨肉之親，封國的疆土達千里，爵位在諸侯王之列，不致力於遵守藩臣的職責，以輔佐皇帝，卻專門心懷邪惡乖戾的計策，謀劃進行叛逆，父子接連兩度亡國，都不能自然終其天年。這不只是由於王的原因，也是那一帶地方風俗輕薄不淳厚所致，群臣下屬浸染相隨，變成了現在這個樣子。荊楚地方的人強悍輕捷，易於作亂，原來是自古以來就有記載的了。

【研析】本卷是淮南厲王劉長和他的兒子們的傳記，其中記事的重點十分突出，那就是謀劃反叛，對於謀反的原因、謀反的醞釀、策劃起事的過程以及未發動而先失敗，都有詳盡而細膩的描寫，所以在一定意義上可以說，這是一篇謀反者的傳記。其文字基本源於《史記．淮南衡山列傳》，有一些個別的小的字、詞、乃至句子的增刪和改易，就大的內容方面而言，與司馬遷原傳較大的不同有二，一是在淮南厲王劉長傳的部分，增加了漢文帝的舅舅薄昭根據皇帝旨意寫給劉長的勸諫信。該信曉之以理，動之以情，特別是用歷史上周公誅逐管蔡、齊桓殺其弟、秦皇殺兩弟、漢高祖奪兄之國等生動的史實，警告劉長不要幻想靠著與皇帝的兄弟關係就可以隨便枉法，使得原傳更加充實，更方便了人們對劉長的認識。應該肯定這一段的增補。二是增補了濟北王劉勃的後半段傳記，但這段增補到底是錦上添花還是畫蛇添足，是一個不易斷言的問題。就劉氏皇族中淮南厲王劉長這一支的發展與傳嗣的全面完整而言，增補濟北國的情況，無疑是必要的；但就這是一篇謀反者的傳記而言，忠於朝廷、沒有謀反、作為皇帝獎掖的對象、被賜以謚號為「貞」的濟北王劉勃，加入此傳又是不太合宜的。而最重要的是，所增補的傳文過於簡略，全傳不足百字，幾乎與人表無異，這在一定程度上影響了全篇傳記的生動效果。

本卷作為謀反者的傳記，揭示和說明謀反的原因，顯然是重要和必要的。源自司馬遷的「贊曰」提出了一種值得注意的認識，即淮南、衡山之反不只是劉長父子的罪過，也是近楚一帶地方輕薄、強悍、易亂的風俗使然，這種追求更加客觀全面地解釋謀反原因的做法，應該予以肯定，但是漢代諸侯王的反叛是一個十分複雜的問題，其中一個最重要的原因應當是制度問題。裂土分封諸侯王的制度，從西周中期，特別是春秋以後，明顯地表現出與歷史發展的不適應性，於是才有郡縣制的產生，但由於秦朝廢分封，一統郡縣，卻又是二世速亡，誘使人們把郡縣和亡國錯誤機械地聯繫起來，於是又有楚漢之際及漢初的分封諸侯王。秦朝滅亡後，從裂土分封的制度恢復始，諸侯王的反叛幾乎沒有停止，從異姓到同姓，從濟北王劉興居到淮南厲王劉長，從吳楚七國之亂到劉安、劉賜的謀反，這些屏衛京師的藩王接踵變成為最讓天子頭痛的反王。他們有的被封於南方，有的居處北方，有的王國非南不北，這說明地理風俗並不是諸侯王反叛的決定性因素，在裂土分封的制度之下，雖然不是說所有的諸侯王都必定會謀反，但反叛是極其容易發生的，包括主動謀反、被逼謀反、懷疑謀反等等，漢朝朝廷和諸侯王國兩個方面均須小心謹慎，稍不留神極易點燃導火索。正因為如此，從漢文帝到漢景帝再到漢武帝，從賈誼到鼂錯再到主父偃，三代君臣孜孜不懈地努力，主要是要從制度上解決諸侯王反叛的問題。

卷四十五

蒯伍江息夫傳第十五

【題解】〈蒯伍江息夫傳〉是蒯通、伍被、江充、息夫躬四人的合傳。作者在最後的評論中引用孔子「惡利口之覆邦家」之言，點出四位傳主的共同特徵：能言善辯，且有很大殺傷力。蒯通，尚有戰國遊士遺風，在秦末漢初的複雜形勢下先後遊說范陽令徐公、武臣、大將韓信、漢高帝、曹相國，奇謀雄辯，雖然如班固所說，「一說而喪三儁」，但最終得以保全自身。伍被，淮南王劉安的重要謀臣，以才能著稱，在勸說劉安不要謀反時對天下形勢分析透徹，並在迫不得已的情況下向劉安提出了當時比較可行的謀反策略，事情敗露後雖被誅，但武帝亦一度因其「雅辭多引漢美，欲勿誅」。相比較而言，江充、息夫躬兩人要遜色許多，二人都因為告發諸侯王，分別為武帝、哀帝寵幸，前者是「巫蠱之禍」的製造者，後者放言無忌，害人及己，均不得好死。

1 蒯通，范陽❶人也，本與武帝同諱❷。楚漢初起❸，武臣略定趙地❹，號武信君。通說❺范陽令徐公曰：「臣，范陽百姓蒯通也，竊閔❻公之將死，故弔❼之。

雖然，賀公得通而生也。」徐公再拜曰：「何以❽弔之？」通曰：「足下為令十餘年矣❾，殺人之父，孤人之子，斷人之足，黥❿人之首，甚眾。慈父孝子所以不敢事刃於公之腹者，畏秦法也。今天下大亂，秦政不施，然則慈父孝子將爭接刃⓫於公之腹，以復⓬其怨而成其名。此通之所以弔者也。」曰：「何以賀得子而生也？」曰：「趙武信君不知通不肖⓭，使人候問其死生，通且見武信君而說之，曰：『必將戰勝而後略地，攻得而後下城，臣竊以為殆⓮矣。用臣之計，毋戰而略地，不攻而下城，傳檄而千里定，可乎？』彼將曰：『何謂也？』臣因對曰：『范陽令宜⓯整頓其士卒以守戰者也，怯而畏死，貪而好富貴，故欲以其城先下君。先下君而君不利，則邊地之城皆將相告曰「范陽令先降而身死」，必將嬰城固守⓰，皆為金城湯池⓱，不可攻也。為君計者，莫若⓲以黃屋朱輪⓳迎范陽令，使馳騖於燕趙之郊⓴，則邊城皆將相告曰「范陽令先下而身富貴」，必相率而降，猶如阪上走丸也㉑。此臣所謂傳檄而千里定㉒者也。』」徐公再拜，具㉓車馬遣通。通遂以此說武臣。武臣以車百乘，騎二百，侯印迎徐公。燕趙聞之，降者三十餘城，如通策焉。

2 後漢將韓信虜魏王㉔，破趙、代㉕，降燕㉖，定三國，引兵將東擊齊。未度平原㉗，聞漢王使酈食其說下齊㉘，信欲止。通說信曰：「將軍受詔擊齊，而漢獨發間使㉙下齊，寧有詔止將軍乎？何以得無行！且酈生一士，伏軾掉三寸舌㉚，下齊七十餘城；將軍將數萬之眾，迺下趙五十餘城。為將數歲，反不如一豎儒㉛之功乎？」於是信然之㉜，從其計，遂度河。齊已聽酈生，即留之縱酒，罷備漢守禦。信因襲歷下㉝軍，遂至臨菑㉞。齊王以酈生為欺己而亨㉟之，因敗走。信遂定齊地，自立為齊假王㊱。漢方困於滎陽㊲，遣張良即立信為齊王，以安固之。項王亦遣武涉㊳說信，欲與連和㊴。

3 蒯通知天下權㊵在信，欲說信令背漢，乃先微感㊶信曰：「僕嘗受相人之術，相君之面，不過封侯，又危而不安；相君之背㊷，貴而不可言。」信曰：「何謂也？」通因請間㊸，曰：「天下初作難㊹也，俊雄豪桀建號㊺壹呼，天下之士雲合霧集，魚鱗雜襲，飄至風起㊻。當此之時，憂㊼在亡秦而已。今劉、項分爭，使人肝腦塗地，流離中野，不可勝數。漢王將數十萬眾，距鞏、雒㊽，岨㊾山河，一日數戰，亡尺寸之功，折北不救㊿，敗滎陽，傷成皋(51)，還走宛、葉(52)之間，此所謂智勇俱困者也。楚人起彭城(53)，轉鬬逐北(54)，至滎陽，乘利席(55)勝，威震天下，然兵困於京、索(56)之間，迫西山(57)而不能進，三年於此矣。銳氣挫於險塞(58)，糧食盡於內藏[59]，百姓罷極[60]，無所歸命。以臣料[61]之，非天下賢聖，其勢固不能息天下之禍。當今之時，兩主縣[62]命足下。足下為漢則漢勝，與[63]楚則楚勝。臣願披心腹，墮肝膽[64]，效[65]愚忠，恐足下不能用也。方今為足下計，莫若兩利而俱存之，參分天下，鼎足而立，其勢莫敢先動。夫以足下之賢聖，有甲兵之眾，據彊齊，從[66]燕、趙，出空虛之地以制其後，因民之欲，西鄉為百姓請命[67]，天下孰敢不聽！足下按齊國之故[68]，有淮泗之地[69]，懷[70]諸侯以德，深拱揖讓[71]，則天下君王相率而朝齊矣。蓋聞『天與[72]弗取，反受其咎；時至弗行，反受其殃』，願足下孰[73]圖之。」

4 信曰：「漢遇我厚，吾豈可見利而背恩乎！」通曰：「始常山王、成安君故相與為刎頸之交[74]，及爭張黶、陳釋之事[75]，常山王奉頭鼠竄，以歸漢王[76]。借兵東下，戰於鄗[77]北，成安君死於泜水[78]之南，頭足異處。此二人相與，天下之至驩也，而卒相滅亡者，何也？患生於多欲而人心難測也。今足下行忠信以交於漢王，必不能固於二君之相與也，而事多大於張黶、陳釋之事者，故臣以為足下必[79]漢王之不危足下，過[80]矣。大夫種存亡越[81]，伯句踐[82]，立功名而身死。語曰：『野禽殫，走犬亨；敵國破，謀臣亡[83]。』故以交友言之，則不過張王與成安君；以忠臣言之，則不過大夫種。此二者，宜足以觀矣。願足下深慮之。且臣聞之，勇略震主者身危，功蓋天下者不賞。足下涉西河(84)，虜魏王，禽夏說(85)，下井陘(86)，誅(87)成安君之罪，以令於趙，脅燕定齊，南摧楚人之兵數十萬眾，遂斬龍且(88)，西鄉以報，此所謂功無二於天下，略不世出(89)者也。今足下挾不賞之功(90)，戴(91)震主之威，歸楚，楚人不信；歸漢，漢人震恐。足下欲持是(92)安歸乎？夫勢在人臣之位，而有高天下之名，切為足下危之(93)。」信曰：「生且休(94)矣，吾將念之。」

數日，通復說曰：「聽(95)者，事之候(96)也；計(97)者，存亡之機(98)也。夫隨廝養(99)之役者，失萬乘之權(100)；守儋石之祿(101)者，闕(102)卿相之位。計誠知之，而決弗敢行(103)者，百事之禍也。故猛虎之猶與(104)，不如蠭蠆之致螫(105)；孟賁(106)之狐疑，不如童子之必至。此言貴能行之也。夫功者難成而易敗，時者難值而易失。『時乎時，不再來(107)。』願足下無疑臣之計。」信猶與不忍背漢，又自以功多，漢不奪我齊，遂謝(108)通。通說不聽，惶恐，乃陽(109)狂為巫。

【章旨】以上為〈蒯通傳〉的第一部分，寫蒯通遊說范陽令徐公和韓信的經歷。其中，勸說徐公降武信君、韓信擊齊均獲成功，勸說韓信背漢自立最顯辯才、智慧，但因韓信的猶豫不決而失敗。

【注釋】❶范陽　西漢縣名，在今河北淶水南。❷諱　即名諱。蒯通原名徹，本與武帝劉徹同名，按照古代的避諱制度，臣民對於君，晚輩對於長輩，不僅說話、書寫時不得直呼其名，遇見尊長的名字也要盡量迴避，所以武帝以後漢人皆諱稱蒯徹為蒯通。❸楚漢初起　指秦末項羽、劉邦揭竿起義的初期。❹武臣略定趙地　武臣，秦末起義者之一，見〈陳勝傳〉。略定，攻占，平定。趙地，主要是指今河北邯鄲地區。❺說　遊說。❻閔　通「憫」。憐憫。❼弔　弔喪，此處亦有警告提醒，以未來風險相告誡之意。《戰國策・燕策》記蘇秦說齊王，「再拜而賀，因仰而弔」，《史記・魏其武安侯列傳》「籍福賀魏其侯，因弔」，則是先賀後弔，在祝賀或弔問的同時讓對方注意問題的另一面，這是戰國以來遊士的慣用手法。❽何以　因為什麼。❾足下為令十餘年矣　《史記・張耳陳餘列傳》在此句之上，有「秦法重」三字。王先謙以為此三字似不可省。❿黥　古代五刑之一，在人面額上刺字，然後塗上墨，又稱墨刑。⓫接刃　謂刀刃相接。⓬復　報復。⓭不知通不肖　謙詞，意為武信君不認為我無能。⓮殆　危險。⓯宜　應該。⓰嬰城固守　環繞城池堅守。⓱金城湯池　意指城池十分堅固。「金」形容城牆如同金築的一樣難以攻破，「湯」形容護城河像開水一樣難以靠近。⓲莫若　不如。⓳黃屋朱輪　本來是帝王所乘的車子，以黃繒為車蓋的裡層，用朱紅漆車輪，這裡通指高貴者所乘的車子。⓴馳騖於燕趙之郊　馳騖，驅馳；奔馳。燕指戰國時燕地，在今河北北部和遼寧西部。郊，城外的原野。此舉意在使其他人看見。㉑阪上走丸也　意思是就像從山坡上往下滾彈丸一樣容易。阪，山坡。㉒傳檄而千里定　意指不需用兵即可平定。傳檄，傳遞檄文。檄是用於徵詔、曉諭、聲討的公文。㉓具　準備；提供。㉔魏王　即魏豹（西元前？—前二〇四年），魏國後裔，一度歸漢，後叛，在漢二年（西元前二〇五年）為韓信所俘，事見本書卷三十三〈魏豹田儋韓信傳〉、卷三十四〈韓彭英盧吳傳〉。㉕破趙代　打敗趙王趙歇和代王陳餘。代在今河北蔚縣一帶，事在漢三年（西元前二〇四年），見本書卷三十二〈張耳陳餘傳〉、卷三十四〈韓彭英盧吳傳〉。㉖降燕　使燕王臧荼歸降。韓信平定趙、代之後，採納李左車的計謀，一方面擺出攻打燕國的架勢，另一方面派說客前去遊說，燕國因此投降，事見本書卷三十四〈韓彭英盧吳傳〉。㉗未度平原　度，通「渡」。平原，指平原津，在今山東平原，是當時重要的黃河渡口。㉘說下齊　去遊說使齊王廣歸降。下，使動用法，使其下，歸降。酈食其說降齊王見本書卷四十三〈酈陸朱劉叔孫傳〉。㉙獨發間使　獨，私自。間使，意指可以伺機單獨行動的密使。㉚伏軾掉三寸舌　伏軾，古人乘車時將身體伏於車箱前的橫木（「軾」）上，以示恭敬。這裡指乘車。掉，搖動；鼓弄。㉛豎儒　對儒生的鄙稱。豎，奴僕。意指儒者像奴僕一樣低賤，不明事理。㉜然之　以之為然；認為蒯通說得對。㉝歷下　邑名，在今山東濟南西。㉞臨菑　當時齊王田廣定都於此，在今山東淄博東。㉟亨　通「烹」。將人放到開水鍋裡煮的一種酷刑。㊱假王　暫時代理的王。㊲滎陽　縣名。在今河南滎陽東北。㊳項王亦遣武涉　項王，項羽。武涉，項羽手下的說客。㊴連和　相互結好；和睦相處。㊵權　秤砣，意為對事態發展擁有決定性的作用或影響力。(41)微感　微，暗暗地；悄悄地。感，打動；說動。(42)背　雙關語，明指脊背，暗指背叛漢王劉邦。(43)間　間隙，意指讓身邊的人暫時離開，以便祕密進言。(44)作難　發難，指秦末群雄起來反抗秦朝。(45)建號　指建立名號，各自稱王封侯。(46)雲合霧集三句　雲合霧集，像雲霧那樣彙集起來。魚鱗雜襲，像魚鱗一樣密集排列。飄，《史記》作「熛」，熛至，火之怒飛。風起，風之疾起。三個比喻都是說當時反秦的人數量很多，迅速匯合起來。(47)憂　擔心；考慮。(48)距鞏雒　距，通「拒」。鞏，縣名，在今河南鞏縣西南。雒，雒陽，在今河南洛陽東北。(49)岨　通「阻」。(50)折北不救　折北，受挫折敗北。北，被打敗。不救，無人救援。(51)敗滎陽二句　漢三年（西元前二〇四年）四月，劉邦被項羽圍困於滎陽，率數十騎突圍至成皋。次年十月，楚漢對壘於成皋附近的廣武，劉邦又被項羽伏弩射傷。成皋，在今河南滎陽西汜水鎮。(52)還走宛葉　還走，逃回。宛，在今河南南陽。葉，在今河南葉縣西南。(53)起彭城　項羽定都於此。彭城，在今江蘇徐州。(54)轉鬬逐北　往北方輾轉戰鬥。(55)席　憑藉。(56)京索　京，在今河南滎陽東南。索，在京縣西北，在今河南滎陽。漢二年（西元前二〇五年）五月，楚軍在京、索之間被韓信擊敗，無法向滎陽以西進軍。(57)迫西山　受阻於成皋以西的山嶺。(58)嶮塞　險阻，要塞。(59)內藏　內府，指倉庫。(60)罷極　十分疲憊。罷，通「疲」。(61)料　估計；估量。(62)縣　通「懸」。(63)與　幫助；支持。(64)披心腹二句　披，披露；表露。墮，輸也；獻出。二語互文，意為竭盡忠誠，以肝膽相告。(65)效　奉獻。(66)從　使……跟隨；隨從。(67)西鄉為百姓請命　率軍從齊往西制止楚漢相爭，保全百姓的性命。鄉，通「向」。(68)按齊國之故　按，占有。故，故土。(69)淮泗之地　淮水、泗水之間的地帶，指今江蘇、安徽北部與山東相鄰的土地。此處沿襲古代淮泗相連的說法，實則齊與淮水並不相連，《史記》淮作「膠」。(70)懷　安撫。(71)深拱揖讓　從容有禮的樣子。深拱，雙手高拱。揖讓，作揖謙讓。(72)與　賜予。(73)孰　通「熟」。仔細；周密。(74)始常山王句　常山王，張耳。成安君，陳餘。故，過去。刎頸之交，割脖子也不改變的交情，意為生死之交。(75)張黶陳釋之事　秦二世元年（西元前二〇八年）閏月，張耳被秦將王離、章邯圍困在鉅鹿城，多次派人向駐紮在城北的陳餘求救，陳藉口軍隊數量少不出兵。後張耳派張黶、陳釋前去責備，陳餘才給張、陳五千軍隊去攻秦軍，結果全軍覆沒。後來項羽解鉅鹿之圍，但張耳不能原諒陳餘，並認為二位部將是被陳餘殺死的，二人因此成為仇敵。陳釋，《史記·淮陰侯列傳》作陳澤。(76)常山王奉頭鼠竄二句　張、陳二人結仇後，相互攻擊，張戰敗後殺了項羽的使者項嬰，捧著他的頭歸附了劉邦。奉，通「捧」。(77)鄗　在今河南高邑東南。(78)泜水　今槐河，在河北中部。(79)必　認定；肯定。(80)過錯誤。(81)大夫種存亡越　大夫文種使差點滅亡的越國保全下來。大夫種，春秋時期越國大夫文種。(82)伯句踐　讓越王句踐稱霸諸侯。伯，通「霸」。(83)野禽殫四句　這是當時的俗語。殫，盡。亨，通「烹」。亡，被殺。(84)西河　今陝西、山西二省之間南北流向的一段黃河。85虜魏王二句　魏王，魏豹。夏說，陳餘部將，代相。86井陘　位於今河北井陘西北，是越過太行山最險要的關口之一。87誅　聲討；譴責。88龍且　楚將，死於濰水之戰。89略不世出　計謀策略當世沒有第二人比得上。90不賞之功　無法賞賜的功勞。91戴　擁有；具備。92是　指代「不賞之功」和「震主之威」。93危之　意動用法，以之為危，感到危險。94生且休　先生不要說了。生，先生的略語。休，結束；停止。95聽　指能聽善謀。96候　徵候；徵兆。97計　計謀；謀劃。98機　關鍵。99隨廝養　隨，同「遂」。順從。廝養，指奴僕。100萬乘之權　君權。101儋石之祿　微薄的俸祿。儋，同「擔」。一說百斤為擔，一說一人所背負的重量。石，一百二十斤為一石。102闕　通「缺」。失去。103決弗敢行　不敢下決定實行。104猶與　即「猶豫」。105蠭蠆之致蠚　蠭蠆，馬蜂、蠍子。蠚，用毒刺刺人。106孟賁　秦武王時著名的力士，神勇過人。107時乎時二句　意指時機不可錯過，是當時的俗語，源自《國語・越語》中范蠡的話「得時無怠，時不再來」。108謝　拒絕；辭謝。109陽　通「佯」。假裝。

【語　譯】蒯通，范陽人，本來和武帝同名。項羽、劉邦起義的初期，武臣率軍平定了趙地，稱為武信君。蒯通勸說范陽令徐公說：「我是范陽百姓蒯通，私下裡憐憫您快要死去，所以來悼念您。雖然這樣，還得祝賀您因為見到我而能夠活下去。」徐公下拜兩次，說：「為什麼要悼念我？」蒯通說：「您做范陽令十多年了，殺死別人的父親，讓人成為孤兒，砍斷別人的腳，在別人的頭上用黥刑，這樣的事很多。仁慈的父親和孝順的兒子之所以不敢將刀子插進您的肚子，是因為畏懼秦朝的法令。現在天下大亂，秦朝的政令不能推行，那麼仁慈的父親和孝順的兒子們將會爭先恐後把刀子捅進您的肚子，來報他們的仇，成就他們的名聲。這是我來悼念您的原因。」徐公問：「為什麼祝賀見到你就可以活下去呢？」蒯通說：「趙地的武信君不認為我是無能之人，派人來問候，我將去見武信君，並勸說他，說：『一定要打勝仗才能占領土地，進攻才能奪取城池，我認為很危險。採納我的計策，可以不作戰便占領土地，不進攻就奪取城池，頒布一道檄文就可平定千里之地，願意嗎？』他會問：『說的是什麼意思呢？』我因此回答：『范陽令應該整頓士卒以堅守作戰，但他膽小怕死，貪圖富貴，所以想用他的城先投降您。先投降您而不給他好處，那麼四周的城邑都會相互傳告說「范陽令先投降卻被殺害」，一定會派兵繞城堅守，都變成堅固的城池，無法攻克。替您考慮，不如用高貴的馬車去迎接范陽令，讓他在燕趙地區的原野上奔馳，那麼邊地城池都將相互傳告說「范陽令先投降而得到富貴」，一定會相隨來降，就像從山坡上往下滾彈丸一樣容易。這就是我所說的頒布一道檄文就可平定千里之地。』」徐公再拜，準備好車馬護送蒯通。蒯通於是用這套話勸說武臣。武臣用一百乘車、二百名騎兵，捧著侯印來迎接徐公。燕趙地區的守將聽到這個消息，投降的有三十多座城，跟蒯通的計策一模一樣。

2 後來漢將韓信俘虜了魏王，打敗趙王和代王，使燕王歸降，平定了這三國，領兵將向東攻打齊國。還沒有渡過黃河的平原津渡口，聞說漢王派遣酈食其去勸降齊王，韓信想停止前進。蒯通勸韓信說：「將軍奉命攻打齊國，而漢王獨自派密使去勸降齊王，難道有命令讓您停止進軍嗎？怎麼可以不進軍！況且酈生只是一個士人，伏在車前的橫木上，鼓弄三寸不爛之舌，勸降齊國七十多座城；將軍率領幾萬大軍，只攻克趙地五十多座城。做了幾年將軍，反而不如一個儒生小子的功勞嗎？」於是韓信認為說得對，聽從了他的計策，便率軍渡過黃河。齊王已經聽從了酈生的勸說，並留他一道開懷暢飲，撤除對漢軍的防備。韓信趁機襲擊歷下的齊軍，於是打到臨菑。齊王認為酈生在欺騙自己，將他煮死，齊王戰敗逃跑。韓信於是平定了齊國，自立為齊假王。漢王當時正被圍困在滎陽，派張良到齊國封韓信為齊王，以堅定他與漢王的關係。項王也派武涉遊說韓信，想要和他和睦相處。

3 蒯通知道天下的形勢取決於韓信，想勸說韓信，讓他背叛漢王，於是先暗示韓信道：「我曾經學過相面術，相您的面，不過封侯，而且很危險，不安穩；相您的背，尊貴得不能說。」韓信說：「為什麼這樣說呢？」蒯通請求單獨面談，說：「天下剛開始起事，英雄豪傑建立名號，一聲高呼，天下的壯士像雲霧那樣彙集起來響應，像魚鱗一樣密集排列前來投奔，像火花飛濺，暴風驟起。這時，考慮的是如何推翻秦朝。現在劉邦、項羽爭取天下，使軍民肝腦迸裂，死屍遍地，在野地裡到處流亡，數不勝數。又漢王率領幾十萬大軍，在鞏縣、雒陽一帶防禦，依靠山河的險阻，每天交戰數次，但沒有一點功勞，屢被挫敗，無人救援，在滎陽戰敗，在成皋受傷，逃回宛縣、葉縣一帶，這就是人們所說的智謀、武力都陷入困境啊。楚人自彭城起兵，轉戰各地，追逐敗兵，至滎陽，乘著有利形勢獲得大勝，威震天下，但後來軍隊受困於京、索一帶，受阻於西面的山地不能前進，如此已經三年了。銳氣受挫於險要的關塞，府庫的糧食都吃光了，百姓精疲力竭，無所依靠。根據我的估計，不是天下的聖賢，勢必無法平息天下的戰禍。在現在這種形勢下，兩位君主的命運都掌握在您手中。您支持漢王則漢王取勝，支持楚王則楚王獲勝。我願竭盡忠誠，肝膽相告，奉獻我的忠心，只是擔心您不能採納。現在為您考慮，不如讓雙方都獲利並存，三分天下，鼎足而立，那樣雙方都不敢先動手。憑著您的賢明智慧，擁有大量軍隊，占據著強大的齊國，使燕國、趙國服從，向他們空虛的後背出兵，扼制他們，順應百姓的願望，向西出兵，為百姓請命，天下誰敢不聽從！您占據齊國的故土，擁有淮泗地區，用仁德安撫諸侯，從容有禮，謙讓他人，那樣天下的諸侯們都會相率來朝拜齊國了。我聽說過『上天的賞賜不去接受，反而會遭受災難；時機到了不去行動，反而會遭受禍殃』，希望您能仔細加以思考、策劃。」

4 韓信說：「漢王待我很優厚，我怎麼可以見到私利就背棄恩德呢！」蒯通說：「當初常山王和成安君原本是生死之交，等到爭執張黶、陳釋的事，常山王抱頭鼠竄，歸順漢王。借兵東進，與成安君交戰於鄗北，成安君死在泜水之南，身首異處。這兩人的交情，是天下最親密的，而最終相互攻殺，為什麼呢？禍患源於人的欲望太多，而且人心難料。現在您行為忠誠守信，和漢王相交，一定不能比這兩人的交情更牢固，但事情多比張黶、陳釋的事嚴重，所以我認為您斷定漢王不會危及自己，是錯誤的。大夫種使差點滅亡的越國保存下來，讓句踐稱霸，建立功名，而自己卻被殺死。俗話說：『野獸打完之後，獵犬就會被烹來吃；敵國被打敗，謀臣就會被殺。』所以從朋友交情來說，比不過張王和成安君；從忠臣而言，您不如大夫種。這兩個先例，應該可以作為您的借鑑。希望您深思熟慮。況且，我聽說，英勇、謀略震動君主的人就會有危險，功勞蓋世的人不被賞賜。您渡過西河，俘虜魏王，擒夏說，攻克井陘，討伐成安君的罪行，號令趙國，迫使燕國歸降，平定齊國，向南擊敗楚兵幾十萬，殺死龍且，向西方的漢王報捷，這就是人們所說的功勞在天下沒有第二個人比得上，謀略當世無雙。現在您挾著無法賞賜的功勞，擁有震動君主的威名，歸順楚，則楚國人不能信任，歸順漢，則漢國人感到恐懼。您想帶著這些歸順誰呢？權勢處於人臣的位置，卻有高出天下人的名聲，實在是替您感到危險。」韓信說：「先生不要說了，我會考慮。」

5 過了幾天，蒯通又勸說韓信：「能聽善謀，是事情成功的先兆；謀劃商議，是存亡的關鍵。那些跟隨僕役的人，就會喪失爭奪君權的機會；守著微薄俸祿的人，得不到公卿丞相的高位。確實已經知道計謀，卻不敢下決心行動，這是許多事情的禍根。所以猛虎猶豫不決，不如馬蜂、蠍子用毒刺刺人；勇士孟賁的遲疑，不如小孩子決心要實現目標。這些都是說貴在能夠實踐。功業難成易敗，時機難遇易失。『時機呀時機，不會再來。』希望您不要懷疑我的計策。」韓信猶豫不決，不忍心背叛漢王，自己又認為功勞大，漢王不會奪走自己的齊國，於是辭謝了蒯通。蒯通的計策沒有被採納，心中很害怕，於是裝瘋做了巫師。

1 天下既定，後信以罪廢為淮陰侯，謀反被誅，臨死歎曰：「悔不用蒯通之言，死於女子之手！」高帝曰：「是齊辯士蒯通。」迺詔齊召蒯通。通至，上欲亨之，曰：「若教韓信反，何也？」通曰：「狗各吠非其主。當彼時，臣獨知齊王韓信，非知陛下也。且秦失其鹿❶，天下共逐之，高材者先得。天下匈匈❷，爭欲為陛下所為，顧❸力不能，可殫❹誅邪！」上迺赦之。

2 至齊悼惠王❺時，曹參❻為相，禮下賢人，請通為客。

3 初，齊王田榮怨項羽，謀舉兵畔❼之，劫❽齊士，不與者死。齊處士東郭先生、梁石君在劫中，強從。及田榮敗，二人醜之❾，相與❿入深山隱居。客謂通曰：「先生之於曹相國，拾遺舉過⓫，顯賢進能⓬，齊國莫若先生者。先生知梁石君、東郭先生世俗所不及，何不進之於相國乎？」通曰：「諾。臣之里婦，與里之諸母相善也。里婦夜亡肉，姑⑬以為盜，怒而逐之。婦晨去，過所善諸母，語以事而謝之。里母曰：『女安行⑭，我今令而⑮家追女矣。』即東縕請火⑯於亡肉家，曰：『昨暮夜，犬得肉，爭鬭相殺⑰，請火治之⑱。』亡肉家遽⑲追呼其婦。故里母非談說之士也，東縕乞火非還婦之道也，然物有相感⑳，事有適可㉑。臣請乞火於曹相國。」迺見相國曰：「婦人有夫死三日而嫁者，有幽居守寡不出門者，足下即欲求婦，何取？」曰：「取不嫁者。」通曰：「然則求臣亦猶是也，彼東郭先生、梁石君，齊之俊士也，隱居不嫁，未嘗卑節下意㉒以求仕也。願足下使人禮之。」曹相國曰：「敬受命㉓。」皆以為上賓。

4 通論戰國時說士權變㉔，亦自序其說，凡八十一首，號曰雋永㉕。

5 初，通善齊人安其生㉖，安其生嘗干㉗項羽，羽不能用其策。而項羽欲封此兩人㉘，兩人卒不肯受。

【章旨】以上為〈蒯通傳〉的第二部分，寫蒯通在韓信被殺後舊事顯露，但憑機辯獲赦，後任曹相國賓客時又利用自己的辯才使東郭先生、梁石君得到禮遇。

【注釋】❶失其鹿　指失去政權。❷匈匈　同「恟恟」。紛擾不安狀。❸顧　但；只是。❹殫　盡；全部。❺齊悼惠王劉邦庶出的長子劉肥，高帝六年（西元前二〇一年）封為齊王，事見本書卷三十八〈高五王傳〉。❻曹參　沛縣人，是劉邦的重要謀臣之一，高帝六年任齊相國，惠帝時繼蕭何任漢相國。事見本書卷三十九〈蕭何曹參傳〉。❼畔　通「叛」。❽劫　劫持；脅迫。❾醜之　以之為醜，意思是為這件事感到羞恥。❿相與　一起；一同。⓫拾遺舉過　對不足、遺漏之處加以彌補，對過錯進行揭發、批評。⓬顯賢進能　表彰、舉薦賢能的人士。⓭姑　婆婆，即丈夫的母親。⓮女安行　女，通「汝」。你。安行，徐行；慢走。⓯而　通「爾」。你。⓰束縕請火　束縕，捆紮在一起的亂麻。請火，請求引火。⓱相殺　打死；殺死。⓲治之　意為用火來除去狗毛，亦可理解為用火燒水來為死狗脫毛。⓳遽　迅速；立即。⓴相感　相互感應，影響。㉑適可　正好合適的程度。㉒卑節下意　卑躬屈節，低聲下氣。㉓敬受命　謙稱，意為聽從對方的意見。㉔說士權變　指戰國時遊說之士的權謀機變。㉕號曰雋永　卷三十〈藝文志〉縱橫家有《蒯子》五篇，原注「名通」。㉖安其生　琅琊人，擅長黃老之學，《史記》、《漢紀》均作「安期生」。㉗干　求見，希望對方任用。㉘兩人　指蒯通與安其生。

【語　譯】天下平定以後，韓信後來因為有罪被廢黜為淮陰侯，又因謀反被殺，臨死前感歎道：「後悔不聽蒯通的話，死在女人的手中呀！」高皇帝說：「那是齊國的辯士蒯通。」於是下詔齊國徵召蒯通。蒯通到京師，皇上想烹殺他，說：「你教韓信反叛，為什麼？」蒯通說：「狗各自向不是牠主子的人叫。那時，我只知道齊王韓信，不知陛下。況且，秦朝失去了它的鹿，天下人都來追逐爭奪，才能高明的人先得到它。天下混亂，爭著要做陛下所做的事，只是能力不夠，可以都殺盡嗎！」高祖於是赦免了他。

2　到齊悼惠王時，曹參做相國，禮賢下士，聘請蒯通做賓客。

3　起初，齊王田榮怨恨項羽，計劃起兵背叛他，脅迫齊國的士人，不參加的就處死。齊國的處士東郭先生、梁石君被劫持，被迫跟從。等到田榮失敗，二人感到很恥辱，一起到深山裡隱居。有賓客對蒯通說：「先生對曹相國，彌補不足，指正過失，表彰、薦舉賢能之士，在齊國沒有比得上先生的。先生知道梁石君、東郭先生是普通世人所不知的，為什麼不向相國舉薦他們？」蒯通答道：「好的。我家鄉有一位婦人，和鄉里的老婦關係很好。一天晚上，婦人丟了肉，婆婆以為是婦人偷的，很生氣，把她趕走。婦人早晨離家，路過與她要好的老婦，告訴她事情經過並向她告辭。老婦說：『你慢慢走，我現在讓你家的人去追你。』即刻拿著一小束亂麻到丟肉的人家請求引火，說：『昨天深夜，有隻狗叨到一塊肉，因其他狗相互爭搶而死，請引火去處理這條死狗。』丟肉的人家急忙去追他家的媳婦。鄉里的老婦並非能說會道的人，拿著一小束亂麻去引火也並非使婦人回家的辦法，但事物相互影響感應，事情有時恰到好處。請讓我去向曹相國請火種。」於是拜見相國，說：「婦人有的丈夫死後三日就改嫁的，有的隱居守寡不出門的，您如果想娶妻，會娶哪一種？」相國回答說：「娶不嫁的。」蒯通說：「那麼求訪臣下也是如此，那東郭先生、梁石君，是齊國的俊傑，是隱居不嫁的那種人，未嘗卑躬屈膝地去乞求做官。希望您派人去禮聘他們。」曹相國說：「恭敬地接受您的指教。」都聘為上等賓客。

4 蒯通論述戰國遊說之士的權謀機變，並評介自己的說法，共八十一篇，書名叫《雋永》。

5 起初，蒯通與齊人安其生關係好，安其生曾經求見項羽，項羽不能採納他的計謀。但項羽想封這兩人做官，他們最終不肯接受。

1 伍被，楚人也。或言其先伍子胥❶後也。被以材能稱，為淮南中郎❷。是時淮南王安好術學❸，折節下士，招致英雋❹以百數，被為冠首❺。

2 久之，淮南王陰有邪謀，被數微諫❻。後王坐東宮，召被欲與計事，呼之曰：「將軍❼上。」被曰：「王安得亡國之言乎？昔子胥諫吳王❽，吳王不用，迺曰：『臣今見麋鹿游姑蘇之臺❾也。』今臣亦將見宮中生荊棘，露霑衣也。」於是王怒，繫❿被父母，囚之三月。

3 王復召被曰：「將軍許寡人乎？」被曰：「不，臣將為大王畫計⓫耳。臣聞聰者聽於無聲，明者見於未形⑫，故聖人萬舉而萬全。文王⑬壹動而功顯萬世，列為三王⑭，所謂因天心以動作⑮者也。」王曰：「方今漢庭⑯治乎？亂乎？」被曰：「天下治。」王不說曰：「公何以言治也？」被對曰：「被竊觀朝廷，君臣父子夫婦長幼之序也皆得其理，上之舉錯⑰遵古之道，風俗紀綱⑱未有所缺，重裝富賈⑲周流天下，道無不通，交易之道行⑳。南越㉑賓服，羌、僰㉒貢獻，東甌㉓入朝，廣長榆㉔，開朔方，匈奴折傷㉕。雖未及古太平時，然猶為治。」王怒，被謝死罪。

4 王又曰：「山東即有變㉖，漢必使大將軍將㉗而制山東，公以為大將軍何如人也？」被曰：「臣所善黃義，從大將軍擊匈奴，言大將軍遇㉘士大夫以禮，與㉙士卒有恩，眾皆樂為用。騎上下山如飛，神力絕人㉚如此，數將習兵㉛，未易當㉜也。及謁者㉝曹梁使長安來，言大將軍號令明，當㉞敵勇，常為士卒先；須士卒休，乃舍㉟；穿㊱井得水，迺敢飲；軍罷，士卒已踰河，迺度㊲。皇太后所賜金錢，盡以賞賜。雖古名將不過㊳也。」王曰：「夫蓼太子㊴知㊵略不世出，非常人也，以為漢廷公卿列侯皆如沐猴而冠㊶耳。」被曰：「獨先刺大將軍，乃可舉事。」

5 王復問被曰：「公以為吳舉兵㊷非邪？」被曰：「非也。夫吳王賜號為劉氏祭酒㊸，受几杖而不朝㊹，王四郡㊺之眾，地方數千里，采山銅以為錢，煮海水以為鹽，伐江陵㊻之木以為船，國富民眾；行㊼珍寶，賂諸侯，與七國合從㊽，舉兵而西，破大梁㊾，敗狐父㊿，奔走而還，為越所禽(51)，死於丹徒(52)，頭足異處，身滅祀絕，為天下戮。夫以吳眾不能成功者，何也？誠逆天違眾而不見時也(53)。」王曰：「男子之所死者，一言耳(54)。且吳何知反？漢將一日過成皋者四十餘人。今我令緩先要成皋之口(55)，周被下潁川兵塞轘轅、伊闕之道(56)，陳定發南陽兵守武關(57)。河南太守獨有雒陽耳，何足憂！然此北尚有臨晉關、河東、上黨與河內、趙國界者通谷數行(58)。人言：『絕成皋之道，天下不通。』據三川(59)之險，招天下之兵，公以為何如？」被曰：「臣見其禍，未見其福也。」

【章旨】以上為〈伍被傳〉的第一部分，寫伍被出身、才學以及一再勸阻淮南王劉安謀反之事。從後文的敘述來看，本篇寫伍被與淮南王的對答多出自事後的供詞，所以對朝廷政事、人物一再稱美，這點需要特別注意。

【注釋】❶伍子胥　名員，字子胥，春秋末年楚人。因其父伍奢、兄伍尚被楚平王所害，逃到吳國，幫助吳王闔閭奪得王位，又與孫武共佐闔閭攻破楚國，占領郢都，報父兄之仇。吳王夫差繼位後不受重用，最後被賜死。❷淮南中郎　淮南，指淮南王國，漢高帝十一年（西元前一九六年），劉邦封庶子劉長為淮南王，文帝時一分為三，事詳本書卷四十四〈淮南衡山濟北王傳〉。中郎，帝王的侍從之臣，諸郎官之一，秩比六百石。❸淮南王安好術學　淮南王安，淮南王劉安，劉長之子，文帝十六年（西元前一六四年）被封為王。術學，主要指黃老之學與數術方技等學問。❹英雋　英俊；英雄俊傑之士。❺冠首最好的；最突出的。❻數微諫　數，屢次。微，私下裡；暗中。❼將軍　漢朝的制度，諸侯王國的武官只有中尉，將軍是天子屬下的高級武官，淮南王劉安稱呼伍被為「將軍」，透露出他想反叛的野心，所以伍被立即說這是「亡國之言」。❽子胥諫吳王　吳王夫差時，子胥勸諫吳王拒絕越國求和並停止伐齊，漸被疏遠。由於太宰嚭進讒，吳王賜劍命其自殺。吳王，指吳王夫差，春秋末年吳國國君，吳王闔閭之子，西元前四九五—前四七三年在位。他曾大敗越國，迫使越王句踐稱臣；又北伐齊，主持黃池會盟，與晉爭霸。但是越乘虛入吳都，夫差兵敗自殺。❾今見麋鹿游姑蘇之臺　今，不久；將。麋鹿游姑蘇之臺，麋鹿等野獸在姑蘇臺上遊走，意指都城被敵人攻破，國家滅亡。姑蘇臺，位於吳都姑蘇山上，是吳王闔閭、夫差遊玩的場所，故址在今江蘇蘇州西南。❿繫　囚禁；拘押。⓫畫計　策劃，出計謀。⓬聽者聽於無聲二句　聽者聽於無聲，聽力好的人聲音很微小就可以聽到。明者見於未形，視力好的人在事物只有細微的徵兆時就能發現。意思是聰明的人善於預見事物的發展變化。⓭文王　周文王姬昌，商末周族領袖，他任用姜尚、周公旦等人，使周的力量日益興盛，從岐下遷都於豐。後來其子武王姬發興兵滅商，建立周王朝。⓮三王　指夏、商、周的創立者禹、湯和周文王。⓯因天心以動作　因，順應。天心，天意。動作，行動。⓰漢庭　即漢廷，漢代的中央王朝。⓱舉錯　舉動；行為。錯，通「措」。⓲紀綱　倫理道德與法度。⓳重裝富賈　重裝，裝載沉重的貨物。賈，商人。⓴行　通暢；順暢。㉑南越　漢初建立的諸侯王國，國王為趙佗，國土包括今廣東、廣西的大部，都城在番禺（在今廣州）。呂后時因禁止雙方貿易，關係惡化，趙佗稱帝，攻打漢朝邊境城市。文帝時改變政策，為趙佗家鄉的親冢置守邑，封贈其兄弟，再次派陸賈出使南越，趙佗撤去帝號，重新向漢朝稱臣納貢，這種關係延續到武帝前期。㉒羌僰　羌，古代西北地區少數民族之一。僰，羌族的一個分支，主要分布在今四川南部和雲南東北部。㉓東甌　漢惠帝時建立的諸侯國，管轄今浙南的溫、麗、台州地區。㉔長榆　塞名，在朔方郡，今內蒙古自治區河套東北岸；或說為榆中，在今陝西東北，但從後文「開朔方」推測，此長榆應該在朔方郡。㉕折傷　受挫折，被打敗。這裡指漢元朔二年（西元前一二七年）大將軍衛青擊敗匈奴，奪回河套地區一事。㉖山東即有變　山東，指崤山或華山以東廣大地區。即，如果；假使。㉗大將軍將　大將軍，為漢朝最高軍事長官，這裡特指當時的大將軍衛青，詳見本書卷五十五〈衛青霍去病傳〉。將，率軍；帶兵。㉘遇　對待。㉙與　同「于」。對於；對待。㉚神力絕人　神力，神奇非凡的力量。絕人，超過別人。㉛數將習兵　數將，多次領兵；屢次帶兵作戰。習兵，熟悉軍事。㉜當　抵擋。㉝謁者　漢代天子與諸侯王屬官，執掌迎接賓客與奉使外出。㉞當　面對。㉟舍　住下；休息。㊱穿　挖；掘。㊲軍罷三句　罷，通「疲」。疲憊；疲勞。踰，渡過。度，通「渡」。㊳不過　不能超過。㊴嫪太子　淮南王劉安的太子，母姓嫪，故稱。㊵知　通「智」。智謀；謀略。㊶沐猴而冠　戴著帽子的獮猴，喻指徒有人的外表，而無人的品質能力。沐猴，即獮猴。㊷吳舉兵　吳，指吳王劉濞。舉兵，指景帝初吳國與楚、趙等七國發動叛亂一事，詳見本書卷三十五〈荊燕吳傳〉。㊸祭酒　祭祀或饗宴時先由位尊年長者舉酒祭祀神祇或祖先，所以也用祭酒通稱尊者或年長者。吳王劉濞是高祖兄劉仲的兒子，漢十二年已封王，在高祖子姪輩中年長位尊，所以有祭酒之號。㊹受几杖而不朝　文帝時，賜給吳王几案和拐杖，允許他不入朝。几案是老人坐臥時的依靠，拐杖是老人行走時的依靠，賜几案表示對老者的尊敬優容。㊺四郡　據《資治通鑑》卷十九武帝元狩元年胡三省注，指東陽郡、鄣郡、吳郡、豫章郡，轄今江蘇南部、浙江北部、江西一帶。但本書卷三十五〈荊燕吳傳〉稱吳王當時「王三郡五十三城」。㊻江陵　縣名，在今湖北江陵。㊼行　使用。㊽與七國合從　七，當作「六」，七國之亂，連吳在內；除吳，則為六國（王先謙說）。從，通「縱」。合縱即各諸侯國南北聯合。㊾破大梁　被破於大梁。大梁，在今河南開封西北。㊿敗狐父　被敗於狐父。狐父，在今安徽碭山縣南。(51)禽　通「擒」。抓住；俘虜。(52)丹徒　在今江蘇鎮江市東。(53)誠逆天違眾句　誠，確實；的確。逆天，違背天理。違眾，違背民意。不見時，不明白時勢。(54)男子之所死者二句　意思是大丈夫決定造反，一言既出，就應死而無悔。(55)令緩先要句　緩，淮南王劉安大臣之名，不知其姓。後文周被、陳定等，都是淮南王劉安的部下。要，攔截。成皋，當時長安通往東南地區的軍事要地，在今河南滎陽西北。(56)周被下潁川一句　潁川，漢郡名，治陽翟（在今河南禹州）。轘轅伊闕，都是當時關中通往東南地區的軍事要地，分別在今河南偃師東南和伊川縣北。(57)發南陽兵守武關　南陽，漢郡名，治宛縣（在今河南南陽）。武關，在今陝西商南東南。(58)然此北尚有句　臨晉關，又稱蒲津關，在黃河西岸，位於今陝西臨晉東。河東，漢郡名。治安邑（今山西夏縣西北）。上黨，漢郡名，治長子（今山西長子西南）。河內，漢郡名，治懷縣（今河南武陟西南）。趙國，趙王國，都邯鄲（今河北邯鄲西南）。通谷數行，可以通行的溪谷有幾條。行，道路。(59)三川　指河南郡。秦朝曾置三川郡，因境內有黃河、洛水、伊水三條河流而得名，郡治洛陽，漢初改名河南郡，成皋、轘轅、伊闕等戰略要地都在這裡。

【語　譯】伍被，楚地人。有人說他祖先是伍子胥的後人。伍被以有才能著稱，做了淮南國的中郎。這時淮南王劉安喜好學術，禮賢下士，招攬英雄豪傑上百人，伍被最為傑出。

2 過了很久，淮南王暗中有陰謀，伍被多次在私下裡勸諫他。後來淮南王坐在東宮，召見伍被，要和他商量事情，喊他道：「將軍，往前來。」伍被說：「大王怎麼能說亡國的話？過去伍子胥勸諫吳王夫差，吳王不聽，於是說：『我將要看到麋鹿在姑蘇臺遊走。』現在我也將看到宮中長出荊棘，露水沾溼衣服了。」於是淮南王很生氣，把伍被的父母抓起來，囚禁了三個月。

3 淮南王又召見伍被，說：「將軍答應我了嗎？」伍被說：「我將替大王出謀劃策。我聽說聽力好的人聲音很微小就可以聽到，視力好的人在事物只有細微徵兆時就能發現，所以聖人的行動萬無一失。周文王一次行動就使功績顯揚到萬世之後，名列三王之中，這就是所謂順應天意而行動。」淮南王問：「現在漢朝是安定呢？還是混亂？」伍被回答道：「天下大治。」淮南王不高興，說：「您為什麼說安定呢？」伍被回答道：「我私自觀察朝廷，君臣、父子、夫婦、長幼的等級秩序都很合理，皇上的舉措遵循古代的治國之道，風俗法令沒有缺陷，滿載貨物的富商環遊天下，道路沒有不通暢的，買賣交易大行其道。南越歸順，羌人、僰人納貢，東甌歸附，擴展了長榆塞，開拓了朔方郡，匈奴被打敗。雖然比不上古代的太平時期，但還稱得上安定。」淮南王很生氣，伍被道歉連稱「死罪」。

4 淮南王又問：「山東地區如果有變故發生，漢朝一定派大將軍衛青率軍扼制山東，您認為大將軍這人如何？」伍被說：「我的朋友黃義，跟隨大將軍攻打匈奴，說大將軍對士大夫以禮相待，對士卒有恩德，大家都樂意為他所用。大將軍騎馬上下山如飛一樣，神奇非凡的力量這樣超人，多次領兵，熟悉士卒，不容易抵擋。後來謁者曹梁出使長安回來，說大將軍號令嚴明，面對敵人勇猛，常常身先士卒；等士卒休息了，他才休息；挖井得水，才敢飲水；部隊疲勞而後撤，士卒已經過河，他才渡。皇太后賜給他的金錢，都用來賞賜部下。即使是古代的名將也不能超過他。」淮南王說：「蓼太子智慧謀略當世無雙，不是一般人，認為朝廷的公卿列侯都像戴著帽子的獼猴。」伍被說：「只有先刺殺大將軍，才能起事。」

5 淮南王又問伍被，說：「您認為吳國發兵是不對的嗎？」伍被說：「是錯了。吳王被賜給劉氏祭酒的稱號，賜予几杖且不需依例入朝，掌管著四個郡的百姓，封地有數千里見方，開採山上的銅礦鑄錢，煮海水製鹽，採伐江陵的木材造船，國家富裕，人口眾多；他使用珍寶，送給諸侯們，與六國聯合，起兵向西，在大梁被擊破，在狐父被打敗，逃跑而回，被東越人抓獲，死在丹徒，頭和腳不能埋在一起，自己死於非命，而且斷絕祖先的祭祀，天下人共誅之。以吳國人多勢眾而不能成功，為什麼呢？實在是違反天理，違背民意，不明白時勢啊。」淮南王說：「大丈夫為了一句話，死而無悔。況且吳王哪裡懂造反？漢朝的將軍一天經過成皋的就有四十多人。現在我命緩先扼制成皋關口，周被攻克潁川，率軍堵住轘轅、伊闕的通道，陳定徵調南陽兵守住武關。河南太守就只有雒陽了，有什麼可擔憂的！然而，這北邊還有臨晉關、河東、上黨通往河內、趙國地界的幾條山谷通道。人們常說：『斷絕成皋關的通道，天下就不暢通。』占據三川郡的險要之處，招集天下的士卒，您認為如何？」伍被說：「我只看到它會帶來禍害，看不出它會帶來福氣。」

後漢逮淮南王孫建❶，繫治之。王恐陰事泄，謂被曰：「事至，吾欲遂發❷。天下勞苦有間❸矣，諸侯頗有失行❹，皆自疑，我舉兵西鄉❺，必有應者；無應，即還略衡山❻。勢不得不發。」被曰：「略衡山以擊廬江❼，有尋陽之船❽，守下雉❾之城，結九江之浦❿，絕豫章之口⓫，強弩臨江而守，以禁南郡之下⓬，東保會稽⓭，南通勁越⓮，屈彊⓯江淮間，可以延歲月之壽耳，未見其福也。」王曰：「左吳、趙賢、朱驕如皆以為什八九成⓰，公獨以為無福，何？」被曰：「大王之群臣近幸素能使眾者，皆前繫詔獄⓱，餘無可用者。」王曰：「陳勝、吳廣無立錐之地，百人之聚，起於大澤⓲，奮臂大呼，天下嚮⓳應，西至於戲⓴而兵百二十萬。今吾國雖小，勝兵㉑可得二十萬，公何以言有禍無福？」被曰：「臣不敢避子胥之誅，願大王無為吳王之聽㉒。往者秦為無道，殘賊㉓天下，殺術士，燔詩書，滅聖迹，棄禮義，任刑法㉔，轉㉕海瀕之粟，致于西河㉖。當是之時，男子疾耕不足於糧餽㉗，女子紡績不足於蓋形㉘。遣蒙恬㉙築長城，東西數千里。暴兵露師，常數十萬，死者不可勝數，僵尸滿野，流血千里。於是百姓力屈㉚，欲為亂者十室而五。又使徐福㉛入海求仙藥，多齎㉜珍寶，童男女三千人、五種百工㉝而行。徐福得平原大澤，止王㉞不來。於是百姓悲痛愁思，欲為亂者十室而六。又使尉佗踰五嶺，攻百越㉟，尉佗知中國勞極，止王南越。行者不還，往者莫返，於是百姓離心瓦解，欲為亂者十室而七。興萬乘之駕，作阿房之宮㊱，收太半㊲之賦，發閭左㊳之戍。父不寧子，兄不安弟㊴，政苛刑慘㊵，民皆引領㊶而望，傾耳而聽，悲號仰天，叩心㊷怨上，欲為亂者，十室而八。客謂高皇帝㊸曰：『時可矣。』高帝曰：『待之，聖人當起東南。』間㊹不一歲，陳、吳大呼，劉、項並和㊺，天下嚮應，所謂蹈瑕釁㊻，因秦之亡時而動，百姓願㊼之，若枯旱之望雨，故起於行陣㊽之中，以成帝王之功。今大王見高祖得天下之易也，獨不觀近世之吳楚乎？當今陛下臨制㊾天下，一齊海內，汎愛蒸庶㊿，布德施惠。口雖未言，聲疾雷震；令雖未出，化馳如神。心有所懷，威動千里；下之應上，猶景嚮(51)也。

而大將軍材能非直章邯、揚熊也[52]。王以陳勝、吳廣論之，被以為過[53]矣。且大王之兵眾不能什分吳楚之一[54]，天下安寧又萬倍於秦時。願王用臣之計。臣聞箕子過故國而悲，作麥秀之歌[55]，痛紂之不用王子比干[56]之言也。故孟子曰，紂貴為天子，死曾不如匹夫[57]。是紂先自絕久矣，非死之日天去之也。今臣亦竊悲大王棄千乘之君[58]，將賜絕命之書[59]，為群臣先[60]，身死于東宮[61]也。」被因流涕而起。

後王復召問被：「苟如公言，不可以徼幸[62]耶？」被曰：「必不得已，被有愚計[63]。」王曰：「柰何？」被曰：「當今諸侯無異心，百姓無怨氣。朔方之郡土地廣美，民徙者不足以實[64]其地。可為丞相、御史請書[65]，徙郡國豪桀及耐罪[66]以上，以赦令除[67]，家產五十萬以上者，皆徙其家屬[68]朔方之郡，益發甲卒[69]，急其會日[70]。又偽為左右都司空上林中都官[71]詔獄書，逮[72]諸侯太子及幸臣。如此，則民怨，諸侯懼，即使辯士隨而說之，黨[73]可以徼幸。」王曰：「此可也。雖然，吾以不至若此[74]，專發[75]而已。」後事發覺，被詣[76]吏自告與淮南王謀反蹤跡[77]如此。天子以伍被雅辭多引漢美[78]，欲勿誅。張湯進[79]曰：「被首為王畫反計，罪無赦。」遂誅被。

【章　旨】以上為〈伍被傳〉的第二部分，寫伍被在阻止淮南王謀反不成的情況下為他出謀劃策，但未被採納，事情暴露後自首，仍被誅殺。

【注　釋】❶淮南王孫建　指淮南王庶長子劉不害的兒子劉建，因為淮南王、后和太子都歧視不害，劉建便到長安上書告淮南謀反，結果劉建被關押在河南尉的監獄中審問。❷事至二句　事至，指劉建告發謀反，朝廷追查已經傳達到淮南王國。遂發，索性立即叛亂。❸有間　很久；有一陣子了。❹失行　過錯；失誤。❺鄉　通「向」。❻衡山　指衡山國，都邾縣（今湖北黃岡北）。❼廬江　指廬江國，都舒縣（今安徽廬江縣西南）。❽有尋陽之船　有，占據。尋陽，縣名，治今湖北廣濟東北。❾下雉　縣名，治今湖北廣濟西南。❿結九江之浦　結，扼守。九江，指在尋陽附近流入長江的幾條支流。浦，指大江支流匯合入江處。⓫豫章之口　豫章，郡名，治南昌（在今江西南昌）。豫章之口，即彭蠡湖口。⓬南郡之下　南郡，郡名，治江陵（今湖北江陵東北）。下，指從南郡沿長江順流而下。⓭會稽　郡名。治吳縣（在今江蘇蘇州）。⓮越　指越族，活動於今東南沿海地區及越南等國。⓯屈彊　通「倔強」。不順從。⓰什八九成　十分之八九能夠成功。《史記》作「什事九成」。⓱詔獄　奉詔查辦的案件。⓲陳勝吳廣三句　陳勝，字涉，陽城（今河南登封）人。吳廣，字叔，陽夏（今河南太康）人。二人於秦二世元年（西元前二〇九年）七月在蘄縣大澤鄉（今安徽宿州東南）率領戍卒九百人起義，占領陳縣（今河南淮陽），建立張楚政權。起，起事，起來反抗秦朝。⓳嚮　通「響」。⓴戲　地名，在今陝西臨潼東北，秦二世二年（西元前二〇八年）冬，陳勝的部將周章率軍打到戲。㉑勝兵　戰鬥力強的軍隊。㉒臣不敢二句　子胥，伍子胥。吳王，指吳王夫差。夫差聽信太宰嚭的讒言，伍子胥進諫遭拒並被賜死。㉓殘賊　殘殺，傷害。㉔殺術士五句　指秦朝焚書坑儒，廢棄禮制，崇尚刑法。術士，指有道術之士，包括儒生。燔，焚燒；燒毀。《詩》、《書》即《詩經》和《尚書》，這裡用來泛指先秦儒家經典，由於儒家認為這些文獻是聖人撰寫的，所以說焚燒《詩》、《書》便是「滅聖迹」。㉕轉　運輸。㉖致于西河　致于，運送到；輸送到。西河，指陝西東部黃河西岸地區。㉗疾耕不足於糧餽　疾，迅速；快速。糧餽，糧餉。㉘蓋形　遮蔽身體，指衣服。㉙蒙恬　秦朝大將，祖先為齊國人，自祖父蒙驁起，世代為秦名將。秦統一全國後，蒙恬率兵擊退匈奴，修築長城，西起臨洮，東到遼東，使匈奴不敢進犯，後來蒙恬為趙高所讒，被迫自殺。㉚屈　耗盡。㉛徐福　即徐市，秦時方士。他向秦始皇上書說海上有蓬萊、方丈、瀛州三座神山，山上有仙人和不死之藥，於是始皇派他率童男童女數千人，入海求仙藥。耗費大量財物，數歲無功，於是一去不返。㉜齎　攜帶。㉝五種百工　五種，指五穀種子。百工，各種工匠。㉞止王　住在那裡並稱王。

㉟尉佗踰五嶺二句　尉佗，即趙佗，「佗」又作「他」。真定（在今河北正定）人，秦時曾代行南海尉事，故又稱「尉佗」，秦亡之後，尉佗又占領桂林、象郡，自立為南越武王。漢初，高祖派陸賈立其為南越王，此後與漢朝關係時好時壞，武帝建元四年卒。尉佗據南越為王，在陳勝起義之後，這裡稱尉佗先王，與史實不合，所以顏師古注說：「此蓋伍被一時對辭，不究其實也。」五嶺，是江西、湖南、兩廣交界處的越城、都龐、萌渚、騎田、大庾五嶺的總稱。百越，又稱「百粵」，指居住在兩廣地區的越族。㊱阿房之宮　秦宮名，毀於秦末農民戰爭，遺址在今陝西西安西阿房村。㊲太半　大半。㊳閭左　秦代居於里門左側的貧民。㊴父不寧子二句　寧，安寧，安，平安，都是使動用法，意思是父子兄弟不得安寧與相保。㊵政苛刑慘　政苛，政令苛刻。刑慘，刑法殘酷。㊶引領　伸長脖子，意為殷切期盼。㊷叩心　捶打胸膛。㊸高皇帝　劉邦死後群臣所上的尊號。群臣認為，「高祖起微細，撥亂世反之正，平定天下，為漢太祖，功最高。」上尊號為高皇帝。㊹間　間隔；相隔。㊺劉項並和　劉項，劉邦和項羽。並，一直；同時。和，響應。㊻蹈瑕釁　利用可乘之機。㊼願　盼望；希望。㊽行陣　軍隊行列。行，行列，古代軍制二十五人為行。陣，交戰時的隊列。㊾臨制　君臨統治。㊿氾愛蒸庶　氾，通「泛」。廣泛；普遍。蒸庶，平民百姓。蒸，通「烝」。眾多。(51)景嚮　如影之隨形，響之應聲，言反應極快。景，通「影」。(52)直章邯揚熊也　直，只是；僅僅。章邯，秦將，曾率軍打敗陳勝、項梁領導的起義軍，後在鉅鹿（今河北平鄉西南）被項羽所敗，投降，封為雍王。漢高祖平定三秦時，章邯兵敗自殺。揚熊，秦將，曾被漢高祖打敗，並因此為秦二世所殺。揚，亦作楊，據補注，《漢書》從木從手之字多通用。(53)過　錯誤。(54)不能什分吳楚之一　意思是不及吳楚的十分之一。(55)箕子過故國而悲二句　箕子，商紂王叔父，官至太師，因勸諫紂王而被囚禁。武王滅商後獲釋，把他封在朝鮮。後來箕子朝拜周天子，路過殷墟，看見過去宮殿遺址上長著麥子和禾黍，十分悲痛，於是創作了〈麥秀〉之歌，歌詞為：「麥秀之漸漸兮；黍苗之綿繩兮，彼狡童兮，不與我好兮。」詳見《史記‧宋微子世家》。一說為「微子」所作。(56)王子比干　商紂王的叔父，官少師，屢次勸諫紂王，被剖心而死，詳見《史記‧宋微子世家》。(57)故孟子曰三句　孟子（西元前三七二—前二八九年），名軻，字子輿或子居，戰國時期魯國鄒（在今山東鄒縣）人。孔子之後最重要的儒家代表人物之一。曾，乃；竟。匹夫，指平民中的男子。這句話不見於今本《孟子》。(58)千乘之君　古代諸侯國地方百里，出車千乘，故稱諸侯國君為千乘之君。乘，古以一車四馬為乘。(59)將賜絕命之書　將被賜予絕命書。死的委婉說法。(60)為群臣先　指在群臣之前而死。(61)東宮　通常指太子居住的宮殿，這裡指淮南王劉安平時所居之處。(62)微幸　通「僥倖」。企圖靠偶爾的原因獲得意外的成功。(63)愚計　愚蠢的計謀，自謙的說法。(64)實　充實。(65)為丞相御史請書　偽造丞相、御史奏請徙人之書。請書，請求天子採取某種措施的奏疏。(66)豪桀及耐罪　桀，

通「傑」。豪傑。耐罪，漢代一種較輕的刑罰，要剃去頰毛，但可留下頭髮。[67]以赦令除　用赦令的名義免除其刑罰。[68]家屬　家眷與部屬。[69]甲卒　披甲的士卒；全副武裝的士兵。[70]急其會日　急，催促。會日，集合的日子。[71]左右都司空上林中都官　左右都司空，指少府所屬左右司空令、丞和宗正屬官都司空令、丞，都掌管某一類犯法者。上林，苑名，故址在今陝西西安西至周至、戶縣界，當時屬少府管轄。中都官，本泛指京師諸官府，此處上林中都官應與司法有關。[72]逮　逮捕和審訊。[73]黨　通「儻」、「倘」。或許；或者。[74]吾以不至若此　以，認為；以為。不至若此，不到這種地步，意思是不必偽造請書和詔赦。[75]專發　調直接發兵。[76]詣　到；前去。[77]蹤跡　事情經過。[78]雅辭多引漢美　雅辭，平時的言語。引，稱引；稱道。漢美，漢朝的善政。[79]張湯進　張湯，杜縣（在今陝西西安）人，漢武帝時著名的酷吏，時任廷尉，本書卷五十九有傳。進，進言；進諫。

【語　譯】後來，漢朝逮捕淮南王的孫子劉建，關在獄中審問。淮南王害怕陰謀暴露，對伍被說：「事情已傳到國內，我想立即起兵。天下疲勞困苦有一陣子了，諸侯們也有些過錯，各自都很擔心，我起兵向西，一定有響應的；沒有響應的話，立即回兵攻取衡山國。形勢緊急，不得不發。」伍被說：「占據衡山國以出擊廬江國，控制尋陽的船隻，守住下雉城，扼守九江，切斷豫章之口，用強弩在長江邊防守，禁止南郡的軍隊順流而下，往東保有會稽郡，向南與強勁的越國交好，在江淮之間與朝廷對抗，可以延長一些時間，但看不出有什麼福氣。」淮南王說：「左吳、趙賢、朱驕如都認為十之八九能成功，只有您認為沒有福氣，為什麼呢？」伍被說：「大王的群臣中親近而且向來能駕馭軍民的，都已經拘押在詔獄中，其餘的沒有可任用的了。」淮南王說：「陳勝、吳廣沒有立錐之地，上百人聚在一處，在大澤鄉起事，奮臂高呼，天下響應，向西打到戲，軍隊有一百二十萬。現在我的王國雖然小，有戰鬥力的軍隊也有二十萬，您為什麼說有禍無福？」伍被說：「我不敢逃避像伍子胥那樣的誅罰，希望大王不要像吳王那樣偏聽偏信。過去秦朝暴政，殘害天下，坑殺方士儒生，焚燒《詩》、《書》，毀滅聖跡，廢棄禮制，崇尚刑法，將海邊的糧食運送到西河。這時，所有男子快速耕種也不夠供給糧餉，所有女子紡織也不夠遮蔽身體。派遣蒙恬修築長城，東西幾千里。駐紮在野外的軍隊，經常有幾十萬人，死的人數也數不完，倒臥的屍體遍布曠野，鮮血四處流淌。於是百姓力量耗盡，想作亂的十家中就有五家。又派遣徐福到海上訪求長生不死的仙藥，多攜帶珍寶，隨行的有童男童女三千人、五穀種子和各種工匠。徐福在海上遇到平原大湖，住在那裡並稱王，不再回來。於是百姓悲痛哀傷，思念家人，想作亂的十家中就有六家。又派尉佗越過五嶺，攻打百越，尉佗知道中國已經疲憊到了極點，便留在南越稱王。出征的人都不回來，死者也沒有送回的，於是百姓人心離散，四分五裂，想要作亂的十家中就有七家。秦始皇又起駕四處巡遊，修建阿房宮，徵收一半以上的賦稅，徵發閭門左側的窮人去守邊。父子兄弟不得安寧相保，政令苛刻，刑法殘酷，百姓都殷切期盼，側耳傾聽消息，仰天哭喊，捶胸頓足，怨恨天子，想要作亂的十家中就有八家。有人對高皇帝說：『時機可以了。』高祖說：『等一等，聖人將在東南起事。』相隔不到一年，陳勝、吳廣大聲號召，劉邦、項羽同時附和，天下響應，這就是所謂利用可乘之機，趁著秦朝快要滅亡的時候行動，百姓盼望他們，就像久旱期盼降雨，所以高祖在軍隊行列中起事，成就了帝王的偉業。現在大王看到的是高祖取得天下的易處，難道就不看看近代的吳王、楚王嗎？當今皇上統治天下，統一海內，汎愛百姓，布德施惠。口中雖然不說話，聲音比雷震還迅速；政令雖然未頒發，教化推行快如神明。心中有所想，聲威振動千里；下民響應皇上，如同影子緊隨身體，回音應和聲音。而大將軍的才能不僅僅是章邯、楊熊。大王用陳勝、吳廣的事來論說，我認為不對。況且大王的軍隊不如吳楚的十分之一，天下又遠比秦朝時安寧。希望大王採納我的計策。我聽說箕子經過殷朝的舊都，內心悲傷，作了〈麥秀〉之歌，痛心紂王不聽王子比干的話。所以孟子說，紂貴為天子，他的死還不如一名普通男子。這是因為紂早就自絕於人，並非死的時候上天才拋棄了他。現在我也很悲傷，因為大王要拋棄大國的君位，將被賜予絕命書，在群臣之前，自己死在東宮啊。」伍被於是流著淚起身。

後來，淮南王又召見伍被，問道：「如果像您所說，不能夠僥倖成功嗎？」伍被說：「必不得已，我有個愚蠢的計謀。」淮南王問：「怎麼辦？」伍被說：「現在諸侯對朝廷沒有二心，百姓無怨氣。朔方郡的土地廣闊富饒，遷徙的百姓還不能充實那裡。可以偽造丞相、御史大夫奏請徙人的文書，遷徙郡國的豪傑以及耐罪以上的犯人，用赦令的名義免除他們的刑罰，家產五十萬以上的，都把他們的家屬遷徙到朔方郡，加派士卒，催促集會的期限。又偽造左右都司空和上林苑中都官興起詔獄的公文，逮捕諸侯的太子和親幸。如此，就會百姓怨恨，諸侯恐懼，隨即派能言善辯的人去遊說，或許能夠意外成功。」淮南王說：「這個辦法能行。雖然如此，我認為還不至於到這地步，直接發兵就可以了。」後來謀反的事被發現，伍被到朝廷的官吏跟前自首，說他和淮南王謀反的事情經過如上面所述。皇上認為伍被平時說話多次稱說漢朝的善政，不想殺他。張湯進諫說：「伍被帶頭替淮南王謀劃造反，罪行不能赦免。」於是誅殺了伍被。

1 江充，字次倩，趙國❶邯鄲人也。充本名齊，有女弟❷善鼓琴歌舞，嫁之❸趙太子丹。齊得幸❹於敬肅王❺，為上客。

2 久之，太子疑齊以己陰私❻告王，與齊忤❼，使吏逐捕齊，不得，收繫❽其父兄，按驗❾，皆棄市❿。齊遂絕迹亡⓫，西入關，更名充。詣闕告太子丹與同產姊及至後宮姦亂⓬，交通郡國豪猾⓭，攻剽⓮為姦，吏不能禁。書奏，天子怒，遣使者詔郡發吏卒圍趙王宮，收捕太子丹，移繫魏郡⓯詔獄，與廷尉雜治⓰，法至死⓱。

3 趙王彭祖，帝異母兄也，上書訟⓲太子罪，言：「充逋逃⓳小臣，苟⓴為姦譎，激怒聖朝㉑，欲取必於萬乘以復私怨㉒。後雖亨醢㉓，計猶不悔。臣願選從趙國勇敢士㉔，從軍擊匈奴，極盡死力㉕，以贖丹罪。」上不許，竟敗趙太子㉖。

【章旨】以上為〈江充傳〉的第一部分，寫江充在趙國的經歷以及告發趙太子並使其被廢之事。

【注　釋】❶趙國　漢初所封諸侯國，都城在邯鄲（在今河北邯鄲）。❷女弟　妹妹。❸之　往；到。❹幸　受寵幸。❺敬肅王　景帝之子劉彭祖，景帝前四年（西元前一五三年）徙封為趙王，死後諡敬肅，傳見本書卷五十三〈景十三王傳〉。❻陰私　不可告人的壞事、醜事，這裡指太子劉丹與他妹妹和同母所生的姊姊私通之事。❼忤　抵觸；關係不和。❽收繫　逮捕；拘捕。❾按驗　審訊取證。❿棄市　死刑的一種，將犯人在街市處死，並暴屍示眾。⓫遂絕迹亡　遂，於是。絕迹，隱匿形跡。亡，逃亡。⓬詣闕告太子丹句　闕，宮闕，指朝廷。同產姊，同母所生的姊姊。後宮，指趙王後宮的嬪妃。⓭交通郡國豪猾　交通，結交；勾結。豪猾，有勢力的不法之徒。⓮剽　搶劫。⓯移繫魏郡　移繫，轉押。魏郡，治鄴縣（今河北臨漳西南）。⓰與廷尉雜治　廷尉，漢代中央政府九卿之一，掌刑獄，為最高司法長官。雜治，意為各方會審。⓱至死　達到死刑的程度。⓲訟　申訴。⓳逋逃　逃跑；逃亡。⓴苟　苟且。㉑聖朝　朝廷。敬語。㉒取必於萬乘以復私怨　取必，必定取勝。復，報復。㉓亨醢　皆是古代酷刑。亨，通「烹」，將人放到開水中煮死，醢是將人殺死後剁成肉醬。㉔選從趙國勇敢士　選從，挑選自己的隨從。勇敢士，勇敢善戰的士兵。㉕極盡死力　極盡，竭盡。死力，必死之力。意為竭盡全力。㉖竟敗趙太子　太子丹因此被廢，見本書卷五十三〈景十三王傳〉。

【語　譯】江充，字次倩，是趙國邯鄲人。江充本名齊，他妹妹擅長鼓琴歌舞，嫁給趙國的太子劉丹。江齊得到趙敬肅王的寵幸，成為上等賓客。

2　時間一久，太子丹懷疑江齊把自己的隱私告訴了趙王，與江齊關係不和，派官吏追捕江齊，沒抓到，逮捕了他的父親和哥哥，審訊核實，都被處死。江齊便隱藏形跡逃亡，向西進入函谷關，改名為江充。他向朝廷告發趙太子丹和同母所生的姊姊以及趙王後宮妃子淫亂，勾結郡國有勢力的不法之徒，搶劫作亂，官吏不能禁止。告發書上奏後，天子大怒，派使者下令郡中調集官吏士卒包圍趙王宮，逮捕了太子丹，解押到魏郡的詔獄，和廷尉一同審問，依法都可判處死刑。

3　趙王劉彭祖，是武帝的同父異母哥哥，上書為太子丹的罪行申辯，說：「江充是逃亡的小吏，隨意製造奸邪的謊言，激怒朝廷，想要通過天子以報復私人恩怨。以後即使被煮死、斫成肉醬，他也不後悔。我希望挑選隨從中的趙國勇士，跟隨大軍攻打匈奴，竭盡全力，為太子丹贖罪。」皇上不答應，終於廢除了趙太子。

1 初，充召見犬臺宮❶，自請願以所常被服❷冠見上。上許之。充衣紗縠襌衣❸，曲裾後垂交輸❹，冠襌纚步搖冠❺，飛翮之纓❻。充為人魁岸❼，容貌甚壯。帝望見而異之❽，謂左右曰：「燕趙固❾多奇士。」既至前，問以當世政事，上說之。

2 充因自請，願使匈奴。詔問其狀❿，充對曰：「因變制宜⓫，以敵為師，事不可豫圖⓬。」上以充為謁者⓭，使匈奴還，拜為直指繡衣使者⓮，督三輔⓯盜賊，禁察踰侈⓰。貴戚近臣多奢僭⓱，充皆舉劾⓲，奏請沒入⓳車馬，令身待北軍⓴擊匈奴。奏可㉑。充即移書光祿勳中黃門㉒，逮名近臣侍中㉓諸當詣北軍者，移劾門衛㉔，禁止無令得出入宮殿。於是貴戚子弟惶恐，皆見上叩頭求哀㉕，願得入㉖錢贖罪。上許之，令各以秩次㉗輸錢北軍，凡㉘數千萬。上以充忠直，奉法不阿㉙，所言中意㉚。

3 充出，逢館陶長公主行馳道中㉛。充呵㉜問之，公主曰：「有太后詔㉝。」充曰：「獨公主得行，車騎㉞皆不得。」盡劾沒入官㉟。

4 後充從上甘泉㊱，逢太子家使㊲乘車馬行馳道中，充以屬㊳吏。太子聞之，使人謝㊴充曰：「非愛㊵車馬，誠㊶不欲令上聞之，以教敕亡素㊷者。唯㊸江君寬之！」充不聽，遂白奏㊹。上曰：「人臣當如是矣。」大見㊺信用，威震京師。

【章　旨】以上為〈江充傳〉的第二部分，寫江充得到漢武帝寵幸，被任命為直指繡衣使者，不避權貴，先後糾彈京師貴戚、公主、太子的違法行為。而令違法貴戚輸錢北軍與趙王劉彭祖請求效力攻打匈奴、江充請求出使匈奴都是武帝時對匈奴積極政策的產物。

【注　釋】❶犬臺宮　在上林苑中。❷被服　穿戴。被，通「披」。❸紗縠襌衣　紗縠，十分輕薄的縐紗。襌衣，單層的衣服，是當時官吏平時穿的便衣。❹曲裾後垂交輸　衣服開襟從領曲斜至腋下，以一幅布交錯裁成角形綴於裳的右邊，有如燕尾服，其形狀可參二十世紀七〇年代長沙馬王堆出土的曲裾袍和近年來出土的漢代著衣俑。裾，後衣襟。❺冠襌纚步搖冠　冠，戴。纚，用來束髮的帛。步搖冠，加在冠上的一種首飾，行走則搖動，故名。❻飛翮之纓　用鳥羽做的帽帶子。翮，羽毛的莖，這裡指代羽毛。纓，繫在脖子上以固定冠的帶子。❼魁岸　魁梧高大。❽異之　以之為異，認為很奇特。意動用法。❾固　本來。❿狀　情況；情形。⓫因變制宜　根據事物的變化制定對策。⓬豫圖　預先設計。⓭謁者　官名，光祿勳屬官，多以孝廉及美儀表者擔任，掌賓贊受事，亦奉命出使。⓮直指繡衣使者　侍御史屬官，漢武帝時設置。奉朝廷派遣到地方處理重大案件，直指是說他們處事無所阿私，繡衣則指這些人身穿彩繡朝衣，類似於明代的特務錦衣衛，但不常置。⓯三輔　指京畿地區，包括京兆尹、左馮翊、右扶風，相當於現在以陝西西安為中心的關中地區。⓰禁察踰侈　禁察，禁止和調查。踰侈，官員和百姓超過制度允許的行為。⓱奢僭　奢侈和超越本分，與「踰侈」的意思相近。⓲舉劾　檢舉，彈劾。⓳沒入　沒收歸官府。⓴令身待北軍　令貴戚近臣等待於北軍（漢代守衛京師的屯衛兵）。㉑可　被批准、許可。㉒光祿勳中黃門　光祿勳，秦時稱郎中令，漢武帝時改稱光祿勳，掌領宿衛侍從之官。中黃門，少府屬官，由宦官擔任。㉓逮名近臣侍中　逮名，一作「逮召」，當從，逮捕，捕捉。侍中，秦漢時自列侯以下至郎中的加官，無定員，侍從皇帝左右，出入宮廷。㉔移劾門衛　將彈劾文書轉告於宮門衛士。㉕哀　憐憫；同情。㉖入　繳納。㉗秩次　官職的等級次序。㉘凡　總共。㉙阿　偏袒；曲意迎合。㉚中意　符合心意。㉛館陶長公主行馳道中　館陶長公主，文帝竇皇后之女劉嫖，是武帝的姑母，也是陳皇后之母。長公主是對皇帝的姊姊的稱呼。但館陶公主死於元狩末年，其後十餘年江充才貴幸，故「館陶」二字或誤。馳道，皇帝出行的專用車道。㉜呵　呵斥。㉝有太后詔　太后曾詔令長公主的車馬可以在馳道行走。此時太后已死。㉞車騎　指隨從公主之車騎。㉟盡劾沒入官　漢律，騎乘車馬行馳道中，已判罪的，還要沒收車馬被具。㊱從上甘泉　上，皇上，指武帝。甘泉，即甘泉宮，在今陝西淳化西北。㊲太子家使　太子的親信使者。㊳屬　交給；委託。㊴謝　道歉。㊵愛　吝惜。㊶誠確實；的確。㊷以教敕亡素 以，認為。教敕亡素，平時不管教告誡左右。亡，通「無」。素，平時；一向。㊸唯 表示希望、期待的句首語氣詞。㊹白奏 上奏皇帝。㊺見 被；得到。

【語 譯】起初，江充在犬臺宮被皇上召見，請求以平時穿戴的衣帽見皇上。皇上答應了。江充穿輕薄的縐紗做的單衣，後衣襟交錯下垂，頭戴輕紗做的步搖冠，繫帽子的纓帶則是用鳥羽做的。江充身體魁梧高大，容貌外表很壯實。武帝遠遠望見，覺得很奇特，對左右的人說：「燕趙地區本來就有許多傑出之士。」到武帝面前後，詢問當代的政事，皇上對他的回答很滿意。

2 江充趁機請求出使匈奴。皇上下詔詢問有關情況，江充回答說：「根據形勢變化制定具體對策，以敵人作為參考的對象，事情不可預先設計。」皇上命江充做謁者，出使匈奴回來，任命為直指繡衣使者，督察京畿三輔的盜賊，禁止和調查官民超過制度許可的行為。貴戚和寵臣們大都奢侈僭越，江充一一檢舉彈劾，上奏請求沒收他們的車馬，讓他們到北軍等候進攻匈奴。上奏被批准。江充立即移送文書給光祿勳和中黃門，拘捕那些應該送到北軍的近臣侍中，將彈劾文書轉告宮門衛士，這些人沒有命令禁止出入皇宮。於是貴戚們的子弟都惶恐不安，來見皇上，叩頭請求哀憐，希望能夠交錢給朝廷以贖罪。皇上答應了他們，讓他們各自根據等級交錢給北軍，共幾千萬。皇上認為江充忠誠正直，嚴格執法，不曲意迎合，說的話符合自己心意。

3 江充外出，遇見館陶長公主的車馬在馳道上行走。江充大聲呵斥，問她，公主說：「有太后的詔書。」江充說：「只有公主的車騎能在馳道上行走，隨從車騎都不可以。」對公主隨從車騎都加以彈劾，全部沒收充公。

4 後來江充隨從皇上到甘泉宮，碰見太子的親信使者乘車馬在馳道中行走，江充把他交給官吏處理。太子聽到後，派人向江充道歉，說：「不是吝惜車馬，只是不想讓皇上知道，認為我平時對身邊人缺乏管教。希望您寬恕他！」江充不答應，於是上奏。皇上說：「做人臣的應當如此。」十分受信任和重用，威震京師。

1 遷為水衡都尉❶，宗族知友多得其力者。久之，坐法免❷。

2 會陽陵朱安世告丞相公孫賀子太僕敬聲為巫蠱事❸，連及陽石、諸邑公主❹，賀父子皆坐誅。語在賀傳。後上幸甘泉，疾病，充見上年老，恐晏駕❺後為太子所誅，因是為姦，奏言上疾祟在巫蠱。於是上以充為使者治巫蠱。充將胡巫❻掘地求偶人，捕蠱及夜祠❼，視鬼❽，染汙令有處❾，輒收捕驗治❿，燒鐵鉗灼⓫，強服之⓬。民轉相誣⓭以巫蠱，吏輒劾以大逆亡道，坐而死者前後數萬人。

3 是時，上春秋⓮高，疑左右皆為蠱祝詛，有與亡，莫敢訟其冤者。充既知上意，因言宮中有蠱氣，先治後宮希幸⓯夫人，以次及皇后，遂掘蠱於太子宮，得桐木人⓰。太子懼，不能自明，收充，自臨⓱斬之，罵曰：「趙虜⓲！亂乃⓳國王父子不足邪！迺復亂吾父子也！」太子繇是⓴遂敗。語在戾園傳㉑。後武帝知充有詐，夷充三族㉒。

【章　旨】以上為〈江充傳〉的第三部分，寫江充免官後利用武帝晚年心態製造「巫蠱之禍」，被戾太子所殺，太子也因此被迫自殺。

【注　釋】❶水衡都尉　官名。漢武帝時始置，掌上林苑，兼保管皇室財物及鑄錢。❷坐法免　因違法而免官。❸會陽陵朱安世一句　陽陵，縣名，在今陝西高陵西南。朱安世，長安著名的游俠。公孫賀，字子叔，北地郡義渠（在今甘肅寧縣）人。

本書卷六十六有其傳。太僕，官名，九卿之一，掌管皇帝車輛、馬匹以及出行時的相關事務。巫蠱，古代民間信仰，用來加害仇敵的巫術，包括詛咒、傷害木刻或草紮等仇人偶像和毒蠱等，這裡主要指前兩種，現代學者通常稱之為黑巫術。❹陽石諸邑公主　武帝的兩個女兒，皆為衛皇后所生。❺晏駕　皇帝死亡之諱稱。晏，晚。駕，皇帝出行所乘之車。皇帝行止有一定時間，車子晚了不到，意味著有重大變故。❻將胡巫　將，率領；帶領。胡巫，指少數民族的巫師。❼蠱及夜祠　蠱，指從事巫蠱的人。夜祠，指夜晚祭祀祝詛之人。祠，通「祀」。❽視鬼　能看到鬼的巫師。❾染汙令有處　意思是江充使胡巫染汙土地，偽造祠祭之處。有處，有一定的地方。❿輒收捕驗治　輒，立即。驗治，拷問；審問。⓫燒鐵鉗灼　一種酷刑，用燒紅的鐵鉗灼犯人的身體。⓬強服之　強，強迫。服之，使之屈服、認罪。⓭相誣　互相誣告。⓮春秋　指年齡。⓯希幸　不太被皇帝寵幸的夫人。希，通「稀」。⓰桐木人　用桐木雕刻的木偶，據《禮記・王制》孔穎達正義引古本《漢書》，這些桐木人實際上是江充使胡巫所作並事先埋在太子宮中的。⓱臨　到場。⓲虜　猶賤奴，罵人語。⓳乃　你。⓴繇是　於是；因此。㉑戾園傳　見本書卷六十三〈武五子傳〉中之〈戾太子傳〉。㉒夷充三族　夷，滅族。三族，包括父母、兄弟、妻與子，一說父族、母族和妻族。

【語　譯】提升為水衡都尉，宗族、好友中有好多人得到他的幫助。過了好久，因為犯法免官。

2 恰逢陽陵的朱安世告發丞相公孫賀的兒子太僕公孫敬聲進行巫蠱詛咒，牽連到陽石和諸邑公主，公孫賀父子二人都得罪被誅殺。記載在〈公孫賀傳〉中。後來皇上去甘泉宮，病重，江充見皇上年紀大了，害怕皇上死後自己被太子誅殺，趁機製造奸計，上奏說皇上的病是因為有巫蠱在作祟。於是皇上命江充為使者，追查巫蠱。江充帶領胡人巫師挖地尋找木偶，逮捕從事巫蠱和夜晚祭祀詛咒的人，以及能見鬼的巫師，江充使胡巫染汙土地，偽造祭祀的場所，便逮捕審問有關的人，用燒紅的鐵鉗灼人的身體，強迫犯人服罪。百姓輒轉以巫蠱相互誣告，牽涉到的官吏則用大逆不道的罪行加以彈劾，因此犯罪處死的前後有幾萬人。

3 這時，皇上年紀很大了，懷疑左右的人都在從事巫蠱詛咒，不論有還是沒有，沒人敢申訴他們的冤情。江充知道皇上的心思之後，趁機說宮中有巫蠱之氣，先審問後宮不太被寵幸的夫人，依次到皇后，終於到太子的宮中挖掘巫蠱，挖到桐木雕刻的木偶。太子心中恐懼，無法自己辨白，便逮捕江充，親自到場處死他，罵道：「趙國的奴才！擾亂你們國王的父子還不夠嗎！還要再來擾亂我們父子！」太子也因此被迫自殺。此事記載在〈戾園傳〉中。後來武帝知道江充欺詐，誅滅了江充三族。

息夫躬❶，字子微，河內河陽❷人也。少為博士弟子❸，受春秋，通覽記書❹。容貌壯麗，為眾所異。

哀帝❺初即位，皇后父特進孔鄉侯傅晏❻與躬同郡，相友善，躬繇是以為援❼，交游日廣。先是，長安孫寵亦以游說顯名，免汝南太守❽，與躬相結，俱上書❾，召待詔❿。是時哀帝被疾⓫，始即位，而人有告中山孝王太后⓬祝詛上，太后及弟宜鄉侯馮參皆自殺，其罪不明。是後無鹽危山有石自立⓭，開道。躬與寵謀曰：「上亡繼嗣⓮，體久不平，關東諸侯，心爭陰謀⓯。今無鹽有大石自立，聞邪臣託往事，以為大山石立而先帝龍興⓰。東平王雲以故與其后日夜祠祭祝詛上，欲求非望⓱。而后舅伍宏反因方術以醫技得幸，出入禁門⓲。霍顯之謀將行於杯杓⓳，荊軻之變必起於帷幄⓴。事勢㉑若此，告之必成；察國姦，誅主讎㉒，取封侯之計也。」躬、寵迺與中郎右師譚㉓，共因中常侍㉔宋弘上變事告焉。上惡之，下有司案驗，東平王雲、雲后謁及伍宏等皆坐誅。上擢㉕寵為南陽太守，譚潁川都尉㉖，弘、躬皆光祿大夫左曹給事中㉗。是時侍中董賢㉘愛幸，上欲侯㉙之，遂下詔云：「躬、寵因賢以聞㉚，封賢為高安侯，寵為方陽侯，躬為宜陵侯，食邑㉛各千戶。賜譚爵關內侯，食邑。」丞相王嘉內疑㉜東平獄事，爭不欲侯賢等，語在嘉傳。嘉固言董賢泰盛㉝，寵、躬皆傾覆有佞邪材㉞，恐必撓亂㉟國家，不可任用。嘉以此得罪矣。

【章　旨】以上為〈息夫躬傳〉的第一部分，寫息夫躬的出身，通過結交外戚傅晏以及告發東平王劉雲謀反，封為侯爵。

【注　釋】❶息夫躬　姓息夫，名躬。❷河內河陽　河內，郡名，治懷縣，在今河南武陟西南。河陽，縣名，屬河內郡，在今河南孟縣西。❸博士弟子　漢朝自文帝設經學博士，由通曉儒家經典的儒生任某經博士，選取十八歲以上的士人為弟子。❹通覽記書　通覽，博覽。記書，儒家經典及其注釋和諸家之書。❺哀帝　成帝的姪子劉欣，綏和二年（西元前七年）四月即位，詳見本書卷十一〈哀帝紀〉。❻特進孔鄉侯傅晏　特進，官名，西漢末年始置，授予諸侯和大臣中有特殊地位者，位在三公下，自己可以任命僚屬。傅晏，河內溫縣（在今河南溫縣）人，哀帝皇后傅氏之父，綏和二年封為孔鄉侯。❼繇是以為援　繇是，由此；於是。援，支持者或靠山。❽免汝南太守　汝南，郡名，治上蔡（今河南上蔡西南）。孫寵此前任汝南太守，後被免職。❾俱上書　事情發生在建平三年（西元前四年），兩人都上書告發東平王。❿召待詔　召，徵召。待詔，即等待皇帝詔命的意思，類似一種候補官員。秦時已有待詔博士。漢代待詔多出於上書求試，或出於皇帝的徵召，在未正式委任官職以前，由皇帝臨時指定待詔官署，等待詔命，故稱待詔。待詔的地點一般在公車署，特別受器重者則待詔於金馬門，甚至待詔於宮殿之中。⓫被疾　患病。⓬中山孝王太后　指漢元帝昭儀馮媛，馮奉世之女，其子劉興曾封為中山王，「孝」是他死後的謚號。哀帝建平元年（西元前六年），中郎謁者張由誣告馮太后詛咒哀帝和傅太后，結果馮太后及其弟馮參被逼自殺，受牽連而死者十餘人，事詳本書卷九十七上〈外戚傳〉中孝元馮昭儀傳。⓭無鹽危山有石自立　無鹽，縣名，東平國都城，治今山東汶上北。危山，山名，在無鹽縣。有石自立，山上的石頭立起來，原先被石頭堵塞的道路就自動開通了。⑭繼嗣　傳宗接代者，即子孫。⑮心爭陰謀　心爭，勾心鬥角。陰謀，祕密謀劃。⑯託往事二句　託，附會。往事，指昭帝元鳳三年（西元前七八年）泰山有大石自動立起，五年後宣帝起於民間而為皇帝。大，通「太」。大山即泰山。先帝是對皇帝已死父親的稱呼，根據史實，應作「宣帝」。⑰東平王雲二句　東平王雲，元帝之孫。以故，因此。祠祭，祭祀。非望，非分之望，意思是想繼承帝位。⑱而后舅伍宏二句　后舅伍宏，東平王劉雲王后的舅父。成帝舅父之妻寡居後可以出入長信宮侍候太后，伍宏通過她的關係以醫術受太后寵幸，也能出入皇宮。⑲霍顯之謀將行於杯杓　霍顯，霍光之妻，為使自己的女兒做皇后，勾結醫生淳于毒死宣帝許皇后，事詳本書卷六十八〈霍光傳〉和卷九十七〈外戚傳上〉。息夫躬的意思是伍宏有可能毒死宮中后妃的陰謀。杓，通「勺」。⑳荊軻之變必起於帷幄　荊軻，戰國末年刺客，奉燕國太子丹之命去行刺秦王政，事見《史記·刺客列傳》。帷幄，宮室的帷幕，泛指宮中。㉑事勢　事情的發展趨勢。㉒察國姦二句　察，揭發；告發。國姦，國家的奸賊。誅，除去。主雠，皇帝的仇敵。㉓中郎右師譚　中郎，近侍之官，屬郎中令（光祿勳）。右師譚，姓右師，名譚。㉔共因中常侍　共，一起。因，通過；憑藉。中常侍，官名，進入宮廷，侍從皇帝，常為列侯至郎中的加官。㉕擢　提升；提拔。㉖潁川都尉　潁川，郡名，治陽翟（在今河南禹州）。都尉，掌管一郡軍事、治安，秩比二千石。㉗光祿大夫左曹給事中　光祿大夫，官名，秩比二千石，屬光祿勳。左曹，漢武帝時設置的加官名，可參與軍國大事。給事中，官名，為將軍、列侯、九卿，以至黃門郎、謁者的加官，均給事殿中，顧問應對，討論朝廷大政。㉘侍中董賢　侍中，漢代自列侯以下至郎中的加官，侍從皇帝、出入宮廷，分管車馬服飾，也能對朝廷政務發表意見。董賢，字聖卿，雲陽（在今陝西淳化）人，為哀帝所寵幸，官至大司馬，一度操縱朝政，傳見本書卷九十三〈佞幸傳〉。㉙侯　動詞，封為侯爵。㉚因賢以聞　通過董賢告發了東平王謀反之事。實則息夫躬、孫寵是通過宋弘上奏的，哀帝為董賢封侯找藉口，於是將奏章中宋弘之名改為董賢，事詳本書卷八十六〈王嘉傳〉。㉛食邑　古代卿大夫的封地，因徵收其地賦稅以供食用，故稱。㉜王嘉內疑　王嘉，字公仲，平陵（在今陝西咸陽）人。傳見本書卷八十六〈王嘉傳〉。疑，謂懷疑不實。㉝泰盛　權勢太盛。泰，通「太」。㉞傾覆有佞邪材　傾覆，謂傾險反覆。佞邪，奸臣。㉟撓亂　攪亂。

【語　譯】 息夫躬，字子微，河內郡河陽縣人。年輕時做博士弟子，學習《春秋》，博覽經傳注釋、百家之書。容貌高壯亮麗，被大家所驚異。

哀帝剛即位，皇后的父親特進孔鄉侯傅晏與息夫躬是同郡人，相互關係友好，息夫躬因此把傅晏當作靠山，結交的人越來越多。起先，長安人孫寵也因遊說出名，任汝南太守時被罷免，與息夫躬結交，一同上書，被徵召京師，等候詔命。這時哀帝得病，剛即位，而有人告發中山孝王太后詛咒皇上，太后和她的弟弟宜鄉侯馮參都自殺，所犯罪行並不明確。此後無鹽縣危山的石頭自動立起來，原來被它阻塞的道路就自動開通了。息夫躬與孫寵商議說：「皇上沒有後代，身體長期有病，關東諸侯勾心鬥角，祕謀策劃。現在無鹽有大石頭自動挺立，聽說奸臣假託過去的事情，以為那次泰山的石頭自動立起來而後宣帝登基。東平王劉雲因此和他的皇后日夜祭祀，詛咒皇上，企圖繼承帝位。而王后的舅父伍宏反而因為懂得方術靠醫技得到寵幸，可以出入宮中。霍顯那樣的陰謀又將出現在杯勺裡面，荊軻那樣的變故又將發生在帷帳之中。事情的大勢如此，告發一定能成；告發國家的奸賊，除去皇上的仇人，這是獲得封侯的好計謀。」於是息夫躬、孫寵和中郎右師譚一起通過中常侍宋弘上奏告發劉雲的陰謀。皇上對此很厭惡，讓官員審問，東平王劉雲、劉雲的王后謁以及伍宏等人都獲罪誅殺。皇上提拔孫寵為南陽太守，右師譚為潁川都尉，宋弘、息夫躬都任光祿大夫左曹給事中。這時侍中董賢受寵幸，皇上想封他為侯，於是下詔說：「息夫躬、孫寵通過董賢上奏告發，封董賢為高安侯，孫寵為方陽侯，息夫躬為宜陵侯，各自給食邑一千戶。右師譚為關內侯，賜給食邑。」丞相王嘉心中懷疑東平王的案件，向哀帝諫諍，不想封董賢等人為侯爵，記載在〈王嘉傳〉中。王嘉堅持說董賢權勢太盛，孫寵、息夫躬都陰險反覆，是奸臣，恐怕一定會擾亂國家，不可任用。王嘉因此獲罪。

1 躬既親近❶，數進見言事，論議亡所避。眾畏其口，見之仄目❷。躬上疏歷詆❸公卿大臣，曰：「方今丞相王嘉健而蓄縮❹，不可用。御史大夫賈延墮弱❺不任職。左將軍公孫祿❻、司隸鮑宣皆外有直項之名❼，內實騃不曉政事。諸曹以下僕遫❽不足數。卒❾有彊弩圍城，長戟指闕，陛下誰與❿備之？如使狂夫嘄謼於東崖⓫，匈奴飲馬於渭水⓬，邊竟雷動⓭，四野風起，京師雖有武蠭精兵⓮，未有能窺⓯左足而先應者也。軍書交馳而輻湊⓰，羽檄重迹而押至⓱，小夫懦臣之徒憒眊⓲不知所為。其有犬馬之決者⓳，仰藥而伏刃⓴，雖加夷滅之誅，何益㉑禍敗之至哉！」

2 躬又言：「秦開鄭國渠㉒以富國彊兵，今京師土地肥饒，可度㉓地勢水泉，廣溉灌之利。」天子使躬持節領護三輔都水㉔。躬立表㉕，欲穿㉖長安城，引漕注太倉下以省轉輸㉗。議不可成，迺止。

3 董賢貴幸日盛，丁、傅㉘害其寵，孔鄉侯晏㉙與躬謀，欲求居位輔政。會單于當來朝㉚，遣使言病，願朝明年。躬因是而上奏，以為「單于當以十一月入塞，後以病為解㉛，疑有他變。烏孫兩昆彌弱㉜，卑爰疐㉝強盛，居彊煌㉞之地，擁十萬之眾，東結單于，遣子往侍㉟。如因素彊之威㊱，循烏孫就屠㊲之迹，舉兵南伐，并烏孫之勢也。烏孫并，則匈奴盛，而西域危矣。可令降胡詐為卑爰疐使者來上書曰：『所以遣子侍單于者，非親信之也，實畏之耳。唯天子哀㊳，告單于歸臣侍子。願助戊己校尉保惡都奴之界㊴。』因下其章㊵諸將軍，令匈奴客聞焉。則是所謂『上兵伐謀，其次伐交[41]』者也」。

4 書奏，上引見躬，召公卿將軍大議[42]。左將軍公孫祿以為「中國常以威信懷伏夷狄，躬欲逆詐造不信之謀[43]，不可許。且匈奴賴先帝之德，保塞稱蕃[44]。今單于以疾病不任[45]奉朝賀，遣使自陳，不失臣子之禮。臣祿自保沒身不見匈奴為邊竟憂也」。躬掎[46]祿曰：「臣為國家計幾先[47]，謀將然[48]，豫圖未形[49]，為萬世慮[50]。而左將軍公孫祿欲以其犬馬齒保目所見[51]。臣與祿異議，未可同日語也。」上曰：「善。」乃罷群臣，獨與躬議。

5 因建言：「往年熒惑守心[52]，太白高而芒光[53]，又角星茀於河鼓[54]，其法[55]為有兵亂。是後訛言行詔籌[56]，經歷郡國，天下騷動，恐必有非常之變。可遣大將軍行邊兵[57]，敕[58]武備，斬一郡守以立威，震四夷，因以厭應[59]變異。」上然之，以問丞相。丞相嘉對曰：「臣聞動[60]民以行不以言，應天以實不以文[61]。下民微細，猶不可詐，況於上天神明而可欺哉！天之見異，所以敕戒[62]人君，欲令覺悟反正[63]，推誠行善。民心說而天意得矣。辯士見一端，或妄以意傅著星曆[64]，虛造匈奴、烏孫、西羌之難，謀動干戈，設為[65]權變，非應天之道也。守相[66]有辠，車馳詣闕，交臂就死，恐懼如此；而談說者云[67]，動安之危[68]，辯口快耳[69]，其實未可從。夫議政者，苦其諂諛傾險辯慧深刻(70)也。諂諛則主德毀，傾險則下怨恨，辯慧則破正道，深刻則傷恩惠。昔秦繆公不從百里奚、蹇叔之言，以敗其師(71)，悔過自責，疾詿誤之臣，思黃髮之言(72)，名垂於後世。唯陛下觀覽古戒，反覆參考，無以先入之語為主(73)。」

6 上不聽，遂下詔曰：「間者(74)災變不息，盜賊眾多，兵革之徵(75)，或頗著見(76)。未聞將軍惻然(77)深以為意，簡練戎士(78)，繕脩干戈。器用盬惡(79)，孰當督之(80)？天下雖安，忘戰必危。將軍與中二千石(81)舉明習兵法有大慮(82)者各一人，將軍二人(83)，詣公車(84)。」就拜孔鄉侯傅晏為大司馬衛將軍(85)，陽安侯丁明又為大司馬票騎將軍(86)。

7 是日，日有食之，董賢因此沮(87)躬、晏之策。後數日，收晏衛將軍印綬，而丞相御史奏躬辠過。上繇是惡(88)躬等，下詔曰：「南陽太守方陽侯寵，素亡廉聲，有酷惡之資(89)，毒流百姓。左曹光祿大夫宜陵侯躬，虛造詐諼(90)之策，欲以詿誤朝廷。皆交遊(91)貴戚，趨權門，為名(92)。其免躬、寵官，遣就國(93)。」

【章　旨】以上為〈息夫躬傳〉的第二部分，寫息夫躬獲得哀帝寵幸後多次言事，任意指斥大臣，多次提出奇謀詭計，後來與寵臣董賢產生矛盾，傅晏勢力受到壓制，息夫躬等人也都被免官。

【注釋】❶親近　被哀帝所寵幸。❷仄目　側目而視，憎恨而害怕。仄，通「側」。❸歷詆　逐個詆毀、誹謗。❹健而蓄縮　健，剛直；剛強。蓄縮，急躁。❺御史大夫賈延墮弱　御史大夫，官名，秦漢時僅次於丞相的中央最高長官，主要職務是監察、執法，兼掌重要文書圖籍。墮弱，軟弱。墮，通「惰」。賈延於建平四年任御史大夫，他曾和王嘉一道提議公開東平王劉雲一案，因此被息夫躬詆毀，隨後被免職。❻左將軍公孫祿　左將軍，漢朝武官名，執掌征討四方少數民族，不常設。公孫祿任左將軍在建平三年，元壽二年（西元前一年）被免職。❼司隸鮑宣句　司隸，官名，即司隸校尉，執掌督察京師百官及京畿諸郡。鮑宣，任司隸約在建平三年，曾多次彈劾息夫躬等人。直項，項即脖子，直脖子即為人耿直、剛直。❽僕遬　短小的樣子，比喻才短不中用。❾卒　通「猝」。倉促；突然。❿誰與　即「與誰」。⓫嗚謼於東崖　嗚，古「叫」字。謼，通「呼」。東崖，即東方，指關東郡國。⓬渭水　今渭河，流經關中地區，包括長安。⓭邊竟雷動　竟，通「境」。雷動，震動。⓮武逢精兵　精銳部隊。逢，通「鋒」。⓯窺　通「跬」。半步，因為一般人行走先邁右足，左足未跬，則只有半步，意指沒有人能邁動左腳半步去抵抗敵人。⓰軍書交馳而輻湊　軍書，軍事文書。交馳，交錯奔馳，意指緊急繁忙。輻湊，如同車輪的輻條向軸心彙集一樣，喻軍事文書聚集一處。⓱羽檄重迹而押至　羽檄，用於徵召或宣戰等的文書。重，足跡重沓，接踵而至。押至，接連而來。押，通「狎」。接連；更替。⓲小夫愞臣之徒憒眊　小夫，無能者。愞臣，怯懦之臣。愞，通「懦」。憒眊，昏亂；不明事理。⓳其有犬馬之決者　其，那些。犬馬之決，能做出決斷。犬馬是臣子對帝王的謙稱。⓴仰藥而伏刃　仰藥，仰首而飲毒藥。伏刃，伏於刀劍之上。二者皆指自殺。㉑何益　有何益處；有何幫助。㉒鄭國渠　在關中地區，戰國末年秦國所修，溝通涇水與洛水，有利溉田，使秦更加富強。因為提出開渠者為韓國人鄭國，故名。㉓度　測量。㉔持節領護三輔都水　持節，持有符節。領護，總領；統領。都水，官名，主管陂池灌溉，保護河渠。㉕表　標記，用以測量水位。㉖穿　挖掘；挖鑿。㉗引漕句　漕，漕運的水道。注，注入；流入。太倉，古代設在京師的官方糧倉，漢代太倉位於長安城外東南。轉輸，指陸路運輸。㉘丁傅　皆外戚。丁，指哀帝母家。傅，指哀帝祖母家。詳見本書卷九十七下〈外戚傳〉。㉙孔鄉侯晏　即傅晏，與息夫躬同郡。㉚會單于當來朝　會，正好。來朝，來朝拜。㉛以病為解　以自己有病為託辭。㉜烏孫兩昆彌弱　烏孫，古族與西域國名。最初在祁連、敦煌間，西元前一世紀西遷至今伊犁河和伊塞克湖一帶，都赤谷城。張騫使烏孫後，漢武帝兩次以宗室女為公主嫁烏孫王，後來屬西域都護。昆彌，一作「昆莫」（見本書卷六十一〈張騫傳〉），是烏孫王的稱號，兩昆彌指大昆彌和小昆彌。㉝卑爰疐　烏孫小昆彌的叔父，此時欲向康居借兵兼併兩昆彌。㉞彊煌　地名，當時烏孫的國都。㉟東結單于二句　東結，向東結交。卑爰疐曾入侵匈奴西部，被打敗，於是送其子前去做人質，此即「遣子往侍」。(36)因素彊之威　因，順著；沿襲。素彊之威，指匈奴向來強盛的威力。素，向來；一向。(37)循烏孫就屠　循，順著；沿著。烏孫就屠，「孫」字衍。烏就屠，烏孫小昆彌之一。(38)哀　憐憫；同情。(39)願助戊己校尉句　戊己校尉，官名，掌管西域屯田及鎮撫西域諸國，駐車師國故地高昌壁（今新疆吐魯番東南）。惡都奴，地名，車師國原來朝廷所在地。(40)因下其章　因，接著。下，頒布。其章，指烏孫的奏章。(41)上兵伐謀二句　意思是戰爭最好的辦法是預知並破壞敵人的作戰計劃，其次是離間、破壞敵人的聯盟。見《孫子・謀攻》。(42)大議　廣泛深入地討論。(43)逆詐造不信之謀　逆詐，猜測他人心存欺詐。造，捏造；製造。不信，無信；不守信用。(44)稱蕃　稱臣；臣服。蕃，同「藩」。(45)任　勝任。(46)掎　指摘之意。(47)計幾先　謀劃於事物發展初現徵兆之時。幾先，即「機先」。(48)謀將然　謀劃於事物將要出現時。(49)豫圖未形　在事物還未完全成形之前就預告謀慮。(50)為萬世慮　為子孫萬代考慮，意為深謀遠慮。(51)以其犬馬齒保目所見　犬馬齒，指年齡、歲數。目所見，指眼前所能看到的。(52)熒惑守心　熒惑，火星別名，因隱現不定，令人迷惑，故名。心，星宿名，二十八宿之一。古人認為熒惑占據心宿的位置，就可能出現戰亂、饑荒、疾疫等凶事。(53)太白高而芒光　太白，即金星，一名啟明星，古人認為太白星位置高，放射光芒，預示著將有戰爭發生。(54)角星茀於河鼓　角星，二十八宿之一，有星兩顆，屬今室女座。茀，與「孛」同，隱蔽不見。河鼓，星名，又名黃姑、天鼓，一說即牽牛。(55)法　指占驗之法。(56)訛言行詔籌　哀帝建平四年（西元前三年），關東百姓因謠言傳遞一根名叫「西王母籌」的禾稈，經過二十六個郡國，最後傳到京師。事見本書卷十一〈哀帝紀〉。(57)行邊兵　巡視邊境的軍隊。(58)敕　修整。(59)因以厭應　因以，因此；據此。厭應，壓制和應對。古人認為，如果出現自然現象的異常現象，人們就要在現實世界有所行動以應對、消解或壓服其所預示的災難。(60)動　感動。(61)應天以實不以文　應，漢代天人感應思想很盛行，應即回應、感應。文指言詞、虛辭。(62)敕戒　教誡；告誡。(63)反正　回到正道上來。(64)傅著星曆　附會星象災異之說。傅，通「附」。(65)設為　設置；安排。(66)守相　郡守、諸侯國相。(67)云　當作「云云」，表示前面所說的話。

(68)動安之危　意指使安變為危。(69)辯口快耳　辯口，狡辯；能言善辯。快耳，使聽者覺得痛快。(70)讇諛傾險辯慧深刻　讇諛，阿諛奉承。傾險，陰險奸詐。辯慧，巧言善辯。深刻，嚴厲刻薄。(71)昔秦繆公二句　秦繆公，即秦穆公，春秋時秦國君主，五霸之一。魯僖公三十二年（西元前六二八年），秦穆公要襲擊鄭國，大臣百里奚和蹇叔勸阻不成，結果秦軍在殽被晉國和姜戎聯軍擊敗。(72)疾詿誤之臣二句　疾，憎恨；痛恨。詿誤，連累；貽誤。黃髮，指老人。秦穆公的悔恨之辭見《尚書・秦誓》。

(73)先入之語為主　或作先入為主。謂以先聽進的話為主，不聽取後來的話。(74)間者　近來；最近。(75)徵　徵兆。(76)著見　明顯；顯著。(77)惻然　同情的樣子。(78)簡練戎士　簡練，精選訓練。戎士，士卒。(79)鹽惡　即苦惡，意思是質量很差，不牢固。

[80]孰當督之　孰，誰。督，督察。[81]中二千石　漢代官爵品級，俸祿為二千一百六十石，舉其整數稱為中二千石，中即「滿」之意。[82]大慮　深遠的謀略。[83]將軍二人　指將軍舉二人。[84]公車　官署名，掌殿司馬門，負責接待天下上事及徵召者。[85]大司馬衛將軍　大司馬，官名，漢代最高軍事長官，武帝時設。衛將軍，官名，負責京師衛戍。[86]陽安侯句　丁明，哀帝舅父，此前他已為大司馬衛將軍，因為要封傅晏為大司馬衛將軍，所以將他改封驃騎將軍。又，兩大司馬之意。票，通「驃」。驃騎將軍與大將軍、三公同位。[87]沮　破壞；阻撓。[88]惡　厭惡；討厭。[89]酷惡之資　酷惡，殘酷邪惡。資，資質；天性。[90]詐諼　欺詐。[91]交遊　交結奔走。[92]為名　為了求出名。[93]其免躬寵官二句　其，表示命令的語氣詞。只罷免了二人的官職，侯爵仍然保留，所以令二人到各自封國居住。

【語譯】息夫躬獲得寵幸後，多次進見哀帝談論政事，議論起來無所忌諱。群臣都怕他向皇上說自己，見到他都側目而視。息夫躬上疏逐個抨擊公卿大臣，說：「當今丞相王嘉剛強急躁，不可任用。御史大夫賈延軟弱無能，不能勝任。左將軍公孫祿、司隸校尉鮑宣都外有耿直的名聲，內心實際呆笨不懂政事。左、右曹以下的官員才能平庸，不值一談。假如突然有強弩包圍京師，長戟進犯宮闕，陛下和誰去防禦？如果有狂妄之徒在東邊叫囂，匈奴進犯渭水，邊境震動，四方風起雲湧，京師即使有精兵強將，也無人能邁動半步去抵抗敵人。軍事公文緊急繁忙，蜂擁而來，征戰文書接踵而來，無能懦弱的臣僚不明事理，不知所為。那些能夠做出決斷的臣子，只能服藥自殺，或拔劍自刎，即使誅滅他們全家，對於災禍、失敗的降臨又有何益處呢！」

2　息夫躬又說：「秦國開鑿鄭國渠，因此國富兵強，現在京師土地肥沃，可測量地形水源，擴大灌溉之利。」皇上派息夫躬手持符節，統領三輔地區的都水官。息夫躬樹立測水標記，想挖通長安城，引漕運的河水流到太倉前，以節省運輸費用。朝廷議論這樣做不能成功，於是停工。

3　董賢受寵幸尊貴，權勢越來越盛，丁、傅兩家嫉妒他受寵，孔鄉侯傅晏與息夫躬商議，想謀取輔政的職位。正逢單于應當來朝見，卻派使者稱病，希望明年再朝見。息夫躬因此上奏，認為「單于應該在十一月入塞朝見，後來以自己有病為託辭，我懷疑有別的變故。烏孫的兩個昆彌力量弱小，卑爰疐強盛，占據著彊煌，擁有十萬軍隊，東邊和單于交好，送兒子去做單于的侍從。如果匈奴趁著以往強大的威勢，沿著烏就屠的蹤跡，起兵南侵，那是吞併烏孫的形勢。烏孫被吞併，匈奴就更強大，西域就危險了。可以讓投降的匈奴假裝是卑爰疐的使者，向朝廷上書，說：『之所以送兒子去侍奉單于，並非親近信任他，其實是畏懼他。希望天子哀憐，讓單于歸還我的兒子。我願意協助戊己校尉守衛惡都奴的邊界。』接著將他的奏章下發給諸位將軍，讓匈奴來的客人聽到這件事。這就是所謂『最好的辦法是預知並破壞敵人的作戰計劃，其次是離間、破壞敵人的聯盟』」。

4 奏章呈上去，皇上接見息夫躬，召集公卿將軍深入討論。左將軍公孫祿認為「中國經常用威信來安撫夷狄，息夫躬因為猜測人家心存欺詐，便捏造出不守信用的計謀，不能答應。況且匈奴依賴先帝的恩德，保據邊塞，自稱藩國。現在單于因為有病不能朝見，派使者說明自己的情況，沒有失去做臣子的禮節。我公孫祿敢擔保，即便到我死也不會看見匈奴成為邊境的憂患」。息夫躬指責公孫祿說：「我為國家考慮於事情初現徵兆之時，謀劃於事情將要出現之時，在事情尚未成形時便預告謀慮，替子孫萬代長遠考慮。而左將軍公孫祿卻想用他自己的年齡來擔保眼前所見到的一點東西。我與公孫祿意見不同，不能同時討論。」皇上說：「好。」於是讓群臣退去，只和息夫躬商議。

5 息夫躬於是進言道：「往年熒惑占據心宿的位置，太白星位置高而放射光芒，而且角星被河鼓星隱蔽，按照占驗之法，將有軍事變亂。此後謠言傳遞詔籌，經過很多郡國，天下騷動，恐怕一定會有非常的變故。可以派遣大將軍巡視邊境守軍，整頓武備，殺一名郡守以立威，震動四夷，據此來壓服和應對災異。」皇上認為說得對，拿來問丞相。丞相王嘉回答說：「我聽說要用實際行動來感動百姓，而不光靠言語；用實事來回應天變，而不是虛辭。下面的百姓身分低微，尚且不能欺騙，何況上天神明，難道可以欺騙嗎！上天顯示奇異的現象，是用來告誡君主，想讓他覺醒，回到正道，誠心行善。百姓心裡高興，就符合天意。善辯之士只看到事物的一個方面，有人就胡亂附會星象災異之說，謊稱匈奴、烏孫、西羌會引起災難，陰謀發動戰爭，安排權謀機變，不是回應天變的正道。郡守、國相有罪，乘車飛奔到朝廷，自己反綁雙手，接受死刑，這樣恐懼；而遊說之士那樣說，使安變成危，能言善辯，使聽者覺得痛快，其實不可聽從。議論政事，怕的是阿諛奉承，陰險奸詐，巧言善辯，嚴厲刻薄。阿諛奉承，則君主的德行敗壞；陰險奸詐，則群臣怨恨；巧言善辯，則破壞正道；嚴厲刻薄，則傷害恩惠。過去秦繆公不聽從百里奚、蹇叔的話，結果軍隊作戰失敗，悔過自責，痛恨貽誤大事的臣僚，想起黃髮老人的話，最終名垂後世。希望陛下考察古代的教訓，反覆參考，不要先入為主。」

6 皇上不聽取，於是下詔：「近來災害變異不斷，盜賊很多，戰爭的徵兆，有時十分明顯。沒聽說將軍表示同情和關注，以選練士卒，修繕兵器。兵器質地粗劣，應該由誰來督察？天下雖然安定，忘記戰爭一定會很危險。將軍和中二千石的官吏各舉薦熟悉兵法有謀略的人各一名，推薦將軍兩名，到公車署候命。」於是封孔鄉侯傅晏為大司馬衛將軍，陽安侯丁明又任職大司馬驃騎將軍。

7 這天，發生了日食，董賢藉機破壞息夫躬、傅晏的計策。過了幾天，朝廷收回了傅晏的衛將軍印綬，而丞相、御史大夫也上奏息夫躬的罪過。皇上於是厭惡息夫躬等人，下詔說：「南陽太守方陽侯孫寵，向來沒有廉潔的名聲，天性殘酷邪惡，毒害百姓。左曹光祿大夫宜陵侯息夫躬，編造欺詐的計策，想要貽誤朝廷。都結交貴戚，奔走權門，以求出名。免去息夫躬、孫寵的官職，遣送到封國居住。」

躬歸國，未有第宅，寄居丘❶亭。姦人以為侯家富，常夜守❷之。躬邑人河內掾賈惠往過躬❸，教以祝盜方❹，以桑東南指枝為匕❺，畫北斗七星其上，躬夜自被❻髮，立中庭，向北斗，持匕招指祝盜❼。人有上書言躬懷怨恨，非笑朝廷所進❽，候❾星宿，視天子吉凶，與巫同祝詛。上遣侍御史、廷尉監❿逮躬，繫雒陽詔獄。欲掠問⓫，躬仰天大謼，因僵仆⓬。吏就問⓭，云咽已絕⓮，血從鼻耳出。

食頃，死⑮。黨友謀議相連下獄百餘人⑯。躬母聖，坐祠竈⑰祝詛上，大逆不道。聖棄市，妻充漢與家屬徙合浦⑱，躬同族親屬素所厚者，皆免，廢錮⑲。哀帝崩，有司奏：「方陽侯寵及右師譚等，皆造作姦謀，罪及王者骨肉⑳，雖蒙赦令，不宜處爵位，在中土㉑。」皆免寵等，徙合浦郡。

初，躬待詔㉒，數危言㉓高論，自恐遭害，著絕命辭曰：「玄靈泱鬱㉔，將安歸㉕兮！鷹隼橫厲㉖，鸞徘徊兮㉗！矰若浮猋㉘，動則機㉙兮！藂棘棧棧㉚，曷㉛可棲兮！發忠忘身，自繞罔㉜兮！冤㉝頸折翼，庸得往兮㉞！涕泣流兮萑蘭㉟，心結愲㊱兮傷肝。虹蜺曜兮日微㊲，孽杳冥兮未開㊳。痛入天兮鳴謼，冤際絕兮誰語㊴！仰天光兮自列㊵，招上帝兮我察㊶。秋風為我唫㊷，浮雲為我陰。嗟若是兮欲何留㊸，撫神龍兮攬其須。游曠迴兮反亡期㊹，雄失據兮世我思㊺。」後數年乃死，如其文。

【章　旨】以上為〈息夫躬傳〉的第三部分，寫息夫躬被免官後，被人告發巫術詛咒而死及其「絕命辭」。

【注　釋】❶丘　空。❷守　窺伺；守候。意在偷竊財物。❸河內掾句　河內掾，河內郡太守的屬吏。過，拜訪。❹祝盜方　詛咒盜賊的方術。❺以桑東南指枝為匕　桑東南指枝，桑樹向東南方伸出的枝條。匕，匕首或短劍。❻被　通「披」。❼招指祝盜　或招或指，所以求福除禍。招指，意為用匕首時而招引，時而指畫。❽非笑朝廷所進　非笑，譏笑。所進，所進用的人。❾候　觀測。❿侍御史廷尉監　侍御史，御史大夫屬官，奉朝廷之令督察、處理京師或郡國違法事件。廷尉監，官名，廷尉屬官，主管審問刑事案件，品級千石。⑪掠問　拷問。⑫躬仰天大謼二句　謼，通「呼」。因，於是；接著。僵仆，倒下。⑬就問　向前問話。⑭云咽已絕　云，有人說。咽，喉嚨。⑮食頃二句　食頃，吃一頓飯的工夫，形容短暫。死，息夫躬死於元壽二年（西元前一年）。⑯黨友謀議一句　黨友，同黨與朋友。相連，受牽連。⑰祠竈　祭祀灶神。⑱徙合浦　徙，遷徙；流放。合浦，郡名，治合浦（今廣西合浦東北）。⑲廢錮　終身不得做官。⑳罪及王者骨肉　及，加到。王者骨肉，指東平王劉雲等。㉑中土　指中原地區。㉒待詔　等候詔命。㉓數危言　數，屢次。危言，直言；大言。㉔玄靈泱鬱　玄靈，神靈。泱鬱，興盛、旺盛的樣子。㉕安歸　歸於何處。㉖鷹隼橫厲　隼，鳥名，兇猛善飛。橫厲，縱身疾飛。㉗鸞徘徊兮　鸞，傳說中鳳凰一類的鳥。徘徊，彷徨。㉘矰若浮猋　矰，一種以絲繩繫住以便射飛鳥的短箭。浮猋，浮在空中的風暴。猋，通「飆」。㉙機　通「幾」。危險。㉚蕀棘𢫬𢫬　蕀棘，叢生的荊棘。蕀，即叢。𢫬𢫬，當作「棧棧」，草木茂盛的樣子。㉛曷　怎麼。㉜繞罔　繞，纏繞。指陷入。罔，即「網」。羅網。㉝冤　通「宛」。屈曲；彎曲。㉞庸得往兮　那裡能夠離去。㉟萑蘭　流淚的樣子。萑，同「汍」。㊱結愲　心情鬱結，不能化解。愲，通「縎」。結。㊲虹蜺曜兮日微　意指讒言流行，忠良浸微。虹蜺即「虹霓」，古人稱虹的內環色彩鮮豔者為虹，外環色暗者為蜺，虹蜺氣盛象徵著人間陰陽不和。日，喻指君主。㊳孽杳冥兮未開　孽，邪氣，這裡指虹蜺遮蔽太陽之氣。杳冥，幽暗；昏暗。未開，天未放晴，雲氣未開。㊴冤際絕兮誰語　冤際，遭受冤枉時。絕，與君主隔絕。誰語，和誰說；告訴誰。㊵自列　自陳；陳述自己的冤情。㊶招上帝兮我察　招，呼；呼喚。上帝，天；上天。我察，即察我，體察、調查我。㊷唫　古「吟」字。詠歎。㊸嗟若是兮欲何留　感歎世道如此，何必久留而生。㊹游曠迴兮反亡期　曠迴，遼遠的境界。反亡期，即「返無期」。意指自己將遠遊而不再返回。㊺雄失據兮世我思　意指君主失其所據，就會想到我。雄，指謂君主。據，指尊位。世，一說為後世（朱熹）。

【語　譯】息夫躬回到封國，沒有自己的住宅，寄居在野外的空亭中。不法之徒以為侯爵一定很富有，經常在晚上去窺伺。息夫躬的同鄉河內掾賈惠前去拜訪息夫躬，教給他詛咒小偷的方術，用桑樹東南方的樹枝做匕首，在上面畫北斗七星，息夫躬夜裡披著頭髮，站在屋子庭中，面向北斗，持匕首時而招引，時而指畫，詛咒盜賊。有人上書說息夫躬心懷怨恨，譏笑朝廷提拔任用的官吏，觀測星象，觀察天子的吉凶，與巫師一起詛咒。皇上派侍御史、廷尉監逮捕息夫躬，關押在雒陽詔獄。正要拷問，息夫躬仰天大呼，接著倒在地上。官吏前來審訊，有人說喉嚨已經斷氣，血從鼻孔、耳朵流出。過了一頓飯的工夫就死了。同黨與朋友受牽連入獄的有一百多人。息夫躬母親名叫聖，因為祭祀灶神詛咒皇上，犯了大逆不道的罪行。聖被處以棄市的刑罰，息夫躬的妻子充漢與家屬流放到合浦郡，息夫躬平時交情好的同族親屬，都被免官，終身不得做官。哀帝死，有關官員上奏說：「方陽侯孫寵與右師譚等人，都策劃奸邪的陰謀，使皇上的至親骨肉獲罪，雖然有詔令赦免，但不應當擁有官爵，住在中原。」都免去孫寵等人的官爵，流放合浦郡。

起初，息夫躬做待詔時，屢次發表直言不諱的高論，害怕自己因此被人陷害，寫下絕命辭，說：「神靈興盛得很，飄到何處去啊！鷹隼縱身疾飛，鸞鳥正徘徊啊！矰像空中的風暴，我像鸞鳥一樣一動便危險啊！荊棘叢生很茂密，又怎麼可以棲息啊！發自忠心而忘身，自己陷入羅網中啊！頸彎翼折，怎麼能逃脫啊！痛哭流涕啊，心情鬱結啊而傷了肝。虹霓閃耀啊太陽衰微，邪氣昏暗啊天氣未開。悲痛地飛到天邊啊嗚呼，遭受冤枉時與君隔絕啊向誰去說！仰望天空啊陳說冤情，呼喚上帝啊體察我。秋風為我而哀歎，浮雲為我遮陰。唉，世道如此啊又何必久留，拍打神龍啊攬著牠的觸鬚。遨遊天空啊返回遙遙無期，君主失去所據啊會想到我。」過了幾年，息夫躬死去，像絕命辭中所說的一樣。

贊曰：仲尼「惡利口之覆邦家」❶，蒯通一說而喪三儁❷，其得不亨❸者，幸也。伍被安於危國，身為謀主，忠不終而詐讎❹，誅夷不亦宜乎！書放四罪❺，詩歌青蠅❻，春秋以來，禍敗多矣。昔子翬謀桓而魯隱危❼，欒書搆郤而晉厲弒❽；豎牛奔仲，叔孫卒❾；郈伯毀季，昭公逐❿；費忌納女，楚建走⓫；宰嚭讒胥，夫差喪⓬；李園進妹，春申斃⓭；上官訴屈，懷王執⓮；趙高敗斯，二世縊⓯；伊戾坎盟，宋痤死⓰；江充造蠱，太子殺；息夫作姦，東平誅：皆自小覆大⓱，繇疏陷親，可不懼哉！可不懼哉！

【章　旨】以上為作者總評，引用孔子的話並列舉大量事例說明巧言利口具有顛覆國家的危害。

【注　釋】❶仲尼惡利口之覆邦家　仲尼，孔子之字。惡，厭惡；憎惡。引文見《論語・陽貨》。❷喪三儁　指烹酈食其，敗田橫，驕韓信。喪，使動用法。儁，同「俊」。❸亨　通「烹」。❹讎　通「售」。意指伍被向淮南王劉安進獻奸謀。❺書放四罪　指舜流共工於幽州，放驩兜於崇山，竄三苗於三危，殛鯀於羽山，事見《尚書・堯典》。❻詩歌青蠅　指《詩經・小雅・青蠅》，其詩首章曰：「營營青蠅，止于樊。愷悌君子，無信讒言。」以骯髒的蒼蠅比喻讒人。❼昔子翬謀桓而魯隱危　春秋時，公子翬請求魯隱公讓自己去殺死桓公（隱公之弟），條件是任命自己做太宰。隱公不聽，公子翬很害怕，反而到桓公那兒誹謗隱公，並最終殺死隱公，立桓公。事見《左傳・隱公十一年》、《史記・魯周公世家》。❽欒書搆郤而晉厲弒　春秋時，晉國大夫欒書讓人向晉厲公進讒言，結果厲公派人來了郤氏家族。隨後，欒書又乘機作亂，殺死厲公。事見《左傳・成公十七年》與〈成公十八年〉。搆，挑撥離間。弒，古代稱臣殺君、子殺父母為弒。❾豎牛奔仲二句　豎牛是春秋時魯國大夫叔孫豹的庶子，他向父親進讒言陷害叔孫豹正妻所生兒子仲，豹怒而逐之。後來叔孫豹生病，想召回仲，豎牛陽奉陰違，並且不給叔孫豹飯吃，結果叔孫豹被餓死。事見《左傳・昭公四年》。❿郈伯毀季二句　春秋時，魯國大夫郈伯向昭公進讒言，說季平子的壞話，結果昭公出兵討伐平子，戰敗後被逐出魯國。事見《左傳・昭公二十五年》。⓫費忌納女二句　春秋時，楚平王使費無忌到秦國為太子建娶婦。無忌先回來，說秦國女子長得十分美麗，勸平王自娶之。平王信了無忌的話，自己娶了秦女，為太子建另娶。後來無忌還經常向平王進讒言，說太子的壞話，太子建被逼逃到宋國。事見《左傳・昭公十九年》與〈昭公二十年〉。⓬宰嚭讒胥二句　春秋末年，吳王夫差打敗越國，因此開始驕傲，決定與越和，準備伐齊，伍子胥進諫，不聽。太宰伯嚭向夫差進讒言，結果命伍子胥自殺。次年，越國攻入吳國都，夫差被迫自殺。⓭李園進妹二句　戰國後期，春申君掌握楚國大權，李園將妹妹獻給春申君。他妹妹懷孕後，李園又讓妹妹勸說春申君將她獻給楚王，以生子繼承王位，鞏固春申君的地位。春申君按李氏兄妹的話做了，果然使自己的兒子被立為太子，但李園害怕春申君的權勢進一步擴張，於是刺死了他。事見《史記・春申君列傳》。⓮上官訴屈二句　戰國後期，楚懷王想到秦國參加會盟，屈原進諫，上官大夫靳尚嫉妒屈原的才能，向懷王進讒言，屈原被放逐，結果懷王入關而被秦國扣留。事見《史記・屈原賈生列傳》。⓯趙高敗斯二句　秦二世時，趙高造謠說丞相李斯要謀反，秦二世聽信他的話殺死了李斯。後來，當反秦力量風起雲湧時，趙高遷二世於望夷宮，迫使二世自縊而死。事見《史記·李斯列傳》。⑯伊戾坎盟二句　春秋時，宋國的宦官惠墻伊戾為太子太傅，不受太子痤寵幸，於是偽造太子與楚結盟的諾言，並製造盟誓現場以欺騙宋平公，平公誤信，殺太子痤。坎盟，古代諸侯國之間盟會要挖一個土坑，把那些向神靈祭獻的物品埋在裡面，這裡指伊戾偽造的用於會盟的土坑。⑰自小覆大　小，指地位低的人。覆，傾覆；敗壞。大，指地位高的人。

【語　譯】史官評議說：孔子「憎惡巧言利口顛覆國家」，蒯通一人的辯說使三位俊才喪命，他沒有被煮殺，那是幸運。伍被安處於危險的諸侯國，親自做謀反的策劃者，對漢朝的忠誠不能堅持到最後，向淮南王進獻奸謀，宗族誅滅不是應該的嗎！《書》中記載流放四個罪人，《詩》中有〈青蠅〉的篇章，自春秋以來，這種禍害敗亡的例子很多了。從前子翬謀害魯桓公而隱公危亡；欒書挑撥郤至與晉厲公的關係，而厲公被他殺害；豎牛趕走仲壬，叔孫豹被餓死；郈伯誹謗季平子，而魯昭公被驅逐；費無忌給楚平王娶婦，太子建被迫逃走；太宰嚭說伍子胥的壞話，夫差卻敗亡；李園將妹妹獻給春申君，春申君最後被他刺死；上官大夫靳尚誣陷屈原，楚懷王被秦人扣押；趙高殺死李斯，秦二世最後被迫自縊而亡；伊戾偽造宋太子痤與楚客盟誓的土坑，太子痤上吊而死；江充偽造巫蠱之事，太子最後被殺；息夫躬製造奸計，東平王被誅：這些事都是由小人物敗壞大人物，由關係疏遠的人陷害親近的人，能不讓人害怕！能不讓人害怕！

【研　析】班固撰寫本傳，意在說明巧言利口，易致傾覆邦家之禍，並特意列舉先秦以來讒人為害的大量事例，感歎「可不懼哉！可不懼哉！」這一宗旨統領全文。所以在寫蒯通時，既要寫他勸說韓信進攻齊國，致使酈食其被齊王田榮所烹，而田榮自己也遭受亡國之害，也要描寫他反覆勸說韓信背漢自立。寫伍被，精彩處在他勸說淮南王時引古證今，縱橫馳騁，有理有據，雖然最後被迫為淮南王反漢出謀劃策，因此全家被誅，但班固也特意提到武帝對伍被才華的愛惜之意。至於江充，以告發趙王起家，所擔任的直指繡衣使者一職類似明代的特務錦衣衛，只對武帝一個效忠，後來利用武帝晚年心態，製造「巫蠱之禍」，雖然有上書，有辯說，但重心在傾覆太子丹和戾太子二事。到了息夫躬，又等而下之，雖然提到他「通覽記書」，但並無奇謀妙計，他的「危言高論」除了陷害他人少有可觀之處。

然而，上面說的只是篇中的一條明線，此外還有一條隱線存在。四位傳主的經歷實際上從一個特殊的切面反映了西漢前、中、後期形勢的變化，四人都與當時社會的主要問題密切相關。蒯通從秦末至漢初，從群雄紛爭到天下初定，這也是他遊說的主題；伍被處在西漢朝廷與諸侯國矛盾解決的後期，所以他一再反對淮南王謀反；江充則利用了這一矛盾成為自己的進身之階，任繡衣使時加強皇權，迫使貴戚納錢北軍，充當攻打匈奴的軍資，以及後來的「巫蠱之禍」，則反映了武帝晚年朝廷主張深酷用法的臣僚同以太子為首的「守文」政治勢力之間的鬥爭；而決定息夫躬命運的並不是「利口」，而是他與外戚傅晏的關係，一榮俱榮，一損俱損。

從專門研究角度而言，歷史文本的開放性使我們可以從中發掘多個層面的信息，例如本傳多次提到巫蠱詛咒之術，如果與近年來出土的漢代日書相結合，對於了解那個時代人們的信仰、觀念世界應該有很大益處。

新譯人物志　吳家駒注譯
新譯張載文選　張金泉注譯
新譯近思錄　張京華注譯
新譯傳習錄　李生龍注譯
新譯呻吟語摘　鄧子勉注譯
新譯明夷待訪錄　李廣柏注譯

【文學類】

新譯詩經讀本　滕志賢注譯
新譯楚辭讀本　林家驪注譯
新譯楚辭讀本　傅錫壬注譯
新譯文心雕龍　羅立乾注譯
新譯六朝文絜　蔣遠橋注譯
新譯世說新語　劉正浩等注譯
新譯昭明文選　周啟成等注譯
新譯古文觀止　謝冰瑩等注譯
新譯古文辭類纂　黃　鈞等注譯
新譯樂府詩選　溫洪隆注譯
新譯古詩源　馮保善注譯
新譯千家詩　邱燮友等注譯
新譯詩品讀本　成　林等注譯
新譯花間集　朱恒夫注譯
新譯南唐詞　劉慶雲注譯

新譯絕妙好詞　聶安福注譯
新譯唐詩三百首　邱燮友注譯
新譯宋詩三百首　陶文鵬注譯
新譯宋詞三百首　汪　中注譯
新譯宋詞三百首　劉慶雲注譯
新譯元曲三百首　賴橋本等注譯
新譯明詩三百首　趙伯陶注譯
新譯清詩三百首　王英志注譯
新譯清詞三百首　陳水雲等注譯
新譯唐人絕句選　卞孝萱等注譯
新譯唐才子傳　戴揚本注譯
新譯拾遺記　石　磊注譯
新譯搜神記　黃　鈞注譯
新譯唐傳奇選　束　忱等注譯
新譯宋傳奇小說選　束　忱注譯
新譯明傳奇小說選　陳美林等注譯
新譯容齋隨筆選　朱永嘉等注譯
新譯明散文選　周明初注譯
新譯明清小品文選　鄭　婷注譯
新譯人間詞話　馬自毅注譯
新譯白香詞譜　劉慶雲注譯
新譯幽夢影　馮保善注譯
新譯菜根譚　吳家駒注譯

新譯小窗幽記　馬美信注譯
新譯圍爐夜話　馬美信注譯
新譯郁離子　吳家駒注譯
新譯歷代寓言選　黃瑞雲注譯
新譯賈長沙集　林家驪注譯
新譯揚子雲集　葉幼明注譯
新譯曹子建集　曹海東注譯
新譯建安七子詩文集　韓格平注譯
新譯阮籍詩文集　林家驪注譯
新譯嵇中散集　崔富章注譯
新譯陸機詩文集　王德華注譯
新譯陶淵明集　溫洪隆注譯
新譯江淹集　羅立乾等注譯
新譯庾信詩文選　歸　青注譯
新譯初唐四傑詩集　李福標注譯
新譯駱賓王文集　黃清泉注譯
新譯王維詩文集　陳鐵民注譯
新譯孟浩然詩集　楊　軍注譯
新譯李白詩全集　郁賢皓注譯
新譯李白文集　郁賢皓注譯
新譯杜甫詩選　張忠綱等注譯
新譯杜詩菁華　林繼中注譯
新譯高適岑參詩選　孫欽善等注譯

新譯昌黎先生文集　周啟成等注譯
新譯劉禹錫詩文選　閻　琦注譯
新譯柳宗元文選　卞孝萱等注譯
新譯白居易詩文選　陶　敏等注譯
新譯元稹詩文選　郭自虎注譯
新譯李賀詩集　彭國忠注譯
新譯杜牧詩文集　張松輝注譯
新譯李商隱詩選　朱恒夫等注譯
新譯范文正公選集　王興華等注譯
新譯蘇洵文選　羅立剛注譯
新譯蘇軾文選　滕志賢注譯
新譯蘇軾詞選　鄧子勉注譯
新譯蘇轍文選　朱　剛注譯
新譯曾鞏文選　高克勤注譯
新譯王安石文選　沈松勤注譯
新譯唐宋八大家文選　鄧子勉注譯
新譯柳永詞集　侯孝瓊注譯
新譯李清照集　姜漢椿等注譯
新譯陸游詩文集　韓立平注譯
新譯辛棄疾詞選　聶安福注譯
新譯歸有光文選　鄔國平注譯
新譯唐順之詩文選　馬美信注譯
新譯徐渭詩文選　周　群等注譯

新譯薑齋文集　平慧善注譯
新譯顧亭林文集　劉九洲注譯
新譯納蘭性德詞　馮　乾注譯
新譯方苞文選　鄔國平等注譯
新譯鄭板橋集　朱崇才注譯
新譯袁枚詩文選　王英志注譯
新譯李慈銘詩文選　潘靜如注譯
新譯聊齋誌異選　任篤行等注譯
新譯閱微草堂筆記　嚴文儒注譯
新譯浮生六記　馬美信注譯
新譯弘一大師詩詞全編　徐正綸編著

歷史類

新譯史記　韓兆琦注譯
新譯漢書　吳榮曾等注譯
新譯後漢書　魏連科等注譯
新譯三國志　吳樹平等注譯
新譯資治通鑑　張大可等注譯
新譯史記—名篇精選　韓兆琦注譯
新譯尚書讀本　吳　璵注譯
新譯尚書讀本　郭建勳注譯
新譯周禮讀本　賀友齡注譯
新譯逸周書　牛鴻恩注譯

新譯左傳讀本　郁賢皓等注譯
新譯公羊傳　雪　克注譯
新譯穀梁傳　顧寶田注譯
新譯春秋穀梁傳　周　何注譯
新譯戰國策　溫洪隆注譯
新譯國語讀本　易中天注譯
新譯說苑讀本　左松超注譯
新譯說苑讀本　羅少卿注譯
新譯新序讀本　葉幼明注譯
新譯吳越春秋　黃仁生注譯
新譯西京雜記　曹海東注譯
新譯列女傳　黃清泉注譯
新譯越絕書　劉建國注譯
新譯燕丹子　曹海東注譯
新譯東萊博議　李振興等注譯
新譯唐六典　朱永嘉等注譯
新譯唐摭言　姜漢椿注譯

宗教類

新譯金剛經　徐興無注譯
新譯高僧傳　朱恒夫等注譯
新譯碧巖集　吳　平注譯
新譯百喻經　顧寶田注譯

新譯人物志　吳家駒注譯
新譯張載文選　張金泉注譯
新譯近思錄　張京華注譯
新譯傳習錄　李生龍注譯
新譯呻吟語摘　鄧子勉注譯
新譯明夷待訪錄　李廣柏注譯

【文學類】

新譯詩經讀本　滕志賢注譯
新譯楚辭讀本　林家驪注譯
新譯楚辭讀本　傅錫王注譯
新譯文心雕龍　羅立乾注譯
新譯六朝文絜　蔣遠橋注譯
新譯世說新語　劉正浩等注譯
新譯昭明文選　周啟成等注譯
新譯古文觀止　謝冰瑩等注譯
新譯古文辭類纂　黃　鈞等注譯
新譯樂府詩選　溫洪隆注譯
新譯古詩源　馮保善注譯
新譯千家詩　邱燮友等注譯
新譯詩品讀本　成　林等注譯
新譯花間集　朱恒夫注譯
新譯南唐詞　劉慶雲注譯

新譯絕妙好詞　聶安福注譯
新譯唐詩三百首　邱燮友注譯
新譯宋詩三百首　陶文鵬注譯
新譯宋詞三百首　汪　中注譯
新譯宋詞三百首　劉慶雲注譯
新譯元曲三百首　賴橋本等注譯
新譯明詩三百首　趙伯陶注譯
新譯清詩三百首　王英志注譯
新譯清詞三百首　陳水雲等注譯
新譯唐人絕句選　卞孝萱等注譯
新譯唐才子傳　戴揚本注譯
新譯拾遺記　石　磊注譯
新譯搜神記　黃　鈞注譯
新譯唐傳奇選　束　忱等注譯
新譯宋傳奇小說選　束　忱注譯
新譯明傳奇小說選　陳美林等注譯
新譯容齋隨筆選　朱永嘉等注譯
新譯明散文選　周明初注譯
新譯明清小品文選　鄭　婷注譯
新譯人間詞話　馬自毅注譯
新譯白香詞譜　劉慶雲注譯
新譯幽夢影　馮保善注譯
新譯菜根譚　吳家駒注譯

新譯小窗幽記　馬美信注譯
新譯圍爐夜話　馬美信注譯
新譯郁離子　吳家駒注譯
新譯歷代寓言選　黃瑞雲注譯
新譯賈長沙集　林家驪注譯
新譯揚子雲集　葉幼明注譯
新譯曹子建集　曹海東注譯
新譯建安七子詩文集　韓格平注譯
新譯阮籍詩文集　林家驪注譯
新譯嵇中散集　崔富章注譯
新譯陸機詩文集　王德華注譯
新譯陶淵明集　溫洪隆注譯
新譯江淹集　羅立乾等注譯
新譯庾信詩文選　歸　青注譯
新譯初唐四傑詩集　李福標注譯
新譯駱賓王文集　黃清泉注譯
新譯王維詩文集　陳鐵民注譯
新譯孟浩然詩集　楊　軍注譯
新譯李白詩全集　郁賢皓注譯
新譯李白文集　郁賢皓注譯
新譯杜甫詩選　張忠綱等注譯
新譯杜詩菁華　林繼中注譯
新譯高適岑參詩選　孫欽善等注譯

新譯昌黎先生文集　周啟成等注譯
新譯劉禹錫詩文選　閻　琦注譯
新譯柳宗元文選　卞孝萱等注譯
新譯白居易詩文選　陶　敏等注譯
新譯元稹詩文選　郭自虎注譯
新譯李賀詩集　彭國忠注譯
新譯杜牧詩文集　張松輝注譯
新譯李商隱詩選　朱恒夫等注譯
新譯范文正公選集　王興華等注譯
新譯蘇洵文選　羅立剛注譯
新譯蘇軾文選　滕志賢注譯
新譯蘇軾詞選　鄧子勉注譯
新譯蘇轍文選　朱　剛注譯
新譯曾鞏文選　高克勤注譯
新譯王安石文選　沈松勤注譯
新譯唐宋八大家文選　鄧子勉注譯
新譯柳永詞集　侯孝瓊注譯
新譯李清照集　姜漢椿等注譯
新譯陸游詩文集　韓立平注譯
新譯辛棄疾詞選　聶安福注譯
新譯歸有光文選　鄔國平注譯
新譯唐順之詩文選　馬美信注譯
新譯徐渭詩文選　周　群等注譯
新譯薑齋文集　平慧善注譯
新譯顧亭林文集　劉九洲注譯
新譯納蘭性德詞　馮　乾注譯
新譯方苞文選　鄔國平等注譯
新譯鄭板橋集　朱崇才注譯
新譯袁枚詩文選　王英志注譯
新譯李慈銘詩文選　潘靜如注譯
新譯聊齋誌異選　任篤行等注譯
新譯閱微草堂筆記　嚴文儒注譯
新譯浮生六記　馬美信注譯
新譯弘一大師詩詞全編　徐正綸編著

【歷史類】

新譯史記　韓兆琦注譯
新譯漢書　吳榮曾等注譯
新譯後漢書　魏連科等注譯
新譯三國志　吳樹平等注譯
新譯資治通鑑　張大可等注譯
新譯史記—名篇精選　韓兆琦注譯
新譯尚書讀本　吳　璵注譯
新譯尚書讀本　郭建勳注譯
新譯周禮讀本　賀友齡注譯
新譯逸周書　牛鴻恩注譯
新譯左傳讀本　郁賢皓等注譯
新譯公羊傳　雪　克注譯
新譯穀梁傳　顧寶田注譯
新譯春秋穀梁傳　周　何注譯
新譯戰國策　溫洪隆注譯
新譯國語讀本　易中天注譯
新譯說苑讀本　左松超注譯
新譯說苑讀本　羅少卿注譯
新譯新序讀本　葉幼明注譯
新譯吳越春秋　黃仁生注譯
新譯西京雜記　曹海東注譯
新譯列女傳　黃清泉注譯
新譯越絕書　劉建國注譯
新譯燕丹子　曹海東注譯
新譯東萊博議　李振興等注譯
新譯唐六典　朱永嘉等注譯
新譯唐摭言　姜漢椿注譯

【宗教類】

新譯金剛經　徐興無注譯
新譯高僧傳　朱恒夫等注譯
新譯碧巖集　吳　平注譯
新譯百喻經　顧寶田注譯

新譯楞嚴經　賴永海等注譯
新譯梵網經　王建光注譯
新譯圓覺經　商海鋒注譯
新譯法句經　劉學軍注譯
新譯六祖壇經　李中華注譯
新譯禪林寶訓　李中華注譯
新譯維摩詰經　陳引馳等注譯
新譯經律異相　顏洽茂注譯
新譯阿彌陀經　蘇樹華注譯
新譯無量壽經　邱高興注譯
新譯無量壽經　蘇樹華注譯
新譯妙法蓮華經　張松輝注譯
新譯景德傳燈錄　顧宏義注譯
新譯大乘起信論　韓廷傑注譯
新譯釋禪波羅蜜　蘇樹華注譯
新譯八識規矩頌　倪梁康注譯
新譯永嘉大師證道歌　蔣九愚注譯
新譯華嚴經入法界品　楊維中注譯
新譯地藏菩薩本願經　李承貴注譯
新譯悟真篇　劉國樑等注譯
新譯无能子　張松輝注譯
新譯坐忘論　張松輝注譯
新譯列仙傳　張金嶺注譯

新譯抱朴子　李中華注譯
新譯神仙傳　周啟成注譯
新譯性命圭旨　傅鳳英注譯
新譯老子想爾注　顧寶田等注譯
新譯周易參同契　劉國樑注譯
新譯道門觀心經　王　卡注譯
新譯養性延命錄　曾召南注譯
新譯樂育堂語錄　戈國龍注譯
新譯冲虛至德真經　張松輝注譯
新譯長春真人西遊記　顧寶田等注譯
新譯黃庭經・陰符經　劉連朋等注譯

軍事類

新譯司馬法　王雲路注譯
新譯尉繚子　張金泉注譯
新譯三略讀本　傅　傑注譯
新譯六韜讀本　鄔錫非注譯
新譯吳子讀本　王雲路注譯
新譯孫子讀本　吳仁傑注譯
新譯李衛公問對　鄔錫非注譯

教育類

新譯爾雅讀本　陳建初等注譯

新譯顏氏家訓　李振興等注譯
新譯聰訓齋語　馮保善注譯
新譯曾文正公家書　湯孝純注譯
新譯三字經　黃沛榮注譯
新譯百家姓　馬自毅等注譯
新譯幼學瓊林　馬自毅注譯
新譯增廣賢文・千字文　馬自毅注譯
新譯格言聯璧　馬自毅注譯

政事類

新譯商君書　貝遠辰注譯
新譯鹽鐵論　盧烈紅注譯
新譯貞觀政要　許道勳注譯

地志類

新譯山海經　楊錫彭注譯
新譯水經注　陳橋驛等注譯
新譯佛國記　楊維中注譯
新譯大唐西域記　陳　飛等注譯
新譯洛陽伽藍記　劉九洲注譯
新譯徐霞客遊記　黃　珅注譯
新譯東京夢華錄　嚴文儒注譯